KB270906

조선과 중국의 궁술

즐거운지식 39

민경길 편역

조선과 중국의 궁술

머리말

이 글은 조선과 중국의 옛 궁술(弓術) 문헌들을 우리말 또는 현대어로 번역해 놓은 것으로 제1부 '조선의 궁술', 제2부 '중국의 궁술', 제3부 '서유구(徐有榘)의 사결(射訣)' 및 부록인 '활의 전술적 활용'으로 구성되어 있다.

제1부 '조선의 궁술'은 1920년대 말에 서울지역 동호인들이 '조선궁술연구회'를 결성해서 구전(口傳)으로만 계승되어 오던 우리 민족 고유의 사풍(射風) 및 사법(射法) 그리고 궁시(弓矢)의 규격과 제조법 등을 보전, 보급하기 위해서 발간한 ≪조선의 궁술≫이라는 글에 대한 해설이다. ≪조선의 궁술≫은 불과 80년 전에 발간된 글이지만 한문과 우리글이 혼용되어 있고 그중 우리 글로 서술된 부분은 소리글자인 우리 글자의 특성상 100년도 안된 지금은 거의 사용되지 않는 용어들이 곳곳에 포함되어 있어 정확한 의미에 대한 체계적인 설명이 필요한 글이다. 이 책의 최초 집필 동기는 바로 그런 부분에 대한 설명을 위한 것이었다.

제2부 '중국의 궁술'은 중국 최고(最古)의 체계적 사법서(射法書)인 당나라 왕거(王琚)의 ≪사경(射經)≫ 등 옛날부터 전해져 오는 중국 궁술문헌들을 우리말로 옮긴 것이다. 사법교범은 가급적 전문을 수록했으나 여타 문헌들은 중요 내용만 발췌하여 수록했다. 독자들은 이 중국의 사법서들과 비교를 통해 ≪조선의 궁술≫에 기록된 난해한 내용들을 좀 더 쉽게 이해할 수 있을 것이다.

제3부 '서유구(徐有榘)의 사결(射訣)'은 조선조 후기의 실학자 서유구(서기 1764년~1845년)가 당시 비변사(備邊司)에서 간행한 ≪무경휘해(武經彙解)≫라는 글과 당나라 왕거의 ≪사경≫ 중 일부 내용을 발췌해 편집한 글이다. 그러나 이 글은 조선조 후기의 궁체(弓體)에 대한 이해를 위해서는 ≪조선의 궁술≫보다 오히려 더 큰 가치를 지닌 글이다. 우리나라에서 간행된 사법서로는 앞의 ≪조

선의 궁술≫과 평양감영 발간의 ≪사법비전공하≫도 있지만 전자는 갑오경장 (甲午更張) 이후 궁술의 쇠퇴기를 지나 일제강점기에 간행된 글로서 그것도 서울지역 민간 인사들이 간행한 글이고, 후자는 지방관청에서 펴낸 글일 뿐 아니라 청나라 주용(朱墉)의 ≪무경칠서휘해(武經七書彙解)≫ 중의 사법 부분을 그대로 복간한 것에 불과한 반면, 서유구의 ≪사결≫은 아직 궁시가 군대의 중요 무기로 쓰이던 시기에 중앙관청에 의해 간행되어 군사훈련 시 교범 역할을 했을 ≪무경휘해≫의 내용이 일부 포함되어 있는데 이 ≪무경휘해≫라는 글은 현재 전문이 남아 있지는 않지만 청나라 주용의 ≪무경칠서휘해≫ 중 사법 부분을 축약 소개하면서 19세기 초에 우리나라 활터에서 쓰이던 사법과 연습방법 등을 아울러 소개해 놓은 글로 추정되기 때문이다. 우리는 이 글을 통해서 ≪조선의 궁술≫이 말한 우리나라의 전통적 궁체를 좀 더 명확하게 이해할 수 있을 것이다.

사법 발전과정을 이해하려면 중국 궁술을 먼저 소개한 후 서유구의 〈사결〉을 소개하고 마지막에 ≪조선의 궁술≫을 소개하는 것이 적절하겠으나 이 책의 최초 집필동기가 ≪조선의 궁술≫에 대한 정확한 이해에 있었으므로 이를 가장 먼저 소개했고 이어 중국의 궁술과 서유구의 ≪사결(射訣)≫을 소개했다.

부록인 '활의 전술적 활용'은 서양과 중동의 궁술에 관한 글로서 20세기 초의 저명한 독일 역사학자 델브뤼크의 ≪병법사 *Geschichte der Kriegskunst*≫ 중 궁시의 활용전술에 관련된 부분만 발췌해서 우리말로 옮겨 놓은 것이며 그 내용은 사법보다 주로 궁수의 전술적 운용에 관한 것이다. 고대 이후 근세까지의 전투에서 궁수의 활용 전술에 대한 이해에 도움이 될 수 있을 것으로 기대한다.

마지막으로 본서에 삽입된 도해(圖解)들은 대부분 고전 원문 중의 도해를 그대로 옮겨 놓은 것이다. 이 때문에 선명하지 못한 부분이 있으나 고전 원문의 취지를 왜곡시키지 않기 위한 방법이었다.

서기 2010년 2월
閔庚吉

목 차

서(序)

　나는 약관(弱冠)의 나이부터 선생께 활쏘기를 배웠다. 선생께서는 활쏘기에 관한 옛 가결(歌訣)들을 들려주면서 미세한 부분까지 직접 가르쳐 주셨다. 그런데 이상하게도 선생께서 혹 출타하고 안 계시면 허전하기만 한 것이 내가 사법대로 잘 하고 있는지 자신이 없다가도 선생께서 가까이 계시면 먼저 생겼던 의문들이 스스로 풀려 나갔다. 이러한 사정을 동료들에게 말해 보면 그들도 한결같이 나와 같다 했다. 혹 선생께서 곁에 계시면 여쭈어 보아 잘못을 고치고 지도를 받을 수도 있다는 든든한 마음 때문이었을까? 혹 그랬는지도 모르지만 우리 선생께서는 심고(審固)[1] 등 기초사법이나 아는 그런 분이 아니었고 예의와 위엄 있는 자세를 강조한 옛사람들의 가르침을 중요시하면서 이를 지키지 않는 것을 걱정하시는 분이었다. 더구나 우리 선생과 같이 경험 많으신 분은 쉽게 만나기도 어렵고 그런 불세출의 솜씨를 아무나 가까이에서 묻고 배울 수는 없는 일이었다. 주저하던 어느 날 선생께 "우리나라 활쏘기는 예부터 천하에 알려져 있고 아직도 그 솜씨가 뛰어난 사람들이 있지만 4천 년 역사에 그 비결이 오로지 입과 손으로만 전해졌을 뿐 후학(後學)들이 참고토록 문자화된 것은 한 줄도 없지 않습니까?" 하고 여쭤 보니 선생께서는 "정녕 그렇다."고 했다.[2] 내가 다시 선생께 "왜 그렇습니까? 육예(六藝) 중에 예(禮)에는 예기(禮記), 악(樂)에는 악보(樂譜), 어(御)[3]에는 도해(圖解), 서(書)에는 수첩(手帖)이 있고 또 수(數)에도 종통(宗統)의 글이 있어 옛날부터 전해 오는 비법(秘法)을 익힐 수 있는 교본이 되나 사예(射藝)에는 ≪의례(儀禮)≫의 <향사례(鄉射禮)> 편과 <대사의(大射儀)> 편 등 활쏘기 의식(儀式)에 관한 글만 몇 편 있을 뿐 활쏘기 기술을 배우고 익힐 글은 없으니 이는 사법을 숨기고 있기 때문이 아닙니까?" 하고 여

---

1) 조준(照準) 및 정신집중과 견고한 자세를 의미하는 말로 활쏘기의 기본이다.

2) 우리 조상들이 사법을 기록한 또 다른 유일한 글로 조선조 후기 서유구(徐有榘, 서기 1764년～1845년)의 ≪사결(射訣)≫이 있다. 그 내용은 대부분 당나라 왕거(王琚)의 ≪사경(射經)≫과 조선조 후기에 간행된 ≪무경휘해(武經彙解)≫ 중 일부를 발췌해 놓은 것으로 특히 후자에는 당시 우리 활터에서 쓰이던 사법과 연습방법이 비교적 정확하게 소개되어 있다.

3) 전차(戰車) 몰기 및 말 타기.

쭈었더니 선생께서도 "그럴 수도 있을 것이다. 하지만 아무도 그런 글을 쓰는 데 뜻을 두어 본 적이 없으니 그대가 한번 해보라."고 하셨다. 그러나 나는 선생의 이런 명을 받은 이후 공직(公職)에 몸을 담게 되어 지금껏 홀로 선생의 뜻을 가슴에 새겨 놓기만 했었지 이를 연구할 시간이 없어 항상 마음이 편하지 못했었다. 그러던 차에 다행히도 활 쏘는 분들 중 나와 뜻을 같이하는 분들이 일전에 '조선궁술연구회'를 창립해서 고금을 통해 입과 손으로만 전해 오는 비결(秘訣)들과 서적에 수록된 관련 내용을 빠짐없이 수집하는 임무를 이중화(李重華)[4] 군에게 맡겼으며 그는 노력을 아끼지 않고 1년 만에 작업을 마쳤다. 이제 마음을 바로잡고 덕을 키우는 정심양덕(正心養德)의 사풍(射風)과 궁시(弓矢)의 기원 및 연혁 그리고 사법(射法) 등 조선의 활쏘기에 관한 내용이 알차고 자세하게 정리된 ≪조선의 궁술≫이란 이름의 책자가 완성되었으니 이후로는 이 책을 곁에 두고 늘 참고한다면 그 효과가 종전과 같이 선생과 벗의 입과 손만 바라보며 그에 의존해 듣고 배우던 때와는 비교가 되지 않을 것이다. 또 국민체육에 관심 있는 분들이 활쏘기를 장려할 때도 이 책은 큰 도움이 될 것이다. 이제 바야흐로 이 책이 간행되어 동호인들이 함께 볼 수 있게 되었으니 장차 이 책의 공헌을 어찌 모두 예상할 수 있겠는가? 내가 이 일에 관심을 두고 있던 것을 알고는 나에게도 한마디 부탁하기에 과거에 선생과 나누었던 문답들을 약술해 주었다.

서기 1929년 음력 8월
호재(弧齋) 신태휴(申泰休)

---

4) 동운(東芸) 이중화(李重華, 1891~1950?)는 서울 출신 한글학자로서 일제강점기에는 배재학당, 경성여자미술대학 등에 근무하면서 조선어학회 활동에 참여하다 옥고를 치르기도 했고 해방 후에는 국학대학장 및 한글학회 이사를 역임했으나 한국전쟁 당시 실종되었다. 주요 저서로는 ≪조선의 궁술≫(서기 1929년) 외에도 서울의 역사지리를 간략히 소개한 ≪경성기략(京城記略)≫(서기 1918년)이 있다.

범례(凡例)

— 이 책은 조선의 궁시(弓矢)와 사예(射藝)에 관한 일을 포괄하여 그 중요한 부분을 개괄적으로 기술한 것이므로 ≪조선의 궁술≫이라는 제목을 붙였다.

— 이 책은 원문과 부록으로 나누어져 있다.[5]

— 이 책의 내용은 때로는 한글과 한문을 혼용하기도 하고 때로는 한글만 전용한 곳도 있어서 문장이 복잡하고 체제상 통일을 기하지는 못했지만 한자를 해독하지 못하는 궁사들의 편의를 위해 그렇게 한 것이다.

— 다른 글을 인용할 때 원문 그대로 인용하지 않고 번역해서 인용한 것은 비록 그 정확한 의미의 전달에는 문제점이 있을지라도 큰 뜻의 이해를 쉽게 하기 위함이다.

— 넓고 깊게 다른 글들을 참고하지 못해 부족한 곳이 많으나 후일 여러 사람의 지적을 거쳐 보완할 계획이다.

편집　　동운 이중화(東芸 李重華)

교열[6]　　구암 박제범(九菴 朴齊範)

운로 성문영(雲老 成文永)

몽우 안필중(夢于 安必中)

석담 임창번(石潭 林昌蕃)

---

5) 원문에는 본문 8장에 이어 '활터에서 쓰는 말(射場의 用語)'과 '활의 제작 및 용구 도해(圖解)'가 부록으로 수록되어 있지만 독자의 편의를 위해 두 부록을 가장 앞에 놓고 이를 제1장 및 제2장으로 했다. 친숙하지 않은 용어 때문에 이 부분을 먼저 읽으면 본문의 이해에 큰 도움이 될 것으로 생각했기 때문이다. 나머지 본문 8장도 역시 독자의 편의를 위해 상호 관련성을 고려해서 3장부터 9장까지 7개의 장으로 재편집하고(별개 장으로 되어 있는 '호시와 석노' 및 '조선의 궁시'를 하나의 장으로 묶었다) 그 순서도 조정했으며 각 장 제목도 내용을 고려해 일부 수정했다. 그러나 원문의 내용을 빼거나 더한 것은 없다.

6) 원문에는 가나다순으로 되어 있지 않고 안필중부터 기록되어 있다. 연령이나 사회적 지위 또는 활을 쏜 경력과 등을 순서로 하여 기록한 것으로 보인다. 그러나 이곳에서는 편의상 가나다순으로 순서를 바꾸어 옮겼다.

이 책의 간행 발기인[7]

서울 서호정(西虎亭)　나희규(羅喜奎)

이병만(李炳萬)

지동욱(池東旭)

석호정(石虎亭)　김경진(金景鎭)

맹성술(孟聖述)

임창번(林昌蕃)

일가정(一可亭)　김진하(金鎭夏)

백낙만(白樂萬)

심능익(沈能益)

안필중(安必中)

이순훈(李舜薰)

최정규(崔晶圭)

청룡정(靑龍亭)　박승필(朴承弼)

박윤수(朴允秀)

박제범(朴齊範)

화수정(華水亭)　이병균(李秉均)

이윤구(李胤九)

황학정(黃鶴亭)　성문영(成文永)

예종석(芮宗錫)

이종국(李鍾國)

이종익(李鍾翊)

함화진(咸和鎭)

고양 숭무정(崇武亭)　신태희(申泰喜)

무학정(舞鶴亭)　이종길(李鍾吉)

---

7) 원문에는 역시 가나다순으로 되어 있지 않고 서울 석호정의 맹성술(孟聖述)부터 기록되어 있다. 사회적 지위나 연령 또는 활을 쏜 경력 등을 순서로 기록했던 것으로 보인다. 그러나 이곳에서는 편의상 사정(射亭)별, 가나다 순으로 순서를 바꾸어 옮겼다.

제1부 조선의 궁술

제1장 활터(射場사장)에서 쓰는 용어[1]

Ⅰ. 시설물에 관한 말

활터: 습사(習射: 활쏘기 연습)하는 곳

사정(射亭): 활터에 세운 정자[2]

솔: 나무나 헝겊 종류로 만들어 화살로 맞히는 목표물[3]

소포: 헝겊 종류로 만든 솔

중포: 소포보다 크고 헝겊 종류로 만든 솔

과녁(貫革관혁): 나무 널판으로 만든 솔

관소과녁(官所貫革관소관혁): 과거(科擧)를 실시할 때 쓰는 과녁으로 150보 이
　　　　내에 설치했다.

터과녁: 습사할 때 쓰는 소포나 과녁으로 120보 이내에 설치한다.

전사과녁(戰射貫革전사관혁): 내기를 할 때 쓰는 과녁[4]

솔대: 소포를 세우는 나무

버리줄: 솔대를 버티는 줄

---

1) 원문은 '몸의 각 부분에 관한 말'로부터 시작되나 편의상 순서를 일부 조정해 '활터의 시설물에 관한 말'부터 시작했다. 또 원문은 각 항이 가나다순으로 어휘를 수록했으나 편의상 이를 무시하고 상호 연관성 있는 말들끼리 모았다.

2) 본문에 의하면 임진왜란 후 선조대왕이 국민의 상무심(尙武心)을 진흥시키고자 불타 버린 경복궁 동쪽 담장 안에 오운정(五雲亭)을 짓고 이를 개방해서 습사를 장려한 것이 민간 사정의 선구라 한다. 활터를 사정(射亭)이라고 부르는 것은 습사 중 햇볕과 비를 피하기 위해 정자를 세워 놓았기 때문이다. 그 외에 '○○정'이란 용어는 각 사정별로 조직된 동호인 조직을 말하기도 한다.

3) 습사 때 화살로 맞히는 목표물을 말하는 옛 용어들과 그 유래에 대한 상세한 설명이 뒤의 제4장 '조선시대의 궁시와 과녁'에 다시 나온다.

4) 요즘의 '동자관(童子貫)' 또는 '애기과녁' 같은 작은 과녁을 말하는 것 같다.

설자리: 활 쏠 때 서는 자리

개자리: 과녁 앞에 웅덩이를 파고 사람이 들어앉아 화살이 맞는지를 보는 곳5)

무겁: 개자리와 같은 말

순전: 무겁 앞

살받이: 과녁을 세워 놓은 전후좌우에 빗맞은 화살이 떨어지는 곳

토성(土城): 무겁 뒤에6) 흙으로 벽을 쌓아서 빗나간 화살을 막도록 한 곳

밧탕: 사대에서 과녁까지 화살이 날아가는 거리

연전(揀箭)길: 쏜 화살을 주우러 다니는 길

Ⅱ. 사람에 관한 말

한량(閑良): 각 사정(射亭)에 속해 활쏘기를 즐기는 사람의 총칭7)

사원(射員): 사정에 소속된 사람

행수(行首): 한량들을 지도, 감독하는 사람

선생(先生): 사원(射員)에게 활을 가르치는 사람

사두(射頭): 사정을 대표하는 사람

신사(新射): 처음 활을 쏘기 시작한 사람

구사(舊射): 활을 쏜 지 오래된 사람

시수꾼: 관사(官射)에서 10순(巡), 즉 50시(矢)8)를 쏘는 것을 1획(劃)이라 하고

---

5) 파낸 흙을 개자리 앞에 쌓아서 개자리 속의 사람을 보호했을 것이다. 요즘은 화살이 과녁에 박히지 않고 튀어나 오므로 개자리를 과녁 바로 앞이 아니라 조금 옆으로 비켜난 곳에 설치하며 또 웅덩이를 파지 않고 가림막만 설 치한다.

6) "과녁 뒤에~"라고 하는 것이 보다 정확한 표현이다.

7) 조선 후기에는 무과(武科) 및 잡과(雜科) 응시자나 무반(武班) 집안 자제로 아직 무과에 급제 못 한 사람을 의미 했다. ≪조선의 궁술≫에서는 이런 의미로 사용하기도 하고 때로는 활쏘기를 즐기는 사람을 총칭하는 말로 사용 하기도 했다.

8) 현재는 습사(習射) 때이건 정식 대회에서 정순(正巡)을 쏠 때이건 1순에 5시씩 쏘지만 이것이 어느 때부터 생긴 관습인지는 불명확하다. 고대 중국의 활쏘기 의식(儀式)에서는 승시(乘矢)라 하여 한 번 사대에 나서면 4시씩 쏘 았으며 조선시대에 임금이 직접 참여해서 쏘는 대사례(大射禮)에서도 이런 중국의 관습에 따랐다. 정조대왕의 임

1획을 쏘아 15시 이상 맞히면 '소살판', 20시 이상 맞히면 '살판', 25시를 맞히면 '대살판'이라 한다. 25시 넘어 맞히면 이를 30시로 보는데 1획에 30시를 맞히는 사람부터 비로소 '시수꾼'이라 한다. 35시를 넘어 맞히면 이를 40시로 본다. 45시를 넘어 맞히면 이를 50시로 본다.[9]

거기한량(擧旗閑良): 화살이 과녁에 맞았을 때 무겁에서 기를 들어서 알려 주는 한량

장족한량(獐足閑良): 장족(속칭 노루발)과 망치를 휴대하고 과녁에 맞은 화살을 뽑는 한량

무겁한량: 무겁에 위치해서 화살이 맞았는지를 감독하는 한량

획창(獲唱): 정순(正巡)[10]을 쏠 때 맞힌 것을 소리쳐 알리는 사람

연전동(揀箭童):[11] 쏜 화살을 주우러 다니는 아동. 최근 생긴 말

계장(稧長): 활 쏘는 사람들 사이의 계모임인 사계(射稧)[12]를 대표하는 사람으로 종전의 도유사(都有司)와 같음

자년(서기 1792년) 10월 30일 습사 기록인 「어사고풍첩(御射古風帖)」에는 1순에 5시씩 총 10순, 즉 1획을 쏜 것으로 기록되어 있다.

9) 시수꾼은 대략 현재의 유단자급 실력을 갖춘 사람으로 볼 수 있을 것 같다.

10) 대회에서 정식으로 활을 쏘는 것을 말한다. 조선시대 단체전에서의 정순(正巡)에 관해서는 뒤의 제8장 '편사의 옛 규칙'에 상세히 소개되어 있다.

11) 원문에는 '연전'의 한문 표기가 '揀箭'으로 되어 있다. 뒤의 제7장 '활터의 옛 풍습' 참고.

12) 사계(射稧)의 상세한 내용에 대해서는 뒤의 제7장 '활터의 옛 풍습' 참고.

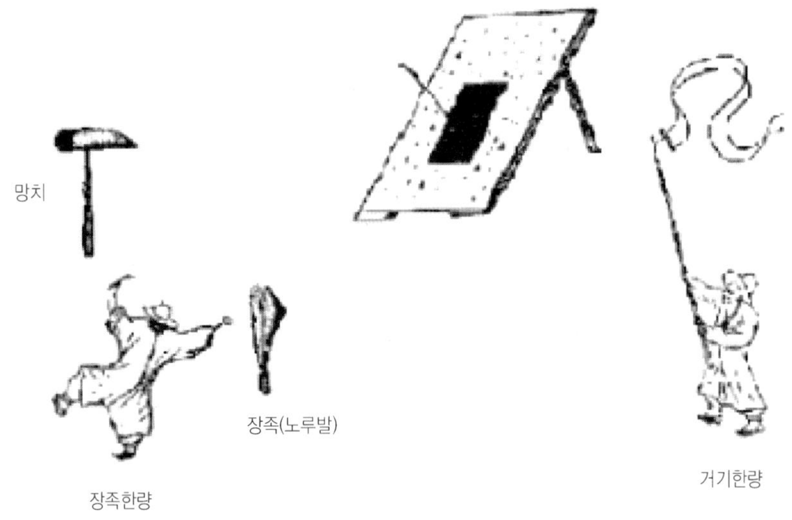

Ⅲ. 몸의 각 부분에 관한 말

궁체(弓體): 활 쏘는 자세

깍지손: 깍지를 끼고 시위를 당기는 뒷손

깍지손 회목: 깍지손의 손목

깍지손 구미: 시위를 당기는 뒤 팔의 팔꿈치

줌손: 줌통을 쥐는 앞손

엄지가락: 줌손의 엄지손가락

범아귀: 줌손의 엄지와 검지 사이[13]

웃아귀: 줌손의 엄지가락과 검지의 뿌리가 서로 연결된 곳

북전: 줌손 검지의 손바닥 쪽 첫째 마디와 둘째 마디

삼지(三指) 또는 하삼지(下三指): 줌통을 쥔 줌손의 아래 세 손가락

바닥끝: 줌손 손바닥의 가운데 손금이 끝난 곳

---

13) 한자의 호구(虎口)를 우리말로 옮겨 썼던 말이다.

줌팔: 활을 든 앞 팔

죽머리: 줌팔의 어깨

등힘: 줌팔 어깨에서 줌손 손목까지 직선으로 뻗은 팔등과 손등의 힘

중구미: 앞 팔 또는 뒤 팔의 팔꿈치

덜미: 목의 뒷부분

끝: 턱의 아래 끝

웃동: 두 어깨 사이

가슴통: 가슴

곁동: 겨드랑이

불거름: 아랫배에서 방광(膀胱)의 윗부분

응덩이: 엉덩이

발끝: 발가락

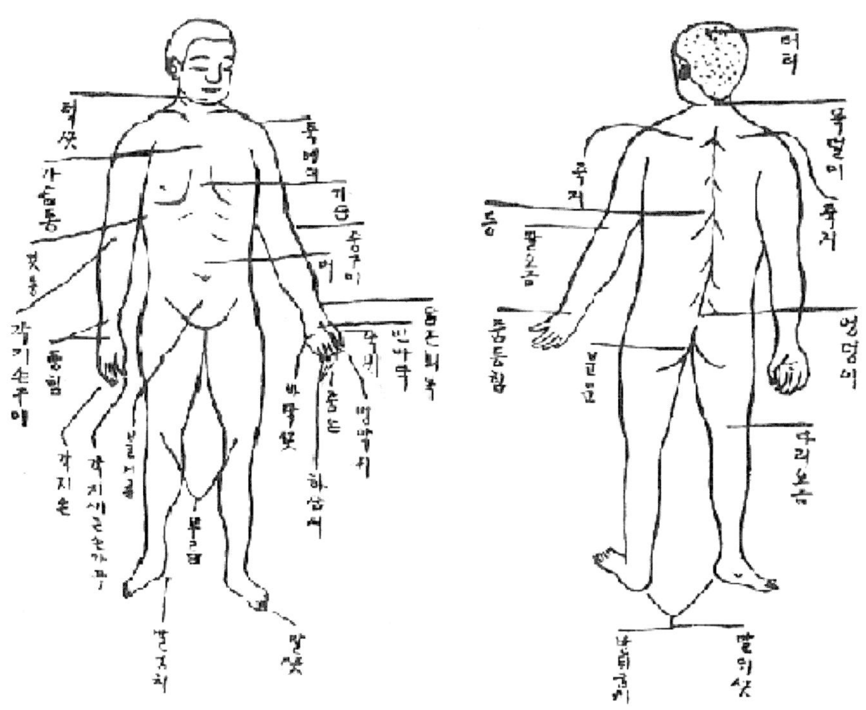

Ⅳ. 활을 쏠 때 쓰는 말

줌뒤: 화살이 줌손 뒤쪽(우궁[14]의 경우 왼쪽)으로 날아가는 것

줌앞: 화살이 줌손 앞쪽(우궁의 경우 오른쪽)으로 날아가는 것[15]

더 가는 것: 화살이 솔포를 넘어가는 것

덜 가는 것: 화살이 솔포에 미치지 못하는 것

한배: 화살이 제 턱까지 날아가는 것

온구비:[16] 화살이 높이 날아가는 것

반구비: 화살이 높지도 낮지도 않은 높이로 날아가는 것

평찌: 화살이 수평에 가깝게 낮게 날아가는 것

충 빠지는 것: 화살이 흔들리며 날아가는 것

공현(空弦): 화살이 시위와 분리돼 땅에 떨어진 걸 모르고 쏘는 것

낙전(落箭): 화살에 이상이 생겨 중간에 떨어지는 것[17]

몰촉: 활을 당길 때 화살촉이 줌통을 지나 들어오는 것[18]

Ⅴ. 활에서 쓰는 말

줌(弝파): 손으로 활을 잡는 곳[19]

---

14) 왼손으로 활을 쥐고 쏘는 보통 사람을 우궁(右弓)이라 하고 왼손으로 활을 쥐고 쏘는 사람을 좌궁(左弓)이라고 한다.

15) 오른쪽과 왼쪽을 줌뒤와 줌앞으로 말하는 것은 왼손으로 활을 쥐고 쏘는 보통 사람, 즉 우궁(右弓)의 경우와 왼손으로 활을 쥐고 쏘는 사람, 즉 좌궁(左弓)의 경우를 구분하지 않고 화살 날아가는 방향을 몸자세를 기준으로 같은 말로 표현하기 위한 편법이다. 우궁의 경우 왼쪽으로 가는 화살이 줌뒤로 가는 화살이고 좌궁의 경우 오른쪽으로 가는 화살이 줌뒤로 가는 화살이다. 옛 중국 사법에서도 활 쏘는 사람의 손을 오른손과 왼손, 즉 우수(右手)과 좌수(左手)로 구분하지 않고 앞손과 뒷손, 즉 전수(前手)와 후수(後手)로 구분하는 경우가 있다.

16) 원문에는 '왼구비'로 되어 있으나 좌우와 관련된 말이 아니고 높낮이 또는 대소와 관련된 말이므로 '온구비'로 바꾸었다. '왼'은 '온'의 서울 사투리이다.

17) 중간이란 거궁(擧弓)을 시작한 후 쏘기 전을 말한다.

18) 이런 상태에서 발시하면 화살대가 부러져 줌손에 큰 부상을 입을 수도 있다.

한통(附부): 활의 한가운데[20]

북전: 줌손 검지가 닿는 부분

웃아귀: 줌의 바로 윗부분

아래아귀: 줌의 바로 아랫부분

대림끝(다림끝): 아귀 다음[21]

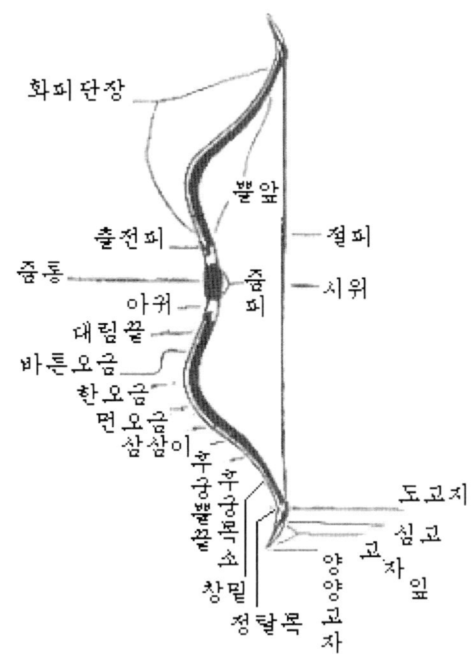

오금(彌연): 밭은오금 다음. 한오금이라고도 한다.[22]

밭은오금: 대림끝과 한오금 사이

먼오금: 한오금 다음

촉끝: 먼오금 다음

---

19) 뒤의 그림에는 '줌통'으로 표기되어 있다.

20) 줌통을 붙이는 곳을 말한다. 뒤의 제4장 '조선시대의 궁시와 과녁'에 나오는 줌허리통과 같은 말로 보인다.

21) 원문에서는 "아래아귀와 밭은오금 사이", 즉 아래아귀 다음만 대림끝(다림끝)이라 했지만 웃아귀 다음도 대림끝 (다림끝)이라고 해야 할 것이다.

22) '오금'이란 구부러지는 곳을 일반적으로 일컫는 말로서 시위를 얹으면 반대방향으로 구부러지는 곳을 말한다. 이 구부러지는 곳의 가운데를 '오금' 또는 '한오금'이라 하며 줌통과 가까운 곳을 '밭은오금' 먼 쪽을 '먼오금' 이라 한다. '밭은'은 가까이 있다는 말이다. 오금은 활에서 가장 많은 힘을 쓰는 부분이다.

뿔끝: 활에 덧댄 뿔의 끝[23]

장궁(長弓): 활의 앞면 전체에 뿔을 덧댄 활[24]

후궁(猴弓): 활의 앞면에 삼삼이까지만 뿔을 덧대고 고자 부분에는 뿔을 덧대지 않은 활[25]

삼삼이(䩸양): 먼오금과 뿔끝의 사이로 활의 본체인 대나무, 즉 '대소(竹心죽심)'와 뽕나무로 만드는 고자, 즉 목소(木弰)가 연결되는 곳[26]

고자 또는 목소(木弰): 활의 본체인 대나무, 즉 '대소(竹心죽심)'에 이어 붙인 뽕나무[27]

고자잎: 도고지로부터 양양고자까지

양양고자(彌소): 고자의 가장 끝, 즉 활의 가장 끝에 시위의 심고[28]를 거는 곳

창밑: 삼삼이와 도고지를 붙이는 정탈목의 중간[29]

도고지(彄구): 시위를 고자에 걸어 얹었을 때 시위와 활이 닿는 곳[30]

정탈목: 도고지를 붙이는 자리[31]

꼭뒤: 정탈목의 반대쪽[32]

줌싸기(紮찰): 헝겊 또는 가죽으로 줌을 싸는 것

줌피: 줌을 싼 헝겊 또는 가죽

---

23) 원문에서는 "뿔과 뽕나무 끝이 서로 닿는 곳"이라고 했으나 후궁(猴弓)에서는 삼삼이가, 장궁(長弓)에서는 정탈목이 뿔끝이 된다.

24) 도고지가 붙어 있는 정탈목까지 모두 뿔을 덧댄 활을 말한다.

25) 원문에서는 "삼삼이부터 도고지까지 뽕나무를 댄 활"이라고 했지만 삼삼이부터 활의 가장 끝인 양양고자까지는 모두 하나의 뽕나무로 된 고자이다.

26) 전투용이나 사냥용 활에서는 고자뿐 아니라 본체까지 모두 뽕나무로 만든다. 또한 활의 내부에 습기가 배어드는 것을 방지하기 위해 전투용이나 사냥용 활에서는 활 외부에 화피(樺皮)가 아니라 칠(漆)을 입혔었다.

27) 원문에서는 "후궁(猴弓)에서 뿔끝에 이어서 붙인 뽕나무"라고 하여 후궁에만 있는 것으로 기술되어 있으나 어떤 활이건 고자가 없는 활은 없다.

28) 시위의 두 끝에, 활에 걸기 위해 만들어 놓은 동그란 고리 부분

29) 원문에는 '도고지 밑'이라 해서 정탈목과 혼동되게 서술되어 있으나 '궁시의 종류'에 그려 넣은 삽화 '얹은활의 모양'에 위치가 표시되어 있다.

30) 정확히 말하자면 시위를 당겼다 놓았을 때 정탈목 부분을 때리게 되므로 그 충격을 줄이려고 정탈목에 붙여 놓은 동그랗고 두툼한 가죽조각을 말한다.

31) 원문에서는 '꼭뒤와 고자잎 사이'라고 했다.

32) 원문에는 '도고지가 붙어 있는 곳의 뒤'라고 했다.

아귀피: 줌의 아래와 윗부분을 싼 벚나무 껍질

곁피: 줌의 윗부분을 싼 벚나무 껍질[33]

출전피(出箭皮): 활 옆에 화살이 닿는 부분에 붙인 가죽[34]

보싸기: 보껍질[35]로 싸는 것

용벚: 활 전체를 싼 보껍질

면벚: 도고지 곁쪽을 싼 보껍질

칠지단장: 고자의 끝 부분을 단장한 칠지(漆紙)

무력전: 양양고자 밑에 단장한 모직 헝겊[36]

무력심: 양양고자에 감은 힘줄

무력피: 양양고자에서 활의 끝 부분까지를 단장한 가죽

시위(弦현): 활을 쏠 때 화살을 끼어서 잡아당기는 줄

심고(筋圈子근권자): 소 힘줄로 둥근 고리를 만들어 시위 끝에 연결해서 양양
　　　　　　고자에 거는 부분[37]

절피(彈필): 시위 중간에 오늬를 끼우기 위해 실로 감은 곳

궁대(弓袋) 또는 궁의(弓衣): 시위를 풀은 활을 넣는 자루[38]

막막강궁(莫莫强弓): 아주 억센 활

강궁(强弓): 억센 활

실중힘(實中力실중력): 강궁 다음가는 활

중힘(中力중력): 실중힘 다음가는 활

연상(軟上): 실중힘 다음가는 활로서 무른 활 가운데 제일 센 것

연중(軟中): 연상 다음가는 활로서 무른 활 가운데 조금 센 것

연궁(軟弓): 무른 활

---

33) 줌의 윗부분을 감싼 아귀피를 말하는 것으로 보인다.

34) 줌통 위의 곁피에 덧붙인다.

35) 보껍질에서 '보(褓)'는 물건을 싸거나 덮는 물건을 말한다. 활을 만들 때는 습기를 차단하려고 벚나무 껍질로
　　 뿔을 제외한 부분을 감싼다.

36) 무력전에서 '전(氈)'은 짐승의 털을 원료로 만든 모직 헝겊을 말한다. 보통 녹전(綠氈), 홍전(紅氈) 및 황전(黃
　　 氈) 세 줄로 단장한다.

37) 개량궁에서는 시위와 같은 재료로 만든다.

38) 활을 쏠 때는 궁대를 허리에 두른 후 이곳에 화살을 차고 쏜다.

Ⅵ. 화살에서 쓰는 말

긴작: 긴 화살

짧은작: 짧은 화살

평작: 길지도 짧지도 않은 화살

경전(輕箭): 가벼운 화살

중전(重箭): 무거운 화살

몸 빠진 살: 가는 화살

부푼 살: 굵은 화살

닳아진 살: 가늘지만 무거운 화살

서분한 살: 굵지만 가벼운 화살

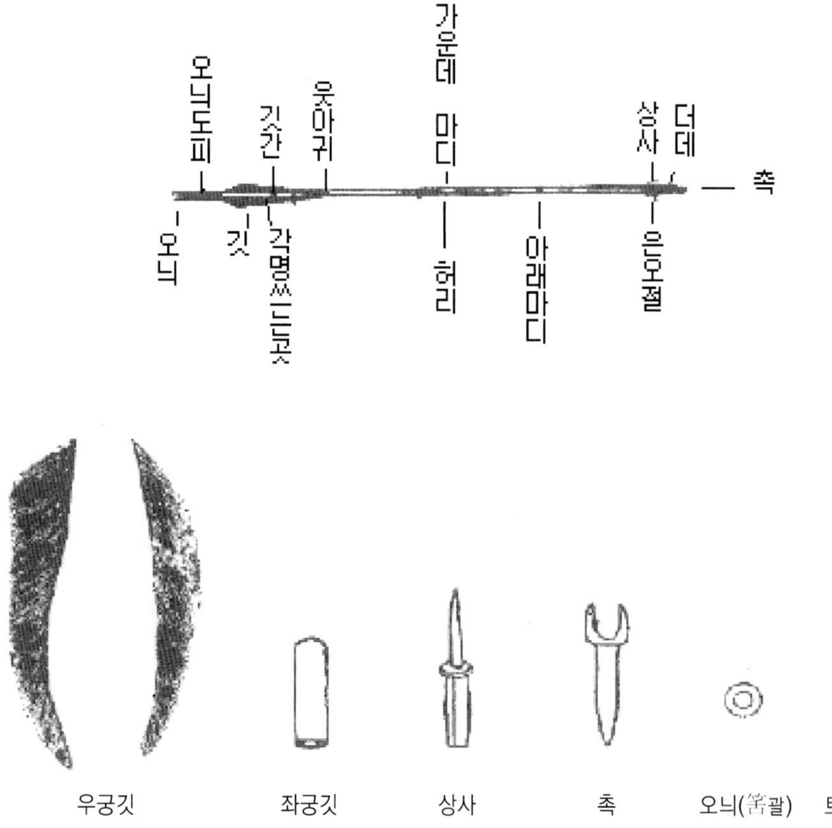

오늬(筈괄): 화살을 시위에 끼고 쏘기 위해 화살대 위쪽 끝에 광대싸리로 만들
　　　　어 시위를 끼워 넣는 곳
오늬도피: 오늬의 겉을 싼 복숭아나무 껍질
깃(羽우): 깃간도피 아래에 세 갈래로 붙인 날개깃
우궁깃: 새의 왼쪽 날개깃으로 만든 깃[39]
좌궁깃: 새의 오른쪽 날개깃으로 만든 깃[40]
깃간: 깃의 사이
깃간도피: 오늬 아래로부터 깃 위까지를 싼 복숭아나무 껍질
각명(刻銘): 깃의 사이에 성명(姓名)을 새기거나 쓴 것
자표(字標): 一·二·三·四·五 숫자를 화살에 표시한 것[41]

살밑(鏃촉): 화살촉
내촉(內鏃): 화살대 속으로 들어가 박혀 있는 화살촉의 부분
외촉(外鏃): 화살대 밖으로 나와 있는 화살촉의 부분
더데: 내촉과 외촉을 구분하려고 화살촉 중간을 볼록 나오게 한 곳
상사: 내촉이 박힌 화살대 외부를 힘줄(筋근)로 감싼 다음 이 힘줄을 보호하
　　　기 위해 겉에 입히는 대롱(竹管죽관)
굽통: 상사의 바로 위로, 화살대의 끝
토리: 화살대 끝인 굽통에 씌운 얇은 철판으로 만든 고리

깃간마디: 깃을 붙인 곳 바로 아래의 마디
늦은삼절: 상사 위의 화살대 셋째 마디
은오절: 화살대의 다섯 마디 가운데 상사로 감싸 놓은 끝마디
허리심: 화살대 중간의 단단한 정도
살걸음: 화살이 날아가는 속도

---

39) 우궁이 쓰는 화살의 깃.
40) 좌궁이 쓰는 화살의 깃.
41) 요즘 화살에 번호를 표시하는 것은 쏜 화살이 과녁에 맞고 튀어나왔는지 여부를 가리려는 것이지만 과녁에 박
　　히는 화살을 쏘던 과거에는 천연자료로 만든 화살이 화살마다 날아가는 습성에 차이가 있어 이를 구분하기 위
　　해 화살에 번호를 표시했을 것으로 보인다.

Ⅶ. 여타의 용구(用具)에 관한 말

깍지(角指깍지): 뿔로 만들어 시위를 당기는 엄지손가락에 끼는 도구

팔찌(韝구): 줌팔의 소매를 잡아매는 도구

멧두기팔찌: 멧두기[42]가 달린 팔찌

고전기(告傳旗): 살이 맞았는지 그리고 안 맞은 경우 어느 쪽으로 떨어졌는지
를 알려 주는 기(旗)

사정기(射亭旗): 사정을 대표하는 기(旗)

산주(算珠): 활 쏘는 순(巡)과 시수(矢數)를 계산할 때 쓰는 구슬

전통(箭桶): 화살 담는 통

전통조승(箭桶弔繩): 쇠나 뿔로 만들어 전통을 허리에 찰 때 쓰는 도구

전통주머니: 활을 쏠 때 필요한 부속 용구를 담는 주머니[43]

촉도리(鏃機촉기): 화살대에 화살촉을 박거나 뽑을 때 쓰는 도구

장족(獐足): 과녁에 박힌 화살을 뽑을 때 쓰는 노루발 모양의 도구

장족망치: 과녁에 박힌 화살을 뽑을 때 장족을 두드리는 망치

살방석: 방석처럼 만들어 화살을 닦을 때 쓰는 받침

살수건(拭巾식건): 화살을 닦을 때 쓰는 수건

살수세미: 화살대를 닦을 때 쓰는 수세미

밀피(蠟皮납피): 시위에 밀랍을 바른 후 문지르는 가죽이나 헝겊

삼지끈: 삼지에 끼는 실가락지[44]

---

42) 무인(武人)들은 팔찌로 소매를 감싼 후 끝에 달린 줄로 팔찌의 겉을 감아서 팔찌를 고정시키지만 일반인은 메
뚜기같이 생긴 고리를 팔찌 끝에 달아서 팔찌로 소매를 감싼 다음 팔찌 중간에 이 고리를 꽂아 팔찌를 고정시
킨다. 그 실물이 뒤의 제2장 '활의 제작 및 용구 도해'에 그려져 있다.

43) 뒤의 제2장 '활의 제작 및 용구 도해'의 마지막에 그려진 주낭(周囊)을 말하는 것으로 보인다.

44) 얹은활을 쏘지 않고 세워놓고 있을 때 시위가 활에서 벗겨지는 것을 방지하기 위해 시위의 윗부분과 활대를 묶
어 놓을 때 쓰는 둥그런 고리이지만 활을 쏠 때는 깍지손 하삼지(下三指)로 이를 움켜쥔다. 깍지손 하삼지를
꼭 감아쥐지 않으면 엄지와 검지에 너무 힘이 들어가서 발시할 때 매끄럽게 시위를 놓지 못하는 일이 생기는데
이를 방지하기 위한 것이다.

제2장 활의 제작 및 용구 도해(圖解)

Ⅰ. 흑각(黑角)

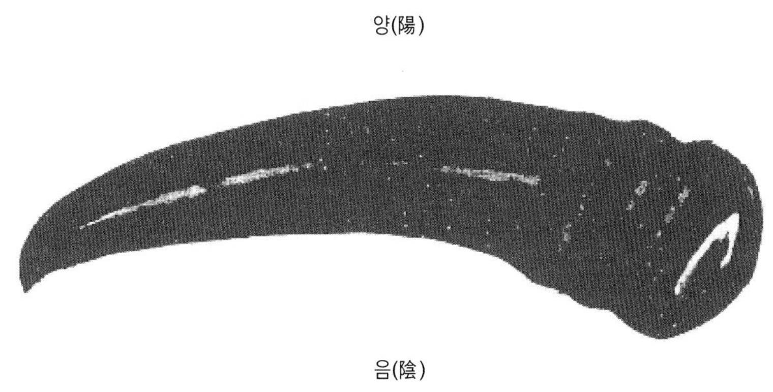

　이 뿔을 속칭 흑각(黑角)이라 하는데 온대지방에 사는 큰 물소의 뿔이다. 구부러진 안쪽을 음편(陰片), 그 반대쪽을 양편(陽片)이라 한다.[1] 각궁(角弓)을 만드는 재료 중 제일 중요한 재료이다.

　톱으로 뿔을 갈라서 조각 낸 다음에 속 면을 보아서 검은 바탕에 사람 '人' 자 모양의 흰색 줄무늬가 있는지 여부와 그 줄무늬가 큰지 작은지, 두꺼운지 가는지, 뚜렷한지 희미한지에 따라서 품질을 평하는데 그 줄무늬가 크고 가늘며 뚜렷한 것을 좋은 것으로 친다. 조각 낸 속 면의 전체가 검고 흰색 줄무늬가 없는 것은 하품(下品)이다. 검은 바탕에 흰색 줄무늬가 있고 붉은색과 노란색이 섞여 있는 것이 상품(上品)이다.

---

1) 활을 만들 때 쓰이는 부분은 양편이고 음편은 쓰지 않는다.

Ⅱ. 조각 낸 흑각(片開黑角편개흑각)

    장궁(長弓)에 쓸 흑각은 먼저 길이 1자 7치 5푼, 넓이 2치, 두께 3푼으로 조 각을 갈라낸 다음 만들고자 하는 활 몸체의 강연(强軟)에 따라 넓이와 두께를 다시 다듬는다. 후궁(猴弓)에 쓸 흑각은 장궁의 경우에 비해 길이만 5치 3푼을 짧게 한다.

Ⅲ. 힘줄(觔근)

1. 소 힘줄(牛觔우근)

    힘줄(觔근)은 큰 소 힘줄을 말하며 길고 두터운 것이 좋은 것이다.

2. 처음 두드려 편 힘줄(初叩解觔초고해근)

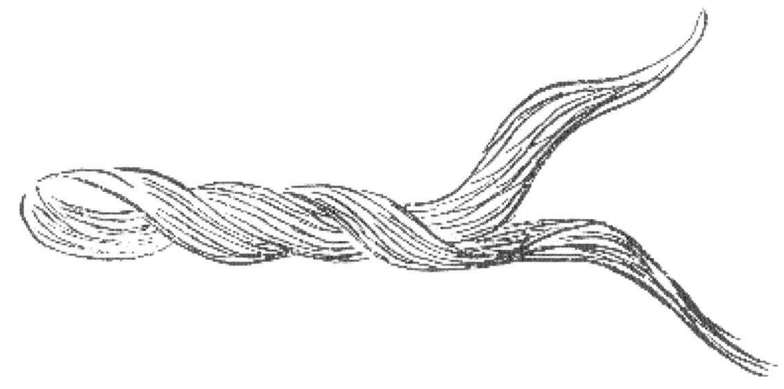

　　소 힘줄을 나무망치(椎추)로 두드려서 겉에 붙어 있는 큰 고깃덩이와 기름덩이들을 떼어 내고 엉겨 붙은 가닥들을 편다.

3. 편 힘줄(解觔해근)

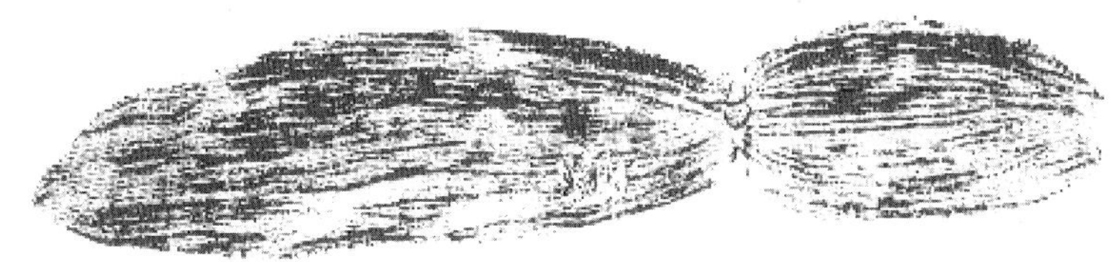

　　처음 두드려 편 힘줄을 다시 대빗(竹梳죽소)으로 쓸어 내려 나머지 잔 고깃덩이와 기름덩이들을 제거한 후 3냥씩 나누어 묶어 놓는다.

4. 민어부레풀에 적신 힘줄(魚膠水浸觔어교수침근)

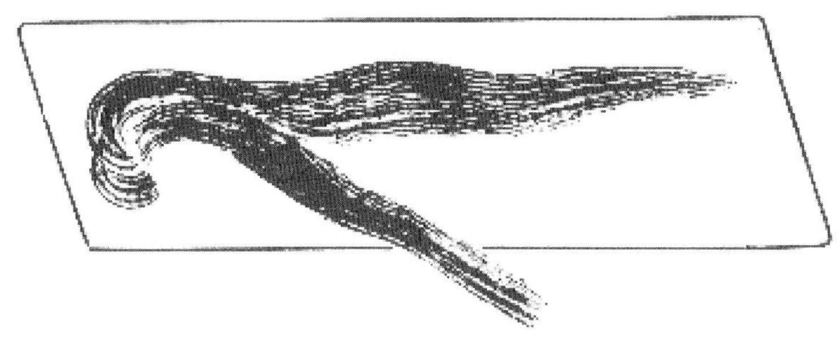

편 힘줄을 민어부레풀에 적셔서 평평한 판 위에 올려놓고 쇠빗(鐵梳철소)으로 빗기고 죽도(竹刀)로 밀고 수세미(瓜과)로 문질러서 미세한 고깃덩이와 기름덩이까지 깨끗이 제거한다.

Ⅳ. 대림(弝幹파간)[2]

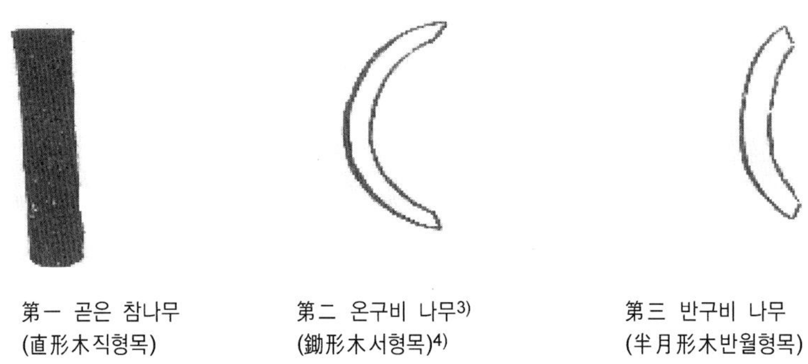

第一 곧은 참나무   第二 온구비 나무[3]   第三 반구비 나무
(直形木직형목)   (鋤形木서형목)[4]   (半月形木반월형목)

참나무로 만든다. 먼저 첫 그림같이 길이 1자, 폭 1치 5푼이 되게 반듯하게 깎은 후 물로 삶아 그 나뭇결(木理목리)을 풀어 준 다음 다시 불에 구워 구부려 둘째 그림같이 온구비, 즉 호미 모양으로 만든 후 셋째 그림같이 반구비, 즉 반달모양으로 만든다.

---

2) 대나무의 한가운데 줌통 붙이는 부분에 덧대는 나무로 '다림'이라고도 한다.

3) 원문에는 '왼구비'로 되어 있으나 좌우(左右)와 관련된 말이 아니고 높낮이 또는 대소(大小)와 관련된 말이므로 '온구비'로 바꾸었다.

4) 원문에서는 '鋤形서형'을 '반구비'라 했고 '半月形반월형'은 '온구비'라고 했다. 그러나 다음 '대소(竹心죽심)' 부분에서는 '半月形'을 '반달구비'라고 했다. '鋤形'을 '온구비'로 표기하고 '半月形'은 '반구비' 또는 '반달구비'로 표기하는 것이 올바른 표기일 것으로 생각되어 바로잡았다. '鋤形', 즉 호미 모양이란 말은 호미의 생김새가 거의 직각으로 많이 구부러져 있어 붙인 이름일 것이다.

Ⅴ. 대소(竹心죽심)[5]

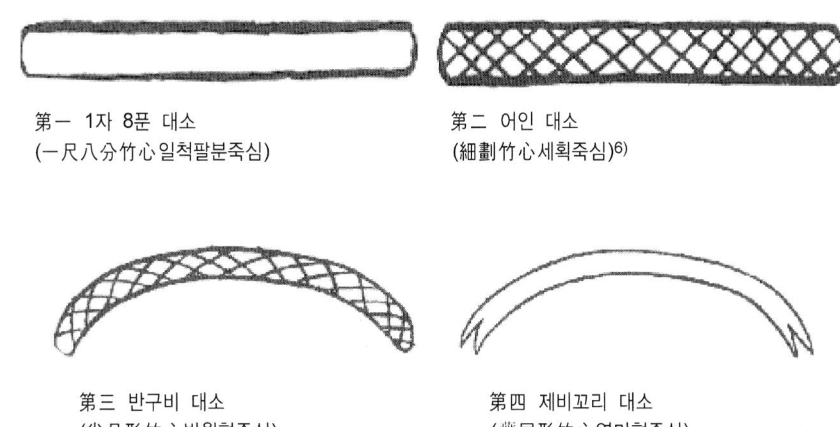

第一 1자 8푼 대소
(一尺八分竹心일척팔분죽심)

第二 어인 대소
(細劃竹心세획죽심)[6]

第三 반구비 대소
(半月形竹心반월형죽심)

第四 제비꼬리 대소
(鷰尾形竹心연미형죽심)

대나무를 햇빛에 말려 첫 그림같이 1자 8푼 길이로[7] 자른 다음 두 번째 그림같이 칼로 창살 무늬를 파 넣고 세 번째 그림같이 불에 구워 구부려서 반달 모양으로 만든 다음 네 번째 그림같이 양끝의 가운데를 도려내서 제비꼬리 모양으로 만든다.

Ⅵ. 고자 뽕나무(弰材桑木소재상목)

第一 고자 뽕나무(弰材桑木소재상목)

---

5) 활대의 본체를 이루는 대나무를 말하며 그 위에 뿔을 덧붙인다.

6) 칼로 도려내듯이 베어내는 것을 우리말로 '어이다' 또는 '에다'라 한다.

7) 장궁(長弓)에 쓸 흑각은 길이가 1자 7치 5푼이고 후궁(帿弓)에 쓸 흑각은 1자 2치 2푼이라고 했다. 따라서 대소의 길이가 1자 8푼인 것은 장궁의 경우이다.

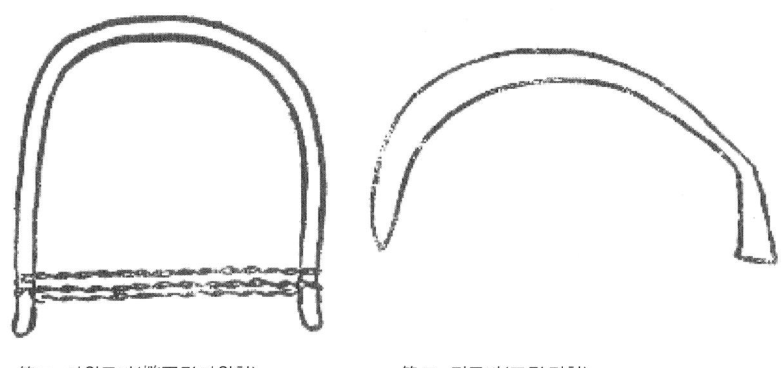

第二 타원구비(橢圓形타원형)   第三 정구비(正形정형)

대소(竹心죽심) 양쪽 끝에 이어 붙이는 고자의 뽕나무재료이다. 첫 번째 그림같이 길이 1자 4치 8푼, 폭 1치 1푼으로 깎은 후 두 번째 그림같이 물에 삶아서 두 끝이 서로 마주 보게 줄로 묶어서 타원 구비를 만든 다음 말려서 형체가 굳어지면 세 번째 그림과 같이 정구비로 형체를 다시 만들어서 대소(竹心죽심)에 이어 붙인다.[8]

Ⅶ. 연소(聯心연심)

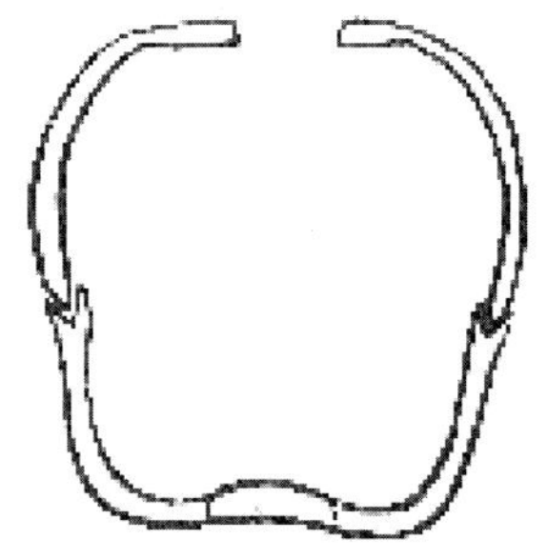

정구비(正形정형)로 형태를 잡은 고자뽕나무(弰材桑木소재상목) 둘을 대소(竹心죽심) 양쪽 끝 제비꼬리(鷰尾形연미형) 부분에 연결하는 것을 연소(聯心연심)한다고 말한다. 이렇게 연소(聯心연심)한 다음에 그 위에 뿔(角각)과 힘줄(觔근)을 붙인다.

---

8) 대소(竹心죽심) 양쪽 끝에 고자를 바로 이어 붙이는 것은 장궁(長弓)의 경우이고 후궁(猴弓)에서는 그 사이에 또 다른 뽕나무로 만든 목소가 들어간다. 장궁의 경우 대소의 길이가 1자 8푼이고 고자뽕나무 하나의 길이가 1자 4치 8푼이라면 대소의 길이에 고자뽕나무 두 대의 길이인 2자 9치 6푼을 합하면 활 전체의 길이는 4자 남짓이 될 것이다.

Ⅷ. 뿔과 힘줄을 붙인 모습(角觔付形각근부형)

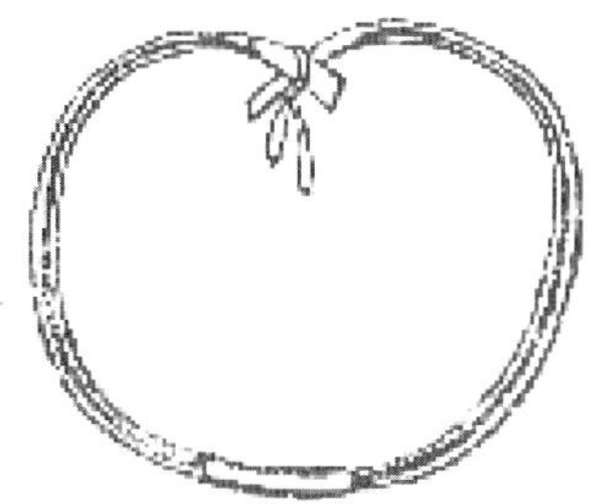

　　고자뽕나무(弰材桑木소재상목)와 대소(竹心죽심)를 연소(聯心연심)한 후 안쪽에는 뿔(角각)을, 바깥쪽엔 힘줄(觔근)을 붙인다. 힘줄을 붙일 활등(弓背궁배)에는 민어부레풀(魚膠어교)을 얇게 15번 바르는데 매번 풀을 바를 때마다 햇볕에 말려 가면서 아래와 같이 4차에 나누어 힘줄을 붙인다. 힘줄을 붙일 때는 매번 환(鐶사)[9]으로 다듬는다.

　　1차: 1자 9치 5푼의 힘줄을 붙이는데 이를 초힘(初觔초근)이라 한다.
　　2차: 1자 7치 3푼의 힘줄을 붙이는데 이를 재힘(再觔재근)이라 한다.
　　3차: 활 앞뒤 면 전체에 고루 힘줄을 붙이는데 이를 첨력(添力)이라 한다.
　　4차: 활등(弓背궁배) 전체에 긴 힘줄을 붙이는데 이를 '매힘'이라 한다.

Ⅸ. 후궁(猴弓)

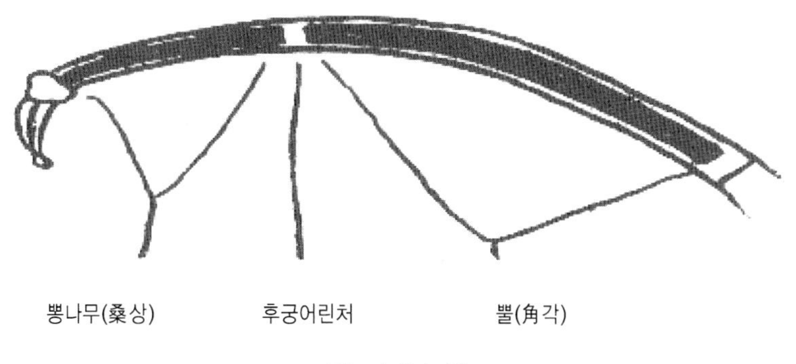

(猴弓魚鱗處)[10]

---

9) 대패와 유사한 연장.

X. 해궁법(解弓法)

활이 거의 다 만들어졌을 때 신축기(伸縮機)가 붙은 쇠시위를 얹어 놓고 활의 전체적 모습이 적절한 형태를 이루도록 조정한다. 그런 다음에 다시 보면 활의 억센 곳과 부드러운 곳, 두꺼운 곳과 얇은 곳, 똑바른 곳과 구부러진 곳 등이 모두 드러난다. 이를 다듬어서 완전한 활의 모습을 만드는 것을 해궁(解弓)이라고 한다.

활이 거의 다 만들어졌으면 도지개(木支機목지기)를 양쪽 오금에 붙여 놓고 쇠시위를 얹은 후 우선 줌통(弝파) 부분을 불에 쬐어 누른다. 그런 다음 양끝의 목소를 불에 쬐어서 손가락 세 개를 겹쳐 놓은 길이(1치 5푼)만큼 누른다. 그런 다음에 우궁(右弓), 즉 오른손잡이가 쓰는 활이면 윗고자는 왼쪽으로 아랫고자는 오른쪽으로 각각 조금씩 틀어 주고 좌궁(右弓), 즉 왼손잡이가 쓰는 활이면 윗고자와 아랫고자를 그와 반대 방향으로 조금씩 틀어 준다. 끝으로 먼오금 부분에 튀어나온 곳이 있으면 눌러 주고, 심하게 튀어나왔으면 환(鐁사)으로 깎아서 적절한 곡선을 이루도록 해 준다.

해궁(解弓) 시에 쓰는 도구들

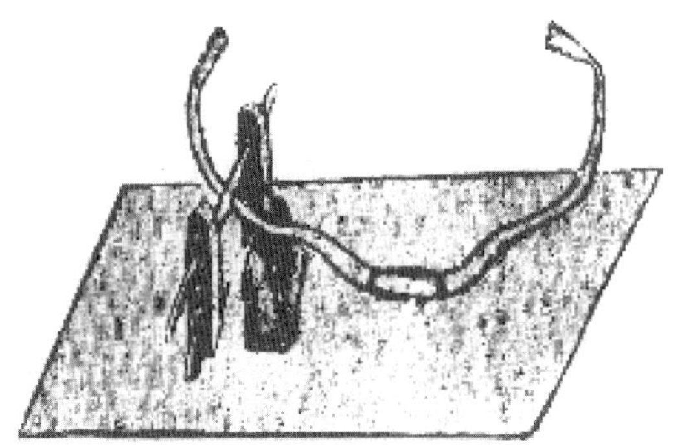

활창애(矯弓機교궁기)[11]

---

10) 앞의 '활터에서 쓰는 용어'에서 말하는 '뿔끝'을 말하며 물고기 비늘같이 만들기 때문에 붙여진 이름일 것으로 보인다.

11) 요즘은 이를 '궁창'이라고 부른다.

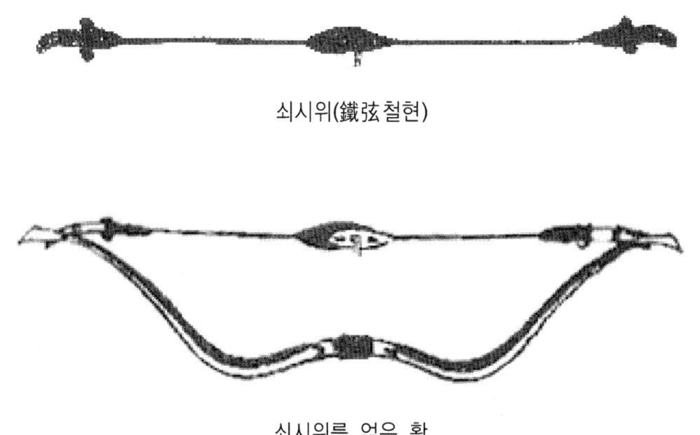

쇠시위(鐵弦 철현)

쇠시위를 얹은 활

활을 다 만들면 쇠시위(鐵弦철현)를 활에 얹어 놓고 울퉁불퉁한 면을 누르거나 펴서 균일하게 만드는데 이 과정을 '미립'이라고 한다.

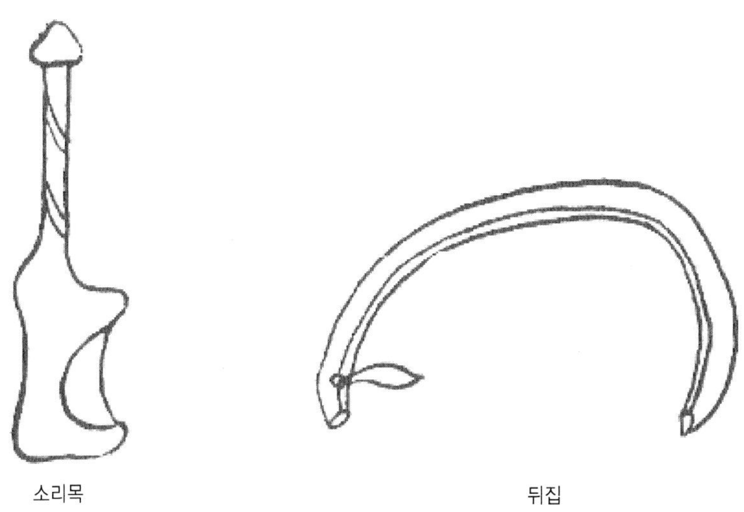

소리목   뒤집

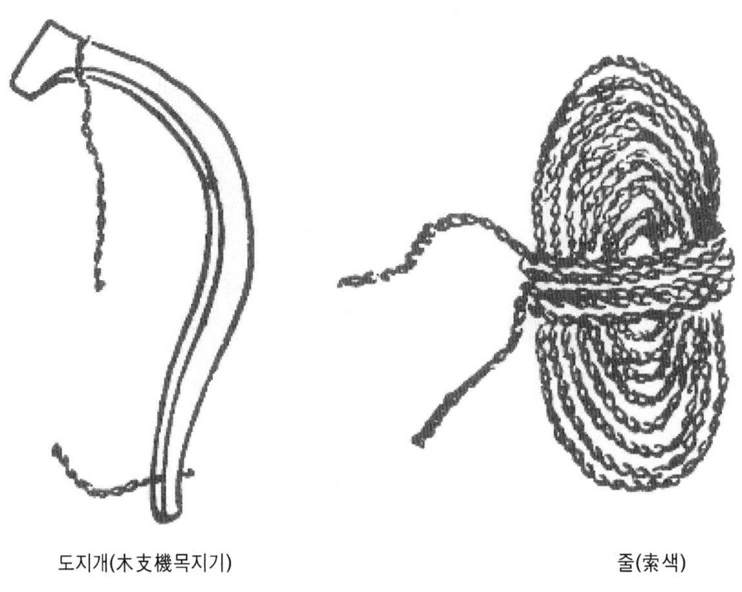

도지개(木支機목지기)　　　　　　　　줄(索색)

XI. 화피장법(樺皮粧法)

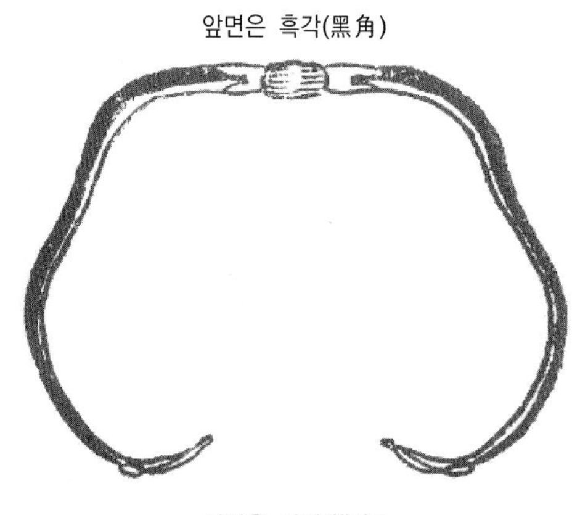

　이 그림은 완성된 활의 모습인데 앞면에는 줌통(弝파)에서 도고지(弰구)까지 뿔이 붙여져 있으므로 뒷면에만 줌통에서 도고지까지 화피(樺皮), 즉 벗나무 껍질을 입혀서 습기가 스며드는 것과 힘과 민어부레풀이 손이나 다른 물체에 닿아 상하는 것을 방지했다.

　벗나무 껍질을 손질할 때는 먼저 내면의 흰 부분을 최대한 얇게 긁어 낸 후에

물에 삶는다. 이때 물로만 삶으면 누런색이 되고 물에 재(灰)를 넣고 삶으면 붉은
색이 된다. 평평한 판 위에다 벗나무 껍질을 펴 놓고 네 귀퉁이에 가는 못을 박아
서 말려 일어나지 않도록 한 다음에 밖으로 내놓아서 비와 바람과 이슬과 햇빛을
3개월 이상 쏘이게 하면 흰색이 된다. 어느 색을 쓰는가는 취향대로 하면 된다.

XII. 고자단장(粧 弰式 장소식) 또는 칠지단장(漆紙粧飾 칠지장식)

XIII. 활 만들 때 쓰는 여타 용구

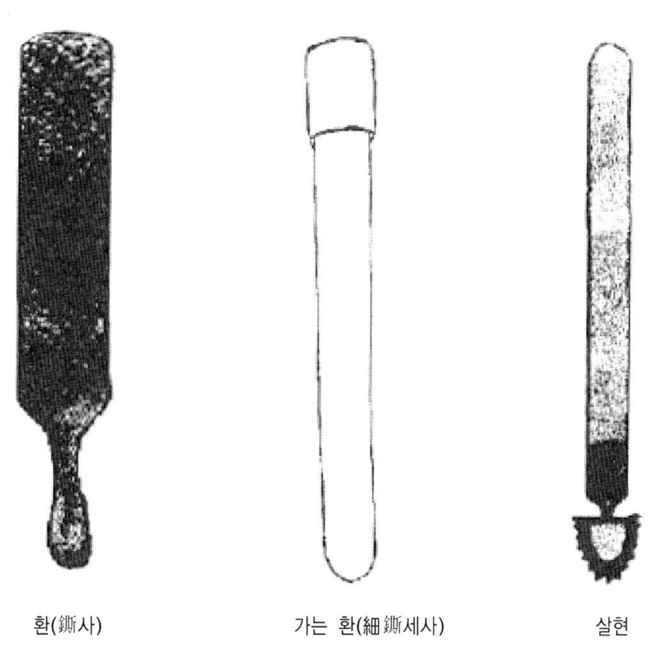

| 환(鐁사) | 가는 환(細鐁세사) | 살현 |

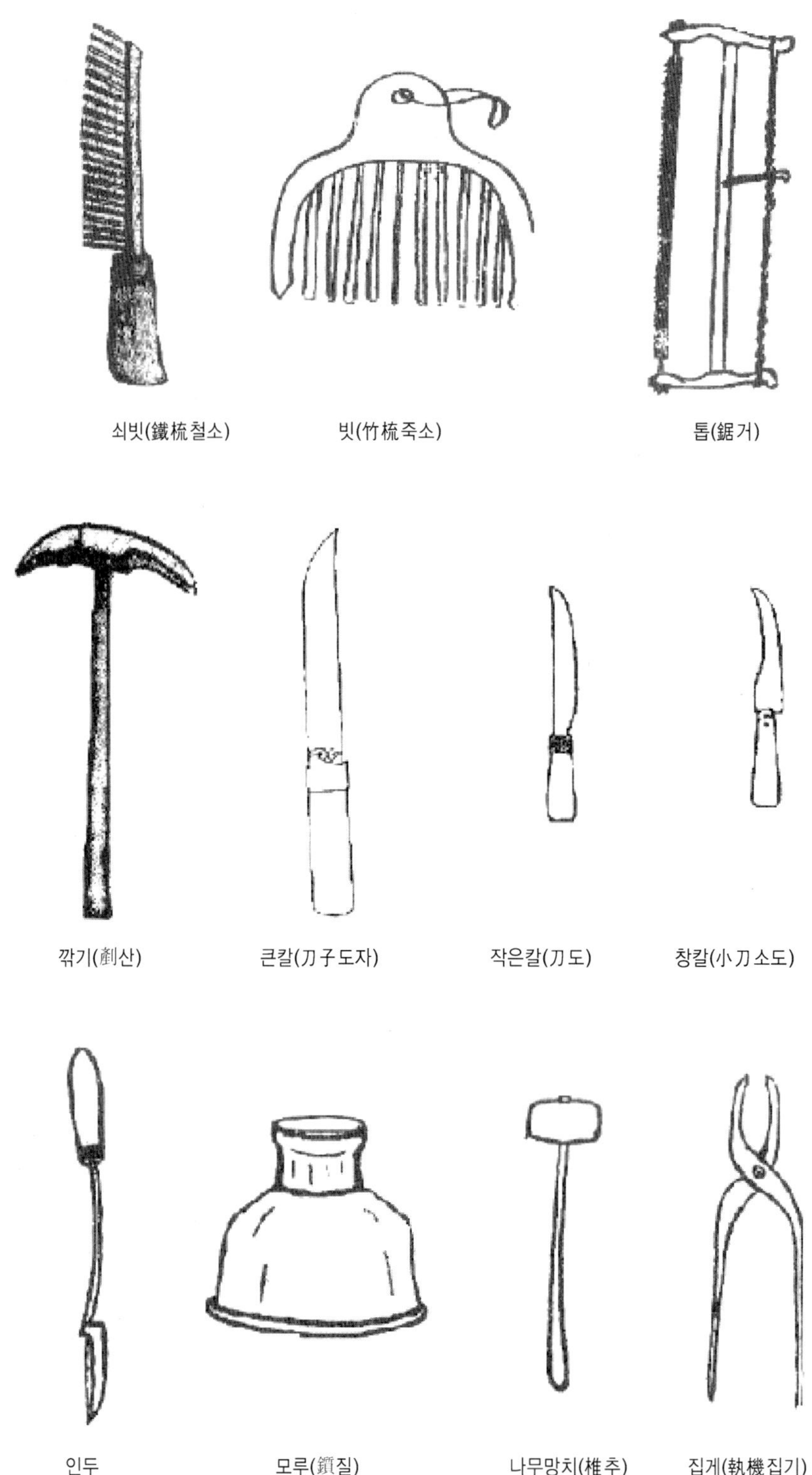

쇠빗(鐵梳철소)
빗(竹梳죽소)
톱(鋸거)
깎기(劍산)
큰칼(刀子도자)
작은칼(刀도)
창칼(小刀소도)
인두
모루(鑕질)
나무망치(椎추)
집게(執機집기)

나무집게(木執機 목집기)

귀알(筆 필)[1)]과 도가니(爐 로)

XIV. 살대(箭竹 전죽)

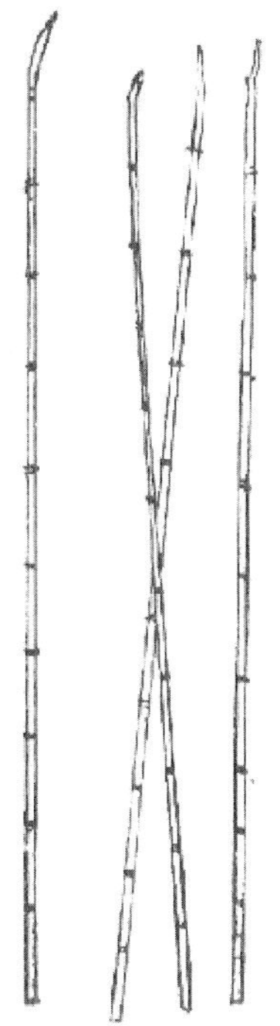

바로잡지 않은 대
(未治鍊竹 미치련죽)

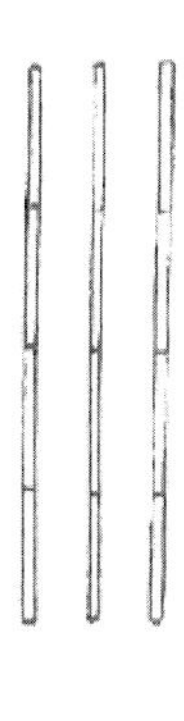

바로잡은 살대
(治鍊箭竹 치련전죽)

XV. 화살 바로잡는 용구

살대 바로잡는 조막손이(矯箭木교전목)

살대 바로잡는 화로(矯箭爐교전로)

XVI. 화살통(箭桶전통)과 그 부속 용구

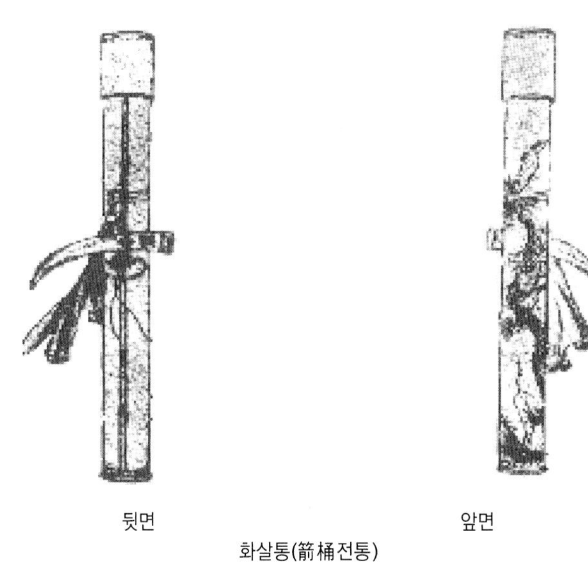

뒷면   앞면

화살통(箭桶전통)

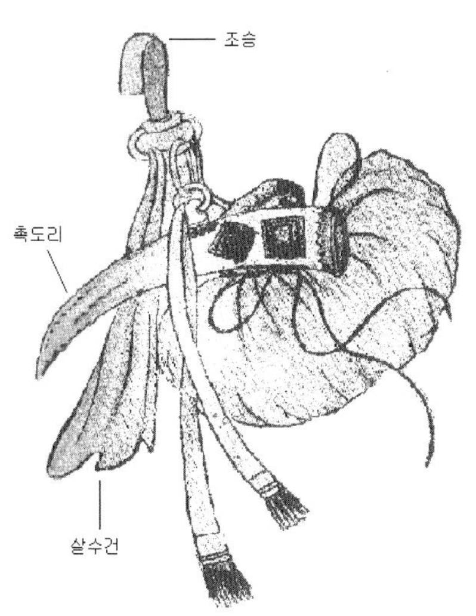

두루주머니(周囊주랑)[12]

촉도리(鏃機촉기)[13]　　조승(弔繩)[14]　　살수건(拭巾식건)[15]

---

12) 활 쏠 때 필요한 물건을 이것저것 두루 넣는 주머니.

13) 화살대에 화살촉을 박거나 뽑을 때 쓰는 도구.

14) 쇠나 뿔로 만들어 전통을 허리에 찰 때 쓰는 도구.

15) 화살을 닦을 때 쓰는 수건.

XⅦ. 시위 및 시위 만들 때 쓰는 용구

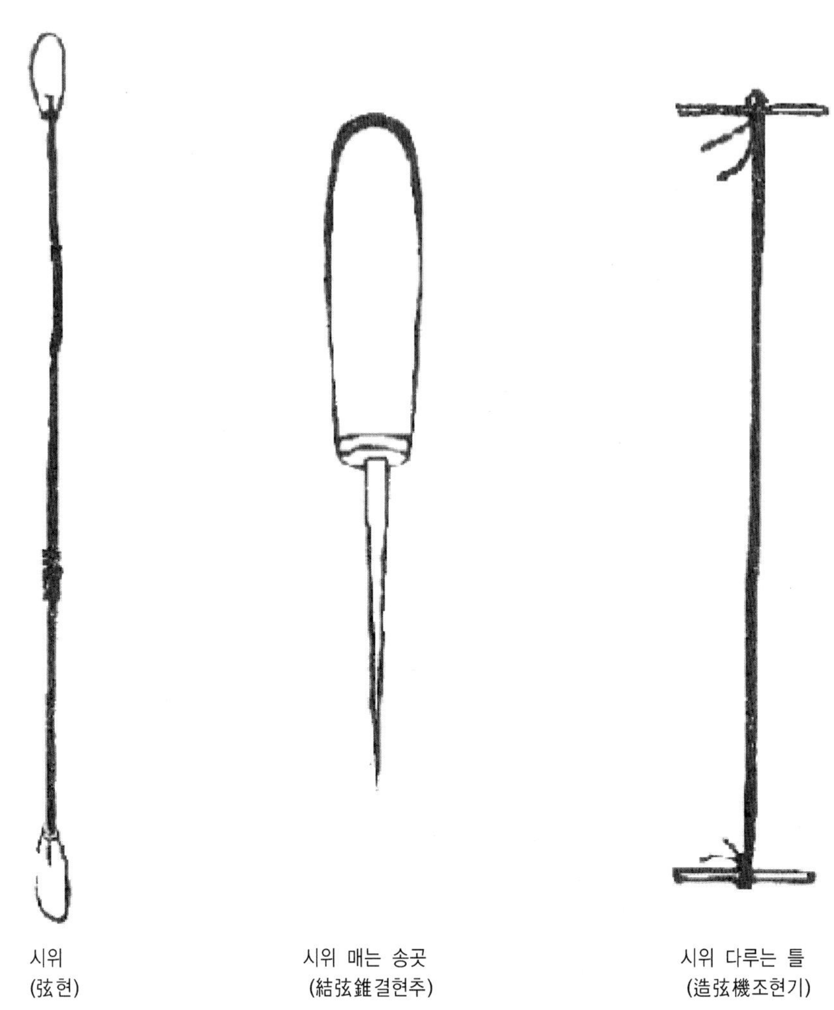

시위
(弦현)

시위 매는 송곳
(結弦錐결현추)

시위 다루는 틀
(造弦機조현기)

XⅧ. 활 쏠 때 쓰는 여타 용구

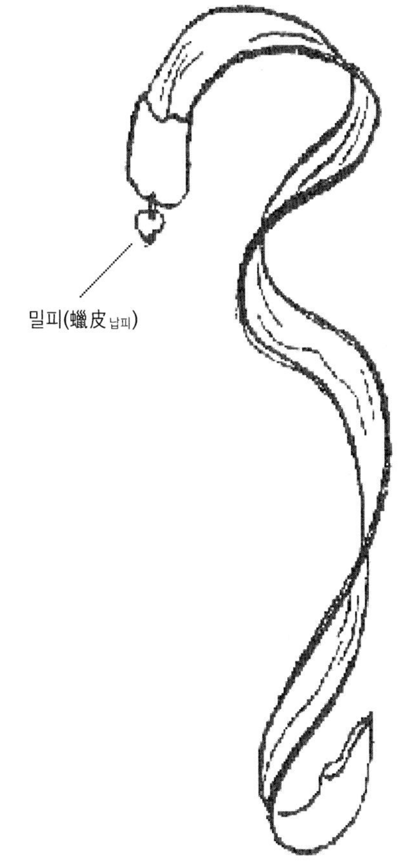

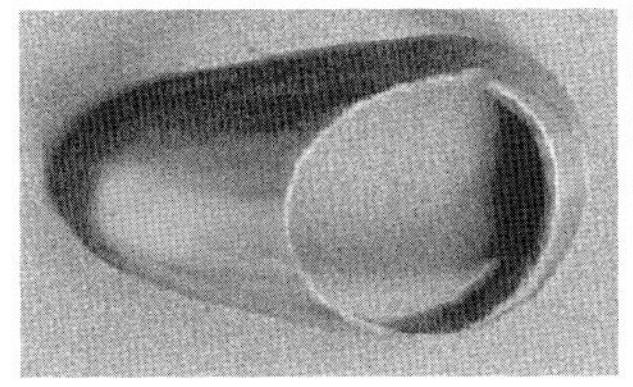

암깍지

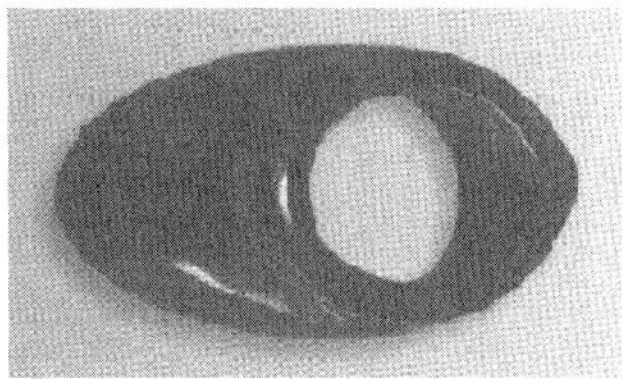

턱깍지16)

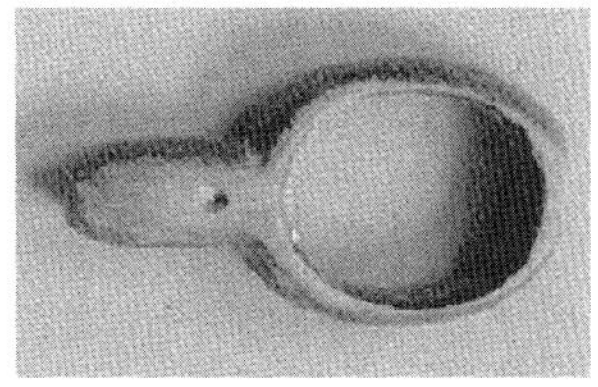

숫깍지

깍지(夬결)17)

---

16) 암깍지의 일종으로 시위가 깍지 안쪽 끝을 넘어 엄지손가락 피부에 닿는 것을 피하려고 암깍지 안쪽 끝에 약간
의 턱을 만들어 주었다.

17) 원문에는 한자가 '殼구'로 되어 있으나 오자(誤字)이므로 바로잡았다. 깍지를 말하는 한자로는 그 외에 '지기

뿔(角각)로 만들며 시위를 당길 때 엄지에 끼는 도구이다. 군용(軍用)으로는 혀(舌)가 달린 숫깍지를 쓰기도 하지만 이는 목전(木箭)이나 철전(鐵箭)을 쏠 때 주로 사용하며 유엽전(柳葉箭) 쏠 때는 잘 쓰지 않는다.

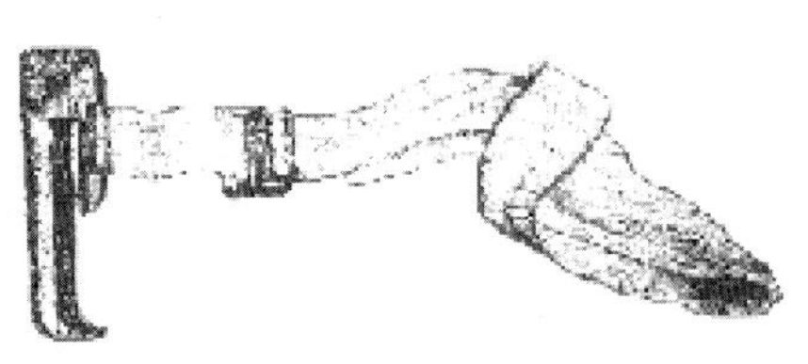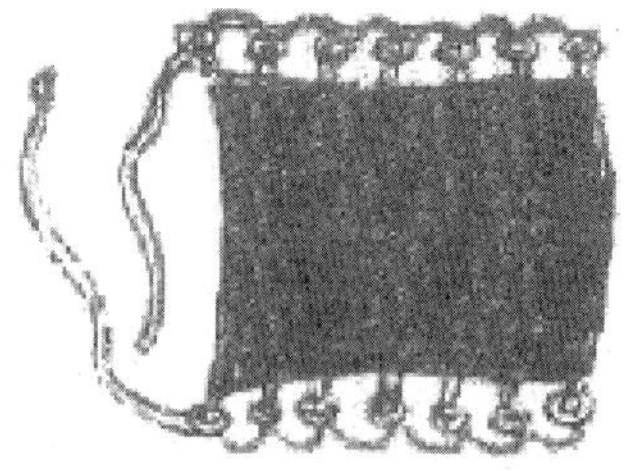

팔찌(韝구)[18]

가죽, 베 또는 명주 등으로 만든다. 길이와 폭은 편한 대로 정하며 팔뚝을 3번 이상 감을 수 있으면 된다. 오른쪽은 군복에 쓰이는 팔찌로 네모난 모습에 고리와 끈이 달려 있으나 불편해서 일반인은 잘 사용하지 않는다.

(指機)', '사결(射決)', '결(抉)', '섭(鞢)', '구(韝)' 등이 있다. '구(韝)'는 팔찌를 의미하기도 한다.
18) 이 외에도 팔찌를 말하는 한자어로 비의(臂依), 습(拾) 등이 있다.

제3장 우리 민족의 궁시(弓矢)[1]

　들짐승을 잡아 고기는 먹고 껍질로 옷을 삼고 **뼈**와 **뿔**로 일용기구를 만들던 고대인들에게도 궁시는 중요한 무기였지만 수렵시대를 지나 문화가 발전하고 생존경쟁이 치열해지자 인류는 무기의 중요성을 깨닫게 되었고 부락이나 나라들이 전투를 할 때 궁시의 위력에 더 의존하게 되면서 궁시는 마침내 가장 중요한 무기가 되었다. 우리 민족도 어떤 사람의 무예(武藝)를 말할 때 무엇보다 먼저 궁마(弓馬)에 재주가 있다거나 기사(騎射)에 능하다고 했었다.

　여러 문헌기록이나 유물들을 보면 우리 민족이 선사(先史)시대로부터 궁시를 사용했음이 분명하다. 함경북도 경흥, 성진, 종성, 회령 등지에서 풍부하게 발견되고 경북 경주에서도 출토된 타제석촉(打製石鏃)과 함경북도에서 경상남도까지 남북에 걸쳐서 광범위하게 다량으로 발견되는 마제석촉(磨製石鏃)이 이를 입증한다. 또 전문가의 조사에 의하면 고대에 우리 민족이 지배했었던 만주(滿洲) 각지에서 발견된 석촉들도 그 형태나 종류가 이와 구별이 없다고 한다. 이는 문화의 근원이 전적으로 동일했다는 증거라고 할 수 있다.

　고조선(단군·기자·위만의 3조선) 영토는 대개 지금의 만주 일대부터 한강 이북에 걸쳤었고 그 북쪽과 동쪽에는 부여·숙신·옥저·예맥 여러 나라가 둘러 있었고 남쪽에는 마한·진한·변한 삼한(三韓)이 대립했었다. 후일 한사군(漢四郡)시대를 지나 압록강 부근에서 고구려가 일어나 고조선 땅을 차지한 후 부여·옥저·예맥 등 작은 나라들을 병합하고 읍루까지 지배 아래 두었으며 남쪽 삼한 지역에서는 신라와 백제가 나라를 세웠으니 역사에서는 이를 삼국시대라고 부른다. 고대 우리 민족이 세웠던 이 여러 나라들이 사용했던 무기들 가운

---

1) 원문에 '호시와 석노' 및 '조선의 궁시'로 장이 나뉘어 있는 것을 내용상 하나로 묶었다.

데는 숙신(肅愼)의 호시(楛矢)와 석노(石砮) 그리고 낙랑단궁(樂浪檀弓) 및 고구려 맥궁(貊弓)이 특히 우수한 것이었다.

제1절 숙신의 활과 화살

숙신(肅愼)이라는 부족은 이름이 시대에 따라 달라졌는데 숙신은 고조선 시대의 이름이고 읍루(挹婁)·물길(勿吉)·말갈(靺鞨)은 삼국시대부터 후기 신라시대까지 이름이며 여진(女眞)은 고려시대 이후의 이름이다. ≪사기(史記)≫, <공자세가(孔子世家)>에는 "무왕(武王)이 상(商)을 누르고 구이(九夷)와 백만(百蠻)에 도(道)를 전했고…… 이에 숙신(肅愼)이 호시(楛矢)와 석노(石砮)를 공물로 바치니 '그 길이는 1자 1지였다(長尺有咫장척유지).'"는 기록이 있다. 이 기록의 해석에 있어 ≪사기집해(史記集解)≫는 "8치를 지(咫)라고 한다." 했고 ≪사기정의(史記正義)≫는 "그들의 활은 길이가 4자(尺 척)이다."라고 했다. 이런 기록들은 무왕(武王)이 상(商)을 누르고 천하를 지배한 주(周)나라 때 일을 기록한 것이므로 당시의 척제(尺制)인 주척(周尺)에 의한 기록으로 보아야 한다. ≪설문해자(說文解字)≫[2]는 "주(周)나라 제도에 자(尺), 치(寸), 지(咫) 및 심(尋)은 모두 사람의 몸 중 어느 부위의 길이를 기준으로 한 것인데 이 주척(周尺)에 의하면 아녀자의 손의 길이 8치를 지(咫)라고 했다." 한다.

≪위지(魏志)≫, <동이전(東夷傳)>은 "읍루는 부여 동북쪽 천리에 있으니 큰 바다를 끼고 있고 남쪽은 북옥저(北沃沮)와 닿아 있으며 그 북쪽 끝은 알 수가 없는데…… 활의 길이는 4자로서 힘이 쇠뇌(弩노)[3]와 같고 화살은 호(楛)를 쓰는데 길이가 1자 8치며 청석(靑石)으로 촉을 만들었다. 읍루는 옛 숙신으로서 활쏘기에 능하며 모든 화살에 독을 발라 쓰기 때문에 그 화살에 맞은 사람은 모두 죽었다…… 인구는 비록 얼마 되지 않지만 험한 산에 기거하는지라 주변 나라가 그 궁시를 두려워해서 그를 능히 이기지 못했다."고 한다. 이 기록 역시

---

2) 후한(後漢)의 허신(許愼)이 편찬한 자전(字典).

3) 서양의 석궁(石弓, crossbow)과 같은 무기로서 활을 벌린 상태로 지지대에 고정시켜 놓은 다음 현대의 소총과 같이 방아쇠를 당겨 화살을 내보내는 무기.

주척에 의한 기록임이 분명하다. 다만 ≪위지≫, 본문 중 진류왕(陳留王) 경원(景元) 3년 4월 조(條)에는 "숙신이 사신을 보내 활 30장과 석노 300매를 바친 일을 요동군에서 보고했는데 그 활의 길이는 3자 5치, 호시(楛矢)의 길이는 1자 8치라고 한다."는 기록도 보이는데 앞서 소개한 <동이전>의 기록과 화살의 길이는 같으나 활의 길이에는 차이가 있음을 알 수 있다. 이는 숙신에 활이 두 종류가 있었거나 활의 길이가 달라졌기 때문일 것이다. 그 증거로는 위(魏)의 뒤를 이어서 중원을 통일했으나 5호16국(五胡十六國)의 난(亂)으로 남북으로 나뉘었던 진(晋)의 역사를 기록한 ≪진서(晉書)≫, <숙신전>의 "숙신 씨는 일명 읍루라 하며…… 단궁(檀弓)은 3자 5치이고 호시(楛矢)의 길이는 1자 1지(咫)이다."라는 구절을 들 수 있다. 다만 ≪후위서(後魏書)≫, <물길전(勿吉傳)>은 "물길은 고구려 북쪽에 있으니 옛 숙신이다…… 활을 이용한 수렵에 능하니 활 길이는 3자이고 화살 길이는 1자 2치이며 돌로 만든 촉을 쓴다." 했는데 이는 주척이 아닌 다른 척제(尺制)에 의한 기록이라 할 것이다.이제 숙신 활의 길이인 주척 4자를 현행 일본척(日本尺)으로 환산하면 2자 6치 4푼인 작은 활이고 숙신 호시의 길이인 주척 1자 8치를 현행 일본척으로 환산하면 1자 1치 8푼 8리인 짧은 화살이라 할 수 있다. 대개 조선에서도 예부터 주척을 사용해 왔는데 그 기준이 일정치 않아 세종대왕 때 척제(尺制)의 문란을 정비하고자 각방으로 표준이 될 만한 것을 구하던 차에 의례상정소(儀禮詳定所)의 제조(提調)인 허조(許稠)가 원(元)나라 말 한황제(漢皇帝)를 칭하던 진우량(陳友諒)의 아들로 당시 조선으로 이주해 살게 된 진리(陳理)란 사람이 지니고 있던 가묘신주(家廟神主)를 구해 기준이 될 자를 임시로 만들었고 또 의랑(議郎) 강문주(姜文霔)의 집에서 고려 충목왕 때 금강산 범종 주조에 관한 일로 왔던 원나라 자정원사(資政院使) 강금강(姜金剛)이 지니고 있던 신주에 붙어 있던 상아로 만든 자를 종이에 베껴서 만들었다는 주척을 구해서 비교해 보니 차이가 없는지라 이에 비로소 척제(尺制)를 정해서 가묘신주, 측우기, 도로의 거리 및 활터에서 과녁까지의 거리 등을 이 척제를 기준으로 정함과 동시에 구리로 자를 주조해서 전국 각 군읍에 나누어 주고 이를 보관해서 원기(原器)로 삼게 했다. 후일 중국 북경에서 새로 만든 신주(神主)를 수입해서 우리의 새 자와 비교해 보았더니 차이가 없었다 한다. 반계(磻溪) 유형원(柳馨遠)에 의하면 "서울에 수표교(水標橋)를 세울 때 수표석(水標石)에 주척을 새겨 넣은 것이 바로 이것이다.”고 했다. ≪동국여지승람≫의 한성부, 교량(橋梁) 조에 “수표교는 장통교(長通橋) 동쪽에 있고 다리 서쪽의 물 가운데에 석표(石標)를 세워 척분(尺分)의 눈금을 새겼으니 빗물 높이를 알기 위함이다.”라 했는데 이 석표는 지금도 그 자리에 있다.4) 이제 조선조에서 사용되던 주척과 여타의 척제(尺制) 그리고 현재 일본에서 유입되어 통용되는 곡척(曲尺)을 비교해 보면 ≪경국대전(經國大典)≫, <공전(工典)>의 도량형 조에서는 “거리나 길이를 재는 단위는 10리(釐)가 1푼(分분)이 되고 10푼이 1치(寸촌)가 되며 10치가 1자(尺척)가 되고 10자가 1장(丈)이 된다. 또 주척의 1자는 황종척(黃鐘尺)으로 6치 6리이고 영조척(營造尺)의 1자는 황종척으로는 8치 9푼 9리이며 조례기척(造禮器尺)의 1자는 황종척으로는 8치 2푼 3리이고. 포백척(布帛尺)의 1자는 황종척으로 1자 3치 4푼 8리가 된다.” 했다. 따라서 주척의 1자(황종척의 6치 6리)를 영조척 또는 속칭 목척(木尺)의 1자(황종척의 8치 9푼 6리)와 비교하면 주척 1자는 영조척 약 6치 7푼 4리에 상당한다. 그러나 위의 각종 척도는 광무 6년(1902) 도량형법을 제정하고자 평식원(平式院)을 설립하고 광무 9년(1905) 3월 21일 법률 제1호로 도량형법을 공포함에 따라 모두 폐지되었다. 이 새 법률에 의하면 자는 상용척(常用尺)과 측지척(測地尺) 둘로 나뉘는데 상용척은 일본척과 같다. 도량형법 제1조에 의하면 “길이의 기본은 자(尺)로 하고 무게의 기본은 냥(兩)으로 한다.”고 했으니 이를 기본단위로 1자의 1/10을 치(寸), 1/100을 푼(分), 1/1,000을 리(釐), 1/10,000을 호(毫)로 하고 10자를 1장(丈)으로 한다. 이때 1자의 길이는 동법 제2조에 “길이의 원기(原器)는 백금으로 만든 봉(鋒)이니 섭씨 0.15도에서 봉의 한 면에 새겨 놓은 표시선 사이 간격의 10/33을 1자로 한다.”고 했는데 원기의 길이가 1미터에 상당하니 상용척 3자 3치가 1미터가 된다. 한편 측지척은 주척을 기본단위로 하니 측지척 1자는 상용척 6치 6푼이며 주척 1자의 1/10이 푼, 1/100이 리(厘)가 되며 주척으로 6자가 1보(步), 10자가 1간(間), 100자가 1련(鏈), 2,100자가 1리(里), 63,000자가 1식(息)이 되는데 이 측지척도 융희 3년(1909) 9월 20일 법률 제26호에 의해 폐지되고 일본척을 사용하게 했다. 이와

---

4) 본래 청계천 2가에 있었으나 서기 1959년 청계천 복개공사 때 남산 기슭의 장충단공원으로 옮겼다. 서기 2003년 6월 청계천복원공사의 일환으로 청계천 본래의 자리에 본래 수표교를 본떠 만든 새로운 수표교가 생겨났다.

같이 숙신의 활과 화살은 비록 작고 짧았지만 "힘이 쇠뇌(弩노)와 같고…… 주변 나라가 그 궁시를 두려워하여 그를 능히 이기지 못했었다."는 ≪위지≫, <동이전>의 기록과 같이 큰 활이나 긴 화살로도 능히 이를 당하지 못했었다는 사실과 숙신 사람들이 활을 잘 쏘았다는 사실을 알 수 있다. 숙신의 활과 화살은 숙신을 지키는 보배일 뿐만 아니라 궁시 중에는 천하에 으뜸이었다고 할 수 있는 것이었다. 이익(李翼) 선생이 ≪성호사설(星湖僿說)≫에서 "숙신의 호시와 석노는 천하가 이를 보배로 여겼다."고 한 것은 참으로 사실이고 과장이 아니라 할 수 있다.

Ⅰ. 호시(楛矢)

호시(楛矢)란 호(楛)를 재료로 해서 만든 화살을 말하는데 ≪서경(書經)≫, <우공(禹貢)> 편에는 형주(荊州) 산물 중 하나인 호(楛)에 대해 "나무의 이름으로서 화살을 만들 수 있다."는 주(註)가 있으며 육기(陸機)의 ≪초목소(草木疏)≫[5]에서는 호(楛)는 "모양이 형(荊)과 비슷하며 색은 붉다."고 했다. ≪자전석요(字典釋要)≫[6]는 형(荊)을 '광대싸리 형(荊)'이라고 했고 ≪조선어사전≫에서는 '광대싸리'를 '황형(黃荊)'이라고 했다. 이런 기록들을 보면 호(楛)와 형(荊) 모두 싸리 종류로서 화살 만들기에 좋은 재료임에는 틀림없으나 양자를 모두 광대싸리라고 했는지는 불분명하며 호(楛)에도 붉은색 외에 누런색이 있는지도 역시 불분명하다.

한편 우리나라 사람들은 예부터 '楛호'나 '荊형'이 아니라 '杻뉴'가 광대싸리를 말하는 글자인 것으로 잘못 알고 있다. 우리나라 풍속에 '杻뉴'를 츄라고 읽으면서 광대싸리로 만든 궤짝을 츄롱(杻籠), 광대싸리로 만든 밧줄을 츄승(杻繩)이라고 한다. 그러나 '杻뉴'가 아니라 '楛호'나 '荊형'이 광대싸리임은 다산 정약용의 말을 들어 보면 분명해진다. 그는 ≪아언각비(雅言覺非)≫[7]에서 뉴(杻)는 "구부러진 부분이 많고 곧은 부분은 적다."는 육기의 ≪초목소≫를 인용

---

5) 오(吳)나라 육기(陸璣)가 저술한 초목(草木)에 관한 백과사전.
6) 지석영(池錫永)이 서기 1909년 편찬한 조선 최초의 한자 자전(字典).
7) 우리말 가운데 잘못 쓰이고 있는 말들을 찾아내 그 참뜻과 어원을 밝힌 책.

하면서 "광대싸리는 화살을 만들 수 있는 나무이고 뉴(杻)는 구부러진 부분이 많고 곧은 부분은 적다고 했는데 어찌 광대싸리와 뉴(杻)를 같다고 할 수 있겠 느냐."고 했다. ≪아언각비≫는 또 ≪시경(詩經)≫, <대아(大雅)> 편, 「한록(旱麓)」이란 시(詩) 중 "호는 울창하네(榛楛濟濟)"란 구절과 <당풍(唐風)> 편, 「산유추(山有樞)」란 시(詩) 중 "습지에 뉴가 있네(濕有杻)"란 구절을 인용해 호(楛) 는 크게 자라기에 울창한 것이고 뉴(杻)는 습지에서 자라기에 구부러진 부분이 많고 곧은 부분은 적은 것이라고 보았다. 이수광 선생은 ≪지봉유설(芝峯類說)≫ 에서 "종루(鐘樓)를 세울 때 뉴(杻)로 기둥을 만드니 뉴(杻)에도 또한 큰 것이 있다."며 뉴(杻) 역시 곧고 굵은 것이 있다고 했지만 이에 대해 ≪아언각비≫는 "모형(牡荊) 중에는 오래 자라도록 베어 내지 않으면 줄기가 물동이만큼 굵어지 는 것이 있다." 한 명(明)나라 이시진(李時珍)의 ≪본초강목(本草綱目)≫ 중 관목류(灌木類), 모형(牡荊) 조를 인용하면서 "이수광 선생은 호(楛) 아니면 형(荊) 을 뉴(杻)로 잘못 말한 것"이라고 보고 "크기나 굵기가 서까래 같은 광대싸리를 내가 전라도 임실(任實)의 고달산(高達山)에서 직접 보았다."고 했다.

이제 호(楛)와 형(荊)의 차이를 보면 송(宋)나라 소송(蘇頌)의 ≪도경본초(圖經本草)≫에서는 "모형(牡荊)에는 푸른 것 붉은 것이 있어 푸른 것을 형(荊), 붉은 것을 호(楛)라 한다."고 했으며 ≪본초강목≫도 이 설에 따르고 있는데 정약용 은 이 기록들을 인용해서 "껍질이 푸른 것이 형(荊), 붉은 것이 호(楛)인데 우리 말로 형(荊)은 싸리이고 호(楛)는 광대싸리"라고 양자를 구별했다. 한치윤(韓致 奫)의 ≪해동역사(海東繹史)≫, 권60 <숙신씨고(肅愼氏考)>는 호(楛)를 "일명 치미형(雉尾荊)이라고도 부른다."는 ≪성경통지(盛京通志)≫의 설명을 소개하면 서 "색은 붉고 화살을 만들기 적합하며 예부터 일컫는 호시(楛矢)가 바로 이것 인데 지금은 흔히 서수라목(西水羅木)이라고 한다."고 했다. 이런 여러 문헌 기 록을 비교, 검토해 보면 모형(牡荊)은 싸리 종류를 총칭하는 말로 푸른 것, 붉은 것, 누런 것 3종이 있는데 호(楛)는 누런 것도 있고 붉은 것도 있기 때문에 누 런 것을 황형(黃荊), 붉은 것을 적형(赤荊)이라고도 부르며 만주지역에서는 붉은 것을 치미형(雉尾荊)이라 부르기도 하고 조선에서는 붉은 것과 누런 것을 모두 광대싸리라고 부르기도 하고 붉은 것을 서수라목이라고 부르기도 하는 것으로 보아야 할 것이다.[8] 이런 광대싸리는 화살대로 쓰기에 적합한 가느다란 것은 그대로 썼지만 이시진이나 정약용의 말과 같이 서까래나 물동이같이 굵은 것은 가늘게 갈라 화살대로 썼음이 분명하다. ≪성호사설≫에서는 "북쪽 지방의 서수라목(西水羅木)은 가늘게 갈라 물에 적신 후 높이 걸어 그 끝에 돌을 매달아 놓고 마르면서 곧게 펴질 때를 기다렸다 모난 곳이 없게 둥그렇게 다듬으면 비로소 화살대가 되니 이것이 호시(楛矢)"라 했다. 그뿐만 아니라 후일 화살대의 재료로 대나무를 주로 쓰게 되었을 때에도 시위를 물리는 오늬에는 반드시 광대싸리를 썼는데 이는 그 성격이 부드러우면서도 단단하기 때문이다.

한치윤의 <숙신씨고>는 서수라(西水羅)가 "두만강 서쪽 지명이요 옛 숙신의 남쪽 경계"라 했는데 두만강 하구 우측에 돌출해 있는 작은 곶[串]을 말하며 현 함경북도 경흥군 노서면 서수라동이다. ≪동국여지승람≫, 함경북도, 경흥도호부, 산천(山川) 조에서는 "서수라 곶[串]은 부(府) 남쪽 66리 지점에 있다." 했고, 관방(關防) 조에서는 "서수라 보(堡)는 부(府) 남쪽 57리에 있으니 돌로 쌓았고 둘레 874자, 높이 18자며 토병(土兵)이 지킨다." 했다. 이곳은 동해안 최북단 국경요지로 권관(權管)이란 무직(武職)을 설치해 야인(野人)들의 침범을 지키던 진보(鎭堡)였고 고종 초기에는 권관을 수군만호(水軍萬戶)로 승격시켜 경성(鏡城) 북병영(北兵營)이 관할한 외딴 진이다. 청(淸)나라 제소남(齊召南)의 ≪수도제망(水道提綱)≫9)에서 '서수락성(西水洛城)'이라 한 곳이 이곳이다. ≪용비어천가≫, 27장에는 태조(太祖)가 북쪽지방에 있을 때 일을 노래한 구절 중 "큰 싸리 흔히 쓰이지 않으니(큰사리 常例가 아니샤)"란 말이 있는데 그 주(註)에서 "태조께서는 대초명적(大哨鳴鏑) 화살을 좋아해 화살대로 대나무를 쓰지 않고 호(楛)를 썼다." 했다. 이익의 ≪성호사설≫ 역시 "태조께서는 늘 대우전(大羽箭) 화살을 좋아해 호(楛)를 화살대로 썼다." 했다. 이를 보면 호시(楛矢) 사용은 북쪽지방의 특수 풍습이라 하겠는데 이는 현지에 많은 호(楛)가 화살대에 적합해 고구려 이전부터 이를 사용했고 고구려 이후에도 여진(女眞)이 그 풍습을 이었기 때문이다. 정약용의 ≪아언각비≫ 역시 "지금도 우리나라 북쪽 땅에는 그런 풍속이 남아 있다."고 했다.

---

8) 서애(西涯) 유성룡(柳成龍)의 〈기형력(記荊瀝)〉이라는 글에서는 형력(荊瀝)이 천식 치료에 좋은데 의원들이 죽력(竹瀝)만 쓰는 것은 형(荊)이 어떤 식물인지 모르기 때문이라며 〈의학입문(醫學入門)〉을 보면 "형(荊)은 태장(笞杖)에 쓰는 황형(黃荊)을 말한다."는 구절이 있고 당시 태장에는 수청목(水靑木), 즉 물푸레나무를 쓰는 것을 보면 물푸레나무가 바로 황형(黃荊)일 수도 있다고 했다.

9) 중국 전역의 하천지(河川誌).

Ⅱ. 석노(石砮)

 궁시의 힘이 마지막으로 모이는 곳은 촉인데 숙신의 화살촉 석노(石砮)는 화살대 호(楛)와 더불어 숙신 화살의 귀중한 재료였다. ≪설문해자(說文解字)≫에서는 노(砮)는 "돌인데 이를 화살촉으로 쓸 수 있다." 했고 ≪서경(書經)≫의 <우공(禹貢)> 편 형주(荊州) 항에서도 그곳 풍물(風物)로 노(砮)가 있다고 하면서 그 주(註)에서 "화살촉으로 쓰기에 적합하며 숙신씨가 석노를 공물로 바쳤다는 말이 바로 이것이다."고 했다. 결국 노(砮)란 화살촉으로 쓰기에 적합한 돌을 말하며 특히 숙신의 화살촉을 말한다.

 ≪위지(魏志)≫, <읍루전(挹婁傳)>은 "그 동북쪽에 산이 있어 그곳의 돌은 쇠를 뚫고 들어갈 정도로 날카롭고 이를 채취할 때는 반드시 신에게 제사를 먼저 올린다." 했다. 이를 보면 읍루의 전신(前身)인 숙신은 이 돌을 채취해서 화살촉으로 썼음을 알 수 있다. 현 만주 길림성 오라(烏喇)와 '烏拉'로 표기하기도 하는데 그 성(城)이 길림성 길림부 북쪽에 중국 척도로 70리 지점에 있다. 영고탑(寧古塔) 등지가 옛 숙신, 읍루, 물길이 이어 살던 땅으로 <읍루전>에서 말한 동북쪽 산은 조선 백두산의 한 줄기로 동북쪽으로 천 리 이상 뻗은 장백산맥을 말한다. 백두산은 시대에 따라 이름이 달랐으니 ≪진서(晉書)≫, <숙신전>에 "숙신씨는 일명 읍루니 불함산(不咸山) 북쪽에 있다." 한 것이나 ≪후위서(後魏書)≫, <물길전>에 "나라 남쪽에 도태산(徒太山)이 있으니 위(魏)나라에서는 태백(太白)이라 한다." 한 것은 숙신 또는 물길이 백두산 북방에 있음을 말한 것이다. 백두산 흑요석(黑曜石)으로 만든 화살촉이 함경북도 경흥군 웅기(雄基)와 서수라(西水羅)에서 시작해서 성진·회령·종성·부령 등에서 발견되고 더욱이 만주 각지에서 발견된 것도 조선에서 발견된 것과 같다는 것을 보면 "청석(青石)으로 촉을 만든다."는 ≪위지≫, <동이전>의 기록이나 "그 나라의 동북쪽에 산이 있어 그곳에서 나오는 돌은 쇠를 뚫고 들어갈 정도"로 날카롭다는 ≪위지≫, <읍루전>의 기록 중 '청석' 또는 '돌'은 백두산 흑요석[10]을 말한 것이고 '산'은 장백산을 말한 것이 분명하다.

---

10) 흑요석(obsidian)은 화산(火山)에서 분출된 점성질 용암이 급속 냉각되어 형성된 돌로서 고대 이집트에서는 이 돌로 수술용 칼을 만들어 썼는데 현대의 수술용 강철 칼보다도 더 예리했다고 한다.

Ⅲ. 호시와 석노의 사용 지역11)

　　숙신의 호시와 석노를 우리 민족도 고대로부터 사용했음은 분명하다. 우리의
역사 기록에 숙신이 호시를 공물로 바친 사실이 처음 보이는 것은 고려 초기이
지만 고려 초기는 숙신 옛 땅을 차례로 이어받았던 읍루·물길·말갈의 시대를
지나 여진 때에 해당한다. ≪고려사(高麗史)≫, <세가(世家)>에는 현종 13년
12월에 "동여진 수령 사빈(史彬)이 궁시 등을 바쳤다."고 했고 동 21년 4월에
"동여진의 만투(曼鬪) 등 60여 명이 호시(楛矢) 71만 7,600개 등을 바쳤다." 했
고 같은 해 5월에는 "동여진의 봉국대장군 소물개(蘇勿蓋) 등이 호시 5만 8,600
개 등을 바쳤다." 했으며 12월에는 "동여진의 영새장군 목사아골(睦史阿骨)과
유원장군 알나(閼那)와 귀덕장군 아개주(阿箇朱)가 호시 등을 바쳤다."고 했다.
동여진이란 본래 혼동강, 즉 현 송화강 동쪽에 흩어져 살며 고려에 신속(臣屬)
하다가 후일 금나라를 세운 부족이다. 이는 우리 민족의 고대사 기록이 중국보
다 상세하지 못한 때문일 뿐이다. 호시와 석노가 숙신을 통해 먼저 알려졌기 때
문에 고대에는 이를 숙신의 전용물로 보는 경우도 있지만 사실은 숙신뿐 아니
라 인근 여러 나라들이 모두 사용했다. 물론 이는 후대의 일이기는 하지만 실위
(室韋)가 이를 사용했고 고구려는 물론 그 서쪽 땅에서도 이를 사용했다. 실위
가 이를 사용했음은 그들의 "무기에 각궁(角弓)과 호시가 있으며 사람들의 활
솜씨가 뛰어나다."는 ≪신당서(新唐書)≫, <실위전(室韋傳)>에서 알 수 있고
고구려와 그 서쪽 땅에서도 이를 사용했음은 당나라 안사고(顔師古)의 말을 보
면 알 수 있다. 송(宋)나라 소식(蘇軾)의 「순제묘석노기(順濟廟石砮記)」에 "안
사고의 말에 호(楛)는 나무로서 이를 화살대에 쓰며 유(幽) 이북에서 모두 이를
쓴다 한 것을 보면 당(唐)나라 때까지도 계속 호(楛)로 화살을 만든 것을 알 수
있다."는 구절이 있는데 이때 인용된 안사고의 말은 ≪한서(漢書)≫, <오행지
(五行志)>, 하권 등 "호시가 관통했다(楛矢貫之호시관지)"는 구절에 대한 안사
고의 주(註)를 말하며 이 주(註)에서는 "楛의 음(音)은 怙호며 이 나무로 화살대
를 만드니 빈(豳) 이북에선 모두 이를 쓰는데 지방사투리로 이 나무를 호목(怙

木)이라 한다.” 했다. 이 주(註) 외에도 “호(楛)는 나무 이름이다.”는 응소(應劭)의 주(註)도 있다. 잘 보아야 할 것은 안사고가 “빈(豳) 이북”이라고 한 것을 소동파는 “유(幽) 이북”으로 인용한 점이다. 이는 소동파가 안사고의 주를 잘못 인용한 것이 아니고 원래 유(幽)라 해야 할 것을 안사고가 유(幽)와 글자 모양이 비슷한 빈(豳)으로 잘못 썼던 것을 소식이 <순제묘석노기>를 쓰면서 바로잡은 것으로 보아야 한다. 빈(豳)은 지금의 협서성(陝西省) 빈주(邠州) 삼수현(三水縣) 땅에 하(夏)나라 말에 공유(公劉)가 나라를 세운 후 고공단부(古公亶父)가 기산(岐山) 아래로 옮기기까지 거주하던 작은 제후국 이름이다. 그러나 유(幽)는 고대 12개 주(州) 가운데 하나의 이름으로서 요순(堯舜)이 기주(冀州) 동북의 땅을 나누어 유주(幽州)라 했던 것이니 지금의 하북성(河北省)옛 직예성(直隷省) 순천 및 영평 그리고 요령성(遼寧省)옛 봉천성(奉天省) 금주(錦州)의 서북쪽이 모두 그곳으로서 한(漢)나라 때에는 대(代)·상곡·우북평·요서·요동·현토·낙랑 등 여러 군(郡)이 모두 유주에 속했었다. 예부터 어느 지역의 이름을 말할 때 고대 제도에 근거한 역사적 명칭을 쓰기 좋아하는 것은 조선뿐 아니라 중국 역시 마찬가지다. 중국에서는 북평옛 북경 이북 땅을 유연(幽燕)으로 부르고 호북과 호남 방면을 형초(荊楚)로 부르고 협서와 사천 일대를 옹양(雍梁)이라고 부르고 태산 동쪽과 회수 사이를 청서(靑西)로 부르기 좋아한다. 이런 관례를 보아도 그렇고 호(楛)의 산지를 보아도 그렇고 원래 ‘유(幽) 이북’이라고 해야 할 것을 안사고가 ‘빈(豳) 이북’으로 잘못 쓴 것이 분명하다. 빈(豳)이 아닌 유(幽)가 맞는 글자인 이유는 세 가지이다. 첫째, 주(周)나라 발상지가 빈(豳)이었고 《시경》에도 빈풍(豳風)이라는 항목이 있는 등 빈(豳)이 비록 유명한 지명이기는 하지만 협서성 전 지역의 옛 이름이 되지는 못한다. 따라서 설령 협서성 이북에서도 호시를 사용했다 해도 협서성 전체를 말하는 옛 이름 옹(雍)을 취해 ‘옹(雍) 이북’에서 호시를 사용했다 하지 않고 협서성 내 극히 작은 지역의 옛 이름 빈(豳)을 취해 ‘빈(豳) 이북’에서 호시를 사용했다고 말한다는 것은 사리에 맞지 않는다. 둘째, 빈(豳)은 협서성 지역으로 그 북쪽은 감숙성 및 서역(西域) 여러 나라 땅이던 신강성 쪽인데 《한서(漢書)》, <서역전(西域傳)>에 있는 안사고의 주석을 보아도 서역 어디에도 호시를 사용한 예가 없다. 셋째, 문제의 출발점인 《한서》, <오행지> 원문의 “호시가 관통했다”는 구절은 숙신의 호시와 석노에 관한 기사 중 한 구절인데 이 구절에 주석을 달면서 숙신과 가까워 교통도 있었고 호시가 있던 유(幽) 지역을 언급하지 않고 멀리 있어 교통이 없었던 빈(豳) 지역을 언급했을 리가 없다.

이같이 송나라 석학이요 당대 문호인 소식(蘇軾)이 빈(豳)을 유(幽)로 고쳐 쓴 것은 믿을 만한 근거가 있었기 때문이다. 고구려가 가장 강성했던 때에 그 강역이 북으로 장춘 지역에서 송화강 상류지역에 이르렀고 서로는 요하(遼河)로 수(隋)의 요서군과 접해 있었기에 고구려는 유(幽) 이북의 중심에 있었던 것이다. 결국 고구려에 호시가 있었음은 의심의 여지가 없다. 사리를 따져 보아도 이와 같이 증명될 뿐 아니라 ≪삼국사기≫, <고구려본기>에는 미천왕 31년에 후조(後趙)의 석륵(石勒)에게 사신(使臣)을 파견해 호시(楛矢)를 보냈다는 기록도 있다. 이는 후조 건평(建平) 원년(서기 330년)의 일이다. 상촌(象村) 신흠(申欽) 선생(서기 1566년~1628년)은 일찍이 전라도, 경상도, 평안도 및 함경도 사람들이 군인 소질이 있다며 "서북 땅은 융(戎)과 접했고 고구려와 발해의 옛터로서 이곳 사람들은 싸움을 잘한다고 옛날엔 건투(健鬪)라고 불렀다. 갑옷도 없이 말을 타고 달리며 웃통은 벗어젖힌 채 팔뚝을 휘돌리고 소리를 지르며 나무활로 호시를 쏘는데 빗나가는 적이 없다. 이들을 잘 훈련시키면 막강한 병졸이 될 것이다."라고 했으니 이 또한 고구려가 호시를 사용했다는 증거가 될 것이다. 따라서 삼국시대에는 조선 북부지역에서부터 만주 일대까지 모두 호시 사용 지역이었다고 할 것이다.

제2절 낙랑단궁(樂浪檀弓)

≪위지(魏志)≫, <동이전(東夷傳)>에는 "부여(夫餘)는 궁시(弓矢)와 칼 및 창으로 무기를 삼는다." "동옥저(東沃沮)는 보전(步戰)에서 창을 잘 쓴다." "예(濊)의 창은 길이가 3장(丈)이나 되어 여러 사람이 이를 들고 싸우기도 하는데 보전에 능하고 낙랑단궁(樂浪檀弓)이 그 땅에서 생산된다."는 등의 기록이 있다. 동옥저의 무기로 궁시가 소개되어 있지 않지만 동옥저는 부여 및 예와 인접

해 있었으므로 동옥저도 활과 화살을 사용했을 것이며 부여의 무기를 소개할 때 궁시를 가장 먼저 말한 것을 보면 궁시가 부여의 중요한 민중 무기였음을 알 수 있다. 부여는 현 영고탑(寧古塔) 서남쪽 요령성(遼寧省) 옛 봉천성(奉天省) 봉천부(奉天府) 개원현(開元縣)에서 일어난 나라였고 동옥저는 대략 현 함경도가 그 옛 땅이며 예(濊)는 현 강원도가 그 옛 땅인데 동옥저와 예(濊)는 모두가 고조선에 예속되어 있었다. 고조선 남부에 위치해 북으로 고조선과 대립하고 있던 삼한(三韓)을 보면 ≪위지(魏志)≫, <진한전(辰韓傳)>에서는 "진한에서는…… 궁(弓)을 호(弧)라 한다."고 했고 또 "보전(步戰)을 잘하며 무기가 마한과 같다." 했다. 이를 보면 마한(馬韓)과 진한이 활을 사용했음은 분명하며 변한(弁韓)의 무기에 대한 소개는 없지만 마한 및 진한과 인접해 있던 변한 역시 활을 무기로 사용했음이 분명하다. 진한에서는 철이 생산되어서 이를 시장에서 화폐같이 사용했으므로 당시에 삼한이 모두 철제(鐵製) 화살촉을 사용할 수 있었을 것이다. 특히 마한 사람들이 활을 잘 쏘았음은 "마한은 활과 창과 방패 등을 잘 쓴다."는 ≪진서(晉書)≫의 기록을 통해 잘 알 수 있다. 이렇게 고조선에 예속되었던 예와 옥저에 궁시가 있었고 고조선에 인접한 부여와 읍루에도 궁시가 있었고 고조선과 대립하고 있었던 삼한에도 궁시가 있었음을 보면 고조선 역시 궁시를 사용했음은 분명하다.

≪위지(魏志)≫, <동이전(東夷傳)>에서는 "예(濊)는…… 낙랑단궁(樂浪檀弓)이 그 땅에서 생산된다."고 했지만 ≪위지(魏志)≫, 본문에는 "예(濊)의 사신이 단궁(檀弓) 등을 바쳤다."는 기록이 있고 ≪진서(晉書)≫, <숙신전(肅愼傳)>에 "숙신씨는…… 단궁(檀弓)이 있는데 길이는 3자 5치"라는 기록도 있다. 이런 기록들을 보면 낙랑단궁(樂浪檀弓)과 단궁(檀弓)은 같은 활로서 낙랑시대에 처음 사용된 것이 아니고 본래 고조선 때부터 예(濊) 땅에서 생산되어 주변 여러 나라에서 사용되다가 한사군(漢四郡) 설치 이후 낙랑이 이를 사용함에 따라 한인(漢人)에게도 널리 알려져 한인들이 이를 낙랑단궁(樂浪檀弓)이라 부르게 된 것임이 분명하다.

고조선 때부터 사용된 단궁을 낙랑단궁(樂浪檀弓)이라 한 이유를 보면 위만조선 우거왕(右渠王)이 한(漢)에게 망한 후 고조선과 고조선에 예속되었던 나라들의 땅에 낙랑(樂浪)·진번(眞蕃)·임둔(臨屯)·현토(玄菟) 한사군(漢四郡)이 설치되었으나 예(濊) 땅에 설치되었던 임둔(臨屯)은 후일 낙랑(樂浪)에 병합되었는데 낙랑(樂浪)은 한사군 중 마지막까지 남아 있었을 뿐 아니라 한사군 설치 초부터 고조선 도읍인 왕험성(王險城)을 중심으로 지금의 평안남도 및 황해도 일부까지 그 영역에 속해 있어서 다른 지역에서 대륙과 교통하려면 반드시 낙랑(樂浪)을 거쳐야 하는 우월한 정치지리적 위치를 점하고 있었다. 이 때문에 한인(漢人)들이 조선 땅을 낙랑(樂浪)으로 부르는 관습이 생겼고 그에 따라서 조선 땅에서 생산되는 단궁을 낙랑단궁(樂浪檀弓)이라 부른 것에 불과할 것이다. 결국 낙랑단궁(樂浪檀弓)과 조선단궁(朝鮮檀弓)은 같은 말이며 한(漢) 세력이 조선 땅에서 축출된 후에도 이런 관습이 그대로 남았을 것이다. ≪진서(晉書)≫에는 "부견(苻堅)이 즉위하니 고구려가 사신을 보내 낙랑단궁(樂浪檀弓)을 바쳤다."는 구절이 있다. 부견은 낙랑 땅이 고구려 판도로 편입된 후인 고구려의 고국원앙(故國原王) 27년에 진(晉)나라의 왕이 된 사람이다. 결국 단궁(檀弓)은 한 지방에 국한되어서 사용되거나 한사군 시대에 비로소 생산된 것이 아니라 고조선시대부터 있었을 뿐 아니라 그 사용지역 역시 지금의 조선 땅에 그치지 않고 널리 만주까지 이르렀다 할 수 있다. "숙신씨는…… 단궁(檀弓)이 있는데 길이는 3자 5치"라는 ≪진서(晉書)≫, <숙신전(肅愼傳)>의 기록이 이를 입증한다. 옛 숙신 땅인 지금의 남만주(南滿洲) 일대는 고구려 영토였다.

낙랑궁(樂浪弓)이 아니고 낙랑단궁(樂浪檀弓)이라고 했던 것은 그 재료로 단(檀)을 사용했음을 말한다. 냉재(冷齊) 유득공(柳得恭)은 ≪사군지(四郡誌)≫에서 "≪위지(魏志)≫를 보면 낙랑단궁(樂浪檀弓)이 예(濊) 땅에서 나온다 했는데 요즘 말로는 단(檀)을 박달(朴博)이라고 하며 이를 가지고 활을 만든다."고 했다. 결국 고조선(古朝鮮)시대로부터 한사군(漢四郡)시대까지는 단궁(檀弓) 전용(專用)시대라고 할 수 있을 것이다. 단궁(檀弓)은 조선목궁(朝鮮木弓)의 원형이며 각궁(角弓)을 사용하기 시작한 이후에도 여전히 함께 사용했었던 것이다. 언제부터 자(柘: 속칭 산뽕나무)와 산곤마자(山茛麻子: 속칭 앳기찌)로 단(檀)을 대신했는지는 분명하지가 않기 때문에 후일의 연구를 기다릴 뿐이지만 조선시대 이전부터임이 분명하다. 자(柘)와 산비마자(山篦麻子)는 목궁(木弓)의 좋은 재료이므로 자(柘)를 궁간상(弓幹桑) 또는 활대뽕이라고도 하고 산비마자(山篦麻子)는 궁간목(弓幹木) 또는 활대나무라고도 한다. 특히 산비마자(山篦麻子)는 탄력이 다른 나무보다 월등히 강해서 좋은 활은 전체를 산비마자(山篦麻子)로 만들고 보통 활은 안쪽 면에만 산비마자(山篦麻子)를 쓴다. ≪동국여지승람(東國輿地勝覽)≫에서는 궁간목(弓幹木) 또는 활대나무는 평안도 의주, 창성, 삭주, 위원, 희천, 태천, 영변, 은산, 영원 및 황해도 서흥, 수안 언진산(彦眞山), 곡산 군(郡) 북쪽의 도삼며(刀三旀) 및 경상도 영덕 등지에서 나오며 궁간상(弓幹桑) 또는 활대뽕은 평안도 운산, 개천 및 경상도 남해와 강원도 강릉 우계현, 삼척 부(府) 남쪽의 노곡산, 울진 삼척과 접경지역, 정선 강릉과 접경지역, 회양 부(府) 동쪽의 동파령 등지에서 나온다고 했다. 단궁(檀弓)으로 유명했던 예(濊)의 옛 땅 강원도와 뒤에 소개할 ≪위지(魏志)≫의 기록과 같이 좋은 활이 있던 고구려의 최초 발상지인 평안북도에서 이런 활 재료들이 많이 나왔던 것은 우연한 일이 아닐 것이다.

제3절 고구려의 맥궁(貊弓)

고조선과 한사군 시대를 지나 신라, 고구려 및 백제의 삼국(三國)이 일어섬에 따라 북의 부여로부터 남의 삼한(三韓)까지 여러 소국들이 차례로 삼국의 판도에 편입되어 마침내 3대 세력이 형성될 즈음에 고구려는 대륙과 충돌이 잦고 삼국 상호간에도 세력 다툼의 전투가 계속되었다. 이에 따라 군사력이 커지고 상무정신도 전례 없이 높아지면서 무기 종류도 자못 다양하였으나 궁시는 의연히 가장 중요한 무기였고 따라서 궁술도 전국적으로 장려되었을 것이다.

이제 삼국의 무기들을 대략 살펴보면 먼저 고구려에 대해서는 ≪후주서(後周書)≫에 "병기는 갑옷과 쇠뇌[弩]와 궁전(弓箭)과 창 등이 있다."고 했고, ≪양서(梁書)≫에 "사람들의 기력이 왕성하여 궁시와 칼과 창을 잘 쓰며 갑옷이 있으며 전투에 익숙하다."고 했다. 신라에 대해서는 ≪수서(隋書)≫에 "문자(文字)와 갑병(甲兵)은 중국과 같고 풍속과 형정(刑政)과 의복은 고구려 백제와 더불어 대개 같다." 했고 ≪삼국사기(三國史記)≫, <신라본기(新羅本紀)>의 진흥왕(眞興王) 19년 2월 조(條)에서는 "내마(奈麻) 신득(身得)이 포노(砲弩)를 만들어 올려서 이를 성 위에 배치했다.”고 했으며, 동 <직관지(職官志)>에 기록된 무직(武職) 이름 가운데 장창당주(長槍幢主), 개지극당감(皆知戟幢監) 및 궁척(弓尺) 등이 있으니 이를 보면 삼국이 사용했던 무기들을 대략 알 수 있다.

한편 ≪위지(魏志)≫에서 “고구려의 별종(別種)이 소수(小水)에 연하여 나라를 세운지라 이름을 소수맥(小水貊)이라 하며 좋은 활이 나오니 소위 맥궁(貊弓)이다.”라고 한 것을 보면 고구려 활이 좋은 활이었음을 알 수 있다. 소수는 현 구련성(九連城)쯤으로 비정(比定)되는 서안평현(西安平縣) 북쪽 강인데 고구려가 그에 연해 나라를 세웠다는 대수(大水)와 구분한 명칭이다. 맥(貊)이란 이름은 예맥(濊貊)의 옛 땅인 부여에서 고구려가 발생한 것이므로 중국 역사책에서는 고구려를 맥(貊)으로 부른 사례가 많이 있었다. 고구려 별종(別種)을 소수맥(小水貊)이라 한 것은 바로 이런 이유 때문이다.

고구려 활이 좋은 활이었다는 또 다른 증거로는 “한(漢)의 헌제(獻帝) 건안(建安) 10년에 기주(冀州)를 처음 설치하니 예맥이 좋은 활을 바쳤다.”고 한 송(宋)나라 여조겸(呂祖謙)의 <와유록(臥遊錄)>이 있다. 이 시기는 고구려 산상왕(山上王) 때로서 한(漢)의 동부도위(東部都尉)가 폐지된 이후이며 이때 예(濊)는 때로는 고구려에 때로는 중국에 붙어 그 귀속이 불분명하였으나 산상왕 이전에는 예맥이 고구려와 함께 한(漢)나라를 침범한 일이 많았다. 고구려와 예맥(濊貊)은 모두가 단궁(檀弓) 사용 지역이었지만 고구려의 좋은 활을 맥궁(貊弓)이라고 했는데 맥궁(貊弓)은 단궁(檀弓)과는 다른 것이니 고구려가 이미 단궁(檀弓) 외에 다른 활을 사용하고 있었음을 알 수 있다. 만약 고구려의 좋은 활이라는 맥궁(貊弓)이 단궁(檀弓)과 같은 것이었다면 이를 단궁(檀弓)이 아니라 맥궁(貊弓)이라고 하지는 않았을 것이다. 같은 단궁(檀弓)이지만 산지가 소수맥(小水貊)이란 것을 표시하기 위해 맥(貊)이란 이름을 붙였을 가능성도 있겠으나 그렇다면 맥단궁(貊檀弓)이라고 했어야 옳을 것이다. 따라서 맥궁(貊弓)과 단궁(檀弓)이 달랐음은 분명하다 할 수 있다. “오(吳)나라 손권 때에 고구려가 사신 편에 각궁(角弓)을 보내왔다.”고 한 ≪삼국지(三國志)≫, <우부강표전(虞溥江表傳)>을 보면 맥궁(貊弓)이 바로 각궁(角弓)이었다고 할 수 있다. 손권이 무창(武昌)에서 즉위해 연호(年號)를 황무(黃武)라 한 때가 고구려 산상왕(山上王) 26년(서기 222년)의 일이므로 고구려에 각궁(角弓)이 있었던 것은 그 이전의 일이라 할 것이다.

　각궁(角弓)은 고구려에서만 사용된 것이 아니라 점차로 지금의 북만주 일대에 전파되었음은 "그 땅에 쇠가 많이 생산되지 않는지라 대부분 고구려의 쇠에 의지하고, 병기 중에 각궁(角弓)과 호시(楛矢)가 있으며 사람들의 활 솜씨는 뛰어나다."는 ≪신당서(新唐書)≫, <실위전(室韋傳)> 기록을 보면 알 수 있다. 실위(室韋)는 대체로 지금의 길림성(吉林省) 장춘부(長春府) 농안현(農安縣) 이북에 흩어져 거주하던 부족이니 거란, 즉 동오(東吳)의 별종(別種)이었으며 그 남동쪽에 말갈(靺鞨)이 있었고 남쪽에 거란[契丹]이 있어서 말갈(靺鞨) 지역이 고구려의 서북 지역에 해당하니 실위(室韋)가 다른 나라를 건너서 멀리 고구려로부터 물자를 구했고 고구려와 동일한 각궁(角弓)을 사용한 것을 보면 실위(室韋)보다도 고구려와 가까웠던 말갈(靺鞨)이나 거란[契丹] 역시 각궁(角弓)을 가지고 있었음은 의문의 여지가 없다. 또한 고구려 세력이 남으로 신장된 이후 낙랑(樂浪) 남부 땅이 삼국 사이에 쟁탈 대상이 되고 고구려는 신라 및 백제와 창칼을 마주하며 다투다가도 때로는 화해해서 선물을 주고받기도 했으니 각궁(角弓)의 사용은 반드시 백제, 신라에게도 전파되어 북으로는 실위(室韋)와 말갈(靺鞨)과 거란[契丹]으로부터 남으로는 백제와 신라에 이르기까지, 다시 말해서 현 만주와 조선의 땅 모두에서 각궁(角弓)이 사용되었을 것으로 보인다.[12]

---

12) 유교(儒敎)의 13 경전(經典) 중 하나로 ≪예기(禮記)≫ 및 ≪의례(儀禮)≫와 함께 삼례(三禮)로 일컬어지며 고대 중국 주(周)나라의 관직 제도를 기록해 놓은 ≪주례(周禮)≫의 〈고공기(考工記)〉에는 각궁(角弓) 제조법이 상세히 기록되어 있고 ≪조선의 궁술≫에서 말하는 각궁(角弓) 제조법은 그 재료나 제작방법이 ≪주례(周禮)≫의 〈고공기(考工記)〉에 기록된 것과 별로 차이가 없다. 이러한 사실과 더불어 각궁의 주요 재료인 물소 뿔의 산지(産地)를 볼 때 각궁(角弓)이 중국에서 발명되어 우리 민족에게 전래된 것으로 생각하는 사람이 있을 수도 있다. 그러나 본래의 각궁(角弓)은 고구려에서 처음 만들어져 중국을 통해 세계 각지로 전파된 것으로 보아야 할 것이다. ≪주례≫는 주나라 초기의 주공(周公) 또는 전국시대의 누군가가 쓴 것을 전한(前漢) 무제(武帝) 때 발견한 것이라고도 하고 기원전 1세기 초 전한(前漢) 말기에 유흠(劉歆)에 의한 위작(僞作)이라고도 하는데 〈고공기(考工記)〉는 제목만 있고 내용이 유실되었던 것을 한대(漢代)에 보충해 넣은 것이다. 처음에 고구려는 자국에서 생산되는 소뿔을 이용해 각궁을 만들어 쓰다가 이것이 중국으로 전파되었는데 중국에서는 한(漢)나라 이전에 남쪽 지방의 물소 뿔을 가지고 보다 탄력이 좋은 각궁을 만들었을 것으로 보아야 할 것이다. 전한(前漢) 말기 유향(劉向)의 ≪열녀전(烈女傳)≫, 제6권 〈변통전(辨通傳)〉의 진궁공처(晉弓工妻) 조에는 각궁의 자료인 뿔은 연(燕) 지방 소의 뿔이 가장 좋은 자료라고 했다. 연(燕) 지방은 요동 지방을 말하며 옛 고조선과 고구려의 강역에 들어 있던 지역이다. 이 이야기와 거의 동일하지만 내용에 약간 차이가 있는 이야기가 전한(前漢) 한영(韓嬰)의 ≪한시외전(韓詩外傳)≫, 제8권에도 있다. 이에 의하면 뿔은 물소 뿔이 아니라 붉은색 성우(騂牛)의 뿔을 각궁의 가장 좋은 자료라고 했다.

제4절 신라의 쇠뇌(弩노)

　신라의 무기에 대해서 ≪수서(隋書)≫는 그 종류는 열거하지 않고 다만 문자와 무기 등이 중국과 같고 풍속, 형정(刑政), 의복은 고구려나 백제와 대체로 같다 했으나 ≪삼국사기(三國史記)≫에 기록된 관직(官職) 이름을 보면 ≪수서≫의 기록이 허황된 것이 아님을 알 수 있다. 대체로 신라에 23종의 군부대가 있었고 그 조직이 매우 복잡했는데 그 21번째 군부대를 이궁(二弓) 혹은 외궁(外弓)이라 하고 그에 소속된 병사들을 궁척(弓尺)이라고 불렀다. 이궁(二弓)이란 두 곳에 위치한 궁수부대(弓手部隊)라는 말이고 외궁(外弓)은 지방에 배치된 궁수부대라는 말이며 궁척(弓尺)은 옛말로 활자이니[13] 궁수(弓手)를 말한다. 이런 궁수부대가 한산주(漢山州)와 하서주(河西州) 두 곳에 있었고 전자에 속한 궁수를 한산주궁척(漢山州弓尺)이라 하고 후자에 속한 궁수를 하서주궁척(河西州弓尺)이라 했으니 두 주는 통일신라 이전 국경요지였으므로 신라가 국방에 치중했기 때문에 이 같은 병력 배치가 있었던 것이다. 낙랑단궁(樂浪檀弓)의 산지였던 예(濊)의 옛 땅 하서주와 과거 낙랑군과 예(濊)의 중간에 있던 한산주에 특히 궁수부대를 배치한 것은 자못 눈여겨볼 일이다.

　삼국시대 병기 중에 쇠뇌(弩노) 같은 것은 일찍이 사용하지 않던 신무기였는데 백제가 이를 사용했다는 기록은 없지만 고구려와 신라가 이를 사용했다는 기록이 있으니 백제 역시 이를 사용하였을 가능성이 있다. 특히 신라에는 포노(砲弩)[14] 외에 차노(車弩)[15]까지도 있었으며 또한 쇠뇌의 제작에도 능했다. 당나라가 신라와 교류하면서 사찬 구진천(仇珍川)을 노사(弩師)로서 초빙해 간 사실이 이를 입증한다. 사찬은 신라 관직 17등급 중 8번째 관직인데 노사의 등급이 사찬이었다는 것은 신라가 기술자를 우대했다는 증거이다. 그런데 이 구진천이 문무왕 9년(서기 669년)에 당나라로 초빙되어 가서 황제의 명에 따라 만든 쇠뇌는 쏘아 보니 30보밖에 못 나갔다. 황제가 구진천에게 "네가 본국에 있을

---

13) 궁척(弓尺)이 '활 쏘는 자'의 향찰(鄕札) 표기라는 말이다.

14) 큰 나무토막 등을 쏘아 내보내는 쇠뇌. 조선시대에는 무게 1～2kg 정도인 쇠화살 장군전(將軍箭)을 포노(砲弩)로 발사하여 적의 배를 부술 때 썼다.

15) 포노보다 더 큰 나무토막을 쏘아 내보낼 수 있는 쇠뇌로서 크기가 커서 마차나 우차에 싣고 다니며 사용했다.

때 만든 쇠뇌는 1,000보를 나갔다 들었는데 어찌된 일이냐?" 하고 묻자 구진천은 "본국에서 나오는 재료를 가져다 만들어 보아야 하겠습니다."라고 답했다. 이에 신라로 특사를 보내 재료를 구해 다시 만들게 했는데 새로 만든 것 역시 쏘아 보니 겨우 60보를 나가는 데 그쳤다. 황제가 이유를 다시 묻자 구진천은 "신(臣) 역시 그 이유를 알 수 없는데 혹시 나무가 바다를 건너는 중에 습기를 먹어 그리된 것 아닌가 하는 생각이 듭니다." 라고 답하면서 끝내 그 기술을 전파하지 않았다고 한다.

《삼국사기》, <직관지(職官志)>를 보면 병부(兵部)에 속한 관리 중에 노사지(弩舍知) 및 노당(弩幢)이 각 1인이 있는데 노사지는 문무왕 12년 처음 생겨서 경덕왕 때는 그 이름을 사병(司兵)으로 바꾸었다가 혜공왕 때 다시 노사지로 돌이켜 고쳤으며 그 등급은 13등급의 사지(舍知) 또는 12등급의 대사지(大舍知)였다. 노당은 문무왕 11년에 처음 생겨서 경덕왕 때 그 이름을 소사병(小司兵)으로 바꾸었다가 혜공왕 때 다시 노당으로 돌이켜 고쳤고 그 등급은 17등급의 선저지(先沮知) 내지는 13등급의 사지였다. 이들은 중앙에서 쇠뇌에 관한 일을 관장하던 직책이었다. 그러나 노당(弩幢)은 쇠뇌로 무장한 부대의 명칭이기도 했는데 운제당(雲梯幢), 충당(衝幢), 석투당(石投幢)과 함께[16] 사설당(四設幢)으로 불리기도 했다. 노당에 장수(將帥)가 많았음을 보면 쇠뇌부대가 큰 규모였음을 알 수 있는데 13등급의 사지 내지는 9등급의 급찬(及湌)으로 임명하는 노당주(弩幢主) 15인, 법당감(法幢監), 법당두상(法幢頭上) 및 법당화척(法幢火尺) 각 45인 그리고 법당벽주(法幢辟主) 135인이 있었다.

제5절 신라와 백제의 죽시(竹矢)

고구려의 각궁(角弓)과 신라의 강한 쇠뇌(弩노)는 모두가 발달된 무기인데 이와 같은 무기가 위력을 발휘함에 있어 삼국이 어떤 종류의 화살을 사용했는지를 보면 남과 북이 같지 않아서 고구려는 호시(楛矢)를 쓰고 신라와 백제는 대

---

16) '운제당'은 큰 사다리를 이용해서 적의 성벽을 공격하는 부대, '충당'은 큰 통나무 쐐기를 마차나 우차에 싣고 적의 성벽이나 성문을 깨부수는 부대, '석투당'은 돌을 던져 적을 공격하는 부대를 각각 말한다.

나무 화살을 썼다는 것을 알 수 있으니 이는 기후에 따라 산물이 달랐기 때문이라 할 수 있다.

신라와 백제는 국토 대부분이 대나무의 생장에 적합한 남부 조선의 따뜻한 지역이었기에 이미 지리적으로 천연의 혜택이 있었으나 대나무의 생산은 반드시 땅을 개척한 이후에 있었을 것이다. 삼한(三韓)에 관한 역사기록은 없지만 삼국시대에 이르러서는 대나무로 각종 생활용기를 만들었으며 대나무를 정원수로 가꿀 정도였으니 신라 미추왕의 죽장릉(竹長陵)과 관련된 신병(神兵) 설화[17]와 신문왕의 만파식적(萬波息笛) 설화[18]뿐 아니라 죽죽(竹竹)[19]이란 사람도 있었고 죽령(竹嶺)이란 지명도 있음을 보면 신라인은 대나무에 매우 친숙했었음을 알 수 있다. 또 실제로 사용한 물건을 보면 당적(唐笛)을 모방한 악기로 대금(大笒), 중금(中笒), 소금(小笒) 등 3가지 대나무 악기가 있었고 수레의 가림막으로도 죽렴(竹簾)을 사용했고 비록 신라 말기의 일이기는 하나 나라가 망해 가는 불우한 처지를 슬퍼하며 방랑하던 최치원이 산림 근처나 강가 또는 바닷가에 집을 짓고 소나무와 대나무를 심어 놓고 책을 읽으면서 세월을 보냈다고 하니 대나무의 실용이 이미 보편화되었음을 짐작할 수가 있다.

대나무가 생산되고 그 이용이 이미 광범위하였으니 군사적 어려움이 많았던 신라가 이를 무기에 활용하여 화살을 만들어 사용했음은 필연의 추세라 할 것이다. 또 신라와 국경이 접하고 산물과 풍속과 의복 등이 신라와 같았다는 백제도 대나무 화살을 만들어 사용했을 것이 분명하다. ≪삼국사기(三國史記)≫, <견훤전(甄萱傳)>과 ≪고려사(高麗史)≫, <태조세가(太祖世家)>에 의하면 신라 경명왕(景明王) 2년(서기 918년)에 후백제 견훤왕은 고려 태조가 즉위했다는 말을 듣고 일길찬(一吉湌) 민각(閔郤)을 사신으로 보내서 축하하고 공작선(孔雀扇)과 지리산 대나무 화살을 하례품으로 보냈다 했으니 신라와 백제가 일찍부

---

17) ≪삼국유사(三國遺事)≫에 기록된 설화로서 신라 유례왕(儒禮王) 14년(서기 297년)에 이서고국(伊西古國)이 신라 금성(金城)을 공격해 왔을 때 갑자기 귀에 대나무 잎사귀를 꽂은 이상한 군사들이 수없이 나타나서 이를 막아 주었다고 하며 그 후 그들이 간 곳을 알지 못하더니 미추왕릉에 대나무 잎사귀가 수북이 쌓인 것을 보고 미추왕이 죽어서도 신라를 도와주었다 하여 미추왕릉을 죽장릉(竹長陵) 또는 죽현릉(竹現陵)이라고 부르게 되었다고 한다.

18) 역시 ≪삼국유사≫에 기록된 설화로서 신라 신문왕이 동해 어느 섬에서 자라는 대나무를 베어 악기를 만들어 부니 이 악기를 불면 적병(敵兵)도 물러가며 질병도 쾌유되며 가뭄에는 비가 내리고 장마는 멈추며 바람은 자고 물결은 평안해지므로 이를 만파식적(萬波息笛)이라고 했다고 한다.

19) 선덕여왕 11년(서기 642년) 대야성 싸움 때 끝까지 항전하다 전사했다는 인물.

터 대나무 화살을 사용했던 증거라 할 수 있다. 지리산은 동과 남으로 경상남도의 산청, 진주, 사천, 하동 4군(郡)과 북과 서로 경상남도 함양군, 전라북도 남원군 그리고 전라남도 구례군 등 여러 군에 뻗쳐 있고 산 주변은 모두가 대나무 산지(産地)며 특히 동쪽의 진주, 서쪽의 남원, 남쪽의 사천이 살대(箭竹전죽)의 산지이다. ≪경국대전(經國大典)≫, <공전(工典)>의 재식(栽植) 조에 의하면 살대의 산지를 등록해서 공조(工曹)와 해당 읍(邑)에 보관하며 살대를 키워 1년이 지난 후에 자르며 또한 땅을 골라 옮겨 심는다 했다. 이와 같이 조선시대에 살대의 재배를 보호, 장려한 것을 보면 우리나라에서 예부터 살대에 대한 관심이 어떠했는지를 짐작할 수 있다. ≪동국여지승람(東國輿地勝覽)≫에 기록된 살대의 산지는 아래와 같다.

충청도: 태안(어도 탄항) · 홍천 · 결성(죽도) · 남포(입죽도) · 비안(현 동쪽 성 아래) · 사천(개야소도) · 은진(채운산)

전라도: 부안(도이곶 및 범도) · 홍덕(죽도) · 영광(대안향내) · 담양(점이산, 광동, 추라산 등) · 함평(현 북쪽 기산성 아래) · 나주(삼향리) · 진원(현 동쪽 가리산 및 상림산) · 광산(양림산) · 남원 · 무안(현 남쪽 함박산) · 능성(현 북쪽 마산) · 장흥(부 동쪽 정화리 및 부 남쪽 산) · 진도(군 북쪽 가흥리 및 동쪽 용장리) · 해남(현 남쪽 옛 해남리 및 옛 녹산리, 현 북쪽 비곡리, 읍내 죽음리) · 강진(남쪽 바다 15리의 죽도) · 보성(군 동쪽 초라산, 천동산 및 조양당산 등) · 낙안(군 서쪽 옥산 및 군 남쪽 제원동 군지리 등) · 홍덕 · 순천(묘산도 시중당 위, 이사리 아래, 이사리 등) · 광양(섬거역, 계곡산 등)

경상도: 영해(축산도) · 영덕(남산도, 보산, 구배산) · 흥해(성황산, 망창산, 곡강의 연안) · 영일(대흥산) · 울산(죽도) · 언양 · 양산(고성산) · 동래(소산) · 대구(왕산) · 영산(병풍암) · 밀양(용두산) · 김해(덕적도, 죽도) · 진주(망진산, 적양, 청암, 삽암, 영선 등) · 사천(옥산)

강원도: 평해(군 동쪽 남산) · 삼척(부 남쪽 덕산도) · 강릉(부 북쪽 증산, 부 동북쪽 강문도) · 양양(죽도) · 간성(죽도 및 무로도)

함경도: 안변(압성곶) · 덕원(죽도) · 문천(마도) · 영흥(세조 때 강원도에서 대나무 뿌리를 배에 싣고 와서 저도에 옮겨 심었다) · 함흥(화도) · 명천(양도) · 경성(다양포)

지금껏 소개한 단궁(檀弓)과 각궁(角弓) 그리고 호시(楛矢) 및 죽전(竹箭) 이 4가지는 조선 궁시의 근원이라 할 것인데 목궁(木弓)이 그 원형인 단궁(檀弓)에서 재료의 변화가 있은 이외 나머지 3가지는 조선시대에 이르기까지 시대에 따라 모양에는 변화가 있었을지라도 규격에 있어서는 변화가 없이 사용되어 왔다. 고려 시대의 군제(軍制)를 보면 군대에 경궁(梗弓), 사궁(射弓), 정노(精弩), 강노(剛弩) 등의 특기병이 있었고 궁시에는 동궁(彤弓), 장엄궁(莊嚴弓), 세궁(細弓), 세전(細箭), 유엽전(柳葉箭), 대우전(大羽箭), 편전(片箭) 등이 있었으니 그 종류가 과거에 비해 자못 다양했다고 볼 수도 있을 것이다. 그러나 이는 종전의 역사기록이 세밀하지 못했던 때문일 뿐이며 조선 초에 비로소 문헌에 나타나는 목전(木箭), 철전(鐵箭) 등도 이들과 더불어 오랜 옛날부터 사용해 왔던 무기들이라고 보아야 할 것이다. 송나라 서긍(徐兢)의 고려 견문록인 ≪고려도경(高麗圖經)≫은 "활과 화살은 형태가 간략해서 탄궁(彈弓)과 같고 몸체 길이가 5자(尺척)며 화살은 대나무를 쓰지 않고 대부분 버드나무 줄기를 사용하며 길이가 짧고 가늘다."고 했으니 고려 때는 대나무 화살 이외에 버드나무 화살을 많이 썼음을 알 수 있다. 고려 때는 호(楛)의 산지인 함경북도를 여진(女眞)이 점령하고 있었으므로 화살대 공급이 부족하여 이로써 대용했을 것이다.

조선시대 궁시에 대해서는 뒤에 다시 상세히 소개하겠지만 성종(成宗) 19년(서기 1488년) 조선에 왔던 명나라 사신 동월(董越)의 견문록 ≪조선부(朝鮮賦)≫에서는 "조선이 귀히 여기는 것은 화피(樺皮) 활인데 크기는 다소 작지만 화살 보내는 힘이 매우 세다."고 했다. 이 화피 활은 각궁(角弓)을 말하는 것으로서 중국 활에 비해 다소 작지만 힘이 센 것을 인정하고 있는 것이다. 또한 편전(片箭) 같은 화살은 멀리 날아갈 뿐 아니라 쏘면 반드시 명중하므로 만주 호인(胡人)들이 이를 심히 두려워하던 것이니 한두 발을 쏘아 달적(㺚賊)[20]의 기마병(騎馬兵) 만 명을 퇴각시킨 일도 있었다. 조선 중기의 실학자 이수광(李睟光)의 말에 의하면, 조선의 편전(片箭), 중국의 창법(槍法) 및 일본의 조총(鳥銃)은 천하제일이라 일본인은 이를 도(道)로 칭했다고 한다.

---

20) 타타르(Tatar)족. 달단(㺚丹)이라고도 함. 러시아 연방 타타르스탄(Tatarstan) 공화국의 기간 주민.

제4장 조선시대의 궁시와 과녁[1]

제1절 활

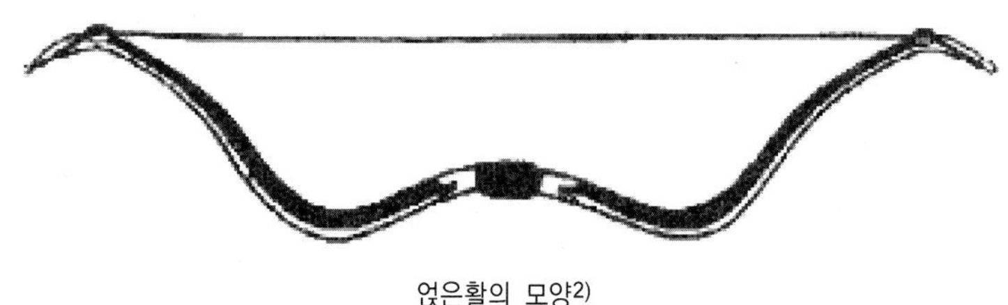

얹은활의 모양[2]

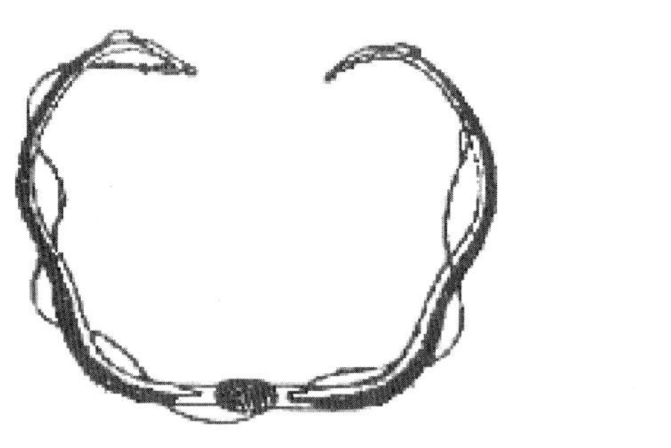

부린활의 모양

우리나라 궁시(弓矢)의 유래와 변천에 대해서는 앞서 대략 소개한 바 있어 이
곳에서는 조선시대에 전쟁, 수렵, 연락(讌樂)[3] 또는 습사(習射) 용으로 사용된

---

1) 원문에는 '조선시대 궁시와 과녁' 부분이 뒤의 '궁술의 장려' 다음에 있었으나 독자의 편의를 위해 서로 순서를
   바꾸었다.
2) 시위를 얹은 후궁의 모습이다.
3) 지방 수령 등이 빈객(賓客) 접대 등을 위해 연례(燕禮)를 겸해 개최하는 활쏘기 행사. 연사(燕射)라고도 함.

궁시와 과녁에 대해서만 소개하려 한다. 조선시대에는 정량궁(正兩弓)·예궁(禮弓)·목궁(木弓)·철궁(鐵弓)·철태궁(鐵胎弓)·고(弧)·각궁(角弓) 등 7종의 활이 있었다. 시대가 변해 신식무기가 도입되자 습사용, 즉 운동용의 각궁만 남았을 뿐 나머지는 영구히 폐기되고 사용되지 않게 되었고 심히 애석하게도 실물이 완전히 사라져 그 형태를 그리거나 제작법을 글로 쓸 방법이 없다. 따라서 각궁에 대해서는 그 만드는 법을 상세히 소개하겠지만 나머지는 이름과 용도 등을 간단히 소개하는 데 그칠 것이다.

1. 정량궁(正兩弓)

속칭 큰활이라 한다. 길이는 5자 5치로 줌통 중앙에서 도고지까지 길이는 2자 2푼, 아귀 폭이 1치 4푼, 오금 폭이 1치 5푼, 창밑 폭이 1치 3푼, 도고지에서 양냥고자까지 길이가 1치이다. 만드는 법은 각궁과 같지만 몸통이 두텁고 크며 힘이 강해서 보통 사람이 이를 쏘려면 활을 가득 벌릴 때 펄쩍 앞으로 뛰어나가면서 그 반동력을 이용하는 것이 보통이고 선 채로 활을 벌릴 수 있는 자는 드물었다 한다. 전쟁에 쓰이는 활로서 초시(初試)와 복시(覆試)[4]의 과목에 들어 있어 무인(武人)으로서는 이 활을 다루지 못하는 사람이 없었다.

2. 예궁(禮弓)

본래 이름은 대궁(大弓)이다. 길이가 6자며 만드는 법은 각궁과 같았으나 6가지 재료로 만들었으며 궁중 연사(燕射), 성균관 대사례(大射禮) 및 지방 향음주례(鄕飮酒禮)에서 쓰므로 예궁이라고 했다.

3. 목궁(木弓)

호(弧)라고 한다. 궁간목(弓幹木, 앳기찌)과 궁간상(弓幹桑, 산뽕나무)으로 만드니 만드는 법이 매우 단순해 전쟁 및 수렵에 쓰인다.

---

4) 초시와 복시에 대해서는 뒤의 제5장, 제2절 참고.

4. 철궁(鐵弓)

전체를 쇠로 만들었고 전쟁에 사용했다.

5. 철태궁(鐵胎弓)

규격은 각궁과 같고 쇠로 활대를 만들었다. 전쟁, 수렵용 활이다.

6. 고(弤)

우리말로 동개활이라 한다. 말을 타고 가다 쏠 때 쓰던 전쟁용 활이다. 활과 화살을 건(鞬), 즉 동개에 넣고 등에 진다. 만드는 법은 각궁과 같지만 6가지 재료로 만들었고 가장 작은 활이다.

7. 각궁(角弓)

만드는 재료에 따라 후궁(猴弓)과 장궁(長弓)으로 나뉜다. 용도에 따라 전쟁 또는 수렵에 사용하는 것과 연락(讌樂) 또는 운동에 쓰는 것 2종이 있다. 각궁은 시대에 따라 모습에 미세한 차이는 있지만 형태와 성능은 변한 바가 없으며 전쟁 또는 수렵에 사용하는 것과 연락 또는 운동에 쓰는 것 사이에는 형태와 성능에 약간의 차이가 있다. 전자는 궁간상(弓幹桑, 산뽕나무), 뿔(角각), 힘줄(筋근), 풀(膠교), 실(絲사) 및 칠(漆) 6가지 재료로 만들고, 후자는 궁간상(弓幹桑, 산뽕나무), 뿔(角), 힘줄(筋), 풀(膠), 상(橡, 참나무), 대나무(竹죽) 및 화(樺, 보껍질) 일곱 가지 재료로 만든다. 제작 방법은 예부터 조선 특유의 방법이 있어 다른 나라 활 가운데는 이에 필적할 것이 없다. 쏘는 사람의 기력(氣力)에 맞추어 강한 활과 부드러운 활이 있으니 강궁(强弓), 실궁(實弓), 실중력(實中力), 중력(中力), 연상(軟上), 연중(軟中) 및 연하(軟下) 7등급으로 나뉜다. 이하에서는 현행 곡척(曲尺)을 기준으로 각궁의 제원을 개략적으로 설명하겠다.

부린활(弛弓이궁: 시위를 제거한 활)의 길이는 4자 2치～4자 2치 5푼이다.

얹은활(張弓장궁: 시위를 얹은 활)의 길이는 3자 5치～3자 6치로 시위 길이에 따라 차이가 생긴다.

줌허리통(附부)의 길이는 4치, 몸피(圓원), 즉 굵기는 1치 5푼에서 1치 6내지 7푼이며 그 중앙에 줌(弝)이 있다.

줌(弝파)의 길이는 2치, 몸피(圓), 즉 굵기는 위가 2치 5푼이고 아래는 3치~3치 2푼 내지 3푼이지만 크기의 대소는 손과 힘의 크기에 따라 차이가 있다.

오금(彌연)의 넓이는 1치 1~3푼이지만 때로는 9푼에서 1치로 할 때도 있으니 이는 활 힘의 강연(強軟)에 따라 달라진다.

삼삼이(詳양)의 넓이는 7푼에서 8푼이다.

도고지(弰)의 좌우 폭은 8푼에서 1치까지이고 길이는 6푼에서 7푼까지다.

고자(弰소)의 길이는 3치 5푼이다. 도고지 쪽의 폭은 6푼에서 7푼, 끝 부분의 폭은 1치에서 1치 1푼이지만 오금과 삼삼이의 폭에 따라 적당한 차이가 있다.

양냥고자(彌소)의 길이는 6푼에서 7푼이고, 몸피(圓원), 즉 굵기는 속껍질(裏皮이피)을 제외하고 몸체만 6푼에서 7푼이다.

줌싸기(紮찰)는 사용자의 편의에 따라 대소의 차이가 있다.

시위(弦현)는 삼겹실로 강궁(強弓)은 240가닥, 중궁(中弓)은 210가닥, 연궁(軟弓)은 180가닥으로 만들지만 양끝의 심고(筋圈子근권자)는 힘줄로 만든다. 전체 길이가 3자 5치에서 3자 5치 5푼이지만 양끝의 심고를 제외하면 2자 8치에서 2자 9치이다. 심고의 길이는 고자의 길이에 따라 1푼에서 2푼의 차이가 있으나 심고 하나의 길이를 3치 5푼으로 하면 두 심고의 길이의 합이 7치가 되어서 실로 된 부분과 힘줄로 된 부분(심고)을 합한 시위 전체의 길이가 3자 5치가 되는 것이다. 몸피(圓원), 즉 굵기는 5푼에서 6푼이다. 절피(彈필)의 길이는 대략 1치 5푼이니 편의에 따라 2푼 내지 3푼의 차이가 있다. 절피를 감은 부분의 몸피(圓원), 즉 굵기는 사용하는 화살 오늬(筈괄)의 갈라진 틈의 넓이에 따라 달리한다.

활 몸통(弓體궁체) 전체의 길이를 보면, 줌머리(弝頭파두), 즉 줌의 한쪽 끝에서 오금까지 5치 5푼, 오금에서 삼삼이까지 5치 5푼, 삼삼이에서 도고지 밑까지 4치 5푼, 도고지 밑에서 양냥고자 끝까지 4치 5푼이니 이를 모두 합하면 2자가 되나 이는 줌에서 한쪽 끝까지 길이이므로 두 쪽을 합하면 4자가 되고 여기에 다시 줌의 길이 2치를 더하면 부린활의 길이 4자 2치의 법도에 상당하는 것이다.

제2절 화살

전(箭)도 '살 전', 시(矢)도 '살 시', 촉(簇)도 '살 촉'이라 하는데 '살'은 '활'과 더불어 예부터 변하지 않고 전래되어 온 순수한 우리말로 화살을 지칭하는 말이다. '활'도 예부터 사용해 온 말이니 북송(北宋)의 손목(孫穆)이 고려의 풍속과 언어를 기록한 ≪계림유사(鷄林類事)≫에서 "弓을 活이라 한다(弓曰活)." 또는 "射를 活索이라 한다(射曰活索)." 한 것이 그 증거이다. 한자의 음과 뜻을 설명한 송나라 때의 ≪광운(廣韻)≫은 '索'의 음을 '蘇'라 했고 후한(後漢)의 ≪석명(釋名)≫도 '索'의 음을 '素'라 했으며 초(楚)나라 굴원(屈原)의 ≪이소경(離騷經)≫을 보아도 "衆皆競進 以貪婪兮 憑不厭乎求索"이란 구절 중 마지막 글자인 '索'의 음이 '素'라는 주(註)가 있다. 이를 통해 '索'의 중국 옛 발음이 '蘇' 또는 '素', 즉 '소'임을 알 수 있다. 또한 한자의 발음을 영문으로 표기한 ≪한영운부(漢英韻府)≫에 의하면, '索'은 복주(福州) 지역의 발음으로는 'SOH', 즉 '쏘'며 지부(芝罘), 즉 산동(山東) 지역 발음으로는 'SOA', 즉 '쏘아'이다. 따라서 ≪계림유사≫에 나오는 '活索'은 '활쏘아'로 발음된다. 그리고 담배를 태우는 대나무 관 연죽(煙竹)을 담배설대라고 하는 것은 연죽(煙竹)의 죽(竹)이 전죽(箭竹), 즉 살대와 같은 재료를 쓰므로 담배살대라고 흉내 내서 부르다 음이 변해 담배설대가 된 것이다. 화살을 말하는 전(箭)·시(矢)·촉(簇) 세 글자를 보면 고대 중국에서 주(周)나라를 포함한 동쪽에서는 전(箭)이라 했고 양자강과 회하(淮河) 사이 강회(江淮)에서는 시(矢)라고 했고 함곡관(函谷關) 서쪽 관중(關中)에서는 촉(簇)이라고 했는데 후세에 이들이 혼용되게 되었다.

최근까지 조선에서 사용된 화살 종류를 보면 중요한 것만 해도 목전·철전·예전·편전·동개살·장군전·세전·유엽전 등 8종이 있었다. 그러나 무기용 활의 폐기와 함께 습사용(習射用) 유엽전 외는 모두 폐기되었다. 다만 그 규격 등만 대략 보면 아래와 같다.

1. 목전(木箭)

이름 그대로 나무로 만든 것이니 무게가 8전(錢)<8돈>이며 무과 초시(初試)

및 복시(覆試)의 시험 과목 중에 포함되었고 시험에서는 과녁(標표)을 세워 놓고 서서 쏘기(步射보사)로 3발을 쏘았다.

2. 철전(鐵箭)

육량전(六兩箭), 아량전(亞兩箭), 장전(長箭) 3종이 있고 모두 전쟁 때 쓴다. 육량전(六兩箭)은 호(楛), 죽(竹), 철(鐵), 힘줄(筋근), 깃(羽우), 복숭아 껍질(桃皮도피), 풀(膠교) 일곱 가지 재료로 만들었다. 무게가 6냥(兩)<60돈>이라 그런 이름이 생긴 것이다. 또한 이 무게가 철전의 정식 무게라서 속칭 정량(正兩)이라 했다. 무과 초시와 복시에서 정량궁, 즉 큰활로 쏘며 80~100보에서 3발을 쏜다. 아량전(亞兩箭)도 육량전과 같이 일곱 가지 재료로 만들었고 무게가 4냥<40돈>이므로 정식 무게 화살인 육량전(六兩箭) 또는 정량(正兩) 다음이므로 아량(亞兩)이란 이름이 붙었다. 장전(長箭) 역시 육량전과 같이 일곱 가지 재료로 만들었으며 무게가 1냥<10돈>에서 1냥 5전 내지 6전<15 내지 16돈>이다.

3. 예전(禮箭)

길이는 3자이고 깃이 크다. 임금이 참여하는 성균관 대사례(大射禮)와 궁중 연사(燕射) 그리고 지방의 향음주례(鄕飮酒禮)에서 썼다. 4발을 쏘는데 4란 숫자를 승(乘)이라고 함으로 예궁과 예전을 함께 말할 때 대궁승시(大弓乘矢)라고 하기도 했다.

4. 편전(片箭)

속칭 애기살이라 하는데 화살이 작기 때문이다. 길이는 촉을 빼고 포백척(布帛尺)으로 8치이다. 무과초시와 복시에서 3발을 쏘는데 대롱(筒통)에 넣어서 쏜다. 과녁은 130보 거리에 설치하는데 이는 과거 시험 때 일이고 최대 1,000보 이상을 날아간다. 날아가는 힘이 강하고 촉끝이 날카로워 두터운 갑옷이나 단단한 투구도 뚫는다.

5. 동개살

대우전(大羽箭)이라고도 한다. 동개활(弰)과 함께 동개(鞬건)에 넣어 쓰므로 이런 이름이 붙었다. 전쟁 때 마상(馬上)에서 쓴다.

6. 장군전(將軍箭)

쇠로 만들고 무게 3~5근이며[5] 포노(砲弩)로 배를 부술 때 쓴다.

7. 세전(細箭)

가는대라고도 한다. 적진(敵陣)에 통지문을 보낼 때만 쓴다. 습사 때에 280보 거리에 푸른 천 휘장을 치고 이를 넘기는 연습을 한다.

8. 유엽전(柳葉箭)[6]

무과의 초시(初試), 복시(覆試), 도시(都試), 취재(取才)[7] 등 모든 시험에서 쓰고 습사에도 쓴다. 무게는 8전<8돈>이며 5발을 쏜다. 무과 초시와 복시 외는 예리한 촉의 사용을 금하며 과녁 거리는 120보였다. 각궁 쏠 때 쓰며 일곱 가지 재료로 만든다. 길이는 2자 7치 5푼에서 2자 9치인데 쏘는 사람의 힘과 활의 크기에 따라 달리한다. 법정 중량은 8전<8돈>이지만 활의 힘에 따라 달리하니 6전<6돈>부터 무거운 것은 1냥 이상에 이른다. 몸체(笴가 또는 幹간)는 대나무로 하고[8] 오늬(筈괄)는 호(楛), 즉 광대싸리로 하며 깃은 까투리깃으로 하며 촉은 정철(正鐵)로 한다. 화살 각부의 길이와 평균적 제도는 대략 아래와 같다.

오늬는 상단에서 깃 상단까지 부분으로 총 길이가 1치 6푼이며 화살 몸체로 들어간 부분을 빼고 겉으로 나온 부분의 길이는 4푼이다. 갈라진 부분의 깊이는

---

5) 조선시대 1돈은 약 3.75g이었고 10돈이 1냥, 10냥이 1근이었다. 따라서 1근은 375g그램이므로 3~5근은 1~2kg 정도의 무게였다.

6) 촉을 전형적인 화살표 모양(↑)이 아니라 유선형(流線型)의 가느다란 버들잎(柳葉유엽) 모양으로 만들었기 때문에 생긴 이름이다.

7) 초시, 복시, 도시 및 취재에 대해서는 뒤의 제5장, 제2절 참고.

8) 전투용과 사냥용은 산뽕나무로 했다.

3푼에서 3푼 반이다. 오늬가 화살 몸체 속에 들어가 있는 1치 2푼 부분은 화살대 겉을 복숭아나무 껍질로 감싼 후 힘줄을 덧감는다.

깃의 길이는 4치 5푼 이하며 상단 제일 넓은 곳의 폭은 2푼이고 그 위쪽은 둥그렇게 좁혀 나가며 아래쪽은 서서히 좁혀 나간다. 하단 은 실과 같이 가늘게 해서 몸체에 접착시킨다.

촉이 박힌 부분은 외부를 힘줄로 싸고 그 위에 다시 길이 1치 2푼의 죽관(竹管)을 입혀 힘줄을 보호하니 이 죽관을 속칭 상사라고 한다. 죽관 하단에는 길이 2푼의 얇은 철판을 두르는데 이를 토리라 한다. 더데 이하의 외촉(外鏃)은 사각뿔 모양이니 더데 쪽 한 면의 폭이 1푼~1.5푼이고 길이는 5푼~7푼이다. 무과 초시와 복시에 쓸 때 외에는 끝을 뾰족하게 하지 않는다. 화살 무게에 따른 촉의 무게는 대략 화살 무게가 6전이면 촉이 1전, 7전이면 1전 1푼~1전 2푼, 8전이면 1전 3푼~1전 4푼, 9전이면 1전 5푼~1전 6푼이다.

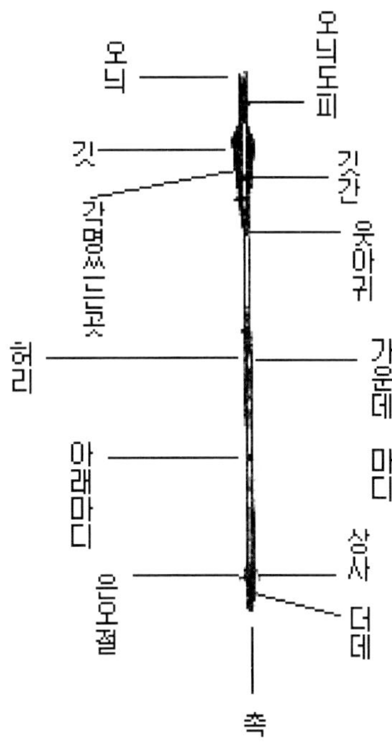

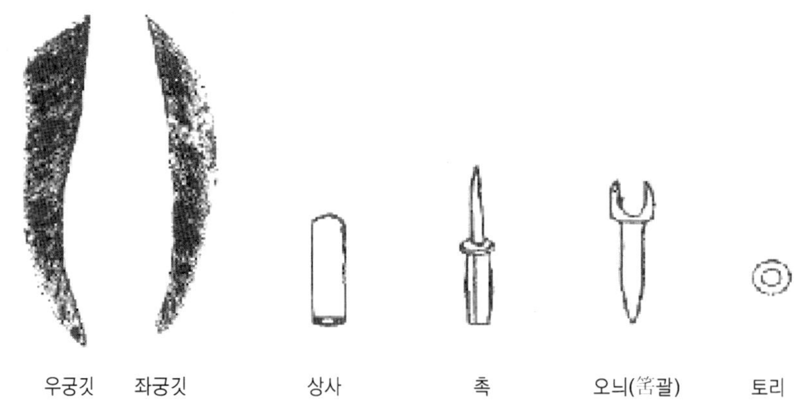

제3절 과녁

과녁을 말하는 '帿후'라는 글자에 대해 후한(後漢) 때 자전(字典)인 ≪설문해자(說文解字)≫는 "본래 글자는 '侯후'였는데 사람을 뜻하는 '亻'이 있고 넓은 헝겊을 펼쳐 놓은 가림막 같은 모습의 '厂엄'이 있고 그 아래 화살을 말하는 '矢시'가 있는 형상"이라며 사람이 활로 쏘아 맞히는 사포(射布)의 뜻으로 풀이했다. 후한(後漢)의 정사농(鄭司農: 본명은 정중鄭衆)은 "'侯후'에서 '亻인' 변을 뺀 글자는 가로세로 각 10자(尺척)인 부분을 말하고 '鵠곡'은 그 가운데 가로세로 각 4자인 부분을 말한다."고 했다. '侯후'의 옛 글자에는 '亻' 변이 없었다. 고대 중국에서는 활쏘기로 인재를 선발할 때 명중시킨 자에게는 벼슬을 주었기 때문에 제후(諸侯)라는 말도 생겼다. 이상은 한자의 '帿후'에 관한 해석이며 사포(射布)를 우리말로는 솔이라 하는데 한자의 음과 뜻을 한글로 설명한 ≪훈몽자회(訓蒙字會)≫에서는 '帿후'를 "솔 후"라고 했다. 이를 보면 솔은 예부터 사용된 우리말이며 '帿후'를 속칭 소포라고 하는 것은 '솔布'의 음이 와전된 것이다.

≪의례(儀禮)≫, <향음주례(鄕飮酒禮)>[9]에 의하면 중국에서 황제는 흰색 곰 가죽으로 만든 웅후(熊侯)를, 제후(諸侯)는 붉은색 큰사슴 가죽으로 만든 미후(麋侯)를, 대부(大夫)는 호랑이나 표범을 그려 놓은 포후(布侯)를 그리고 여타

---

9) 고을의 대부(大夫)가 고을의 노인과 어진 사람을 대접하는 행사인 향음주(鄕飮酒)의 의의(意義)와 그 절차 및 지켜야 할 예의를 기록한 책.

선비는 사슴이나 돼지를 그려 놓은 포후(布侯)를 썼다. 웅후와 미후는 곰이나 사슴의 가죽으로 테두리를 장식하는데 그 중앙에 사각형의 같은 가죽을 덧대면 이 부분을 곡(鵠)이라 하고 가죽을 덧대지 않고 포(布) 위에 사각형 그림만 그려 넣으면 이 부분을 정(正)이라 했다. 곡(鵠)이나 정(正)은 모두 후(侯) 중앙에 덧 대거나 그려 넣은 사각형을 말한다. 곡(鵠)을 관(貫) 또는 적(的)이라 부르기도 한다. 관(貫)이란 가운데를 말하는 중(中)의 뜻이고 적(的) 역시 정(正) 또는 곡 (鵠)의 뜻이며 모두가 여러 연사(燕射)[10] 의식에서 사용되던 말이다. ≪주례(周 禮)≫에 의하면 활의 강약에 따라 사용하는 적(的)도 달랐는데 강궁(强弓)에는 원래 거북이 등껍질(甲갑)이나 짐승가죽(革혁)을 썼기에 관혁(貫革)이란 말이 생 긴 것이고 나무로 만든 적(的) 역시 관혁(貫革)이라고 모방해 부르게 되었다. 관 혁(貫革)을 우리말로는 과녁으로 발음한다. 그러나 조선시대 민간연사(民間燕 射)에서 쓰던 후(侯)는 중포(中布)라고 했는데 높이 14자, 폭 10자로서 옛 중국 의 구사도(九射圖)와 같이 후(侯후) 앞면에 사슴, 돼지, 까투리 등의 그림을 그려 넣었다.

조선시대 무과(武科) 시험에서 사용하던 후(侯) 또는 과녁의 제도를 보자면 ≪경국대전≫, <병전(兵典)>, 시취(試取) 조에는

편전(片箭) 130보 ○ 후(侯)는 넓이 8자 3치, 높이 10자 8치, ○관(貫)은 넓이 2자 2치, 높이
2자 4치. ○ 모두 영조척(營造尺)을 사용한 규격이다.

라는 기록이 있고, ≪속대전(續大典)≫에는

과녁(貫革) 150보 ○ 적(的)은 높이 10자 8치, 넓이 8자 3치, ○ 관(貫)은 높이와 넓이 모두
적(的)의 1/3, ○ 무과의 초시(初試) 및 복시(覆試)에 쓴다. ○ 도시(都試)에서는
사용하지 않는다.
유엽전(柳葉箭) 120보 ○ 적(的)은 높이 6자 6치, 넓이 4자 6치, ○ 관(貫)은 높이와 넓이
모두 적(的)의 1/3.

이란 기록이 있다. 이 기록에 나온 것들을 속칭 관소과녁(官所貫革)이라 해서 표준으로 삼던 것들이다. 이와 같이 관소과녁의 규격에는 차이가 있어서 큰 것

---

10) 잔치를 열고 활을 쏘는 의식.

은 높이 10자 8치, 넓이 8자 3치이고 작은 것은 높이 6자 6치, 넓이 4자 6치이다. 따라서 지금의 습사용 후(侯)나 과녁은 작은 것, 즉 유엽전에 쓰던 적(的)의 규격을 지키는 것이 법도에 맞는다고 할 수 있을 것이다.[11]

쏜 화살이 날아가는 거리, 즉 사대에서 과녁까지의 거리를 후도(帿道)라 하며 우리말로는 밧탕이라고 한다. 중국 연사(燕射)의 옛 제도에 의하면 천자(天子)는 90보, 제후(諸侯)는 70보, 대부(大夫)와 여타의 선비(士사)는 50보로서 계급에 따른 차등이 있었지만 조선에서는 그런 차등이 없었다. 조선시대 민간연사(民間燕射)에서는 솔밧탕, 즉 중포(中布)의 후도(帿道)를 80보로 했었는데 이는 현행 곡척(曲尺)으로는 316자 8치, 즉 52간(間) 8푼에 상당한다. 그러나 유엽전의 법정 거리 120보는 현행 곡척으로 475자 2치, 즉 79간 2푼에 상당한다.[12] 과녁의 크기나 규격과 함께 이 밧탕 역시 준수하여야 궁도(弓道)에 어긋남이 없을 것이다.

---

11) 여기서 언급된 과녁 규격은 ≪경국대전≫ 및 ≪속대전≫에 기록된 규격으로서 모두 영조척에 의한 규격으로 보인다. 이를 현행 곡척으로 환산해 보면, 앞서 제3장, 제1절에서 설명된 바와 같이 영조척 6치 7푼 4리가 주척 1자가 되고 주척 1자는 현행 곡척 6치 6푼이므로 큰 과녁의 규격(높이 10자 8치, 넓이 8자 3치)은 현행 곡척으로 높이 10자 5치 1푼, 넓이 8자 8푼 가량이 되고 작은 과녁의 규격(높이 6자 6치, 넓이 4자 6치)은 현행 곡척으로 높이 6자 4치 6푼, 넓이 4자 5치 1푼가량이 된다. 그러나 1960년대에 대한궁도협회가 정한 과녁의 공인규격은 현행 곡척으로 높이 8자 8치(약 2m 67cm), 넓이 6자 6치(약 2m)로서 조선시대의 큰 과녁과 작은 과녁(유엽전 과녁)의 중간쯤 크기를 택한 것으로 보인다. 그러나 대한궁도협회가 과녁까지의 공인거리를 조선시대 유엽전의 법정 거리와 거의 일치시킨 점을 고려해 보면 현행 과녁의 공인규격은 다소 큰 규격이 아닌가 생각된다.

12) 유엽전의 법정 거리인 120보 또는 현행 곡척으로 475자 2치는 144m이다. 현재 대한궁도협회가 규정한 공인 거리는 사대의 앞 끝에서 과녁의 하단까지가 145m인데 조선시대 관소과녁 중 유엽전의 법정 거리와 거의 일치한다.

제5장 궁술의 장려

　　"중국은 우리 민족을 동이(東夷)로 부르는데 '夷이'란 글자는 '大대'와 '弓궁'이 합성된 글자로 큰 활을 의미하며 따라서 우리나라 사람들이 활을 잘 쏜다는 것을 말한다."는 것이 범애(泛愛) 유조인(柳祖認, 1522～1599)의 말이고 "우리나라 사람은 늘 활을 잘 쏘는 사람으로 불리며 우리나라가 수성(守城)에 능하다고 하는 것도 그 때문이다."고 하는 것은 서애(西厓) 유성룡(柳成龍, 1542～1607)의 말이다. 또한 "궁시(弓矢)의 이점을 잘 활용함에 있어 우리나라가 으뜸이다."는 것은 성호(星湖) 이익(李翼, 1629～1690)의 말이다. 자고로 조선에서 가장 중요하게 여기었던 무기가 궁시였고 가장 민중화된 무예가 궁술이었기 때문에 그러한 호언과 자부가 생겼을 것이다. 이제 궁술의 장려방법에 대해 고찰해 보려 하는데 삼국시대 이전은 참고할 자료가 없어서 삼국시대부터 살펴보기로 한다.

제1절 삼국시대와 고려시대

Ⅰ. 삼국시대

　　삼국시대에는 활쏘기 장려방법이 다양했다. 활쏘기를 국민교육의 한 과목으로 하기도 했고 전적으로 활쏘기를 통해 국민을 훈련시키기도 했으며 활쏘기를 통해 인재를 등용하는 방법을 쓰기도 했으니 드디어 습사(習射)가 삼국 전체의 풍속이 되기에 이르렀었다.

　　고구려의 경우 ≪신당서(新唐書)≫에 의하면 "사람들이 배움을 즐겨서 궁벽

한 시골과 하층민에 이르기까지 서로 부지런히 노력하며 거리마다 위엄 있는 집을 지어 놓고 이를 편당(扁堂)이라 부르면서 미혼 자제들을 이곳에 보내서 경전을 읽거나 활을 쏘게 한다.”고 했으니 이는 국민 전체에 사풍(射風)을 보급게 하고자 함이었다. 또 고구려에서는 활을 잘 쏘는 사람을 주몽(朱夢)이라 불렀으니 이런 풍속은 부여(夫餘) 때부터 시작된 것이다.

백제의 경우는 ≪삼국사기≫에 의하면 고이왕(古爾王)은 사슴 40마리와 기러기 두 마리를 쏘아 맞힌 명궁으로 궁궐 서문으로 나가서 활쏘기를 관람했다 했고 비류왕 17년(서기 320년) 8월에는 궁궐 서쪽에 사대(射臺)를 세우고 매월 보름날 습사를 한다 했으며 아신왕 7년(서기 398) 9월에는 도성 사람들을 모아 서대(西臺)에서 습사를 했다 한다. 이는 특히 도성의 일에 관한 기록으로서 백제가 궁술에 치중함이 이미 이러했으니 이러한 풍속은 전국에 퍼져 고을마다 그런 풍속이 있었을 것이다. 백제는 “그 풍속이 말 타고 활 쏘는 것을 중히 여긴다.”는 ≪후주서(後周書)≫의 기록을 보아도 알 수 있다.

신라의 경우 원성왕(元聖王) 4년(서기 788년) 봄에 비로소 독서출신과(讀書出身科)를 창설해서 문무(文武)의 구별이 생겼는데 그 이전에는 오로지 활 솜씨만을 보고 인재를 선발한 것을 보면 얼마나 궁술을 중히 여겼는지 알 수 있다. ≪수서(隋書)≫에 의하면 신라는 “매년 8월 15일 음악을 연주하면서 관리들로 하여금 활을 쏘게 하고 상으로 말과 옷감을 주었다.” 했고 ≪구당서(舊唐書)≫에서도 “매년 8월 15일 음악을 연주하면서 연회를 베풀어서 군신(君臣)이 활을 쏜다.” 했으며 ≪신당서(新唐書)≫ 역시 “매년 8월 보름날 크게 연회를 열어 관리들이 활을 쏜다.” 한 것을 보면 신라에서는 인재를 등용하는 방편으로 오로지 활 솜씨만 보았고 이미 벼슬길에 오른 후에도 기일을 정해 무예를 겨루게 하고 상을 주었으니 자연 별도의 장려가 없더라도 활쏘기에 모든 노력을 기울이는 민속이 성행했을 것을 짐작으로 알 수 있다.

Ⅱ. 고려시대

고려시대에도 또한 상무(尙武)에 치중하여 국왕이 때때로 친림하여 도성 장교들의 활쏘기를 사열하기도 하고 개경(開京)과 서경(西京) 두 수도(首都)의 무관을 소집해서 장기간 습사를 시키기도 했다. 현종(顯宗)은 4품 이상 문관으로 60세 미만인 자는 쉬는 날 꼭 동서 교외로 나가 습사하게 했고 선종(宣宗)은 활터를 만들어 군대 병졸과 여타 활 배우는 사람들을 이곳으로 모아 습사를 시키되 정곡을 관중시킨 자에게 은그릇을 상으로 내렸으니 이는 국도(國都), 즉 중앙의 사풍(射風)을 격려한 한 예이다. 지방에서도 각 주진(州鎭)이 농한기 중 월 6회 관아에서 일을 보는 아일(衙日)에 관민(官民)이 모여 활과 쇠뇌를 쏘게 했고 이 때 주진의 고관(高官)들이 관할관과 함께 참석해서 성적 우수자에게 녹봉이나 직급을 올려 주기도 하고 관직 없는 자에게 직책을 부여하기도 했다. 이와 같이 지방 관직은 활쏘기 시험을 통해 충원하기도 했으나 중앙에서는 아직 무예로 사람을 선발하는 제도는 생기지 않더니 예종 4년(서기 1109년) 7월에 국학(國學)의 일곱 과목 중 하나로 강예재(講藝齋)를 개설해 무학(武學)을 공부하게 하니 이를 무과(武科) 시험의 태동이라 할 수 있다.

그러나 무과 시험의 본격적인 시행에 대해서는 여전히 의논이 분분하다가 드디어 예종(睿宗)이 문무(文武) 양학(兩學)은 국가 교화의 근원이며 이를 세움은 인재를 양성해 장차 장수와 재상의 자질을 구비케 하고자 함이라고 하면서 예종 11년(서기 1116년) 4월에 의견을 모아서 드디어 무과를 시행케 했다. 그러나 그 당시에는 무학(武學)이 아직 부진하던 때라 무과 응시자 숫자가 적었다.

이에 무학을 진흥시킬 목적으로 필기시험인 책론(策論)에는 합격하지 못해도 평소 성적에 따라 급제자를 정하니 급제가 용이해서 많은 사람들이 무과에 다투어 응시하게 되었다. 하지만 이에 따라 선비들의 면학풍조는 타락하고 학식 없는 사람들도 등용되어서 그들에게 병사(兵事)를 맡길지라도 겉으로만 일을 흉내 낼 뿐 제대로 처리하지 못했다. 또한 무학의 번성에 따라 문관과 무관 간에 불화(不和)도 발생하게 되었다. 조정에서는 이를 심히 우려해서 인종(仁宗) 11년(서기 1133년)에는 무과를 통해 이미 등용된 자에 한해서는 문과 출신과 구별 없이 쓰도록 하되 무과의 신규 선발과 강예재(講藝齋) 과목을 모두 폐지했다. 이로서 일시 진흥되려고 했던 무학은 결국 주저앉고 말았으며 고려 말기까지 망각 상태가 계속되었다.

공민왕(恭愍王) 원년(서기 1352년) 4월에 진사 이색(李穡)이 무과를 다시 설치해야 한다는 건의를 올렸지만 이때는 시행되지 못했다. 공양왕 2년(서기

1390) 윤 4월에는 문과만 시행하고 무과를 시행하지 않기 때문에 무예를 갖춘 자가 적으니 문과와 위의(威儀)가 같은 무과를 시행해야 한다는 도평의사사(都評議使司)의 주청이 받아들여져 여러 병서(兵書)를 모두 익히고 무예에 정통한 자 3인을 1등으로, 병서를 어느 정도 익히고 무예에 대충 통하는 자 7인을 2등으로, 병서에 통하거나 어느 하나의 무예에 정통한 자 23인을 3등으로 선발하는 무과제도가 확립될 수 있게 되었다.

문과는 정기적으로 실시된 것이 아닌 반면 이제 무과를 인년(寅年), 사년(巳年), 신년(申年) 및 해년(亥年)에 정기적으로 실시키로 했으니 이는 3년마다 한 번씩 시험을 여는 소위 식년제도(式年制度)였다. 하지만 이 제도를 정한 후 첫 번째 시험을 실시해야 할 해가 임신년(壬申年)인 공양왕(恭讓王) 4년(서기 1392년)인데 이해 5월에 문과를 실시했다는 기록만 있고 무과를 실시한 기록은 보이지 않고 곧이어 같은 해 7월에는 고려왕조가 영원히 문을 닫고 말았으니 새로이 확립한 고려의 무과제도가 실제로는 시행되지 못한 것이다.

제2절 조선시대

Ⅰ. 개국 초기

무과의 실질적 시행은 조선 개국 초기의 일이다. 본격적인 무과는 아니지만 조선 태조 6년(서기 1397년) 왕명에 따라 의흥삼군부(義興三軍府)에 사인소(舍人所)를 설치해서 이곳에 경학(經學)·병학(兵學)·율학(律學)·수학(數學)·의학(醫學)·사학(射學) 6학을 지도하는 교도관들을 두고 대소 신료와 한량인(閑良人) 등에게 명하여 각자 자제나 조카 및 손자 또는 사위 가운데 성년에 이른 자로서 벼슬이 없는 자를 추천케 한 다음 문무 양과(兩科)로 나누어 예(藝)를 익히게 하고 성적이 우수한 자는 그 등급에 따라 관직에 채용했다. 6학의 이름은 경학(經學)을 명체적용지당(明體適用之堂), 병학(兵學)을 선계제승지당(先計制勝之堂), 율학(律學)을 음휼지당(飲恤之堂), 수학(數學)을 상명지당(詳明之堂),

의학(醫學)을 제생(濟生), 사학(射學)을 관덕(觀德)이라고 했다. 이는 영속적인 제도가 아니라 일시적 제도에 불과했지만 무학과 활쏘기를 힘써 장려한 사실을 이를 통해 알 수 있다.

태조 2년에 무과를 설치했다는 말도 있지만 과거 급제자 명부인 등과총목(登科總目)을 보면 이때부터 태종 7년까지 15년 동안 증광시(增廣試)[1]와 중시(重試)[2] 각 1회 및 3년에 1회 실시한 식년문과(式年文科) 5회만 있었고 무과를 실시한 기록은 없으며 태조 2년으로부터 제6차 식년인 태종 8년(서기 1408년)에 무과로 어변갑(魚變甲) 등 33인과 생원 윤수(尹粹) 등을 선발했고 마희성(馬希聲)이 무과 장원을 했다는 기록만 있다. 서거정(徐居正)의 수필집인 <필원잡기(筆苑雜記)>에서도 "종래 무과가 없더니 태종 때 처음 설치했다."고 했으니 무과 개설은 태종 8년의 일이라 할 것이다.

이제 조선조 초기의 무과제도를 보면 문과와 같이 인년(寅年), 사년(巳年), 신년(申年) 및 해년(亥年)에 정기적으로 경중(京中: 도성과 경기도) 및 각 도(道)경기도 제외에서 각기 초시(初試)를 실시했는데 목전(木箭), 육량(六兩)철전(鐵箭)을 말하며 속칭 정량(正兩)이라 한다, 편전(片箭)의 점수로 합격자를 정했다. 그 다음 해인 묘년(卯年)·오년(午年)·유년(酉年)·자년(子年)의 해에는 초시 합격자를 훈련원(訓練院)에 모이게 해서 초시와 동일한 활쏘기 시험 외에 기사(騎射), 기창(騎槍) 및 격구(擊毬) 시험을 본 후 실기시험 합격자에 한해 다시 병서(兵書) 필기시험인 강서(講書)를 치르게 하는데 최종합격자는 실기시험 점수에 강서 점수를 합해 28인을 선발하며 이를 회시(會試) 또는 복시(覆試)라 했다. 회시 합격자는 어전(御前)에서 다시 재주를 겨루어 그 등수만 정했으니 이를 전시(殿試)라 했다. ≪경국대전≫에 의하면 초시는 원시(院試)와 향시(鄕試)로 나뉘는데 원시는 훈련원(訓練院) 주관으로 경중(京中) 응시자 중 합격자 70인을 선발했고 향시는 각 도경기도 제외에서 병마절도사가 임명한 차사원(差使員) 주관으로 합격자를 선발했는데 경상도 70인, 충청도와 전라도 각 25인, 강원도,

---

황해도, 영안도(함경도를 말한다) 및 평안도 각 20인을 선발했다. 다만 지방 하급 관리는 초시에 합격해도 무경칠서(武經七書) 필기시험에 조(粗) 이상 점수를 받아야 회시에 나갈 수 있게 되었다. 실기시험 중 활쏘기에서는 목전(木箭)은 3발을 쏘아서 발마다 화살이 날아간 거리에 따라 점수를 계산했다. 240보 이상 날아가면 기본점수 7푼(分푼)을 주고 5보를 더 나갈 때마다 1푼씩 점수를 더 주었다. 육량전(六兩箭)인 철전(鐵箭)의 점수 계산도 목전과 같았다. 편전(片箭)은 130보 거리의 과녁을 맞히는 수에 따라 점수를 계산했는데 발마다 과녁 어느 곳이라도 맞히면 15푼의 점수를 주고 과녁 중앙을 맞히면 두 배의 점수를 주었다. 기사(騎射)에서는 발마다 맞히면 5푼의 점수를 주었다. 격구에서는 구문(毬門)을 통과한 자에게 15푼의 점수를 주고 옆으로 지나는 자에게는 5푼을 주었다. 회시(會試)는 병조(兵曹)가 훈련원 7품 관리와 함께 주관하여 합격자를 선발했으며 실기시험 평가는 초시와 같았고, 필기시험인 강서(講書)는 사서오경(四書五經) 가운데 하나, 무경칠서 가운데 하나 그리고 통감(通鑑), 병요(兵要), 장감박의(將鑑博議) 또는 무경소학(武經小學) 중에 하나를 각각 선택하게 하여 시험했다. 전시(殿試)에서는 회시 합격자 28인을 대상으로 보사(步射)와 기사(騎射) 및 격구를 시험하여 성적순으로 갑과(甲科) 3인, 을과(乙科) 5인, 병과(丙科) 20인으로 등수만 나누었다. 그러나 앞서 소개한 것은 소위 무선(武選), 즉 무과시험에 의한 인재선발 제도였고 그 이외에도 도시(都試), 연재(鍊才) 및 취재(取才)에 관한 법이 별도로 있었다. 도시(都試)는 매년 봄가을 거행하는 연무대회(演武大會)로 병조와 훈련원의 당상관이 의정부 및 이조·호조·공조·예조·형조 및 오위도총부(五衛都摠府) 소속 당상관 각 1인과 함께 군사(軍士) 및 문무 양반의 종3품 이하 그리고 한량인(閑良人) 중의 지원자를 대상으로 시험을 통해 인재를 선발하는 제도였다. 무예와 강서의 과목은 무과시험과 대략 같았지만 기사, 기창 및 격구 시험을 각 2회씩 하는 것이 달랐다. 성적이 190푼 이상이면 1등, 160푼 이상이면 2등, 120푼 이상이면 3등으로 하여 시상(施賞)했다. 도시에서 성적이 뒤떨어진 자에게는 다시 연재(鍊才)를 치르게 했는데 연재에서도 성적이 열등한 자는 태거(汰去: 면직(免職)) 또는 강속(降屬: 강등(降等))의 벌을 받았다. 그러나 이런 도시(都試)는 경중(京中)의 예였으며 나머지 지방에서는 각 도 병마절도사가 경중의 예에 따라서 시험을 치른 다음 그 결과를 임금께 보고했다. 다만 각 도의 수령, 우후(虞候),[3] 만호(萬戶)[4] 등의 자제는 이 시험에 응시하지 않게 했다. 지방에서도 성적이 뒤떨어진 자에게 다시 연재(鍊才)를 치르게 한 것은 경중(京中)의 예와 같았고 정병(正兵: 육군(陸軍))의 당번연재(當番鍊才)는 각 진(鎭)의 진장(鎭將)이 목전, 편전 및 기사를 시험했고 수군(水軍)의 당번연재는 수군절도사가 매년 각 수영(水營)을 순회하면서 목전(木箭)과 편전(片箭)만을 시험했다.

취재(取才)란 오위도총부의 당하관, 부장, 선전관의 선발 및 제위(諸衛)의 병(兵)과 갑사(甲士)를 충원하기 위한 시험으로서 과목은 군관의 경우와 군사의 경우에 차이가 있었으나 목전, 철전, 편전, 기사 및 기창으로 한 것은 다른 시험과 마찬가지였다.

무선, 도시, 연재 및 취재 어느 것이건 경중에서는 훈련원에서 시험을 치렀기에 훈련원 대청(大廳)을 사청(射廳)이라 했고 이 사청에 관한 성간(成侃: 1427~1456)의 기문(記文)인 「훈련원사청기(訓鍊院射廳記)」가 ≪동문선(東文選)≫ 제82권에 수록되어 있다. 훈련원은 태조 초기 설립 당시에는 훈련관(訓練觀)이라고 하다가 후일 개칭한 것이다. 조선 개국 초의 무과 선발시험과 연무(演武)는 이와 같았는데 중엽에 이르러 군제가 변하고 총기가 사용된 후에도 시험에서는 궁술이 주과목이고 궁술로써 국민에게 무예를 권장하는 일은 의연히 변치 않았다. 조총(鳥銃)이 시험과목 중 하나로 추가되었을 뿐 근본은 조금도 변함이 없었다.

식년(式年)에, 즉 3년마다 정기적으로 문과 33인과 무과 28인을 선발하는 것은 ≪경국대전≫에 정해진 원칙이다. 문과는 경우에 따라 26인 내지 31인을 선발하며 정원을 채우지 않는 경우도 있었고 때로는 34인, 내지 36인을 선발하여 정원을 초과하는 일도 있었지만 이는 모두가 매우 드문 경우이고 33인을 선발하는 원칙은 500여 년 동안 끝까지 잘 지켜졌다. 그러나 무과의 경우는 사정이 달랐다. 세조 2년(서기 1457년)부터는 군이 정원을 고집하지 않고 인재(人才) 본위를 표방하며 무사의 궁력(弓力)이 130근(斤)[5]의 활을 벌릴 수 있어야 합격을

---

3) 각 도 절도사 아래에 있던 무관. 병마우후와 수군우후가 있었다. 전자는 병마절도사를 보좌하는 종3품 외관직으로 병우후(兵虞候)·아장(亞將)이라고도 불렀고 후자는 수군절도사를 보좌하는 정4품 외관직이다.

4) 외침 방어를 목적으로 설치된 관직. 본래 통솔하여 다스리는 민호(民戶)의 수에 따라 만호·천호·백호 등으로 불리다가 차차 민호(民戶)의 수와 관계없이 진장(鎭將)의 품계와 직책 명칭으로 변했다.

시키도록 했다. 하지만 세조 5년 실시된 별시(別試)에서는 그러한 방침을 적용한 결과 오히려 1,800여 명이 대거 무과에 합격되는 등 무과 급제자의 대폭 증가 현상이 시작되었다. 지방에서 지방별시(地方別試)를 시행하기 시작한 것도 이때부터였다.

II. 중기 임진왜란 이후

임진왜란 당시에 적의 수급(首級)을 하나라도 베어 오는 자에게는 공사천(公私賤)을 불문하고 등과(登科)를 허용함에 따라 선발인원이 더욱 크게 늘어나게 되었고 전란이 끝난 이후에는 시험을 한 번 치르면 합격자가 수천 명에 이르는 일도 있었다. 한편, 선조 26년에는 군병(軍兵)에게 조총의 학습을 명하여 과거시험 과목에도 이를 추가시켰으며 동 29년에는 삼도수군통제사 이순신의 주청에 따라 중앙관리를 한산도에 파견해서 수졸(戌卒)들을 대상으로 시험을 치르게 했으니 이것이 주사과(舟師科), 즉 수군 선발시험의 선구이다. 동 35년 조정에서는 수군의 고생을 염려하여 경상도에서는 부산과 거제, 전라도에서는 경도(鯨島)와 고금도(古今島)에서 주사과를 시행해서 초시에 각 17,000명을 선발하고 그해 겨울 회시(會試)를 시행해서 1,600여 명을 선발했다. 광해군 때는 변방의 사정이 시급해서 널리 무사를 선발했는데 서울로 모이게 하기가 어려운 때라 승지(承旨)를 각 도에 나누어 보내 10,000여 명을 합격시키니 이때부터 무과를 만과(萬科)라고 부르는 관행이 생겨났다.

과거시험에서 남이 대신 활을 쏘아 주는 대사(代射)나 이를 부탁하는 차사(借射)를 엄벌하는 법률이 있었다. 그러나 비록 국가에 어려운 일이 많을 때 시작된 부득이한 조치였지만 무과 선발인원이 증가함에 따라 활을 다룰 줄 모르는 자를 위한 대사(代射)의 폐단이 생기기도 했는데 인조 6년 봄 시행된 별시의 초시 합격자가 수만 명에 이르고 그중 자신이 활을 쏜 자가 절반도 되지 않는다 해서 회시가 시작할 때 시험장에서 응시자들이 동맹하여 시험을 거부하는 사태가 발생할 정도로 과거시험 규칙이 심하게 오염되었었다.

---

5) 조선시대 1근은 100돈. 즉 375g그램이므로 130근 활은 49kg 또는 108파운드 정도의 강궁이다.

한편 이렇게 무과의 선발 인원이 많아지자 종래의 훈련원 한 곳만으로는 도저히 회시를 모두 진행할 수가 없어져서 자연히 시험 장소를 나누게 되었다. 훈련원 외에 모화관(慕華館)6)을 제2시험장으로 해서 두 곳에서 시험을 치렀는데 앞서 말한 응시자들의 시험 거부사태는 모화관에서 발생한 것이었다. 이를 보면 시험장을 둘로 나눈 것은 인조 6년(서기 1628년)의 일로 보인다. ≪속대전(續大典)≫에 의하면 경중(京中)은 종루, 즉 지금의 종각을 기준으로 좌우로 나누어서 충청, 경상 및 전라의 좌도(左道) 그리고 함경도와 황해도에서 온 응시자는 종각의 좌측(또는 아래쪽), 즉 훈련원에서 시험을 보게 하고 충청, 경상 및 전라의 우도(右道)와 강원도 및 평안도에서 온 응시자는 종각의 우측(또는 위쪽), 즉 모화관에서 시험을 치르게 했다. 인조 15년에는 5,500명이 선발되었는데 합격자 발표 때 대궐 안이 협소해 왕이 대궐 정문 돈화문 앞으로 나와 속칭 어사화(御賜花)를 주었다. 이것이 전례가 되어서 효종 2년의 별시와 숙종 2년의 정시(庭試)7) 때도 합격자 발표 행사를 궐문 밖에서 행했다.

선발시험 과목에는 조총이 추가되었을 뿐 폐지된 과목은 없었다. 다만 목전(木箭)의 경우 원래 목전이 무예에 중요한 종목도 아니고 실용성도 없는 것이었는데 도시(都試)를 치르던 중 금군(禁軍)에서 들여보낸 목전의 무게를 달아보니 정식규격 8전(錢)에 위배되어 무거운 것도 7전에 불과하고 때로는 6전의 가벼운 것도 있었다. 그러나 이를 일제히 바꾸려면 지방 곳곳에서 규격품을 갖추기에 어려움이 있어서 이때 과거와 도시(都試)에서 이를 폐하고 유엽전 1순(巡)으로 대신하자는 병조의 의견이 있었다. 효종 8년(서기 1657년) 비국(備局) 비변사(備邊司)에서 그 시행을 건의했으나 장단점이 있으니 종전대로 하라는 답이 있어 시행치 못했다. 그 후 현종 9년에야 초시에서 육량(六兩)과 편전(片箭) 두 가지로 선발하라는 전교를 내려 병조로 하여금 시행케 하니 이때 비로소 목전이 폐지되었다. 유엽전도 도시(都試)와 취재(取才) 및 장관(將官)의 시

---

6) 서대문 밖에 있었으며 조선시대 중국 사신을 영접하던 곳. 태종 7년(1407) 고려 때 송도(松都)의 영빈관(迎賓館)을 모방하여 서대문 밖에 건립하고 모화루(慕華樓)라 했다. 모화루 앞에는 영은문(迎恩門)을 세우고 남쪽에 연못을 만들었다. 세종 11년(서기 1429년) 모화관이라 개칭했다. 청·일전쟁 후 모화관은 폐지되고 고종 34년(서기 1896년) 독립협회에서 영은문 자리에 독립문을 세우고 모화관은 독립정신을 북돋아 일으키는 독립관으로 만들었다.

7) 대궐에서 실시한 특별 과거 시험을 말한다. 처음에는 세자 책봉 또는 세자, 왕후, 왕태후의 병환 쾌유와 같은 왕실의 경사가 있을 때나 중국 황제의 즉위 등을 계기로 실시되었다. 그러나 임진왜란과 병자호란 이후에는 그 성격이 바뀌어 강도정시(江都庭試), 전주정시(全州庭試) 등과 같이 특정 지역의 유생을 대상으로 실시되기도 했다.

사(試射)에 사용되게 되고 마침내 무과 초시(初試)와 복시(覆試) 과목에도 추가되었다.

한양으로 무과 응시자가 가장 많이 올라오고 사예(射藝)가 가장 뛰어났던 시기는 현종 때라 하는데 아마 이때 궁술의 보급도 활발하였을 것으로 추측된다. 그러나 무과합격자의 과도한 확대는 국민들의 과거응시를 지나치게 충동하여 농업, 상업에 종사하는 자는 물론 노비와 하급 군졸에 이르기까지 과거에 응시함은 물론 합격을 위해 부정을 저지르는 예가 빈발했다. 이에 따라 농사짓는 사람은 줄어들고 과거급제 후에도 관직을 얻기 위해 한양으로 올라와 머무르는 자가 2만 명에 달해 한양 쌀값이 폭등하는 등 정치와 경제 각 분야에서 큰 문제점들이 나타났다. 또한 문관이 무인을 천시하고 능멸하는 풍조가 더 만연하여 사대부 자제들은 차라리 가난한 선비로 늙어 죽을지언정 무과에는 나서지 않으려 했다. 그들은 독서에는 능했어도 무예는 부족하여 무과에 합격하기도 힘들었고 설령 운이 좋아 합격하더라도 만과(萬科)라 일컬을 만큼 많은 합격자를 배출한 무과 출신으로는 관직을 얻기가 너무 힘들어 마침내 사대부 자손 중에 무과 응시자가 전무한 지경에 이르렀다. 이에 숙종 12년 식년 초시가 끝난 후 임금은 "근래 무과 출신 중에 쓸 만한 자가 없다. 이번에 실시된 초시 합격자를 보더라도 사대부 자제는 10여 인에 불과하니 어찌 그들 중 최종시험에 합격해 임용되는 자가 있겠는가? 조정에서는 인재를 등용함에 문무를 구분치 않지만 무과 출신이라 하면 이를 사람들이 경멸하기 때문에 사대부 자제들이 무과에 응시하지 않으니 앞으로 국사가 염려된다. 신하들 가운데 자제가 여럿인 자는 자제들 가운데 하나 이상에게 무학을 배우도록 권하라."는 전교를 내렸다. 이 전교가 내린 후 종래의 폐단을 없애기 위해서는 과거 규칙을 엄히 하고 상민(常民)의 합격을 불허하고 회시(會試)와 전시(殿試)의 합격자 정원을 줄여 상한선을 100명 정도로 하고 하한선을 50인 내지 60인으로 하는 것이 좋겠다는 논의가 있었으나 채택되지 않자 사대부 자제들은 여전히 무과 응시를 기피했다. 숙종 15년에 무관 출신의 재상 이집(李鏶)이 "병진년(숙종 2년) 만과(萬科) 이후 사대부 자손들이 무업(武業)을 수치로 여기고 이로 인해 무사 중에 인재가 없게 된 것이니 조정 신하들은 현종 3년 임인년의 전례에 따라 청(廳)을 설치하고 무업을 권장함이 옳다."고 건의했다. 이에 임금은 "신하된 자로서 충성을 다함에 문무가 무엇이 다르겠는가? 그럼에도 근래 무과 합격자 중에 사대부 자손이 전무하니 사대부들이 무업에 힘쓰지 않는 것을 알겠노라. 청을 설치하고 무업을 권장함이 마땅하다.”는 전교를 내렸다. 이후 근무청(勤武廳)이 설치되어 양반 자제들이 무예를 익히게 하니 이것이 속칭 관한량(官閑良)의 효시며 그 후 훈련도감과 어영청에 설치된 두 근무청에 소속된 양반 자제들이 종종 무과에 응시해 합격하는 일이 생겼다. 한편 무과 합격자 남발이 앞서 언급한 바와 같이 여러 문제를 발생시키고 일부 계급의 불만을 야기하기는 했지만 그 반면 전국적으로 사풍(射風)이 일어나 궁술이 보급되었음은 부정할 수 없는 사실이다. 서울에 활터가 늘어나서 정(亭)을 짓고 이름을 붙이고 깃발을 세우기 시작한 것은 그때로부터인 것이다.[8]

---

8) 다산 정약용의 젊은 시절 글에 〈북영벌사기(北營罰射記)〉가 있는데 정조(正祖)가 정약용을 비롯해 활을 쏘지 못하는 선비들을 북영에 가두어 놓고 매 순(巡) 한 발 이상을 맞히게 된 이후에야 풀어 준 사실이 기록되어 있다. 이 글에서 다산은 “옛일을 생각해 보면 활쏘기를 포함하여 육예(六藝)를 갖추지 못하면 선비라 하지 않았고 연회(燕會)에서는 반드시 활쏘기를 했고 대장부들은 활쏘기를 익혔다. 후세로 오면서 문무(文武)의 도(道)가 나뉘게 되었고 우리나라 풍속 또한 문을 귀하게 여기고 무는 천하게 여기게 되었다. 그로 인해 평생을 활 한번 쏘아 보지 않고 늙는 이가 있었던 것이다.”라고 했다. 이를 보면 본문에서와 같은 국가적 장려에도 불구하고 특히 문반(文班) 계층에서는 사풍이 크게 진작되지 못했던 것으로 보인다.

제6장 역대(歷代)의 선사(善射)

활은 오병(五兵), 즉 다섯 가지 무기[1] 중 으뜸이다. 조선이 활을 사용하기 시작한 것은 이미 선사시대부터였으며 그 활이 양궁(良弓) 또는 호궁(好弓)으로 일컬어질 만큼 좋은 활이었고 그 예리함이 일찍부터 천하에 알려졌었다. 더욱이 사예(射藝)에 능하여 그 무용(武勇)을 늘 인접 나라들이 두려워했었다. "성(城) 지키는 일에 능하기가 고려만 한 나라가 없었고 성을 공격해 함락시키는 일에도 능하기가 고려만 한 나라가 없었다."는 말은 당나라 때부터 중국인들이 하던 말이다. 따라서 명궁(名弓)과 선사(善射)가 어찌 천 명이나 만 명에 그쳤을까마는 신기(神技)와 묘술(妙術)은 있어도 뚜렷한 지위를 얻지 못해 이름이 전해지지 못한 선조들이 수없이 많을 것이다. 이하에서는 우리나라의 명궁과 선사들을 소개하려 하는데 삼국시대 전에는 국가에서 편찬한 정사(正史)에는 물론 민간인이 저술한 야사(野史)에도 기록되어 있는 사람들이 없기 때문에 삼국시대 이후의 사람들만 소개할 수밖에 없다.

제1절 삼국시대(三國時代)

1. 동명성왕(東明聖王)

동명성왕은 고구려의 시조로서 성이 고(高)씨고 이름은 주몽(朱夢)이다. 부여국 금와왕의 양자(養子)가 되어 7살 때부터 궁시를 스스로 만들어 쏘았는데 백

---

[1] 창, 도끼, 칼, 방패 및 활을 말한다.

발백중했다. 이름을 주몽이라 한 것은 부여국 풍속에 선사(善射)를 주몽이라고 칭했기 때문이다. 성년이 되어 그를 따라올 자가 없을 정도로 기능(技能)과 신용(神勇)이 뛰어나게 되었다. 금와왕의 아들 7인과 늘 사냥을 하며 놀러 다닐 때 왕자 7인과 그 종자(從者) 40여 인이 겨우 사슴 1마리를 잡는 데 그쳤으나 주몽만은 홀로 많은 사슴을 잡으니 왕자의 무리들이 이를 시기해서 주몽을 잡아 나무에 묶어 놓고 그가 잡은 사슴들을 빼앗아 가기도 했다. 이렇게 자신에 대한 시기가 심해지자 장차 생명의 위협이 있을 것을 우려한 주몽은 어머니와 울며 헤어져서 화를 피하고 자신의 웅지를 펴고자 오이(烏伊), 마리(摩離), 협부(陜父) 등 자신을 따르는 무리들과 함께 남쪽으로 가서 졸본천(卒本川)에 이르러 나라를 세우니 이때가 기원전 37년이며 왕의 나이가 22세였다고 한다. 비류국의 송양왕(松讓王)과 사예(射藝)를 겨룬 적이 있는데 주몽이 100보 밖에 옥(玉) 반지를 매달아 놓고 이를 쏘아서 마치 기와를 부수듯 부수었더니 송양왕이 감히 대항하지 못했다고 한다.

2. 다루왕(多婁王)

백제 시조 온조왕의 맏아들로 제2대 왕이며 사람 됨됨이가 관후(寬厚)하고 위엄이 있었는데 즉위 4년(서기 31년) 9월 횡악(橫岳)2) 아래에서 수렵을 할 때 사슴 두 마리를 보고 이를 모두 쏘아 맞히니 중인(衆人)이 감탄했다.

3. 고이왕(古爾王)

백제 제4대 개루왕(蓋婁王)의 둘째 아들로 후일 제8대 왕이 된 인물이다. 즉위 3년(서기 236년) 10월에 서해의 대도(大島)3)에서 수렵을 할 때 사슴 40마리를 쏘아 맞혔고 4년 후인 7년 7월에는 석천(石川)에서 군사를 사열할 때 기러기 한 쌍이 냇가에서 날아오르자 이를 쏘아 모두 맞혔다.

---

2) 지금의 서울 북한산(北漢山), 즉 삼각산(三角山)의 옛 이름으로 추정된다.
3) 지금의 강화도로 추정된다.

4. 비류왕(比流王)

백제 제9대 수구왕(首仇王)의 둘째 아들로 후일 제11대 왕이 된 인물이다. 성품이 관대하고 자애로워 사람을 아꼈으며 또 힘이 세고 활을 잘 쏘아서 오랫동안 사람들로부터 존경을 받더니 그의 형인 제10대 분서왕(汾西王) 사후에 왕의 아들이 나이가 어린지라 백성이 그를 추대하여 즉위했는데 즉위 17년(서기 320년) 8월에 궁궐 서쪽에 사대(射臺)를 만들어 삭망(朔望)마다 습사했고 즉위 22년 11월에는 구원(狗原)의 북쪽에서 수렵을 할 때 사슴을 쏘아 맞혔다.

5. 계왕(契王)

백제 제10대 분서왕(汾西王)의 장자이나 부왕이 죽을 때 나이가 어려 즉위하지 못하고 그의 삼촌인 제11대 비류왕(比流王)의 뒤를 이어 제12대 왕으로 즉위한 인물로 천성이 용감하고 기사(騎射)에 능했다.

6. 동성왕(東城王)

백제 제22대 문주왕(文周王)의 동생 곤지(昆支)의 아들로 후일 제24대 왕이 된 인물이며 담력이 뛰어났으며 활을 잘 쏘았는데 백발백중이었다.

7. 눌최(訥催)의 노비(奴婢)

이름은 전해지지 않는 인물로서 신라 진평왕 건복(建福) 41년(서기 624년) 10월 백제군이 속함(速含) 등 신라 6성(城)을 포위공격해서 3성이 함락되거나 항복했다. 구원병마저 도중 돌아가고 만 절망적인 상황에서도 눌최(訥催)는 나머지 3성의 군사를 지휘하여 죽을 각오로 적과 싸우고 있었다. 이에 앞서 눌최에게는 노비 하나가 있었는데 힘이 세고 활을 잘 쏘는지라 사람들이 "소인(小人)으로 남다른 재주가 있으면서 해(害)가 되지 않은 일이 드무니 마땅히 저 노비를 멀리해야 할 것이다."라고 했다. 그러나 눌최는 이 말을 귀담아 듣지 않고 있었는데 이때에 이르러 성벽이 무너지고 적군이 성안으로 쳐들어오니 그 노비가 눌최 앞에 서서 접근하는 적에게 활을 쏘는데 빗나가는 화살이 하나도 없는지라 적이 두려워 감히 접근하지 못하다 적 1인이 뒤에서 나타나 도끼로 눌최를 찍으려 하자 눌최가 이를 피해 엎드렸는데 그 노비가 이를 맞아 싸우다가 함께 죽었다.

8. 천헌성(泉獻誠)

고구려 연개소문의 손자이다. 그의 아비 남생(男生)도 성격이 순후(純厚)하고 예절이 밝고 활을 잘 쏘았다고 하는데 천헌성은 나라와 집안이 망한 후에 당나라 관리가 되어 우위대장군(右衛大將軍) 및 우림위(羽林衛)를 겸직하게 되었다. 당의 측천무후(則天武后)가 문무관 가운데 활 잘 쏘는 5인을 선발하여 상금을 하사할 때 내사(內史) 장광보(張光輔)가 먼저 천헌성에게 1등을 양보하자 천헌성은 다시 우왕령위대장군(右王鈴衛大將軍) 설토마지(薛吐摩支)에게 이를 양보했으나 설토마지가 천헌성에게 다시 또 양보하는지라 천헌성이 무후에게 "폐하께서 선사자(善射者)를 선발하고 계시지만 저는 아직 완전한 중국인이 되었다고 할 수가 없습니다. 내가 1등으로 선발되면 당의 관리들이 활 쏘는 것을 수치로 여기지 않을까 염려되오니 1등을 거두어 주시는 것이 옳지 않을까 합니다." 라고 주청하니 무후가 이를 가납(嘉納)했다.

제2절 고려시대(高麗時代)

1. 문종(文宗)

제8대 현종의 셋째 아들로 제9대 덕종과 제10대 정종의 아우인데 후일 제11대 왕이 되었다. 어려서부터 총명하였는데 성장한 후에는 학문을 즐기고 활을 잘 쏘았다. 뜻이 원대하고 성품은 너그러우며 한 번 들은 것을 결코 잊지 않는 고려의 명군(名君)이 되었다.

2. 예종(睿宗)

고려 제16대 왕이다. 부왕인 숙종 10년(서기 1105년) 8월에 부왕이 창화문(昌

化門)에서 활쏘기를 열병할 때는 태자가 늘 과녁을 명중시키니 여러 신하들이 만세를 불러 축하했다.

3. 의종(毅宗)

고려 제18대 왕이다. 즉위 21년 5월에 장단현(長湍縣) 응덕정(應德亭)으로 가서 뱃놀이를 하다가 오경(五更)에 이르러 강가로 나가서 솔포를 치고 그 위에 촛불을 켜고 좌우에 명하여 활을 쏘게 했는데 맞히는 자가 없더니 노영순(盧永醇)이라는 내시가 "성상(聖上)께서 맞히시기를 기다렸다가 신(臣) 등이 맞힐 것입니다." 하고 아뢰는지라 왕이 쏘아서 촛불을 맞히니 좌우가 만세를 불렀고 이담(李聃)이 그 뒤를 이어 맞히니 능라비단을 하사했다.

4. 지채문(知蔡文)

봉주(鳳州)지금의 봉산(鳳山) 사람으로 현종 원년(서기 1010년) 중랑장에 임명되었는데 거란[契丹]이 쳐들어와 서경(西京)평양이 함락되니 강감찬(姜邯瓚)의 권유로 왕이 남쪽으로 피신할 때 지채문은 "신이 비록 용렬하나 원컨대 좌우를 지키면서 견마(犬馬)의 노고를 아끼지 않겠습니다."라고 호위를 청했다. 이에 왕은 "전날 이원(李元)과 최창(崔昌)이 달려와 호종(扈從)을 청하더니 지금은 보이지 않으니 신하 된 의리가 이럴 수 있는가? 지금 경(卿)이 밖에서 수고하면서 또 호위(扈衛)를 내니 심히 가상히 생각한다." 하면서 술과 음식 등을 하사했다. 그날 밤 지채문이 이부시랑(吏部侍郞) 채충순(蔡忠順) 등과 함께 금군(禁軍) 50여 명을 거느리고 왕과 후비(后妃)를 호위해 도성을 출발해서 적성(積城) 단조역(丹棗驛)에 이르렀는데 견영(堅英)이란 무졸(武卒)이 역인(驛人)들과 함께 궁시를 가지고 행궁(行宮)을 범하려고 하자 지채문이 급히 그들을 쏘아 물리쳤다. 그러나 적도(賊徒)들은 도망했다가 다시 서남쪽 산에서 튀어나오면서 길을 막았다. 지채문이 다시 또 활을 쏘아 물리쳤다. 남행(南行)을 계속하다가 사산현(蛇山縣)지금의 직산현(稷山縣)을 지날 때 기러기 떼가 논에 있는 것을 본 지채문은 왕의 마음을 위로하고자 말을 달려 기러기들이 놀라 하늘로 솟아오르게 한 후 말 등에서 몸을 눕히며 하늘을 보고 기러기를 올려 쏘았다. 그의 시위 소리가 울릴 때마다 기러기들이 차례로 땅에 떨어지자 그는 말에서 내려 기러기들을 거두어서 왕에게 올리면서 "이런 신하가 곁에 있는데 어찌 도적을 걱정하시겠습니까?"라고 아뢰었다. 이 말에 왕은 크게 웃으면서 마음을 놓았다 한다. 현종 17년에 우복사(右僕射) 직을 배수(拜受)했다.

5. 유현(惟現)

문종 7년(서기 1053년) 왕이 서경(西京)으로 행차할 때 낭장(郎將)으로서 어가(御駕)를 따라갔다. 왕이 서경을 떠날 때 대동강에 배를 띄우고 동쪽으로 강안(江岸)을 쳐다보면서 장군 정증(鄭曾) 등 8인에게 활을 쏘아 보라고 명했는데 오직 유현의 화살만 강을 건넜다. 왕은 기뻐하면서 호종한 인원들에게 주연(酒宴)을 베풀었다.

6. 고열(高烈)

문종 때의 선사(善射)로서 명장으로 알려졌으며 관직은 수사공상서우복사(守司空尙書右僕射)에까지 이르렀다.

7. 김정순(金正純)

황주(黃州) 사람으로 활을 잘 쏘고 말도 잘 다루었다 한다. 예종 2년(서기 1107년) 윤관(尹瓘)이 여진을 정벌할 때 자청해서 종군해 전공을 세웠고 인종 13년(서기 1135년) 묘청(妙淸)의 난(亂) 때는 도병마사(都兵馬使)로 김부식(金富軾)을 따라가 난을 진압했고 관직은 평장사상주국(平章事上柱國)까지 갔다. 시호(諡號)는 충양(忠襄)이다.

8. 최정(崔挺)

예종 때 사람이다. 문종이 일찍이 무사를 선발할 때 활을 잘 쏘아서 선발되었고 동여진을 정벌한 공이 있고 관직은 수사공좌복사판상서병부사(守司空左僕射判尙書兵部事)에까지 이르렀다.

9. 함유일(咸有一)

항양(恒陽) 사람이다. 태조(太祖) 때 공신 광평시랑(廣評侍郎) 함규(咸規)의 6
대손이며 아버지 함덕후(咸德侯)는 상의봉어동정(尙衣奉御同正) 벼슬을 했다.
일찍 부모를 여의고 외삼촌 밑에서 자랐는데 인종 13년(서기 1135년) 묘청(妙
淸)의 난 때 서리(胥吏)로 종군하다 공을 세워 선군기사(選軍記事)가 되었으나
밤낮으로 각고의 노력을 기울여 공무를 수행하되 사적인 일에는 무관심해서 빈
한하고 옷은 남루했다. 당시 금군(禁軍)에서는 군졸들 식사가 제대로 공급되지
못하자 군사(軍士)들 사이에 폐의기사(敝衣記事), 즉 남루한 옷을 입고 다니는
함유일이 금군에서 일하게 되면 지금과는 다를 것이라는 말이 돌자 왕이 함유
일을 궁중으로 불러들여 금군의 식사 공급 일을 맡겼다. 일찍이 왕이 장원정(長
源亭)에 행차하여 가까운 신하들에게 활을 쏘도록 명했는데 함유일이 과녁을
명중시켜 돈과 옷감을 하사받았지만 이를 집으로 가져가지 않고 팔아서 군막(軍
幕)의 집기를 사는 데 썼다. 후일 공부상서(工部尙書) 벼슬에 올랐다.

10. 서공(徐恭)

요(遼)나라 소손녕의 침략을 외교로 물리친 것으로 유명한 서희(徐熙)의 현손
(玄孫)이다. 의종 당시 음직(蔭職)으로 경령전판관(景靈殿判官)에 임명되어 서경
(西京) 행차에 호종(扈從)하게 되었는데 왕이 개경과 서경 양경(兩京)의 문무관
들에게 명하여 활을 쏘게 할 때 날이 저물자 솔포 위에 큰 촛불을 꽂아 놓고
쏘았는데 서경(西京) 사람들은 많이 맞혔지만 남경(南京)에서 따라간 신하들 가
운데는 맞히는 이가 없어 왕의 마음이 불편했다. 그러던 중 서공이 첫 번 화살
과 둘째 화살을 연이어 맞히니 왕이 크게 기뻐하면서 옷감을 하사했다. 승진을
거듭해 벼슬이 평장사(平章事)까지 올라갔는데 담력이 있고 기사(騎射)에 능해
여섯 번에 걸쳐 양계병마사(兩界兵馬使) 직을 맡았고 사졸들이 즐겨 그를 따랐
다. 재상이 된 다음에도 늘 겸손했고 문관들의 교만을 질타하고 무인들을 예우
했기에 정중부(鄭仲夫)의 난 때에도 중방(重房)에서 순검군(巡檢軍) 22인을 보
내 그의 집을 둘러싸 호위하게 해서 화를 입지 않았다.

11. 김경손(金慶孫)

어린 시절 이름은 운래(雲來)였는데 그 이름에는 유래가 있다. 그는 평장사(平章事) 김태서(金台瑞)의 아들로 어머니가 하루는 꿈을 꾸는데 오색구름 사이로 한 무리의 사람들이 푸른 옷을 걸친 동자 하나를 둘러싸 호위하고 있다가 그 동자가 하늘에서 내려와 그의 가슴속으로 들어오는 것이었다. 그 꿈을 꾼 다음에 바로 임신을 하여 낳은 아이라 운래(雲來)라는 이름을 지어 준 것이다. 외모는 준수하고 성격은 장중 온화했고 담력이 크고 지용(智勇)이 뛰어났었다. 고종 18년(서기 1231년) 정주분도장군(靜州分道將軍)이 되었는데 이때 몽고병이 압록강을 건너 철주(鐵州)를 휩쓸고 정주(靜州)에 이르자 김경손은 결사대 12인을 이끌고 성문을 나서서 싸우니 처음에는 몽고병이 패주했지만 뒤를 이어 대군이 밀어닥치니 성안의 사람들이 모두 도망치고 성이 비게 되었다. 이때 김경손은 단지 12인의 군사와 함께 산으로 올라가서 7일간 불에 데운 음식을 먹지 못하고 밤에만 움직여 귀주(龜州)까지 가서 수비에 가담했다. 그가 성의 남쪽을 지키고 있을 때 몽고 대군이 남문에 이르자 김경손은 데리고 온 12인의 군사와 여러 성에서 온 별초(別抄)들을 이끌고 성을 나갔는데 좌우 별초가 앞으로 나가려고 하지 않자 그들은 다시 성안으로 돌려보내고 12인의 군사만 데리고 적진으로 달려갔다. 그가 적의 선두에서 흑기(黑旗)를 들고 있는 기병(騎兵) 하나를 활로 쏘아 쓰러뜨린 다음에 12인의 군사와 함께 분전(奮戰)하여 몽고군을 퇴각시켰다. 그 이후 여러 차례 큰 공을 세워서 벼슬이 추밀원부사(樞密院副使)에 이르렀으나 후일 권신(權臣) 최우(崔瑀)의 아들 최항(崔沆)이 그를 바닷물에 밀어 넣어 죽였다.

12. 이자성(李子城)

우봉군(牛峰郡) 사람으로 병부상서(兵部尙書) 이공정(李公靖)의 아들이다. 성격이 강직하고 용력이 뛰어났으며 활을 잘 쏘았다. 여러 차례 종군해서 공을 세워 상장군이 되었다. 몽고 살례탑(撒禮塔)이 군사를 일으켜 침략하자 삼군(三軍)을 이끌고 동선역(洞仙驛)에 주둔하고 있었는데 첩자가 돌아와 주변에 적이 없다고 보고하자 삼군(三軍)이 말안장을 풀고 휴식하고 있던 중 몽고병 8,000여

명이 급습했다. 이자성은 장군 이승자(李承子), 노탄(盧坦) 등 5~6인과 함께 죽기를 무릅쓰고 싸우다 유시(流矢)에 맞았고 노탄도 창에 찔려 말에서 떨어졌으나 다행히 병사들이 그들을 구해 죽음을 면한 다음에 삼군의 대오를 정비해 몽고병을 격퇴했다. 그 후 이자성은 어사대(御史臺) 노비 이통(李通)의 반란, 노비와 탈주범들이 일으킨 노군잡초(奴軍雜抄)의 난, 동경(東京)에서 일어난 반란 등을 연이어 평정했다. 동경의 반란이 평정된 이후로 장사(將士)들이 날로 그를 따르려고 모여들자 그는 권신(權臣)들이 자신을 경계할 것을 염려해서 병을 핑계 대고 문을 닫아걸고 살았다. 문하평장사(門下平章事)까지 올랐다가 죽으니 왕이 매우 슬퍼했다. 시호는 의열(義烈)이다.

13. 김윤후(金允侯)

고종 때 사람으로 일찍이 중이 되어 백현원(白峴院)에서 살다가 몽고의 침략 때는 난을 피해 처인성(處仁城)으로 들어가 있었는데 몽고 원수 살례탑(撒禮塔)이 성을 공격하자 김윤후가 활을 쏘아 살례탑을 죽였다. 왕이 그 공을 가상히 여겨 상장군 벼슬을 내렸지만 김윤후는 그 공을 다른 사람에게 돌리면서 "전시(戰時)에 당해 궁시(弓矢)를 제대로 준비하지도 못했었는데 어찌 무거운 상을 받을 수 있으리오."라며 굳이 사양하거늘 이를 고쳐 낭장(郎將)에 임명했다. 그 후 충주산성(忠州山城) 방호별감(防護別監)이 되었는데 몽고병이 성을 포위했다. 무려 70여 일을 버티다 양식이 거의 떨어지자 김윤후는 사졸들을 격려하면서 "만약 있는 힘을 다해서 공을 세우면 신분의 귀천을 가리지 않고 모두 관직을 내릴 것이니 나의 말을 믿으라." 하고 말한 후 노비문서를 모두 가져와 태워버리고 적에게서 빼앗은 소와 말을 그들에게 나누어 주었다. 이에 사졸들은 모두 죽음을 두려워하지 않고 적과 싸우니 몽고병이 이곳에 묶여 더 이상 남쪽으로 전진하지 못했다. 이 전투의 공으로 김윤후에게는 감문위상장군(監門衛上將軍)의 벼슬이 내렸고 나머지 공이 있는 자는 관노(官奴)와 백정(白丁)에 이르기까지 모두 관직이 내려졌다. 김윤후의 벼슬은 나중 수사공우복사(守司空右僕射)에까지 이르렀다.

14. 한희유(韓希愈)

가주(嘉州) 관리였는데 기사(騎射)에 능하고 담력이 뛰어난 사람이었다. 일찍이 고향 사람들과 함께 들이나 산에 불을 놓고 화렵(火獵)을 할 때 말을 몰고 불 속을 드나들기를 날아다니는 것과 같이 하니 사람들이 서로 돌아보며 놀라는데 한희유는 그들을 보고 웃으면서 "대장부가 전쟁터에서 적진에 뛰어들어 죽기를 두려워하지 않는 법인데 이 정도를 못 하겠느냐?"라고 반문하고는 했다. 김방경(金方慶)을 따라 진도(珍島)와 탐라(耽羅)제주도를 토벌할 때 공이 있었고 왜구와 전투 때 선봉이 되어 단병(短兵)으로 접전할 때 맨손으로 적의 칼을 빼앗아서 적을 베는 공을 세웠고 합단(哈丹)의 침입[4]으로 연기(燕岐) 전투에서 원나라 장수와 더불어 적과 싸울 때 적진에서 궁사 1인이 아군에게 활을 쏘는데 매 발 군사들을 맞히니 한희유가 창을 비껴들고 말을 몰아 적진으로 뛰어가 그 궁사를 잡아 옆구리에 끼고 적진에서 빠져나온 후 그의 목을 베어 창끝에 꽂아 치켜들고 적에게 보여 주니 적의 사기가 꺾이는지라 대군이 일제히 공격해 적을 대파했다. 한희유가 왕을 따라 사냥을 나갔을 때 쏘는 대로 반드시 명중시켰다. 전공을 많이 세우고 상을 받았을 때는 이를 주변 사람에게 주었으며 성격이 활달해서 재물을 모으지 않기에 집이 가난해 번번이 남에게 식량 등을 빌려 썼다. 늙은 후 집에 있을 때도 늘 궁시와 갑주(甲冑)를 정비하기를 전쟁 때와 같이 했으며 달이 비추는 밤에는 장창을 연습하고 달리기를 하면서 "내 힘이 아직도 쓸 만하도다."라고 했다. 좌중찬(左中贊)으로 충렬왕을 따라 원나라에 들어갔다가 그곳에서 죽었다.

15. 조선 도조(度祖) 이춘(李椿)

조선 태조 이성계의 할아버지다. 함흥의 송두등리(松頭等里)에서 태어났으나 태어난 해는 모른다. 충혜왕이 두 번째로 즉위한 3년(서기 1342년) 죽어서 찬성사(贊成事)로 추증(追贈)되었으나 조선 태조가 즉위한 후 도왕(度王)에 추존(追尊)되었다. 어린 시절 꿈에 백룡(白龍)이 나타나 "나는 붉은 연못의 백룡인데 흑룡(黑龍)이 나의 집을 빼앗으려 한다. 공은 활을 잘 쏘니 그를 쏘라."고 했다.

---

4) 충렬왕 16년(서기 1290년) 원나라 반군 부장 합단(哈丹)이 고려를 침입한 사건.

이춘은 잠에서 깨어 별로 이상하게 여기지 않고 있었다. 그러나 백룡이 다시 꿈에 나타나서 간청하기를 "공이 어찌하여 나의 말을 염두에 두지 않느냐?" 하거늘 이춘이 처음으로 이상하게 생각했다. 이때 궁시를 휴대하고 바라보니 구름과 안개가 자욱한 가운데 바야흐로 백룡과 흑룡이 연못에서 싸우고 있는지라 이춘이 흑룡을 쏘아 한 발로 맞혀 연못 속으로 가라앉게 하니 후일 백룡이 다시 꿈에 나타나 사례하며 말하기를 "공의 자손에게 장차 큰 경사가 있을 것이다."라고 했다 한다. 일찍이 행영(行營)에 머무를 때 참새 두 마리가 영(營) 가운데 있는 큰 나무에 앉아 있는지라 이춘이 이를 쏘려고 하니 그 거리가 수백 보는 되었다. 휘하 군사가 "절대 맞히지 못할 것이다."라고 했으나 이춘은 이를 쏘아 두 참새를 모두 떨어뜨렸다.

16. 조선 환조(桓祖) 이자춘(李子春)

도조(度祖) 이춘(李椿)의 아들이고 태조 이성계의 아버지다. 충숙왕 2년(서기 1315년)에 태어나 공민왕을 섬겨 태중대부사복경(太中大夫司僕卿)이 되었다가 후일 관직이 '영록대부 장작감사 삭방도 만호 겸 병마사(榮祿大夫 將作監事 朔方道 萬戶 兼 兵馬使)'에 이르렀고 공민왕 9년(서기 1360년) 죽었다. 태조가 즉위 후 환왕(桓王)에 추존되었다. 어린 시절부터 다른 아이들과 달랐으며 성장하여서는 기사(騎射)에 능하였고 사졸들과 백성들이 즐거이 그를 따랐다. 그가 죽자 사대부들은 놀라면서 동북면(東北面)에 이제 인물이 없게 되었다고 했다.

17. 유실(柳實)

서령군(瑞寧君) 유숙(柳淑)의 아들로 용맹이 뛰어나고 기사(騎射)에 능했다. 신우(辛禑) 때에 판도판서(版圖判書)에 임명되어 외지로 나가 전라도병마사가 되었는데 왜선 20여 척이 임주(林州)를 습격하자 유실은 지익주사(知益州事) 김밀(金密)과 함께 왜구를 물리쳤고 또 원수 유영(柳英)과 더불어 낭산현 풍제현 등지에 출몰하는 왜구들과 싸울 때 활을 쏘아 30여 인을 죽이거나 사로잡고 그들이 약탈했던 우마 200여 두를 탈환했다. 고부, 태산,

전주 등지에서도 왜구를 물리쳤다. 군기(軍機)를 누설한 혐의로 문초를 당했지만 혐의가 벗겨졌으며 후에 밀직부사상의(密直副使商議)로 있다가 죽었다.

18. 정지(鄭地)

어린 시절 이름은 준제(准提)였고 나주 사람이다. 외모가 장대하고 성격은 관후했으며 어릴 때부터 큰 뜻을 품고 독서를 좋아했다. 대의(大義)에 밝아 다른 사람에게 글귀를 해설하면 곧 알아들었다. 언제나 책을 끼고 다녔다. 공민왕 23년(서기 1374년) 전라도 안무사가 되었고 신우(辛禑) 3년(서기 1377년) 왜구가 순천, 낙안 등지를 습격하니 예의판서로서 순천도병마사가 되어 적을 격파했다. 이듬해 왜구가 영광, 광주, 동복 등지와 담양현을 습격하니 도순문사(都巡問使) 지용기(池湧奇)와 함께 그들을 격멸했고 5년 후 남해 관음포(觀音浦) 전투 때는 왜구 대선 120척을 공격해 탈취하니 적의 시신이 바다를 덮었고 그가 활을 쏘면 시위 소리가 울릴 때마다 잔적들이 쓰러졌다. 이때 그가 주변 장수들에게 "내 일찍이 말을 몰며 적을 격파한 적이 많지만 오늘처럼 시원하게 싸워 본 적은 없다."고 했다. 공양왕 원년(서기 1389년)에는 '양광전라경상도절제체찰사 겸 총초토영전선성사(楊廣全羅慶尙道節制體察使兼總招討營田膳誠事)'로 있다 후일 광주(光州)에 물러나 살았다. 시호는 경렬(景烈)이다.

19. 윤가관(尹可觀)

해평부원군(海平府院君) 유석(柳碩)의 증손으로 무략(武略)이 있고 기사(騎射)에 능했고 공민왕이 만년에 한안(韓安), 홍륜(洪倫) 등으로 하여금 여러 비빈(妃嬪)들을 강제로 욕보이게 할 때 윤가관에게도 익비(益妃)와 간통하라고 했으나 윤가관은 죽음을 무릅쓰고 이를 거부했다. 신우(辛禑) 때는 경상도 부원수(副元帥)가 되어 전공이 있었고 성품이 청렴하여 소리, 기생조차 가까이하지 않았으며 후일 판밀직사(判密直事)로 있다가 죽었다.

20. 황상(黃裳)

의창현 사람으로 회산군 황석기(黃石奇)의 아들이다. 공민왕 초기 밀직부사를 배수(拜受)하고 홍건적의 난 때 공이 있어 참지문하정사(參知門下政事)가 되었다 찬성사(贊成事)에 올라 회산부원군(檜山府院君)에 봉해졌고 홍건적 토벌의 공으로 원나라에서도 작위가 수여되었다. 신우(辛禑) 때도 여러 차례 왜구의 습격을 방어했다. 선사(善射)로 세상에 이름이 알려졌으며 원(元)나라 순제(順帝)가 친히 그의 팔을 끌어당겨 살펴본 적이 있다. 시호는 공정(恭靖)이다.

21. 군만(君萬)

광대의 일종인 우인(優人)이었다. 공양왕 원년 어느 날 밤에 그 아버지가 호랑이에게 잡혀갔는데 군만이 궁시를 들고 산으로 쫓아가니 이미 호랑이가 그 아버지를 다 잡아먹고 난 후였다. 그러나 호랑이가 군만을 보더니 한바탕 포효(咆哮)하고는 그 아비의 팔다리를 토해 냈다. 이에 군만이 화살 한 대로 호랑이를 쓰러뜨리고 칼을 꺼내 그 배를 갈라서 아버지의 유해를 모두 수습해 화장했다.

22. 현문혁(玄文奕)

강화 사람이다. 원종 11년(서기 1270년) 삼별초가 강화도에서 반란을 일으키니 현문혁은 이를 피해 옛 도읍 개경으로 빠져나가고 있었는데 적선 4~5척이 뒤쫓아 오자 현문혁이 홀로 활을 쏘는데 그 아내가 옆에서 화살을 집어 주는 대로 연이어 쏘아 대니 적이 감히 접근하지 못했으나 현문혁의 배가 암초에 걸려 멈춘 후 적의 화살에 팔을 맞고 쓰러졌다. 이때 그의 아내는 "내가 의리를 지켜 저 쥐새끼들에게 욕을 당하지 않겠다." 하고 두 아이를 끼고 물속에 뛰어들어 죽었다. 적이 현문혁을 사로잡았으나 그 용맹을 아까워하여 죽이지 않았는데 현문혁은 죽음을 무릅쓰고 탈출해 개경까지 갔다.

23. 반복해(潘福海)

거제 사람으로 천한 신분이지만 신우(辛禑)의 총애를 받아 여러 벼슬을 거쳐 밀직부사까지 올라갔는데 신우를 따라 서해도에 수렵을 나갔다 옹진이 이르렀을 때 신우가 멧돼지를 쏘았으나 이 멧돼지가 대들어 말을 치자 신우가 놀라 말에서 떨어졌다. 이때 반복해가 말을 몰아 달려들어 멧돼지를 화살 한 대로 쏘아 죽여 신우가 위기를 모면했다. 이때부터 신우의 총애가 날로 깊어져서 왕(王)씨 성(姓)을 하사하고 의자(義子)로 삼았다. 그러나 신우 4년(서기 1388년)에 주살(誅殺)되고 말았다.

제3절 조선시대(朝鮮時代)[5]

1. 태조(太祖) 이성계(李成桂)

가. 평소의 습사 및 수렵

용력이 출중하고 사법(射法)이 신묘했으며 대초명적(大哨鳴鏑)이라는 화살을 좋아했는데 대나무가 아니라 광대싸리(楛호)로 대를 만들고 학의 깃으로 길고 넓은 깃을 만들고 사슴 뼈로 울림통(哨초)을 만드니 그 크기가 배(梨)와 같았고[6] 촉은 무겁고 대는 길어서 보통 화살과는 큰 차이가 났고 궁력 또한 뛰어났다. 어린 시절 아버지를 따라 수렵을 할 때 아버지가 그의 화살을 보더니 사람이 쓸

---

5) 원문에서는 조선시대의 선사로 모두 74명을 소개하고 있다. 그러나 이맹종(李孟宗), 김윤수(金胤壽), 구치홍(具致洪), 이종생(李從生), 어유소(魚有沼), 황치신(黃致身), 봉석주(奉石柱), 이광(李光), 유순정(柳順汀), 박영(朴英), 신용개(申用漑), 한충(韓忠), 유용근(柳庸謹), 황형(黃衡), 윤희평(尹熙平), 임형수(林亨洙), 김세한(金世翰), 이희안(李希顔), 이항(李恒), 김행(金行), 최경창(崔慶昌), 김여물(金汝岉), 심수경(沈守慶), 이순신(李舜臣), 김명원(金命元), 장응기(張應祺), 정발(鄭撥), 임정식(任廷式), 홍계남(洪季南), 유형(柳珩), 송덕영(宋德榮), 장만(張晩), 능창군(綾昌君) 이전(李佺), 김응하(金應河), 김학원(金學源) 등 36명에 대해서는 단지 선사(善射)였다는 것 외에는 활솜씨에 관해 소개할 만한 내용이 없기 때문에 지면관계로 이들은 생략하고 나머지 38명에 대한 내용만 시대순으로 옮겼다. 또한 태조나 태종 등의 경우와 같이 잘 알려진 인물인 경우 경력 등은 생략하고 무예에 관한 내용만 옮겼다. 한편, 정조대왕(正祖大王)은 활쏘기 솜씨로는 알려진 인물이지만 원문에는 빠져 있어 이를 추가했다.

6) 명적(鳴鏑) 또는 효시(嚆矢)란 촉 바로 위에 울림통을 달아 휘파람 소리를 내며 날아가게 만든 화살이다. 통상 전투 시에 공격 개시의 신호로 이 화살을 쏘며 어떤 일의 시작을 효시(嚆矢)라고 하는 것도 이에서 유래된 말이다. 고구려 고분벽화, 특히 수렵도에 자주 등장하는 화살인데 근거리에서 이런 화살을 쏘면 짐승들을 당황케 만들어 포획이 용이해지므로 수렵에서도 사용한 것으로 보인다. 우리말로는 '울고도리'라고 부르기도 한다.

화살이 아니라면서 내던지자 그는 이를 다시 주워서 화살통에 꽂고 아버지 앞에 서 있었는데 노루가 나타나자 태조가 달려 나가 한 대에 쏘아 쓰러뜨렸다. 이렇게 계속해서 일곱 마리의 노루를 맞혀 쓰러뜨리니 아버지가 매우 기뻐했다.

어느 날 또 아버지를 따라 수렵을 나갔는데 얼음판 위에서 말을 달리며 쏘아도 빗나가는 화살이 없어 야인들이 천하무적이라며 탄복했다. 어린 시절 서모(庶母)인 정안옹주(定安翁主) 김 씨가 담장 위에 까마귀 다섯 마리가 앉아 있는 것을 보고 태조에게 쏘아 보라 청하자 태조가 한 대를 쏘았는데 다섯 마리가 모두 떨어졌다. 이를 이상히 여긴 김 씨는 늘 조심하고 이 일을 아무에게도 말하지 말라 일렀다.

하루는 아버지가 동북면 도순문사 이달충(李達衷)을 전송하는 술자리에서 멀리 노루 일곱 마리가 나타났다. 이달충이 "한 마리만 잡아 안줏감을 만드는 방법이 없을까?" 하고 말하니 아버지가 태조에게 가 보라고 명하자 태조는 군사들을 산 뒤로 보내 노루들을 놀라게 한 다음 노루들이 산비탈을 뛰어내려 올 때 화살 다섯 대를 쏘아 다섯 마리를 잡았다. 더 접근해 계속 쏘려 할 때 앞에 큰 늪이 있었으나 마침 얼어붙어 있어 말고삐를 움켜쥐고 늪을 건너 한 마리를 더 잡았고 나머지 한 마리는 화살이 떨어져 마저 잡지 못했다.

하루는 이지란(李之蘭)과 함께 사슴을 쫓아가고 있었는데 쓰러진 나무에 길이 가로막히고 사슴이 이 나무 아래로 빠져 달아났다. 이지란은 고삐를 당겨 말을 멈추었지만 태조는 말고삐를 놓고 말 등에서 뛰어올라 쓰러진 나무를 날아넘어가서 나무 아래를 통과한 말의 등 위로 다시 떨어져 계속 말을 몰고 쫓아가서 그 사슴을 그예 쏘아 잡았다. 이를 보고 이지란은 "공은 하늘이 낸 인재요 인력으로는 그를 따를 수가 없다."며 탄복했다.

역시 동북면에 있던 어느 날 옆에서 호랑이 한 마리가 숲 속에 있음을 알려주자 궁시를 쥐고 화살 한 대를 더 허리춤에 꽂고는 숲 뒤의 언덕으로 올라가서 사람들에게 위로 호랑이를 몰게 했다. 이때 문득 호랑이가 바로 옆에서 달려들자 말을 달려 피하는데 호랑이가 말 엉덩이에 올라타 태조를 후려치려고 하다가 태조가 오른팔을 휘둘러 내려치자 말 엉덩이로부터 나가떨어지면서 일어나지 못했다. 이때 태조는 말을 돌려 활을 쏘아서 호랑이를 잡았다.

강음(江陰), 즉 송악군 영현(領縣)의 신물(酸水산수)에서는 태조가 다섯 마리

노루가 떼 지어 가는 것을 화살 다섯 대로 모두 잡았다. 장단(長湍)에서는 말을 타고 높은 고개를 넘다가 노루 두 마리가 절벽 밑으로 내려가고 있는 것을 보고 태조가 쫓아가며 활을 쏘는데 말을 세우기 어려운 형세라 종자들이 아연실색했지만 태조는 앞의 노루를 쏘아 맞히고 낭떠러지 몇 보 앞에서 급히 말을 돌려세웠다. 모든 사람이 다 탄복하자 태조는 웃으면서 "내가 아니면 이렇게 말을 세우지 못했을 것이다."고 했다.

한여름 어느 날 태조가 냇가에서 목욕을 마치고 물가에 앉아 있었는데 근처의 큰 숲에서 날담비 한 마리가 달아나는 것을 보고 급히 박두(樸頭) 화살촉이 나무로 된 화살을 꺼내 쏘아 맞혔다. 또 한 마리가 튀어나와 달아나자 이번에는 금시(金矢)로 쏘았다. 이렇게 날담비들이 연이어 튀어나와 달아나는데 한 마리도 남기지 않고 20마리 모두 쏘아 쓰러뜨렸으니 그의 신묘한 활 솜씨가 이와 같았다.

태조는 들판을 가다가 엎드려 있는 까투리를 만나면 반드시 놀라게 해서 수장(丈) 이상 날아오르게 한 후에야 이를 올려 쏘아서 맞혔다. 어느 날 송도 교외에서 수렵을 하다 엎드려 있는 까투리를 보고 역시 사람을 시켜 날아오르게 한 다음 쏘아 맞혔는데 이때 왕복명(王福命)과 또 다른 고려 종친 한 명이 뒤에서 이 모습을 보고 있다가 모두 말에서 내려 머리를 조아려 축하한 다음 그 화살을 얻기를 청하니 웃으며 화살을 주면서 "화살이 저절로 명중하겠는가? 오직 사람이 쏘기에 달린 것이다."라고 말했다.

태조는 늘 크기가 배(梨)만 한 목구(木毬)를 만들어 50보 내지 60보 밖에서 하늘로 던지게 하고 박두(樸頭) 화살[7]로 쏘아 맞혔다.

일찍이 태조가 홍원(洪原) 졸애[照浦]의 산에서 수렵을 하는데 노루 세 마리가 떼를 지어 나타나자 말을 달려 한 마리를 쏘아 맞히니 나머지 두 마리가 달아나는지라 이를 쏘았는데 두 마리를 한 번에 관통한 화살이 나무 그루터기에 떨어졌다. 이원경(李元景)이 그 화살을 가지고 왔는데 태조가 "너는 어찌 이리 늦게 왔느냐?" 하고 묻자 이원경은 "화살이 나무에 너무 깊이 박혀 있어 쉽게 빼내지를 못했습니다."라고 답했다. 이에 태조는 웃으면서 "내 화살의 힘이라면 노루 세 마리는 모두 관통했을 것이다."라며 으스댔다.

공민왕이 경대부들에게 활을 쏘게 하고 이를 구경하였는데 태조가 백발백중

하니 왕이 감탄하며 "오늘 활쏘기에서는 오직 이○○밖에는 없다."고 했다. 하루는 여러 재상들에게 활을 쏘라고 명하고는 해가 질 무렵에 활 쏘는 곳에 오더니 궁궐에서 은으로 만든 작은 거울 열 개를 가져오게 한 다음에 80보 밖에 세워 놓고는 이를 맞히는 사람에게 주겠노라 약속했는데 태조가 10대를 쏘아 모두 맞히니 왕이 또 탄복했다.

하루는 태조가 송도(松都) 동부 배암골(蛇洞사동) 동쪽 고개 위에 있는 덕바위(德巖덕암)에서 솔포를 150보 거리에 설치해 놓고 활을 쏘는데 단 한 대도 빗나가는 화살이 없었다. 정오쯤 되자 선사(善射)로 그 이름이 천하에 알려져 원나라 순제(順帝)가 친히 그의 팔을 만져 보았다는 찬성사(贊成事) 황상(黃裳)이 그곳으로 왔다. 주위에 모여 있던 사람들이 둘이 함께 쏘아 보기를 청하자 그와 함께 수백 발을 쏘는데 황상은 50시를 연중한 다음에는 때로 빗나가는 화살도 있었는데 태조는 여전히 한 대도 빗나가는 화살이 없었다. 공민왕은 이 소식을 듣고는 "이○○는 진실로 비상한 사람이다."라고 했다.

하루는 태조가 여러 사람들을 불러 활을 쏘는데 100여 보 밖에 배나무가 한 그루 서 있고 그 윗가지 하나에 수십 개의 배가 주렁주렁 몰려 매달려 있었다. 손님들이 태조에게 배를 쏘아 보기를 청하자 태조는 단 한 대를 쏘아 배가 몰려서 달려 있는 가지를 부러뜨려 배가 땅에 떨어지게 하고는 배를 거두어 손님들에게 나누어 주었다. 모든 손님들이 탄복하며 술을 마신 후에 그에게 축하의 말을 건넸다.

태조가 최영(崔瑩)과 사이가 돈독하던 시절 최영이 손님을 맞이하려면 늘 태조에게 "나는 국수와 다른 반찬들을 준비할 터이니 그대는 고기를 준비하시오." 하면 태조는 그렇게 했다. 하루는 태조가 이를 위해 휘하 군사들을 거느리고 수렵을 나갔는데 노루 한 마리가 높은 고갯마루에서 아래로 달리는지라 지세가 험해 다른 군사들은 바로 쫓아가지 못하고 빙 돌아서 산 밑에 모여 있는데 돌연 대초명적(大哨鳴鏑) 화살 소리가 위에서부터 들리는지라 쳐다보니 태조가 급한 산비탈을 말을 몰아 번개같이 질러 내려오면서 아직도 멀리 떨어져 있는 노루를 쏘아서 쓰러뜨리더니 곧 말을 세우고는 웃으면서 "이 주먹 좀 보아라." 하며 농담을 했다. 최영 휘하의 현귀명(玄貴命)이 이를 직접 보고는 그때의 모습을 그대로 최영에게 보고하니 최영은 오랫동안 이를 칭송했다.

태조가 또 일찍이 화령(和寧)에 갔을 때 하루는 수렵을 나갔는데 지세가 험할 뿐 아니라 땅이 얼어붙어 미끄러웠지만 태조는 말을 몰아 비탈길을 달려 내려가면서 큰 곰 네 마리를 모두 화살 한 대씩으로 쏘아 쓰러뜨렸다. 여진족 장수 처명(處明)이 따라갔다가 이를 보고는 탄복하면서 "제가 많은 사람들을 보았지만 공(公)의 솜씨는 천하제일입니다."라고 했다.

신우(辛禑) 4년(서기 1378년) 8월 호랑이가 송도(松都) 도성(都城)에 들어와서 많은 사람을 해치거늘 태조가 이를 쏘아 쓰러뜨렸다.

신우(辛禑)가 일찍이 해주(海州)에서 수렵을 할 때 행궁(行宮)에서 여러 무신(武臣)들에게 명하여 활을 쏘아 보라고 했는데 누런 종이를 사용해서 밥주발 크기의 과녁을 만들고 지름이 겨우 2치(寸촌)밖에 되지 않는 조그만 은(銀)으로 만든 곡(鵠)을 그 위에 붙여서 50보 밖에 세워 놓았다. 태조가 쏘는데 한 대도 은(銀)으로 만든 곡(鵠)을 벗어나지 않자 신우는 태조가 활을 쏘는 것을 보는 것을 즐기며 계속해서 촛불을 밝혀 놓고 쏘게 한 후에 좋은 말 3필을 하사했다. 이를 보고 이지란(李之蘭)이 태조에게 "그 신기한 재주를 남에게 자주 내보여서는 아니 됩니다."라고 했다.

또다시 태조가 신우(辛禑)를 따라 해주(海州)로 나갔을 때 화살 만드는 시인(矢人)이 새로 만든 화살을 태조에게 올리니 태조는 사람을 시켜서 노적가리 이곳저곳에 조그만 종잇조각을 붙여 놓게 하고는 모두 맞히더니 "오늘 만약 짐승을 쏘게 되면 모두 등뼈를 맞히겠다."고 했다. 태조는 평소 짐승을 쏠 때 반드시 오른쪽 어깨죽지뼈(鴈翅骨안시골)를 쏘았는데 이날은 사슴 40마리를 쏘아 정확하게 모두 그 등뼈를 쏘니 사람들이 모두 그 신기한 솜씨에 감복했다. 보통 사람들은 짐승이 왼쪽에서 나타나 앞을 가로질러 오른쪽으로 달려가면 그 짐승의 오른쪽을 쏘고 오른쪽에서 나타나 앞을 가로질러 왼쪽으로 달려가면 그 짐승의 왼쪽을 쏘지만 태조는 평소 오른쪽에서 나타나 앞을 가로질러 왼쪽으로 달려가는 짐승이라 해도 그대로 쏘지 않고 말을 달려 짐승의 오른쪽을 쫓아가면서 반드시 오른쪽 어깨죽지뼈를 쏘았기 때문에 사람들은 모두 "이 공(李公)은 어떤 짐승을 쏘건 반드시 그 오른쪽을 쏘아 명중시킨다."고 했다.

공양왕 때에 태조가 임진강가 장단(長湍)의 화장산(華臟山)에서 수렵을 할 때 사슴을 쫓다 수십 자(尺) 깊이의 낭떠러지 앞에 이르렀는데 사슴이 이 낭떠러지를 미끄러지듯 달려 내려가자 그대로 말을 몰아 역시 미끄러지듯 낭떠러지 아래로 달려 내려갔다. 그러나 타고 있던 말이 도중에 무릎을 꿇고 일어서지 못함에도 불구하고 태조는 그 자리에서 사슴을 쏘아 쓰러뜨렸다. 태조는 늘 겸양하고 남보다 위에 서기를 탐하지 아니해서 과녁을 쏠 때는 언제나 같이 쏘는 사람의 솜씨와 시수(矢數)를 보아 가면서 같이 쏘는 사람과 거의 대등할 정도로만 맞히면서 승부를 겨루지 않았으며 사람들이 굳이 권하면 다만 한 대를 더 맞힐 뿐이었다. 그러나 지금껏 말한 것들은 모두가 평소의 습사와 수렵에서의 이야기로서 태조의 사법(射法)은 백대(百代) 전이나 천년 후라도 누구와도 비할 수 없는 것이었다. 이제부터는 전쟁터에서의 태조의 사술(射術)을 소개해 보도록 하겠다.

나. 전쟁터에서의 사술(射術)

1) 원나라 나하추(納哈出)와 전투

공민왕 11년(서기 1362년) 원나라 승상 나하추(納哈出)가 홍원(洪原)으로 쳐들어오니 도지휘사(都指揮使) 정휘(鄭暉)가 이를 맞아 싸웠으나 누차 패하자 태조가 동북면병마사로 정예 기병을 거느리고 출동했다. 수레너미(車踰嶺차유령)를 넘어 고개 아래에 도착하자 먼저 10여 기(騎)를 거느리고 적을 습격해서 그 비장(裨將) 1인을 쏘아 죽였다. 처음 태조가 도착했을 때 장수들에게 누차 패한 이유를 들어 보니 매번 전투에 나서면 철갑(鐵甲)에 붉은색 털꼬리(旄尾모미)를 달아 장식한 적장 1인이 창을 마구 찔러 대며 돌진해 오면 군사들이 겁을 내서 감히 대적할 수 없다고 했다. 이에 태조는 그자를 찾아 단둘이 대적했는데 처음에는 짐짓 도망하는 척하자 그자가 의기양양하여 창을 마구 찔러 대거늘 이때 태조가 몸을 뒤집으면서 몸을 말다래(馬韂마첨)8)에 붙이니 그자가 창을 헛찌르면서 앞으로 넘어지는지라 이때 다시 안장 위에 몸을 세운 태조는 활로 그자를 쏘아서 쓰러뜨린 후 적진으로 뛰어들어 휘젓다가 날이 저물자 돌아왔다. 이를 알게 된 나하추의 아내가 남편에게 "공(公)이 천하를 두루 돌아다닌 지 오래이지만 저런 장군을 언제 본 일이 있소? 그를 만났으니 속히 피해 돌아가는 것이 마땅하오."라고 말했다. 그러나 나하추는 이 말을 듣지 않았다.

---

8) 말이 달릴 때 튀어 오르는 흙에 옷이 더럽혀지는 것을 막기 위해 말안장 옆에 늘어뜨려 놓는 가죽을 말함.

며칠 후 태조가 함관령(咸關嶺)을 넘어 바로 다래골(韃靼洞달단동)에 이르렀는데 나하추가 10여 기(騎)를 거느리고 적진에서 나오거늘 태조 역시 10여 기(騎)와 함께 대적하게 되었다. 나하추가 먼저 말하기를 "내가 처음에 이곳에 온 것은 본래 사유(沙劉)와 관선생(關先生) 그리고 반성(潘誠) 등을 잡으려고 온 것이지 귀국의 영역을 침범하려고 온 것이 아니었소. 지금 우리가 누차 패하여 병졸 만여 명이 죽고 비장들도 여럿이 죽었으니 사세가 심히 궁색하오. 바라건대 이제 싸움을 끝내 주면 곧 명하는 대로 따르리다." 했다. 그러나 이때 적의 기세(氣勢)가 매우 높은 것을 보고 태조는 그것이 속임수임을 알고 그들의 항복을 받고자 나하추 옆에 서 있는 한 장수를 화살 한 대로 쓰러뜨린 다음 나하추의 말을 쏘아 쓰러뜨렸는데 나하추가 다른 말로 갈아타자 이를 다시 쏘아 쓰러뜨린 다음 나하추와 크게 싸움을 벌였는데 한참을 싸우면서도 승부를 내지 않다가 드디어 태조가 그를 몰아붙이자 나하추는 "이 만호(萬戶)! 우리 둘이 어찌 이렇게 쫓고 쫓겨야 하오?" 라고 외치며 말을 돌려 달아나려 했다. 이때 태조는 다시 그의 말을 쏘아 쓰러뜨리니 그 휘하 군사들이 말에서 내려 나하추를 구원하여 나하추가 겨우 죽음을 면했다.

이때 날이 저무는지라 태조는 군사를 돌려 퇴각하며 스스로 후군(後軍)이 되었다. 구불구불 여러 층을 이룬 고갯길을 오르고 있을 때 제일 아래에 처져 따라오던 환관(宦官) 이파라실(李波羅實)이 갑자기 "영공(令公)은 사람을 구하소서! 영공(令公)은 사람을 구하소서!"라며 숨 가쁘게 외쳤다. 태조가 위쪽에 있다가 바라보니 은갑(銀甲)을 입은 두 적장이 파라실에게 창을 내밀어 거의 찔리기 직전이었다. 태조가 말을 돌려 활을 쏘아서 두 적장을 쓰러뜨린 다음 다시 뒤쫓는 적 20여 인을 연속해서 쏘아 쓰러뜨리고 군사를 돌려 적을 다시 공격하려 하는데 한 적병의 창끝이 막 태조를 찌르려 하는지라 태조는 급히 몸을 옆으로 기울여 말에서 떨어질 듯한 자세로 위를 올려보며 그 적의 겨드랑이를 쏘아 쓰러뜨린 다음 다시 안장 위로 몸을 세우니 또 하나의 적병이 태조에게 활을 쏘므로 태조가 말 등을 밟고 일어섰는데 화살이 태조의 사타구니 사이로 빠져나갔다. 그리고 태조는 다시 말을 타고 뛰어오르면서 그 적의 무릎을 쏘아 쓰러뜨렸다. 다시 또 냇물 속에서 적과 만났는데 그가 갑주(甲冑)를 입고 얼굴과 목에도 가리개를 했을 뿐 아니라 턱에 다시 가리개를 해서 입만 벌릴 수 있도록 중

무장을 하고 있었다. 적당히 쏠 곳이 없었는데 짐짓 그의 말을 먼저 쏘니 말이 놀라서 미친 듯 앞발을 들고 뛰어오르자 그자가 있는 힘을 다해 고삐를 잡고 버티다 입이 벌어지자 태조가 그 입을 쏘아서 그를 쓰러뜨렸다. 이렇게 적장 3인을 쓰러뜨리자 드디어 적들이 급히 퇴각하는지라 태조는 철기(鐵騎)를 몰아 수없이 많은 적을 죽이고 또 사로잡은 후에 정주(定州)로 돌아와서 군사를 주둔시켰다.

태조는 수일을 그곳에 머물면서 사졸들을 쉬게 한 다음 먼저 요충지에다가 군사를 매복시켜 놓고 나머지 군사를 셋으로 나누어 좌군(左軍)은 성곶(城串)으로, 우군(右軍)은 도련포(都連浦)로 각기 향하게 하고 친히 중군(中軍)을 거느리고 소두듥(松原송원)으로 진격했는데 나하추와 함흥 벌판에서 만났다. 태조가 단기(單騎)로 적진에 뛰어들어 적을 베는 중 적의 효장(驍將) 3인이 함께 달려들었다. 이때 태조가 거짓 패주하는 척하면서 말을 돌려 채찍질하며 달아나는 시늉을 하니 3인이 다투어 가며 맹렬히 추격했다. 이때 돌연 태조가 말을 세웠는데 그들은 말을 세우지 못한 채 달려가는지라 태조는 그들을 뒤쫓아 가며 쏘아 모두 쓰러뜨린 후에 계속 매복 지점까지 적을 유인해 끌고 갔다. 그런 다음 좌우에서 복병들이 공격하여 적을 크게 쳐부수니 나하추가 더 이상 대적할 수 없음을 깨닫고 흩어진 군사들을 수습하여 돌아가면서 "이○○(태조의 아버지 환조를 말함)가 말하기를 자기에게 재주 있는 아들이 있다 하더니 과연 헛말이 아니구나."라고 말했다. 나하추의 여동생이 진중(陣中)에 있다가 태조의 신기한 무예를 보고는 마음이 들떠서 "이 사람은 천하에 겨룰 자가 없는 사람이다."라고 말했다. 후일 나하추는 고려와 화해하고 공민왕에게 말을 받치고 태조에게는 필고(鞞鼓) 하나와 좋은 말 한 필을 보내 예의를 차렸으니 이는 그가 태조에게 심복(心服)했기 때문이다. 후일 신우(辛禑)가 개성윤(開城尹) 황숙경(黃淑卿)을 보내 초청했는데 나하추는 "내가 본래 고려와 싸우려 한 것이 아니었지만 빠이앤티무르(伯顔帖木兒백안첩목아: 공민왕의 몽고식 이름) 왕이 어린 이 장군을 보내 내가 죽을 뻔했었는데 그는 잘 있는지요? 어리지만 용병이 귀신 같으니 참으로 그는 천재요."라고 했다.

2) 기새인티무르(奇賽因帖木兒기새인첩목아)와 동령부(東寧府) 전투

공민왕 18년에 고려인 기새인티무르[9]가 원나라에 벼슬하여 평장(平章)이 되었다가 원나라가 망하자 김백안(金伯顏) 등과 더불어 동령부(東寧府)를 차지하고 있다가 그 애비 기철(奇轍)이 주살(誅殺)당한데 분격해서 고려 북쪽 변경지대에 쳐들어와 복수를 하려 하자 공민왕은 태조와 서북면상원수(西北面上元帥) 지용수(池龍壽) 등에게 명해 그들을 공격하도록 했다. 이듬해 정월 태조가 동북면원수(東北面元帥)로 기병 5,000명과 보병 10,000명을 거느리고 동북면을 출발해서 새와이(草黃초황) 및 설현(薛列罕설열한)의 두 고개를 넘어서 압록강을 건너는데 이날 저녁 서북쪽에 자색 기운이 하늘에 퍼져 그림자가 모두 남쪽으로 비추니 서운관(書雲觀)이 보고 이는 맹장(猛將)의 기운이라고 하니 공민왕이 기뻐하면서 "내가 이○○를 보내니 이는 필히 하늘이 이에 응하는 것이다."라고 말했다. 이때 동령부 동지(同知) 이원경(李原景), 즉 우로티무르(李兀魯帖木兒이올노첩목아)는 태조가 그곳으로 온다는 말을 듣고 험준한 지형에 의지해서 이를 막아 보려고 우라(兀剌올자) 산성으로 들어가 지키고 있었다. 태조가 야둔(也頓) 마을에 도착하니 이원경이 와서 도전하다가 문득 갑옷을 벗어 던지고 태조에게 두 번 절을 올리고 300여 호를 거느리고 투항했으나 그 추장 고안위(高安慰)는 아직도 산성에 머무르며 투항하지 않았다. 이에 우리 군사들이 산성을 포위하고 있었는데 태조가 궁시를 가지고 있지 않다가 종자에게 활을 달라 해서 편전(片箭)을 쏘는데 무려 70여 발을 쏘아 모두 적의 얼굴을 맞히니 성중에 기가 꺾이자 고안위(高安慰)는 처자를 버리고 야밤에 성벽을 넘어 도주했다. 요성(遼城), 즉 요동성(遼東城)을 공격하는데 그 장수 처명(處明)이 만용을 부려 저항하자 태조는 앞서 투항한 이원경을 시켜 "너를 죽이기는 식은 죽 먹기같이 쉬운 일이지만 너를 살려 받아 주려고 하니 속히 항복하라."고 설득했다. 그러나 여전히 항거하자 이원경이 그에게 "네가 우리 장군님의 재주를 모르기 때문에 그리하고 있다만 만약 항복하지 않는다면 화살 한 대로 너를 꿰뚫어 버리실 것이다."라고 다시 협박했다. 그러나 처명은 여전히 저항했다. 이에 태조는 짐짓 그의 투구 가장자리를 쏘아 스치게 한 다음 다시 이원경을 시켜서 다시 설득해 보았지만 여전히 항복하지 않자 태조가 그 다리를 쏘아 맞히자 처명이 퇴각하

---

9) 원나라 순제(順帝)의 황후가 된 기황후(奇皇后)의 오라비인 기철(奇轍)의 아들.

려다가 다시 몸을 돌려 싸우려 하거늘 다시 또 이원경을 시켜서 "네가 그래도 항복하지 않으면 곧 네 얼굴을 쏠 것이다."라고 위협하니 그때야 비로소 처명은 말에서 내려 항복했다. 후일 처명은 태조의 은혜에 감복하여 자신의 다리에 남아 있는 화살 맞은 흔적을 볼 때마다 반드시 오열과 함께 눈물을 흘렸으며 이후 언제나 태조의 곁에 따라다녔는데 태조께서 지리산 운봉(雲峰)에서 왜구를 칠 때는 처명이 태조 앞에 서서 힘껏 싸워 공을 세우니 사람들이 그를 칭찬했다.

3) 원나라 조무(趙武)와 공주(孔州) 전투

원나라 장수 조무(趙武)는 원나라가 쇠퇴하자 무리를 거닐고 공주(孔州) 땅을 차지하고 있었다. 이때 태조는 동북면에 있을 때로서 휘하 군사들에게 "저자가 반드시 난을 일으킬 것이니 그냥 놔둘 수는 없다."고 말하고는 무리를 이끌고 조무를 공격했는데 그의 무용을 애석히 여겨 철시(鐵矢)를 사용하지 않고 박두(樸頭) 화살로 수십 명을 맞히니 조무가 비로소 말에서 내려 절을 하며 항복했다. 이후 조무는 태조에게 마음으로 복종하며 종신토록 측근에서 태조를 모셨으며 벼슬이 공조전서(工曹典書)에까지 이르렀다.

4) 왜구와 지리산 운봉(雲峰) 전투

신우(辛禑) 3년(서기 1376년) 5월 왜구가 경상도를 습격하니 원수 우인렬(禹仁烈)이 급보를 보내 구원 장수의 파견을 청했다. 신우는 태조와 김득제(金得濟)와 이림(李琳)과 유만수(柳曼洙)를 조전원수(助戰元帥)로 임명하니 태조가 바로 달려가서 지리산 아래서 적과 마주쳤다. 약 200보쯤 떨어진 곳에서 적 1인이 뒤로 돌아서서 허리를 구부려 엉덩이를 손으로 두드리면서 조롱을 하고 있는 것을 태조가 편전 한 대를 쏘아 쓰러뜨리니 적이 놀라 사기가 떨어진지라 이를 크게 쳐부수었다.

5) 왜구와 서해도(西海道) 전투

같은 해 8월에는 왜구가 서해도의 신주(信州), 안악(安岳), 봉주(鳳州) 등지를 습격하니 원수 찬성(贊成) 양백익(梁伯益) 등이 계속 패하다 구원 장수를 보내 줄 것을 청하는지라 신우는 태조와 임견미(林堅味), 변안열(邊安烈), 유만수(柳曼洙), 홍징(洪徵) 등을 조전원수(助戰元帥)로 임명하니 임견미와 변안열 등이 모두 해주(海州)에서 패하여 흩어진지라 태조가 적과 싸우려 할 때 전투의 승부를 점쳐보려고 갓과 같이 생긴 무쇠투구 두무(兜鍪)를 세워 놓고 쏘아 봤는데 3대를 쏘아 관통한 후 "오늘의 일을 가히 알 수가 있다."라고 말한 후 해주 동쪽 5리 지점에 있는 동정자(東亭子)에서 전투를 벌였다. 싸움이 한창 무르익어 갈 때 한 길이 넘는 습지를 만나 따르는 자들이 이를 넘지 못하고 있었으나 태조는 홀로 말과 함께 이를 뛰어넘어서 대우전(大羽箭) 17대를 쏘아 쏘는 대로 적을 쓰러뜨리고는 뒤따라온 병사들과 함께 적을 대파했다. 이 전투에서 태조가 처음 화살 20대를 지니고 있었는데 싸움이 끝나고도 3대가 남았다. 이때 태조가 좌우에게 하는 말이 "내 오늘은 모두 적의 왼쪽 눈을 쏘았다."고 하거늘 모두 가서 화살을 맞고 쓰러진 적들의 시신을 보니 과연 태조의 말 그대로였다.

6) 왜구와 솥뫼 전투

신우(辛禑) 6년(서기 1379년) 9월 왜구가 선박 500여 척을 서천군(舒川郡) 남쪽 15리쯤의 진포(鎭浦)에 정박시키고 양광,[10] 경상, 전라 하삼도(下三道)를 습격하니 태조가 양광전라경상삼도도순찰사(楊廣全羅慶尙三道都巡察使)가 되어 출정할 때 변인열(邊仁烈) 등과 더불어 남원(南原)에 이르렀는데 적과 거리가 120리가 되어 말을 하루 쉬게 한 후 이튿날 아침 동쪽으로 운봉(雲峰)을 넘어 적과 수십 리 거리에 도달해서는 솥뫼(鼎山정산)에 올라가 보니 도로 우측에 험한 지름길이 보이자 "적이 반드시 이 길로 우리를 습격할 것이니 내가 이곳에서 적을 맞이할 것이다."라며 으슥한 곳에 군사를 숨겼다. 해가 넘어가자 과연 적의 기습 병력이 이곳으로 접근했다. 태조가 대우전(大羽箭) 20대에 이어 유엽전(柳葉箭) 50여 대를 쏘았는데 모두 적의 얼굴을 맞혀 쓰러뜨렸다. 그와 동시에 3면에서 적을 협공하니 적이 높은 봉우리 위로 올라가 버티고 있었다. 이에 아군이 적을 올려다보며 공격했으나 적이 사력을 다해 위로부터 반격을 하자 아군이 밀려 내려오고 있었는데 태조가 장수들을 돌아보며 이르기를 고삐를 단단히 잡고 말이 무릎을 꿇지 못하게 하라고 하면서 나팔을 불어 군사들의 대오를 정비한 다음 개미같이 산에 달라붙어서 올라가 적진을 치도록 했다. 이때 창을 든 적장 하나가 태조를 뒤에서 찌르기 직전이었는데 편장(偏將) 이지란(李之

蘭)이 "영공(슈公)은 뒤를 보소서! 영공(슈公)은 뒤를 보소서!" 하고 크게 소리치면서 말을 달려가는데 태조의 말이 화살에 맞아 쓰러졌다. 태조가 다른 말로 갈아탔으나 그 말 역시 화살을 맞고 쓰러졌다. 다시 다른 말로 갈아타는 순간 화살 하나가 태조의 왼쪽 무릎을 맞혔다. 그러나 태조가 화살을 뽑아낸 후 더욱 거세게 적을 공격하니 휘하 군사들은 태조가 상처를 입은 사실을 모르고 있었다. 적이 다시 태조 앞을 겹겹이 둘러싸고 대들었지만 태조가 적병 8인을 선 채로 쓰러뜨려 죽이니 적이 더 이상 감히 대들지를 못했다. 이때 태조는 좌우를 돌아보고 하늘의 해를 가리키고 맹세하며 "겁쟁이는 후퇴하라! 내가 적에게 죽으리라." 하고 외쳤다. 이 말을 들은 장수와 사졸들은 감복하면서 용기백배하여 모두가 죽기를 무릅쓰고 땅에 뿌리를 박아 놓은 것같이 조금도 물러나지 않았다.

이때 적장 1인이 있었는데 나이는 겨우 16세 내외로 보였고 그 용모는 단아하면서도 출중하고 무용은 따를 자가 없었다. 백마를 타고 춤추듯 창을 휘두르며 달려오면 그를 감히 당할 사람이 없었다. 아군은 그를 아기바돌(阿其拔都아기발도)이라고 부르면서 다투어 그를 피했다. 태조는 그의 무용을 아깝게 생각해 이지란에게 사로잡도록 명하자 이지란은 "그를 죽이지 않으면 반드시 사람이 상할 것입니다."라고 했다. 아기바돌은 갑주에 얼굴가리개와 목가리개까지 하고 있어서 화살을 쏠 틈이 없는지라 태조가 이지란에게 "내가 투구 꼭대기를 쏘아서 벗길 터이니 네가 반드시 그를 쏘아라." 하고 이르고는 곧 그의 투구 꼭대기를 쏘아 맞혔지만 투구끈이 있어서 이 끈이 끊어지며 투구가 옆으로 기울어졌을 뿐이다. 그가 투구를 다시 바로잡자 태조가 또 쏘자 드디어 그의 투구가 벗겨져 땅으로 떨어졌다. 이때 이지란이 그를 쏘아 죽였다. 이를 보고 적의 기세가 꺾이자 태조는 말안장 위에 몸을 곧게 세우고 적에게 뛰어들어 적을 추풍낙엽같이 쓰러뜨렸으며 아군은 승세를 타고 일제히 공격해서 적을 대파했다. 잔적 70여 인이 지리산으로 도주하였으나 태조는 "천하에 적을 모두 죽이는 나라는 없다."면서 더 이상 추격하지 않고 철수해 크게 승전 축하연을 여니 군사들이 만세를 부르면서 바치는 적의 수급(首級)이 산과 같이 쌓였다.

7) 여진족 호발도(胡拔都)와 길주(吉州) 전투

여진족의 호발도(胡拔都)라는 자가 요동지방에서 동북면의 백성을 약탈하고 잡아가니 신우(辛禑) 8년(서기 1381년) 8월에는 대를 이어 그 지방 군무(軍務)를 관장해 오며 위신이 드높았던 태조를 동북면도지휘사(東北面都指揮使)로 임명하여 그 지역을 위무(慰撫)하도록 했고 이때 한산군(韓山君) 이색(李穡)은 시를 지어 그를 환송했다. 다음 해 8월 호발도가 단주(端州)를 습격했는데 단주 상만호(上萬戶) 육려(陸麗)와 청주(靑州) 상만호(上萬戶) 황희석(黃希碩) 등이 이를 맞아 싸웠으나 계속 패했다. 이때 이지란(李之蘭)은 모친상을 치르느라 청주(靑州)에 있었는데 태조는 사람을 보내 그를 부르면서 "국가 일이 급하니 네가 상복을 입고 집에 머무를 수가 없다. 상복을 벗고 나에게로 오라."고 했다. 이지란은 곧 상복을 벗고 엎드려 곡(哭)을 하여 하늘에 고한 후에 궁시를 차고 태조를 따라가서 길주(吉州) 평원에서 호발도와 조우했다. 이지란이 선봉이 되어서 먼저 그와 대적했지만 패하고 돌아왔다. 이에 태조가 호발도를 찾아 나섰는데 그는 두터운 3겹 갑옷에 붉은 치마를 입고 검은 암말을 타고 옆으로 군사를 벌려 놓고 기다리고 있다 태조를 가벼이 여기고 군사들을 놓아 둔 채 칼을 빼들고 몸을 곧추 세우고 달려 나왔다. 태조 역시 단기(單騎)로 칼을 빼들고 그와 마주쳤다. 처음에는 둘이 모두 번개같이 빨라서 승부를 내지 못했으나 호발도가 고삐를 당겨 말을 채 돌리지 못하고 있을 때 태조는 재빨리 말을 먼저 돌리면서 활을 꺼내 그의 등을 쏘았다. 그러나 그의 갑옷이 너무 두꺼워 화살이 깊이 뚫고 들어가지 못하자 이번엔 그의 말을 쏘아 쓰러뜨렸다. 말에서 떨어진 그를 다시 쏘려고 하는데 그의 휘하 군사들이 몰려와 그를 둘러싸서 구원했지만 이때 아군 역시 밀고 나와서 적군을 크게 쳐부수었고 호발도는 겨우 몸만 빠져나갔다.

태조가 군사를 돌려 안변(安邊)에 도착했을 때 비둘기 두 마리가 밭 가운데 뽕나무 위에 앉아 있는지라 이를 쏘니 화살 한 대에 두 마리가 모두 떨어졌다. 한충(韓忠)과 김인찬(金仁贊)이라는 사람이 길가에서 밭을 갈다가 이를 보고는 "도령은 참으로 선사(善射)요."라고 감탄하는 말을 하자 태조는 웃으면서 "내가 이미 도령의 나이가 지났소."라고 답했다.

8) 왜구와 함주(咸州) 전투

　신우(辛禑) 11년(서기 1384년) 9월 왜구 선박 150척이 함주(咸州), 홍원(洪原), 북청(北靑) 및 함란(喊蘭) 등 북쪽 지역을 습격했는데 원수 찬성사 심덕부(沈德符) 등이 대패하고 적의 기세가 등등하므로 태조가 이를 쳐부수러 갔다. 함주(咸州)에 도착했을 때 영내에 소나무 한 그루가 70보 거리에 있었는데 태조가 군사들에게 말하기를 "내가 ○번째, ○번째~ ~솔방울을 맞힐 테니 한번 보아라." 하고는 유엽전 7대를 쏘아서 모두 말한 대로 솔방울을 맞히니 군사들이 춤을 추며 환호했다. 이튿날 태조는 사졸들에 앞서 단기(單騎)로 적의 후미를 공격했는데 적진으로 들어갔다가 다시 나오기를 네댓 차례이고 쓰러뜨린 적의 수는 헤아릴 수 없었으며 태조가 쏜 화살은 모두 적의 두터운 갑옷을 꿰뚫었을 뿐 아니라 화살 한 대가 사람과 말을 동시에 꿰뚫은 경우도 있었다. 적이 크게 놀라 전전긍긍하고 있을 때 아군이 일제히 함성을 질러 대며 적을 공격하니 그 함성이 천지에 진동하고 쓰러진 적의 시신이 벌판을 덮고 냇물을 가로막았으며 한 명의 적도 빠져나가지 못했다. 이 전투에 참여했던 여진군(女眞軍)이 승세를 타고 왜구들을 마구 죽여 대는지라 태조는 "적이 궁지에 몰린 것이 가련하니 죽이지 말고 사로잡으라."고 명하자 천불산(千佛山)으로 들어갔던 잔적들이 모두 생포되었다.

2. 이지란(李之蘭) - 태조 시절

　본래의 성명은 동두란(佟豆蘭)이었으나 후일 이지란으로 바꿨다. 여진(女眞)의 금패천호(金牌千戶) 아란불화(阿蘭不花)의 아들로 용감하고 기사(騎射)에 능했으며 세습(世襲)으로 천호(千戶)가 되었다가 고려 공민왕 때 귀순하여 북청주(北靑州)에 거주하며 태조 이성계의 휘하에서 일했다. 그가 개강(价江)에서 사슴을 쏘아 쓰러뜨리는 것을 태조가 보고 기이한 사람으로 여겨서 신덕왕후 강(康) 씨의 형부(兄夫)로 맞았으니 태조와 동서(同壻) 사이가 되었다. 태조가 일찍이 그와 더불어 길에서 놀고 있을 때 한 시골 아낙네가 물동이를 머리에 이고 가는 것을 보고 태조가 먼저 탄환(彈丸)[11]으로 물동이를 쏘아 구멍을 냈는데

---

11) 궁시의 원형(原型)으로서 나무를 구부려 지금의 새총같이 만든 것을 탄(彈)이라 했고 이를 이용해서 쏘는 작은 돌멩이를 환(丸)이라 했다.

아직 물이 밖으로 새어 나오기도 전에 이지란이 조그만 진흙 덩어리 탄(彈)을 쏘아서 그 구멍을 막으니 보는 사람들이 신기하게 여기었다. 지리산 운봉(雲峰) 부근 솥뫼(鼎山정산)에서 왜구와 싸울 때는 태조가 적장 아기바돌(阿其拔都아기발도)의 투구를 쏘아 떨어뜨리니 그가 다시 쏘아 죽였다.

3. 태종(太宗)

신우 11년(서기 1384년) 아버지 이성계와 함께 함주(咸州) 전투에 출전해서 이두란(李豆蘭), 고려(高呂), 조영규(趙英珪) 등을 이끌고 적을 유인하려고 거짓 퇴각할 때 적의 선봉 수백 명이 추격해 오자 우리 측 복병을 숨겨 놓은 곳으로 들어가 있다가 군사를 돌리면서 친히 활을 쏘았는데 시위 소리가 울릴 때마다 적이 쓰러지지 않는 때가 없이 20여 인을 맞혔다. 또 고려 말에 삼군(三軍)이 새 도읍지인 임진현 북오리(北五里)에서 수렵을 할 때 노루 한 마리가 뛰어나오 자 말을 달려 쫓아가 화살 한 대로 꿰뚫으니 주변 사람들이 이를 보고 놀라 서 로 돌아보면서 "많은 사람들이 장차 이(李)씨 가문이 흥(興)하리라 하더니 조금 도 틀린 말이 아니지 않느냐?"라고 했다.

4. 세조(世祖)

젊어서부터 활 솜씨와 말 타는 솜씨가 뛰어났는데 16세에 부왕인 세종을 따 라 왕방산(王方山)에서 수렵을 할 때 하루아침에 사슴과 노루 수십 마리를 쏘아 쓰러뜨려 그 털과 피가 바람에 날려 겉옷을 빨갛게 물들였다. 늙은 무사 이영기 (李英奇) 등이 이를 보고 눈물을 흘리면서 "그 옛날 태조의 신묘했던 무예를 오 늘 다시 보게 될 줄 몰랐다."고 했다. 후일 문종이 되는 그의 형은 일찍이 동생 의 활에다 "활은 쇠나 돌덩이 같고 화살은 벼락같은데 나는 그가 활을 얹는 것 은 보았어도 부리는 것은 보지 못했노라(鐵石其弓 霹靂其矢 吾見其張 未見其 弛)."라고 써 준 적이 있다.

5. 김덕생(金德生) - 태종 시절

상산(商山) 사람으로 김운보(金云寶)의 아들이며 무과에 급제했다. 외모가 장대하고 용력이 뛰어난 자로서 젊은 시절 화산원(花山原)에 놀러 나갔다가 노루한 마리가 수 리(里) 밖에 있는 것을 보고 쏘아 쓰러뜨렸다. 태종이 후원에 행차했을 때 맹호 한 마리가 돌연 나타나 어가(御駕)에 대들자 김덕생이 이를 한대에 쏘아 쓰러뜨렸다. 시기하는 자의 모함으로 중률(重律)로 다스려져 처형되기에 이르자 호랑이 그림을 그려 놓고 활을 쏘아 보고 죽기를 청하여 이를 허락하자 백발백중 한 대도 빗나간 화살이 없음을 보여 준 후 형을 받았는데 선채로 죽어 상당한 시간이 지났는데 쓰러지지 않는 것을 사람들이 보고 이상하게 여겼다. 세종 때에 신원(伸寃)되었다.

6. 최윤덕(崔潤德) - 세종 시절

어릴 적 이름은 여화(汝和)이며 협곡(歙谷) 사람으로 조선 초기의 명장인 최운해(崔雲海)의 아들이다. 어린 시절 아버지가 서북면도순무사(西北面都巡撫使)로 오랫동안 변방에 머무르게 되자 아들을 이웃 양수척(楊水尺)의 집에 맡겨 놓았는데 조금 나이가 들자 완력이 출중하여 억센 활과 무거운 화살을 쓰게 되었다. 종종 양수척을 따라 사냥을 다녔는데 하루는 홀로 산에 들어갔다가 큰 벌레한 마리가 나타나니 뭇 짐승들이 꼬리를 감추고 도망치는지라 그가 화살 한 대로 그 벌레를 쏘아 죽이고 돌아와서는 양수척에게 "내가 어떤 벌레 하나를 쏘아 죽였는데 점이 박혀 있고 크기가 대단하니 이것이 무엇입니까?" 하고 물었다. 이 말을 듣고 양수척이 가서 보니 큰 호랑이 한 마리가 죽어 있는 것을 보고 심히 놀라워했다. 그의 아버지 최운해가 합포진(合浦鎭)에 와 있게 되자 양수척이 그를 데리고 찾아가서 그의 용맹을 말해 주니 최운해는 시험해 보아야겠다면서 그를 데리고 사냥을 나갔다. 윤덕이 말을 달리면서 좌우로 쏘는데 한대도 빗나가는 화살이 없는지라 최운해가 웃으며 말하기를 "이 아이의 손이 비록 민첩하기는 하지만 제대로 된 무예를 아직 보지 못했으니 지금 솜씨는 산속에서 홀로 익힌 거친 솜씨에 불과하다."며 정식으로 활쏘기와 말 타기를 가르쳐서 드디어 최윤덕도 명장이 되었다. 세종 때 최윤덕이 평안도절제사로 안주(安

州)까지 겸하여 관할하고 있을 때 한 시골 아낙네가 울면서 아뢰기를 "호랑이가 저의 지아비를 죽였습니다."라고 하자 최윤덕이 "내가 너의 원수를 갚아 주리라." 하고는 곧 궁시와 칼을 차고 말을 달려 호랑이를 추적해서 쏘아 죽인 다음에 배를 갈라 배 속에 있는 죽은 자의 뼈와 고기를 수습해서 옷으로 감싼 다음에 관에 넣어 매장하니 그 아낙네가 감읍하였고 모든 고을 사람들이 그를 부모와 같이 존경했다. 후일 우의정을 거쳐 좌의정에 이르렀으며 죽은 다음 세종의 묘정(廟廷)에 배향(配享)되었다. 시호는 정렬(貞烈)이다.

7. 배익문(裵翊文) – 세종 시절

뒤에 소개할 이석정(李石貞)과 함께 당대의 선사(善射)로 유명했는데 더위와 추위를 피하지 않고 활쏘기를 일과로 삼았으며 달이 있는 밤에도 활쏘기를 하니 두 사람이 활을 쏘면 정곡(正鵠)을 빗나가는 화살이 없어 승부를 가리지 못했으며 가끔 돌 위에 작은 솔포를 세워 놓고 쏘기도 하는데 모두 솔포를 관통하고 전혀 돌을 건드리지 않아 화살이 조금도 상하지 않았다. 여진(女眞)의 추장이 선사(善射)였는데 그의 명성을 듣고 겨루기를 청했다. 50보 거리에 기둥 둘을 세우고 줄로 연결한 다음 줄 가운데 작은 반지를 매달아 놓고 쏘는데 그가 쏜 3대가 모두 반지의 가운데를 관통하자 추장이 탄복해 마지않았다. 그가 일찍이 다른 사람에게 한 말이 전해져 있는데 그 말에 의하면 하루는 이석정과 같이 활을 쏘기로 약속하고 약속 장소에 먼저 도착했는데 아직 솔포를 펼치기도 전에 100보쯤 떨어진 곳에서 까투리 두 마리가 모이를 쪼고 있는 것을 보고 가는 화살로 쏘아 한 마리를 맞힌 후 놀라서 날아오르는 또 한 마리를 마저 쏘아서 맞힌 적이 있지만 이는 극히 드문 행운에 불과하고 늘 있는 일은 아니라고 했다 한다. 당상관에 오르지는 못했다. 팔이 부러져 고향으로 물러나 노후를 보냈는데 병이 들어 활을 쏘지 못하자 연한 나무 활과 짧은 화살을 만들어 작은 솔포를 수십 보밖에 펼쳐 놓고 쏘는데 백발백중으로 단 한 대도 빗나가는 화살이 없으니 선사(善射)로 이름을 날리는 사람 가운데도 따를 자가 없었다.

8. 이석정(李石貞) - 세종 시절

완산(完山) 사람이다. 힘이 강해 능히 강궁을 가지고 종일 쏘아도 빗나가는 화살이 없었다. 세종이 이를 듣고 불러서 후원에 과녁을 세워 놓고 쏘게 했는데 하루 종일 쏘아도 빗맞는 화살이 없었다. 아침밥을 먹고 나면 활과 화살 몇 대를 가지고 말을 타고 나가서는 정오가 되기 전 돌아오는데 돌아올 때는 가지고 나간 화살 숫자만큼 까투리나 기러기를 잡아 왔다. 관직은 첨지중추(僉知中樞)에 이르렀으나 죄를 지어 주살(誅殺)되었다.

9. 임성군(任城君) 이정(李正)[12] - 세종 시절

종친(宗親)이며 가야금에 능해 당시의 제1인자였으며 세종이 일찍이 "임성(任誠)의 가야금 연주에는 특별한 가락이 있다."고 했다. 그러나 사람됨이 유약하여 활쏘기와 말 타기에 익숙지 못했고 스스로 늘 탄식하기를 "내가 모자라서 억센 활을 당기지 못하고 멀리 쏘지 못한다. 반드시 명중시켜 어진 마음을 보이고 그로써 덕을 드러내게 열심히 배워야 하겠다." 하고는 매일 아침 궁시를 휴대하고 산으로 올라가 습사를 해서 3년 만에 드디어 활쏘기에 익숙해졌다.

10. 유응부(俞應孚) - 세종 시절

어린 시절 이름은 신지(信之) 또는 선장(善長)이었고 기계(杞溪) 사람이다. 키가 컸고 용모에 위엄이 있었으며 용맹이 뛰어나 담장을 날듯 뛰어넘었고 활을 잘 쏘았다. 무과에 급제했고 세종과 문종이 그를 아꼈다. 효심이 지극해서 어머니를 기쁘게 할 만한 일이 있으면 무엇이든 가리지 않았다. 아우 유응신(俞應信)과 함께 활로 수렵 잘하기로 유명했고 짐승을 만나면 쏘아 맞히지 못하는 일이 없었다. 어머니가 일찍이 포천(包川)에 있는 농장을 오갈 때는 늘 형제가 따라다니며 말 위에서 몸을 눕혀 기러기를 쏘았는데 시위 소리가 울릴 때마다 기러기를 반드시 떨어뜨려 어머니를 기쁘게 했다. 북병사(北兵使)로 있을 때는

---

12) 원문에는 임성정(任城正)으로만 되어 있으나 종친(宗親)이므로 그의 성은 이(李)씨일 것이지만 이름은 알려져 있지 않다. 제2대 정종(定宗)의 열한 번째 아들 이호생(李好生)의 군호(君號)가 임성군(任城君)인데 연대로 보아 같은 인물일 것으로 보인다.

"장군 되어 부절 차고 오랑캐 진압하니 요새 밖엔 사슴 뛰놀고 병사는 졸고 있네. 해는 긴데 마당은 텅 비었으니 어디서 무얼 할까? 송골매 삼백이는 누대 앞에 졸고 있네(將軍持節鎭夷蠻 塞外鹿淸士卒眠 晝永空庭何所玩 良鷹三百坐樓前)."라는 시를 쓴 적도 있다. 세조 원년(서기 1436년) 성삼문(成三問) 등과 함께 왕을 모살하고 단종의 복위를 도모하려다 화를 입었다.

11. 이징옥(李澄玉) - 세종 시절

양산(梁山) 사람이다. 무용이 매우 뛰어나 호랑이를 잘 쏘았는데 호랑이를 만나면 눈을 크게 떠서 그와 눈이 마주치는 호랑이는 고개를 숙이는데 이때 단 한 대로 쏘아 쓰러뜨렸다고 한다. 일찍이 14살 때 그의 어머니가 이징옥 형제에게 살아 있는 멧돼지를 보고 싶다 했는데 18살인 형 징석(澄石)은 그날로 멧돼지를 활로 쏘아 죽여서 집으로 끌고 오니 그 어머니가 크게 기뻐했다. 그러나 이징옥은 며칠 후에야 집으로 돌아왔는데 맨손이었다. 그 어머니가 "사람들은 네 형의 용력이 너에게 한참 못 미친다고 하는데 네 형은 곧 생 멧돼지를 잡아서 나에게 보여 주었는데 너는 어찌 이틀이나 걸려 그것도 빈손으로 돌아왔느냐?"고 물었다. 징옥은 무릎을 꿇고 답하기를 "한번 문밖에 나가 보세요."라고 하는지라 어머니가 그의 말대로 문밖으로 나가 보니 큰 멧돼지 한 마리가 눈을 부릅뜨고 씩씩거리며 숨을 몰아쉬고 서 있었다. 이는 징옥이 살아 움직이는 멧돼지를 어머니에게 보여 주고자 이 멧돼지를 쫓기도 하고 쫓기기도 하면서 산을 넘고 계곡을 건너면서 이틀을 밤낮으로 몰아서 기진맥진하게 만든 다음 집까지 몰고 온 것이었다. 징옥은 18세에 강계부사가 되며 김종서(金宗瑞)의 뒤를 이어 함길도절제사가 되더니 단종 원년(서기 1453년)에 24세로 주살(誅殺)당했다.

12. 김속시(金束時) - 세조 시절

여진(女眞) 사람으로 어려서 아버지를 따라 나왔는데 무예가 출중했고 경사(經史)에도 밝았다. 집이 조종현(朝宗縣) 산골에 있어 매일 사냥하면서 호랑이를 잘 쏘아 쓰러뜨렸으며 세조가 온천에 행차할 때 화살 한 대로 큰 호랑이를 쏘아 쓰러뜨렸다.

13. 박중선(朴仲善) - 세조 시절

어린 시절 이름은 자숙(子淑)이고 순천(順天) 사람이다. 외모가 수려하고 장신
이며 어려서 부모를 여의고 스승에게 가서 책을 읽어 대의(大義)에 통했으나 성
장해서는 무예를 익혀 활쏘기와 말 타기가 뛰어나 무예계에 이름을 날렸다. 달
리는 말 위에서 몸을 뒤집어 날아가는 모구(毛毬)를 세울 정도였다. 무과 급제
후 세조 13년(서기 1467년) 이시애(李施愛)의 난을 평정한 공으로 적개공신(敵
愾功臣) 1등에 책록되었다. 병조판서를 거쳐 판돈령부사에 이르렀다. 연산군 12
년(서기 1506년) 반정(反正)을 주도해 연산군을 폐하고 중종을 옹립한 박원종
(朴元宗)이 그의 아들이다. 시호는 소양(昭襄)이다.

14. 신종군(新宗君) 이효백(李孝伯) - 세조 시절

정종의 열 번째 아들 덕천군(德泉君) 이후생(李厚生)의 아들이다. 무과에 급
제해 관직이 병조참판에 이르렀다. 사예(射藝)가 뛰어나서 거평정(居平正) 이복
(李復), 진례정(進禮正) 이형(李衡) 등 7인과 함께 활을 잘 쏘는 종친(宗親)이란
의미로 사종(射宗)이라 불렸다.[13]

15. 이양생(李陽生) - 세조 시절

서얼(庶孼)의 천민으로 일찍이 짚신을 만들어 생계를 유지했는데 장용대(壯勇
隊)에 들어가 이시애(李施愛)의 난을 평정할 때 공을 세워 공신(功臣)의 호(號)
를 받고 가선대부(嘉善大夫)에 이르렀으며 계성군(雞城君)에 봉해졌다. 성품이
곧고 근검하여 조금도 사정(私情)에 끌리지 않았으며 기사(騎射)에 능해 호랑이
를 잡는 솜씨가 뛰어났고 얼굴을 한 번만 쳐다보고도 도둑을 판별함에 한 번도
실수가 없었다고 한다. 호랑이가 나타나 포호청(浦虎廳)을 세울 때나 큰 도둑이
생겨 포도청을 특별히 설치할 때는 늘 조정에서 그에게 임무를 맡겼다.

---

13) 조선 중기 성현(成俔)이 쓴 《용재총화(慵齋叢話)》, 권10에 실려 있는 이야기로 세조 때 왕이 총애하여 늘
　　가까이 있게 하던 종친 중 영순군(永順君), 귀성군(龜城君), 하성위(河城尉) 등을 사종(四宗)이라 했고 신종군
　　(新宗君), 거평정(居平正), 진예정(進禮正), 금산정(金山正), 율원부정(栗元副正), 제천부정(堤川副正), 혹성정
　　(鵠城正) 등을 사종(射宗)이라 했는데 세조는 이들과 함께 쥐를 잡거나 거미를 잡는 등 유희를 즐겼으며 혹은
　　나뭇잎이나 나무의 줄기를 따다가 활을 쏘아 맞히게 하는 등 활쏘기를 좋아했다고 한다.

16. 한봉운(韓奉運) – 세조 시절

본래 왕의 수렵장을 돌보던 우인(虞人)이나 세조의 눈에 뜨였는데 궁력(弓力)
은 아주 약했지만 맹호를 보면 반드시 가까이 접근해서 한 대에 맞혀 쓰러뜨렸
고 평생에 잡은 호랑이가 수를 헤아릴 수 없이 많았다. 일찍이 역귀(疫鬼)를 쫓
기 위해 내정(內庭)에서 열린 나회(儺會)에서 광대의 일종인 우인(優人)이 호랑
이 가죽을 뒤집어쓰고 달려 나가게 하면서 한봉운에게 호랑이를 쏘는 시늉을
하라고 명하니 한봉운은 조그만 나무활과 쑥대로 만든 화살을 가지고 뛰어나가
다가 실수로 넘어져 계단에서 굴러 떨어져 팔이 부러졌다. 이를 보고 사람들은
그가 진짜 호랑이에게는 용감한데 가짜 호랑이를 보고는 겁을 낸 것 아니냐고
우스갯소리를 했다.

17. 민발(閔發) – 세조 시절

여성군(驪城君)에 봉해졌으며 종일토록 습사(習射)를 하는 날도 화살이 과녁
을 빗나가 땅바닥으로 바로 떨어지는 일이 결코 없었고 사냥을 나가 짐승을 쏠
때도 언제나 반드시 한 대에 쓰러뜨렸지 한 짐승을 두 대 이상 쏘아 쓰러뜨리
는 일은 없었다고 한다.

18. 구문로(具文老) – 세조 시절

능성(綾城) 사람으로 키가 거의 9자(尺척)에 달했고 얼굴에 보통사람의 손바
닥만 한 검은 점이 있었다. 건장하고 활쏘기와 말 타기에 능했으며 호랑이를 즐
겨 쏘았는데 하루는 세조를 따라 동쪽 교외로 나갔다가 호랑이에게 쫓겨 거의
해를 입을 지경에 이르렀다. 세조가 사람을 시켜 나무 위로 올라가라는 말을 전
하자 나무 위로 뛰어 올라가자 호랑이가 말을 쫓다가 놓치고는 바위 위에 쭈그
리고 기다리고 있었다. 호랑이가 간 다음에 세조가 구문로를 불러서 "네가 비록
재주는 있지만 꾀가 나에게 미치지 못하는구나. 나무 위로 피하지 않았으면 어
찌 목숨을 부지했겠느냐?" 하니 구문로가 머리를 조아리며 사례했다. 세조가 어
가를 돌려 환궁하려 하자 구문로는 "호랑이를 쏘아 죽인 후에 어가를 뒤쫓게

하옵소서." 하고 청하기에 세조가 궁시와 말을 주자 달려 나가 1대에 쏘아 죽였다. 세조가 크게 기뻐했고 사람마다 감탄하지 않는 이가 없었다. 세조 5년(서기 1460년) 북쪽에 오랑캐를 정벌하러 나가 맨손으로 오랑캐를 수없이 때려죽이니 오랑캐들이 흑면장군(黑面將軍)을 피하라고 서로 경계했다.

19. 김세적(金世勣) - 성종 시절

필적할 자가 없는 선사(善射)로서 무과에 장원급제한 후 성종의 눈에 뜨여 크게 쓰이게 되었다. 집에 머무를 때는 활 만드는 궁인(弓人)을 청해 같이 활을 만들지 않는 날이 없었고 활 걸이에 걸어 두고 늘 손으로 어루만졌던 활이 수백 장이 넘었다. 관청에 나가서도 늘 활을 벽에 걸어 놓고 어루만지기를 잠시도 쉬지 않았다. 잠시라도 틈이 있으면 반드시 산이나 들로 나가서 솔포(帿후)를 쏘았고 틈이 없을 때는 가까이 세워 놓은 과녁을 쏘았으며 비가 오면 방에 쭈그려 앉아 작은 종이를 벽에 붙여 놓고 작은 싸리나무 활을 쏘았다. 솜씨가 뛰어나서 하루 종일 쏘아도 정곡(正鵠)을 벗어나는 일이 없었고 짐승을 쏠 때도 빗나가는 법이 없었다. 성종이 남다르게 그를 사랑해서 경기감사로 하여금 매일 그의 부모에게 고기를 내리게 하는 등 어느 종친이나 공신도 그만큼 많은 하사품을 임금으로부터 받지는 못했다. 승지(承旨)를 거쳐서 나이 40도 되기 전에 정2품에 이르렀지만 부모에게 병이 생겨 문병 차 뵈러 갔다가 병이 전염되어 죽으니 외아들로서 후사가 없어 사람들이 애석하게 여겼다.

20. 조광원(曺光遠) - 명종 시절

어린 시절 이름은 회보(晦甫)이며 창녕(昌寧) 사람으로 찬성(贊成) 조계상(曺繼商)의 아들이다. 소년시절부터 사예(射藝)가 출중했으며 좌궁, 우궁 어느 쪽으로 쏘건 백발백중이었다. 문과에 급제했고 관직은 남병사(南兵使), 북병사(北兵使), 경상도순찰사 등 문무관을 고루 역임하고 판돈령(判敦寧)에까지 이르렀다. 선조 6년에 죽었는데 시호는 충경(忠景)이다.

21. 장필무(張弼武) - 명종 시절

어린 시절 이름은 무부(武夫)이며 구례(求禮) 사람으로 중종 5년(서기 1510년)에 태어났다. 어린 시절 잘못을 저질러 매질을 당했는데 울면서 간청하기를 "원컨대 팔과 어깨를 상하지 않게 해주소서. 이 팔과 어깨로 부모님께 효도를 하고자 합니다."라고 해서 그 부모가 이를 기이하게 여겼다. 후일 무과에 급제하여 명천(明川) 현감이 되었는데 호환(虎患)이 발생해서 북병사(北兵使)가 각 고을의 수령과 변장(邊將)들에게 군사를 풀어 호랑이를 잡으라고 명했다. 이때 장필무가 화살 한 대만 가지고 홀로 호랑이를 쫓고 있었는데 200보쯤 되는 곳의 바위 위에 얼굴이 하얀 호랑이 한 마리가 엎드려 있는 것을 발견하고 시위를 가득 당겼다가 놓으니 호랑이가 맞고 밑으로 떨어졌고 그 이후로 호환이 끊겼다고 한다. 관직은 경상좌병사(慶尙左兵使)에 이르렀고 선조 7년(서기 1574년) 65세에 죽었다.

22. 방진(方震) - 선조 시절

상주(尙州) 사람으로 충무공 이순신의 장인이다. 관직이 보성(寶城) 군수에 이르렀는데 하루는 화적(火賊)이 마당으로 돌입하자 활로 적을 쏘는 중 화살이 떨어지자 방 안에 소리쳐 화살을 찾았지만 하녀가 이미 적들과 내통해서 몰래 내다 버린 후라 화살이 없었다. 후일 충무공 이순신의 부인이 되는 공의 딸이 이때 "여기 있습니다. 여기 있습니다."라고 소리쳐 대답하고는 베틀에서 잡죽(雜竹) 한 아름을 빼어내서 마루로 던지니 그 떨어지는 소리가 화살이 떨어지는 소리와 같았다. 평소 공이 활 잘 쏜다는 것을 들어 알고 있던 화적들은 화살이 아직 많이 남은 것으로 알고 놀라서 도망을 갔다.

23. 황진(黃進) - 선조 시절

어린 시절 이름은 명보(明甫)이며 장수(長水) 사람으로 조선 초기의 명재상 익성공(翼成公) 황희(黃喜)의 5대손이다. 키가 크고 수염이 아름답고 외모가 출중했으며 어려서부터 말과 활을 익혔고 완력도 세고 민첩함이 날아다니는 듯했다. 선조 9년 무과에 급제했고 14년 후 작은 아버지 황윤길(黃允吉)을 따라 일본에 사신으로 갔을 때 일본인들이 무예를 과시하려고 길가에 솔포를 펼쳐 놓고 활을 쏘고 있는데 쏘는 거리를 보니 50보쯤 되었다. 이에 공이 그 곁에다가 조그만 과녁을 설치하고 쏘았는데 빗나가는 화살이 없었으며 다시 화살 두 대로 두 마리의 새를 쏘아 모두 떨어뜨리니 보는 자들이 모두 놀랐다. 임진왜란 때는 군사를 거느리고 진안(鎭安) 부근에서 적을 추적하여 선봉을 쏘아 죽였다. 정유재란 당시 충청병사로 진주성에 구원군으로 갔을 때 하루는 적이 성 밑으로 몰려왔다. 그는 공시억(孔時億) 등 3인과 노비 수이(壽伊)와 함께 죽기를 무릅쓰고 싸우다 다리에 총알을 맞아 피가 신발을 적시었지만 아랑곳하지 않고 끊임없이 쏘니 3~4인이 화살을 공급하건만 미처 그가 쏘는 속도를 따라가지 못할 정도였고 죽인 적이 몇백 명이 될지 모를 정도였다. 깍지손 엄지가 찢어질 정도였지만 통증을 다스릴 틈도 없이 쏘는데 한 대로 적 여러 명을 관통시키기도 했고 그의 화살에 맞는 적은 반드시 선 채로 죽었다. 적이 크게 패하고 도주하는데 그들의 시체는 수 리(里)에 걸쳐 널렸지만 아군의 사상자는 없었다. 그러나 황진도 적이 쏜 총알을 이마에 맞고 쓰러져 기절했었다.

24. 신호(申浩) – 선조 시절

어린 시절 이름은 언원(彦源)이며 평산(平山) 사람인데 무과에 급제했고 재주와 힘이 출중해 목전(木箭)을 500보까지 쏘아 보냈다. 선조 23년 남원성(南原城) 전투 때는 성문 밖으로 나가 적에게 활을 쏘다가 화살이 떨어지자 칼을 빼들고 적을 치는데 적이 감히 그에게 접근하지 못했다. 옷을 벗어 버리더니 자신의 이빨을 스스로 부러뜨려 노비에게 주면서 집으로 전하라 하고는 마침내 전사했다.

25. 신정(申霆) – 선조 시절

평산(平山) 사람으로 무예가 있었고 화살을 멀리 보내기로 나라 안에 이름이 알려졌으나 임진왜란 때 임진(臨津) 나루에서 전사했다. 그의 아들 신몽헌(申夢憲) 역시 활을 잘 쏘았으며 무과 급제 후 광해군 10년(서기 1618년) 장관(將官)

에 이르렀으나 압록강 넘어 요동 지역에서 청(淸)의 세력을 제압하기 위해 출전했다가 심하(深河) 전투에서 부상을 무릅쓰고 용감히 싸우다가 전사했다.

26. 박의(朴義) - 인조 시절

고창현(高敞縣) 사람으로 용맹하고 기사(騎射)에 능했다. 무과에 급제하여 부장(部將)이 되어 인조 14년 병자호란 당시 병마절도사 김준룡(金俊龍)을 따라서 임금을 호위하러 남한산성으로 가던 도중 수원에 이르러 광교산(光敎山)에서 적과 교전할 때 적장 양고리(揚古利)를 사살했다. 양고리는 청의 황제 누르하치(努兒哈赤)의 사위로 무훈왕(武勳王)에 봉해진 자였다.

27. 노 지사(盧知事) - 인조 시절?

이름은 잊히고 다만 지사(知事)라는 직명(職名)으로만 전해져 온다. 그가 활을 쏘던 곳에 후인들이 세운 사정이 새문(新門신문) 밖의 노지사정(盧知事亭)이며 인조 때 사람이라고 하지만 분명치 않다. 무악재 아래에 살면서 매일 경리(經理) 양호(楊鎬)의 비각(碑閣) 뒷동산으로 올라가 솔포를 세워 놓고 활을 쏘았는데 지금 사정(射亭)이 세워져 있는 자리이다. 망가진 화살촉을 집에 모아 놓은 것이 2말이 되고 화살을 주우러 가려면 도중에 작은 언덕을 넘어 다녀야 했으니 여러 해 습사하면서 드린 공이 컸음을 알 수 있다. 활 배우는 사람이 묘방(妙方)을 물으면 이 길을 보여 주었다고 한다.

28. 장린(張遴) - 효종 시절

효종 때 사람으로 힘이 세고 활쏘기에 능해 천자강궁(天字强弓)을 쏘는데 맞히지 못하는 일이 없었다. 효종이 즉위 전에 장사 8인을 선발할 때 여기에 들었다. 이들이 소위 팔장사(八壯士)였다. 효종은 즉위 후 이들 8인을 별군직(別軍職)으로 임명해 늘 가까이 두었다.

29. 서유대(徐有大) – 영조 시절

어린 시절 이름은 자겸(子謙)이며 달성(達城) 사람이다. 용모에 위용이 있었고 힘이 출중해 특별 추천으로 관직을 받았는데 임금이 그를 불러 활을 쏘게 하니 처음에는 엄지손가락에 끼는 깍지와 팔뚝을 감싸는 팔찌의 사용에 익숙하지 못했지만 큰 각궁(角弓)을 당겨 육량철전(六兩鐵箭)을 100보 밖에까지 내보내는지라 보는 사람들이 이를 장히 여기었다. 관직이 한성판윤(漢城判尹)까지 이르렀다.

30. 정조(正祖)

사도세자의 아들로서 사도세자가 뒤주에 갇혀 죽은 후 할아버지 영조의 뒤를 이어 왕위에 올랐으며 개혁군주(改革君主)로 불리기도 하는 인물이다. 어린 시절부터 매우 영민(英敏)했고 활 솜씨도 뛰어났을 뿐 아니라 문장도 탁월하여 많은 시문(詩文)을 남겼다. 그의 활 솜씨가 태조 이성계의 신궁(神弓) 자질을 물려받은 것이란 말이 있었으며 그 역시 활쏘기를 "태조 할아버지를 비롯한 우리 집안의 가업(家業)"이라고 말했다고 한다. 즉위 16년인 임자년(서기 1792년) 10월 30일의 그의 습사기록이 「어사고풍첩(御射古風帖)」으로 남아 있다. 먼저 2순(巡)을 쏜 다음 다시 1획(劃), 즉 10순(巡)을 쏘았는데 이때 첫 순부터 9순까지는 모두 과녁을 맞히고 10순에서는 4중을 하여 50시(矢) 가운데 49시(矢)를 과녁에 맞혔다. 이때 10순에서도 처음 4발을 맞혔으나 마지막 화살을 맞히지 않은 데 대해서는 두 가지 이야기가 전하여 온다. 쏘기 전에 신하들이 "마지막 화살은 쏘지 않고 거두어 두는 것입니다."라고 권하여 마저 쏘지 않았다는 말도 있고 마지막 화살은 일부러 숲을 향해 쏘아 과녁을 맞히지 않았다는 말도 있다. 여하간 이날의 습사 기록을 보면 49시(矢)를 과녁에 맞혔지만 과녁 중앙의 관(貫)을 맞힌 것은 2푼(分), 변(邊)을 맞힌 것은 1푼(分)으로 계산해서 도합 78푼(分)으로 기록되어 있다. 10순(巡) 가운데 모두 과녁 중앙을 맞혀 10푼(分)의 점수를 얻은 순(巡)은 없다.[14]

---

14) 이 기록만 보면 그의 활 솜씨가 우수했다고 볼 수 있지만 ≪조선의 궁술≫에서 소개한 여타 선사(善射)들과 비교할 수 있는지는 의문이다. 아마도 이런 이유로 원문에서는 그를 포함시키지 않은 것으로 보인다. 이날 기록은 아마 그의 기록 중에 가장 우수한 기록이었을 것이다. 이날 정조가 활쏘기를 마친 다음 규장각 신하들에게

31. 안득붕(安得鵬) – 정조 시절

조상 때부터 김해(金海)에 살았고 문장에 능하며 활을 잘 쏘았다. 정조 때 승지(承旨)에 임명되었다. 눈이 매우 밝아 캄캄한 밤중에도 화살이 과녁을 빗나가는 일이 없었다. 매일 밤 짚신을 100보 밖에 걸어 놓고 쏘면 화살이 모두 그 짚신을 꿰뚫었다고 한다. 김해군 청천리(晴川里) 그가 습사하던 장소에 오늘날까지 활터고개(射場峴사장현)란 이름으로 남아 있다. 필법(筆法)이 아름다웠으며 궁중에서 여관(女官)들이 우리말을 쓸 때 사용한 궁체(宮體)라는 서체가 그의 손에서 나왔다 한다.

32. 최길진(崔吉鎭) – 철종 시절

철종 때 사람으로 활을 잘 쏘았는데 늘 2순(巡)을 모두 맞힌 다음 3순(巡)째는 4시(矢)를 연중(連中)시킨 다음 마지막 한 대는 일부러 솔포 앞에 떨어뜨려 가면서 장순(長巡)을 쏘았는데 마지막 순에서는 48시나 49시까지는 정곡을 맞히고 마지막 1~2시를 맞히지 않는 것이 그의 습관이었다. 함경도와 평안도를 제외한 6도의 시사(試射)에서도 14시를 연중해서 1등을 했고 집안이 풍족해서 남에게 베풀기 좋아했고 활 만드는 사람과 화살 만드는 사람을 집에 두고 감독해 가며 좋은 활과 화살을 만들어 아는 사람과 후배들에게 기증했다.

33. 권대규(權大奎) – 철종 시절

조상 때부터 의성(義城)에 살았고 철종 때 사람으로 활쏘기 솜씨가 뛰어났다. 한 가지 특기가 있었는데 여럿이 함께 쏠 때 다른 사람 화살이 솔포를 관통하지 못하고 솔포에 걸려 있으면 반드시 쏘아서 그 화살을 부러뜨리는데 결코 실수가 없었다. 그 필파(必破)의 특기에 사람들이 감복하여 그를 신궁(神弓)이라고 불렀다.

일종의 격려금인 고풍(古風)을 내리자 신하들이 이날의 일을 기념한 현판을 만들어 규장각 숙소 사호헌(司戶軒)에 달았는데 그 탁본첩(拓本帖)이 「어사고풍첩(御射古風帖)」(8면, 29×17.8cm)이다. 앞에는 이날 습사 기록에 이어 유광진(劉匡鎭) 등 배종(陪從) 신하 10인의 이름과 이윤항(李胤恒) 등 글씨를 쓴 규장각 서리(胥吏) 4인의 이름을 기록했고 이어서 박윤묵(朴允黙) 등 4인이 그때의 감회를 읊은 시문(詩文)이 첨부되어 있다. 신하들은 이 기록을 현판에 새겨 이 태조의 함흥본궁(咸興本宮)에도 걸어 둘 것을 건의했다 한다. 정조가 신하들에게 습사를 권장한 일에 대한 기록으로는 앞의 제5장, 각주 8에서 다산 정약용의 「북영벌사기(北營罰射記)」라는 글을 소개한 바 있다.

34. 배익환(裵益煥) – 철종 시절

울산군(蔚山郡) 사람으로서 경상좌병영(慶尙左兵營)에 속했었는데 병사(兵使)의 추천으로 경군(京軍) 군관이 되었다. 그의 화살이 솔포를 빗나가는 법이 없어 솔포가 쉽게 상하는지라 동료들이 그를 짐짓 원망하자 그가 제안하기를 "내가 한 대를 쏠 때마다 당신들이 가서 그 화살을 주워 오면 내가 솔포를 망가뜨리지 않겠소."라고 했다. 동료들이 무슨 말인지 모르고 "그럽시다." 했다. 그러자 그는 한 대를 쏘아서 정곡의 하단 중앙을 관통시킨 후에 동료들에게 화살을 주워 오기를 청한 다음 동료들이 화살을 주워 오면 둘째 화살을 쏘았는데 이둘째 화살은 앞 화살이 뚫어 놓은 구멍을 뚫고 나가 꽂혔던 자리에 다시 꽂혔다. 이러기를 하루 종일 반복하므로 그가 솔포에 낸 구멍은 단 한 곳밖에는 없었다 한다. 그는 20세에 활을 배우기 시작했는데 처음 활을 쏠 때 솔포를 15간(間), 즉 약 27m 거리에 세워 놓고 있는 힘껏 활을 벌려 쏘았고 매달 1간(間)씩, 즉 약 1.8m씩 거리를 늘려 가면서 쏘아서 5년 만에 처음으로 120보 거리의 과녁을 쏘았으며 그 후 15,000순을 쏘기로 기약하고 비나 눈이 올 때만 빼고 매일 80순씩 쏘아서 200일 만에 마쳤다고 한다. 그는 손에 활을 쥐고 생전 처음쏜 첫 화살부터 한 대의 화살도 과녁을 빗나가서 땅에 떨어뜨리는 일이 없었고 120보 거리에서 쏜 이후에도 조금도 다름이 없었다고 한다. 그는 늘 활을 배우는 사람이 가까운 곳부터 거리를 늘려 나가며 쏘는 근사(近射)의 방법을 따르지 않음을 탄식했었다고 한다. 사람들은 그를 배오중(裵五中)이라고 불렀다.

35. 안택순(安宅舜) – 고종 시절

조상 때부터 한성(漢城)에 살았으며 고종 때 사람으로 활을 잘 쏘았다. 늘 1획(劃) 50시(矢)를 쏘지만 술에 취해 있지 않은 날이 없었는데 늘 술에 못 이겨 정신이 몽롱했고 사정에 올라가 시위를 당겨 만작하고 있을 때도 바람에 나뭇가지 흔들리듯 부들부들 몸을 떨고 있었지만 정작 발시할 때만 되면 돌연 눈을 크게 뜨고 정신을 집중해 발시하므로 빗나가는 화살이 없었다고 한다.[15]

---

15) 그가 서울 풍소정(風嘯亭) 사원으로 북촌 일가정(一可亭)에서 열린 장안편사에 참여했던 때의 시지(試紙)가 뒤의 제8장 '편사의 옛 규칙'에 소개되어 있다.

36. 박인회(朴寅會) - 고종 시절

고종 때 사람으로 경성(京城)에 살았는데 활을 잘 쏘아서 남의 화살을 가지고 쏠 때도 다만 그 무게가 얼마인지만 들으면 무게 차이가 얼마가 되건 화살 날아가는 높이가 일정하며 조금의 차이도 없이 관중하여 10순에 50시 모두를 맞히므로 그 명성이 자자했다.

37. 한문교(韓文敎) - 고종 시절

경성(京城) 사람으로 고종 때 활 잘 쏘기로 유명했다. 궁력이 강해 1냥 5돈중 화살을 썼다. 스스로 활을 만드는데 재료를 손수 골랐으며 법도대로 활을 제작하는 것이 지극히 정밀해서 그가 만든 활은 일세(一世)의 양궁(良弓)이 되었다고 한다.

38. 양기환(梁基煥)

고종 때 사람으로 경성(京城)에 살면서 활을 배웠는데 집 뒤 산등성이 두 곳에 흙더미를 쌓아 놓고 홀로 왔다 갔다 하면서 화살을 쏘고 줍는 속칭 맞터질을 했는데 작정하고 하루에 100순씩 100일을 쏘아서 10,000순을 마치니 백발백중하게 되었다고 한다.

39. 정행렬(鄭行烈) - 고종 시절

조상 때부터 경성(京城)에 살았고 고종 때 사람인데 문장이 뛰어났고 활도 잘 쏘기로 유명했다. 특히 궁시(弓矢)에 대한 평이 정확해서 한번 그로부터 호평을 받은 활이나 화살은 값이 두 배로 뛰었다고 한다. 20세였던 고종 갑자년(甲子年, 서기 1864년)에 집궁(執弓)했고 후학을 많이 배출했다. 순종 갑자년(서기 1924년)에 나이는 여든이 되었으나 궁력이 조금도 떨어지지 않았는데 이해가 집궁 60년이 되므로 같이 활 쏘던 사람들이 황학정(黃鶴亭)에서 축하연을 베풀어 주었다. 이를 속칭 집궁회갑(執弓回甲)이라고 한다.[16]

---

16) 서울 황학정(黃鶴亭)의 제3대 사두(射頭)를 역임한 인물이다.

제7장 활터의 옛 풍습

현종 및 숙종 시대에 궁술에 대한 특별한 장려가 있은 후로 서울과 지방을 막론하고 시위를 당기는 사람들이 동호인들과 더불어 한 활터에서 습사할 때 스승을 존대하고 선배를 존경하며 동료에게도 예의를 갖추는 등 그 규율이 엄격함이 자못 볼만한 것이었으니 이것이 이른바 한량의 사풍이다. 지방의 사풍은 이를 일일이 소개할 방법이 없어 예부터 전해 오는 서울의 사풍만을 대략 기록하여 참고하게 하고자 한다. 먼저 그 조직을 보면 모든 사정(射亭)에는 사두(射頭)와 선생(先生)과 행수(行首)가 각 1인씩 있는 것이 통례였다.

제1절 임원의 선출 및 직권

Ⅰ. 임원의 선출

사두는 정3품 이상의 당상관(堂上官) 중에 지위가 높고 명망이 크며 활을 쏜 경력이 오래되며 나이가 든 사람으로 3인의 후보를 세운 후 그 사정의 사원(射員) 전원이 아랫사람으로부터 윗사람으로 올라가며 차례대로 나와서 후보자 중 한 분을 선택하여 그 이름 밑에 동그란 점을 찍어 다수결로 선출했다. 선생은 무과에 급제한 당하관(堂下官) 가운데 벼슬 높고 활 쏜 경력이 오래되고 사정에 입사한 지도 오래되며 평판이 좋고 나이가 든 사람을 사두와 같은 방법으로 선출했다. 행수는 한량 가운데 활 쏜 경력이 오래되고 평판이 좋고 나이가 든 사람을 역시 사두와 같은 방법으로 선출했다.

Ⅱ. 임원의 직권

사두는 사정을 대표하는 우두머리로 사정의 모든 일을 관리한다. 선생은 일반 사원이 활을 배울 때 교범(敎範)이 되어 가르치고 사풍과 궁시에 관한 지도를 관장한다. 행수는 한량을 통솔하여 단속하고 사풍을 지도하며 사두의 명령에 따라 사정의 모든 일을 처리한다.

제2절 활터의 풍습[1]

Ⅰ. 사정 가입 및 소속 관계

1. 처음 가입(新入射신입사)과 소속 변경(移接이접)

어느 사정에서 활을 배우려는 한량은 그 뜻을 그 사정 행수에게 말하면 행수가 사두에게 보고해서 승낙을 받은 후 가입하게 한다. 신입한량은 사두와 선생이 모두 참석할 수 있는 날짜를 택해 가입을 허락해 준 데 대해 감사의 마음을 표시한다. 이때 여러 사원들과 얼굴을 익히기 위해 술과 안주를 약간 준비해서 사두와 선생 앞에 절을 올리면 사두는 그에게 장차 마음을 단정히 할 것과 활을 배울 때 선생 명에 따를 것과 매사 행수의 지도에 복종할 것을 가르치고 좋은 한량이 되기 바란다는 축사를 해 준다. 신입사원은 선생의 지도에 따라 공부하며 처음 화살 한 대를 맞히면 이를 일중(一中)이라 하여 선생과 모든 사원에게 감사한다는 말을 하며 감사의 마음을 표시하기 위한 일중례(一中禮)를 행하겠다는 뜻을 행수에게 말하면 행수는 사두와 선생과 의논하여 날짜를 정해 준다. 그날 신입사원은 술과 안주를 약간 준비해 일중례를 하는데 이때 사두가 선생에게 이중례는 면제해 주라고 말하면 선생이 이 뜻을 행수에게 말해서 이중례를 면제한다. 다음에 삼중을 하면 삼중례를 행한다. 사중례 역시 면제한다. 오중례는 일중례나 삼중례와 같이 행한다.

---

1) 원문 순서를 무시하고 상호 연관된 항목끼리 묶어 순서를 다시 정했다.

사정에 처음 가입할 때는 반드시 자신의 아버지와 할아버지가 활을 쏘던 사정에 가입하며 부득이 다른 사정에 입사할 때도 있지만 이를 수치로 생각했다. 한번 어느 사정에 가입한 뒤 다른 사정으로 옮기는 것을 아녀자가 본 남편을 배반하고 개가(改嫁)하는 것같이 보았다. 과거에는 주거지를 멀리 옮겨 그간 다니던 사정에 다니기가 불편하거나 극도로 감정이 있기 전에는 다른 사정으로 소속을 옮기는 폐단이 발생하지 않았었다.

2. 별선(別選)

임원을 선임할 때 본정(本亭)에 적당한 사람이 없으면 타정(他亭) 사원 중 적당한 인물을 선임해 나와 주기를 청한다. 선임된 사람은 사양하지 못하며 본정에 이 사실을 알려 의논하지만 본정에서는 이의를 제기하지 않고 가기를 권한다. 임원으로 선임된 타정에서 직무를 수행하다가도 후일 임원이 갈리면 다시 본정으로 돌아왔다.

3. 사계(射楔)의 가입과 소속

사계를 조직한 사정에는 계장(楔長) 한 사람이 있는데 이를 도유사(都有司)라 했다. 도유사는 전·현직 문무관(文武官) 중에서 선정했다. 누구라도 본정(本亭) 사원으로서의 의무를 다하면서 타정(他亭)의 사계에 가입할 수 있었다. 그러나 사계가 이미 조직되어 있는 사정의 사원은 타정 사계에 참여할 수 없었고 사계 소속을 옮기지도 못했다. 타정 사계에 참여한 사원은 본정과 사계에 모두 참여해 활을 쏠 수 있는데 만일 그가 가입한 사계를 조직한 타정과 본정이 편사(便射)를 하게 될 때는 어느 쪽에도 참여할 수 없었다.

Ⅱ. 예절 및 기강

1. 사정에 도착하여 초순(初巡)을 쏠 때

사원은 사정에 올 때마다 반드시 먼저 온 사원들을 향해 "왔습니다." 하고 면

저 인사를 하며 먼저 왔던 사원들은 "오시오." 하는 대답으로 인사를 한다. 그러나 그 인사말은 계급과 나이에 따라 혹 "왔소." 하거나 존경의 뜻으로 "옵시오." 하기도 했다.

습사하는 사원은 초순 일자대, 즉 첫 화살을 쏠 때 활을 당기면서 "활 배웁니다."라고 말하면 다른 사원들은 "많이 맞히오." 하고 답을 한다. 그러나 이때 주고받는 말 역시 계급과 나이에 따라서 "쏘오." 하면 "맞히세요." 하기도 했다. 다른 사원들이 쏘던 중간에 습사에 새로 참여한 본정 또는 타정의 사원 역시 "활 배웁니다."라고 첫인사를 하고 이에 먼저 쏘던 사원들은 "많이 맞히오."라고 답했다.

2. 서열

첫째는 작위(爵位), 둘째는 활을 쏜 경력과 명망, 셋째는 나이를 보아서 사원 상호간 서열이 정해진다. 습사할 때 좌궁이건 우궁이건 서열에 따라서 차례로 일자로 벌려서 서는데 서열이 높은 사람이 팔찌동의 윗자리에 서며 좌우궁을 막론하고 반드시 가장 서열 낮은 사람부터 먼저 쏘는 법이다. 서열이 같을 때는 서로 팔찌동 윗자리를 양보하거나 다투어 먼저 쏘는 것이 겸양의 예를 표시하는 방법이었다. 습사할 때 선생과 그보다 연배가 낮은 당상관이 같이 쏘는 일이 없게 하지만 만약 정순(正巡)에서 같이 쏘게 될 때는 어쩔 수 없이 선생이 팔찌동 윗자리에서 쏘는 것이 풍습에 따른 법도였다.[2]

3. 팔찌동(腕上下序 완상하서)[3]

남행(南行)으로 상가자(償加資) 또는 첩지가자(帖紙加資) 한 사람은 계급이

---

2) 작위(爵位)는 정1품에서 종9품까지의 품계(品階)를 말한다. 이를 보면 과거에는 품계 없는 사람의 서열은 활을 쏜 경력이나 나이와 관계없이 품계 있는 사람의 다음이었음을 알 수 있다. 또 사두와 선생은 품계와 관계없이 습사 때는 팔찌동 서열이 가장 상위였음을 알 수 있다. 한편, 서열이 높은 사람부터 왼쪽에서부터 차례로 늘어서는 것은 과거나 지금이나 마찬가지일 것으로 보이나 이 기록을 보면 습사 때 서열 높은 사람부터 먼저 활을 쏘는 지금의 풍습과 정반대였음을 알 수 있다. 그러나 옛날에도 편사 때는 서열이 높은 사람부터 먼저 쏘았다.

3) 여럿이 함께 활을 쏠 때 각자 서는 자리를 말한다. '팔찌'란 활을 쏠 때 시위가 닿지 않도록 옷소매를 묶는 도구를 말하지만 이곳에서는 활을 쏘는 사람 자체를 팔찌에 비유한 것으로 보이며 '동'이란 사물이나 시간 또는 공간의 한 토막을 의미한다. 시간의 한 토막을 '동안'이라고 하는 것도 이 때문이다. 한편 지금 풍습은 좌궁. 즉 왼손잡이는 서열과 관계없이 가장 우측에 서는 경우도 있지만 이 기록을 보면 예전에는 좌궁이라도 서열에 맞는 자리에 섰던 것으로 보인다.

없기 때문에 무과에 급제해서 벼슬한 사람의 팔찌동 위에 서지 못하며 남행이라도 계급이 있게 가자(加資)한 사람은 당하관 벼슬을 한 사람의 팔찌동 위에서서 쏜다.[4]

또한 습사할 때는 매번 한 순(巡)씩만 쏘며 단 한 대라도 더 쏘지 못하며 두 순을 연이어 쏘지도 못하는 것이 법도였다.

4. 임원의 대우와 영접

사두는 따로 자리를 정하고 다른 사원들이 그와 한자리에 앉지 못하고 피하여 앉으며 사두가 사정에 올 때는 사원 모두 의관을 정제하고 사대(射臺) 아래로 내려가 영접한다. 선생과 행수 역시 각각 따로 자리를 정하고 여타 사원이 그와 같은 자리에 앉지 못한다. 선생이 사정에 올 때는 당하관 이하 모든 사원은 사대 아래로 내려가 영접하며 행수가 사정에 올 때는 한량 일동이 마루에서 내려가 영접한다. 다른 사정의 사두와 선생이 사정에 올 때에도 따로 자리를 정하고 다른 사원은 한자리에 앉지 않았다. 습사 도중 사두가 올 때는 일제히 쏘던 것을 중지하고 사두가 자리에 앉은 후에 나머지 화살을 쏜다. 습사 도중 선생이나 행수가 올 때도 당상관을 포함해서 모든 한량이 쏘던 것을 중지하고 영접한 후에 다시 쏘았다.

5. 고풍(古風)

전·현직을 막론하고 장수(將帥)가 사정을 방문하면 사원들이 모두 의관을 정제하고 대(臺) 아래로 내려가 영접한다. 이때 사원 일동 명의로 백지에다 '古風고풍' 두 글자를 써서 그 장수께 드리면 장수는 반드시 얼마가 되건 형편대로 "금(金) ○○(액수)"라고 쓰고 그 밑에 자필로 서명을 해서 사원에게 주면서 "한 번 터놀이[5]나 하라."고 말한다. 사원들은 그 고풍돈을 찾아다가 터놀이를 했다.

---

4) 남행(南行)은 음직(蔭職) 또는 음사(蔭仕)라고도 하며 능력이나 가문 등을 보아 과거를 거치지 않고 추천으로 벼슬에 오른 것을 말한다. 상가자 또는 첩지가자란 관직은 주지 않고 당상관(堂上官)으로 품계만 올려 첩지(帖紙)에 써서 상으로 주는 것을 말한다. 많은 인원을 대상으로 논공행상(論功行賞)을 할 때나 긴급한 재정소요가 있어 이에 충당할 돈을 거둘 때 그 대가로 주기도 했다.

5) 각 사정끼리 활솜씨를 겨루는 터편사를 말하는 것으로 보인다.

6. 구두견책(口頭譴責)과 체벌(體罰)

당상관이 잘못을 범하면 사두만 그를 견책할 수 있다. 벼슬 있는 다른 사람이 잘못을 범하면 선생도 그를 견책할 수 있었다. 여타 한량이 잘못을 범하면 행수가 견책하며 혹 체벌을 가하기도 했는데 이 체벌을 박(朴) 또는 취격(聚格)이라 했다.

한량 가운데 중대한 잘못을 범한 사람이 있으면 행수는 반드시 사두와 선생에게 자신의 책임상 과실이 있음을 사과한 후에 잘못을 범한 한량에게 매질을 가한다. 행수가 사정 앞에 서서 "한량들은 대(臺) 앞으로 들어오시오." 하고 말하면 한량들은 일자로 사정 앞에 늘어선다. 행수가 높고 긴 목소리로 "한량〜!" 하고 부르면 한량들 역시 목소리를 높고 길게 빼서 "녜〜이!" 하며 한목소리로 대답한다. 그러면 행수는 다시 목소리를 길게 빼서 "한량 아무개(성명)를 취격하겠으니 준비한 후 아뢰어라." 하고 명령한다. 이때 한량들은 일제히 전과 같이 대답하고 잘못을 범한 한량을 묶어서 놓은 다음에 목소리를 높여 "한량 아무개를 취격 차로 대령하였소〜!"라고 길게 아뢴다. 취격을 준비하는 절차는 갓과 망건을 벗겨 놓고 두 팔을 몸 뒤에 시위로 묶어 놓고 전통에 화살을 가득 넣어서 들고 행수의 명령을 기다리는 것이다. 이는 과거 사정에서의 모든 행동을 군문(軍門)의 행동과 같이 하던 데에서 유래한 것이다.

준비가 끝났다는 보고를 들은 행수가 "잡아들이라." 하고 명하면 잘못을 저지른 한량을 상투를 쥐고 끌어다가 사정 아래 무릎을 꿇려 놓은 다음 일제히 목소리를 높여 "잡아들였소〜" 하고 길게 외친다. 행수가 다시 "한량〜!" 하고 길게 부르면 한량들은 일제히 높은 목소리로 "녜〜이!" 하고 길게 대답한다. 이때 행수가 "모두 조용히 하라〜!" 하고 길게 목소리를 빼서 명하면 한량들도 다시 전과 같이 길게 대답한다. 행수가 다시 "분부 들좌워라〜!"[6] 하고 길게 명하면 한량들 또한 "분부 들좌〜!"[7]라고 길게 답한다. 이때 행수가 잘못을 범한 한량에게 그의 잘못을 일일이 들추어 책망한 다음 다른 한량들에게 "법대로 시행하라〜!" 하고 명령하면 한량들은 잘못을 범한 한량을 엎어 놓고 "법대로 시행했소."라고 대답한다. 행수가 다시 "매우 치라!" 하고 명하면 한량들이 좌우로 벌

---

6) 높은 사람의 말을 듣는다는 뜻의 '듣잡다'란 옛말의 변형으로서 "내가 하는 말을 들어라."라는 의미일 것으로 보인다.
7) "하시는 말씀을 듣겠습니다."라는 의미일 것으로 보인다.

려 선 다음 한 한량이 "매우 때리오~!" 하고 외치면서 화살을 가득 채운 전통으로 명령을 시행하는데 전통을 쥔 한량은 "하나~!", "둘~!" 하고 헤아리며 열 대를 때린 다음 행수의 명을 기다린다.

행수가 잘못의 경중을 참작하여 잘못을 범한 한량을 엄중히 훈계한 다음 "내어 보내라!" 하고 명하면 한량들은 전과 같이 목소리를 높고 길게 빼서 "내어 보내오~!" 하고 대답하면서 일제히 달려들어 끌어낸 다음에 묶은 것을 풀어 주고 의관을 정제시킨 다음에 각자 위로를 하기도 한다.

만일 행수가 용서하지 않고 "또 매우 치라."고 하면 전과 같이 다시 열 대를 더 때린 후에 행수의 명을 기다린다. 그러나 행수가 매질을 시행하려 할 때 사두가 용서할 뜻을 비치면 잘못을 범한 한량을 불러 세워 놓고 "마땅히 엄하게 다스려야 마땅하나 사두의 명이 있어 용서하니 후일 각별히 조심하라."고 엄중하게 훈계한 후에 용서해 주었다. 잘못을 범해서 행수에게 매질을 당하게 된 한량이 사두의 집으로 가서 죄를 인정하며 용서해 달라고 빌면 사두는 한량들을 사랑하고 포용하는 넓은 마음으로 용서하는 일이 많았다.

Ⅲ. 쏜 화살의 수거(揀箭연전) 및 내기

1. 쏜 화살의 수거

활을 쏜 다음 과녁으로 가서 화살을 거두어들이는 일은 한량들이 돌아가면서 한다. 만일 행수가 친히 가겠다고 고집할 때는 한량 한 사람이 그 뒤를 따라가 화살을 같이 거두어서 행수 대신 들고 온다. 당상관이 가는 경우 한량 한 사람이 연전길 중간까지 나가 받아들고 온다. 벼슬 있는 다른 사람이 가는 경우 한량 한 사람이 사대(射臺) 아래로 내려가 받아 들고 올라왔다. 본정 사원은 물론이고 다른 사정 사원이라도 과녁 쪽에서 오다가 사정에서 습사하고 있는 것을 보면 다 쏘기를 기다렸다가 화살을 거두어서 사정으로 오는데 이때 사정에서는 인사치레로라도 "줍지 말고 그대로 오시오."라고 몇 차례 소리 높여 말하는데 그래도 화살을 거두어 오면 그 사람의 계급을 보아 본정 사원 한 사람이 사대 아래로 내려가 받아들고 올라온다.

2. 연전대 내기(賭揀箭隊도연전대)

쏜 화살을 거두어 올 대(隊)를 정하는 내기 방법이다. 우선 사람 수에 따라 몇 대로 나눌 것인지를 결정한 다음 사원들 화살을 하나씩 거두어 섞은 다음 한 사람이 이를 쥐고 화살 주인을 고려 않고 손에 잡히는 대로 사정 뜰에 한 개씩 차례대로 던진다. 가령 다섯 대로 나누기로 결정했으면 한 개씩 차례대로 다섯 개를 던진 다음에 또다시 처음부터 다섯 개를 차례대로 던지기를 반복해서 화살을 모두 던졌으면 화살이 다섯 대로 나뉘는데 이렇게 나누어진 화살의 주인들은 화살 나뉜 대로 대(隊)가 나뉘는 것이다. 쏘는 순서는 첫 번째 던진 화살의 주인이 속한 대가 가장 먼저 쏘는데 이를 상대(上隊)라고 한다. 이런 순서에 따라 각 대가 한 순씩을 모두 쏘면 각 대가 맞힌 시수에 따라 가장 많이 맞힌 대가 다시 상대가 되고 가장 적게 맞힌 대가 다시 하대(下隊)가 되며 화살 거두어 오는 일은 언제나 하대가 한다. 이렇게 계속 내기를 해 가며 쏘다가 어느 대가 연속으로 하대가 되어 두 번째로 화살을 거두어 오면 대를 해체하고 처음부터 같은 방식으로 다시 대를 정하기도 한다.

3. 꿀내기(賭跪도궤)

여럿이 쏠 때 맞힌 사람은 서 있고 맞히지 못한 사람은 꿇어앉는 내기를 말한다. 일자대, 즉 첫 번째 화살을 맞힌 사람은 서 있고 맞히지 못하는 사람은 꿇어앉는데 일자대를 맞힌 사람이 이자대를 맞히지 못하면 꿇어앉았던 사람들은 모두 일어나고 일자대를 맞힌 사람이 이자대도 맞히면 꿇어앉아 있던 사람은 꿇어앉은 채로 이자대를 쏘는데 맞히면 일어서고 못 맞히면 그대로 계속 꿇어앉아 있는다. 이렇게 오자대까지 쏘기를 마쳤으면 오자대를 못 맞힌 사람은 사대(射臺) 아래로 내려가서 오자대를 맞힌 사람에게 "한량 고두(叩頭)하오."라고 말하면서 고개를 숙였다.

Ⅳ. 근래의 사풍에 대하여

지금껏 소개한 것은 예부터 전해 오는 사풍으로서 규칙과 예절이 엄격했음은 실로 따라 배울 만한 것이다. 그러나 시대가 변한 뒤로는 사풍이 문란하여지고 임원(任員)에 관한 제도가 균일하지 못함은 각 사정이 형편에 따라 그러한 것이니 장래 균일한 제도로 나아가야 할 것이다.

제8장 편사(便射)의 옛 규칙

궁술의 성행에 따라 한량들은 한가로운 습사로 만족하지 못하고 여러 사정들이 평소 단련한 무예를 겨루어 만인의 갈채를 받음으로써 의기를 고취시키던 무예 대결 모임이 바로 편사이다. 편사의 옛 규칙을 소개하려면 먼저 사정(射亭)에 대한 소개가 필요할 것이다.

제1절 서울과 지방의 사정(射亭)

Ⅰ. 관설사장(官設射場)

사정의 출발점은 사장(射場), 즉 활터이다. 고려 선종 8년 호부(戶部) 남쪽 마당에 활터를 만들어 군졸과 활 배우는 사람들에게 습사할 장소를 마련했다는 기록이 있는데 이 기록은 국가가 도성 내에 활터를 만든 최초의 기록이다.

태조는 한양에 도읍을 정한 후 도성 동쪽에 무예교장(武藝敎場)을 세웠는데 이곳이 바로 훈련원(訓練院)이며[1] 태종이 이 훈련원에 사청(射廳)을 세워 무과 시험장으로도 쓰면서 무사와 군졸들의 습사 장소로 정했으니 이곳이 관설사장의 시초이다. 종래 강무장(講武場)으로 사용하던 모화관(慕華館)[2]이 인조 때 제2의 무과 시험장이 되었는데 이후 훈련원을 일소(一所), 모화관을 이소(二所)라 하여 관설사장이 두 곳으로 늘어 한량들은 이 두 곳에서 습사하게 되었다.

---

1) 숭례문 밖 구 동대문구장 일대에 있었다.
2) 돈의문 밖에 있었다.

창경궁(昌慶宮) 후원의 춘당대(春塘臺)는 임금이 군대의 무예를 사열하고 활쏘기 실력을 시험하기도 하며 친히 활을 쏘기도 했던 궁중 활터였다. 효종 때 창경궁 내사복(內司僕)3)에 특별히 설치했던 사정(射亭)은 내승(內乘)4)과 별군직(別軍職) 등이 습사하던 곳이니 별군직이란 당시 유명했던 팔장사(八壯士), 즉 여덟 명의 장사를 말한다. 그 외에 중일각(中日閣)은 궁궐을 호위하는 금중숙위(禁中宿衛)의 장관(將官)과 군교(軍校)들이 활을 쏘던 곳인데 3일간 입직(入直)하면서 2일 차인 중일(中日)의 시사(試射) 및 월 1회의 삭시(朔試)를 정기적으로 이곳에서 거행했다. 경무대(景武臺)5)는 경복궁이 재건된 고종 5년 설치된 곳으로 창경궁 춘당대와 같이 문무과(文武科) 과거시험을 치르기도 하고 무예를 사열하기도 했던 곳이다.

지방에서는 영(營)·부(府)·주(州) 또는 목(牧)의 소재지에 장대(將臺)·연무대(鍊武臺)·관덕정(觀德亭) 또는 이들과 유사한 이름을 지닌 관설사장(官設射場)이 있어서 연병(練兵)과 강무(講武) 이외에 장교와 군민들이 모여 습사를 했다. 이 강무습사(講武習射)의 장소를 관할하는 지방관이 잡목(雜木)을 심어 놓고 불을 놓거나 나무를 베는 일을 금지했던 규정이 ≪속대전(續大典)≫에 있다.

Ⅱ. 민간사정(民間射亭)

민간사정의 유래는 전하는 바에 의하면 임진왜란 이후 선조대왕이 불에 타 버린 경복궁의 동쪽 담장 안에 국민의 상무심(尙武心)을 진흥시키고자 오운정(五雲亭)을 짓고 이를 개방해서 습사를 장려한 것이 그 선구라고 한다. 그 후 민간사정이 우후죽순같이 세워지기 시작한 것은 선조의 장려보다는 오히려 인조 때부터 숙종 때까지 무과시험이 자주 시행된 데 자극을 받았기 때문이라고 할 것이다. 오운정의 뒤를 이어 세워진 도성 내외의 사정들 가운데 제일 오래된 곳들로는 상촌(上村) 또는 웃대(혹은 우대)에 백호정(白虎亭),6) 하촌(下村) 또는

---

3) 임금이 타는 말과 수레 등을 관장하던 궁궐 내의 관아로서 내사복시(內司僕寺), 내구(內廏) 또는 내시(內寺)라고도 했다.

4) 왕을 가까이 모시며 국왕의 경호, 명령 전달, 궁궐 입직(入直), 왕이 타는 어승마(御乘馬)의 조련과 사육 등을 담당했다.

5) 현 청와대 자리를 말한다. 4·19혁명 전에는 현 청와대를 경무대라 했다.

아랫대에 석호정(石虎亭), 새문밖7)에 노지사정(盧知事亭, 노지사터) 그리고 한 강변에 풍벽정(楓碧亭)이 있었다. 이제 이 네 곳 사정 외에 도성(都城) 내에 있 던 활터들의 이름을 민속적인 구역 명칭에 따라 열거해 보기로 하겠다.

남촌(南村)에 상선대(上仙臺)·삼문교(三門橋)·세송정(細松亭)·왜장대(倭將臺)·청룡정(靑龍亭)·읍배당(揖拜堂) 등 아홉 곳이 있었다.

북촌(北村)에 일가정(一可亭)·흥무정(興舞亭)·취운정(翠雲亭) 세 곳이 있었다. 상촌(上村) 또는 웃대(또는 우대)에는 백호정(白虎亭)의 뒤를 이은 풍소정(風嘯亭)8)을 비롯해 등룡정(登龍亭)·등과정(登科亭)9)·운룡정(雲龍亭)10)·쌍벽정(雙碧亭)·대송정(大松亭) 및 동락정(同樂亭) 등 일곱 곳이 있었는데 그 가운데 쌍벽정과 동락정을 제외한 다섯 곳을 '웃대(또는 우대) 오 터'라고 했다.

하촌(下村) 또는 아랫대에는 가장 오래된 석호정을 비롯 좌룡정(左龍亭)11)·화룡정(華龍亭)·이화정(梨花亭) 등이 있었는데 이 네 곳을 '아랫대 네 터'라고 했다. 서촌(西村), 즉 서소문 부근에 이화정(梨花亭)12) 한 곳이 있었다.

동촌(東村), 즉 흥인문(興仁門) 안쪽에 율목정(栗木亭)과 사반정(思泮亭) 두

---

6) 경복궁 동쪽 인왕산 자락의 현 종로구 누상동 166-87번지 백호정 약수터 자리에 있던 활터로 지금도 약수터 한쪽 바위에는 130x30cm 크기의 세로로 쓴 '白虎亭'이란 암각 글자가 남아 있다. 이 글씨는 명필로 불리는 만향재(晩香齋) 엄한붕(嚴漢朋)이 숙종 때 쓴 글씨로 추정된다. '白虎'라는 이름은 활터가 있는 인왕산이 풍수지리상 도성의 우백호(右白虎)에 해당되기에 붙여진 이름이다.

7) 도성 사대문 중 하나인 서대문, 즉 돈의문(敦義門) 밖을 말한다. 원래 도성의 서문은 현 사직터널 위 능선에 있었으나 태종 13년(서기 1413년) 폐쇄하고 약간 남쪽에 서전문(西箭門)을 새로 지어 사용하다 세종 4년(1422) 도성을 개축할 때 서전문을 또 헐고 지금의 경향신문사 사옥 앞에 새 문을 만들고 돈의문이라는 이름을 붙였다. 도성의 서쪽 대문이기에 서문(西門)이라고도 하고 새로 만든 문이기 때문에 새문(新門)이라고도 했으며 그 안쪽 지역을 새문안, 바깥쪽 지역을 새문밖이라고 불렀다.

8) 풍소정은 웃대에 오래전부터 있던 백호정이 자리가 협소하다 하여 순조 7년(1807)에 부근 산기슭의 넓은 자리로 옮기면서 새로 지은 이름이라고 한다.

9) 서울시 종로구 사직동 산 1-1번지에 있는 현 황학정(黃鶴亭) 자리에 있던 활터로서 지금도 황학정 바로 뒤편한쪽 바위에 30x96cm 크기의 '登科亭'이라는 암각(岩刻) 글자가 가로로 선명하게 남아 있다. 이 글자를 쓴 날짜는 '광서 양팔(光緖兩八)'이라고 암각되어 있는데 서기 1902년이 된다.

10) 지금 종로구 삼청동 5-1번지의 한 개인 주택 마당에는 35x91cm 크기 운룡대(雲龍臺)라는 암각(岩刻) 글자가 가로로 새겨진 바위가 있는데 이곳에서 내려다보이는 터에 지금은 없어지고 말았지만 전에 운룡정(雲龍亭)이라는 암각(岩刻) 글자가 새겨진 바위가 또 있었다고 한다. 이 터가 바로 운룡정 터일 것이다.

11) 현 서울시 종로구 창신 2동 615번지 부근 낙산(駱山) 위를 지나가는 도성 성벽 안쪽에 있던 활터로서 지금도 성벽에는 53x178cm 크기의 '左龍亭'이라는 커다란 암각 글자가 가로로 선명하게 남아 있다. '左龍'이라는 이름은 낙산이 풍수지리상 도성의 좌청룡에 해당되기에 붙여진 이름이다. 뒤에 다시 소개되겠지만 갑오경장 이후 이곳에서 가까운 도성의 동문 바깥에 청룡정이라는 이름의 사정이 생겼다 하는데 이 '청룡'이라는 이름 역시 좌청룡에서 유래된 이름일 것이다.

12) 아랫대의 이화정과 같은 이름의 다른 이화정인데 같은 도성 내의 두 곳에서 같은 이름을 사용하지는 않았을 것이므로 어느 한 곳의 이름을 잘못 기재한 것으로 보인다.

곳이 있었다.

그 외에도 경희궁(慶熙宮) 내에 경운정(慶雲亭) 한 곳이 있었다.

이상 소개한 것과 같이 도성 내에는 모두 스물일곱 곳의 활터가 있었다. 다음으로 도성 밖 활터들의 이름을 열거해 보기로 하겠다.

흥인문 밖에 영풍정(暎楓亭)과 젓나무터 그리고 썩은바위터 등 세 곳이 있었다.

새문밖에 가장 오래된 노지사정(盧知事亭)을 비롯해 무반정(武盤亭)·서호정(西虎亭)·무암정(武巖亭) 등 네 곳이 있었다.

서소문 밖에 태호정(兌虎亭) 한 곳이 있었다.

숭례문 밖에 청학정(靑鶴亭)·청룡정(靑龍亭)[13]·화룡정(華龍亭)[14] 및 봉학정(鳳鶴亭) 등 네 곳이 있었다.

시구문(屍柩門) 또는 수구문(水口門)[15] 밖에는 무학정(舞鶴亭) 한 곳이 있었다.

창의문(彰義門) 밖에 연륭대(鍊戎臺), 월천정(月川亭) 두 곳이 있었다.

그 외에도 강대, 즉 한강변에는 가장 오래된 풍벽정(楓碧亭)을 비롯하여 화수정(華水亭)·영무정(永武亭)·육일정(六一亭)·평사정(坪沙亭)·복화정(復華亭)·흥무정(興舞亭)[16]·남덕정(南德亭) 그리고 율목정(栗木亭) 등 아홉 곳이 있었다.

이렇게 도성 밖 활터는 모두 24개소에 달했었지만 이런 활터들은 모두 편사(便射)가 한창 성행하던 때 있던 곳들로 그중에 몇 곳이 없어지기도 하고 새로 생기기도 하다 갑오경장(甲午更張, 서기 1894년) 때 옛 습속들의 파기 풍조에 따라서 경성(京城)의 사풍(射風)이 하루아침에 일소(一掃)되기도 했다. 하지만 고종 광무(光武) 3년(서기 1899년)에 황학정(黃鶴亭)이 세워지니 이는 종래 상촌(上村), 즉웃대(또는 우대)에 있던 풍소정(風嘯亭)이 중흥(重興)된 것이다.[17] 그

---

13) 도성 내 남촌(南村)에 있던 청룡정과 같은 이름의 다른 사정이다. 뒤에 다시 소개하겠지만 갑오경장 이후 도성 동문, 즉 흥인지문(興仁之門) 밖에 또 다른 청룡정이 생긴다.

14) 도성 내 아랫대에 있던 화룡정과 같은 이름의 다른 활터이다.

15) 시구문과 수구문은 같은 곳이다. 정식 이름은 광희문(光熙門)이다. 도성에서 시신(屍身)의 성외(城外) 반출(搬出)이 허용된 문이라 시구문(屍柩門)이라는 별칭이 있었고 또 도성을 가로질러 흐르는 청계천의 물이 빠져나가는 수구(水口)가 옆에 있었기에 수구문(水口門)이라고도 불렀다. 원래 문루(門樓)가 없었는데 숙종 17년(1691) 도성을 수축할 당시에 문루(門樓)를 세우고 광희문(光熙門)이라는 현판을 내걸었다.

16) 도성 내 북촌(北村)에 있던 흥무정과는 같은 이름의 다른 사정이다.

17) 앞서 풍소정(風嘯亭)이 백호정(白虎亭)의 뒤를 이었다 했고 뒤로 가면 황학정은 백호정의 뿌리는 이었으되 그 이름은 이어받지 않았다는 구절도 나온다. 그러나 여기서는 황학정(黃鶴亭)은 풍소정이 중흥된 것이라 했다. 황학정은 원래 광무 3년(서기 1899년) 현 종로구 신문로에 있던 경희궁 내의 회상전(會祥殿) 북쪽에 세웠다가

뒤를 이어 흥인문 밖에 청룡정(靑龍亭)이 세워지니 이는 도성 내 하촌(下村), 즉 아랫대의 활터들이 중흥된 것이라 할 수 있다.[18] 또 남촌에 석호정(石虎亭),[19] 한강변에 남덕정(南德亭), 서문 밖에 서호정(西虎亭),[20] 북촌에 일가정(一哥亭), 마포(麻浦)에 화수정(華水亭), 광희문(光熙門) 밖에는 무학정(舞鶴亭)이[21] 차례로 부활되었다.

지방의 경우 개성(開城)에는 관덕정(觀德亭)·군자정(君子亭)·호정(虎亭)·명월정(明月亭)·반구정(反求亭)·보선정(步仙亭)·채빈정(採蘋亭)·구군정(九君亭) 등 여덟 곳이 차례로 세워졌으나 지금은 관덕정·호정·반구정 셋만 남아 있는데 개성에서도 역시 서울과 마찬가지로 예부터 전해 오는 사풍을 준수하며 할아버지나 아버지가 활을 쏘던 사정에 자손들도 입사했고 소속을 옮기는 폐단은 없었다. 그 외에 고양(高陽)에는 숭무정(崇武亭), 인천에는 무덕정(武德亭), 양주에는 승학정(乘鶴亭) 그리고 수원에는 연무대(鍊武臺) 등의 사정이 혹은 새로 생기기도 하고 혹은 부활되기도 했다.

서기 1922년 일제(日帝)에 의해 그 자리에 총독부 전매국 관사가 지어지자 18평 규모의 정자 건물을 뜯어서 옛 등과정(登科亭) 터인 종로구 사직동 산 1번지의 현 위치로 이름과 함께 옮겨 온 것이다. 서기 1928년 작성된 〈황학정기(黃鶴亭記)〉에 의하면 서로 마주 보일 정도로 많던 (웃대?) 사정들이 서기 1894년 갑오경장(甲午更張) 이후 모두 사라질 때 마지막까지 남은 것이 풍소정이며 (웃대?) 한량들이 모두 이곳으로 모였다가 이마저 폐정(廢亭)되려던 서기 1922년에 황학정이 현재의 자리에 옮겨 와서 풍소정을 계승했다고 한다.

18) 원래 숭례문 밖과 도성 남촌(南村)에 청룡정이란 같은 이름의 활터가 있었고 도성 내 하촌(下村) 또는 아랫대에 청룡정이란 활터는 없었다. 따라서 이 구절은 흥인문 밖에 청룡정(靑龍亭)이 세워지니 이는 도성 내 하촌(下村) 또는 아랫대에서 활을 쏘던 사람들이나 그 후손들이 이곳으로 합류했다는 말로 보인다.

19) 서기 2004년 석호정이 발간한 《석호정 약사》에 의하면 하촌(下村) 또는 아랫대에 있던 석호정이 갑오경장 때 폐쇄되었다가 남촌(장충단 뒤 기슭)으로 장소를 옮겨 재건된 것은 서기 1897년이라고 한다. 그러나 《조선의 궁술》은 서기 1899년 황학정이 세워진 후 다른 사정들이 재건되었다 했는데 석호정 사원들도 참여해서 편찬한 《조선의 궁술》의 기록이 정확할 것으로 생각된다. 여하간 《석호정 약사》에 의하면 석호정은 일제 강점기인 서기 1940년에 폐쇄되었다가 해방 직후 같은 장소에서 부활된다. 그러나 한국동란 중 화재로 인해 사정이 불타 없어졌다가 서기 1953년에는 자리를 옮겨 원래 위치에서 멀지 않은 현재 외솔 최현배 선생 기념탑이 있는 자리에 부활되었고 서기 1970년에는 남산공원 국립중앙극장 뒤편 장충동 2가 산 12번지 21호 현 위치로 다시 자리를 옮겼다.

20) 앞에서는 서호정이 새문(新門) 밖에 있었다고 했으나 앞의 주 2)에서 설명한 바와 같이 서문(西門)은 새문(新門)과 같은 곳이다.

21) 앞에서는 무학정이 시구문 또는 수구문 밖에 있었다고 했으나 앞의 주 10)에서 설명한 바와 같이 시구문 또는 수구문은 광희문과 같은 곳이다.

제2절 편사(便射)의 종류와 내용

- 一 터편사
- 一 골편사
- 一 장안편사
- 一 사랑편사

- 一 사계편사
- 一 한량편사
- 一 한출편사
- 一 삼동편사

- 一 남북촌편사
- 一 아동편사

이제 본론으로 들어가 편사에 대해 살펴보면 이는 무사들 사이에 행해지던 일종의 놀이라 할 수 있지만 그 정제(整齊)된 규모와 장중한 예절 그리고 엄숙한 위의(威儀) 등이 자못 고전적이어서 당시 무사들의 기풍을 짐작할 수가 있다. 편사는 각 편이 사원을 15명씩 선정해 3순(巡)씩 쏘아 그 시수(矢數)를 합산함으로써 승부를 겨루는 것이다. 편사의 종류는 수십 종이 있었으나 대표적인 편사는 아래와 같으며 이들은 그 성격에 따라 갑·을·병 3종으로 나눌 수 있다. 갑종은 정식편사(正式便射)로서 터편사·골편사·장안편사가 이에 속한다. 을종은 변칙편사(變則便射)로서 사랑편사·사계편사·한량편사·한출편사·삼동편사·남북촌편사가 이에 속한다. 병종은 격외편사(格外便射)로서 아동편사가 이에 속한다.

Ⅰ. 갑종(甲種) 편사

1. 터편사(射亭便射 사정편사)<터는 활터의 약칭이다>

둘 이상의 사정이 서로 활솜씨로 승부를 겨루는 것을 말한다. 말하자면 아랫대 네 터 가운데서도 어느 두 정이 서로 겨루는 것이다.

2. 골편사(洞便射 동편사)<골은 동(洞)의 뜻이다>

각 구역이 자기 구역 안에 있는 사정을 연합하여 서로 겨루는 것을 말한다. 말하자면 남촌과 북촌이 겨루는 것이다.

3. 장안편사(長安便射)

도성 안이 한 구역이고, 도성 밖의 모화관·홍제원·창의문 밖·북한(北漢)[22]·남문 밖 및 애오개(阿峴아현)가 한 구역, 도성 밖 양화도[23]·서강·삼개(麻浦마포)·용산·한강·뚝섬(纛島독도)·왕십리·동소문 밖 및 손가장(孫哥莊)[24]이 한 구역이 각각 되어 세 구역이 서로 겨룬 것을 말한다. 한성의 별칭이 장안이라 붙은 이름이다.

Ⅱ. 을종(乙種) 편사

1. 사랑편사(舍廊便射)

무사들이 모여 교제하는 사랑(舍廊)을 단위로 사원을 편성해 겨룬 것을 말한다. 사정과 무관하게 활 쏘는 사람들이 모이는 사랑의 택호(宅號)를 걸고 겨룬다. 사원은 수시로 바뀌며 한량만으로 사원을 편성되기도 했고, 한량과 출신(出身)이 사원으로 혼합 편성되기도 했다. 출신이란 몸이 나가서 임금을 섬긴다는 출신사군(出身事君)의 의미로 무과에 급제했으나 아직 벼슬을 받지 못한 사람을 말한다.

2. 사계편사(射稧便射)

어떤 구역이나 어떤 사정과는 관계없이 사계(射稧)를 단위로 각 사계에 가입한 계원으로 사원을 편성해 겨루는 것을 말한다. 사원 편성의 방법은 사랑편사와 같았다.

---

22) 도성 북쪽의 삼각산(지금은 흔히 북한산이라고 부른다) 속에 있던 북한산성을 말한다. 북한산성 내에도 승병(僧兵)들의 활터가 있었고 그 흔적이 지금도 남아 있다. 숙종 37년(1711) 산성 축조 후 북한산성은 한성부(漢城府) 소속이 되었다.

23) 양화진(楊花津)의 별칭으로 보인다.

24) 현 성북구 정릉동 국민대학교 부근을 말한다.

3. 한량편사(閑良便射)

사정을 단위로 하는 터편사에 한하여 행하는 변칙적인 관습으로서 한량으로만 사원을 편성해서 사정 간에 겨루는 것을 말한다.

4. 한출편사(閑出便射)

사정을 단위로 한 터편사와 구역을 단위로 한 골편사에서 행하는 변칙적 관습으로 한량과 출신이 연합, 편성해 겨루었다. 한량이 과거에 급제해 출신이 되면 임금을 섬기는 곳에 몸이 가게 되기 때문에 혹은 활을 배우던 사정에서 선생이 되기도 하고 혹은 오락으로 사정에서 활을 쏘기도 하지만 실질적으로는 사정 사람이 아니었다.

5. 삼동편사(三同便射)

사정을 단위로 하는 터편사에 한해 행하는 변칙적 관습으로 당상관, 출신 및 한량 세 계급이 연합해 사원을 편성해서 겨루었다.

6. 남북촌편사(南北村便射)

고종 병자년에 거행된 편사로서 동대문에서 서대문까지 큰길을 중심으로 도성을 둘로 나누어서 남촌과 북촌이 겨루었다.

Ⅲ. 병종(丙種) 편사

1. 아동편사(兒童便射)

한 동리(洞里)씩 구분해서 아동들끼리 겨루게 하던 것을 말한다. 아동 때부터 궁술 연습을 장려하려고 예부터 행해져 오던 풍속이다.

제3절 편사 때의 응사원(應射員) 편성 제도

터편사 때는 각 사정이 자기 사정의 사원으로 응사원을 편성한다.

골편사와 장안편사 때는 각 구역이 자기 구역 내에 있는 사정 사원 중에서 응사원을 뽑아서 연합 편성한다.

사랑편사 때는 각 사랑에 교유하는 뜻을 같이하는 친구들로 30세 미만의 미부료(未付料)25) 중에서 응사원을 편성한다.

사계편사 때는 원래의 소속 사정을 따지지 않고 특정 사계(射稧)에 가입하여 사계 사원의 의무를 지닌 자 중에서 응사원을 편성한다.

남북촌편사 때는 도성을 남북 두 구역으로 나누어 각기 해당 구역 내에서 20명씩을 선정하여 응사원을 편성하며 그 가운데 나이가 들고 명망이 있는 한 사람을 수띠로26) 추천한다. 응사원의 자격은 단출신 당하관(單出身 堂下官)27)과 각 영문(營門)의 초관(哨官)까지 한정하여 무장(武將) 집안의 자제로만 편성한다.

제4절 편사의 진행절차

1. 통상적인 절차

가. 선단(宣單)과 방단(防單)

편사를 제의하려는 사정은 먼저 자기 사정의 사두와 선생 그리고 행수의 성명을 끝에 기재한 단자(單子)를 2인의 사원 편에 상대편 사정으로 보내는데 이 단자를 선단(宣單)이라 한다. 선단을 가지고 상대편 사정에 도착한 2인의 사원은 사정에 올라서지 않고 "왔습니다."라고만 알린다. 이때 상대편 사정의 사원들이 "오시오." 하고 응답하면 2인의 사원은 "○○정에서 단자 가지고 왔습니다." 하고 알린다. 이때 상대편 사정에서는 지위 높은 사람이 의관을 정제하고

---

25) 아직 과거에 급제하지 못한 한량과 과거에 급제한 후에도 벼슬이 없어 급료를 받지 못하는 출신을 말한다.

26) 편사 때 각 편의 주장을 말한다.

27) 과거에 합격하여 당하관의 품계를 받았지만 아직 현직에 서용(敍用)되지는 못한 사람을 말하는 것으로 보인다.

사정 위로 올라올 것을 청하는데 이때 비로소 사정에 올라가 공손히 절을 올린 후 두 손으로 단자를 받쳐 들고 전한다. 단자를 받은 사정의 한량들이 그들에게 쉬어 가라 권하기도 하고 활을 쏘라 권하기도 하지만 공손하게 사양한 후 읍하여 인사를 올리고는 돌아간다. 단자를 받은 사정에서는 사원 선발에 문제가 있거나 여타 곤란한 사정이 있으면 응사를 사양하는 단자를 선단을 보낸 사정으로 3일 내에 보내야 하는데 이 단자를 방단(防單)이라고 한다. 방단을 보낼 때도 2인의 한량 편에 보내며 그들은 선단을 가지고 왔던 한량들이 했던 것과 같이 행동한다.

나. 중회(衆會)와 응단(應單)

만약 응사하여 편사를 진행시키려면 사원 일동이 사두의 승인을 얻은 후 지위 높고 활 쏜 경력이 오래고 나이 많고 명망 높은 사람에게 수띠가 되어 줄 것을 청해 그의 승낙이 있으면 편사에 관한 일체의 지휘명령을 수띠에게 전임케 한다. 그런 다음 수띠가 사원 일동에게 첫 번째 모임인 초중회(初衆會)의 날짜를 발령하면 사원 일동은 그 날짜에 모두 모여 시지(試紙), 사정기(射亭旗), 장족(獐足), 과녁 등의 물품과 획관(獲官), 획창(獲唱) 등의 인원을 편사 당일과 같이 갖추어서 예행연습 삼아 편사 때와 동일한 형식으로 3순을 쏘아서 사원들의 시수(矢數)를 시험한다.

수띠가 두 번째 모임인 재중회(再衆會) 날짜를 발령하면 그 날짜에 초중회 때와 같은 연습과 시험을 한 다음 선단을 보낸 사정으로 응단(應單), 즉 응사를 알리는 단자를 보낸다. 이때 역시 단자 끝에 사두와 선생 및 행수의 성명을 기재해서 2인의 사원 편에 보낸다. 상대편 사정으로 간 2인의 사원은 행동거지를 선단을 가지고 왔던 상대편 사원들과 같게 한다. 응단을 받는 사정 역시 이들의 대우와 영접을, 선단을 받은 사정과 같이 엄숙하고 정중하게 한다.

선단을 보낸 사정에서는 응단을 받는 대로 편사 시행일인 대중회(大衆會) 날짜를 택해 이를 통지하는 단자를 상대편 사정으로 보내는데 이 단자를 지일단자(指日單子)라고 한다. 지일단자는 응단을 받은 후 3일 이내에 역시 2인의 사원 편에 보내며 이때 왕래 격식은 선단과 응단을 보내고 받을 때와 같이 했다. 지일단자를 3일 이내에 보낸다는 것은 여러 사정이 응단을 보냈을 때는 가장 나중에 보낸 응단을 받은 날로부터 계산해서 3일 이내를 의미한다.

지일단자를 받은 각 사정에서는 수띠가 세 번째 모임인 삼중회(三衆會)의 날짜를 발령하면 사원 일동이 그날 일찍이 집합하여 초중회나 재중회 때같이 3순을 시험한 후 수띠가 응사원을 선정하는데 초중회, 재중회 및 삼중회 때의 시지(試紙)를 보고 시수(矢數) 많고 궁체(弓體) 좋고 병(病)이 없는 사원 14인을 골라 시지의 성명 위에 점을 찍는다. 이렇게 해서 수띠까지 15인으로 응사원이 편성된다.

응사원 편성이 끝나면 수띠는 응사원에 선정된 14인을 불러 세워 놓고 주의사항을 교육하는데 편사 당일 술을 마시지 말 것, 활터에 들어가고 나갈 때 몸가짐을 단정히 할 것, 쓸데없이 웃거나 잡담을 하거나 좌우를 두리번거리며 돌아보거나 하지 말 것, 활을 쏠 때 숨을 고르게 진정시키고 마음을 한가롭고 편안하게 가져서 조금도 서두르지 말고 집궁과 발시와 궁체의 모든 법식을 십분명심하고 소홀히 하지 말 것 등 제반 주의사항을 지도하고 명령한다.

다. 고사(告祀)

대중회 하루 전날에는 사원 일동이 모여서 고사(告祀)를 올린다. 제물(祭物)로는 청주(淸酒) 3석(石) 및 찹쌀 시루떡과 소머리나 돼지머리를 큰 것으로 준비하고 대낮이라도 촛대에 밀초 한 쌍을 켜고 노련한 사원 1인을 제관(祭官)으로 선정한다. 제관은 준비해 두었던 백지 16장을 첫 장은 부정을 몰아낼 부정소지(不淨燒紙), 둘째 장은 수띠를 축원하는 수띠소지 나머지 14장은 나머지 응사원을 각각 축원하는 응사원소지로 해서 기도를 올리며 촛불에 태운다. 그런 다음사원 1인이 시지(試紙)를 펴 놓고 수띠획창(獲唱)과 종띠획창[28]을 각 3번씩 하는데 획창 때마다 거기(擧旗)도 함께 한다. 이로써 고사가 끝나면 제물(祭物)을사원 일반이 음복(飮福)하고 밀초 남은 것은 이를 15등분을 해서 수띠 이하 응사원 15인이 밀랍으로 쓰게 했다.

라. 대중회(大衆會)

(1) 편사 준비

각 정이 집합해서 편사를 시행하는 모임을 대중회라고 하는데 대중회 당일에는 편사를 제의한 청단사정(請單射亭), 즉 선단사정(宣單射亭)에서 반드시 다른

---

28) 종띠는 정순(正巡)을 쏠 때 가장 마지막에 쏘는 사람으로 한량 가운데 언행이 단정하고 활도 잘 쏘는 사람을 선정했다. 수띠획창이나 종띠획창은 "○ ○ ○(수띠 또는 종띠의 이름과 직함) 관중이오~" 하는 식으로 편사 당일 수띠부터 종띠까지 모두 관중하기를 기원하는 획창이었을 것으로 생각된다.

사정(射亭)을 비러서29) 도청(都廳)30)을 설치하고 무겁을 수축(修築) 및 청소하고 과녁에 성적(成赤)하고31) 소두교자와 파교자32)를 준비하고 날이 저물면 쓸 등불도 준비한다. 응사를 한 사정 역시 미리 군막(軍幕)을 준비하여 쳐 놓고 당일에는 장설(醬設)33)과 시지, 붓, 벼루, 먹, 연수(硯水)34) 등 일체를 준비해서 일찍이 자기 군막으로 간다. 이때 응사원 15인, 생각이 깊고 나이가 들고 활을 쏜 지 오래된 사람으로 도청에 참석할 2∼3인과 획관과 거기한량과 장족한량을 빠짐없이 인솔하고 사정기를 앞세우고 자기 군막으로 가서 사정기를 군막 앞에 세워 놓는다. 사정기를 군막 앞에 세워 놓는 것은 수띠가 군막에 와 있다는 것을 알리기 위함이다.

응단한 각 사정의 응사원들이 각기 군막에 도착해서 기를 세워 놓으면 본정(本亭)35)에서는 사원 2인을 정해서 각 정의 군막으로 안부 전갈(傳喝)을 보낸다. 그들이 각 정 군막 앞에 도착하여 "왔습니다." 하고 알리면 군막에 있던 사람들은 "오시오." 하고 그들을 맞이한다. 그들이 "○○정에서 전갈 왔습니다." 하며 군막으로 들어가 수띠에게 절을 올린 다음 "먼 길 안녕히 오셨습니까?" 하고 인사를 올리면 수띠는 "사원을 보내 아옵시게 하겠습니다." 라고 대답한다. 그러면 두 사람은 다시 절을 올린 후 본정으로 돌아간다.

본정에서 전갈사원(傳喝射員)이 다녀가면 각 정에서는 역시 사원 두 사람으로 회답전갈(回答傳喝)을 본정으로 보내는데 두 사람이 본정으로 가서 "왔습니다." 하고 본정에서 "오시오." 하면 두 사람은 "○○정에서 전갈 왔습니다." 하며 사정으로 올라가서 본정 수띠에게 절을 올린 후 "사원을 보내셔서 먼저 물으시니 감사합니다. 폐정(弊亭)36)에서도 잘 왔습니다."라고 아뢴 후 다시 절을 올리고 돌아간다.

---

29) 다른 사정을 빌려서 대회장소로 썼다는 말로 보인다.

30) 대중회 진행본부.

31) 원래 여자들이 얼굴에 분을 바르고 연지를 찍는 것을 일컫는 말이지만 이곳에서는 과녁에 깨끗하게 새로 칠을 입히는 것을 말한다.

32) 많은 사람이 함께 모여 식사를 할 때 쓰는 교자상(交子床)의 종류.

33) '帳設'로 쓰기도 하며 잔치나 놀이 같은 때 여러 사람이 모인 자리에 내어 가는 음식을 말한다. 이 구절로 보면 대중회 당일 음식물은 각 참여 사정들이 스스로 준비해 지참했던 것으로 보인다.

34) 먹을 갈기 위한 물로 연적(硯滴)에 넣어 가지고 다닌다.

35) 뒤에 선단본정(宣單本亭)이란 말이 있는 것을 보면 편사를 제의한 선단사정(宣請單射亭) 또는 청단사정(請單射亭)을 말하는 것으로 보인다.

36) 자기가 속한 사정을 겸손하게 일컫는 말이다.

이런 절차가 진행된 다음 본정에서는 다시 또 사원 두 사람으로 각 정 군막에 전갈을 보내는데 앞서와 같이 서로 예의를 차린 후 수띠에게 "도청(都廳)으로 들어오십시오." 하고 또 이어서 "전갈 회답을 막아 보내십시오."[37] 하고 아뢰면 수띠는 "들어가오리다." 하고 대답한 다음 2~3인과 함께 도청으로 들어간다.

각 정 수띠 및 일행이 도청에 모이면 본정에서는 소두교자상을 들여 술 2~3배를 마시고 교자상을 물린 후 각 정에서 낸 응사원 15인의 명단을 적은 초시기(初試記)를 돌려 가면서 혹 잘못된 곳이 있나 살펴본다. 잘못이 없으면 본정 사원 한 명이 나가서 목소리를 높여 "각 정 사습(私習) 들어오시오."라며 습사를 허락하는 말을 외친다. 그런 다음 응사원들이 사습 1순씩을 쏘며 이렇게 습사를 마친 다음 비로소 도청이 주관하여 정순(正巡)을 쏘기 시작한다.

(2) 정순(正巡)

정순을 시작하려 할 때는 본정에서 사원 한 명이 사정 앞으로 나서서 길고 높은 목소리로 "각 정'각 터'라고 하기도 한다에서 온 획관, 획창, 거기(擧旗) 및 장족(獐足)은 들어오시오." 하고 외치면 각 정 거기한량들은 도청 앞에 들어와 서서 일제히 기를 세운다. 이때 각 정의 획관들은 자기 정의 응사원 성명 위에 각각 직함과 품계(品階)를 적은 정시지(正試紙)를 도청에 들여놓고 붓과 벼루와 먹과 연수를 휴대하고 도청 속에서 서로 대면하여 늘어앉되 각 정이 서로 바꾸어서 획관을 한다. 획창한량(獲唱閑良)은 도청 앞턱에 자리를 정하고 늘어앉는다. 이때 본정 사원 한 명이 나와서 "거기(擧旗) 나가시오." 하고 말하면 각 정 거기한량들은 장족한량과 함께 일제히 용맹한 기상으로 기를 들고 서로 먼저 가려고 다투어 달려 나가서 무겁에 올라서서는 각자 기를 세 번씩 휘두른 다음 기를 내린다.

이때 본정에서 사원 한 명이 나서서 무겁을 향해 "정순 간다." 하고 길고 높은 목소리로 외치면 각 정의 거기한량들은 일제히 한 번씩 기를 휘둘러 응답한다. 기를 내린 다음 비로소 정순이 시작되는데 편사가 시작된 후 자기가 쏠 순(巡)의 차례에 사대에 나오지 않으면 자불(自不)로 처리하며, 띠를 바꾸거나 순(巡)을 바꾸지 못한다.[38] 정순은 먼저 각 정 수띠들이 활터에 올라가서 먼저 쏨

으로써 시작된다. 각 정의 수띠들이 서로 그 직함과 활 쏜 경력을 살펴서 서열
대로 벌려 서면 각 정에서는 사원 한 사람씩이 자기 정 수띠의 활과 화살을 가
지고 따라 올라가서 드린 다음 뒤로 물러서서 기다린다.

수띠들이 쏘는 순서는 초순에서는 반드시 본정에서 먼저 쏘고, 재순에서는 타
정에서 먼저 쏘며, 삼순에서는 또다시 본정에서 먼저 쏘는 것이 원칙이지만 만
약 서열 때문에 본정 수띠가 중간에 서 있을 때는 초순에서는 좌우로 늘어선
두 끝 가운데 서열이 낮은 사람이 서 있는 쪽부터 그리고 재순에서는 그 반대
쪽부터 먼저 쏜다.[39] 획창(獲唱)은 수띠가 과녁을 맞히면 그 직함을 부르고 그
외의 사원일 때는 성명을 부른다. 수띠들이 쏘기를 모두 마치면 뒤에서 기다리
던 사원들이 활을 받아 들고 수띠를 모시고 군막으로 돌아간다.

등장궁체(登場弓體)

수띠를 제외한 응사원들이 쏠 때는 시지에 성명이 씐 차례로 사대에 오르는

지만 서술 위치가 잘못된 것으로 보여 이곳으로 옮겼다. 띠를 바꾼다는 것은 각 정의 15명 응사원들이 1명씩
나와 한 순씩 돌아가며 쏠 때 사전 정해진 각자의 쏠 순서를 바꾼다는 말로 보이며 순(巡)을 바꾼다는 것은 각
정이 쏠 차례를 바꾼다는 말로 보인다.

39) 앞의 제6장 제6절에서 소개된 바와 같이 일반 습사에서는 서열 낮은 사람이 먼저 쏘는 것과는 다르다.

데[40] 오르기 전에 먼저 의관을 정제한다. 술을 먹어 술 냄새를 풍기는 것은 절대로 금기시했으며 몸을 단정히 가다듬은 후 군막에서부터 화살을 허리춤에 차고 사대로 올라가되 좌우를 돌아보지 않고, 다른 사람과 말을 하지도 않으며, 걸음을 급히 걷지도 않는다. 활을 들고 시위를 넓적다리 옆에 붙인 후 활터로 오르면 팔찌동을 서로 사양하며 자기가 설자리에 조용히 선 다음에 무겁을 정면으로 바라보고 서서 호흡을 편안하게 하며 좌우를 돌아보지 않고 활을 만지작거리거나 빈 활을 당겨 보는 등 품위 없는 동작을 취하지 않으며 팔찌동이 위인 사람이 쏜 화살이 무겁에 떨어진 다음 천천히 허리춤에서 화살을 빼야 한다.[41] 앞사람이 맞혔을 때는 도청에서 획창이 끝나고 거기한량이 기를 휘두르고 내린 후에야 천천히 허리춤에서 화살을 빼서 쏘았다.

(3) 획창한량의 획창 및 획관의 시지 기록

무겁에서는 거기한량이 자기 사정 사원이 과녁을 맞힐 때마다 기를 흔들면 장족한량은 소매를 걷고 과녁 앞으로 나가서 맞힌 곳을 두드려 표창하고[42] 도청 앞에 있던 획창한량은 획창을 하는데 쏜 사람이 몇 번째 쏜 화살을 맞혔건 그가 처음 화살을 맞히면 그의 직함이나 이름을 말하면서 "○○○ 변(邊)"이라 외치고 동일인이 연이어 맞힌 때는 "또 변(邊)"이라고 외쳐서 처음 맞힌 때와 연이어 맞힌 때를 구분한다. 한 번 맞힌 후 다음 화살은 맞히지 못하고 건너뛰어 맞힌 경우에는 '또'는 빼고 그저 "변"이라고 외친다. 이와 같은 획창한량의 획창이 끝나면 그에 이어 획관(獲官)은 나지막한 소리로 "변" 혹은 "또 변"이라고 응대하며 시지(試紙)의 쏜 사람 성명 아래에 "변" 자를 한자로 쓴다. 연이어 맞힌 경우에도 시지에는 앞의 "변" 자 아래에 다시 "변" 자만 쓰지 "또 변"이라고 쓰지는 않는다.

---

40) 각 정이 제출한 시지에 이름이 기록된 순서대로 1명씩 나온 사람들이 함께 사대에 올라 한 순씩 쏘는 방식. 지금도 전국체전에서는 이런 방식을 사용한다. 현재 일부 지역 단체전에서는 먼저 각 정 선수들이 정별로 함께 사대로 올라 한 순을 쏘고 나면 다른 정 선수들이 올라와 쏘며 이렇게 모두 한 순씩 쏜 다음 동점을 얻은 사정끼리 연장전을 벌일 경우에만 때로는 속칭 '대대걸이'라 하여 각 정에서 1명씩 나온 사람들이 차례로 사대에 올라가 한 발씩 쏘기도 한다.

41) 평소 습사 때는 서열 낮은 사람이 먼저 쏜다고 한 것과는 반대이다.

42) 과녁에 맞았음을 거기한량이 기를 흔들어 알려 준 다음 장족한량이 달려 나가 과녁에 꽂힌 화살촉을 뽑아냄과 아울러 뽑아낸 자리를 두드려서 정확히 과녁 어느 곳에 맞았는지 알려 준다는 말로 보인다. 원문에는 '표창'의 한자가 병기되어 있지 않으나 '標唱'이 아닌가 생각된다. 여하간 이 구절을 보면 대회 때는 습사 때와 달리 과녁에 맞은 화살을 언제나 즉시 뽑아낸 후에 다음 사람이 활을 쏘았음을 알 수 있다.

한 사람이 오자대, 즉 다섯 번째 화살까지 모두 쏜 후 이 오자대가 맞으면 획창한량은 먼저 "변" 또는 "또 변"이라고 획창한 다음 이어서 쏜 사람의 직함 또는 성명은 생략한 채 맞힌 숫자만 "△중에 순점"이라고 외치고, 오자대가 맞지 않으면 직함 또는 성명과 함께 맞힌 숫자만 "○○○, △중에 순점(巡點)"이라고 외친다. 다섯 발 모두 맞지 않았을 때는 직함 또는 성명과 함께 "○○○, 불(不)"이라고 외친다. 이같이 한 사람이 다섯 대를 다 쏘고 획창한량의 순점획창(巡點獲唱)까지 끝나면 획관은 "△중에 순점" 또는 "불"이라고 응대한 후 시지의 쏜 사람 성명 밑에 적은 마지막 "변" 자 밑에 동그라미를 그려 한 순을 끝냈음을 표시한다. 다섯 발 모두 맞지 않았으면 성명 아래에 "불" 자를 한자로 써서 한 순을 끝냈음을 표시한다.[43]

(4) 기생획창과 풍악

풍악(風樂)과 기생(妓生)이 준비된 편사의 경우 기생들의 옷차림은 반드시 큰 머리[44]에 남치마[45]를 입고 2인 내지 3인이 한 조가 되어 어깨를 나란히 하고 서서 목소리를 같이 하여 병창(竝唱)을 하되 화살이 맞는 경우에는 획창한량의 "변" 또는 "또 변"이라는 획창 소리가 그치기를 기다렸다 군문(軍門)의 대취타(大吹打)[46] 명령조로 "○○○, △시에 관중이오."이라고 방울목[47]을 넣어 획창한다. 이때 이름은 부르지 않고 성씨와 직함만 부르는데 가령 국장을 지내는 당상관이고 성이 이(李)씨이면 "이 국장 영감"이라고 부르고 주사를 지내는 당하관이면 "○ 주사 나리"라고 부르며 관직이 없는 사원이면 성씨를 따라서 "○ 서방님"이라고만 부른다. 서방(書房)이라 함은 예부터 관직 없는 사람을 존대하여 쓰는 말이다. 성씨와 직함 다음에는 그가 몇 번째 쏜 화살이 관중인지를 부른다. 가령 일자대를 맞힌 경우이면 "○ 서방님 일시(一矢)에 관중이오."라고 방울목을 넣어 획창하고, 오자대를 맞히면 "○ 서방님 오시(五矢)에 관중이오."라고 방울목을 넣어 획창한다. 획창한량의 획창에서는 화살을 맞혔을 때 과녁

---

43) 실제 작성된 시지(試紙)는 뒤의 157쪽 참고.
44) 머리 위에 올려 쓰는 장식용의 큰 가발(假髮).
45) 남빛의 치마로서 예복(禮服)의 한 종류임.
46) 관악기와 타악기 등을 갖춘 대규모 군악.
47) 발성·음색·시김새·선율 등에 따라 구사하는 가창기교(歌唱技巧) 중의 하나.

어느 곳에 맞았는지를 따지지 않고 다만 변이라는 말만 쓰는 데 반해 기생의
획창에서는 변이란 말은 쓰지 않고 모두 관중이라고 하는데 획창한량의 획창에
서 변이란 말만 쓰는 것은 편사에서는 과녁의 중심이나 가장자리를 구별하지
않고 모두 맞힌 것으로 보기 때문이고, 기생의 획창에서 관중이란 말만 쓰는 것
은 예부터 궁중에서 임금이나 정승 또는 장신(將臣)이 쏠 때는 가장자리가 맞아
도 관중이라고 존중하여 대접하던 풍속이 흘러서 전해진 것이다.[48]

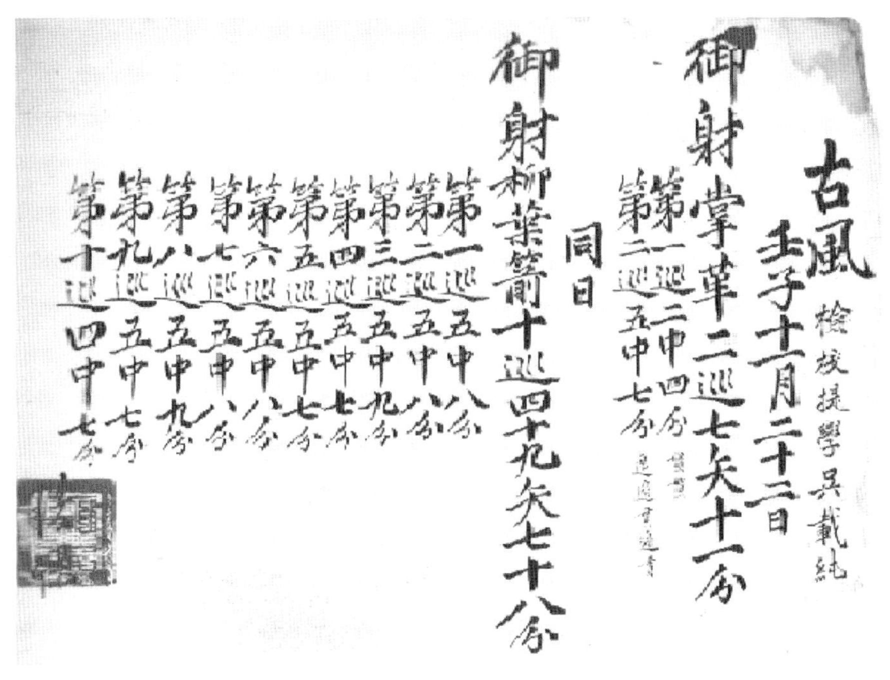

정조대왕의 「어사고풍첩(御射古風帖)」

    화살이 맞았을 때 이 같은 기생획창이 끝나면 이어서 매번 풍악을 연주했는
데 1중이나 2중에는 장령산(長靈山), 3중에는 염불곡(念佛曲), 4중과 5중에는
타령조(打令調)를 각각 연주했고 누구든 3중 이상을 했을 때는 매번 풍악과 함
께 기생이 지화자[49]를 불렀다. 과거 5중에만 부르던 지화자를 근래에 와서 3중
이나 4중에도 부르는 것은 사원의 쾌활한 흥취를 돋우기 위해 파격(破格)으로

---

48) 그러나 정조대왕의 「어사고풍첩」을 보면 이때도 시지(試紙)에서는 '관중'과 '변'을 구분했음을 알 수 있다. 관
　　중은 2푼(分), 변은 1푼(分)으로 기록되어 있다.

49) 즐겁다는 뜻으로 흥을 돋우기 위해 부르는 소리로서 보통 서너 번 부른다.

그리하는 것이다. 뿐만 아니라 앞의 화살은 하나도 못 맞혔어도 오자대, 즉 다섯째 화살만 맞혀도 이때 역시 지화자를 부르는데 이는 한량들이 오자대를 귀중하게 여기기 때문이다. 또한 최근에는 지화자를 부를 때는 풍악(風樂) 역시 반드시 타령조를 연주한다.

(5) 승부의 결정

각 순이 끝날 때마다 한 사정 사원들의 시수(矢數)를 합산해 시지(試紙) 끝의 각 순 합시수(合矢數) 난에 기록하고 삼순까지 모두 끝나면 초순부터 삼순까지 도합시수(都合矢數)를 기록하면 이로써 승부가 결정된다. 이때 응단사정(應單射亭) 중 하나가 선단사정(宣單射亭)과 도합시수가 같으면서 그것이 최하위 성적인 경우 선단사정 도합시수에서 반획(半劃)을 감하는 사풍에 따라 선단사정이 진 것으로 간주되는데 이는 선단사정은 주인이요 응단사정은 손님이니 주인이 손님을 대접해서 양보하는 뜻을 표시하는 사풍이었다. 하지만 응단사정 가운데 둘 이상의 도합시수가 같으면서 그것이 최하위의 성적인 경우에는 비교를 쏘아 우열을 결정하는데 이때 각 정의 응사원 15명 전원이 한 순씩 쏘아서 최하위를 결정한다.[50] 기록이 끝난 시지의 실제 모습은 뒤의 그림과 같다.

(6) 행사의 종료

승자가 결정되고 계획된 편사가 모두 종료되면 선단본정(宣單本亭)은 행사를 끝내기 위한 파연(罷宴)을 여는데 간단한 술상을 도청으로 올린 다음 각 정의 우두머리 되는 사람을 청해 술을 잔에 가득 부어 권하고 하루 종일 수고하였음을 위로한다. 최하위를 차지한 사정에서는 이 자리에서 듣기 좋게 말을 꾸며서 "폐정(弊亭)으로 일차 왕림하셔서 오늘 다 나누지 못한 정(情)을 마저 나누시길 바랍니다." 하고 자기 사정에서 다음 편사를 계속할 것을 청한다. 각 정에서는 이를 사양하지 못하고 응낙하며 이때 다음 편사를 청한 사정에서는 그 자리에서 날짜를 정해 명확히 이를 구두로 알리기도 하고 일단 돌아갔다가 혹은 지일단자를 사원 편에 보내기도 한다. 이것이 바로 지고 청한다는 피하지 못할 사풍이었다.

---

50) 최상위가 선단사정을 포함해 둘일 때 순위를 어떻게 가렸는지에 대한 언급이 없는 것을 보면 선단사정과 응단 사정의 차별 없이 비교를 쏘아 순위를 결정했을 것으로 보인다. 한편 선단사정을 포함 3 이상의 사정이 동점으로 최상위나 최하위일 경우도 선단사정까지 함께 비교를 쏘아 순위를 가렸을 것으로 보인다. 또 원문에는 비교 에서도 동점일 경우에 관한 언급이 없는데 현재는 동점이 계속될 경우에는 각 정에서 1명씩 차례로 나와 한 발로 승부를 가리기도 한다.

　　　　　　　出司部前折前嘉嘉
初　　　　　　　　　万　　僉
巡　　　　　身果将尸衡使善義　　壬
三　　金姜金金李金林吳安尹鄭金文高崔　　申
拾　　奎道箕昌昌元致圭宅昌基敬周廷義　　五
矢　　瀅興濬炫鉉孫成璜舜善参熙行弼三　　月

　　　邊邊邊邊邊邊邊邊邊邊邊邊邊邊不　　初
再　　邊邊○○邊邊邊○邊○○邊○邊邊　　二
巡　　邊○邊不邊邊○邊邊邊邊○邊○○　　日
三　　邊邊邊邊○邊邊○邊○邊邊邊邊邊
拾　　○邊邊邊邊○邊不邊邊邊邊○邊　　　風
三　　邊○○○○邊邊・○邊邊邊○邊邊　　嘯
矢　　邊邊邊・邊邊○・邊邊○○邊邊○　　亭
　　　○邊邊・邊邊不・邊○邊邊邊邊・

三　　邊○○　○邊・・邊　邊○○邊・　　長
巡　　邊・・・・○・・邊・邊・・○・　　安
三　　邊・・・邊・・○　○・・・・・　　邊
拾　　○・・・邊・邊・・・・・　　　　　射
弎　　・・・・・○・邊・・・・・　　　　試
矢　　・・・・・邊・　　　　　　　　　　記
　　　・・・・○・　　　　　　　　　　　高
　　　・・・・邊・　　　　　　　　　　　宗
　　　　　　　　拾　　　　　　　　　　　九
　　九六六三六拾五二二五八六六七四　　　年
　　矢中中矢中矢矢矢矢矢矢中中矢矢

장안편사 시지(試紙)51)

개인별 합시수(合矢數)를 적을 때 '○시(矢)'라고 적지만 육시(六矢)는 육중(六中)으로 적는다. 이는
육시(六矢)의 음이 육시(戮屍)와 같기에 이를 피하기 위함이다.

파연(罷宴)이 끝나고 각기 군막으로 돌아가면 선단사정인 본정에서 각 군막으

---

51) 이 시지(試紙)의 작성 요령은 앞의 153쪽을 참고할 것. 제목의 끝에 기록된 '長安邊射'는 '長安便射'의 오기
(誤記)이다. 이 시지는 풍소정 사원들의 시지로서 어느 활터에서 장안편사가 열렸었는지는 나타나 있지 않으나
뒤의 '7. 장안편사의 격식'의 내용을 보면 도성 내 북촌의 일가정(一可亭)에서 열렸다. 중간쯤 보이는 안택순
(安宅舜)은 앞의 제6장 '역대(歷代)의 선사(善射)'에서 조선시대 선사 중 35번째로 소개된 안택순과 동일인이
다. 이 시지를 보면 풍소정의 수띠는 최의삼(崔義三)이고 종띠는 김규형(金奎瀅)이다.

로 두 사람의 사원 편에 전송전갈(轉送傳喝)을 보내는데 두 사원과 군막 사이의 인사 절차는 군막에 처음 본정 사원이 갔을 때와 같으며 다만 두 사원은 "하루 종일 피곤하시겠습니다. 먼 길에 안녕히 가십시오."라는 말을 전한 다음 다시 절하고 돌아간다. 본정에서 사원이 다녀간 다음에 각 군막에서는 다시 사원 두 사람 편에 본정으로 회답전갈(回答傳喝)을 보낸다. 이 두 사원과 본정 사이의 인사 절차는 본정에 처음 사원이 갔을 때와 같으며 두 사원은 "하루 종일 모시고 잘 놀다 갑니다."라는 말을 전한 후 다시 절하고 돌아감으로써 각각 헤어져 돌아갔다. 풍악과 기생이 준비된 편사에서는 이긴 사정 군막으로 풍악과 기생을 보내는데 이긴 사정이 돌아갈 때는 앞에 사정기(射亭旗)를 앞세우고 풍악과 기생이 그 뒤를 따르면서 승전곡조(勝戰曲調)를 연주하며 중간중간에 태평곡(太平曲)이나 길군악52)을 부르면서 승리의 영광과 쾌활한 기상을 높이 드러냈다.

2. 지고 청하는 편사(負後更請便射 부후갱청편사)

지고 청한 사정, 즉 최하위를 차지한 다음 편사를 다시 청한 사정에서는 편사 당일 장소의 준비와 비용을 모두 부담한다. 도청(都廳) 설비와 각 정의 군막과 음식 장만은 물론이며 시지와 붓과 먹과 벼루와 화로 등 일체를 각 군막에 모두 보내며 각 정에서는 궁시(弓矢)만 지참하고 간다. 그러나 각 정이 배당된 군막에 도착해서 사정기(射亭旗)를 군막 앞에 세우고 난 다음에 편사를 청한 사정과 각 정이 전갈을 주고받는 절차는 여느 편사 때의 대중회(大衆會)와 조금도 다름이 없었다. 전갈이 오고 가는 절차가 끝나면 본정에서는 시지로 쓸 종이(장지나 대호지) 한 장과 붓과 벼루와 먹과 연적을 사원 편에 각 군막으로 보낸 다음 다시 사원 두 명을 각 군막으로 보내 여느 편사 때와 같은 인사 절차를 마치고 난 후 "도청으로 듭시사." 하고 또 "전갈 막아 보냅시사."라고 하면 각 군막의 수띠는 "들어가오리다."라고 대답한다.

각 군막의 수띠가 장로(長老)53) 2∼3인과 함께 도청으로 들어갈 때는 사원이 1명씩 모시고 따라 들어가서 수띠와 장로 옆에 서서 돌아가며 편사가 끝날 때

---

52) 행진곡을 말하는 것으로 보인다.
53) 활 쏜 경력이 오래고 나이가 든 사람.

까지 장로의 지휘를 받아 가며 도청과 군막 사이의 연락을 취한다. 이때 각
정의 수띠와 장로(長老)들이 도청에 모두 다 모이면 본정에서는 소두교자상을
올리는데 기생과 풍악이 준비된 경우 악공(樂工)은 거상풍악(擧床風樂)[54]을
연주하고 기생은 술잔을 들어 올리며 권주가(勸酒歌)를 노래한다. 2～3배씩
마시고 술상을 물린 후 각 정에서 작성해 온 시지를 검토한 다음 편사를 진행
하는데 이후의 모든 절차는 여느 편사 때의 대중회와 같았다. 다만 본정에서
각 군막에 점심을 보내는데 바로 앞서 열렸었던 편사 때 각 정의 도합시수에
따라서 성적이 높았던 사정부터 먼저 보냈다. 이때 보내는 음식과 그릇은 아
래와 같았다.

― 흰밥	: 두 소래[55]		― 진반찬	: 두 찬합
― 잡탕	: 두 소래		― 마른 반찬	: 한 찬합
― 나물	: 한 푼주[56]		― 주발	: 스무 개
― 김치	: 한 항아리		― 수저	: 열다섯 벌
― 깍두기	: 한 항아리			

활터 음식에는 술을 엄히 금한다. 술에 취해 실수를 할까 염려하기 때문이다.

점심을 보낼 때는 사원 두 사람이 부인들을 대동하고 각 군막에 가서 "왔습
니다." 하고 알리며 군막에서 "오시오." 하면 다시 "점심 가져왔습니다. 찬은
별로 없사오나 많이 잡수시기 바랍니다."라고 인사말을 전한 후 돌아온다. 각
군막에서는 점심을 마친 후 사원 두 사람을 본정에 보내 전과 같이 인사를 나
눈 후 "점심을 보내 주셔서 잘들 먹고 감사하오이다."라고 고마움의 말을 알
린다.

날이 저물면 불을 준비하되 본정 부담으로 도청에 촛대 한 쌍과 사정 처마
끝에 사롱(紗籠)[57] 한 쌍을 준비하고 무겁 좌우에는 장작으로 화톳불을 펴고 과
녁 좌우 상단에 북등[58]을 하나씩 걸어 놓는다. 각 군막 앞에도 사롱을 한 쌍씩

---

54) 잔치 등에서 큰 상을 올리기에 앞서 연주하는 가락.
55) 넓은 접시 모양에 테두리가 약간 높은 질그릇으로서 잔치 등에서 많은 양의 음식을 담을 때 쓴다.
56) 자배기 비슷하게 생기고 아가리가 넓은 사기그릇.
57) 여러 빛깔의 얇은 헝겊을 씌워 속에 촛불을 켜 놓는 등.
58) 겉에 한지를 발라 북 같은 모양으로 만들어서 촛불을 켜서 넣는 등.

걸고 각 군막마다 북등 열 개에 초를 하나씩 추가해 보내며 각 군막에서는 돌아갈 때 불을 끄고 간다.

3. 두 번 지고 청하는 편사(連負再請便射 연부재청편사)

최하위를 차지하는 사정이 한 번씩 돌아가면서 청하여 편사를 계속하다가 한 사정이 연이어 최하위를 할 때는 편사를 끝내는 것이 법도였다. 하지만 연이어 최하위를 한 사정이 또다시 편사를 청하는 것을 속된 말로 '흔들고 청한다'고 한다. 다른 편사 때도 마찬가지이나 이렇게 흔들고 청하는 경우에도 사정의 응사원을 바꾸거나 빼거나 넣고 하는 것은 각 정이 마음대로 한다.

4. 편사에 추가로 참여할 때의 격식(追加參入格式 추가참입격식)

앞서 소개한 바와 같이 선단(宣單)을 받은 사정에서 사정이 있어 응사하지 못할 경우에는 3일 내로 방단(防單), 즉 참여하지 못한다는 단자를 보내는데 이미 방단을 보낸 다음에 사정이 바뀌어서 응사(應射)하려면 대중회(大衆會) 당일 군막을 설치해 놓고 응사원(應射員)을 인솔해서 군막에 도착해서 사원 2인을 선단사정인 본정에 보내 격식대로 본정 수띠에게 인사하고 절을 올린 후에 "폐정(弊亭)에서 사원이 부족해서 응단하지 못했었는데 섭섭해서 다시 모시고 놀까 해서 왔습니다." 하고 알리면 본정에서는 "사원을 보내 회답하겠습니다."라고 대답한다. 그들이 돌아간 다음 본정에서는 각 정 수띠들의 동의를 얻은 다음에 사원 2인을 그 사정의 군막으로 보내 격식대로 인사를 올린 후 "귀정(貴亭)에서 못 오신다기에 대단히 섭섭했었는데 이같이 와 주시니 모시고 잘 놀까 합니다. 어서 도청에 듭시다."라고 회답을 알린다. 그러면 추후 참여한 사정에서는 즉시 도청으로 들어가서 다른 응단사정(應單射亭)과 같이 행동하며 편사에 참여한다. 이렇게 참여하는 것을 찌르고 들어간다 하는데 찌르고 들어간 사정의 성적은 도합시수에서 반획(半劃)을 감한다.[59]

---

59) 다른 사정과 동점일 경우 진 것으로 본다는 의미임.

5. 응사원의 소속관계(應射員關係 응사원관계)[60]

자기 사정의 중회(重會)에 이미 참여한 사원은 편사 진행 중에는 다른 사정의 응사원으로 응사하지 못하게 한다.[61]

또한 집과 소속 사정 사이 거리가 멀어 날마다 습사하기 어려운 경우 가까운 사정에 중복하여 입사하는 경우도 있는데 본정은 친가(親家)와 같이 그리고 중복 입사한 사정은 시가(媤家)와 같이 두 사정에 모두 응사해야 할 의무가 있다. 하지만 만일 두 사정이 함께 편사에 참여하게 될 때는 어느 쪽으로도 응사하지 못하게 했다. 그리고 다른 사정의 사계(射稧)에 가입한 사원도 본정과 사계에 가입한 사정에 모두 응사해야 할 의무가 있지만 두 사정이 함께 편사에 참여하면 어느 쪽으로도 응사하지 못했다.

그러나 어느 정의 사원에게 사고가 있는 경우에는 편사 진행의 편의를 위해 대중회 당일 도청의 결의를 거쳐 혹시 편사가 진행 중이더라도 특별히 응사원을 존발(存拔)하는 일도 있었다.[62]

6. 맞고 안 맞고의 판정(中不中判定 중불중판정)

화살이 과녁 가장자리에 맞아서 과녁의 나뭇조각이 떨어져 나갔지만 화살이 과녁에 꽂히지 않았을 경우에는 그 떨어져 나온 나뭇조각을 저울대에 달아서 무게가 3돈중(錢 전: 약 11g) 이상이 나가면 맞은 것으로 보고 3돈중이 나가지 못하면 맞지 않은 것으로 본다.

과녁에 **찜**틈이 있어서 화살이 그 **찜**으로 빠져나가면 이는 과녁이 부실하기 때문이지 쏜 사람의 허물이 아니므로 맞은 것으로 본다.

만일 화살이 과녁 위턱을 치고 뒤로 넘어가서 번드쳐[63] 떨어지면 이는 마치

---

60) 원문에는 이 항의 서두에 "편사가 시작된 다음에 자기가 쏠 순(巡)의 차례에 사대에 나오지 않으면 자불(自不)로 처리하며, 띠를 바꾸거나 순(巡)을 바꾸지 못한다."는 구절이 있으나 서술 위치를 앞의 '1. 통상적인 절차', '다. 대중회(大衆會)'의 '(2) 정순(正巡)' 항 중간으로 옮기는 것이 적절할 것으로 보여 옮겼다.

61) 사원 중 편사에 참여할 응사원을 선발하기 위해 모이는 어느 사정의 초중회(初衆會) 및 재중회(再衆會)에 참여했던 사람의 경우를 말하는 것으로 보인다.

62) 존발(存拔)이란 누구를 넣고 빼고 하는 일을 말한다. 이 마지막 구절은 앞의 세 경우 모두에 적용되는 특례일 것으로 보인다.

63) 번득 뒤집어져.

전쟁 중에 적(敵)을 쏘아서 당중(當中)[64]하면 적이 상처를 입고 당중하지 못하면 적이 상처를 입지 않는 것과 같이 맞지 않은 것으로 본다.

화살이 과녁 못 미친 곳에 떨어졌다가 다시 튀어서 과녁에 맞는 것을 점심살이라 하는데 이때 촉이 과녁에 박힌 것은 맞은 것으로 보고 과녁에 닿는 나무소리(木聲목성)만 나고 촉이 과녁에 박히지 않은 것은 맞지 않은 것으로 본다. 화살이 과녁 아래 끝을 맞고 따고서는[65] 때도 역시 그와 동일하게 맞고 안 맞고를 가린다.

화살이 과녁에 맞고 촉은 과녁에 박힌 채 깃과 대는 땅에 떨어졌을 때는 맞은 것으로 보고 촉이 깃과 대와 함께 퇴촉(退鏃)하여[66] 땅에 떨어졌을 때는 맞지 않은 것으로 본다.

무겁에서는 맞았느니 안 맞았느니 하는 시비가 많이 생기기 때문에 그 시비와 분쟁을 막기 위해서 간혹 도청이 결의해서 화살이 과녁 나무에 닿는 소리만 있으면 맞은 걸로 보는 때도 있지만 이 경우에도 비록 과녁 나무에 닿는 소리는 있지만 촉은 스치지도 않고 살대나 깃으로만 스쳐서 소리가 난 것은 맞지 않은 것으로 본다.

7. 장안편사의 격식(長安便射格式)

과거 한성(漢城)에 5부(部)가 있을 때 이 5부를 다시 앞서 잠시 소개한 바와 같이 도성의 사대문 내를 한 구역, 그리고 도성의 사대문 밖을 두 구역으로 나누어서 세 구역이 각기 자기 구역 내의 사원 중에서 15명씩을 뽑아 편사를 했던 것이 장안편사였다. 장안편사란 이름은 앞서 이미 소개한 것과 같이 조선시대에 한성의 속칭이 장안이었기 때문에 붙인 이름이다.[67]

도성의 사대문 내 구역에서의 응사원 선정은 우선 동촌(東村)의 네 사정과 서

---

64) 관중 또는 명중과 같은 말로 표적의 중심을 맞힌다는 말.

65) 땅과 과녁 사이에 박히는 것을 말하는 것으로 보인다.

66) 시위를 당겨 만작했다가 발시 이전에 화살촉이 약간 앞으로 물러 나가는 것도 퇴촉이라고 하지만 이곳에서는 과녁에 맞은 화살이 박히지 않고 뒤로 튀어나오는 것을 말한다.

67) 한성 5부란 도성 내만을 일컫는 것이 아니고 도성 주변의 일정 범위까지를 한성부(漢城府) 관할로 하여 전체 구역을 5부(部)의 행정구역으로 나눈 것을 말한다. 북한(北漢), 즉 삼각산 내에 있는 산성(山城) 지역은 원래 경기도 고양군에 속했었으나 숙종 때 이곳에 있던 옛 산성을 개축해 북한산성(北漢山城)을 축조한 후 한성부 소속으로 관할을 바꾸었다.

촌(西村)의 다섯 사정이 백호정(白虎亭)에서 회동해서 초중회(初衆會)를 갖고 상당한 지위에 있고 명망이 높으며 사풍을 잘 알고 활 쏜 경력이 오래된 사람 가운데 잘 쏘는 사람으로 수띠를 선정하고 나머지 응사원 후보로 18명을 선정하는데 이를 초점(初點)이라고 한다. 그런 다음 석호정(石虎亭)에서 재중회(再重會)를 열어서 초점 된 18인 가운데 16인을 재점(再點)한다. 다시 또 백호정에서 삼중회(三衆會)를 열어서 재점 16인 가운데 14인을 삼점(三點) 함으로써 최종 사원으로 수띠를 포함하여 15인을 선정하는데 동촌과 서촌의 사원이 절반씩 포함되도록 고르게 선정했었다. 이때 비록 활은 잘 쏘더라도 신분과 의표(儀表), 즉 외모가 부족하든지 언사와 행동이 바르지 못하든지 현재 병졸(兵卒)이거나 천역(賤役)에 있는 사람은 선정되지 못했고, 장교(將校) 이상으로 군문에 적(籍)을 둔 사람으로 응사원을 조직하되 종띠 한 사람은 반드시 한량 가운데 언행이 단정하고 활도 잘 쏘는 사람을 선정했다.

도성의 사대문 밖 두 구역에서는 새문밖의 노지사정(盧知事亭, 노지사터)과 한강변의 풍벽정(楓碧亭)에서 각기 중회(衆會)를 열어서 도성 내 구역과 동일한 규모와 제도로 응사원을 선정했다.

각 구역의 기(旗)는 노지사정이 포함된 구역은 세 구역 가운데 중앙이라 하여 황색기를 쓰고 도성 내 구역은 동쪽이라 하여 청색기를 쓰고 풍벽정이 포함된 구역은 서쪽이라 하여 백색기를 써서 세 구역의 표시를 다르게 했다.[68]

세 구역이 모여 편사를 진행하게 될 대중회(大衆會) 장소는 처음엔 남대문 밖 청학정(靑鶴亭)에서 하다가 임신년[69] 장안편사 때 도성 내 북촌(北村) 일가정(一可亭)으로 바꾸었다 하는데 당일 응사원들의 복장은 전투복(戰服)을 입었었고 점심은 자지반[70]이었고 일반 동접한량(同接閑良)[71]들에게는 국밥 장설(醬設)[72]이 있었다.

또한 기생과 악공들에게는 예복을 입혔고 색차지(色次紙)[73]로 한량을 선정하

---

68) 중앙은 임금이 계신 곳이라 임금을 상징하는 황색을 쓰고 서쪽은 풍수지리에서 우백호(右白虎)라 하므로 백색을 쓰고 동쪽은 풍수지리에서 좌청룡(左靑龍)이라 하므로 청색을 쓴 것이다.

69) 앞서 소개된 장안편사 시지(試紙) 견본에 기록되어 있는 임신년, 즉 고종 9년(1872)을 말한다.

70) 어디를 갈 때 자기가 먹을 것을 스스로 지참하고 가는 것.

71) 같이 활을 쏘는 한량.

72) 잔치나 놀이 등 여러 사람이 모였을 때 차려 내는 음식.

73) 놀이에서 기생과 풍악을 맡아 주선하는 사람.

여 그의 지휘에 복종하게 했으며 모든 구역이 처음 모일 때는 각기 다과상(茶菓床)을 준비해 가서 편사에 참여한 타 구역 군막에 돌렸고 서로 예절로 대우하고 사양하며 공경함이 엄숙했다 한다. 각 영문의 대장[74]들도 군막을 별도로 치고 편사를 관전하며 감독했고 각 정 사두와 구사장로(舊射長老)들도 도청에 모여 감독과 심판을 엄정하게 했다. 영문노자[75] 수백 명이 산같이 모여든 구경꾼들을 좌우로 갈라 세워서 가운데로 화살이 날아갈 길을 틔워 놓고 또 떠드는 소리와 난잡한 행동들을 금지시켰기 때문에 활 쏘는 장소에서는 조용하고 엄숙한 분위기가 유지되었다고 한다.

또한 장안편사는 예부터 내려오는 성대한 놀이이기 때문에 구경하는 사람들이 산과 바다같이 많았건만 그 구경꾼들 가운데 삿갓 쓴 하등민(下等民)이나 부녀자는 보이지 않았다고 한다. 당일 경비로 사용하는 쌀과 돈 및 상품으로 주는 옷감 등은 각 영문(營門)의 대장(大將)들이 충분하게 제공했다고 한다.

한편 장안편사 때의 단자(單子) 왕래와 전갈(傳喝) 등 제반 절차를 도성 내 구역에서는 백호정, 도성 밖 두 구역에서는 각기 노지사정 및 풍벽정이 주관했었는데 그 이유는 이 세 사정이 각자 그 구역 내에서 가장 먼저 생긴 수사정(首射亭)이라고 해서 구역의 대표로 행동을 했기 때문이다.

이상이 장안편사를 하던 대략적인 규모인데 이를 위해 세 차례 중회(衆會)가 열렸던 사정(射亭)이 석호정(石虎亭), 백호정(白虎亭), 노지사정(盧知事亭) 및 풍벽정(楓碧亭) 네 곳이고, 대중회(大衆會)가 열렸던 사정이 청학정(靑鶴亭) 및 일가정(一可亭) 두 곳이었는데 이 여섯 곳 가운데 그 당시 이름 그대로 근년에 다시 부활된 사정은 석호정[76]과 일가정 두 곳뿐이고, 이름은 계속되지 못하고 뿌리만 이은 사정으로는 백호정의 뿌리를 이은 인왕산 자락의 황학정(黃鶴亭),[77] 노지사정의 뿌리를 이은 새문(新門) 밖 서호정(西虎亭)[78] 및 풍벽정의 뿌리를

---

74) 금위대장. 총융사. 훈련대장 등 종2품의 무관.

75) 원문에 한자 표기가 없으나 '營門路子'로서 구경 나온 각 영문 군사들과 일반인들을 말하는 것으로 보인다.

76) 앞의 제1절 '서울과 지방의 사정(射亭)'에서 본래 하촌(下村) 또는 아랫대에 있던 석호정이 갑오경장 이후 잠시 폐쇄되었다가 남촌(南村)에 부활되었다고 했는데 이를 말하는 것으로 보인다.

77) 황학정이 백호정의 뿌리를 이었다는 말은 황학정이 백호정과 같은 장소도 아니고 같은 이름도 아니지만 백호정에서 활을 쏘던 사람들이나 그 후손들이 새로 생긴 황학정에서 활을 쏘게 되었다는 말로 보인다. 황학정의 유래에 대해서는 앞의 각주 17) 참고.

78) 노지사정과 서호정은 새문(新門) 밖에 있던 별개의 활터였다. 서호정이 노지사정의 뿌리를 이었다고 했는데 두 활터 자리 가운데 어느 자리에 서호정이 다시 부활된 것인지는 불분명하지만 적어도 노지사정에서 활을 쏘던

이은 마포(麻浦) 화수정(華水亭)[79] 등 세 곳이 있다. 시대가 변함에 따라 과거의 왕성했던 기상에는 미칠 수 없다 해도 예부터 지켜 오던 사풍(射風)과 옛사람들이 전해 준 예술(藝術)[80]을 계승하고 유지해야 할 책임은 작은 책임이라고 할 수 없을 것이다.

사람들이나 그 후손들이 새로 생긴 서호정에서 활을 쏘게 된 것은 틀림이 없을 것으로 보인다.

79) 풍벽정과 화수정은 강대. 즉 한강변에 있던 별개의 활터였다. 화수정이 풍벽정의 뿌리를 이었다고 했는데 두 활터 자리 가운데 어느 자리에 화수정이 다시 부활된 것인지는 불분명하지만 적어도 풍벽정에서 활을 쏘던 사람들이나 그 후손들이 새로 생긴 화수정에서 활을 쏘게 된 것은 틀림이 없을 것으로 보인다.

80) 서구적 관념으로 예술(Art)이란 매우 다양한 의미를 지닌 말이지만 일반적으로 작품 창작 등에 의해 충실한 정신의 체험을 추구하는 문화활동인 문학·음악·조형미술·연극·무용·영화 등을 총칭하는 말이다. 그러나 '藝術예술'이란 한자어는 ≪후한서(後漢書)≫에도 보이는 오래된 말로서 학문(學問)과 기예(技藝)를 가리켰으며 오늘날 흔히 예술이라고 생각되고 있는 것은 그 일부에 불과하다. 독일어에서도 궁술(弓術)을 'Kunst des Bogenschiessens'라고 표현하는데 'Kunst'는 영어의 'Art'와 같은 의미의 단어이다. ≪주례(周禮)≫, 〈지관(地官)〉 편에서는 젊은이들에게 예(禮), 악(樂), 사(射), 어(御), 서(書), 수(數) 등 여섯 가지를 청소년의 필수 교양과목으로 가르치며 이를 육예(六藝)라고 했다. 11세기 말 스페인 문헌인 〈수도원 교육(Disciplina Clericalis)〉에서는 학문적 자유기예(自由技藝) 일곱 가지와 기사기예(騎士技藝) 일곱 가지를 비교했는데 후자에는 '승마(乘馬), 수영, 활쏘기, 권투, 그물로 새 잡기, 장기(將棋) 및 시작(詩作)'이 포함되어 있다. 이상하게도 가장 중요한 검법(劍法)은 이 구절에 빠져 있다. 뀌이에모Guilhiermoz, ≪중세 프랑스 귀족의 기원(Essai sur l'origine de la noblesse en France au moyen âge)≫(파리: 알퐁제 피카르에뜨 피유Alphonse Picard et fils 출판사, 서기 1902년), 433쪽, 각주 60.

제9장 궁술(弓術)의 교범(敎範)[1]

조선에 궁시(弓矢)가 있어 온 지 이미 수천 년이다. 따라서 궁시의 발달은 다른 여러 나라들을 압도했었는데 이는 궁시가 있었기 때문도 아니고 오래되었기 때문도 아니며 오직 궁술(弓術)[2]의 묘기가 있었기 때문이다. 화살의 종류에도 철전(鐵箭)과 편전(片箭)과 유엽전(柳葉箭)이 있었으니 철전에는 철전의 묘법(妙法)이 따로 있었을 것이고 편전에는 편전의 기술(奇術)이 따로 있었을 것이며 유엽전에는 유엽전의 신기(神技)가 다 따로 있었을 것이다. 그리고 우리 민족이 이 묘법과 기술과 신기를 발휘해서 나라의 위엄과 명성을 높이었음은 널리 인정되고 있는 사실이다. 그러나 이 묘법과 기술과 신기가 입과 마음으로만 전해져 왔을 뿐 문자로 전해지지 않은 것은 실로 유감이라 아니 할 수 없다. 그래서 이제 나이 든 선생들과 무인(武人)들께 신체단련에 가장 적합한 유엽전 쏘는 법의 큰 요점을 전해 주기를 청해 이를 정리해서 기록으로 남긴다.[3] 사람의 자연스러운 자세에 따라 왼손으로 활을 쥐고 쏘는 오른손잡이를 우궁(右弓)이라 하고 오른손으로 활을 쥐고 쏘는 왼손잡이를 좌궁(左弓)이라 하여 우궁과 좌궁을 구별하는 명칭이 있으나 궁체(弓體), 즉 활 쏘는 자세는 좌우만 다를 뿐 나머지는 모두 같은 것이다.

---

1) 원문에 쓰인 활쏘기 고유용어들은 가급적 그대로 옮기고 주(註)를 달아 그 의미를 현대어로 설명했으나 나머지는 누구나 쉽게 읽을 수 있도록 직접 현대어로 바꾸었다.

2) 조선시대에는 활쏘기를 사예(射藝)라고 불렀으나 중국에서는 사예(射藝) 사법(射法) 또는 사도(射道)라는 말을 주로 썼고, 일본에서는 사법(射法), 사기(射技), 사술(射術), 궁도(弓道) 등의 용어를 썼다. '사예', '사도', '궁도' 등은 활쏘기에서 예의 인격수양을 강조하는 말이며 '궁술'은 이 책 '범례'에서 같이 궁시 제작기술과 활쏘기를 통칭하는 말로 쓰이기도 했다.

3) ≪조선의 궁술≫에 기록된 「궁술의 교범」은 이 서문(序文)에서 말하고 있듯이 실전용이 아니라 신체단련용으로서 현재와 같은 약 120보 거리의 고정 과녁을 쏘는 데 중점을 두고 서술되어 있다.

제1절 궁체(弓體)

궁체의 종류[4]

- 몸(身體 신체)
- 발(足 족)
- 불거름(膀胱 방광)
- 가슴통(胸膈 흉격)
- 턱끝(頷 함)
- 목덜미(項 항)
- 줌손(手수: 줌통을 쥔 앞손)
- 깍지손(帶夬手 대결수: 깍지를 낀 뒷손)
- 죽머리(肩膊 견박: 어깨)
- 중구미(肘주 또는 臂節 비절: 팔꿈치)
- 등힘(把手背力 파수배력: 줌손 손등의 힘, 즉 어깨뼈에서 손목까지의 힘)

Ⅰ. 몸(身體 신체)

몸은 곧은 자세로 서고 과녁과 정면으로 향해야 하나니 흔히 말하기를 "과녁이 이마와 바로 선다." 함은 이를 두고 하는 말이다.[5]

Ⅱ. 발(足 족)

두 발은 고무래 '丁 정' 자도 아니고 여덟 '八 팔' 자도 아닌 모습으로 벌리고

---

4) 우리나라와 중국의 옛 사법에서는 궁체, 즉 활을 쏘는 몸의 자세를 활 쏘는 순서와는 관계없이 몸의 각 부분별로 설명한다. 그러나 일본사법에서는 '발 딛기(足踏み)', '몸통 잡기(胴造リ)', '활 겨루기(弓構え)', '활 들어올리기(打起し)', '시위 당기기(引分け 또는 引取リ)', '두 팔의 균형 맞추기(會)', '발시(離れ)' 등 7단계로 나누어 이를 7도(七道)라 부르고 '발시 후의 자세(殘身 또는 後の伸び)'를 강조해서 마지막으로 이를 추가해 8절(八節)이라고 부르기도 하면서 활 쏘는 동작의 순서에 따라 궁체를 설명하고 있다.

5) "몸은…… 과녁과 정면으로 향해야 하나니"라는 이 구절 때문에 두 발을 과녁을 향해 '11' 자 비슷하게 놓고 쏘는 자세를 우리 민족 고유의 자세로 보는 경우가 많다. 그러나 동서양 어느 나라의 사법이건 활을 쏠 때는 옆구리가 과녁을 향하게 서서 어깨선이 과녁방향과 거의 일치하도록 한다. 필자는 이 구절을 뒤에 이어진 "과녁이 이마와 바로 선다."는 말과 동일한 말로서 얼굴이 과녁을 향한다는 말로 해석하는 것이 옳을 것으로 본다. 이 문제는 발의 자세와도 관련이 있기 때문에 다음 항에서 다시 설명한다.

서되 앞발 발끝이 과녁을 바로 향하게 하고[6] 두 발끝이 숙지 않게[7] 할 것이며
몸무게가 앞뒤 두 발에 고루 실리게 서야 한다.

---

6) 활을 쏠 때 발의 자세를 비정비팔(非丁非八)이라고 하는 것은 조선뿐 아니라 중국과 일본이 모두 같지만 활쏘기
에 불편한 자세를 피하라는 뜻 외에 다른 의미는 있을 수 없다. 즉 비정비팔은 어떤 고정된 자세를 말한 것이
아니라 피해야 할 자세만 소극적으로 말한 것으로 보아야 옳다. 과녁을 향해 앞발은 '一' 자로 놓고 뒷발은 '1'
자로 놓는 것이 '丁' 자로 서는 것이고 '11' 자로 선 후 두 발끝을 안쪽으로 오므리는 것이 '八' 자로 서는 것으
로 생각된다.
그러나 비정비팔이 아닌 모습으로 서라고 한 후 "앞발 발끝이 과녁을 바로 향하게"라고 했고(서유구의 《사결》
역시 왼쪽 무릎이 과녁을 향하게 서라고 했다) 앞의 'Ⅰ. 몸' 항에서는 "몸은…… 과녁과 정면으로 향해야 하나
니"라고 했으므로 실제로 쏠 때도 몸 전체가 정면을 향한 채 두 발을 거의 '11' 자로 하거나 그런 자세에서 뒤
의 '그림 1'같이 뒷발을 반 족장쯤 뒤로 빼낸 후 발끝을 바깥쪽으로 45°쯤 벌려 준 자세만을 비정비팔 자세로
믿는 사람들이 흔하다. 하지만 이런 자세는 '丁' 자나 '八' 자 자세 못지않게 활쏘기에는 매우 불편한 자세일 뿐
아니라 《조선의 궁술》 어디에도 뒷발의 모습에 대한 말은 없다(서유구의 《사결》에도 뒷발의 모습에 대한
말은 없다.). 《조선의 궁술》은 실제 활 쏠 때의 자세[뒤의 169쪽 '만개궁체' 참고]와 활을 쏘기 전 사대에 늘
어서서 있을 때 자세[앞의 152쪽 '등장궁체' 참고]를 두서없이 뒤섞어 말한 것이 아닌가 싶기도 하다.
우리 민족은 기마민족이며 말 등에 앉은 자세와 유사한 그런 자세가 우리 민족 고유의 발 자세라고 그럴듯하게
말하는 사람도 있다. 그러나 이는 보사(步射)와 기사(騎射)를 혼동한 것이다. 기사 때는 표적에 접근해서 보사 때
보다 시위를 적게 당기고 쏘므로 말 등에 올라탄 자세로도 전방, 측방 또는 후방의 과녁을 쏠 수 있다. 그러나
보사 때 그런 자세로 전방 먼 거리 과녁을 쏘면 허리에 과도한 긴장이 생기므로 불안정한 자세가 될 수밖에 없다.
비정비팔은 중국에서 건너온 말로서 중국 최고(最古)의 체계적 사법서인 당나라 왕거(王琚)의 《사경(射經)》은
"왼쪽 어깨와 허벅지가 과녁을 향하게 두 발을 '二' 자로 놓고 서서 왼발 끝을 돌려서 과녁 가운데를 향하게 한
다. 이를 '丁' 자도 아니고 '八' 자도 아닌 모양이라 한다(左肩與胯對垜之中 兩脚先取四方立 後次轉左脚尖
指垜中心 此爲丁字不成八字不就)." 했고 또한 "왼쪽 발끝이 과녁을 향하되 발꿈치는 약간 바깥쪽으로 내민다.
오른발은 과녁과 평행되게 횡으로 놓아서 신발과 버선이 과녁을 마주 보게 한다(左脚尖指垜 脚跟微出 右脚橫
直鞋襪對垜)."고 했다. 옛날에 중국에서는 사대(射臺)에 '十' 자 선을 그려 놓고 왼발을 종선(縱線), 오른발을
횡선(橫線)에 맞추게 했다는 기록도 있다. 이 자세(뒤의 '그림 4')가 비정비팔 자세의 기본적 형태이다. 후대 중
국 사법서에는 발 자세에 대해 "정자불성팔자불취(丁字不成八字不就)" 외에 '비십비팔(非十非八)' 또는 '불정
불팔(不丁不八)'이라는 표현도 쓴다.
일본 사법에서는 두 발을 어깨 넓이로 벌려 과녁을 옆으로 보면서 '二' 자 모습으로 놓고 두 발끝만 약간 벌려
활 쏘는 사람이 내려다볼 때 두 발의 모습이 여덟 '八' 자의 반대가 되게 하는 것이 가장 일반적이며(뒤의 '그림
2') 이런 자세를 비정비팔이라 한다. 서양 사법에서도 가장 표준적 자세인 스트레이트 스탠스(straight stance)는
이와 같은 자세다(뒤의 '그림 3'). 이들은 모두 비정비팔의 원칙과 어긋나지 않으면서도 활쏘기에 적합한 자세이
다. 일본과 서양에서는 긴 활을 쓰므로 그렇게 서는 것이라고 보는 사람도 있으나 이는 일본과 서양의 활은 길지
만 화살은 짧기 때문에 활이 길다 해서 자세가 달라져야 할 이유는 없음을 간과한 말이다.
결국 《조선의 궁술》이 말한 비정비팔(非丁非八) 자세는 중국의 발 자세(뒤의 '그림 4')와 같았을 것으로 보는
것이 옳으며 따라서 "몸은 곧은 자세로 서고 과녁과 정면으로 향해야 하나니"란 말은 얼굴을 과녁 쪽으로 돌리
라는 말에 불과하며. "앞발 발끝이 과녁을 바로 향하게"라는 말은 왼쪽 어깨와 허벅지를 과녁을 향하게 하고 두
발을 나란히 '二' 자로 놓고 선 다음에 왼발 끝을 돌려 과녁 중앙을 향하게 하라는 말로 보아야 할 것이다. 《조
선의 궁술》이 그림으로 설명한 아래의 만개궁체(滿開弓體)는 바로 이런 자세이다. 만약에 《조선의 궁술》 원
문에서 말하는 자세가 뒤의 '그림 1'과 같은 자세라면 만개궁체 그림에서도 화살대 방향과 왼발 방향이 같게 그
려 놓았을 것이다. 특히 서유구의 《사결》은 당나라 왕거의 《사경》 중 발 자세를 그대로 인용하고 있는 것
을 보면(뒤의 435쪽 각주 3 참고) 우리나라의 비정비팔이 중국의 비정비팔과 다른 의미일 수는 없다.

7) 체중을 발가락 쪽에 쏠리지 않게 발바닥 전체에 분산시키라는 말이다.

만개궁체(滿開弓體)

과녁 ⊙	⊙	⊙	⊙
↑	↑	↑	↑
앞발 ⇑	앞발 ⇗	⇒	⇗
뒷발 ⇗	뒷발 ⇘	⇒	⇒
그림 1. 흔히 말하는 비정비팔 자세	그림 2. 일본의 발 자세	그림 3. 서양의 발 자세	그림 4. 비정비팔의 원형

Ⅲ. 불거름(膀胱방광)

불거름8)은 아무쪼록 팽팽해야 한다.9) 만일 팽팽하지 못하면 이로 인해 엉덩

---

8) 방광(膀胱) 위의 아랫배 부분.

9) 사법에 흉허복실(胸虛腹實)이라는 말이 있다. "불거름은 아무쪼록 팽팽해야 한다."는 말은 복실(腹實)에 해당되는 말로서 아랫배를 불룩하게 부풀리라는 말이다. 다음 'Ⅳ. 가슴통' 항에서는 비우는 것을 허(虛)라고 했고 그와 반대의 경우, 즉 밴 것을 실(實)이라 했는데 밴다는 것은 불룩 부풀어 오른 것을 말한다. 아랫배를 끌어들이는 것이 불거름을 팽팽하게 하는 것이라고 보는 사람도 있지만 아랫배를 끌어들이는 것은 불거름을 팽팽히 하는 동작과는 상반된 동작이다. 아랫배를 부풀릴 것인지 끌어당길 것인지는 활 쏠 때 호흡법과도 관련된 일로서 호흡법

이가 뒤로 빠져 사법에 맞지 않게 된다. 팽팽하게 하려면 두 다리에 단단히 힘
을 주면 된다.

Ⅳ. 가슴통(胸膈 흉격)

가슴통은 최대한 비워야(虛 허) 한다. 가슴통이 배거나(實 실)[10] 버스러지는[11]
것을 사법에서는 크게 기피한다. 이럴 때는 목덜미를 팽팽하게 늘이면 자연
가슴이 비워지게 된다.[12] 혹시 타고난 체형 때문에 가슴통이 배거나 버스러
져서 쌍현(雙絃)이 지는 때는 활고자를 줄이든지 시위를 팽팽하게 하면 이러
한 폐단을 피할 수 있다.[13] 그러나 제일 오묘한 방법은 화살을 내보낼 때 기
운과 숨을 들이마시면서 화살을 내보내면 자연 가슴이 비워진다.[14] 이는 쌍

에 관해 다음의 'Ⅳ. 가슴통' 항에서는 "가슴통은 최대한 비워야 한다." 했고 또 "기운과 숨을 들이마시면서 화
살을 내보내라."고 했다. 숨은 들이마시되 가슴통을 비우려면 아랫배를 부풀려야 한다. 활을 쏠 때는 흉식호흡이
아닌 복식호흡 또는 단전호흡을 하라는 것은 이를 두고 한 말이다. 다만 아랫배를 부풀린다고 해서 등이 뒤로
젖혀지면 안 된다. 등이 뒤로 젖혀지면 발시 순간 상체가 흐트러지기 쉽다.

10) 아기를 '밴다'는 것과 같은 용도의 말로서 불룩 부풀어 오른 것을 말한다.

11) '흐트러지는'이라고 해석하는 경우도 있고(조병택, ≪한국의 궁도≫), '젖혀지는'이라고 해석하는 경우도 있다
(유영기·유세현, ≪우리나라의 궁도≫). 버스러진다는 말은 반듯하지 못하고 일그러지는 것을 말한다.

12) 턱을 끌어당겨 뒷목을 바로 세우면 가슴이 안쪽으로 당겨진다.

13) "쌍현(雙絃)이 진다."는 것은 활을 가득 벌렸을 때 시위 아래쪽이 가슴에 걸려 구부러진다는 의미로 보인다(대
한궁도협회, ≪한국의 궁도≫). 쌍현(雙絃)이란 활을 벌렸을 때 한 번만 구부러져야 할 시위가 두 번을 구부러
진다는 표현인 것 같다. 활을 벌렸을 때 시위 아래쪽이 가슴에 가볍게 닿는 것이 바람직하지만 시위가 가슴을
누르면서 구부러질 정도가 되면 일정한 방향과 강도로 화살을 내보내기 어렵게 된다. 호흡이나 자세 또는 발시
동작의 작은 변화가 시위 아래쪽의 긴장도에 영향을 미칠 것이기 때문이다. 활고자를 줄이거나 시위를 팽팽히
하면 이런 폐단을 피할 수 있다는 것은 그렇게 하면 활의 아래위 두 고자 사이의 간격이 줄어들어 활을 벌렸을
때 아랫고자의 위치가 높아지면서 시위가 가슴에 걸리지 않게 되기 때문일 것이다.
중국 사법에는 오평삼고(五平三靠)란 말이 있다. 청나라 사덕위(史德威)의 ≪사예진량(射藝津梁)≫의 해설에
의하면, 두 눈썹, 두 젖꼭지, 가슴의 양쪽, 등의 양쪽 그리고 두 팔이 각각 수평을 이루는 것을 오평(五平)이라
고 했고 시위를 가슴에 대고, 화살을 절피 중간 제자리에 끼고, 화살대를 얼굴 어느 곳에 대는 것을 삼고(三靠)
라 했다. 그러나 청나라 소설인 이여진(李汝珍)의 ≪경화연(鏡花緣)≫에서는 두 어깨, 두 팔꿈치 및 천정(天
庭: 두 눈썹 사이의 미간)이 수평으로 일직선을 이루는 것이 오평(五平)이며 화살 깃을 입 옆에 대는 것, 시위
의 아랫부분을 가슴에 바짝 대는 것 그리고 시위 소리를 들을 수 있게 시위의 윗부분을 귀에 가깝게 대는 것을
삼고(三靠)라 했다.

14) 숨을 가슴에서 아랫배로 밀어 내리고 발시하라는 말이다. '숨'만 말하지 않고 '기운과 숨'이라 한 것은 활을 벌
리고 발시하는 동작에는 큰 힘이 필요하고 큰 힘을 쓰려면 몸에 많은 산소가 필요한데 숨을 들이마시면 산소를
섭취해 기운이 생기기 때문이다. 그러나 숨이 가슴에 차 있는 채로 화살을 내보내면 흉곽(胸廓)의 유동성(流動
性)으로 인해 발시 순간 가슴 모양이 변해 화살을 일정하게 내보내기 힘들다. 들이마신 숨을 아랫배로 밀어 내
리는 호흡법을 복식호흡이라 하며 복식호흡을 하면 가슴과 배를 나누는 횡격막(橫經膜)이 내려가서 횡격막 아
래 장기(臟器)들이 아래로 눌리는데 이때 등 쪽은 척추와 단단한 근육이 있고 아래쪽은 골반이 있어서 결국 복
부가 부풀게 된다. 숨을 들이마시면서 화살을 내보내라는 말은 숨을 아랫배로 밀어 내린 후에 호흡을 정지한

현(雙絃)이 지는 것을 피하는 데 도움이 될 뿐 아니라 누구에게나 좋은 방법이다.

Ⅴ. 턱끝(頷함)

턱끝은 죽머리와 가까이 묻되[15] 들리거나 돌면[16] 웃동이 버스러지고[17] 화살이 바로 빠지지 못한다. 이런 병을 고치려면 있는 힘껏 목덜미를 늘이면서 턱을 묻으면 저절로 턱이 죽머리 가까이 묻히게 된다.

Ⅵ. 목덜미(項항)

목덜미는 항상 팽팽하게 늘여야 한다. 오므려서 뒤로 젖히거나 앞이나 옆으로 구부려서는 안 된다.[18]

Ⅶ. 줌손(弝手파수)

줌손은 하삼지[19]를 흘려서 거듭쳐 쥐고[20] 반바닥[21]과 등힘[22]으로 줌통을 밀

상태에서 화살을 내보내라는 말이다. 호흡을 멈춘 상태에서 화살을 내보내고 화살을 내보낸 후 기도(氣道)를 열어 숨을 내뿜어야 한다.

15) 앞의 'Ⅰ. 몸' 항의 "과녁이 이마와 바로 선다."는 말과 같이 얼굴이 정면을 향하게 턱끝을 앞 어깨 쪽으로 돌린 후에 목으로 끌어당겨 붙이라는 말이다. 뒤의 '제2절 초보자가 배우는 차례'에도 "눈으로 과녁을 겨누되 활 아래 양양고자와 수평선이 되게 볼 것이며 턱을 줌팔 겨드랑이 아래로 끌어들여 묻어야 한다."는 말이 있지만 이는 처음에 배우는 사람이 화살을 과녁까지 보내려고 앞 팔을 높이 올리고 쏘는 자세에 불과하다. 중국 사법서들은 한결같이 앞뒤 두 손과 두 팔꿈치 및 두 어깨가 일직선을 이루게 하라고 한다.

16) 발시 때 턱끝이 움직이는 것을 말한다. 턱끝이 움직이면 상체도 일그러진다.

17) 앞의 'Ⅳ. 가슴통' 항에서 말한 "가슴통이 버스러진다"는 말과 같은 말로 가슴통이 반듯하게 세워져 있지 못하고 일그러지는 것을 말한다.

18) 목덜미를 팽팽하게 늘여서 목을 곧게 세우는 것은 몸의 상하 축선인 척추를 고정시킴으로써 상체의 흔들림을 최소화하기 위한 자세이다.

19) 엄지와 검지를 제외한 중지, 무명지 및 새끼손가락을 말한다. 활을 쏘기 위해 줌손을 들어 올렸을 때 아래쪽에 있게 되므로 하삼지(下三指)라고 부른다.

20) 거듭쳐 쥐라는 말은 앞뒤 문맥상 하삼지를 단단히 감아쥐라는 말이다. 뒤의 '제2절 초보자가 배우는 순서'에서는 화살 깃이 줌손 엄지 위를 훑고 나가는 것을 피하려면 하삼지를 거드쳐 쥐라 했는데 이때 거드쳐 쥐라는

어 주되 범아귀는 다물어야 하며[23] 북전(食指節根식지절근)보다 엄지가 낮아야 한다.[24] 하삼지가 풀리거나 웃아귀가 밀리면[25] 화살이 덜 나가게 된다.[26]

말은 풀리지 않게 단단히 감아쥐라는 말로 거듯쳐 쥐는 것과 같은 말이다. 그러나 흘려서 쥐라는 말은 몇 가지 해석이 가능할 것으로 보인다.

첫째, 이를 하삼지가 줌통과 직각이 아닌 비스듬한 각도를 이루게 쥐라는 말로 보는 것이 일반적 해석이다. 그러나 이렇게 해석하면 뒤에 나오는 "북전보다 엄지가 낮아야 한다."는 말과 같은 말이 된다. 북전, 즉 검지 아래쪽 첫마디보다 엄지를 낮추면 하삼지가 줌통과 비스듬한 각도를 이루게 된다.

둘째, 이는 활을 비스듬히 오른쪽으로(우궁의 경우) 눕혀 쥐라는 의미일 수도 있다. 중국 사법서(射法書)인 ≪사법비전공하(射法秘傳攻瑕)≫[청나라 주용(朱墉)이 서기 1700년 편찬한 ≪무경칠서휘해≫의 말권(末卷)]에서는 궁소요측(弓弰要側)이라고 해서 활을 약간 오른쪽으로(우궁의 경우) 눕혀서 쥘 것을 강조하고 있는데 ≪조선의 궁술≫에는 직접 이를 언급한 곳은 없고 이에 가장 가까운 말이 바로 흘려서 쥐라는 말이기 때문이다. 그러나 뒤의 '제2절 초보자가 배우는 차례'에 "앞죽을 싸서 건다."는 말이 있고 바로 이 말이 ≪사법비전공하≫의 '궁소요측'에 해당되는 말로 보인다. 반바닥으로 줌통을 밀며 하삼지를 감아쥐면서 활을 벌려 주면 자연스럽게 활이 약간 오른쪽으로(우궁의 경우) 눕혀진다.

셋째, 처음에는 흘릴 듯 가볍게 쥐라는 말일 수도 있다. 중국의 사법서인 ≪사법비전공하≫는 줌통을 힘주어 쥐는 것을 직악(直握) 또는 직나(直拿)라 하고 느슨히 쥐는 것을 사나(斜拿) 또는 지궁여악란(持弓如握卵)이라 하여 처음에는 계란을 쥐듯 느슨히 쥐었다 차차 힘주어 쥐라고 한다. 흘려서 쥔다는 말은 그 어감(語感)으로 보나 앞뒤 문맥으로 보나 바로 이 사나(斜拿)의 우리말 표현일 수 있다. 필자는 이렇게 해석하는 것이 가장 타당할 것으로 본다. 줌통을 처음에는 흘릴 듯 가볍게 쥐었다가 차차 하삼지에 힘을 주며 단단히 감아쥐어야 하는 이유는 태권도에서 정권(正拳)을 칠 때도 손가락을 서서히 힘을 주어 가며 감아쥐어야 주먹이 단단히 쥐어지는 것과 같은 이치이다. 뒤의 '제2절 초보자가 배우는 순서'에서는 활을 들어 올릴 때는 앞 팔에 힘을 풀어 두었다 만작이 될 즈음 힘을 주어야 앞 팔이 실하게 되며 이것은 변할 수 없는 원칙이라고 했다. 뒤의 제2절에서는 앞팔에 힘쓰는 법을 말한 것이고 이곳에서는 줌손에 힘쓰는 법을 말한 것이지만 원리는 같은 것이다. 발시 순간 하삼지가 풀어지지 않아야 화살이 힘차게 나간다.

21) 엄지의 손바닥 쪽 뿌리 마디 부분을 말한다. 손바닥 하단의 엄지 쪽 절반에 해당되므로 반바닥이라고 한 것으로 보인다.

22) 어깨에서 손목에 이르는 힘을 등힘이라고 한다. 이곳에서는 하삼지를 단단히 감아쥐고 반바닥과 등힘으로 줌통을 밀어 주라고만 했지만 앞 팔꿈치를 시계방향으로(우궁의 경우) 비틀어서 앞 팔의 아랫마디와 윗마디가 단단히 맞물리게 해야 등힘으로 줌통을 밀어 줄 수 있다. 앞 팔꿈치를 이렇게 비트는 동작을 뒤의 'Ⅹ. 중구미' 항에서는 "중구미는 필히 엎어 주어야 한다."고 했고 중국의 ≪사법비전공하≫에서는 전방요전(前膀要轉)이라고 했다.

23) 범아귀란 엄지와 검지 사이를 말하며 중국말의 호구(虎口)를 우리말로 옮긴 것이다. 이를 다물라는 것은 엄지와 검지가 허공에서 놀지 않게 줌통에 붙여 주라는 말이다. 엄지와 검지가 허공에서 놀면 하삼지를 단단히 감아쥐어도 발시 순간 줌통이 손바닥 안에서 돌아갈 수 있다.

24) 북전이란 줌손 검지의 손바닥 쪽 첫째 마디와 둘째 마디를 말한다. 반바닥을 먼저 줌통 하단에 대고 자연스럽게 줌통을 쥐고 활을 들어 올리면 엄지보다 북전이 높고 하삼지는 줌통과 직각이 아닌 비스듬한 각도를 이루게 된다.

25) 활에서는 줌통 바로 위를 웃아귀라 하고 줌손에서는 범아귀의 가장 윗부분, 즉 엄지와 검지가 연결되는 부분 상단을 웃아귀(또는 아귀)라 한다. 반바닥으로 줌통을 밀어도 하삼지가 풀리면 줌손 웃아귀(또는 아귀)로 줌통의 압력이 밀려들어 오고 이를 이기려고 줌손 웃아귀(또는 아귀)로 줌통을 밀어 주면 활 웃아귀가 앞으로 밀리게 되고 이렇게 되면 시위를 놓을 때 활 윗고자가 앞으로 숙으면서 화살은 낮고 짧게 날아간다. 흔히 말하는 '고자채기'라는 동작과 유사한 동작이다. 그러나 본래 '고자채기'란 줌통을 반바닥으로 밀면서도 하삼지를 더욱 감아쥐어서 활의 윗고자를 앞으로 쓰러뜨리면서 시위가 아래로 가게 하는 동작을 말한다(뒤의 260쪽, '그림 6' 참고). 중국 최고(最古)의 체계적 사법서(射法書)인 왕거(王琚)의 ≪사경(射經)≫에서는 이런 발시 방법을 취하면서 발시 때 윗고자를 앞으로 쓰러뜨리는 동작을 '별(撇)' 또는 '질(控)'이라 했다. 그러나 명나라 말기에 고영(高穎)이 저술한 ≪무경사학정종(武經射學正宗)≫은 이런 동작을 배척하고 발시 전후에 줌손을 같은 모습으로 유지케 했다[앞서 소개한 ≪사법비전공하≫, 즉 청나라 주용(朱墉)이 서기 1700년 편찬한 ≪무경칠서휘해≫의 말권(末卷)은 바로 이 ≪무경사학정종≫을 중심으로 중국의 여러 사법서들을 축약 각색한 것으로서 조선조 후기 평양감영은 이 ≪무경칠서휘해≫의 복사본을 발간했고 일본에도 그 말권과 같은 내용의 ≪무경사학비수공하(武經射學秘授攻瑕)≫란 책자가 간행되어 전해지고 있다]. 아마도 당시에도 발시 동작을 잘못 이해해서 발시 때 반바닥을 밀어 주지 못하는 경우가 흔했기 때문이 아닌가 싶기도 하다.

줌통을 들이켜 쥐어서 등힘이 꺾이는 것을 흙받기줌이라고 한다. 이렇게 쥐면 들맞게 되어 시위가 활을 넘기는 폐단이 생긴다.[27] 이런 때는 반드시 줌통을 고쳐 쥐어야 하며 이를 고치는 첫째 방법은 활을 무르게[28] 한 후에 줌손을 차차 빼그쳐 쥐도록 해야[29] 한다. 둘째 방법은 줌손의 가운뎃손가락 솟은 뼈[30]를 과녁을 향해 밀면서 쏘는 것으로 이는 아주 오묘한 방법이다.

Ⅷ. 깍지손(帶夬手대결수)

깍지손은 다섯 손가락 또는 세 손가락으로 쥐어서[31] 시위를 높이 끌되[32] 중

---

26) 시위를 얹었을 때 활대와 시위 사이의 간격은 위쪽의 가장 넓은 부분보다 아래쪽 가장 넓은 부분이 약 5mm 정도 좁다. 화살을 높이 떠올려 멀리 가게 하려고 활대 아랫부분을 더 강하게 만들기 때문이다. 또한 위보다 아래가 더 볼록하게 튀어나온 줌통을 흔히 볼 수 있는데 이 역시 활의 아랫부분을 더 세게 밀어 주기 위한 구조다. 그러나 줌통 아랫부분을 반바닥으로 힘차게 밀어주지 못하거나 하삼지를 단단히 감아쥐지 못하면 활의 이런 구조적 특징들을 제대로 활용할 수 없게 된다.

27) 줌통을 쥘 때 반바닥을 줌통 중앙보다 약간 뒤쪽(우궁의 경우 왼쪽)에 대고 하삼지를 감아쥐는 것이 자연스러운 방법이다. 그런 다음 하삼지로 줌통을 비틀 듯 감아쥐어야(이를 흔히 줌통을 짜준다 한다) 반바닥을 통해 등힘으로 줌통을 밀어 줄 수 있다. 이곳에서 빼그쳐 쥐라고 한 것이나 뒤의 '제2절 초보자가 배우는 순서'에서 줌통을 빼거 쥐라고 한 것이 바로 이렇게 쥐라는 말일 것이다. 이와는 달리 줌통을 처음에는 제대로 쥐었어도 반바닥으로 줌통을 밀어 주면서 하삼지를 비틀듯이 감아쥐지 못하고 손목이 앞쪽으로 꺾인 경우를 줌통을 들이켜 쥔다고 하고 이렇게 쥔 줌손을 흙받기줌이라고 한 것으로 보인다. 흙받기줌이란 말이 어디서 유래된 말인지는 짐작이 되지 않는다. 그러나 줌통을 이렇게 쥐면 손목이 무력해서 화살을 힘차게 내보낼 수도 없을 뿐 아니라 발시 때 시위가 도고지 가운데를 때리지 못하고 앞쪽(우궁의 경우 오른쪽)을 때리면서 활에서 벗겨질 수 있다. ≪조선의 궁술≫은 이를 두고 들맞게 되어 시위가 활을 넘긴다고 한 것으로 보인다. 각궁은 시위가 활을 넘기면 활이 부러질 수 있다. 이런 필자의 해석과 달리 시위가 도고지 뒤쪽(우궁의 경우 왼쪽)을 때리는 것을 들맞는다 하고 이와 반대의 경우를 나맞는다고 한다는 해석도 있다. 들맞는다를 들여 맞는다의 줄임말로 보기 때문이다. 그러나 ≪조선의 궁술≫은 나맞는다는 말을 사용하지 않았을 뿐 아니라 시위는 도고지 뒤쪽을 때리면 어지간해서는 활을 넘지 않는다. 관성(慣性)으로 인해 도고지 가운데로 밀려들어 가기 때문이다. '들'은 '들이붙다' 또는 '들부수다' 말의 경우와 같이 '마구' 또는 '함부로'란 뜻의 접두어로서 들맞는다는 말은 발시 후에 시위가 도고지 중앙에 맞지 못하고 잘못 맞는 것을 말한 데 불과하며 특히 도고지 앞쪽을 때릴 때 활을 넘길 수 있다. 제대로 잘 쥔 줌손은 줌손을 세우고 손목이 약간 뒤쪽으로(우궁의 경우 왼쪽으로) 꺾어져 있는 모습으로 보이게 되며 소위 흙받기줌은 줌손이 세워지지 않고 손목이 앞쪽으로(우궁의 경우 오른쪽으로) 꺾어져 있는 모습으로 보이게 된다.

28) 팔의 힘에 비해 활의 힘이 강하면 손목이 앞쪽으로 꺾어지기 쉽다.

29) 줌통을 처음부터 단단히 쥘 것이 아니라 시위를 당기는 속도에 맞추어서 자근자근 힘을 더해 가며 단단히 감아 쥐라는 말로 보인다.

30) 중지(中指) 끝에서 두 번째 뼈마디를 말하는 것으로 보인다. 줌통을 제대로 쥐면 이 뼈마디가 과녁 쪽 또는 약간 왼쪽을 향하게 되지만 흙받기줌으로 줌통을 쥐면 오른쪽을 향하게 된다. 이 뼈마디를 과녁을 향해 밀면서 쏘라는 것은 이 뼈가 오른쪽을 향하지 않게 하삼지를 단단히 감아쥐라는 말이다.

31) 깍지손 엄지 끝마디의 안쪽을 덮는 암깍지를 쓸 경우 엄지 끝마디를 시위에 걸고 대개 검지와 중지로 엄지를 덮어 시위를 당기며 이를 중국 옛 사법은 쌍탑(雙搭)이라 한다. 한쪽 옆에 뿔이 달린 반지 모양의 수깍지를 쓸 때도 엄지를 곧게 펴고 깍지의 뿔을 시위에 건 다음 검지와 중지로 이 뿔을 덮고 시위를 당긴다. 이때 대개 엄지, 검지 및 중지의 세 손가락을 주로 쓰므로 세 손가락으로 쥔다 하지만 무명지와 새끼손가락도 구부려 손바닥 가운데로 밀어 넣기 때문에 다섯 손가락으로 쥔다고도 한 것이다.

구미와 등힘으로 당긴 다음[33) 힘차게 화살을 내보내야 한다. 만일 외가락으로 쥐게 되면[34) 뒷손이 부실해진다. 또 팔꿈치를 훔쳐 끼고[35) 팔목으로만 시위를 당기는 것을 채찍뒤[36)라 한다. 이런 때는 반드시 중구미를 들고 중구미로 시위를 당기되 깍지손의 등힘으로 당겨야 그런 버릇이 풀리고 사법에도 맞는 것이다.

깍지손을 뒤로 뽑아내지 못하고 버리기만 하는 것을 봉뒤라 하며[37) 봉뒤로 버리고 화살이 빠져나간 후 다시 내는 것을 두벌뒤라 한다.[38) 이런 때는 시위를 충분히 당겨 깍지손이 저절로 벗겨지도록 하는 것이 오묘한 방법이다.[39)

---

32) 뒤 팔꿈치를 들고 시위를 당기라는 말이다. 뒤 팔꿈치를 들지 않으면 손목의 힘만으로 시위를 당기게 되어 큰 힘을 쓸 수 없다. 중국의 ≪무경사학정종≫은 줌팔은 땅을 향해 내뻗고 뒤 팔꿈치는 어깨보다도 더 치켜 올린 상태에서 뒤 팔을 위로 뽑아 올려 활을 벌린 다음 마치 저울대의 움직임같이 앞 팔은 들어 올리고 뒤 팔은 내린 후 발시하는 자세를 고안해 이를 척확세(尺蠖勢 : 자벌레 자세)라고 했다. 앞 어깨를 들뜨지 않게 해서 어깨뼈(肩胛骨견갑골)와 앞 팔을 밀착시키고 가슴을 벌려서 두 어깨의 힘으로 활을 벌리기 위한 방법이다. ≪사법비전공하≫에서 말한 활 벌리는 자세 역시 이런 자세이다. 한편 서유구의 ≪사결≫에는 깍지손을 뒤 어깨까지 끌어당겨서 어깨에 붙여 놓고 쏘라는 말이 있지만 ≪조선의 궁술≫에는 그런 말은 보이지 않는다.

33) 뒤 어깨에서 중구미(뒤 팔꿈치)에 이르는 힘을 하나로 묶어 시위를 끄는 것을 말한다. 이때 주의할 것은 깍지손을 짜면서 시위를 당겨야 한다는 점이다. 깍지손을 시계 반대방향(우궁의 경우)으로 틀어 손등이 하늘을 향한 채 시위를 당기는 것을 말한다. 이 동작은 발시 전에 화살을 땅에 떨어뜨리지 않는 데도 도움도 되지만 이렇게 해야 깍지손을 시위에서 떼어 낼 때도 중구미와 등힘으로 떼어 낼 수 있다. 다만 이때 화살이 구부러질 정도로 깍지손을 짜면 안 된다. 그렇게 하면 발시 후에 화살이 힘차고 곧게 날아가지 못한다.

34) 암깍지를 쓸 경우 엄지의 손톱을. 수깍지를 쓸 경우 깍지의 뿔을 검지 하나만으로 눌러 쥐는 방법을 말한다. 이를 중국 옛 사법은 단탑(單搭)이라 했다. 이렇게 하면 뒷손이 부실해진다 했지만 이는 서서 먼 표적을 쏠 때 문제며 말을 타고 쏠 때는 오히려 이 방법이 유리하다고 한다. 서서 쏠 때와 달리 목표물에 접근해 시위를 적게 당겼다 쏘므로 큰 힘이 필요 없기 때문이다.

35) 뒤 팔꿈치를 밑으로 떨어뜨려서 옆구리에 붙이는 것을 말한다.

36) 채찍을 휘두를 때는 팔꿈치를 낮추고 주로 손목을 이용하므로 이런 이름이 생긴 것으로 보인다. 이렇게 시위를 당기면 뒷손이 무력해진다.

37) 봉뒤라는 말의 유래는 알 수 없지만 발시 후 뒤 팔을 뒤로 펴지 못하는 것을 말한다. 흔히 요즘은 발시 순간 뒤 팔을 펴 주는 것을 '온깍지' 사법이라 하고 제자리에서 시위를 놓아 주기만 하는 것을 '반깍지' 사법이라 한다. 일본 사법에서는 전자를 '뒷손 길게 떼기(大離れ : 오하나레)', 후자를 '뒷손 짧게 떼기(小離れ : 고하나레)'라 한다. 중국의 전통적 사법은 '온깍지' 사법과 유사하게 뒤 팔을 뒤로 펴면서 손바닥까지 펴서 하늘을 바라보게 했고 이를 '절(拏 또는 弰)'이라고 했다. 그러나 ≪무경사학정종≫은 이런 뒤 팔 동작을 앞서 소개한 줌손의 '별(撇)' 동작과 함께 모두 배척하고 줌손, 깍지손 모두 발시 전후에 같은 모습을 유지하게 했다. 하지만 ≪사법비전공하≫는 줌손은 ≪무경사학정종≫의 동작을. 뒤 팔은 전통적인 '절' 동작을 원칙으로 했고 바람이 불거나 말 타고 쏠 때는 줌손 동작에서도 전통적인 '별' 동작을 취했다.

38) 속칭 '반깍지' 사법대로 발시한 다음에 '절(拏 또는 弰)' 동작을 취하는 것을 말한 것이다. 다시 말해 뒤 팔은 뒤로 펴는 모양만 취했다는 의미이다.

39) '봉뒤'나 '두벌뒤'는 발시 순간 동작만 보면 속칭 '반깍지' 사법과 같다. 이곳에서는 이렇게 쏠 경우 시위를 충분히 당겨 깍지손이 저절로 벗겨지게 하라 했는데 이는 깍지손 동작에서 속칭 '반깍지' 사법을 취한 ≪무경사학정종≫이 강조한 동작이다. ≪무경사학정종≫은 깍지손이 저절로 벗겨지도록 하는 발시법(發矢法)을 경법(輕法)이라 하면서 활을 가득 벌린 후 가슴을 뻐개듯 벌리고 등 근육을 바짝 조여 주면 깍지손은 저절로 시위에서 벗겨진다 했다. 결국 ≪조선의 궁술≫은 깍지손 동작에서는 원칙상 중국의 전통적인 '절(拏 또는 弰)' 동작을 취하면서도 ≪무경사학정종≫의 깍지손 동작도 배척하지 않은 것이다. 중국 최고(最古)의 체계적 사법서(射法書)인 왕거(王琚)의 ≪사경(射經)≫에서는 '절' 동작만 취하면서도 후일 ≪무경사학정종≫이 강조한 대로 가슴을 뻐개듯이 벌리면서 등 근육을 바짝 조여 주는 동작을 강조했고 후일 ≪사법비전공하≫는 '절' 동작

Ⅸ. 죽머리(肩膊견박)

죽머리는 밧투 붙여 턱과 가깝게 해야 한다. 멀어지면 죽이 허공에 걸려 흔들리거나 쓰러져 홱 돌아가기 쉽다.[40) 죽이 그렇게 되었을 때는 앞을 반반히 밀어두고 뒤를 연삽하게 내야 한다.[41) 밧투 붙은 죽에 중구미를 엎어 주었다고 해도 늘어진 경우에는 깍지손을 다다 높게 끌어서 시위를 충분히 당기는 것이 사법에 적합하다.[42)

Ⅹ. 중구미(肘주 또는 臂節비절)[43)

중구미는 필히 엎어 주어야 한다.[44) 중구미가 젖혀진 것을 붕어죽[45)이라 하

을 원칙으로 하면서도 ≪무경사학정종≫의 경법(輕法)도 함께 강조한 것이다. ≪조선의 궁술≫은 ≪사법비전공하≫의 원칙을 따랐지만 ≪무경사학정종≫의 자세도 배척하지 않은 것이다.

40) 앞의 각주 15에서 설명한 바와 같이 죽머리(앞 어깨)를 과녁 쪽을 향한 다음 내리눌러서 죽(앞 팔)을 어깨뼈(肩胛骨견갑골)에 바짝 밀착시키고 턱끝을 죽머리(어깨) 쪽으로 돌린 후 끌어당겨 목에 붙이라는 말로 보아야 한다. 밧투는 '바짝'과 같은 말이며 죽머리를 밧투 붙이라는 것은 어깨뼈에 바짝 붙이라는 말이다. "죽머리는…… 턱과 가깝게 해야 한다."는 말을 앞 어깨를 들어 올려 턱에 붙이라는 말로 보아서는 안 된다. ≪사법비전공하≫에서는 전견요장(前肩要藏)이라 해서 앞 어깨를 과녁방향으로 돌린 다음 밑으로 내리눌러 드러나지 않게 감추는 것을 사법의 기본으로 보고 앞 어깨를 위로 드러내는 것을 '솟은 어깨(聳肩용견)' 또는 '죽은 어깨(死膀사방)'라 한다. 앞 어깨가 드러나면 앞 팔과 어깨뼈가 맞물리지 못해 발시 때 흔들리기 쉽다.

41) 앞 팔이 어깨뼈와 밀착되지 못했을 때는 앞 팔이라도 충분히 펴 주고 앞의 각주 39에서 설명한 대로 속칭 '반깍지' 동작으로 발시하라는 말로 보인다. 앞 팔이 어깨뼈와 밀착되지 못한 상태에서 속칭 '온깍지' 동작을 사용하면 앞 팔이 흔들릴 것이다.

42) 중구미를 엎는다는 것은 하박(下膊: 팔꿈치에서 손목까지)을 시계방향으로(우궁의 경우) 비트는 것을 말한다. 하박과 상박(上膊: 어깨에서 팔꿈치)을 단단히 맞물려서 앞 팔을 충분히 펴 주려는 동작이다. '늘어진 경우'란 앞 팔이 팽팽히 펴지지 않은 것을 말한 것으로 보인다. 중구미를 엎어도 앞 팔이 팽팽히 펴지지 않는 것은 시위를 충분히 당기지 않았기 때문이다. 화살대 속에 박힌 화살촉 부분인 내촉(內鏃)을 밖에서 감싸 주는 상사의 시작 부분이 줌손 엄지손가락에 닿을 때까지 활을 벌리는 것이 보통인데 이를 만작(滿酌)이라 하고 중국 옛 사법 용어로는 구(彀)라 했다. ≪맹자(孟子)≫, 〈고자상(告子上)〉 편에는 중국의 신화적 명궁 예(羿)가 남에게 활 쏘기를 가르칠 때 반드시 활을 가득 벌리게 했다는 구절("羿之敎人射 必志于彀")이 있고 활을 가득 벌리는 원칙을 '구율(彀率)'이라 했다. 당나라 왕거(王琚)의 ≪사경(射經)≫에서는 활쏘기의 중요한 다섯 가지 원칙인 오사(五射) 중 하나인 '백시(白矢)'에 대해 화살촉이 손가락에 도달하는 것을 말하며 '구율(彀率)'이 이를 말한다("矢白鏃至指也 所謂彀率也") 했다. 다만 명나라 이정분(李呈芬)의 ≪사경(射經)≫에는 "화살촉이 줌통을 지나 들어오게 당겨서 쏘는 사람은 명궁이며 초보자는 그렇게 할 수 없다. 탈파전(脫弝箭)은 그런 명궁을 지칭하는 별명이다(箭有脫弝之射者 名家也 非初學者可言 脫弝箭 名家之號也)."는 말이 있다. '다다 높게' 끌라는 말은 '적당히 높게' 끌라는 말이다. 깍지손을 낮춘 상태로 시위를 당기면 어깨 힘을 이용하기가 어려워 큰 힘을 쓸 수가 없다.

43) 앞 팔 팔꿈치를 말한다. 원문에는 한자 표기가 '비전(臂箭)'으로 되어 있으나 '비절(臂節)'의 오기(誤記)가 분명하므로 바로잡았다.

44) 앞 팔 하박(下膊: 팔꿈치에서 손목까지)을 시계방향으로(우궁의 경우) 비트는 것을 말한다. 하박과 상박(上膊:

고 젖혀지지도 엎어지지도 않은 것을 안진죽46)이라 하는데 둘 다 실하지 못한 자세다. 이럴 때는 활을 아무쪼록 무르도록 해야 하고 또 줌통을 평평하게 하고47) 뒤를 연삽히 내야 한다.48)

중구미가 엎어진 때는 깍지손을 실하게 내야 한다.49) 앞이 동글고50) 죽머리가 밧투 붙고51) 중구미를 엎었으면 깍지손을 턱 밑으로 바짝 짜서52) 맹렬히 뒤로 내야 한다.53)

어깨에서 팔꿈치)을 단단히 맞물리게 하려는 동작이다. 이때 하박만 돌려야지 상박도 함께 돌리면 하박이 비틀리지 못하고 어깨가 위로 튀어나온다. 우리나라와 일본에서는 팔꿈치를 시계방향으로(우궁의 경우) 비틀지만 중국에서는 그 반대방향으로 비틀었을 것으로 보는 견해도 있다[하마구찌 후지오(橫口富士雄), ≪사경(射經)≫, 동경(東京), 명덕출판사(明德出版社), 서기 1980년. 명나라 이정분의 ≪사경≫을 일본말로 번역한 책이다]. 이정분의 ≪사경≫에 "활 쥐고 있는 손, 시위 당기는 손 및 앞 어깨와 앞 팔꿈치가 모두 수평을 이루게 해 팔꿈치에 물잔을 올려놓을 수 있어야 한다(其持弓手與控指及左膊肘平如水准 令其肘可置杯水)."는 말이 있는데 팔꿈치 안쪽 오금이 위를 보아야 오금 위에 물잔을 올려놓을 수 있다고 보기 때문이다. 그러나 필자는 이 구절 중 "令其肘可置杯水"란 부분은 팔을 곧게 펴라는 것을 강조하려는 수사적(修辭的) 표현에 불과할 것으로 본다.

45) 앞 팔꿈치를 시계 반대방향(우궁의 경우)으로 젖히면 활 쏘는 사람이 자신의 팔뚝을 볼 때 붕어의 옆모습같이 보일 것이기에 붙여진 이름일 것이다.

46) '앉은 죽'의 옛 표기로서 팔뚝이 비틀리지도 젖혀지지도 않고 그대로 있다는 의미에서 붙여진 이름일 것으로 생각된다.

47) 활대 중간이 너무 시위 쪽으로 튀어나오지 않게 하라는 말로 보인다. 시위를 얹은 활대의 모습을 보면 중간이 시위 쪽으로 약간 튀어나오는데 그 정도가 지나친 것을 뒤의 '제2절 초보자가 배우는 차례'에서는 알줌이라 하면서 이런 활은 벌리기 힘들다 했다. 벌리기 힘들면 중구미를 엎기도 어렵다.

48) 앞의 각주 41 참고.

49) 중구미가 엎어지면 줌팔의 힘이 실해진다. 이럴 경우에는 깍지손을 실하게 내라는 것은 과감히 뒤로 힘차게 뽑아내면서 뒤 팔을 펴 줌으로써 앞뒤 두 팔에 힘의 균형을 맞추라는 말로 보인다. 소위 '온깍지사법'을 말한다.

50) '앞이 동글고'란 말이 무슨 말인지에 대해서는 몇 가지 해석이 가능하다.
첫째, 어감(語感)상으로는 중구미가 엎어진 상태를 말한 것일 가능성도 있다. 그러나 바로 뒤에서 중구미가 엎어진 자세를 앞이 동글고라는 자세와 별개의 자세로 말한 것을 보면 이런 해석은 배제되어야 할 것이다.
둘째, 줌손 반바닥으로 줌통을 밀어 주며 하삼지를 단단히 감아쥘 때 줌통이 약간 돌아가는(우궁의 경우 위에서 보았을 때 시계 반대방향으로) 것을 말한 것일 수 있다. 이런 동작을 흔히 줌손을 짠다고 한다. 줌손을 견고하게 짜면 화살이 뒤나는(우궁의 경우 왼쪽으로 가는) 경향이 있다. 이를 해결할 방법은 깍지손을 시계 반대방향(우궁의 경우)으로 짜서 힘차게 떼어 내는 것이다. 이곳에서도 깍지손을 짜서 힘차게 떼어 낼 것을 강조한 것을 보면 앞이 동글고라는 말은 줌손을 짜는 동작을 말한 것일 가능성이 매우 높다. 줌손 짜는 동작에서 주의해야 할 것은 시위를 당기기 시작할 때부터 반바닥으로 줌통을 밀면서 하삼지를 감아쥐어야 한다는 점이다. 활이 어느 정도 벌어진 이후에는 이런 동작을 취하기가 어렵다.
셋째, 간혹 '앞이 동글고'란 표현을 깍지손 엄지를 시위에 건 다음 활을 벌리기 전까지 두 팔의 모습을 말한다고 보는 경우도 있다. 시위를 당기기 전 두 팔에 잔뜩 힘을 주고 있다 시위를 당기면 만작된 후에 두 팔이 무력해지기 쉽다. 활을 벌리기 전에는 두 팔을 약간 구부려서 편안한 모습으로 힘을 빼고 기력을 모아 앞뒤 팔에 서서히 힘을 가하면서 활을 벌리다 활이 거의 가득 벌어진 후에 두 팔에 힘을 주어 굳혔다가 시위를 놓아야 힘차게 화살을 내보낼 수 있다. 일본의 사법에서는 엄지를 시위에 건 직후의 동작을 '활 겨루기(弓構え)'라 하며 이때 팔에 힘을 주면 '죽은 몸(死の體)'이 된다고 한다. 유파에 따라 묘사가 약간 차이가 있는데 "동그랗게 물 흐르듯이(円相にして水走り)"라고 하여 어깨에 힘을 빼고 위 팔뚝을 약간 벌린 후 어깨부터 손끝까지 물 흐르듯 편안히 둥근 모양을 만들라고도 하고 큰 나무를 껴안듯 두 팔이 자연스런 곡선을 만들게 하라며 이런 모습을 '활주머니(ゆみふところ)'라 부르는 경우도 있다. 우리 사법은 거궁(擧弓) 후의 이런 동작을 강조하지만 일본 사법은 거궁 전 엄지를 시위에 건 다음부터 이런 동작을 강조하는 차이가 있다. 그러나 본문의 문맥상 앞이 동글고 죽머리가 밧투 붙고 중구미가 엎어진 세 가지 자세가 동시에 이루어지는 자세로 표현되어 있기 때문에 앞이 동글고라는 말이 이런 동작을 말한 것일 수는 없다.

51) 앞의 'Ⅴ. 턱끝' 항과 각주 40 참고.

중구미는 동글되[54] 죽이 멀리 붙거나[55] 중구미가 엎어지지 아니하면 뒤를 밧
투거서 연삽하게 내야 한다.[56]

XI. 등힘(把手背力파수배력)[57]

등힘은 줌손 외부로부터 생기는 힘[58]이니 있는 힘껏 팽팽하게 일직선으로 밀
어 주어야 한다. 만약 줌손이 꺾이면[59] 팽팽하게 일직선으로 힘이 나지를 못한다.

제2절 초보자가 배우는 차례(新射入門之堦신사입문지계)[60]

좌궁, 우궁을 막론하고 두 발을 여덟 '八팔' 자로 벌려 딛되 과녁의 좌우 아래
끝을 정면으로 향해 딛고[61] 얼굴과 이마 또한 과녁과 정면으로 대하게 서야 한
다. 줌손을 이마와 같은 높이로 올려 들고 깍지손을 높이 끌어 충분히 당기었다
맹렬히 내야 한다. 눈으로 과녁을 겨누되 활 아래 양양고자를 거쳐서 볼 것이며
턱을 줌팔 겨드랑이 아래로 끌어들여 묻어야 한다.[62] 위에 말한 여러 가지를 궁

---

52) 깍지손을 시계 반대방향으로(우궁의 경우) 비틀어 주라는 말이다. 앞의 각주 33 참고. ≪조선의 궁술≫은 앞의
　　169쪽 '만개궁체(滿開弓體)' 그림에서 알 수 있듯이 화살을 턱 밑에 대고 쏘는 자세를 취하므로 깍지손을 턱
　　밑에서 짜 주라고 한 것이다.

53) 앞에서 말한 실하게 낸다는 말과 같은 말로 보인다. 앞의 각주 49 참고.

54) 앞뒤 문맥상 중구미를 엎는 동작을 말하는 것으로서 위의 문단에 나오는 "앞이 동글고"란 말과는 무관함이 분
　　명하다.

55) 앞 어깨가 위로 솟아오른 것을 말한다.

56) "뒤를 밧투거서"는 시위를 충분히 당기라는 말이고 '연삽하게' 내라는 말은 소위 '반깍지 사법'을 말한다.

57) 한문 표기의 파수(把手)는 줌팔을 말하고 배력(背力)은 등힘을 말한다. 파수배력(把手背力)은 '줌팔의 등힘'이
　　라는 말이다. 한자의 '파(把)'는 줌통, 과녁, 화살 등을 지칭하는 말로 여기서는 줌통을 말한다.

58) 줌손 하나의 힘이 아니라 등에서 시작해서 앞 어깨와 앞 팔뚝을 거쳐 줌손에 이르는 힘을 말한다. 깍지손을 시
　　위에서 떼어 내기 위해 뒤 어깨를 등과 더욱 조여 주면 뒤 팔의 힘까지 등과 앞 어깨 그리고 앞 팔뚝을 거쳐
　　줌손에 이르게 된다. 이 힘까지 합해 등힘이라고 보는 것이 타당할 것이다.

59) 앞의 '줌손' 항에서 말한 소위 흙받기줌을 말한다.

60) 이 부분은 활쏘기를 배울 때 거쳐야 할 특수한 훈련방법 등을 말하고 있지만 숙달된 궁사들에게 필요한 내용들
　　도 있다.

61) 이는 초보자가 허리의 유연성을 키우기 위한 특수한 훈련자세로 보인다.

62) "활 아래 양양고자를 거쳐서 볼 것이며 턱을 줌팔 겨드랑이 아래로 끌어들여 묻어야 한다."는 말은 활을 처음

력(弓力)이 실하게 생길 때까지 이런 방법으로 익히고 배워야 한다.

죽에 힘이 들어가면 맞히기 어렵다.63) 활을 들어 올릴 때부터 앞죽에 힘이 들어가면 만작하여64) 화살을 내보낼 때쯤 죽에 힘이 다해서 풀어지거나 매시근하여65) 힘을 쓸 수가 없기 때문이다. 따라서 활을 들어 올릴 때는 반드시 앞죽을 풀어 두고 선뜻 당겨서66) 만작이 될 즈음에 힘을 주어야 앞이 실하게 된다. 이는 변할 수 없는 원칙이다.

화살이 한배를 얻어야 명중이 많아진다.67) 한배를 얻으려면 깍지손을 다다히 높게 끄는 것이 원칙이다.68) 만약 깍지손이 낮으면 비록 살고는 낮추 뜬다 하여도 영축(零縮)이 많아서 맞히기가 어렵다.69)

활을 거들 때70) 우궁은 줌손을 오른쪽 눈과 바로 떠들고 좌궁은 왼쪽 눈과 바로 떠들어야71) 앞죽을 싸서 건는72) 것이다. 이와 같이 하지 않으면 앞이 발거나73)

배우는 사람이 화살을 과녁까지 보내려고 활을 높이 들어 올리고 쏠 때의 조준방법이다. 궁력이 늘면 앞 어깨와 앞 팔을 낮추고 화살대와 촉을 거쳐서 과녁을 조준하는 것이 원칙이다.

63) 처음부터 앞 팔에 힘을 주지는 말라는 말이다. 앞의 각주 20 참고.

64) 시위를 가득 당겨

65) 힘이 달려

66) 시위를 빨리 당기라는 말이라기보다 시원스럽고 유연하게 당기라는 말이다. 궁력이 충분하지 못한 사람이 시위를 천천히 당기면 처음부터 앞 팔에 힘이 들어가서 유연성을 잃게 될 가능성도 있다.

67) 화살이 제 거리까지 날아가는 것을 한배라고 했다.

68) 다다히는 '적당히'라는 말로 보인다. 깍지손을 낮추고 시위를 당기면 어깨 힘을 이용하기 어려워 큰 힘을 쓸 수 없다. 그러나 깍지손을 높여도 뒤 팔꿈치가 처지면 활을 힘껏 벌릴 수 없다. 깍지손을 높이고 활을 벌리는 요령은 앞의 각주 32 및 33 참고.

69) 화살 날아가는 높이를 살고라 한다. 살고가 낮추 뜬다는 말은 화살이 낮은 곡선으로 날아간다는 말로 보인다. 발시 순간 깍지손의 위치가 낮으면 화살은 높이 뜨고 깍지손의 위치가 높으면 화살이 낮게 날아가기 마련인데 이곳에서 화살이 낮게 날아간다고 한 것을 보면 본문에서 "깍지손이 낮으면"이라 한 것은 깍지손을 낮은 곳에서 시작해서 높은 곳으로 끌어 올리는 동작을 말한 것으로 보인다. 영축(零縮)을 화살 날아가는 거리에 차이가 많은 것을 말한다고 보는 견해도 있지만(대한궁도협회, ≪한국의 궁도≫) 이는 '零縮'을 '崴縮' 혹은 '盈縮'과 혼동한 견해이다. 영축(零縮)은 '부족하다'는 말로 화살이 제 거리를 나가지 못하는 것을 말한다. 팔 힘이 매우 강한 사람이 아니면 낮은 위치로부터 높은 위치로 깍지손을 끌면 시위를 충분히 당기기 어렵기 때문에 화살이 높게 멀리 날아가지 못할 것이다.

70) 이곳에서는 발시 전에 활을 들고 있을 때를 말한다. 거들 때라는 말은 들 '거(擧)' 자를 어원(語原)으로 한 말이 분명하다.

71) 덮이거나 가려 있는 것을 쳐들거나 젖히는 것을 옛말로 떠든다고 하는데 이곳에서는 줌손이 오른쪽 눈(우궁의 경우) 또는 왼쪽 눈(좌궁의 경우)의 시선을 가리지 않도록 활을 드는 것을 '바로 떠든다'고 한 것으로 보인다.

72) 앞죽을 싸서 건는다는 말은 활을 들 때 윗고자를 약간 앞쪽(우궁의 경우 오른쪽)으로 눕혀서 드는 것을 말한 것으로 보인다. 뒤에서도 화살이 뒤나는(우궁의 경우 왼쪽으로 나가는) 것을 방지하려면 앞을 싸서 건는다고 했는데 활을 약간 앞쪽으로 눕히면 뒤나는 것을 방지할 수 있다. 싸서 건는다는 말 중 싸서는 어떤 말에서 유래된 것인지 짐작이 되지 않지만 건는다는 앞의 거들 때와 같이 들 '거(擧)' 자를 어원(語原)으로 한 말이 분명하다.

73) 본문에는 빨거나로 되어 있으나 ≪조선의 궁술≫ 출간 당시 정오표(正誤表)에 발거나로 정정(訂正)되어 있다. 앞이 발거나라는 말을 줌손이 빠진다는 의미로 보기도 하는데(대한궁도협회, ≪한국의 궁도≫) 무슨 말인지 알

쪽활74)이 되기 쉽기 때문에 이런 두 가지 병을 피하기 위해 그리 하는 것이다.75)

화살을 내보낼 때 가슴통이 밀려서 내보내야 한다.76) 이렇게 하지 않으면 두 끝으로 화살을 내보내게77) 되므로 사법에 맞지 않는다.

화살을 내보낸 후에는 줌손과 활장78)이 반드시 불거름으로 져야79) 한다. 이렇게 하려면 줌손을 등힘으로 밀어야 되는 것이다. 이렇게 되어야 화살이 줌손 뒤로 떠올랐다가 들어와서80) 맞게 된다. 이것이 사법에서 제일 좋은 방법이다.

화살을 만작해 내보낼 즈음엔 짤긋 짤긋 케여서 내보내야 한다.81) 그리 아니

<hr>

수도 없지만 무엇보다 정오표는 보지 않고 한 말이다. 필자의 생각에 발거나는 바르거나와 같은 말로 활을 너무 세운 것을 말한 것으로 보인다. ≪사법비전공하≫에서는 활을 너무 바로 세우는 것을 양수(陽手)라 해서 병으로 여겼다. 활을 너무 바로 세우면 화살이 뒤나는 경향이 있다.

74) '쪽활'이 된다는 말을 줌손이 바깥쪽으로, 즉 줌 뒤로(우궁의 경우 왼쪽으로) 나가는 것을 말한다고 보기도 하는데(대한궁도협회, ≪한국의 궁도≫) 무슨 말인지 모르겠다. 필자의 생각에 '쪽활'이 된다는 말은 어떤 말에서 유래된 것인지 짐작이 되지는 않지만 활의 윗고자를 너무 눕힌(우궁의 경우 오른쪽으로) 것을 말하는 것으로 보인다. ≪사법비전공하≫에서는 윗고자를 너무 눕힌 것을 합수(合手)라 하며 병으로 여겼다. 윗고자를 눕히면 화살이 떠오르는 것이 억제되어 날아가는 거리가 줄어들고 화살이 앞나는(우궁의 경우 오른쪽으로 나가는) 경향이 있다. 그러나 말을 타고 쏠 때는 표적에 가까이 접근해 쏘므로 화살이 떠오르는 것을 방지하려고 일부러 활을 눕히고 쏜다.

75) 활의 윗고자는 앞쪽(우궁의 경우 오른쪽)으로 약간 기울여야 한다. ≪사법비전공하≫에서는 궁소요측(弓弰要側)이라고 해서 윗고자를 너무 세우거나(陽手양수) 너무 눕히지(合手합수) 말도록 강조하면서 윗고자를 너무 세우거나 눕히면 "과녁을 옳게 겨눌 수 없다(認的不眞인적부진)."고 했다. 활은 세울수록 화살이 약간 더 나가지만 뒤나는(우궁의 경우 조준점보다 왼쪽으로 나가고) 경향이 있고, 눕힐수록 거리가 줄어들면서 앞나는 경향이 있다.

76) 화살을 내보낼 때는 가슴을 벌리고 등 근육을 조여 줌으로써 화살을 내보내야 화살이 똑바로 힘차게 나간다. 이를 말하는 것으로 보인다.

77) 두 손의 힘으로만 화살을 내보내는 것을 말하는 것으로 보인다.

78) 활대, 즉 활의 몸체.

79) 좌우 또는 위로 움직이지 말고 아래로 내려와야 한다는 말이다. 그냥 아래로 내려와야 한다고 하지 않고 불거름, 즉 아랫배 앞으로 내려와야 한다고 말한 것은 초보자의 경우 두 발을 '八' 자로 놓고 정면으로 과녁을 마주 보게 몸통을 놓는 자세를 취하도록 했기 때문이다. 가슴을 벌리고 등 근육을 조여 주어 발시하면 발시 후에도 앞뒤 팔의 힘에 여유가 있어 좌우 또는 상하로 흔들리지 않고 이때 앞 팔 힘을 조용히 풀어 주면 줌손과 활대는 아래로 내려오게 된다. 발시 후 앞 팔이 좌우 또는 상하로 흔들리는 것은 앞뒤 두 손의 힘으로만 발시했거나 앞뒤 두 손의 힘에 균형이 무너졌기 때문이다.

80) 화살이 줌손 손등 위로 떠오르며 날아가다가 내려오면서 과녁으로 향하는 것을 말한 것으로 보인다. 발시 직전에 반바닥으로 줌통을 제대로 밀어 주고 있는 줌손의 모습을 보면 손등이 비스듬하게 위를 향하게 되는데 이를 '위'라고 하지 않고 '뒤'라고 표현한 것으로 보인다. 우리나라의 전통적인 활쏘기 용어로는 줌손의 손등 쪽을 '뒤'라고 하고 손바닥 쪽을 '앞'이라고 하기 때문일 것이다. 또한 '뒤'로 떠오른다고 했기 때문에 떠올랐다가 내려오는 것도 역시 '내려와서'라고 하지 않고 '들어와서'라고 표현한 것으로 보인다.

81) 시위를 가득 당겼어도 발시 때는 야금야금 더 당기다 발시하라는 말이다. 이를 가입(加入)이라고도 하며 가득 당긴 화살을 발시 전에 자신도 모르게 약간 토해 내는 소위 퇴촉(退鏃)을 피하는 방법이다. 퇴촉된 후에 발시하면 화살이 힘을 잃고 흔들리게 된다. 그러나 야금야금 더 당기라는 말은 실제로 눈에 띄게 더 당기라는 말이 아니라 퇴촉되지 않도록 더욱 힘을 가하라는 말로 보아도 무방하다. 만작된 화살을 더 당겼다가 화살을 내보내면 화살은 힘차게 날아가도 명중률은 떨어질 수 있다. 예부터 활쏘기에서 가장 중요한 요소를 '심고(審固)' 두 글자로 표현했는데 '심(審)'은 정신집중과 조준을, '고(固)'는 발시 전 모든 자세를 굳혀 놓는 것을 말한다. 만작 후에 시위를 가득 당긴 줌손과 깍지손을 굳혀 놓고 발시 전 줌손과 깍지손에 더욱 힘을 가하면서 가슴 근육

하고 만작해서 잔뜩 멈추었다가 내보내면 화살을 내보내기에 앞서 토해 냈다가 내보내기 쉽다. 이는 사법에 맞지 않는다.

활을 거들 때 앞뒤 손을 모두 높이 차리는 것이 적절하다. 만약 앞죽을 내꼿고 뒤를 나추 케이면 살줄은 비록 낮지만 영축이 많이 나서 도저히 맞히기 어려울 뿐 아니라 나이가 많아지고 늙어 갈 때에는 활을 접어 두고 쏘지 못할 지경에 이른다.[82]

화살을 내보낼 때 화살 깃이 줌손 엄지 위를 훑고 지나가는 때가 있는데 그 원인에 세 가지가 있다. 첫째는 화살을 내보낼 때 줌손을 훑터 쥐는 것[83]이고, 둘째는 깍지손을 나추 끄는 것[84]이며, 셋째는 시위에서 너무 낮게 절피를 감는 것[85]이다. 첫째 경우라면 줌손에 주의하고 활을 무르도록 하여 쏘되 하삼지를

은 벌려 주고 등 근육은 조여 줌으로써 화살을 내보내는 방법이 가장 좋다. 그러나 초보자가 이런 방법을 쓰려 하면 오히려 퇴촉된 상태에서 화살을 내보내기가 쉽다. 궁력이 늘어 가슴 근육과 등 근육으로 발시하는 방법을 터득할 때까지는 화살이 만작되기 직전부터 가입(加入)의 방법으로 실제 시위를 더 당기다 발시하는 것이 좋은 방법일 수도 있다. 따라서 본문의 마지막에서 "사법에 맞지 않는다."고 한 것은 만작된 상태에서 너무 지체하다 퇴촉된 후 발시하는 것을 말하며 만작된 상태에서 멈추는 자체를 말하는 것은 아니라고 보아야 할 것이다.

82) 앞의 각주 68 및 69 참고. "활을 거들 때 앞뒤 손을 모두 높이 차리는 것이 적절하다."는 말은 활을 들어 올렸다 내리면서 활을 벌리는 것이 좋은 방법이란 말이며. "앞죽을 내꼿고 뒤를 나추 케이면"이라는 말은 앞 팔을 과녁을 향해 뻗어 둔 상태에서 깍지손이 낮은 위치로부터 시위를 당긴다는 말이다. 이렇게 할 때 영축이 많이 난다는 말은 앞의 각주 69에서 말한 것같이 화살 비거리가 짧아진다는 말이다. 흔히 물동이를 머리 위로 들어 올리듯 두 팔을 들어 올렸다 함께 내리면서 활을 벌리기도 하는데 앞 팔을 내뻗고 깍지손을 낮추어 활을 벌릴 때보다 힘이 덜 들어 활을 충분히 벌릴 수 있기 때문이다. 그러나 중국의 ≪무경사학정종≫은 줌팔을 아예 땅바닥을 향해서 내리뻗고 뒤 팔꿈치를 치켜 올린 상태에서 깍지손을 위로 뽑아 올려서 활을 벌린 후 앞 팔은 들어 올리고 뒤 팔은 내려주는 방법을 취하면서[앞의 각주 32 참고] 이렇게 하면 나이가 들어도 쉽게 활을 벌릴 수 있다 했다. ≪무경사학정종≫의 저자 고영(高穎)은 본래 우궁(右弓)이었지만 젊은 시절 잘못 배운 궁체로 인해 나이가 들어 고벽(痼癖)만 늘자 이를 고치려고 좌궁(左弓)으로 바꾸면서 이런 궁체를 고안해 냈다고 한다. ≪사법비전공하≫가 말하는 활 벌리는 자세도 이런 자세이다.

83) 줌통을 힘없이 쥐는 것을 말한다. 이렇게 되면 발시 순간 줌손 안에서 활이 움직이며 화살이 줌손 엄지 위를 스친다. 화살이 줌손 엄지를 훑고 나가는 가장 큰 원인이다. 화살이 날아가는 모습을 고속으로 촬영해 보면 매끄럽게 나가지 않고 뱀이 꿈틀대는 모양으로 상하 또는 좌우로 흔들리며 날아가며 이를 아처 패러독스(archer's paradox) 또는 사행(蛇行) 현상이라 한다. 화살이 활을 떠날 때 활대나 줌손과 마찰이 생기는데 이 때문에 화살은 약간 구부러지고 한 번 구부러진 화살은 그 반동으로 다시 반대로 구부러지기를 반복하면서 전진하기 때문이다. 화살이 활대나 줌손과 크게 마찰할수록 이런 현상은 심해지며 이때 에너지 손실 때문에 비행 거리도 줄어들 뿐 아니라 정확하게 나가지도 못한다. 양궁은 화살이 줌손을 스칠 수 없는 구조로 되어 있어 화살이 활대와 스치는 부분. 즉 애로 레스트(arrow rest)를 부드러운 재질로 바꾸거나 유동성 있는 구조로 바꾸어 활과 화살의 마찰을 줄이기도 하고 강한 금속 재질로 화살대를 만들어 이런 마찰을 이기게 해 준다. 우리 활도 화살이 스쳐 가는 줌통 위의 부분에 출전피(出箭皮)라는 부드러운 가죽을 대 주는데 이는 활대 마모 방지보다 이런 현상을 줄이려는 것이다. 출전피가 마모되면 화살이 나가는 거리가 줄어들 뿐 아니라 방향도 흐트러진다. 화살 깃을 부드러운 새털로 만들면 이런 현상을 줄일 수는 있겠지만 플라스틱 깃보다 공기 마찰을 이기는 힘이 약하므로 전통 죽시(竹矢) 외에는 새털을 깃으로 쓰지 않는다. 그러나 우리 활에서는 화살이 줌손 엄지에도 닿을 수 있기 때문에 줌통을 단단히 쥐지 않으면 화살과 줌손 엄지의 마찰이 커진다.

84) 깍지손을 낮은 위치로부터 끄는 것을 말한다. 이렇게 하면 활을 벌리기가 힘들기 때문에 발시 순간까지 줌손을 견고히 쥐고 버티기가 힘들 것이다.

85) 절피는 화살 오늬가 시위와 잘 물리게 하고 또 깍지와 마찰로 인한 시위의 손상을 막으려고 시위의 중간에 덧

거드쳐 쥐고 화살을 내보낸 후라도 앞을 딱 들어 두는 것이[86] 훌터 쥐는 병을 고치는 묘방이다. 둘째의 경우라면 깍지손을 다다 높이 끄는 것이 묘방이다.[87] 셋째의 경우라면 절피 위치를 살펴 낮은 곳에 감겨 있으면 높여서 감으면 화살 깃이 줌손 엄지 위를 훑고 지나가는 병이 없어진다.

화살을 내보낼 때 시위가 줌팔을 치는 경우[88]가 있고 이 또한 세 가지 원인이 있다. 첫째는 줌손을 들이켜 쥐는 것[89]이고, 둘째는 뒤를 놓고 앞으로 쥐는 것[90]이며, 셋째는 시위 동안[91]이 길어 철떡거리는 것이다. 첫째 경우는 줌손을 빼거 쥐면[92] 된다. 둘째 경우는 앞을 버더두고 뒤를 맥맥히 당기어서 뒷손이 시위에서 저절로 벗어지게 하면 된다.[93] 셋째 경우는 시위 동안이 늦지 않도록[94] 주의하면 된다.

화살을 내보낼 때 시위가 뺨을 치거나 귀를 치는 수가 있다. 이런 경우에는 턱을 죽머리 가까이 묻으면[95] 피할 수 있다.

감는 질긴 실이다. 절피가 너무 낮으면 화살이 나갈 때 줌손과 마찰이 생긴다. 사람에 따라 다르지만 활을 수직으로 세웠을 때 줌통 바로 위에 걸쳐진 화살이 시위와 직각으로 만나는 곳보다 대략 화살의 굵기 정도의 간격을 두고 오늬를 물릴 수 있도록 절피를 감고 절피에 오늬를 물리는 것이 일반적이다. 또한 절피에 오늬를 물리는 위치는 쏠 때마다 일정해야 한다. 양궁에서는 절피(serving)에서 오늬(nock)의 위치를 고정시키려고 자신이 정한 오늬 위치의 바로 아래와 위 두 곳에 다시 실을 덧감아 턱을 만들고 그 사이에 오늬를 끼워서 오늬가 항상 일정한 곳에 끼워지도록 하며 이를 노킹 포인트(nocking point)라고 부른다.

86) 하삼지를 단단히 감아쥐고 깍지손이 시위를 놓은 후에도 줌손을 바로 풀어 주지 않는 것을 말한다. 제1절, 'Ⅶ. 줌손' 항, 주 2) 참고.

87) '다다'는 앞의 각주 68에서 설명한 '다다히'와 같은 말로 '적당히'라는 뜻이다. 앞의 각주 84에서 말한 대로 이렇게 하면 활을 빌리기는 수월하므로 힘에 여력이 있어 발시 순간까지 줌손을 견고히 쥐고 버틸 수 있을 것이다.

88) 발시 순간 시위가 앞 팔 팔뚝이나 소매를 치는 경우를 말한다. 시위가 앞 팔 팔뚝이나 소매를 치면 화살은 멀리 나가지도 못할 뿐 아니라 방향도 일정치 않게 간다. 이곳에서 말하는 원인 이외에도 겨울에 두텁거나 소매가 늘어지는 상의를 입어도 그와 같이 되기 때문에 이를 방지하기 위해 팔뚝을 감아 주기도 하는데 팔뚝을 감아 주는 도구를 활쏘기 용어로는 팔찌라고 부른다.

89) 앞의 제1절, 'Ⅶ. 줌손'에서 말한 흙받기줌을 말한다. 이와 같이 줌통을 쥐면 줌손이 무력해지므로 발시 순간 활이 줌손 안에서 돌면서 시위가 팔뚝이나 소매를 때리게 된다.

90) 문맥상 활을 빌릴 때 깍지손을 뒤로 충분히 당기지 못하고 줌손만 앞으로 밀어 주는 것을 말한다. 이렇게 하면 시위가 느슨해서 발시 때 시위가 철떡거리면서 줌팔을 치게 된다는 말이다.

91) 시위의 길이를 말한다.

92) 줌손 반바닥을 줌통 중앙보다 약간 좌측(우궁의 경우)에 댄 후 반바닥으로 줌통을 밀어 주면서 하삼지를 단단히 감아쥐는 것을 말하는 것으로 보인다. 앞의 각주 27 참고.

93) 문맥상 줌손을 앞으로 내뻗으면서 깍지손으로 시위가 팽팽하게 되게 당긴 다음 소위 반깍지 사법으로 발시하라는 말로 보인다.

94) 시위의 길이를 적당히 줄이라는 말이다. 적당한 길이의 시위도 오래 쓰면 길이가 늘어나는데 이런 때는 시위를 꼬아서 길이를 줄인다.

95) 앞의 각주 15에서 말한 대로 턱을 앞 어깨 쪽으로 돌린 후 당겨 목에 붙이라는 말로 보아야 한다. 다만 이곳

활은 아무쪼록 자신의 힘에 비해 무른 듯한 것으로 쏘아야 한다. 너무 강한 활로 쏘면 백 가지 해로울 뿐이요 한 가지 이로움도 없는 법이다.[96] 활에 알줌이라고 하는 것은(활의 다림을 말한다) 다림이 구부러져서 아귀를 지나치게 받치는 것으로 활쏘기에 이롭지 아니하다.[97] 그러나 아귀가 부실해도 활쏘기에 이롭지 아니하다. 아귀는 다다 봉긋하여서 화살을 내보낼 때 줌통을 받쳐 주어야 한다.[98]

활의 고자에 주의해야 한다. 고자가 너무 구부러지면 활을 다릴 때 헛힘이 들기 때문에[99] 쏘기에 이롭지 않고 고자가 너무 버드면 철떡거린다.[100] 정탈목은 구부러진 듯하고 고자잎은 버든 듯해야[101] 쏘는 데 편리하다.

'초보자가 배우는 차례'에서는 "눈으로 과녁을 겨누되 활 아래 양양고자를 거쳐서 볼 것이며 턱을 줌팔 겨드랑이 아래로 끌어들여 묻어야 한다."고 했기 때문에 턱을 앞 어깨에 붙이라는 말로 보아도 무방할 것이다.

96) 너무 강한 활은 백해무익하다는 것은 어느 사법서(射法書)에나 공통적으로 나오는 말이지만 이는 활이 무를수록 좋다는 것은 아니며 자신의 힘에 어울리는 활이 좋다는 말이다. 궁력이 늘어나면 점차 강한 활을 쓰면서 명중률도 높아지게 되는데 강한 활에 익숙해진 사람은 자신의 힘에 비해 너무 무른 활로는 오히려 잘 맞히기 어렵다. 이는 무른 활로는 살고가 높아져 화살이 바람을 많이 타기 때문만은 아니다. 힘은 강한데 너무 무른 활을 쏘면 발시 순간에 앞뒤 두 손의 균형이 무너질 수 있다. 평소보다 무른 활을 쏠 때는 깍지손을 떼어 낸 후 화살이 과녁에 도달할 때까지 더욱 자세와 동작에 정성을 기울여야 잘 맞힐 수 있다. ≪사법비전공하≫는 "약궁맹력지류(弱弓猛力之謬)"라 해서 힘이 센 사람이 약한 활로 쏘면서 "활은 약해도 온몸의 힘을 다 기울여서 쏘면 강한 활로 쏘는 것과 같을 것이다."라고 말하는 것은 강한 활이라야 비로소 큰 힘이 퍼져 나가는 것을 감당할 수 있다는 사실을 모르는 말이라고 했다. 그러나 아무리 궁력이 늘더라도 자신의 힘에 비해 강한 활을 쓰는 것은 역시 백해무익하다.

97) 줌통 위를 웃아귀라고 하고 줌통 아래를 아래아귀라고 하며, 웃아귀 또는 아래아귀의 다음을 다림(끝) 또는 대림(끝)이라고 한다. 다림 또는 대림(弝幹파간)은 활의 한가운데 덧대는 나무토막이며 이 나무토막에서 줌통이 붙는 곳의 나머지가 웃아귀와 아래아귀, 그 아래위 끝 부분이 다림(끝) 또는 대림(끝)이다. 다림 또는 대림이 너무 구부러져 있으면 활이 억세져서 웃아귀와 아래아귀가 잘 펴지지 않고 따라서 활을 벌리기가 어렵게 된다. 이를 알줌이라 하고 다림이 구부러져 아귀가 지나치게 받친다고 말한 것으로 보인다.

98) 아귀가 부실하다는 것은 다림 또는 대림이 거의 구부러지지 않고 반듯해서 탄력이 없다는 말로 보인다. 아귀가 다다 봉긋하다는 것은 다림 또는 대림이 적당히 구부러져 있는 것을 말한다. '다다'는 앞의 주 68에서 설명한 '다다히'와 같은 말로 '적당히'라는 뜻이다. 원문에는 방긋하여서로 되어 있으나 서기 1929년 출간 당시의 정오표(正誤表)에서 봉긋하여서로 정정되어 있다.

99) '활을 다릴 때'란 시위를 당겨 활을 벌릴 때를 말한다. 우리 활은 이중만곡형(二重彎曲型)이라 하지만 실제는 삼중만곡형(三重彎曲型)에 가깝다. 시위를 얹은 우리 활 모습을 보면 줌통 부근에서는 시위를 얹기 전과 같이 시위의 반대쪽으로 구부러져 있고 줌통과 고자의 중간쯤인 오금부터는 시위 쪽으로 구부러져 들어오다가 고자가 시작되는 삼삼이를 지나서 고자잎이 시작되는 부분인 정탈목부터 또다시 시위의 반대쪽으로 구부러진다. 이 때 정탈목은 적당히 구부러지고 고자잎은 약간만 구부러져 있어야 하는데 정탈목에 이어 고자잎까지 크게 구부러지면 활을 벌리기가 힘들다고 한 것이다. 서유구(徐有榘)의 ≪사결(射訣)≫에는 "시위를 당길 때 처음에는 극히 뻑뻑해도 당길수록 부드럽게 당겨지는 활이라야 가득 벌린 후에 과녁을 조준해서 자세를 굳히기 전에 시위를 놓치는 일이 없다. 처음에 당길 때 뻑뻑한 활은 화살이 낮고 매끄럽게 멀리 날아간다. 가득 벌린 후에 조준해서 자세를 굳힐 수가 없고 화살이 높게 떠도 과녁까지 날아가지 못하는 경우는 모두 처음 당길 때는 부드러워도 당길수록 억세지기 때문이다."라는 구절이 있다. 처음에 당길 때 뻑뻑하다는 것은 오금이 강하기 때문이고 당길수록 부드럽게 당겨진다는 것은 고자잎이 너무 구부러져 있지 않기 때문일 것으로 생각된다.

100) 정탈목 다음의 고자잎이 시위의 반대방향으로 전혀 구부러지지 않고 곧게 뻗어 있는 것을 말한다. 이렇게 되면 활의 힘이 약할 뿐 아니라 발시 후에 시위가 제자리로 돌아가 고정되지 않고 철떡거리게 된다는 말이다.

시위는 활의 힘에 따라 적당히 맞추어야 한다.102) 앞이 동글고103) 뒤를 밧투 케이는 때는104) 시위 동안을 된 듯하게 해야 한다.105) 앞이 늘어진 죽에106) 뒤를 많이 케이는 때는107) 시위 동안을 느린 듯하는108) 것이 좋다. 팔이 길어서 활을 많이 당기는 데 시위 동안이 되면109) 활이 뻑뻑해서 이롭지 못하고 앞이 동글거나 뒤를 밧투 건는 때에110) 시위 동안이 길면 출렁거린다.

활이 후궁(猴弓)111)이면 화살의 영축112)이 덜하고 장궁(長弓)113)이면 영축이 많다. 후궁은 화살을 내보낼 때 시위 당기는 정도가 균일하게 되고 장궁은 균일하지 못하기 때문이다.

화살이 평소 쓰던 것보다 굵으면 줌 앞으로 가고114) 가늘면 줌 뒤로 간다.115) 줌 앞으로 가는 화살은 이롭지 못하다. 줌 앞으로 가는 것을 방지하기 위해 앞을 베것기도 하고116) 줌손 엄지를 들이밀기도 하며117) 깍지손을 덜 캐

---

101) 고자잎이 시작되는 부분은 지나치지 않도록 적당히 구부러지고 고자잎은 약간만 구부러져 있어야 한다는 말이다.

102) 여기에서 말한 '활의 힘'은 문맥상 활 자체의 힘을 말한 것이 아니고 쏘는 사람의 자세로 인한 활의 힘을 말하는 것으로 보인다.

103) 이곳에서도 '앞이 동글고'라는 말은 앞의 각주 50에서 설명한 바와 같이 줌손을 짜는 동작을 말한 것으로 보인다.

104) '뒤를 밧투 케이는'이란 깍지손을 조금만 당기는 것을 말한다.

105) 시위 길이를 약간 짧게 하라는 말이다.

106) 앞의 각주 42에서 말한 바와 같이 앞 팔이 팽팽하게 펴지지 않은 경우를 말한다.

107) 역시 앞의 각주 42에서 말한 바와 같이 깍지손을 많이 끌어당기라는 말이다.

108) 시위 길이를 약간 길게 하라는 말이다. 깍지손을 많이 끌어당기는데 시위가 짧으면 활을 벌릴 때 무리한 힘을 쓰게 될 것이다.

109) 시위의 길이가 짧아 팽팽한 것을 말한다.

110) 앞의 각주103 및 104 참고. "뒤를 밧투 건는 때"란 위에서 말한 "뒤를 밧투 케이는 때"와 같은 말로 보인다.

111) 각궁(角弓)의 일종으로서 대나무로 된 활대의 본체와 뽕나무로 된 고자를 이어 붙이는 삼삼이까지만 활의 한 쪽 면에 뿔을 덧대는 활을 말한다.

112) 이곳에서도 영축의 한문 표기는 없지만 앞의 각주 69 및 82의 '零縮'과는 달리 '嬴縮' 또는 '盈縮', 즉 화살 나가는 거리가 일정치 않은 것을 말한다.

113) 요즘 길이가 긴 활을 장궁이라 하지만 여기서 말한 장궁은 삼삼이를 지나 도고지를 붙이는 부분까지 긴 뿔을 댄 활을 말한다. 장궁은 활 길이 때문이 아니라 활 재료로 긴 뿔을 썼다는 뜻이다. 장궁이 시위 당기는 정도가 균일하지 못하다는 것은 뿔은 나무보다 신축성이 높기 때문이고 활대의 신축성을 적당한 선으로 제한하려고 삼삼이까지만 뿔을 덧댄 활이 후궁일 것이다.

114) 화살이 조준점보다 오른쪽으로(우궁의 경우) 날아가는 것.

115) 화살이 조준점보다 왼쪽으로(우궁의 경우) 나가는 것. 우궁의 경우 화살이 왼쪽으로 나가는 것을 뒤났다 하고 오른쪽으로 나가는 것을 앞났다 한다.

116) 앞의 각주 73에서 설명한 '앞이 발거나'와 같은 맥락의 말로서 활을 지나치게 세우는 것을 말한 것으로 보인다.

117) 화살이 앞나는 것을 방지하려고 엄지를 내밀어 줌통을 지나치게 비틀어 준다는 의미로 보인다. 그러나 이렇게 하면 화살이 뒤나는 현상이 생긴다.

기도 하는[118] 폐단이 생기기 때문이다. 줌 뒤로 가는 화살은 이롭다. 줌 뒤로 가는 것을 방지하기 위해 앞을 싸서 걷기도 하고[119] 줌손 등힘을 밀기도 하며[120] 뒤를 충분히 케이기도 하여서[121] 항상 좋은 동작을 취하게 되기 때문이다.[122]

화살을 내보내기 전에 땅에 떨어뜨리는 일도 있다. 이는 앞죽에 힘이 들어가거나[123] 앞이 발거나[124] 깍지손을 껴서 쥐었기[125] 때문이다. 앞죽에 힘이 들어가지 않도록 하거나 줌손과 깍지손의 등힘을 미리 짜서 것거나[126] 깍지손으로 화살의 오늬를 껴서 쥐지 않으면 그런 폐단이 없어진다.

정순(正巡)[127]을 쏠 때는 늘 상기(上氣)[128]도 되고 호흡이 가빠지기도 해서 화살을 내보낼 때 시위를 충분히 당기지 못하기 쉬우니 아무쪼록 하기(下氣)[129]가 되도록 하고 호흡이 가빠지지 않도록 마음을 안정시켜 기운을 온화하게 함으로써 시위를 충분히 당길 수 있도록 주의해야 한다. 화살은 다섯 발 가운데 가장 가벼운 것으로 첫 발을 쏘는 것이 필요하다. 이는 정순을 쏠 때는 한참을

---

118) 시위를 뒤로 덜 당기는 것을 말한다. 깍지손을 뒤로 덜 당기면 깍지손에 비해 줌손의 힘이 강해지면서 화살은 뒤쪽(우궁의 경우 왼쪽)으로 나간다. 그러나 이렇게 하면 충분한 거리를 날아가지 못한다.

119) 앞의 각주 72 참고.

120) 어깨로부터 줌손 반바닥까지 직선으로 뻗어 나가는 힘으로 줌통을 과녁 쪽으로 곧바로 밀어 준다는 말이다.

121) '케이기도'는 위에서 말한 '캐기도'와 같은 말로 보인다. 줌손의 힘이 일정할 경우 깍지손을 더 당길수록 화살은 앞쪽(우궁의 경우 오른쪽)으로 나간다.

122) 활을 평소보다 세우면 화살은 줌 뒤로 가고 평소보다 앞쪽(우궁의 경우 오른쪽)으로 눕히면 줌 앞으로 가는 경향이 있다. 줌손은 반바닥으로 줌통을 밀면서 하삼지를 단단히 감아쥐고 깍지손은 시위를 비틀면서(우궁의 경우 시계 반대방향으로) 손등이 하늘을 향하게 해서 시위를 충분히 당겨야 하는 데 이때 줌손보다 깍지손의 힘이 약하면 화살은 줌 뒤로 가고 깍지손보다 줌손의 힘이 약하면 화살은 줌 앞으로 간다.

123) 앞 팔이 처음부터 지나치게 긴장해서 유연성을 잃는 것을 말한다.

124) 본문에는 '빨거나'로 되어 있으나 서기 1929년 출간 당시의 정오표(正誤表)에서 '발거나'로 정정되어 있다. 앞의 각주 73에서 설명한 것같이 활을 너무 바르게 세우는 것을 말하는 것으로 보인다.

125) 시위를 오늬에 끼운 후에는 깍지손 검지의 아래쪽 마디로 오늬를 지그시 눌러서 시위를 비틀면서(우궁의 경우 시계 반대방향으로) 뒤로 당겨야 한다. 오늬를 지그시 누르며 시위를 비트는 동작을 깍지손을 짠다고 한다. 그러나 익숙하지 못한 사람은 이런 방식으로 화살을 고정시키기가 어렵기 때문에 화살을 땅에 떨어뜨리지 않으려고 깍지손의 두세 손가락으로 오늬를 쥐고 시위를 당기려고 하는 일이 흔하다. 이를 깍지손을 껴서 쥔다고 한 것이다. 그러나 이렇게 할 경우 시위 당기는 일과 오늬 쥐는 일을 동시에 하려다가 오히려 화살을 땅에 떨어뜨리기가 쉽다. 초보자들은 절피 두께를 적절히 해 줌으로써 절피에 끼워 놓은 오늬가 쉽게 빠지지 않도록 하는 것도 화살을 떨어뜨리지 않는 데 도움이 된다.

126) 줌손과 깍지손을 짜서 활을 들어 올린다는 말로서 줌손을 짜는 일에 대해서는 앞의 각주 27 및 50을 참고하고 깍지손을 짜는 일에 대해서는 각주 33을 참고할 것.

127) 공식적인 대회에서 여러 순(巡)을 쏘는 것을 말한다. 앞의 '제1장 활터에서 쓰는 용어', 각주 8 참고.

128) 호흡이 가슴통에 차올라서 호흡이 고르지 못하며 흥분하거나 초조해하는 것을 말한다.

129) 호흡이 안정되어서 침착해지는 것을 말한다.

쉬었다가 또다시 쏘게 되므로 첫 발을 쏠 때는 항상 몸이 뻐근하여 충분히 당기지 못하는 폐단 때문에 화살이 덜 가는 경우가 있기에 이를 예방하기 위함이다.130)

130) 정순(正巡)을 쏠 때 순(巡)마다 첫 발은 다섯 대의 화살 중 가장 가벼운 화살로 쏘라는 말이다. 그러나 길이가 짧으면서 가벼운 화살을 쏘라는 말은 아니다. 길이는 같으면서 무게가 가벼운 화살을 쏘아야 충분히 당기지 못하더라도 평소대로 거리를 낼 수 있다. 길이가 같은 화살이라야 같은 정도로 당기면 무거운 화살은 덜 나가고 가벼운 화살은 더 나가기 때문이다. 그러나 이곳에서 말하는 방법은 초보자에게는 혹 도움이 될지 몰라도 숙련된 사람에게는 오히려 혼동이 생길 수 있는 방법이다.

제2부 중국의 궁술

제1장 고대 중국의 선사(善射)

중국에서는 소위 삼황오제(三皇五帝)시대[1] 때부터 궁시(弓矢)가 사용된 것으로 알려져 있다. 공자(孔子)의 ≪주역(周易)≫ 해설문인 ≪역계사(易繫辭)≫ 중 규괘(睽卦)의 계사(繫辭)에서는 황제(黃帝)와 요(堯) 임금과 순(舜) 임금이 "나무를 휘어 활을 만들었고 나무를 깎아 화살을 만들어 그 이로움을 가지고 천하를 다스렸다("弦木爲弧 剡木爲矢 弧矢之利 以威天下)."고 했다.[2] 그러나 동한(東漢) 조엽(趙曄)의 ≪오월춘추(吳越春秋)≫, <구천음모외전(句踐陰謀外傳)>에는 어느 효자가 탄(彈)[3]을 만들었는데 이를 발전시킨 것이 활이고 또 이 활을 발전시킨 것이 쇠뇌[4]라는 설화(說話)가 기록되어 있다. 월(越)나라 재상 범려(范蠡)가 발탁한 쇠뇌 명수 진음(陳音)이 월왕(越王) 구천(句踐)에게 "쇠뇌는 활에

---

1) 중국 최초의 체계적 역사서라고 할 수 있는 사마천(司馬遷)의 ≪사기(史記)≫는 중국 역사가 황제(黃帝)·전욱(顓頊)·제구(帝嚳)·요(堯)·순(舜) 등 소위 오제(五帝)시대로부터 시작한다고 했지만 당나라 이후에 편찬된 역사서들은 그에 앞서 삼황(三皇)시대가 있었다고 한다. 삼황(三皇)이 누구인지에 대해서는 복희(伏羲)·헌원(軒轅)·신농(神農)이라고도 하고 천황(天皇)·지황(地皇)·인황(人黃)이라고도 하는 등 여러 설이 있다.

2) 당나라 이전(李筌)의 ≪태백음경(太白陰經)≫에서는 요순(堯舜)보다 먼저 중국을 통치했던 복희(伏犧)씨도 활을 만들었다고 했으나 공자의 ≪역계사≫는 이괘(離卦)의 계사에서 복희씨는 "끈을 묶어 그물을 만들어서 짐승과 물고기들을 잡았다(作結繩而爲網罟 以佃以魚)."고만 했다. 후한(後漢)의 유흠(劉歆)이 중국의 역사지리에 관해 종래 전해져 내려오던 내용을 정리해 편찬한 책으로서 중국 최고(最古)의 역사지리서라 할 수 있는 ≪산해경(山海經)≫은 소호(少昊)가 활과 화살을 발명했다고도 한다. 소호(少昊)는 복희(伏犧)씨를 계승한 인물이다.

3) 탄(彈)이란 화살이 아니라 흙덩어리나 돌덩어리를 쏘아 내보냈던 도구를 말하며 탄(彈)으로 쏘아 내보내던 흙덩어리나 돌덩어리를 환(丸)이라 했다. 시위 가운데 조그만 가죽이나 헝겊 조각을 매달아 이를 이용해서 흙덩어리나 돌덩어리를 쥐고 쏘았고 주로 새를 잡을 때 썼다. 환(丸)은 관통력이 없어서 이에 맞아서 땅에 떨어진 새가 살아 있으면 가금(家禽)으로 키울 수도 있었을 것이다. 활로 화살을 쏠 때는 줌통이 활 중간에 있어서 화살의 촉 부분을 줌통 위에 위치시키고 오늬를 시위의 중간보다 위에 끼워 놓고 이 부분을 당겨 활을 벌렸다가 쏜다. 그러나 탄(彈)을 쏘는 모습을 그려 놓은 고대 벽화(뒤의 '그림 1')를 보면 시위 중간보다 아래를 당겨 탄을 벌리고 있고 윗고자를 아랫고자보다 앞으로 내밀고 있다. 전통적인 중국의 사법에서는 발시 순간 윗고자를 앞으로 쓰러뜨리고 아랫고자는 겨드랑이 밑으로 끌어들이는 동작을 취하면서 이런 동작을 별(撇) 또는 질(挃)이라고 했는데 (뒤의 제5장 참고) 옛날 탄(彈)을 쏠 때의 습관이 이런 동작으로 남아 있는 것이 아닌가 하는 생각도 든다.

4) 서양의 석궁(石弓, crossbow)과 같은 무기로서 활을 벌린 상태로 지지대에 고정시켜 놓은 다음 현대의 소총과 같이 방아쇠를 당겨 화살을 내보내는 무기.

서 생겼으며 활은 탄에서 생겼고 탄은 옛날 어느 효자가 만들었습니다(弩生於
弓 弓生於彈 彈起古之孝子)."라고 하자 구천은 "효자가 탄을 만들었다는 말은
무슨 말인가?"라고 물었다. 이에 진음은 "옛날에는 죽은 사람의 시신(屍身)을
백모(白茅) 풀로 말아 들판에 버렸습니다. 그러나 그 부모의 육신을 짐승과 새
들이 뜯어먹는 것을 차마 볼 수 없었던 어느 효자가 탄을 만들어서 그 해(害)를
막았습니다. 그래서 '대나무 자르고 나무 가르니 흙덩이 날아 짐승들 쫓는다.'는
옛 노래가 생긴 것이고 이때부터 새나 여우가 사람 시신을 범하지 못하게 되었
습니다. 그 후에 신농(神農)씨와 황제(黃帝)는 나무를 휘어서 활을 만들고 나무
를 깎아 화살을 만들어서 그 이로움을 가지고 천하를 다스렸습니다. 황제(黃帝)
이후에 초(楚)나라에 호부(弧父)가 있었는데 형산(荊山)에서 유복자(遺腹子)로
태어나서 어릴 때부터 궁시(弓矢)를 익혀 쏘면 맞히지 못하는 일이 없었습니다.
그는 활을 쏘는 비결을 예(羿)에게 전했고 예는 봉몽(蓬蒙)에게 전했고 봉몽은
초(楚)나라 금씨(琴氏)에게 전했습니다. 그러나 당시는 제후(諸侯)들이 서로 싸
울 때로서 금씨는 활과 화살의 위력만 가지고는 천하를 누르기에 부족하다고
보고 활을 옆으로 눕히고 지지대인 비(臂)를 활에 붙인 후 방아쇠를 당겨 화살
을 내보내는 격발장치인 곽(郭)을 달아서 큰 힘을 쓸 수 있게 했으며 그 이후
비로소 초나라는 제후들을 누를 수 있었습니다."라고 대답한다.[5]

위의 설화에 의하면 중국 최초의 선사(善射)는 전국(戰國)시대 초(楚)나라 인
물들로서 호부(弧父)에서 시작해서 예(羿)와 봉몽(蓬蒙)을 거쳐 금씨(琴氏)가 그
뒤를 잇는다. 그러나 호부(弧父)와 봉몽(蓬蒙) 및 금씨(琴氏)에 대해서는 이 기
록 외에 다른 기록이 별로 없고 예(羿)만이 삼황오제(三皇五帝) 때부터 여러 시
대에 걸쳐 계속 존재했던 인물로 문헌상에 자주 등장한다. ≪묵자(墨子)≫에서
는 예(羿)가 활과 화살의 발명자라고도 한다. 이하에서는 예(羿)를 비롯해서 널
리 알려진 고대 중국의 전설적 선사(善射)들을 소개하겠다.

---

5) 구천은 진음의 말을 듣고 군사들에게 쇠뇌 쏘는 법을 가르치게 했고 그가 죽자 서쪽 산에 장례 지내고 이 산의
   이름을 진음산(陳音山)으로 불렀다고 한다.

그림 1. 말 등에서 탄(彈)을 쏘는 모습[6]

Ⅰ. 예(羿)

≪회남자(淮南子)≫,[7] <범론훈(氾論訓)>에는 "예(羿)는 천하의 해악(害惡)을 모두 없앴고 죽어서는 악을 물리치는 신이 되었다(羿除天下之害 死而爲宗布)."는 구절과 "요(堯) 임금 때 열 개의 해가 떠서 초목이 말라 죽어 가니 예(羿)에게 활로 해를 쏘아 떨어뜨리라 하자 예(羿)는 해 아홉 개를 쏘아 떨어뜨렸고 이때 해 속에 있던 까마귀 아홉 마리가 죽어 그 깃털이 땅에 떨어졌다(堯時 十日 並出 草木焦枯 堯命羿射十日 中其九日 日中九烏死 墮其羽翼)."[8]는 구절이 있다. 한(漢)나라 고유(高誘)는 이에 대한 주석(註釋)에서 "이는 요 임금 때의 예(羿)라는 선사(善射)에 대한 말로서 그는 하루에 아홉 마리 새를 쏘아 떨어뜨릴 수 있었다(是堯時羿 善射 能一日落九鳥)."[9]고 했다. 역시 삼황오제(三皇五

---

6) Stephen Selby, *Chinese Archery*(Hong Kong: Hong Kong University Press, 2000), p.179.

7) ≪회남자(淮南子)≫는 기원전 2세기에 회남왕(淮南王) 유안(劉安)이 그의 빈객(賓客)들과 함께 형이상학·우주론·국가정치·행위규범에 대한 내용을 논한 내용을 기록한 글이다.

8) 이와 조금 달리 ≪회남자(淮南子)≫, <설일(說日)>에서는 "요 임금 때 열 개의 해가 동시에 떠서 만물이 시들어 가자 요 임금이 해를 쏘아서 하나의 해만 남게 되었다(堯時 十日並出 萬物焦枯 堯上射十日 以故不並 一日見也)."고 했다.

9) 고유(高誘)는 예(羿)가 열 개의 해를 쏘아서 아홉 개의 해와 아홉 마리의 까마귀를 떨어뜨렸다는 말을 예(羿)가

帝) 때의 예(羿)에 관한 설화들이기는 하지만 요(堯) 임금 때의 예(羿)와는 동명이인(同名異人)에 관한 설화들이 있다. ≪산해경(山海經)≫,[10] <해내경(海內經)>에서는 "제준(帝俊), 즉 순(舜) 임금이 예(羿)에게 붉은활과 흰 화살을 주면서 세상을 지키도록 했고 예는 이로부터 세상의 온갖 힘든 문제들을 해결하기 시작했다(帝俊賜羿彤弓素矰 以扶下國 羿是始去恤下地之百艱)."[11]고 하며, ≪설문해자(說文解字)≫[12]에서는 예(羿)가 "제구(帝嚳) 때 활을 쏘는 관리였는데 하(夏)나라 소강(小康)이 그를 멸했다(帝嚳射官也 夏小康滅之)."고 한다. 한편 ≪맹자(孟子)≫에도 예(羿)가 봉몽(逢蒙)에게 활쏘기를 가르쳤으나 봉몽이 예(羿)를 죽였다는 설화가 기록되어 있는데[13] 이는 삼황오제(三皇五帝) 때의 예(羿)에 관

하루에 아홉 마리의 새를 쏘아서 떨어뜨린 선사(善射)였다는 의미로 해석한 것으로 보인다. 그러나 이 신화적 이야기는 요 임금이 다스리는 땅을 위협하는 아홉 부족이 등장하자 선사(善射)인 예(羿)가 이들을 정벌했다는 의미일 수도 있을 것이다.

10) ≪산해경≫은 중국 최고(最古)의 역사지리서로서 하(夏)나라 우왕(禹王)의 글이라고도 하나 실제는 전국시대 이후의 글로 보인다. 원래 23권이 있었다 하지만 전한(前漢) 말기에 유수(劉秀)가 교정(校定)한 18권만 전해져 있으며 먼 나라의 주민과 그에 관한 신화와 전설들이 수록되어 있다.

11) 한편 같은 책 <해외남경(海外南經)>에서는 "예는 칼 같은 이빨을 지닌 반인반수의 착치를 수화 들판에서 활로 쏘아 죽였다(羿與鑿齒戰於壽華之野 羿射殺之)."고 했고 또한 <대황남경(大荒南經)>에서도 "대황 가운데 융천이라는 산이 있고 그 남쪽에 바닷물이 들어오는 곳이 있어 이곳에 착치가 있었는데 예가 그를 죽였다(大荒之中 有山 名融天 海水南入焉 有人 名曰鑿齒 羿殺之)."고 했다.

12) 후한(後漢)의 허신(許愼)이 편찬한 자전(字典).

13) ≪맹자(孟子)≫, <이루하(離婁下)> 편에 의하면 봉몽(逢蒙)은 예(羿)에게 활 쏘는 법을 배웠는데 모두 배우고 나자 천하에 자신보다 잘 쏘는 사람은 예(羿)밖에 없다 생각하고 예를 죽인다. 이에 대해 맹자는 사람을 제대로 가려 사귀지 않는 예(羿)에게도 잘못이 있다고 했다. 맹자는 이어서 탁유자(濯孺子)에 관한 고사를 말하고 있다. 정인(鄭人)의 명에 따라 그가 위(衛)를 침공했는데 위(衛)에서는 유사(庾斯)에게 그를 추격하도록 했다. 탁유자는 그의 시종에게 "내가 몸을 다쳐 활을 쥘 수 없으니 오늘 죽을 것 같다."며 "나를 추격하는 자가 누구냐?"고 물었다. 시종이 "유사입니다."라고 대답하자 탁유자는 "내가 살겠구나." 했다. 이 말을 들은 시종이 "유사는 활을 잘 쏘는 사람인데 이제 살았다 하니 무슨 이유입니까?" 물었다. 탁유자는 "유사는 윤타(尹他)에게 활쏘기를 배웠는데 윤타는 나에게서 활쏘기를 배웠다. 윤타는 신의(信義) 있는 사람이니 사람을 사귈 때 늘 신의 있는 사람을 사귀었을 것이다."라고 했다. 얼마 후에 유사가 탁유자를 쫓아왔는데 탁유자가 활을 쥐지 않은 것을 보고는 "선생은 어찌 활을 쥐지 않으십니까?" 하고 물었다. 탁유자가 "오늘 내가 몸을 다쳐서 활을 쥘 수가 없다."고 하자 유사는 "소인은 윤타에게서 활을 배웠고 윤타는 선생에게 활을 배웠는데 내가 선생에게서 전수된 활솜씨를 가지고 선생을 해할 수는 없습니다. 그렇지만 오늘 일은 임금으로부터 명을 받은 일이니 감히 그칠 수도 없습니다."라고 하며 화살을 꺼내 마차바퀴에 두들겨 촉을 부러뜨린 후 네 발을 쏘고 돌아갔다 한다. 이와 흡사한 이야기가 ≪춘추좌전(春秋左傳)≫, 양공(襄公) 14년 조에도 보인다. 이에 의하면 윤타(尹佗)는 유차(庾差)에게 활을 배웠고 유차는 손정(孫丁)에게 활을 배웠다. 어느 날 윤타와 유차가 함께 양공을 추격했는데 이때 손정이 양공의 마차를 몰고 있었다. 유차가 "활을 쏘려니 스승을 배반하는 것이 되고 쏘지 않으려니 내가 처형을 당할 것이다. 그러나 쏘는 것을 예(禮)라 할 수 있겠는가?"라면서 화살 두 발을 허공에 쏘고 말머리를 돌렸다. 이때 윤타는 유차에게 "당신은 나의 스승이나 나와 손정은 먼 관계입니다."라면서 다시 말머리를 돌렸지만 이때 손정은 말고삐를 양공에게 맡기고 윤타를 쏘아서 어깨를 맞혔다고 한다. ≪맹자(孟子)≫, <고자상(告子上)> 편에는 위의 설화 외에 "예가 남에게 활쏘기를 가르칠 때는 반드시 활을 가득 벌리도록 했다(羿之敎人射 必志于彀)."는 구절이 있고 진(秦)의 여불위(呂不韋)가 선진(先秦)시대의 여러 설화들을 기록한 ≪여씨춘추(呂氏春秋)≫, <구비(具備)>에도 "예나 봉몽 같은 선사가 번약 같은 좋은 활을 지니고 있다 해도 만약 시위가 없다면 결코 명중시킬 수 없다(今有羿逢蒙 繁弱於此 而無弦 則必不能中也)."는 구절이 있다.

한 설화가 아니라 하(夏)나라 때의 예(羿)에 관한 설화이다. ≪춘추좌전(春秋左傳)≫,14) 양공(讓公) 4년 조에도 예(羿)에 관한 설화가 있는데 이 역시 하나라 때의 예(羿)에 관한 설화지만 봉몽(逢蒙)에 관한 말은 없고 "유궁의 재상인 예는…… 사냥을 나갔다 돌아오려 할 때 백성들이 그를 죽여 시체를 삶아서 그의 자식들에게 먹게 했지만 그 자식들은 이를 거부하고 궁문에서 죽었으며 그의 나머지 식구들은 격 씨에게 피난을 갔는데 착(浞)이 그의 처를 부인으로 삼았다(有窮后羿…… 將歸於田 家衆殺以烹之 以食其子 其子不忍食諸 死於窮門 靡奔而鬲氏 浞因羿室)."라는 이야기만 있다. 앞서 소개한 동한(東漢) 조엽(趙曄)의 <구천음모외전(句踐陰謀外傳)>에서 말한 봉몽(逢蒙)과 예(羿)에 관한 설화 역시 삼황오제(三皇五帝) 때의 예(羿)에 관한 설화가 아니라 초(楚)나라 때의 예(羿)에 관한 설화인데 이 설화 중에도 봉몽(逢蒙)이 예(羿)를 죽였다는 말은 없다.15) 예(羿)라는 인물에 관해 이같이 서로 다른 내용의 설화들이 존재하는 이유에 대해서 후한(後漢)의 가규(賈逵)는 "예는 선왕 때부터 활 쏘는 관리를 일컫는 이름이었다. 제구 때도 예가 있었고 요 임금 때도 예가 있었다. 예란 선사의 호칭에 불과하다("羿之先族也 爲先王射官 帝嚳時有羿 堯時亦有羿 羿是善射之號)."16)고 풀이했다.

---

14) ≪좌전(左傳)≫·≪춘추좌씨전(春秋左氏傳)≫·≪좌씨전(左氏傳)≫·≪좌씨춘추(左氏春秋)≫라고도 하며 춘추시대(春秋時代)의 역사를 기록한 공자(孔子)의 ≪춘추(春秋)≫를 상세히 해설한 주석서이다. 노(魯)나라 좌구명(左丘明)이 편찬했다 하나 이견도 있고 편찬시기도 확실하지 않다. 전국시대(戰國時代) 초기에 익명의 작가가 이 책을 편찬했다고 보는 설이 유력하다. 춘추시대란 고대 중국에서 주(周)나라의 동천(東遷) 이후 소국(小國)들로 분할되어 있다 한(韓)·위(魏)·조(趙)·제(齊)·진(秦)·초(楚)·연(燕) 7개국으로 통합되기까지의 시기(기원전 8~5세기)를 말한다. 공자가 ≪춘추≫라는 책에서 이 시기의 역사를 서술한 데서 붙여진 이름이다. 위의 7개국을 전국칠웅(戰國七雄)이라고 하며 이들은 약 400년 동안 서로 대립하며 싸우다가 기원전 221년 진(秦)나라 시황제(始皇帝)가 천하를 통일하는데 이때까지를 전국시대(戰國時代)라고 하며 이는 전한(前漢) 유향(劉向)의 ≪전국책(戰國策)≫이란 책에서 이 시기의 역사를 다루었기 때문에 붙여진 이름이다.

15) 한편 「어부사(漁父辭)」 등 집권자들의 탐욕과 폭정을 고발한 시(詩)로 유명한 초(楚)나라 굴원(屈原)의 「천문(天問)」이란 시에는 "천제(天帝)가 이(夷)에 보낸 예(羿)가 하(夏)의 왕위를 탈취했다(帝降夷羿 革孼夏民)."는 구절과 "예(羿)가 해를 쏘고 까마귀가 깃털을 뿌린 결과가 무엇인가(羿焉彃日 烏焉解羽)." 묻는 구절도 있는데 요(堯) 임금 때 예(羿)에 관한 설화와 하(夏)나라 때 유궁(有窮)의 재상 예(羿)에 관한 설화를 모두 인용한 것이다.

16) ≪맹자(孟子)≫, 〈고자상(告子上)〉 편에 있는 "예가 남에게 활쏘기를 가르칠 때는 반드시 활을 가득 벌리도록 했다."는 구절에 대한 가규(賈逵)의 주(註)이다.

Ⅱ. 감승(甘蠅), 비위(飛衛) 및 기창(紀昌)

≪장자(莊子)≫, <탕문(湯問)> 편에는 감승(甘蠅)과 비위(飛衛) 및 기창(紀昌)이라는 세 사람에 관한 일화가 수록되어 있다. 감승은 "옛날에 살았던 선사로서 그가 활을 가득 벌리기만 하면 짐승들은 땅에 엎드리고 새들은 나무에서 내려왔다(古之善射也 彀弓而獸伏鳥)."고 한다. 비위(飛衛)란 사람이 그에게 활을 배웠는데 그 솜씨가 스승을 능가했다. 기창(紀昌)이란 사람이 또 비위에게 활을 배우러 왔는데 비위는 "그대는 우선 어떤 경우라도 눈을 깜박이지 않는 것을 배운 다음에야 활쏘기에 대해 말할 수 있네(爾先學不瞬 而後可言射矣)."라고 했다. 기창은 집으로 돌아와서 아내의 베틀 밑에 누운 다음 눈을 크게 뜨고 있는 연습을 했다. 2년이 지나서 드디어 베틀 추(錐) 끝이 눈 바로 앞에 와도 눈을 깜박이지 않게 되자 다시 비위에게 갔다. 그러나 비위는 "아직 이르다. 보는 훈련을 해야 한다. 작은 것을 크게 보고 희미한 것을 뚜렷하게 볼 수 있게 되면 다시 오라(未也 必學視 而後可視小如大 視微如著 而後告我)."고 했다. 이에 기창은 머리털로 벼룩을 묶어 창문에 매달아 놓고는 이를 쳐다보는 훈련을 했다. 몇 달이 지나자 차츰 크게 보이기 시작했는데 3년이 지나자 벼룩이 수레바퀴만큼 크게 보였고 다른 물건들도 모두가 큰 언덕이나 산같이 보이게 되었다. 이에 연(燕) 지역에서 나는 소뿔로 만든 활로 삭(朔) 지역의 쑥대로 만든 화살을 쏘아 보니 벼룩의 심장을 뚫으면서 머리털은 건드리지 않게 되었다. 이에 다시 비위를 찾아갔더니 비위는 펄쩍펄쩍 뛰고 가슴을 두드리며 "그대가 드디어 해냈구나."고 소리치며 기뻐했었다.

그러나 기창은 모든 것을 다 배우자 천하에 자신과 대적할 사람은 비위 한 사람뿐이라며 그를 죽이려 했다. 이에 "두 사람은 들판에서 만나 서로를 향해 활을 쏘았는데 쏜 화살들이 중간에서 서로 마주 부딪쳐서 모두 땅으로 떨어졌고 땅에서는 먼지도 일지 않았다(相遇于野 二人交射 中路矢鋒相觸 而墮于地 而塵不揚)." 비위의 화살은 먼저 동나고 기창에게는 아직 하나 남았다. 기창이 이 마지막 화살을 쏘자 비위는 나뭇가지로 이를 막아 냈다. 이에 둘은 눈물을 흘리며 활을 던지고 길 위에서 서로 절을 하고 부자지간이 되기로 약속하고 이 사실을 팔뚝에 새겨 넣었고 이후로는 어느 누구에게도 활쏘기의 비법을 알리지 않기로 맹세했다고 한다. 화살로 벼룩의 심장을 뚫는 정교한 솜씨라는 뜻의 관슬지교(貫蝨之巧)라는 유명한 말은 이 일화에서 나온 말이다. 이 일화는 비록 과장이 심하기는 하지만 사법의 중요한 요소가 처음으로 언급되어 있다는 점에서 큰 의미를 지니고 있다. 활을 잘 쏘려면 눈을 깜박이지 말아야 하고 작은 것을 크게 보고 희미한 것을 뚜렷이 볼 수 있어야 한다고 했는데 이는 결국 정신집중을 말하는 것으로 후대의 모든 사법서들이 가장 강조하는 것이 바로 이러한 정신집중이다.

Ⅲ. 열자(列子)

≪장자(莊子)≫, <전자방(田子方)> 편에 백혼무인(伯昏無人)이란 인물이 열어구(列禦寇)[17]에게 활쏘기에 대해 한 말이 수록되어 있다. 열어구가 팔꿈치에 물잔을 올려놓고 화살을 연이어 쏘았는데 뒤의 화살이 앞의 화살을 맞혔고 그의 서 있는 자세에는 전혀 흔들림이 없었다. 이를 본 백혼무인은 "이는 그저 활쏘기의 활쏘기일 뿐이고 활쏘기가 아닌 활쏘기라고는 할 수 없다(是射之射 非不射之射也)."는 매우 난해한 말을 하면서[18] "그대는 높은 산에 올라가 아래로 백길 낭떠러지 밑에 깊은 물이 있는 위태로운 벼랑 위에 서서 활을 쏠 수가 있는가?"라고 묻고는 곧 높은 산에 올라가서는 아래로는 백 길 낭떠러지 밑에 깊은 물이 있는 위태로운 바위 벼랑 위에 선 다음 뒤로 돌아서서 두 발의 앞꿈치로만 바위를 딛고 뒤꿈치는 허공에 걸리게 한 채로 서서 열어구에게 다가오라고 했다. 그러나 열어구는 바닥에 납작 엎드려서 식은땀만 흘리고 있었다. 이에 백혼무인은 "지극한 경지에 도달한 사람은 하늘 끝이든 황천이든 세상 어느 끝에 서 있든 정신과 기력이 변하지 않는 법이요. 지금 그대는 두려워 눈도 제대로 뜨지 못하고 있소. 그대가 맞혔던 것은 활쏘기의 첫걸음일 뿐이오(夫至人者

---

17) 열자(列子)의 본명.

18) 홍콩의 동양궁시 연구가 셀비(Selby)는 이 구절을 직역하면 "이는 활쏘기 의식에서 쓰는 기술이고 의식이 아닐 때 쓰는 기술이 아니다."는 의미이지만 의역하자면 "이는 궁사의 기술로만 쏜 것이지 영혼으로 쏜 것이 아니다 (This is a shooting with an ordinary archer's skill; not from the soul)."는 의미라고 하면서 진정한 활쏘기는 정신의 수양과 인격의 완성을 보여 준 활쏘기가 되어야 함을 강조한 말로 보았다. Stephen Selby, *Chinese Archery*(Hong Kong: Hong Kong University Press, 2000), pp.147 and 371.

上窺靑天 下潛黃泉 揮斥八極 神氣不變 今汝怵然 有恂目之志 爾於中也殆矣夫)."라고 했다.[19]

≪열자(列子)≫, <설부(說符)> 편에는 열어구가 활쏘기를 배울 때의 일을 다음같이 말하고 있다. 열어구가 활쏘기를 배워서 맞힐 수 있게 되자 관윤(關尹)에게 보아 달라고 청했다. 열어구가 쏘는 것을 보고 관윤은 "그대는 그대가 맞힌 원인을 알고 있소(子知子之所以中者乎)?"라고 물었다. 열어구가 "모른다."고 하자 관윤은 "아직도 멀었으니 가서 연습을 더 하시오."라고 했다.[20] 3년이 지난 후에 열어구가 다시 관윤을 찾았는데 관윤은 "그대는 그대가 맞힌 원인을 알았소?"라고 물었다. 열어구가 "이제 안다."고 하자 관윤은 "이제 되었으니 잊지 않도록 하시오. 활쏘기만 그런 것이 아니오. 나랏일이나 개인의 일이나 모두 그런 것이오. 그래서 성인들은 존망을 살피지 않고 존망의 원인을 살펴보았던 것이오(可矣 守而勿失也 非獨射也 爲國與身 亦皆如之 故聖人不察存亡 而察所以然)."라고 했다.[21]

Ⅳ. 초(楚)나라의 양유기(養由基)

중국 역사서에는 전설적인 선사(善射)인 양유기라는 인물에 관한 기록이 여러 곳에서 발견된다.

≪춘추좌전(春秋左傳)≫, 성공(成公) 16년 조에 의하면 언릉(鄢陵) 전투 당시 여기(呂錡)의 화살에 눈을 맞은 초(楚)나라 공왕(共王)이 양유기를 불러 화살 둘을 주고 여기(呂錡)를 쏘라 하자 그는 한 발에 그의 목을 맞혀 쓰러뜨렸다고 한다.

≪초사도올(楚史檮杌)≫[22]에도 양유기에 관한 말이 있는데 초나라 궁정에 일

---

19) 이와 동일한 이야기가 ≪열자(列子)≫, 〈황제(皇帝)〉 편에도 있다.

20) 우연이 아니라 활쏘기 원리를 알고 맞혀야 제대로 맞힌 것이라는 말이다.

21) ≪열자(列子)≫, 〈중니(仲尼)〉 편에는 공손룡(公孫龍)에 관한 말이 있다. 그가 공천(孔穿)이란 사람에게 거짓말을 하는데 "활 잘 쏘는 사람은 앞에 쏜 화살의 오늬를 뒤에 쏜 화살로 맞힐 수 있는데 이렇게 계속 쏘면 제일 먼저 쏜 화살이 과녁에 도달했을 때 마지막 화살이 아직 시위에 물려 있어 과녁에서 시위까지 화살들이 하나의 줄과 같이 연결된다."고 했다. 그의 말에 공천이 놀라자 그는 또다시 "봉몽(蓬蒙)의 제자 중 홍초(鴻超)라는 사람이 있었는데 그의 아내에게 화를 내며 겁을 주려고 화살로 아내의 눈을 쏘았으나 그 아내가 눈을 깜박이기도 전에 화살은 땅에 먼지 하나 일으키지 않고 사뿐히 떨어졌다."고 했다 한다.

22) 원(元)나라 오연(吾衍)이 초(楚)나라의 역사를 정리한 책이다. 도올(檮杌)이란 진(晉)나라의 승(乘)이나 노(魯)나라의 춘추(春秋)와 같이 역사기록을 말한다.

찍이 이상한 흰 원숭이 한 마리가 나타났는데 초나라의 어떤 선사도 이를 쏘아 맞히지 못하자 장왕이 직접 쏘아 보았지만 원숭이는 왕이 쏜 화살을 공중에서 쳐내면서 이리저리 가지 위를 뛰어다녔다. 이에 장왕은 양유기에게 쏘아 보도록 했는데 양유기가 활과 화살을 가지고 나타나자 아직 화살을 쏘지도 않았는데 그 원숭이는 나무를 껴안고 울어대다가 그가 "화살을 쏘자 곧 나무에서 내려왔다(發之則應矢而下)."고 한다.

≪여씨춘추(呂氏春秋)≫,[23] <정통(精通)> 편에는 양유기에 관한 또 다른 이야기가 있다. 양유기가 외뿔소를 쏘았는데 사실은 바위를 쏜 것으로 쏜 후에 보니 "화살이 깃까지 바위에 박혀 있었고 바위가 진짜 외뿔소로 알았다(矢乃飮羽 誠乎兇也)."는 구절이다. 위급한 때 정신을 집중하면 놀라운 힘이 생긴다는 사실을 말할 때 흔히 인용되는 고사(故事)이다.[24]

≪사기(史記)≫, <주본기(周本記)>, 란왕(赧王) 34년 조에는 진(秦)나라 백기(白起)가 양(梁)을 공격하려 하자 주공(周公)이 보낸 사람이 백기에게 한 말 중 양유기에 관한 또 다른 일화가 등장한다. 이 일화에 의하면 초나라 양유기는 활을 잘 쏘던 사람으로서 "100보 밖에 있는 버들잎을 쏘는데 백발백중했다(去柳葉百步而射之 百發百中之)."[25] 그때 양유기가 쏘는 것을 구경하던 자가 수천 명이었는데 모두 그를 선사(善射)라고 격찬했다. 그러나 옆에 있던 한 사내가 "잘 쏜다. 활을 가르쳐 볼 만하다(善 可教射矣)."라고 말하니 양유기가 이 말에 노해 활을 놓고 칼을 빼어 들고는 "그대가 어찌하여 나에게 활을 가르쳐 줄 수 있다고 하는 것이요?"라고 물었다. 이에 사내는 "내가 당신에게 (활을 쏠 때는) 왼팔은 펴고 오른팔은 구부리는 것 같은 것을 가르쳐 줄 수 있다는 것은 아니오. 그러나 100보 밖 버들잎을 쏘아 백발백중하더라도 만족하고 그칠 줄 모르면 곧 기력이 떨어질 것이오. 그뿐 아니라 그 활은 뒤집어지고 그 화살은 구부

---

23) 여불위(呂不韋)가 편찬한 진(秦)나라 때의 사론서(史論書).

24) 이와 유사한 이야기로 호랑이인 줄 알고 쏘았으나 돌을 쏜 것이라는 고사도 있는데 활을 쏜 주인공을 전한(前漢) 한영(韓嬰)의 ≪한시외전(韓詩外傳)≫에서는 초(楚)나라 웅거자(熊渠子)라 했고 명나라 고영(高穎)의 ≪무경사학정종(武經射學正宗)≫에서는 한(漢)나라 이광(李廣) 장군이라고 했다. 호랑이로 알고 돌을 쏘았다거나 돌을 쏘아 깃까지 돌을 파고들었다는 사석위호(射石爲虎) 또는 사석음우(射石飮羽)라는 유명한 고사(故事)는 이들로부터 유래된 것이다. 서울 남산 자락 석호정(石虎亭)의 이름은 이 고사에서 따온 이름이다.

25) 유향(劉向)의 ≪전국책(戰國策)≫에서도 버들잎을 유엽(柳葉)이라 했지만 같은 유향이 쓴 ≪설원(說苑)≫과 후한(後漢) 왕충(王充)이 쓴 ≪논형(論衡)≫에서는 버들잎을 양엽(楊葉)이라고 했다. 전라북도 전주에 있는 천양정(穿楊亭)이라는 이름은 이 고사에서 따온 이름이다. 이를 이성계(李成桂)의 일로 말하는 사람도 있으나 이성계의 일화 중 100여 보 밖에 배나무 가지를 쏘아 부러뜨렸다는 말은 있어도 버들잎을 쏘아 맞혔다는 말은 없다.

러질 것이오. 이때 한 발이라도 명중시키지 못하게 된다면 지금껏 백발을 모두 명중시킨 그 공이 모두 빛을 잃게 될 것이오(非吾能敎子支左詘右也 夫去柳葉百步而射之 百發而百中之 不以善息 少焉氣衰力倦 弓撥矢鉤 一發不中者 白發盡息)."라고 대답한다.[26)

중국 역사가들은 양유기가 실존 인물이라는 데 대해 누구도 의문을 갖지 않는다. 그러나 중국의 성씨(姓氏) 가운데는 양(養)씨가 보이지 않는데 이 때문에 양유기를 예(羿)와 마찬가지로 선사(善射)를 지칭하는 보통명사일 수도 있을 것이라고 보는 경우도 있다.[27)

V. 한(漢)나라의 이광(李廣)

중국 최고(最古)의 체계적 사법서(射法書)인 당나라 왕거(王琚)의 《사경(射經)》에는 보사(步射)의 잘못된 궁체들을 분석하고 교정한 '보사병색(步射病色)' 항이 있는데 그 서두에서 이 부분을 전한(前漢) 때의 이광(李廣) 장군의 글이라고 했고 후대의 사법서들도 대부분 이를 이광 장군의 글로 인용하고 있다. 한편 명나라 고영(高穎)의 《무경사학정종(武經射學正宗)》에서는 "이광 장군이 돌에 화살을 쏘아 촉이 깊이 박혔던 것은 돌을 호랑이로 보자 정신을 집중했었기 때문이다(李將軍射石一發沒鏃者 以虎視石也 神之至也)."라는 말로 그 유명한 사석위호(射石爲虎) 또는 사석음우(射石飮羽)의 고사(故事)를 인용하고 있지만 역사기록에는 그런 기록은 안 보인다. 《전한서(前漢書)》, <이광 장군전(李廣將軍傳)>에 의하면 이광은 흉노 토벌에 나섰다가 패하고 도주 중이었는데 평소 그가 뛰어난 인물이란 말을 들어 온 흉노의 선우(單于)는 부하들에게 그를 생포해서 데려오라고 명했다. 흉노 기병은 부상을 입은 이광을 생포한 후 말 두 필을 나란히 묶어 그 사이에 이광을 싣고 끌고 갔다. 죽은 척하고 있던 이광이 십여 리를 갔을 때 곁눈질로 옆을 보니 좋은 말을 타고 가는 한 어린아이가 보였다. 이에 이광은 몸을 솟구쳐서 그 말에 올라탄 다음 어린아이를 껴안고 도주

---

26) 이와 같은 일에 대한 유사한 이야기가 《전국책(戰國策)》, <서주책(西周策)>에도 기록되어 있다.

27) Stephen Selby, *Chinese Archery*(Hong Kong: Hong Kong University Press, 2000), p.130 참고.

했다. 흉노의 기병 수백 명이 추격했지만 그는 계속 달리면서 어린아이의 활을
빼앗아 추격병을 죽이고 남쪽으로 십여 리를 달려 한군(漢軍)의 잔병들과 합류
할 수 있었다고 한다.

Ⅵ. 후한(後漢)의 여포(呂布)

후한(後漢) 말기의 여포(呂布)는 중국의 역사기록에도 등장하는 유명한 선사
(善射)이다. ≪후한서(後漢書)≫, <여포전(呂布傳)>에 의하면 여포는 기령(紀
靈)과 유비(劉備)의 싸움을 말리기 위해 패성(沛城) 밖에 진을 친 후 두 사람을
불러 놓고 "나는 싸움 붙이기를 싫어하고 말리기를 좋아하는 사람이다."라고 말
한 다음 영문(營門)에 창 한 자루를 꽂아 놓도록 명한 후에 활을 벌리면서 "그
대들은 이제 이 여포가 저 창의 끝을 쏘는 것을 보고 만약 맞히면 각자 군대를
물릴 것이고 맞히지 못하면 서로 싸워도 좋다."라고 한 후 곧 시위를 놓으니 화
살이 창끝에 명중했다고 한다.

기령(紀靈)은 원술(遠術)이 보낸 장수로 그가 공격해 온다는 소식을 들은 유
비가 여포에게 구원을 청했는데 여포 휘하의 장수들이 여포에게 "장군께서는
늘 유비를 죽이려고 했었는데 지금 어찌 원술의 힘으로 그를 죽이려 하지 않습
니까?"라고 물으니 여포는 "그렇지 않다. 만약 유비가 패하면 우리가 원술에게
포위되게 된다. 유비를 구하지 않을 수가 없다."고 하면서 유비를 구해 주었던
것이다. 여포가 창끝을 맞히는 것을 본 기령은 이튿날 바로 병력을 철수시킨다.
여포는 말을 달리며 왼손 오른손 번갈아 활을 쏘며 흉노의 간담을 서늘케 했고
황건적(黃巾賊)의 난을 진압했으며 한(漢) 왕실을 전복시킨 동탁(董卓)을 죽인
장수로서 패성(沛城)에서의 이 이야기는 「여포가 영문에서 창끝을 쏘다」라는
제목으로 후대에 중국에서 인기 있는 경극(京劇)의 주제가 되어 있다.

제2장 ≪주례(周禮)≫ : 활과 화살의 제작

고대 중국 주(周)나라의 관직(官職)을 기록한 ≪주례(周禮)≫,[1] <동관(冬官)> 편에는 활 만드는 관직인 궁인(弓人)과 화살 만드는 관직인 시인(矢人)의 직무가 상세히 기록되어 있는데 이하에서는 그 전문(全文)을 소개하기로 하겠다. 저본(底本)은 청나라 가경(嘉慶) 20년(서기 1815년) 금속활자로 간행된 ≪십삼경주소(十三經注疏)≫, 卷三, <중간송본주례(重栞宋本周禮)>를 사용했고 번역은 원문에 첨부된 후한(後漢) 정중(鄭衆)과 정현(鄭玄)의 주(注)들과 이에 대한 당(唐)나라 가공언(賈公彦)의 소(疎)에 따랐다.

제1절 궁인(弓人)

Ⅰ. 활 만드는 여섯 가지 재료

弓人爲弓 取六材 必以其時 六材旣聚 巧者和之 幹也者 以爲遠也 角也者 以爲疾也 筋也者 以爲深也 膠也者 以爲和也 絲也者 以爲固也 漆也者 以爲受霜露也

궁인(弓人)이 활을 만들 때 쓰는 여섯 가지 재료는 적절한 시기에 구해야 한

---

1) 이 글의 원래 이름은 ≪주관(周官)≫ 또는 ≪주관경(周官經)≫이지만 전한(前漢) 말에 경전(經典)에 포함되면서 예경(禮經)에 속한다 하여 ≪주례(周禮)≫란 명칭을 얻었다. 관직을 천관(天官)·지관(地官)·춘관(春官)·하관(夏官)·추관(秋官) 및 동관(冬官) 6종으로 나누고 총 372개 관직에 대해 그 직무를 서술해 놓았다. 관직 이름만 있고 내용은 유실된 부분도 있다. 작성 시기에 대해서는 많은 논란이 있으나 <동관(冬官)> 편의 가장 앞에 나오는 「동관고공기(冬官考工記)」는 유실된 「동관사공(冬官司空)」 대신에 한(漢)나라 때 보충한 것이다.

다.[2] 재료를 모두 준비한 다음에는 솜씨 있는 사람이 이들을 잘 손질해야만 한
다.[3] 나무뼈대는 화살을 멀리 나가게 하고 뿔은 화살을 빠르게 날아가게 하며
힘줄은 화살을 깊이 파고들게 한다.[4] 풀은 나무뼈대와 뿔과 힘줄이 지닌 힘을
결합시켜 주고 실은 이런 결합을 견고하게 해주며 옻칠은 습기로부터 활을 보
호해 준다.[5]

凡取幹之道七　柘爲上　檍次之　檿桑次之　橘次之　木瓜次之　荊次之　竹爲下
凡相幹　欲赤黑而陽聲　赤黑則鄕心　陽聲則遠根　凡析幹　射遠者用埶　射近者用
直　居幹之道　菑栗不迆則弓不發

나무뼈대에는 7등급이 있다. 자(柘)라는 산뽕나무[6]가 최상급이고 감탕나무[7]가 그다
음이고 염상(檿桑)이란 산뽕나무[8]가 그다음이고 귤나무가 그다음이고 모과나무가 그다
음이고 광대싸리나무[9]가 그다음이고 대나무가 최하급이다. 나무뼈대로 쓸 나무를 고를
때 적흑색을 띠고 두드려 보면 맑은 소리가 나는 것을 골라야 한다. 적흑색을 띠는 것
은 줄기의 속살이며 두드려 보아 맑은 소리가 나는 것은 뿌리에서 먼 줄기이다. 나무
뼈대를 나무에서 잘라서 갈랐을 때 굽은 것은 먼 곳을 쏘는 활에 쓰고, 곧은 것은 가까
운 곳을 쏘는 활에 쓴다.[10] 자른 나무뼈대를 말려서 갈랐을 때 결이 곧아야 한다.[11]

---

2) 정현(鄭玄)은 나무뼈대는 겨울에 구하지만 뿔은 가을에 구하고 실과 칠(漆)은 여름에 구하며 힘줄과 풀은 어느
　　때 구하는지 들어 보지 못했다고 했다. 한편 〈동관고공기(冬官考工記)〉에는 이 구절 앞에 "연 지방에서 나는 뿔
　　과 형 지방에서 나는 나무뼈대…… 등은 최상급의 뛰어난 재료이다(燕之角　荊之幹　妢胡之筍……此材之美者
　　也)."라는 구절이 있다.

3) 가공언은 원문의 '화자(和之)'란 말은 "봄에 뿔을 물에 적시고 여름에 힘줄을 다듬는 등의 일을 말한다(謂春液
　　角夏治筋之類也)."고 했다.

4) 동일한 화살을 사용했을 경우 화살을 멀리 보내는 힘이나 빠르게 보내는 힘이나 표적에 깊이 파고들게 하는 힘
　　이나 모두가 물리적 성질이 동일한 힘이므로 이 구절은 나무뼈대와 뿔과 힘줄이 제각각 다른 성능의 힘을 지니
　　고 있다는 말이 아니라 이런 세 가지 재료가 합해지면서 활의 힘이 점점 더 강해진다는 말로 보아야 한다.

5) 옻칠은 주로 습도에 예민한 나무뼈대와 힘줄 및 풀을 보호하는 역할을 한다. ≪조선의 궁술≫에 의하면 우리나
　　라에서는 의식(儀式)이나 습사(習射)용 활은 옻칠 대신 벚나무 껍질로 나무뼈대와 힘줄 부분을 감싸 주기도 하지
　　만 전투용 활은 옻칠로 습기에 노출되는 것을 방지했다고 한다.

6) 홍콩의 동양궁시 연구가 셀비(Selby)는 이를 'Silkworm Oak' 또는 'Cudrania tricuspidata'라고 했다. Stephen
　　Selby, *Chinese Archery*(Hong Kong: Hong Kong University Press, 2000), 92쪽.

7) 화살의 재료로도 쓰인다.

8) 셀비(Selby)는 이를 'Wild Mulberry'라고 했다. 위의 책, 같은 쪽.

9) 화살의 재료로도 쓰인다.

10) 정중(鄭衆)은 원문 중 '예(埶)'란 굽은 것을 말한다 했고 정현(鄭玄)은 굽은 것은 얇고 약하며 곧은 것은 굵고
　　　강하다 했으며 가공언(賈公彦)은 약한 활이란 협궁(夾弓), 유궁(庾弓) 종류의 활로서 멀리 쏠 때 쓰고 강한 활
　　　이란 왕궁(王弓), 호궁(弧弓) 종류의 활로서 관통시키려고 쏠 때 쓴다고 했다. 가까운 곳을 쏠 때 쓴다는 원문

凡相角 秋䱱者厚 春䱱者薄 稚牛之角 直而澤 老牛之角 紾而昔 庎疾險中
瘯牛之角無澤 角欲靑白而豐末 夫角之本 蹙於腦而休於氣 是故柔 柔故欲其
埶也 白也者 埶之徵也 夫角之中 恒當弓之畏 畏也者 必橈 橈故欲其堅也 靑
也者 堅之徵也 夫角之末 遠於腦而不休於氣 是故脆 脆故欲其柔也 豐末也者
柔之徵也 角長二尺有五寸 三色不失理 謂之牛戴牛

쇠뿔은 가을에 자른 것은 두텁고 봄에 자른 것은 얇다.[12] 젊은 소에서 자른
뿔은 바르고 습기가 있어 부드러우며 늙은 소에서 자른 뿔은 결이 비틀려 있다.
열병(熱病)을 앓는 소에서 자른 뿔은 속이 거칠고 여윈 소에서 자른 뿔은 습기
가 없어 부드럽지 못하다. 뿔은 청백색으로 끝 부분이 굵어야 한다. 뿌리 부분
은 뇌(腦)와 가까워서 기(氣)를 많이 받으므로 따듯해서 유연(柔軟)하고 유연하
므로 탄력(彈力)이 있다. 색이 희면 탄력이 있다는 징표이다. 중간 부분은 늘 활
의 오금에 오게 해야 한다. 오금은 시위를 당길 때 반드시 휘므로 견고해야 하
는데 색이 푸른 것은 견고하다는 징표다. 뿔의 끝 부분은 뇌와 멀어 기(氣)를
많이 받지 못해 약하다. 약하기 때문에 유연한데 끝 부분이 굵은 것은 유연하다
는 징표이다. 길이가 2자 5치가량 되고 뿌리 부분은 희고 중간 부분은 푸르며
끝 부분은 굵은 특징을 모두 지니고 결이 바른 뿔을 지닌 소는 머리 위에 한
마리의 소를 이고 다니는 소라고 부른다.[13]

凡相膠 欲朱色而昔 昔也者 深瑕而澤 紾而搏廉 鹿膠靑白 馬膠赤白 牛膠火
赤 鼠膠黑 魚膠餌 犀膠黃 凡昵之類不能方

의 말을 관통시키려 쏠 때 쓴다는 말과 같은 말로 본 것이다. 한편 뒤로 가면 구궁(句弓)이란 활은 "화살이 빠
르기는 하나 멀리 나가지 않는다(雖疾而不能射遠也)."는 구절도 있다. 이런 말들은 주의하여 해석해야 한다.
가까운 곳을 쏠 때나 관통시키기 위해 쏠 때 쓰는 활이라 해서 화살이 빠르지 않거나 멀리 나가지 않는다는
말로 보면 안 된다는 점이다. 같은 화살을 쏜다면 활의 힘이 강할수록 화살 속도도 증가하고 화살을 멀리 보낼
수 있다. 그러나 가까운 표적이라도 이를 관통시키려면 무거운 화살을 쓰지 않을 수 없고 무거운 화살을 빠르
게 나가게 하려면 강한 활을 사용해야 하므로 가까운 곳을 쏘거나 표적을 관통시키려 할 때는 강한 활을 쓴다
고 한 것일 뿐이다. 원문 중 '사원(射遠)', '사근(射近)' 및 '사심(射深)'은 활의 전술적(戰術的) 운용에 관한 개
념인 것이다. 뒤로 가면 약한 협궁(夾弓)이나 유궁(庾弓) 종류의 활은 헝겊 과녁을 쏠 때나 줄을 매단 주살로
새를 쏠 때 유리하고 그보다 힘이 강한 왕궁(王弓) 종류는 가죽 과녁 또는 나무 과녁을 쏠 때 유리하며 가장
힘이 강한 당궁(唐弓) 종류는 표적을 관통시킬 때 유리하다는 말이 있다.

11) 정현(鄭玄)은 '거간지도(居幹之道)'란 "집에서 활의 나무뼈대를 가르는 법(居處解析弓幹之法)"을 말한다 했
　　는데 집에서 말린 후 가르는 것을 말한다. '치율(齒栗)'은 "톱으로 활의 나무뼈대를 가르는 것(以鋸剖析弓幹)"
　　을, '이(迆)'는 "결이 비뚤어진 것(邪迆失理)"을, '발(發)'은 "망가지는 것(發傷)"을 각각 말한다 했다.

12) 가을 소에서 자른 뿔은 두텁다 했으므로 뿔을 소에서 자르는 시기는 가을이다. 소에서 뿔을 자르는 것은 살(䱱)
　　이라 하고 이를 활에 쓸 수 있는 두께와 너비로 가르는 것은 석(析)이라고 하며 이를 부드럽게 만들기 위해 물
　　에 담그는 것을 액(液)이라고 한다.

13) 뿔 값만 다른 소 한 마리 값이 나간다는 뜻이다.

풀은 주홍색의 묵힌 것을 써야 한다. 묵힌 풀은 깊은 틈새도 메워 주고 부드러워서 비틀어도 변형되지 않는다. 사슴에서 얻는 풀은 청백색이고 말에서 얻는 풀은 적백색이고 소에서 얻는 풀은 밝은 적색이고[14] 쥐에서 얻는 풀은 흑색이고 물고기에서 얻는 풀은 투명하며 물소에서 얻는 풀은 황색이다. 다른 풀을 쓰면 안 된다.

凡相筋 欲小簡而長 大結而澤 小簡而長 大結而澤 則其力爲獸必剽 以爲弓則豈異于其獸 筋欲敝之敝 漆欲測 絲欲深 得此六材之全 然後可以爲良

힘줄은 가늘고 긴 가닥이 겹겹으로 뭉쳐 있고 물기가 있어 부드러워야 한다. 그런 힘줄을 지닌 짐승은 민첩한 법이니 그런 짐승의 힘줄을 가지고 만든 활이 어찌 그 짐승과 성질이 다를 수 있겠는가? 힘줄은 잘 두드려서 가느다란 가닥으로 만들어야 한다. 옻칠은 맑아야 하고 실은 광택이 있어야 한다. 이런 여섯 가지 재료가 모두 모여야 좋은 활을 만들 수 있다.

II. 활 만들기

凡爲弓 冬析幹而春液角 夏治筋 秋合三才 寒奠體 冰析灂 冬析幹則易 春液角則合 夏治筋則不煩 秋合三才則合 寒奠體則張不流 冰析灂則審環 春被弦則一年之事

활을 만들 때 나무뼈대는 겨울에 가르고 뿔은 봄에 물에 담그고 힘줄은 여름에 다듬는다. 가을에는 풀과 실로 이 세 재료를 합친다. 추워질 때 활의 형체를 만들어 얼음이 얼 때 다듬어서 옻칠을 한다. 겨울에 나무뼈대를 가르면 일이 수월하고[15] 봄에 뿔을 물에 담그면 부드러워지며[16] 여름에 힘줄을 다듬으면 번거로움이 없다. 가을에 풀과 실로 이 세 재료를 합치면 단단히 붙고[17] 추워지기 시작할 때 활 형체를 만들면 나중 벌려서 시위를 얹어도 변형이 생기지 않고

---

14) 가공언(賈公彦)은 소에서 얻은 밝은 적색의 풀이 주홍색에 가깝기 때문에 가장 좋다고 했다.

15) 가른다는 것은 나무를 쪼개는 일이지만 산에서 나무를 자르는 것 역시 겨울에 했을 것이다. 겨울에는 한 해 동안 성장한 몸체가 성숙했고 또 수분도 적어 작업에도 편할 것이기 때문이다.

16) 정현(鄭玄)은 '합(合)'은 물기가 있어 부드러워진다는 '흡(洽)'의 뜻이라고 했다.

17) 정현(鄭玄)은 '합(合)'이 이곳에서는 단단하다는 '견밀(堅密)'의 뜻이라고 했다.

얼음 얼 때 다듬어 옻칠을 하면 칠이 흐르지 않고 모양이 잡힌다.[18] 이듬해 봄
에 시위를 얹으면[19] 1년 동안의 작업이 끝난다.

析幹必倫 析角無邪 斲目必荼 斲目不荼 則及其大脩也 筋代之受病 夫目也
者必强 强者在內而摩其筋 夫筋之所由嶦 桓由此作

나무뼈대는 결을 따라서 갈라야 하고 뿔은 똑바로 갈라야 한다. 나무뼈대를
가를 때 옹이는 매끄럽게 갈아내야 하는데 옹이를 매끈하게 갈아내지 않으면
오래 사용했을 때 힘줄이 대신 손상을 입게 된다. 옹이는 강한 법인데 이를 그대
로 놓아두면 힘줄과 마찰이 생긴다. 힘줄이 끊어지는 것[20]은 항상 이 때문이다.

故角三液而幹再液 厚其帤則木堅 薄其帤則需 故厚其液而節其帤

따라서 뿔은 세 번, 나무뼈대는 두 번 물에 담근다. 대림[21]이 너무 두툼하면
활대가 억세지고 너무 얇으면 약해진다. 따라서 나무뼈대와 뿔은 충분히 물에
담그고 대림의 두께는 적절하게 해야 한다.

約之 不皆約 疎數必侔 斲摯必中 膠之必均 斲摯不中 膠之不均 則及其大脩
也 角代之受病 夫懷膠於內而摩其角 夫角之所由挫 桓由此作

묶을 때 촘촘히 전체를 묶지 말고 고르게 간격을 두고 묶는다.[22] 나무뼈대는
잘 갈아서[23] 풀을 고르게 발라야 한다. 나무뼈대를 잘 갈지 않아서 풀이 고르게
퍼지지 않으면 오래 사용했을 때 뿔이 손상을 입는다. 고르게 퍼지지 못한 풀이 활
속에서 뿔과 마찰을 빚기 때문이다. 뿔이 부러지는 것은 항상 이 때문이다.[24]

---

18) 정현(鄭玄)은 '심환(審環)'은 '정환(定環)'의 뜻이라고 했는데 뭉치지 않고 잘 퍼진다는 말로 보인다.

19) ≪조선의 궁술≫에 의하면 봄에 시위를 얹을 때 다시 활을 다듬고 형체를 바로잡아 주는 작업을 하며 이를 해
 궁(解弓)이라고 한다.

20) 정현(鄭玄)은 '첨(嶦)'은 '절기(絕起)', 즉 끊어져 일어난다는 의미라고 했다. 가공언(賈公彥)은 힘줄이 끊어져
 일어나면 마치 사람이 타는 수레의 속을 가리려고 쳐 놓는 발과 같은 모양이 되므로 이를 '첨(嶦)'이라 했다고
 풀이했다.

21) 줌통 부분의 나무뼈대에 덧대는 나무를 말한다. ≪조선의 궁술≫에서는 이를 대림 또는 다림이라 했고 한자로
 는 파간(弝幹)으로 표기했다.

22) 무엇을 무엇으로 언제 묶는지에 대한 언급은 없으나 접합시켜 놓은 나무뼈대와 뿔과 힘줄을 접합시킨 것이 분
 리되지 않게 활대 전체를 얼음이 얼 때 다듬어 옻칠을 하기 전에 실로 묶었을 것이다. 다만 정현(鄭玄)은 다른
 곳은 촘촘히 묶지 않지만 "대림 부분은 촘촘히 묶는다(皆約則帤)."고 했다.

23) 가공언(賈公彥)은 원문의 '착지필중(斲摯必中)'을 "나무뼈대의 굵기를 고르게 갈아내야 한다(斲幹厚薄必調
 均)."는 말로 보았다.

凡居角 長者以次需 恒角而短 是謂逆橈 引之則縱 釋之則不挍 恒角而達 譬如終紲 非弓之利也 今夫茭解中有變焉故挍 於挺臂中有柎焉故剽 恒角而達 引如終紲 非弓之利也

　뿔은 긴 것이 우선 필요하다.[25] 뿔끝이 짧으면[26] 역소(逆橈)[27]가 생기고 활이 쉽게 벌어지지만 화살이 힘차게 나가지 못한다. 뿔끝이 너무 길면[28] 종설(終紲)이 생겨 활에 이롭지 못하다.[29] 오금이 있는 나무뼈대와 고자가 방향을 달리해 붙어 있는 곳에 팔의 힘에 고자의 힘이 더해져 화살이 힘차게 나가는 것이고[30] 또 팔을 곧게 편 곳에 측골(側骨)이 있어 화살이 힘차게 나가는 것인데[31] 뿔이 너무 길면 시위를 당길 때 종설(終紲)이 생겨 활에 이롭지 못하다.

撟幹欲孰於火而無贏 撟角欲孰於火而無燂 引筋欲盡而無傷其力 鬻膠欲孰而水火相得 然則居旱亦不動 居濕亦不動 苟賤工必因角幹之濕 以爲之柔 善者在外 動者在內 雖善於外 必動於內 雖善亦弗可以爲良矣

---

24) 정현(鄭玄)은 "나무뼈대가 고르지 않으면 뿔이 부러진다(幹不均則角蹋切也)."고 했다. 나무뼈대가 고르지 않으면 풀이 고르게 퍼지지 않고 응어리진 곳이 생겨 이 응어리진 풀과 마찰로 인해 뿔이 손상되거나 부러진다는 말이다.

25) 정현(鄭玄)은 이 구절에 대해 "오금에 덧대는 뿔을 말한다. 뿔 길이는 나무뼈대와 길이가 맞아야 하고 짧은 뿔은 고자에 덧붙인다(當弓之隈也 長短各稱其幹 短者居簫)." 했다. ≪조선의 궁술≫에서는 나무뼈대와 고자를 이어 붙이는 삼삼이까지 뿔을 덧댄 활을 후궁(猴弓)이라 하고 도고지가 붙는 정탈목까지 뿔을 덧댄 활을 장궁(長弓)이라고 했는데 이곳에서 말하는 각궁은 ≪조선의 궁술≫이 말한 장궁(長弓)과 같이 정탈목까지 뿔을 덧대기는 했지만 하나의 긴 뿔을 덧댄 것이 아니라 나무뼈대와 고자 부분에 각각 다른 뿔을 덧대었던 것으로 보인다.

26) 정현(鄭玄)은 '恒'은 '竟', 즉 '끝'을 의미하고 뿔끝이 짧다는 것은 "뿔끝이 오금 이 있는 나무뼈대의 길이보다 짧은 것(竟其角而短于彌幹)"을 말한다고 했다.

27) 활을 벌릴 때 오금이 잘 구부러지지 않는다는 말로 보인다.

28) 정현(鄭玄)은 뿔이 너무 길다는 것은 "오금 부분의 나무뼈대를 넘어서 고자의 끝까지 이르는 것(長於彌幹若達於簫頭)"을 말한다고 했다.

29) '종설(終紲)'은 직역하면 "끝이 뛰어넘는다."는 뜻이지만 ≪조선의 궁술≫에서 장궁(長弓)은 활이 출렁거린다고 한 것과 같은 말일 것으로 보인다.

30) 정현(鄭玄)은 교해(茭解)는 "서로 붙어 있는 것(接中)"을 뜻하고 변(變)은 "고자의 힘과 팔의 힘이 다른 것(簫臂用力異)"을 말한다고 했으며 가공언(賈公彦)은 교해중(茭解中)은 "오금과 고자가 꺾어지며 붙어 있는 곳(弓隈與弓簫角接之處)"을 말하고 교(挍)란 교(絞)와 같고 "화살이 힘차게 날아가는 것(矢去疾)"을 말한다고 했다. 이 구절은 오금이 있는 나무뼈대와 고자가 서로 붙어 있으면서도 휘어진 방향이 다르고 그로 인해 서로 다른 두 힘을 모아서 화살이 빠르게 나갈 수 있게 하는 각궁(角弓)의 이중만곡형(二重彎曲型) 구조를 말한 것으로 보인다.

31) 정현(鄭玄)은 정(挺)은 직(直)을 말하고 부(柎)는 측골(側骨)을 말하며 표(剽)는 질(疾), 즉 화살이 빠른 것을 말한다고 했으며 가공언(賈公彦)은 "팔을 곧게 편 곳(挺臂中, 즉 直臂中)"이란 "줌통이 있는 곳(弓弝處)"를 말하며 줌통이 있는 곳에 측골이 있으면 "측골은 견고하고 강하기 때문에 활에 힘을 더해 주므로(骨堅强所以與弓爲力)" 화살이 힘차게 날아간다고 했다. 이곳에서 말한 부(柎), 즉 측골(側骨)은 ≪조선의 궁술≫에서 말한 부(拊), 즉 줌허리통 또는 한통과는 다른 말로서 앞서 말한 녀(粈), 즉 대림 또는 다림을 말하는 것으로 보인다.

나무뼈대는 열을 가해서 바로잡는데 너무 열을 가하면 안 된다. 뿔도 그렇다. 힘줄은 탄력을 잃지 않을 정도로 최대한 늘여서 써야 한다. 풀을 익힐 때 수분과 온도를 적절히 맞추어야 한다. 그래야 건조할 때나 습할 때나 활에 변형이 안 생긴다. 서투른 궁공(弓工)은 나무뼈대와 뿔에 수분을 많이 남겨 활 모양을 부드럽게 만든다. 그러나 이렇게 하면 활의 겉모습은 좋아지나 속에서 변형이 생기는 법이다. 모양이 좋은 활이 언제나 좋은 활이라고는 할 수 없다.

凡爲弓 方其峻而高其柎 長其畏而薄其敝 宛之無已應 下柎之弓 末應將興 爲柎而發 必動於紖 弓而羽紖 末應將發

활을 만들 때 고자는 평평한 듯해야 하고[32] 측골(側骨)은 다소 두툼해야 하고[33] 오금은 길어야 하며 줌통은 너무 두툼하지 않아야 한다.[34] 그래야만 활을 오래 쓸 수 있다.[35] 측골이 너무 얇은 활은 고자가 시위를 따라 움직일 때 측골도 움직이고 그렇게 되면 붙어 있던 나무뼈대와 뿔이 반드시 움직이게 되고 붙어 있던 나무뼈대와 뿔이 따로 놀면 고자가 시위를 따라 움직일 때 떨어진다.[36]

弓有六材焉 維幹强之 張如流水 維體防之 引之中參 維角撑之 欲宛而無負 弦 引之如環 釋之無失體如環

활은 여섯 가지 재료로 만들지만 나무뼈대를 강하게 하면 쉽게 시위를 얹을

---

32) 정현(鄭玄)은 '준(峻)'은 '소(簫)', 즉 '고자'를 말한다고 했다. 고자가 평평한 듯해야 한다는 것은 ≪조선의 궁술≫, '초보자가 배우는 차례'에서 말한 "고자가 너무 구부러지면 활을 다릴 때 헛힘이 들기 때문에 쏘기에 이롭지 않고 고자가 너무 버드면 철떡거린다. 정탈목은 구부러진 듯하고 고자잎은 버든 듯해야 쏘는 데 편리하다."는 말과 같은 의미일 것으로 보인다.

33) 측골(側骨)은 다소 두툼해야 한다는 말은 ≪조선의 궁술≫, '초보자가 배우는 차례'에서 말한 "활에 알줌이라 하는 것은(활의 다림을 말한다) 다림이 구부러져서 아귀를 지나치게 받치는 것으로서 활쏘기에 이롭지 아니하다. 그러나 아귀가 부실해도 활쏘기에 이롭지 아니하다. 아귀는 다다 봉긋하여서 화살을 내보낼 때 줌통을 받쳐 주어야 한다."는 말과 같은 의미일 것으로 보인다.

34) 정현(鄭玄)은 '창(敝)'은 "활 쏘는 사람이 쥐는 것(弓人之所握持者)"이라고 했다.

35) 정현(鄭玄)은 '완(宛)'은 '인(引)', 즉 시위를 당긴다는 말이며 "宛之無已應"은 "시위를 당기면 활이 이에 응하기를 안 그친다(引之無休止常應弦)."는 말로서 "계속 사용할 수 있다(不罷需)."는 의미라 했다.

36) 가공언(賈公彦)은 '하부(下柎)'란 "파골을 너무 얇게 만든 것(把骨大下爲之)"을 말한다 했다. '부(柎)'를 앞에서는 '측골(側骨)'이라 했고 이곳에서는 '파골(把骨)'이라 한 것이다. 정현(鄭玄)은 '말(末)'은 '소(簫)', 즉 '고자'를 말하고 '흥(興)'은 '동(動)' 또는 '발(發)'과 같은 뜻으로 움직이는 것을 말하며 '살(紖)'은 '접중(接中)', 즉 붙어 있는 것이라고 했다. 붙어 있는 것이란 나무뼈대와 뿔이 서로 붙어 있는 것을 말한다. "弓而羽紖 末應將發"이란 구절에 대해 정현(鄭玄)은 "붙어 있는 것이 움직이면 따로 놀고 따로 놀게 되면 고자가 시위를 따라서 움직일 때 원래 붙어 있던 나무뼈대와 뿔이 분리된다(接中動則緩 緩 簫應弦則角幹將發)."고 했기 때문이다. 한편 정현(鄭玄)은 '우(羽)'는 '호(扈)' 또는 '완(緩)'과 통하는 글자라 했는데 제멋대로 따로 논다는 뜻이다.

수 있고,[37] 형체를 잡아서 간격을 맞추기만 하면 시위가 3자(尺)까지 당겨지
며,[38] 뿔을 덧붙여 지탱해 주면 시위를 당겼을 때 활이 일그러지지 않고 둥근
모양이 되고 화살을 내보낸 후에도 그 둥그런 모습을 잃지 않는다.

　　材美　工巧　爲之時　謂之參均　角不勝幹　幹不勝筋　謂之參均　量其力　有三均
均者三　謂之九和　九和之弓　角與幹權　筋三侔　膠三鋝　絲三邸　漆三斞　上工以
有餘　下工以不足

　　좋은 재료 및 훌륭한 솜씨 그리고 활을 만드는 적절한 시기 이 세 가지를 삼
균(參均)이라고 한다. 뿔이 나무뼈대보다 강하지 않고 나무뼈대가 힘줄보다 강
하지 않은 것도 역시 삼균(參均)이라 한다. 힘을 헤아림에 있어서도 또 삼균(參
均)이 있다.[39] 이렇게 세 가지 삼균(參均)이 있으니 이를 모두 합쳐서 구화(九
和)라고 한다. 구화(九和)를 갖춘 활은 뿔과 나무뼈대가 같고 힘줄도 같다.[40] 뛰

---

37) 가공언(賈公彦)은 나무뼈대를 강하게 하는 것은 "나무뼈대 외의 다섯 재료가 나무뼈대를 보강하지만 그 중심은
　　나무뼈대이기 때문(以其幹外五材當依幹 而有以幹爲本)"이고, 나무뼈대를 강하게 하면 쉽게 시위를 얹을 수
　　있는 것은 "나무뼈대가 나머지 재료들을 제어하므로 시위를 얹기가 어렵지 않고 시위를 얹기가 어렵지 않으면
　　강약을 조정할 수 있기 때문(以幹得所以制五材 故張如流水無難易 無難易 則强弱得所也)"이라고 했다.

38) 정현(鄭玄)은 '체(體)'란 "도지개로 활 모양을 만드는 것(内之於檠中定其體)"을 말하고 '방(防)'은 "시위와 활
　　대 사이의 간격을 맞추는 것(淺深所止)"을 말하며 따라서 원문의 "維體防之 引之中參"은 "활 모양을 만든
　　후 시위를 당기면 1자인 시위와 활대 사이의 간격이 2자가 늘어나는 것(體定 張之 弦居一尺 引之又二尺)"
　　을 말한다고 했다. 활의 모양을 말할 때 왕체(往體)란 시위를 당기기 전의 모습을 말하고 내체(來體)란 시위를
　　당겼을 때의 모양을 말하며 모두가 시위와 활대의 간격을 가지고 말한다. 이 간격에 대해 가공언(賈公彦)은
　　"왕궁(王弓)이나 호궁(弧弓)은 왕체가 작고 내체는 커서 시위를 당기기 전에는 5치지만 시위를 당기면 1자 5
　　치가 늘어나고, 협궁(夾弓)이나 유궁(庾弓)은 왕체가 크고 내체는 작아서 시위를 당기기 전에는 1자 5치지만
　　시위를 당기면 5치만 늘어나며, 당궁(唐弓)과 대궁(大弓)은 왕체와 내체가 같아서 시위를 얹기 전에는 1자지만
　　시위를 당기면 1자가 늘어나는데 이렇게 되게 만드는 것이 시위와 활대 사이의 간격을 맞추는 것(王弧之弓 往
　　體寡 來體多 弛之乃有五寸 張之一尺五寸 夾庾之弓 往體多 來體寡 弛之一尺五寸 張之得五寸 唐弓大
　　弓 往體來體若一 弛之一尺 張之亦一尺 是防之)"이라고 하면서 위의 정현(鄭玄)의 말은 "당궁과 대궁의 경
　　우에 대해 말한 것으로서 나머지 네 종류 활은 시위를 당기기 전 모습이나 당긴 후 모습이 모두 다르지만 어떤
　　경우이건 모두 3자까지 시위를 당긴다고 한 것은 길이 3자의 화살을 가득 당긴 경우를 말하기 때문(此據唐大
　　弓者而言 餘四者 弛之張之 雖多少不同 及其引之皆三尺 以其矢長三尺須滿故也)"이라고 했다.

39) 정현(鄭玄)은 활의 힘에 삼균(參均)이 있다는 것은 "1석을 버티는 나무뼈대에 뿔을 덧대면 2석을 버티고 또
　　힘줄을 덧대면 3석을 이기므로 시위가 3자 당겨지는 것(若幹勝一石 加角而勝二石 被筋而勝三石 引之中三
　　尺)"이며 "활 힘이 3석일 때 시위가 3자 당겨지는 것은 시위를 늦추고 밧줄로 둥근 고리를 연결한 후 이 고리
　　에 1석의 물건을 하나씩 올려놓을 때마다 활이 1자씩 벌어진다(假令弓力勝三石 引之中三尺 弛其弦 以繩緩
　　擐之 每加物一石 則張一尺)." 했다. 이 설명 중 '弛其弦 以繩緩擐之'란 구절에 대해 가공언(賈公彦)은 "활
　　을 벌리기 전에 아래 두 양양고자를 밧줄로 묶어 놓은 것(不張之別 以一條繩繫兩簫)"을 말한다고 했다. '그
　　림 2. 시궁정력도(試弓定力圖)'는 하마구찌 후지오(橫口富士雄)의 《사경(射經)》(동경, 명덕출판사, 1979
　　년), 66쪽에서 인용한 그림이다.

40) 정현(鄭玄)은 '권(權)'은 '평(平)'과 같고 '모(侔)'는 '등(等)'과 같은 뜻이라 했다. 모두 무게가 같은 것을 의미
　　하는 말이다. 정현은 이어서 "세 번째로 힘줄 역시 같다."고 한 것은 "뿔과 나무뼈대가 이미 같기 때문에 힘줄
　　은 세 번째로 뿔 및 나무뼈대와 같다고 한 것이다(角幹旣平 筋三而又與角幹等也)."라고 했다.

어난 궁공(弓工)에게는 활 한 자루 만들 때 풀 3렬(鋝),[41] 실 3저(邸)[42]와 옻칠
3유(斞)면[43] 충분하나 서투른 궁공에게는 이 정도로 부족하다.

그림 2. 시궁정력도(試弓定力圖)

Ⅲ. 각종 활의 규격

爲天子之弓 合九而成規 諸侯之弓 合七而成規 大夫之弓 合五而成規 士之
弓 合三而成規

천자(天子)의 활은 아홉 장을 연결해야 둥그런 원이 되고 제후(諸侯)의 활은
일곱 장을 연결하면 둥그런 원이 되고 대부(大夫)의 활은 다섯 장만 연결하면 둥
그런 원이 되며 여타 관리의 활은 불과 세 장만 연결하면 둥그런 원이 된다.[44]

---

41) 정현(鄭玄)은 '렬(鋝)'은 '환(鍰)'과 같은 무게 단위로 6냥(兩)에 해당한다 했다.

42) 정현(鄭玄)은 '저(邸)'는 무게단위이겠지만 들어 보지 못한 단위라 했다.

43) 정현(鄭玄)은 '유(斞)' 역시 무게단위이겠지만 들어 보지 못한 단위라 했다.

44) 가공언(賈公彦)은 이 구절은 "벌리지 않은 각궁의 모습을 가지고 말한 것(此據角弓形不張而言)"이라고 했다.
이에 앞서 〈하관(夏官)〉 편, 사궁시(司弓矢) 조에도 원문과 같은 구절이 있는데 이에 대해 정현(鄭玄)은 "왕체
가 작고 내체가 큰 활은 여러 자루를 연결해야 둥근 원이 되고 왕체가 크고 내체가 작은 활은 몇 자루만 연결
해도 둥근 원이 된다(往體寡來體多 則合多而圜 往體多來體寡 則合少而圜)." 했다. 왕체(往體)와 내체(來

弓長六尺有六寸　謂之上制　上士服之　弓長六尺有三寸　謂之中制　中士服之
弓長六尺謂之下制　下士服之

활 길이가 6자 6치면 큰 활이고 키가 큰 궁사가 이를 사용한다. 활 길이가 6
자 3치면 중간 크기의 활이고 키가 보통인 궁사가 이를 사용한다. 활 길이가 6
자이면 작은 활이고 키가 작은 궁사가 이를 사용할 수 있다.[45]

凡爲弓　各因其君之躬　志慮血氣　豊肉而短　寬緩而茶　若是者　爲之危弓　危弓
爲之安矢　骨直而立　忿埶以奔　若是者　爲之安弓　安弓爲之危矢　其人安　其弓安
其矢安　則莫能以速中　且不深　其人危　其弓危　其矢危　則莫能以愿中

활과 화살은 사람의 체격과 성격을 보고 만든다. 살이 찌고 키는 작고 성격이
느긋한 사람을 위해서는 위궁(危弓)과 안시(安矢)를 만들고 근육질로 키가 크고
성격이 급한 사람을 위해서는 안궁(安弓)과 위시(危矢)를 만든다.[46] 사람도 활도
화살도 모두 느긋하면 화살이 빠르게 명중해서 깊이 파고들 수 없으며 사람도
활도 화살도 모두 급하면 화살이 신중하게 명중할 수 없다.[47]

體)의 뜻에 대해서는 앞의 각주 38을 볼 것. 한편 사궁시(司弓矢) 조에는 이 구절에 이어서 "구궁은 좋지 않은
활을 말한다(句者謂之弊弓)."는 구절이 있고 이에 대해 가공언(賈公彦)은 "구궁이 좋지 않은 활이므로 곧은
활이 좋은 활이다(句者惡則直者善矢)."고 했다. 결국 좋지 않은 활은 벌리기 전에 크게 구부러져 있어서 시위
와 활대 사이의 간격이 큰 활이고 좋은 활은 벌리기 전에 약간만 구부러져 있어서 시위와 활대 사이의 간격이
작은 활이라는 말이다. 가공언(賈公彦)은 아홉 장을 연결해야 둥근 원이 되는 천자의 활은 왕궁(王弓)이나 호
궁(弧弓)을 말하고 일곱 장을 연결해야 둥근 원이 되는 제후의 활은 당궁(唐弓)이나 대궁(大弓)을 말하고 다섯
장을 연결해야 둥근 원이 되는 활은 협궁(夾弓)이나 유궁(庾弓)을 말하며 세 장만 연결해도 둥근 원이 되는 활
은 나쁜 활인 폐궁(弊弓)을 말한다고 했다.
45) 가공언(賈公彦)은 이 구절은 "활의 길이에 세 등급이 있고 사람의 키에도 세 등급이 있어 활의 크기는 사람의
키에 맞아야 하는 것을 말한 것이다(此以弓有長短三等 人亦有長短三等 而言取其弓與人相稱之事)."라고
했다.
46) 가공언(賈公彦)은 "위궁은 협궁, 유궁같이 약한 활을 말하고 안궁은 왕궁, 호궁같이 강한 활을 말하며 위시는
환시를 말하고 안시는 살시를 말한다(危弓則夾庾弱者爲言 安弓則王弧强者而言 若然 危矢據桓矢 安矢據
殺矢者也)."고 했다. 환시(桓矢)는 가장 가벼운 화살이고 살시(殺矢)는 가장 무거운 화살이다. 화살의 종류와
그 특성 및 용도에 대해서는 뒤의 제2절을 참고할 것.
47) 정현(鄭玄)은 화살이 빠르게 명중해서 깊이 파고들 수 없다는 것은 "화살이 너무 짧게 나가는 것을 말하고(言
矢行短也)" 화살이 신중하게 명중할 수 없다는 것은 "화살이 너무 멀리 나가는 것을 말한다(言矢行長也)."고
했다.

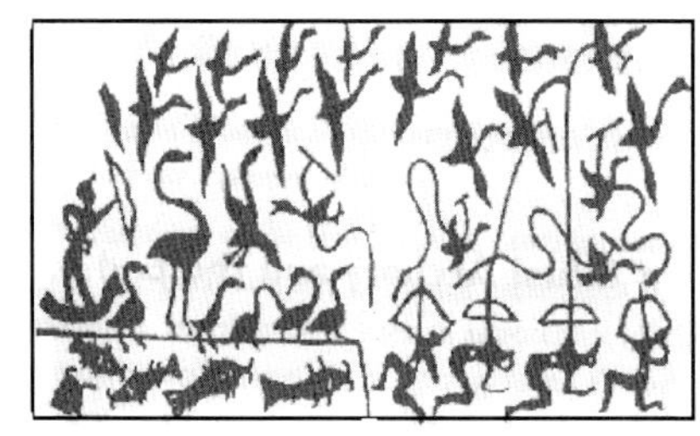

그림 3. 주살을 쏘는 모습[48]

往體多 來體寡 謂之夾臾之屬 利射侯與弋 往體寡 來體多 謂之王弓之屬 利
射革與質 往體來體若一 謂之唐弓之屬 利射深

　왕체(往體)가 크고 내체(來體)가 적은 활은 협궁(夾弓)이나 유궁(臾弓) 종류의
활로서 헝겊 과녁을 쏠 때나 주살로 새를 쏠 때 유리하다. 왕체가 적고 내체가
큰 활은 왕궁(王弓) 종류의 활로서 가죽 과녁이나 나무 과녁을 쏠 때 유리하다.
왕체와 내체가 같은 활은 당궁(唐弓) 종류의 활로서 과녁을 깊이 관통시키는 데
유리하다.[49]

大和無澱 其次筋角皆有澱而深 其次有澱而疎 其次角無澱 合澱若背手文 角
環澱 牛筋賁澱 糜筋斥蠖澱

　구화(九和)를 갖춘 좋은 활은 옻칠의 흔적이 전혀 남지 않는다.[50] 그다음 등
급의 활은 뿔과 힘줄에 모두 옻칠 흔적이 남지만 가운데만 남는다.[51] 그다음 등
급의 활은 옻칠 흔적이 드문드문 남는다.[52] 그다음 등급의 활에는 뿔에 옻칠 흔

---

48) 출처: Stephen Selby, *Chinese Archery*(Hong Kong: Hong Kong University Press, 2000), pp.180
　　and 181. 왼쪽은 한(漢)나라 무덤 벽화에 그려진 것으로서 활 쏘는 사람의 옆에 화살에 매단 긴 줄을 담는
　　바구니가 있다. 오른쪽은 전국시대(戰國時代)의 동호(銅壺)에 그려진 그림이다.
49) 왕체(往體), 내체(來體), 협궁(夾弓), 유궁(臾弓), 왕궁(王弓) 및 당궁(唐弓)에 관해서는 앞의 각주 38, 44 및
　　46을 참고할 것. 정현(鄭玄)과 가공언(賈公彦)은 질(質)은 '목심(木椹)' 또는 '심질(椹質)', 즉 '나무 모탕'을
　　말한다고 했는데 나무로 만든 두터운 과녁을 말한 것으로 보인다. '익(弋)'은 활로 쏘아서 맞힌 새를 거두어들
　　이기 편하게 긴 줄이 달린 화살로 새를 쏘는 것을 말하며 이때 쓰는 화살을 우리말로 '주살'이라고 한다. '줄
　　살'에서 유래된 말로 보인다. 협궁(夾弓)이나 유궁(臾弓)이 헝겊 과녁이나 새를 쏠 때 유리하다는 것은 헝겊 과
　　녁이나 새를 쏠 때는 큰 힘을 지닌 활이 필요하지 않다는 말이다. 가죽 과녁이나 나무 과녁을 쏠 때는 그보다
　　힘이 강한 활이 필요하고 표적을 관통시키려면 가장 힘이 강한 활이 필요할 것이다.
50) 정현(鄭玄)은 원문의 '대화(大和)'란 "구화를 갖춘 활(九和之弓)"이라고 했다.
51) 정현(鄭玄)은 원문의 '심(深)'은 "옻칠의 흔적이 가운데만 있고 양쪽 가장자리에는 없는 것(澱在中央 兩邊無)"
　　이라고 했다.
52) 가공언(賈公彦)은 원문의 '소(疏)'는 "뿔과 힘줄의 양쪽 가장자리에도 옻칠의 흔적이 남지만 다만 드문드문 남
　　고 전체에 남지는 않는 것(兩邊亦有 但疏之 不皆有)"을 말한다고 했다.

적이 남지 않는다. 활 앞면과 뒷면의 옻칠 흔적이 만나는 곳의 무늬는 사람이
두 손을 모았을 때 손등의 무늬와 같다.53) 뿔에 남는 옻칠의 흔적은 동그랗고54)
소의 힘줄에 남는 옻칠 흔적은 대마풀과 같고55) 고라니 힘줄에 남는 옻칠 흔적
은 자벌레 모양이다.

　　和弓　毄摩　覆之而角至　謂之句弓　覆之而幹至　謂之侯弓　覆之而筋至　謂之深弓

　　활을 손질할 때56) 먼지를 떨어내고 비벼 준다.57) 활을 살펴보아58) 뿔이 좋은
활을 구궁(句弓)이라 하고 나무뼈대도 좋은 활은 후궁(侯弓)이라고 하고 힘줄까
지 좋은 활은 심궁(深弓)이라 한다.59)

---

53) 정현(鄭玄)과 가공언(賈公彦)은 모두 원문의 '합작(合澼)'은 "활의 앞면과 뒷면의 옻칠의 흔적이 만나는 곳"(정
　　현: "弓表裏澼合處", 가공언: "弓表裏澼漆相合之處")이라고 했다. 원문의 '배수문(背手文)'에 대해서 정중
　　(鄭衆)은 "사람 손등의 무늬(人手背文理)"라고 했지만 정현(鄭玄)과 가공언(賈公彦)은 "사람이 두 손을 모았
　　을 때 손등에 나타나는 무늬"(정현: "人合手背文", 가공언: "人合手背上文理")라고 했다. 정현과 가공언의
　　말은 사람이 기도하듯 합장(合掌)한 자신의 손을 내려다보았을 때 보이는 무늬, 즉 양쪽 검지의 측면 무늬를
　　합해 놓은 모양이라는 의미로 보인다.

54) 뿔에 남는 옻칠의 흔적이 동그랗다는 것은 옻칠이 가운데만 남아서 동그랗게 솟아오른 모양을 말한 것으로 보
　　인다. 앞서 두 번째 등급의 활은 뿔과 힘줄에 모두 옻칠 흔적이 남지만 가운데만 남는다고 했기 때문이다.

55) 원문의 '분(蕡)'에 대해 정현(鄭玄)은 '시실(枲實)', 즉 '모시풀 열매'라고 했지만 가공언(賈公彦)은 '마자(麻
　　子)', 즉 '대마풀'이라며 "모시풀이란 대마풀의 숫그루로 열매가 없음에도 정현이 이를 '분(蕡)'을 '모시풀 열
　　매'라고 말한 것은 모시풀 종류는 대나무로 만든 상자같이 얽혀 있는 것을 두고 한 말(枲乃牡麻無實 而云蕡
　　枲實 擧其類爾若簟笥然也)"이라고 했다.

56) 정현(鄭玄)은 원문의 '화(和)'는 '조(調)', 즉 "활을 다듬는 것"이라고 했다.

57) 정현(鄭玄)은 원문의 '격(毄)'은 '불(拂)', 즉 "먼지를 떨어내는 것"이라고 했다.

58) 정현(鄭玄)은 원문의 '복(覆)'은 '찰(察)', 즉 "살펴보는 것"이라고 했다.

59) 정현(鄭玄)은 원문의 '지(至)'는 '선(善)', 즉 "좋다"는 말이고 '후궁(侯弓)'은 "헝겊 과녁을 쏘는 활(射候之
　　弓)"이란 말이고 '심궁(深弓)'은 "관통시키려고 쏘는 활(射深之弓)"이란 말이라고 하면서 "뿔만 좋으면 화살이
　　빠르기는 하지만 멀리 가지 못한다(角善則矢雖疾而不能遠)." 했다. 한편 가공언(賈公彦)은 이 구절들은 활은
　　여섯 가지 재료를 쓰지만 뿔과 나무뼈대와 힘줄이 많은 힘을 내기 때문에 이에 대해서만 특히 언급한 것이라며
　　"나무뼈대와 힘줄은 나쁜데 뿔만 좋으면…… '구궁', 즉 '나쁜 활'이라고 할 수 있다(若餘幹筋不善 直角
　　善……可以爲句弓)." 했고 또 "앞서 먼 곳을 쏘는 활에는 굽은 나무뼈대를 쓴다고 했는데 굽은 나무뼈대를
　　쓴 활은 약한 활이지만 멀리 쏠 수 있는 반면 이곳에서 말한 '구궁'은 그보다 더 약해서 비록 화살이 빠르기는
　　하지만 멀리 나가지 않는다(上云射遠用埶 埶是弱弓而射遠 但此句弓 謂弱於彼 雖疾而不能射遠也)."고 했
　　다. 가공언(賈公彦)은 또한 '후궁(侯弓)'은 "뿔과 나무뼈대 두 가지가 좋은(非直角至 兼幹善)" 활이고 '심궁
　　(深弓)'은 "세 가지 재료가 모두 좋은(三者善)" 활이라고 했다.

제2절 시인(矢人)

矢人爲矢 鍭矢參分 殺矢參分[60] 一在前 二在後 兵矢田矢五分 二在前 三在
後 弗矢七分 三在前 四在後

시인(矢人)이 화살을 만들 때는 무게 중심을, 후시(鍭矢)와 살시(殺矢)는 화살
대의 촉 쪽 1/3 지점에 있도록 만들고 병시(兵矢)와 전시(田矢)는 2/5 지점에 있
도록 만들며 불시(弗矢)는 3/7 지점에 있도록 만든다.[61]

三分其長而殺其一 五分其長而羽其一 以其筍厚 爲之羽深

촉이 들어가는 살(殺)은 화살대 길이의 1/3로 하고[62] 깃의 길이는 화살대의
1/5로 하며[63] 깃의 너비는 화살대의 지름과 같게 한다.

水之 以辨其陰陽 夾其陰陽 以設其比 夾其比 以設其羽 參分其羽 以設其刃
則雖有疾風 亦弗之能憚矣

화살대를 물에 띄워 음양(陰陽)을 알아보고[64] 음양에 따라 오늬를 끼우고[65]

---

60) 저본(底本)에는 '弗矢'와 '殺矢'의 위치가 서로 바뀌어 있다. 그러나 아래 각주 61)에서 다시 설명하겠지만
〈하관(夏官)〉, 사궁시(司弓矢) 조에 대한 정현(鄭玄)의 주(注) 및 가공언(賈公彦)의 소(疏)에 의하면 이곳에서
원문이 잘못된 것으로 보이므로 고쳤다.

61) ≪주례(周禮)≫, 〈하관(夏官)〉, 사궁시(司弓矢) 조에서는 왕시(枉矢), 결시(絜矢), 살시(殺矢), 후시(鍭矢), 증시
(矰矢), 불시(弗矢), 환시(桓矢) 및 비시(痺矢) 등 여덟 가지 화살 용도를 말하고 있다. 정현(鄭玄)과 가공언(賈
公言)에 의하면 왕시, 살시, 증시 및 환시는 활(弓)에 쓰는 화살이고 이를 쇠뇌[弩]에 쓸 때는 각각 혈시, 후시,
불시 및 비시라고 한다. 왕시와 결시는 "앞이 무겁고 뒤가 좀 가볍고 빠르게 날아가며(前於重後微輕行疾)" 불
꽃을 매달아 화공(火攻)을 할 때 쓰고 이때 별똥별이 빛을 내며 날아가는 것과 같이 날아가기 때문에 왕시라고
한 것이다. 왕시(枉矢)의 왕(枉)은 변성(變星) 또는 유성(流星), 즉 별똥별의 이름이다. 왕시와 결시는 전투나
수렵용으로 쓰이기 때문에 병시(兵矢) 또는 전시(田矢)라고도 하며 한(漢)나라 때는 이들을 비모(飛矛)라 했다.
살시와 후시는 가장 무거운 화살에 속하며 "앞이 왕시와 결시보다 더 무겁고 맞으면 깊이 파고들지만 멀리 나
가지 못하기 때문에(前尤重中深而不可遠)" 가까운 적이나 짐승을 쏠 때 쓴다. 살시(殺矢)란 이름은 맞으면 죽
기 때문에 붙여진 이름이다. 증시와 불시는 가벼운 화살에 속하며 "앞이 뒤보다 무겁기는 하지만 왕시와 결시
보다도 앞이 약간 가벼우며 낮게 날아갈 수 없기 때문에(前於重又微輕行不底)" 줄을 매달아서 날아가는 새를
쏠 때 쓴다. 이때 화살에 매다는 줄을 작(繳)이라 하며 줄을 매단 화살을 증(矰)이라 하는데 높은 곳을 쏘는 화
살이다. 환시와 비시는 가장 가벼운 화살로서 "앞뒤의 무게가 같고 거의 수평으로 낮게 날아가며(前後訂其行
平)" 예사(禮射)나 습사(習射) 등에 쓰는 화살이다.

62) 정현(鄭玄)은 "화살대 길이는 3자(矢槀長三尺)"이고 살(殺)은 "그 앞의 1자로서 촉이 들어가는 곳(殺其箭一
尺 令趣鏃)"이라고 했다.

63) 정현(鄭玄)은 화살대는 3자이므로 "깃은 6치(羽者六寸)"라고 했다.

64) 정현(鄭玄)은 "물에 잠기는 쪽이 음, 수면 위에 뜨는 쪽이 양(陰沈而陽浮)"이라 했고 가공언(賈公彦)은 음양을
구분하기 위해 "뜨는 쪽과 잠기는 쪽을 표시해 놓는다(就其浮沈刻記之)."고 했다. 나무로 만드는 화살대는 나

오늬에 따라 깃을 붙이고[66] 외촉(外鏃) 길이를 깃 길이의 1/3이 되게 하면[67] 강한 바람이 불어도 화살을 흔들지 못한다.[68]

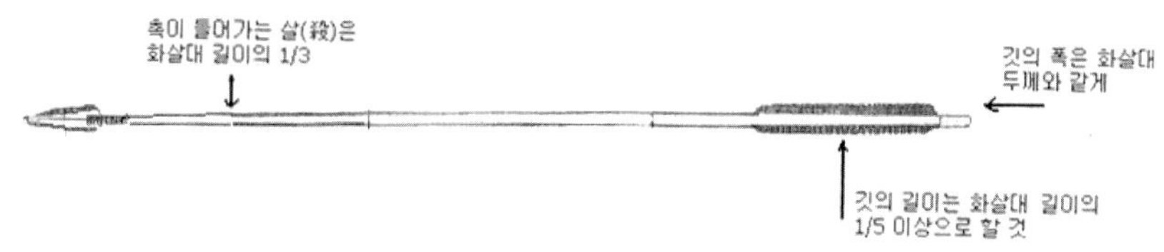

그림 4. 화살의 제원

刃長二寸[69] 圍寸 鋌十之 重三垸

인(刃), 즉 촉의 길이는 2치(寸)고[70] 위(圍)는 1치(寸)며 정(鋌)은 위(圍)의 10배며[71] 촉 전체의 무게는 3완(垸)이다.[72]

무가 성장할 때 남쪽을 보았던 쪽은 밀도가 높고 무거울 것이고 북쪽을 보았던 쪽은 밀도가 낮고 가벼울 것이다. 따라서 물에 잠기는 쪽은 남쪽을 향했던 쪽이고 뜨는 쪽은 북쪽을 향했던 부분일 것이다.

65) 정중(鄭衆)은 원문의 '비(比)'는 '괄(括)', 즉 오늬라 했지만 정현(鄭玄)은 "활의 화살은 비(比)가 화살대 좌우로 있고 쇠뇌 화살은 화살대 상하로 있다(弓矢比在槀兩旁 弩矢比在槀上下)." 한 것을 보면 비(比)는 오늬 양쪽 날개를 말한다. 활은 세워서 쏘므로 비(比)가 좌우로 있어야 시위에 오늬를 끼울 수가 있고 쇠뇌는 눕혀 쏘므로 비(比)가 상하로 있어야 시위에 오늬를 끼울 수 있을 것이다. 한편 화살대의 음양(陰陽)에 따라 오늬 끼우는 방법에 대한 설명은 어디에도 없지만 화살이 날아갈 때 회전 없이 날아간다면 밀도와 무게가 큰 쪽으로 쏠리며 날아갈 것이기 때문에 이를 방지하려면 활에 쓰는 화살은 음양을 가르는 선이 오늬의 갈라진 틈과 90° 각도를 이루도록 끼우고 쇠뇌에 쓰는 화살은 평행이 되도록 끼워서 화살대의 음양 부분이 상하로 놓이게 해야 할 것이다. 그러나 오늬에 끼웠을 때 화살대의 음양 부분이 상하 어느 방향으로 놓이느냐에 따라 화살이 약간 떠오르기도 하고 가라앉기도 할 것이므로 모든 화살을 그 방향이 일정하게 만들었을 것으로 생각된다.

66) 정현(鄭玄)은 "깃은 4곳에 붙인다(設羽於四角)."고 했고 가공언(賈公彦)은 "활에 쓰는 화살이건 쇠뇌에 쓰는 화살이건 비(比)가 좌우로 있건 상하로 있건 깃을 4곳에 붙이는 것은 모두 같다(無問弓之矢弩之矢 比在兩旁上下 皆設羽於四角同)."고 했다. 요즘과 달리 당시에는 깃을 4개를 붙였음을 알 수 있다. 다만 깃을 3개만 붙이는 요즘 화살에는 플라스틱 깃이건 새털 깃이건 가리지 않고 깃 하나를 오늬의 갈라진 틈과 직각이 되도록 붙이고 나머지 깃 둘을 등 간격으로 붙이지만 새 깃만 쓰던 옛날에는 방향은 따지지 않고 다만 등 간격만 이루도록 해서 4개를 붙였을 것으로 보인다. 요즘 깃 한 개를 오늬의 갈라진 틈과 수직이 되도록 붙이는 것은 플라스틱 깃일 경우 오늬의 갈라진 틈과 수직인 깃이 바깥쪽을 향하도록 오늬를 시위에 끼움으로써 깃이 활을 떠날 때 생기는 마찰을 피하기 위한 것이다. 그러나 새털 깃인 경우에는 깃과 활의 마찰은 큰 문제가 되지 않는다.

67) 정현(鄭玄)은 "외촉 길이는 2치가 된다(刃二寸)." 했다. 앞서 깃의 길이가 6치라고 했기 때문이다.

68) 정중(鄭衆)은 원문 중 '탄(憚)'이 '단(但)'으로 되어 있는 본(本)도 있지만 전자가 옳은 것으로 보아야 한다고 했고 정현(鄭玄)은 "雖有疾風 亦弗之能憚矢"을 "바람이 화살을 놀라게 만들지 못한다(風不能驚憚箭)."는 의미로 해석했다.

69) 원문은 "刃長寸"으로 되어 있으나 뒤에 설명할 정현(鄭玄)의 설명에 따라 "刃長二寸"으로 고쳤다.

70) 원문은 "촉의 길이는 1치(刃長寸)"라고 했으나 정현(鄭玄)은 '寸'의 앞에 '二' 자가 탈락된 것이 분명하다고 보았다. 앞서 깃의 길이는 화살대 길이의 1/5이고 촉의 길이는 깃의 길이가 1/30이라고 했는데 화살대의 길이를 3자(尺)로 보았기 때문에 결국 촉의 길이는 2치가 되어야 한다는 것이다. 가공언(賈公彦)도 역시 만약 촉의 길이가 1치라면 화살대 전체의 길이는 1자 5치에 그치게 되는데 이는 너무 짧은 길이이므로 촉의 길이는 2치임을 알 수 있다고 했다.

前弱則俛 後弱則翔 中弱則紆 中强則揚 羽豐則遲 羽殺則趮 是故 夾而搖之
以眡其豐殺之節 橈之 以眡鴻殺之稱也

화살대가 앞이 약하면 고개를 수그리고 뒤가 약하면 뒤를 돌아보고 중간이
약하면 구부러지며 중간이 강하면 떠오른다.[73] 깃이 너무 크면 화살이 느려지고
깃이 너무 작으면 화살이 좌우로 흔들린다.[74] 따라서 손가락 위에서 화살을 굴
려 보면서[75] 구부러진 곳이 있는지 확인해 보고[76] 또 화살대를 구부려 보아[77]
화살대 각 부분의 강약을 확인해 보아야 한다.[78]

凡相筍 欲生而搏 同搏 欲重 同重 節欲疎 同疎 欲栗

화살대를 고를 때는 벌레 먹은 곳이 없이 전체가 둥글고 전체의 무게가 고루
무거우며 또한 마디[79] 사이가 고르면서 밤색[80]을 띠는 것을 골라야 한다.

---

71) 정현(鄭玄)은 “정(鋌)의 길이는 1자(尺)”가 된다고 했다. 위(圍)의 길이가 1치(寸)이므로 그 10배면 1자(尺)가
되기 때문이다. 이곳에는 ‘위(圍)’와 ‘정(鋌)’이 무엇인지 설명이 없으나 ≪주례(周禮)≫, 〈동관(冬官)〉, 치씨(治
氏) 조에 원문과 같은 구절이 있는데 그곳에서 정중(鄭衆)은 ‘정(鋌)’은 ‘전족(箭足)’을 말하며 “화살대에 들어
가 있는 부분(入槀中者)”을 말한다고 했다. 결국 내촉(內鏃)을 말한다. 앞의 각주 62에서 소개한 바와 같이 정
현(鄭玄)은 촉이 들어가 있는 화살대 부분을 ‘살(殺)’이라 했고 그 길이 역시 1자(尺)였다. 한편 ‘위(圍)’에 관
한 설명은 어느 곳에도 보이지 않는다. ≪조선의 궁술≫에 의하면 내촉(內鏃)이 박힌 화살대 외부를 힘줄로 감
싼 다음 이 힘줄을 보호하기 위해 겉에 입히는 대롱인 죽관(竹管)을 상사라고 하고 상사의 끝 부분을 굽통이라고
하며 다시 이 굽통을 겉에서 감싸 주는 얇은 철판으로 만든 고리를 토리라고 했다. 이곳에서 ‘위(圍)’의 길이가
1치(寸)라고 한 것을 보면 ‘위(圍)’란 ≪조선의 궁술≫에서 말한 토리를 말한 것이 아닌가 하는 생각이 든다.
72) 정중(鄭衆)은 ‘완(捖)’은 무게단위라 했다(〈하관(夏官)〉, 사궁시(司弓矢) 조).
73) 정현(鄭玄)은 이 구절은 “화살대나 깃이 잘못되면 화살이 똑바로 나가지 않는 것을 말한다(言幹羽之病 使矢
行不正).”고 했고 ‘상(翔)’은 ‘회고(迴顧)’의 뜻이고 ‘우(紆)’는 ‘곡(曲)’의 뜻이고 ‘양(揚)’은 ‘비(飛)’의 뜻이라
고 했다. ‘면(俛)’에 관한 설명은 없지만 고개를 수그린다는 말이다. 따라서 앞부분이 약한 화살은 표적에 못
미치기 쉽고 뒷부분이 약해도 멀리 가지 못하고 중간이 약하면 도중에 흔들리고 중간이 강해야 멀리 잘 나간다
는 말로 보인다.
74) 정현(鄭玄)은 ‘풍(豐)’은 ‘대(大)’, 즉 크다는 말이고 ‘조(趮)’는 ‘방도(旁掉)’, 즉 좌우로 흔들린다는 말이라고
했다. ‘살(殺)’에 대한 설명은 없지만 ‘대(大)’와 반대되는 말로서 ‘소(小)’, 즉 작다는 말이다.
75) 정현(鄭玄)은 원문의 “협이요지(夾而搖之)”는 “요즘 사람들이 손가락으로 화살을 쥐고 굴려 보는 것을 말한다
(今人以指夾矢儛衛是也).”고 했다.
76) 정현(鄭玄)은 앞 구절에서 ‘풍(豐)’과 ‘살(殺)’은 깃의 크기를 말했으므로 이곳에서도 깃의 크기에 잘못이 있는
지를 확인해 본다는 말이라고 했다. 그러나 깃의 크기를 확인하는 데 화살을 굴려 보아야 할 이유가 없으므로
이곳에서는 화살대가 구부러진 곳이 있는지를 확인해 보라는 말로 보아야 할 것이다.
77) 정현(鄭玄)은 ‘요지(橈之)’는 “화살대를 눌러 보는 것(捹其幹)”을 말한다고 했다. 구부려 보는 동작을 의미하는
것으로 보인다.
78) 정현(鄭玄)은 ‘홍(鴻)’은 앞서 말한 ‘강(强)’과 같은 뜻이고 ‘살(殺)’은 앞서 말한 ‘약(弱)’과 같은 뜻이라고 했다.
79) ‘절(節)’, 즉 마디는 가지가 뻗어 나간 곳을 말한다.
80) 정중(鄭衆)은 ‘율(栗)’은 “그 색이 밤과 같은 것(其色如栗)”을 말하고 색이 밤색이면 ‘단단하다(堅實)’고 했다.

제3장 ≪사의(射義)≫: 활쏘기의 이상(理想)

유교(儒敎)의 13경전(經典) 중 예경(禮經)에 속한 ≪의례(儀禮)≫에 사례(射禮), 즉 활쏘기 의식의 절차를 상세하게 설명한 <향사례(鄕射禮)> 편과 <대사의(大射儀)> 편이 포함되어 있는 것을 보면 우리는 고대 중국에서 활쏘기 의식이 크게 유행했었음을 알 수 있다. 이와 같이 중국에서 활쏘기 의식이 성행했었던 취지와 이상(理想)에 대한 해설들은 매우 다양하다.

송나라 정악(鄭鍔)은 "활쏘기는 예(藝)[1]에 속한다. 군주(君主)의 활쏘기 의식인 대사(大射)나 빈객(賓客) 접대를 위한 빈사(賓射)나 연례(燕禮)를 겸한 연사(燕射)에서는 활쏘기가 문사(文事)가 되지만 수렵이나 전쟁에서의 활쏘기는 무사(武事)가 된다."[2]고 했다.

한편 송나라 설평중(薛平仲)은 "활쏘기는 남자의 일이다. 활과 화살의 위력으로 천하를 누른 것은 오래된 일이다. 선왕(先王)들은 큰제사를 지낼 때나 빈객 접대 때나 연회 때 활을 쏘았었다. 이로써 군신(君臣)이 예문(禮文)의 교제를 하면서도 궁시(弓矢)의 무사(武事)를 잊지 않았던 것이다."[3]고 했다. 또한 송나라 왕소우(王昭禹)는 "옛날에는 남자로 태어나면 뽕나무 활과 쑥대 화살 여섯을 가지고 하늘과 땅 그리고 동서남북 사방을 쏘아서 사방으로 자신의 뜻을 펼치겠다는 의지를 보여 주게 했었다. 선왕(先王)들이 활쏘기 의식을 거행했던 것은 이를 통해 무사(武事)를 익히게 하고 또한 이를 통해 각자가 뜻을 펼치게 하면

---

1) ≪주례(周禮)≫에서 이미 예(禮)·악(樂)·활쏘기(射)·전차 몰기(馭)·서(書)·수(數)를 육예(六藝)라고 했다. 전북 순창 등에 있는 육일정(六一亭)이란 사정(射亭) 이름은 활쏘기가 육예(六藝) 중 하나라는 의미이다.

2) "射之爲藝 用於朝覲賓燕之時 其事爲文 用於田獵攻守之時 其事武." Stephen Selby, *Chinese Archery* (Hong Kong: Hong Kong University Press, 2000), p.51에서 재인용.

3) "射者 男子之射 弧矢之利 其爲威天下也久矣 先王於大祭祀則有射 於賓客則有射 於燕飮則有射 當君臣 相事於禮文之交 而不忘武事於弓矢之用." 같은 책, 같은 쪽에서 재인용.

서 그의 덕행(德行)을 평가하기 위한 것이었다."4) 했다. 명나라 주공교(周孔敎)
는 "활쏘기는 중요한 무사(武事)로서 천하에 위엄을 떨치고 나라를 지키는 도구
다. 옛날에는 관리들을 가르칠 때는 활쏘기와 전차(戰車) 몰기를 우선으로 했었
고 질병이 생겨야 비로소 중단했고 건강할 때는 습사(習射)를 그치지 않았었다.
빈객 접대에도 활을 쏘았고 제사에도 활을 쏘았다. 능력이 같은 관리가 둘이 있
으면 활쏘기로 우열을 가렸다. 예악(禮樂)에 아직 익숙하지 않은 사람은 활쏘기
에 참여할 수 없었고 활쏘기에 익숙하지 않은 사람도 예악과 제사에 참여할 수
없었다. 따라서 평소 내직(內職)에 있을 때도 활쏘기로 예악을 익혔고 변방의
외직(外職)에 나가서도 활쏘기로 전투훈련을 했다. 따라서 관리들 중에는 조석
(朝夕)으로 활쏘기를 익혀서 능숙해진 자가 허다했으며 누구를 선발해도 변방
수비 임무를 맡길 수 있었다."5)고 했다.

　그러나 활쏘기 의식의 역사와 이상(理想)을 가장 상세하게 설명한 글은 역시
유교(儒敎)의 13경전(經典) 중 예경(禮經)에 속한 ≪예기(禮記)≫에 포함되어 있
는 <사의(射義)> 편이라고 할 수 있다. 이 <사의(射義)> 편을 청나라 사법서
들은 <사경(射經)>이라 부르는 경우가 있는데6) 활쏘기의 경전(經典)이라는 뜻
이다. 이하에서는 그 전문을 우리말로 옮겨 보겠다.

〈사의(射義)〉

　古者　諸侯之射也　必先行燕禮　卿大夫士之射也　必先行鄕飮酒之禮　故燕禮
者　所以明君臣之義也　鄕飮酒之禮者　所以明長幼之序也　故射者　進退周還必

---

4) "古者　男子生　以桑弧蓬矢六　射天地四方　示其四方之志　先王之爲射禮　因以習武事焉　因以繹志而觀德行
　　焉." 같은 책, 52쪽, 각주 4)에서 재인용.

5) "射爲武事之尤大　而威天下守國之具也　古者　敎射　以射御爲急　人之生有疾則已　苟無疾　未有去射而不學
　　者　有賓客之事則以射　有祭祀之事則以射　別士之行同能偶則以射　於禮樂之事未嘗不寓以射　而射亦未嘗不
　　在於禮樂祭祀之間也　居則以是習禮樂　出則以是習軍伐　士旣朝夕從事於此　而能者衆　則邊疆宿衛之任　皆
　　可擇而取也." 같은 책, 52~53쪽에서 재인용. 주공교(?~1613)는 복건성(福建省), 절강성(浙江省) 등의 지방
　　관리로 임명되어 왜구의 우환을 없애는 업적을 쌓은 인물이다.

6) 대표적인 예가 주용(朱墉)의 ≪무경칠서휘해(武經七書彙解)≫와 이공(李塨)의 ≪학사록(學射錄)≫이다. ≪무
　　경칠서휘해≫에 대해서는 뒤의 제8장에서 상세히 설명할 예정이다. ≪학사록≫은 제1권이 〈사법(射法)〉이고 제
　　2권이 〈사경〉인데 제2권에는 〈사의〉에 이어 ≪맹자(孟子)≫와 ≪주례(周禮)≫ 중 활 관련 구절들이 수록되어
　　있다. 이공(李塨)은 그의 스승 안이(顔李)와 함께 청나라의 대표적 실학자로서 이들을 안이학파(顔李學派)라고
　　하며 〈학사록〉도 ≪안이총서(顔李叢書)≫에 수록되어 있다.

中禮 內志正外體直 然後持弓矢審固 持弓矢審固 然後可以言中 此可觀德行

옛날에는 활쏘기에 앞서 제후(諸侯)는 반드시 연례(燕禮)를 행했고 경대부 등 관리도 향음례(鄕飮禮)를 행했다. 연례는 군신(君臣) 간 관계를 밝히려는 것이고 향음례는 장유(長幼) 간 서열을 밝히려는 것이다. 따라서 활쏘기에서는 진퇴와 행동이 예(禮)에 어긋남이 없었고 마음과 몸을 바르게 한 후 화살을 먹여서 활을 벌리고 버티면서 정신을 집중시켜 자세를 굳혔고 이렇게 한 후라야 명중을 말할 수 있었다.[7] 따라서 활쏘기로 덕(德)이 행해진 것이라고 할 수 있다.[8]

其節 天子以騶虞爲節 諸侯以貍首爲節 卿大夫以采瀕爲節 士以采蘩爲節 騶虞者樂官備也 貍首者樂會時也 采瀕者樂循法也 采蘩者樂不失職也 是故 天子以備官爲節 諸侯以時會天子爲節 卿大夫爲節以循法爲節 士以不失職爲節 故明乎其節之志 以不失其事 則功成而德行立 德行立則無暴亂之禍矣 功成則國安 故曰射者所以觀盛德也

---

7) 원문 중 심고(審固)의 의미를 명나라 척계광의 ≪기효신서(紀效新書)≫나 이정분(李呈芬)의 ≪사경(射經)≫은 정신을 집중시키고 줌통을 단단히 쥔다는 의미로 해석했으나 고영(高穎)의 ≪무경사학정종(武經射學正宗)≫은 정신을 집중시키고 모든 자세를 고정시키는 것을 의미하는 말로 풀이했다. 정신을 집중시키고 자세를 고정시키는 것은 올바른 마음과 몸가짐을 말한다. 예악(禮樂)으로써 백성을 교화시키는 것이 목적인 사례(射禮)에서는 과녁 맞히는 일 못지않게 몸가짐과 행동거지가 예(禮)에 부합되는지를 중시했다. ≪의례(儀禮)≫, 〈향사례(鄕射禮)〉편과 〈대사의(大射儀)〉편에 의하면 활쏘기의 진행을 감독하는 사사(司射)는 활쏘기를 시작하기 전에 관중 여부를 판정하는 획자(獲者)에게 "불관불석(不貫不釋)" 및 "불고불석(不鼓不釋)"이라 명하는데 전자는 정곡(正鵠)을 꿰뚫은 것만 관중으로 보라는 말이며 후자는 정곡을 꿰뚫었어도 연주되는 가락에 맞추어 쏜 것이 아니면 관중으로 보지 말라는 말이다. 또 〈향사례(鄕射禮)〉편에는 "예사부주피(禮射不主皮)"라는 구절이 있는데 이는 예사(禮射)에서는 정곡을 꿰뚫는 것만 중요시하지는 않는다는 말로서 후한(後漢) 정현(鄭玄)은 이에 대한 주(注)에서 "몸가짐이 예에 맞는지, 절도가 가락에 맞는지도 중요하며 정곡을 꿰뚫기만 하면 되는 것이 아니다(貴其容體比於禮 其節比於樂 不待中爲備也)."라고 했다. 정현은 이어서 "主皮之射者 勝者又射 不勝者降"라 했는데 이는 정곡을 꿰뚫는 것만 중시하는 활쏘기에서는 이긴 사람은 또 쏘고 진 사람은 사대에서 내려온다는 의미이며 예사(禮射) 이외의 경우를 말한 것이다. ≪논어(論語)≫, 〈팔일(八佾)〉편에도 "子曰 射不主皮 爲力不同科 古之道也"라는 구절이 있는데 이 구절의 의미에 대해 주자(朱子)의 ≪논어집주(論語集註)≫는 "옛 사람들은 활 쏘는 것을 보고 덕을 살폈으나 정곡 맞히는 것을 중시했을 뿐 정곡을 꿰뚫는 것을 중시하지는 않았는데 이는 사람마다 힘의 강약이 같지 않기 때문이다. ≪예기≫, 〈악기(樂記)〉편에서 무왕께서 상나라를 이긴 후 군대를 해산하고 활쏘기를 벌이셨으니 정곡을 꿰뚫는 것만 보는 활쏘기가 그치게 되었다고 한 것이 바로 이것을 말한 것이다. 주나라가 쇠약해지고 예가 피폐해짐에 열국이 싸우며 다시 정곡을 꿰뚫는 것을 중시하게 되었기 때문에 공자께서 이를 한탄하신 것이다(古者射以觀德 但主於中 而不主於貫革 蓋以人之力有强弱 不同等也 記曰 武王克商 散軍郊射 而貫革之射息 正謂此也 周衰 禮廢 列國兵爭 復尙貫革 故孔子歎之)."라고 하여 〈향사례(鄕射禮)〉편의 "射不主皮"라는 구절의 의미를 억센 활로 과녁의 정곡을 꿰뚫는 것을 중요시하지는 않는다는 뜻으로 해석했다.

8) 활쏘기를 관덕(觀德)이라고 하는 것은 바로 이 구절에서 유래된 말이다. 청(淸)나라 나란상균(那蘭常鈞)의 ≪사적(射的)≫ 첫 구절에서는 "나는 일찍이 활쏘기를 통해 덕을 알아볼 수 있다는 말에 대해 깊이 생각해 본 끝에 활쏘기의 도는 덕에 있는 것이지 힘에 있는 것이 아님을 알았다. 그 이유는 무엇인가? 덕이 본체에 해당한다면 힘은 본체의 외적 쓰임에 불과하기 때문이다(余嘗三復乎射以觀德之說 知射之道果在德不在力也 何也 德其體也 力其用也)."라고 했다. 활쏘기에서는 바른 마음과 바른 자세가 갖추어져야 함을 강조한 말이다.

활 쏠 때 연주한 가락은 쏘는 이가 천자(天子)면 '추우(騶虞)', 제후면 '이수
(貍首)', 경대부면 '채빈(采蘋)', 여타의 관리면 '채번(采蘩)'이었다. '추우'는 관
직이 좋은 인재(人才)로 채워져 있는 즐거움을 노래하는 가락이고 '이수'는 때
맞추어 만난 즐거움을 노래하는 가락이고 '채빈'은 법도(法度)가 시행되고 있는
즐거움을 노래하는 가락이고 '채번'은 실직(失職)하지 않은 즐거움을 노래하는
가락이다.9) 천자의 즐거움은 관직이 좋은 인재들로 채워진 것이고 제후의 즐거
움은 때를 맞추어 천자와 만나는 것이고 경대부의 즐거움은 법도가 시행되고
있는 것이며 여타 관리의 즐거움은 실직하지 않는 것이다. 모든 일이 연주하는
가락같이 되면 나라는 공을 이루고 덕행(德行)이 확립된다. 덕행이 확립되면 폭
란(暴亂)이 없고 공을 이루면 평안해진다. 그래서 활쏘기를 통해 성덕(盛德)을
볼 수 있다고 했던 것이다.

是故古者 天子以射選諸侯卿大夫士 射者 男子之事也 因而飾之以禮樂也 事
之盡禮樂而可數爲以立德行者 莫若射 故聖王務焉 是故 古者 天子之制 諸侯
歲獻貢士於天子 天子試之於射宮 其容體比於禮 其節比於樂 而中多者 得與
於祭 其容體不比於禮 其節不比於樂 而中少者 不得與於祭 數與於祭 而君有
慶 數不與於祭 而君有讓 數有慶 而益地 數有讓 而削地 故曰 射者 射爲諸侯
也 是以 諸侯君臣 盡志於射 以習禮樂 夫君臣習禮樂而以流亡者 未之有也

따라서 옛 천자들은 활쏘기를 가지고 제후와 경대부 및 관리들을 선발했다.
활쏘기는 남자들의 일이기에 활쏘기에서는 예악(禮樂)을 갖추었다. 예악을 즐기
며 덕행을 확립할 수 있는 것으로 활쏘기보다 나은 것이 없었다. 그래서 성왕
(聖王)은 사례(射禮)를 통해 덕행을 확립하는 일에 힘을 기울였다. 옛날에는 천

---

9) 활 쏠 때 연주했다는 가락들 중에 '추우', '채빈' 및 '채번'은 그 가사가 고대 중국의 각 지방 민요들을 수록해
놓은 ≪시경(詩經)≫, 〈국풍(國風)〉 편에 소남(召南) 지방의 노래로 남아 있다. 그러나 '이수'는 〈사의(射義)〉 등
에 이름만 전해지고 ≪시경≫에는 보이지 않는데 본문에서 곧 소개될 증손후씨(曾孫候氏)란 시가 '이수'의 가
사가 아닐까 생각된다. '추우'는 천자의 사냥터를 돌보는 관리(官吏)인 추우의 뛰어난 솜씨를 연주함으로써 천자
의 은덕으로 천지만물이 번성함을 칭송하는 노래다. '채빈'은 '부평초 뜯기'라는 말로서 그 가사는 아름다운 여
인이 조상의 제사에 쓸 부평초를 시냇가에서 뜯는 모습을 노래한다. '채번'은 '흰 쑥 뜯기'라는 말로서 아름다운
여인이 잠실(蠶室)에서 쓸 흰 쑥을 채취하는 모습을 노래한다. ≪주례(周禮)≫, 〈하관(夏官)〉 편의 사인(射人) 조
에 의하면 '추우'는 9절, '이수'는 7절, '채빈'과 '채번'은 각 5절로 되어 있다고 하는데 '추우'의 경우에는 앞의
5절, '이수'의 경우에는 앞의 3절. '채빈'과 '채번'의 경우에는 앞의 1절이 먼저 연주된 다음 나머지 4절이 연주
될 때 각 절마다 1시(矢)씩 화살을 쏘았던 것으로 보인다. 사례(射禮)에서는 한 번 사대에 올라 활을 쏠 때 4시
(矢)를 쏘았으며 이 4시를 승시(乘矢)라고 했다. 4시를 쏘는 것은 남자의 할 일이 있는 천지사방(天地四方)을
쏜다는 의미였다고 한다.

자가 제후들에게 해마다 인재를 뽑아 올리도록 해서 사궁(射宮)에서 그들의 활솜씨를 시험했었다. 용모와 몸가짐이 예(禮)에 어긋남이 없고 몸놀림이 가락에 맞으면서 많이 명중시키면 천자가 올리는 제사(祭祀)에 참여할 수 있었고 용모와 몸가짐이 예(禮)에 어긋나거나 몸놀림이 가락과 맞지 않거나 많이 명중시키지 못한 자는 참여할 수 없었다. 자신이 뽑아 올린 자 중 천자의 제사에 참여한 자가 많은 제후에게는 경(慶)[10]의 상(賞)이 있었고 자신이 뽑아 올린 자 중 천자의 제사에 참여하지 못한 자가 많은 제후에게는 양(讓)[11]의 벌(罰)이 있었다. 경(慶)이 많으면 땅이 늘었고 양(讓)이 많으면 땅이 줄었다. 따라서 활쏘기는 제후를 위한 일이라 했다. 그 때문에 제후는 군주(君主)의 신하 된 도리로 활쏘기에 정성을 다하며 예악(禮樂)을 익혔다. 무릇 군주의 신하가 된 자로 예악을 익히고도 군주를 배반한 자는 없었다.

故詩曰 曾孫候氏 四正具擧 大夫君子 凡以庶士 小大莫處 御于君所 以燕以射 則燕則譽 言君臣相與盡志於射 以習禮樂 則安則譽也 是以 天子制之 而諸侯務焉 此天子之所以養諸侯 而兵不用 諸侯自爲正之具也

그래서 이런 시(詩)가 있다.

증손후씨(曾孫候氏)[12] 활을 쏘니 사정(四正)을 모두 올렸네[13] 대부(大夫) 군자(君子) 물론이고 서사(庶士)들까지 크고 작은 인재들 빠짐없이 모두가 군주 곁에 모여서 연례(燕禮) 행하고 활을 쏘니 즐겁고 자랑스러워하네[14]

이 시는 제후와 신하들이 함께 활쏘기에 정성을 다하며 예악(禮樂)을 익힘으로써 태평성대의 영예를 누리고 있음을 노래한 것으로 천자의 다스림을 받는 제후들이 힘써 충성하는 모습을 노래한 것이다. 활쏘기란 천자가 제후들을 다스리면서 무력을 쓰지 않고도 그들이 스스로 올바른 마음을 갖게 만드는 길이었다.

---

10) 땅을 하사하는 상(賞).

11) 땅을 거두어들이는 벌(罰).

12) 증손후씨는 제후를 말한다. 제후는 세습(世襲)되는 지위로서 처음 천자로부터 제후에 봉(封)해진 조상의 후손이란 의미에서 제후를 증손이라고 했다.

13) 사정(四正)이란 제후의 사례(射禮)에 앞서 행하는 향음례(鄕飮禮)에서 네 차례 올리는 정식 술잔을 말하며 술잔 올리는 일이 끝나야 활쏘기가 시작되었다. 첫 잔은 빈(賓)에게, 둘째 잔은 군(君)에게, 셋째 잔은 경(卿)에게 넷째 잔은 대부(大夫)에게 올렸다.

14) 제후가 활을 쏠 때 연주하던 가락인 '이수(貍首)'의 가사일 것으로 추정된다.

孔子射於矍相之圃 蓋觀者如堵墻 射至於司馬 使子路執弓矢出延射 曰 賁軍
之將 亡國之大夫 與爲人後者 不入 其餘皆入 蓋去者半 入者半

　공자(孔子)가 확상(矍相)15)의 뜰에서 활을 쏠 때 구경꾼들이 담장을 두른 듯
이 많았었다. 활쏘기가 사마(司馬)에 이르렀을 때16) 자로(子路)17)에게 궁시를
갖고 사대로 나가 쏘게 하면서 구경 나온 이들에게 말하기를 "전쟁에서 패한
장수(將帥), 나라를 망친 대부(大夫), 재물을 탐내 부모를 버리고 남의 뒤를 이
은 자는 들어올 수 없으니 나머지만 들어오라."고 하니 대략 떠나는 사람이 절
반, 들어오는 사람이 절반이었다.

　又使公罔之裘序點 揚觶而語 公罔之裘 揚觶而語 曰 幼壯孝弟 耆耋好禮 不
從流俗 修身以俟死者 不 在此位也 蓋去者半 處者半

　또 공망구(公罔裘)와 서점(序點)에게 "술잔을 올리고 말을 해보라." 하자18)
공망구는 술잔을 올린 후 "어리고 젊지만 부모께 효도하고 형제를 사랑하는 사
람이나 육칠십 세가 되었어도 예(禮)를 즐기고 속된 것을 멀리하고 수신(修身)
에 힘쓰며 죽을 때를 기다리는 사람만 이곳에 남으시오." 하니 대략 떠난 자가
절반, 남은 자가 절반이었다.

　序點 又揚觶而語 曰 好學不卷 好禮不變 旄期稱道不亂者 不 在此位也 蓋
僅有存者

　서점이 다시 술잔을 올린 후 "배움을 즐기되 싫증 내지 않는 사람이나 예를

즐기되 변함이 없는 사람이나 팔십 세 이상이 되었어도 도(道)를 말할 때 어긋남이 없는 사람만 이곳에 남으시오.” 하니 남은 사람이 매우 적었다.

射之爲言者 繹也 或曰 舍也 繹者 各繹己之志也 故心平體直 持弓矢審固 持弓矢審固 則射中矣 故曰 爲人父者 以爲父鵠 爲人子者 以爲子鵠 爲人君者 以爲君鵠 爲人臣者 以爲臣鵠 故 射者 各射己之鵠 故天子之大射 爲之射候 射候者 射爲諸侯也 射中則得爲諸侯 射不中則不得爲諸侯

활쏘기를 일러 역(繹)이라고도 하고 사(舍)[19]라고도 한다. 역(繹)이란 자신의 뜻을 펼친다는 말이다. 그렇기에 활을 쏠 때는 마음과 몸을 바르게 한 후에 활을 벌려 정신을 집중시키고 자세를 굳혔고 그렇게 해야 명중을 말할 수 있었다.[20] 그래서 이르기를 아비가 된 자는 아비다운 아비 되는 것이 그의 곡(鵠)[21]이고 아들이 된 자는 아들다운 아들 되는 것이 그의 곡(鵠)이며 군주가 된 자는 군주다운 군주 되는 것이 그의 곡(鵠)이며 신하가 된 자는 신하다운 신하가 되는 것이 그의 곡(鵠)이라 한다. 활쏘기는 각자가 자신의 곡(鵠)을 쏘는 것이다. 천자(天子)의 대사(大射)를 사후(射候)라 했는데 이는 활을 쏘아 제후(諸侯)가 될 수 있다는 말이다. 활을 쏘아 명중시키면 제후가 될 수 있었고 명중시키지 못하면 제후가 될 수 없었다.

天子將祭 必先習射於澤 澤者 所以擇士也 已射於澤而後 射於射宮 射中者 得與於祭 不中者 不得與於祭 不得與於祭者 有讓 削以地 得與於祭者 有慶 益以地 進爵紬地 是也 故男子生 桑弧 蓬矢六 以射天地四方 天地四方者 男子之所有事也 故必先有志於其所有事 然後敢用穀也 飯食之謂也

---

19) 사(舍)는 멈출 지(止)와 같은 뜻의 글자이다. 활쏘기를 사(舍)라 하는 것은 활쏘기를 통해 각자가 해야 할 일을 알고 이에 멈춘다는, 즉 실천한다는 의미이다.

20) 이 구절의 의미에 대해서는 앞의 각주 7 참고.

21) 활을 쏠 때 표적으로 걸어 놓는 큰 헝겊을 ‘후(侯)’라 했고 곰이나 사슴 또는 호랑이 등의 가죽으로 테두리를 장식했다. ‘혁(革)’은 ‘후(侯)’ 중앙에 덧붙인 작은 사각형 가죽을 말하고 이를 ‘곡(鵠)’이라고도 하는데 작은 새의 이름에서 따온 이름이다. 그러나 이 가죽에 실제로 작은 새를 그려 넣지는 않고 쏘는 사람의 신분에 따라 곰, 사슴 또는 호랑이의 머리를 그려 놓았다. 습사용으로 중앙에 가죽을 붙이지 않고 사각형 도형만 표시하면 이를 ‘곡(鵠)’이라 하지 않고 ‘정(正)’이라 했다. ‘혁(革)’, 곡(鵠)’, ‘정(正)’ 및 ‘정곡(正鵠)’은 모두 과녁중심을 말한다. ≪주례(周禮)≫, 〈천관(天官)〉 편, 사구(司裘) 조에 대한 주(注)에서 후한(後漢) 정현(鄭玄)은 “가로세로가 각 10자(尺)인 부분을 후(候), 4자인 부분을 곡(鵠), 2자인 부분을 정(正), 4치(寸)인 부분을 질(質)이라 한다.”고 했다.

천자가 제사를 올리려 할 때 활을 쏘게 하는 곳을 택(澤)이라 했는데 인재들을 이곳에서 택(擇)했기 때문이다. 택에서 인재를 선발한 후 다시 사궁(射宮)에서 쏘게 했다. 사궁에서 쏘아 명중시킨 자는 천자의 제사에 참여할 수 있었고 명중시키지 못한 자는 참여할 수 없었다. 제사에 동참할 수 없었던 자에게는 양(讓)의 벌이 있어 땅이 줄었고 동참할 수 있었던 자에게는 경(慶)의 상이 있어 땅이 늘었다. 활을 쏘아 벼슬이 올라가기도 하고 땅이 줄어들기도 한다는 것은 이를 두고 한 말이다. 그래서 남자가 태어나면 뽕나무 활 하나와 쑥대 화살 여섯을 주어서 천지사방을 쏘게 했다. 천지사방이란 남자가 할 일이 있는 곳을 말한다. 그러므로 반드시 먼저 할 일에 뜻을 두고 난 후에야 비로소 양식을 구해 부모를 봉양하고 자식을 키울 수 있었다.

射者仁之道也 射求正諸己 己正而後發 發而不中 則不怨勝己者 反求諸己而已矣 孔子曰 君子無所爭 必也射乎 揖讓而升 下而飮 其爭也君子 孔子曰 射者 何以射 何以聽 循聲而發 發而不失正鵠者 其唯賢者乎 若夫不肖之人 則彼將安能以中 詩云 發彼有的 以祈爾爵 祈求也 求中以辭爵也 酒者 所以養老也 所以養病也 求中以辭爵者 辭養也

활쏘기는 인(仁)을 배우는 길이며 자신 속에서 바른 것을 구하고 자신을 바르게 한 후 쏘며 맞히지 못하더라도 남을 원망하지 않고 자신 속에서 허물을 찾을 뿐이다.22) 공자(孔子)가 이르기를 “군자는 다툴 일이 없지만 활쏘기에서는 다툴 수밖에 없다. 그러나 겸손한 자세로 사대에 올랐다 내려오면 술을 마시니 그 다투는 모습 역시 군자답다.” 했다. 공자는 “어떻게 가락에 맞추어 쏠 수 있는가?”라고 했다.23) 연주하는 가락에 맞추어 쏘고 정곡(正鵠)을 놓치지 않아야 그를 현자(賢者)라 할 수 있다. 수양이 되지 못한 사람이라면 어찌 정곡을 맞힐 수 있겠는가? 시(詩)에 “과녁 향해 활을 쏘네, 바라는 것은 그대 술잔일세”라는 구절이 있다. 바란다는 것은 구한다는 뜻이다. 명중을 구해서 벌주(罰酒) 받는

---

22) ≪맹자(孟子)≫, 〈공손추(公孫丑)〉 편에도 같은 말이 있다. 우리나라의 궁도구계훈(弓道九戒訓) 중 하나인 “發而不中 反求諸己”는 이 구절에서 유래된 것이다.

23) ≪예기(禮記)≫, 〈교특생(郊特牲)〉 편에 있는 말로서 공자는 “활을 쏠 때 가락에 맞추어 쏜다. 어떻게 가락에 맞추어 쏠 수 있는 것인가(射之以樂也 何以射 何以聽).”라고 했다. 가락에 맞추어 절도 있게 활을 쏘는 것이 어렵다는 말이다.

것을 사양한다는 말이다. 술은 늙거나 병이 들어 과녁을 맞히지 못한 사람을 위로하려는 것이다. 명중을 구해 술잔이 자신에게 오는 것을 사양한다는 것은 늙거나 병이 들어 위로받기를 사양한다는 것이다.[24]

그림 5. 조선조 영조(英祖) 때의 대사례(大射禮)

---

24) 본문에서 말한 시구는 ≪시경(詩經)≫, 〈소아(小雅)〉 편에 있는 「빈지초연(賓之初筵)」이라는 시의 한 구절이다. 이 시는 사례(射禮)에서 술에 취해 추태를 벌이는 일이 없도록 경계한 시로서 "아직 취하지 않았을 때는 위엄도 의젓하지만 한번 취해 버리면 뻔뻔함이 위의를 물리치고 그렇게 취하면 예절은 간 데 없이 되네"라는 구절도 있다. 위(衛)나라 무공(武公)이 술에 취해 저지른 과실을 후회한 시라고도 한다.

제4장 유향(劉向)[1]의 ≪열녀전(烈女傳)≫

중국 최고(最古)의 체계적 사법서(射法書)라고 할 수 있는 당나라 왕거(王琚)의 ≪사경(射經)≫은 보사(步射)에서의 잘못된 궁체들을 분석하고 교정한 '보사병색(步射病色)' 항이 있는데 이를 전한(前漢), 이광(李廣) 장군의 글이라고 했다. 그러나 이보다 더 먼저 사법의 핵심을 언급한 글이 바로 전한(前漢) 말기 유향(劉向)이 저술한 ≪열녀전(烈女傳)≫, <변통전(辨通傳)>의 진궁공처(晉弓工妻) 조에 보인다. 이 글이야말로 진정한 중국 최고(最古)의 사법서라 할 수 있다. 그 내용의 일부를 소개해 보겠다.

弓工妻者 晋繁人之女也 當平公之時 使其夫爲弓 三年乃成 平公引弓而射 不穿一札 平公怒 將殺弓人

활 만드는 궁인(弓人)의 처(妻)는 진(晉)나라 번인(繁人)의 딸이었다. 평공(平公) 시절 공(公)이 그의 남편에게 활을 만들라 해서 그의 남편은 3년 만에 활을 만들어서 바쳤다. 그러나 공(公)이 이 활로 쏘아 보니 갑옷 비늘 한 장도 뚫지 못하자 그 궁인을 죽이려 했다.

弓人之妻 請見曰……今妻之夫治造此弓 其爲之亦勞矣 其桿生於太山之阿 一日三睹陰三睹陽 傳以燕牛之角 纏以荊蔡之筋 餬以河魚之膠 此四者 皆天下之妙選也 而君不能以穿一札 是君不能射也 而反欲殺妻之夫 不亦謬乎 妻聞射之道 左手如拒石 右手如附枝 右手發之 左手不知 此蓋射之道也 平公以其言爲儀而射 穿七札 繁人之夫立得出 而賜金三鎰

이에 궁인의 처(妻)가 공(公)을 찾아가서 "……제 남편이 그 활을 만들 때 정성껏 만들었습니다. 나무는 태산(太山) 언덕에서 자란 것을 하루 세 번씩 햇볕과 그늘을 오가면서 말린 것을 썼고, 뿔은 연(燕) 지방 소의 뿔을 썼고, 힘줄은 형(荊) 지방 노루의 힘줄을 썼으며, 풀은 황하(黃下) 물고기로 만든 어교(魚膠)를 썼습니다. 이 네 가지 재료는 모두 천하에 으뜸가는 좋은 재료입니다. 공(公)께서 갑옷의 비늘을 한 장도 뚫지 못한 것은 활 쏘는 법을 모르기 때문입니다. 그런데 제 지아비를 죽이려 하는 것은 잘못된 일이 아닙니까? 제가 활 쏘는 법을 들은 바 있습니다. '왼손은 바위를 버티듯이 하고 오른팔은 나뭇가지같이 수평으로 들어 주고2) 오른손을 시위에서 떼는 것을 왼손이 모르게 하라.'고 합니다. 이것이 활 쏘는 법입니다."라고 말했다. 공(公)이 그 말대로 쏘아 보니 과연 갑옷 비늘 일곱 장을 뚫을 수 있었고 이에 그의 남편을 풀어 주면서 황금을 하사했다.

위와 거의 동일하지만 내용에 약간 차이가 있는 이야기가 전한(前漢) 한영(韓嬰)의 ≪한시외전(韓詩外傳)≫, 제8권에도 있다. 이 글에 의하면 활을 만들도록 시킨 사람은 진(晋)의 평공(平公)이 아니라 제(齊)의 경공(景公)이며 궁인이 만든 활이 처음 갑옷 비늘 1장이 아니라 3장을 뚫지 못했다 했고 궁인의 아내를 번인(繁人)이 아니라 채인(蔡人)의 딸이라 했다. 또 활에 쓴 나무를 태산(太山) 남쪽 조호(鳥號)에서 자란 산뽕나무라 했고 뿔은 붉은색 성우(騂牛)의 뿔이라 했다. 또 궁인 아내가 말한 활 쏘는 법에 대해 "팔을 나뭇가지같이 수평으로 들어 주고 (왼손은) 손바닥은 계란을 쥐듯이 하고 네 손가락으로는 작은 나무토막을 자르듯이 꼭 쥐어야 하고 오른손을 시위에서 떼는 것을 왼손이 모르게 하라."고 했다.3)

위의 이야기들이 실제 사건인지 여부를 떠나 사법(射法)의 기본을 언급한 중국 최초의 문헌기록이란 점에서 큰 의미가 있다. 올바른 사법에 대해 ≪열녀전≫에서는 "왼손은 바위를 버티듯이 하고 오른팔은 나뭇가지같이 수평으로 들어

---

2) 필자는 원문의 "우수부지(右手附枝)"를 발시 전에 뒤 팔 팔꿈치를 깍지손과 같은 높이로 쳐들어 몸통에 붙어 있는 뒤 팔의 모습이 수평으로 뻗은 나뭇가지가 나무줄기에 붙어 있는 모습과 같이 하라는 의미로 보았다.

3) 원문: "齊景公使人爲弓 三年乃成 景公得弓而射 不穿三札 景公怒 將殺弓人 弓人之妻 往見景公曰 蔡人之子 弓人之妻也 此弓者 太山之南烏號之柘 騂牛之角 荊糜之筋 河魚之膠 四物者 天下之棟林也 不宜穿札之少如此 且妻聞……夫射之道 在手若附枝 掌若握卵 四指如斷短杖 右手發之 左手不知 此蓋射之道 景公以爲儀而射之 穿七札 蔡人之夫立出矣."

주고 오른손을 시위에서 떼는 것을 왼손이 모르게 하라(左手如拒石 右手如附枝 右手發之 左手不知)."고 했으며, ≪한시외전≫에서는 "팔을 나뭇가지같이 수평으로 들어 주고 (왼손은) 손바닥은 계란을 쥐듯이 하고 네 손가락으로는 작은 나무토막을 자르듯이 꼭 쥐어야 하고 오른손을 시위에서 떼는 것을 왼손이 모르게 하라(手若附枝 掌若握卵 四指如斷短杖 右手發之 左手不知)."고 했다. 줌손에 대해 ≪열녀전≫은 '바위를 버티듯이' 하라고 했는데 이는 활을 벌릴 때부터 발시 이후까지 줌손 반바닥으로 줌통을 굳세게 밀어 주라는 의미이다. 이와 달리 ≪한시외전≫은 "손바닥은 계란을 쥐듯이 하고 네 손가락으로는 작은 나무토막(줌통)을 자르듯" 하라 했지만 이는 반바닥으로 줌통을 밀면서 손가락을 단단히 감아쥐어 풀어지지 않게 하되 처음에는 가볍게 쥐었다가 발시에 즈음하여 단단히 쥐라는 의미로 ≪열녀전≫의 말을 더 구체적으로 설명한 것이다.

한편 ≪열녀전≫에서는 "우수부지(右手附枝)"라고 표현한 부분을 오른손의 자세를 말한 것으로 보고 깍지손을 오른쪽 귀에 가까이 붙이라는 의미로 해석하는 견해도 있다.[4] 그러나 필자로서는 이 구절은 오른손의 자세보다 오른팔의 자세를 말하는 것으로 팔꿈치를 들어 올리고 활을 가득 벌렸을 때 마치 몸통에 나뭇가지를 붙여 놓은 것과 같이 팔꿈치를 밑으로 떨어뜨리지 말라는 의미로 본다. ≪한시외전≫에서는 같은 말을 왼손과 오른손 중 어느 손인지 밝히지 않았는데 이는 두 팔 모두 수평으로 펴라는 말로 보인다.[5] 발시 순간에 앞뒤 두

---

4) Stephen Selby, *Chinese Archery*(Hong Kong: Hong Kong University Press, 2000), 123쪽 참고. 셀비(Selby)는 그런 해석의 근거로서 ≪시경(詩經)≫, 〈소아(小雅)〉 편의 「각궁(角弓)」이라는 제목의 시에 있는 '부(附)'란 글자의 의미와 이미지를 원용하고 있다. 「각궁」이란 시는 군주가 형제친척과 화합하지 못해 틈이 벌어지면 불행이 닥친다는 것을 경계한 시로 "붉은 소의 뿔로 만든 좋은 각궁도 잘못 다루면 뒤집히듯 형제와 인척들과 멀어지면 안 되오(騂騂角弓 翩其反矣 兄弟婚姻 無胥遠矣)."라는 구절로 시작하며 도중에 "어미 원숭이가 자식에게 나무 타기 가르치면 찰흙과 같이 나무에 들러붙듯 윗사람이 본을 보이면 아랫사람이 따라온다(母敎猱 升木 如塗塗附 君子有徽猷 小人與屬)."라는 구절이 있다. 필자로서는 이 「각궁」이란 시에 있는 '附'라는 글자의 의미나 이미지를 '附枝'라는 구절의 해석 근거로 원용해서 이를 깍지손을 얼굴 어느 곳에 가까이 붙이는 자세를 말한다고 한 것은 지나친 비약이 아닌가 생각된다. 아마도 ≪조선의 궁술≫에서 말한 소위 '채찍뒤'의 자세를 경계한 말로서 뒤 팔꿈치가 밑으로 처지는 자세를 취해 손목으로만 화살을 내보내는 무력한 자세를 취하면 안 된다는 말로 보인다.

5) 명나라 이정분(李呈芬)의 ≪사경(射經)≫에서도 "左手如拒石 右手如附枝 右手發之 左手不知"라는 ≪열녀전≫의 구절을 "左手如拒 右手附枝 右手發箭 左手不知"로 인용하면서도 "그 뜻은 몸을 나무줄기같이 곧게 세우고 팔은 나뭇가지같이 곧게 펴 쏘되 왼팔은 미동도 하지 말고 힘과 솜씨를 다해 화살을 내보내는 것은 오른손이라는 것이다."라고 했고 또한 이를 활 쏘는 사람들에게 가장 중요한 극칙(極則)이라 했다. 필자와 완전히 같은 해석이다. 당(唐)나라 왕거(王琚)의 ≪사경(射經)≫에도 "팔뚝은 나뭇가지같이 펴라(直臂如枝)."고 한 구절이 있다. 동한(東漢) 조엽(趙曄)의 ≪오월춘추(吳越春秋)≫, 〈구천음모외전(句踐陰謀外傳)〉에는 "왼손을 나뭇가지 붙인 것같이 하라(左手若附枝)."는 말이 있는데 이는 쇠뇌 사법에 관한 말로 쇠뇌를 받쳐 든 왼팔을 곧게 펴라는 말이다.

손의 상호관계에 대해서 ≪열녀전≫이나 ≪한시외전≫은 모두 "오른손을 시위에서 떼는 것을 왼손이 모르게 하라."고 했다. 이는 오른손을 시위에서 떼어 내는 순간에 이에 반응해서 줌손이나 줌팔의 자세가 흔들리면 안 된다는 의미이다.

청(淸)나라 때의 사법서인 주용(朱墉)의 ≪무경칠서휘해(武經七書彙解)≫에서는 이 이야기 중 사법(射法) 부분만 소개하고 있는데 그 내용이 ≪열녀전≫이나 ≪한시외전≫에서와 같이 진(晋)의 평공(平公)이나 제(齊)의 경공(景公) 때의 일이 아니라 초왕(楚王) 때의 이야기로 소개하고 있고 "왼손은 바위를 버티듯(前手如拒石)"이라는 구절이 "앞손은 호랑이를 버티듯(前手如拒虎)"으로 되었고 "오른손을 시위에서 떼는 것을 왼손이 모르게 하라(右手發之 左手不知)."는 구절은 "뒷손을 시위에서 떼는 것을 앞손이 모르게 하라(後手發矢 前手不知)."로 되어 있다. 한편 청나라 사법서인 ≪무경칠서휘해≫는 물론 명나라 사법서인 척계광(戚繼光)의 ≪기효신서(紀效新書)≫와 이정분(李呈芬)의 ≪사경(射經)≫에서는 ≪열녀전≫에서 인용했다는 또 다른 사법으로서 "성난 기세로 활을 열고 쉬는 기세로 화살을 보내라(怒氣開弓 息氣放箭)."는 말도 소개하고 있는데 이 부분은 사법의 내면적인 요소, 즉 정신집중과 호흡조절의 문제를 말한 것이다. 그러나 ≪열녀전≫이나 ≪한시외전≫에는 이런 말은 보이지 않는다.

제5장 왕거(王琚)의 사경(射經)

당나라 왕거[1]의 ≪사경≫은 중국 최고(最古)의 체계적인 사법서(射法書)로서 원나라 말기에 도종의(陶宗儀)가 편찬한 ≪설부(說郛)≫에 수록되어서 오늘날까지 전해지게 되었다. 그러나 이렇게 전해진 왕거의 ≪사경≫에는 송나라 노종매(盧宗邁)의 해설이 중간에 보일 뿐 아니라 ≪당서(唐書)≫, <예문지(藝文志)>에는 왕거의 ≪사경≫이 1권이라고 했지만 ≪송사(宋史)≫, <예문지(藝文志)>에는 2권이라고 한 것을 보면 ≪설부≫에 수록되어 전해진 ≪사경≫은 전체가 왕거의 글은 아니고 후대의 보정판(補正版)임이 분명하다. 또 한편 왕거의 ≪사경≫이 말한 활쏘기 자세에는 실제의 사법과는 무관한 형식적 자세에 관한 설명들도 다수 포함되어 있는데 그런 부분들은 실전용(實戰用) 자세가 아니라 활쏘기 의식이나 무과(武科) 시험장에서 요구되었던 자세의 설명일 것이다.[2] 이하에서는 그런 형식적 자세에 관한 설명을 포함해서 왕거의 ≪사경≫ 전문을 소개하겠다. 저본(底本)으로는 중국 해방군출판사의 ≪중국병서집성(中國兵書集成)≫, 제2책(서기 1988년)에 수록된 명대(明代)의 완위산당본(宛委山堂本) ≪설부(說郛)≫의 원문을 사용했다. 내용이나 순서는 원문 그대로지만 편의상 각 제목에 번호를 부여했다. 남송(南宋) 진원정(陳元靚)이 편찬한 ≪사림광기(事林廣記)≫에는 왕거의 사법을 정확히 묘사한 그림이 수록되어 있는데 이 그림 역시 같이 소개한다.

---

1) 홍콩의 동양 궁시연구가 셀비는 왕거가 중국 역사상 유일의 여제(女帝)인 측천무후(則天武后, 서기 624년～705년) 때의 인물이라고 한다. Stephen Selby, *Chinese Archery*(Hong Kong: Hong Kong University Press, 2000), 196쪽.

2) 송나라 증공량(曾公亮)의 ≪무경총요(武經總要)≫, 전집(前集) 중 〈교궁법(敎弓法)〉 편에는 "당나라 왕거의 사법서 2편에는 활쏘기에서의 자세나 용모에 대해 많은 말이 있지만 실전용으로는 중요한 문제가 아니다. 이제 필요한 요점만 간추려서 무사들에게 소개하는 것이 옳을 것이다(昔唐王琚敎射二篇 多言射之容止 非陣所急 슈撮其切 可施於兵家者)."라는 말을 하면서 일부만 간추려서 소개하고 있다. 송나라 허동(許洞)의 호검경(虎鈐經) 중 사법 부분도 왕거의 ≪사경≫을 축약한 것이다.

Ⅰ. 총결(總訣)

凡射 必中席而坐 一膝正當垜3) 一膝橫順席 執弓必中在把之中 且欲當其弦心也 以弓當左膝前 豎按席 稍吐下弰向前 微令上傾向右

활을 쏠 때는 먼저 방석 가운데 앉아서 앞무릎은 똑바로 과녁을 향하게 하고 뒷무릎은 횡으로 놓는다.4) 활을 쥘 때 줌통 가운데를 쥐고 (줌손을) 시위의 절피와 같은 높이에 두어야 한다. 활을 왼쪽 무릎 앞에 수직으로 세워 방석 위에 놓고 아랫고자를 조금 앞으로 내밀며 윗고자는 조금 우측으로 기울인다.

然後取箭 覆其手 微拳 令指第三節齊平 以三指捻箭三分之一 加於弓亦三分之一 以左手頭指受5)之 則轉弓 令弦稍離身就箭 卽以右手尋箭羽 下至闊 以頭指第二節當闊 約弦徐徐送之 令衆指差池如鳳翮 使當於心 又令當闊 羽向上 弓弦旣離身 卽易見箭之高下 取其中平直

그런 다음 (깍지손으로) 화살을 뽑아6) 손을 엎고 가볍게 손가락을 구부리되 손바닥 쪽 마디들은 펴고 엄지와 검지 및 중지로 화살의 오늬 쪽 3분지 1 부분을 쥐고 촉 쪽 3분지 1 부분을 출전피에 대고 줌손 검지7)로 화살을 받아 쥐면서 활을 돌려서 몸 쪽에 있던 시위를 화살 쪽으로 가게 한다. 그런 다음 깍지손이 깃을 더듬으며 오늬까지 와서 검지의 둘째 마디를 오늬에 대고 서서히 오늬를 시위에 끼워 넣는데 손가락들을 봉황새 꼬리털같이 벌려서 시위의 절피에 대었다 다시 오늬에 댄다. 이때 깃은 위를 향하고 있고 시위도 이미 몸에서 떨어져 있기 때문에 오늬의 높낮이를 눈으로 곧 확인할 수 있다. 화살이 수평이 되도록 오늬의 높낮이를 바로잡는다.

---

3) 타(垜)는 흙으로 쌓은 과녁 또는 과녁 뒤에 쌓은 흙무덤을 말한다.

4) 두 무릎을 모두 자리에 대었을 것으로 생각된다.

5) 저본(底本)에는 '授'로 되어 있으나 오기(誤記)로 보고 고쳤다.

6) 화살을 뽑기 전 위치가 어디인지에 관한 설명은 없지만 왕거의 ≪사경≫을 설명하려고 ≪사림광기≫에 수록된 삽화에는 화살을 허리춤에 차고 있는 모습이다. 다만 이 삽화에서는 오늬가 몸 우측을 향하게 해서 오른쪽 허리춤에 찬 모습이지만 뒤의 '권현입소(卷弦入弰)' 항을 보면 오늬가 몸 좌측을 향하게 해서 오른쪽 허리춤에 차고 있었을 것으로 해석된다.

7) 원문의 '頭指'는 검지를 말한다. 엄지는 무지(拇指), 벽지(擘指), 대지(大指) 또는 거지(巨指)라 하며 검지는 식지(食指), 인지(人指), 염지(鹽指) 또는 두지(頭指)라 한다. 셋째 손가락은 중지(中指), 장지(長指) 또는 장지(將指)라 하고 넷째 손가락은 무명지(無名指) 또는 약지(藥指)라 하며 새끼손가락은 소지(小指) 또는 계지(季指)라 한다. 활쏘기에서는 중지 무명지 소지를 하삼지(下三指)라 하며 중명소삼지(中名小三指)라 할 때도 있다.

然後擡弓離席 目取睨其的 按手頤下 引之令滿 其持弓手與控指及左膊肘平
如水准 令其肘可置杯水 故曰 端身如幹 直臂如枝8) 直臂者 非初直也 架弦畢
便引之 比及滿使臂直是也 引弓不得急 急卽失威儀而不主皮 不得緩 緩卽力
難爲而箭去遲 唯善者能之

그런 다음 활을 들고 자리에서 일어나9) 곁눈으로 과녁을 노려보며 (오른)손을
턱 밑에 두고 시위를 가득 당긴다. 활을 가득 벌렸을 때는 줌손, 깍지손, 왼팔
팔뚝 및 팔꿈치가 모두 직선으로 수평을 이루게 하고 왼팔 팔꿈치에 물잔을 올
려놓을 수 있게 되어야 한다.10) 몸은 나무줄기같이 바로 세우고 팔뚝은 나뭇가
지같이 곧게 편다는 것은 이를 말한다.11) 팔뚝을 곧게 편다는 것은 처음부터 곧
게 펴는 것은 아니며 시위에 화살 오늬를 끼워 놓고 당겨 활이 가득 벌어졌을
때 곧게 펴는 것이다. 시위 당길 때 급히 당기면 안 된다. 급히 당기면 위엄이
없고 관중도 어렵게 된다.12) 그러나 너무 느리게 당겨도 안 된다. 너무 느리게
당기면 (나중 힘이 떨어져) 화살이 힘없이 날아간다. 숙달된 사람만 적절한 속
도로 시위를 당길 수 있다.

箭與弓把齊爲滿 地平之中爲盈貫 信美而術難成 要令大指知鏃之至 然後發

---

8) 저본(底本)에는 '伎'로 되어 있으나 '枝'의 오기(誤記)로 보고 고쳤다. 뒤의 보사총법(步射總法)에도 "射經曰
端身如幹 直臂如枝"라는 구절이 있다.

9) 별도로 '보사총법(步射總法)'이 있으므로 '총결'을 자리 위에서 무릎 꿇고 쏘는 자세에 관한 설명으로 본다면 원
문의 "대궁이석(擡弓離席)"을 "자리에서 활을 들어올리고"로 해석할 수도 있다. 그러나 '보사총법'은 발자세에
관한 간단한 설명 외는 '총결'에 대한 부연설명일 뿐 아니라 ≪사림광기≫에 수록된 삽화(뒤의 '그림 6' 참고)는
서서 쏘는 모습이지만 이에 첨부된 설명은 '총결'을 포함한 전 부분의 요약이다. 명나라 척계광의 ≪기효신서≫
나 이정분의 ≪사경≫은 이 '총결'의 구절을 보사전법(步射箭法)으로 인용하고 있다.

10) 뒤의 '흠신개궁(欽身開弓)' 항에서는 "앞 팔 팔꿈치를 위를 보게 엎는다(前肘上飜)." 했고 ≪조선의 궁술≫에
서도 왼팔 중구미(팔꿈치)를 엎으라고 했다. 또한 명나라 척계광(戚繼光)의 ≪기효신서(紀效新書)≫ 역시 실악
사도(實握射圖)라는 삽화에 첨부한 설명에서 "활을 벌렸을 때는 팔꿈치 안쪽 오금이 밑을 보게 한다(弓滿則肱
之曲心對下)."고 했고 명나라 이정분(李呈芬)의 ≪사경(射經)≫에서도 "왼손 손목(의 손바닥 쪽)이 위를 보는
것은 잘못이니 조심해야 한다(前手腕仰爲病色 宜戒)." 했는데 왼팔 팔꿈치가 위를 보게 엎으라는 말이다. 하
지만 이런 자세로는 왼팔 팔꿈치에 물잔을 올려놓을 수 없고 팔꿈치 반대편 오금이 위를 보게 해야(≪조선의
궁술≫은 이를 붕어죽이라 하여 잘못된 자세로 본다) 오금 위에 물잔을 올려놓을 수 있을 것이다. 명나라 정자
이(程子頤)의 ≪무비요략(武備要略)≫에 있는 삽화에도 왼팔 팔꿈치 부분에 "팔꿈치의 움푹 팬 곳이 위를 본
다(肘窩向上)."는 설명이 있다. 뒤의 '그림 10' 참고.

11) 이를 왼팔 팔꿈치에 관한 말로 볼 수도 있다. 그러나 앞의 제4장에서 소개한 바와 같이 유향(劉向)의 ≪열녀전≫
은 "오른팔은 나뭇가지같이 수평으로 쳐들고(右手附枝)"라고 했고 한영(韓嬰)의 ≪한시외전(韓詩外傳)≫은
"팔은 나뭇가지같이 수평으로 쳐들고(手若附枝)"라고 했다. 결국 두 팔을 모두 곧게 펴서 몸통에 나뭇가지를
붙여놓은 것같이 하라는 말로 보는 것이 타당하다.

12) 원문의 주피(主皮)란 과녁 중앙에 가죽으로 덧붙여 놓은 정곡을 꿰뚫는다는 뜻이다. 앞의 제3장, 각주 7 참고.

箭 故曰 鏃不上指 必無中矢 指不知鏃 同於無目 試之至也 或以目視鏃 馬上
與暗中則乖 此爲無術矣 故矢在弓右 視在左

　화살촉이 줌통과 나란히 있을 때 이를 만(滿)이라고 한다. 촉이 줌통 중간까지 들어오면 이를 영관(盈貫)이라고 하며[13] 참으로 아름답지만 도달하기 어려운 솜씨이다. 그러나 적어도 촉을 줌손 엄지가 감지할 수 있을 때까지 당긴 후에 화살을 내보내야 한다. 이를 두고 "촉이 엄지손가락 위에 있지 못하면 화살은 결코 명중하지 못하고 엄지손가락으로 촉을 감지 못하면 눈이 먼 것과 같다."[14] 라고 한다. 이를 잘 익혀 두어야 한다. 눈으로 촉의 위치를 확인하기도 하지만 말을 타고 쏘거나 어두울 때 쏠 때는 사정이 다르니 좋은 방법이 못 된다. 따라서 화살은 활 오른쪽에 있어도 눈은 활의 왼쪽에 두는 것이다.[15]

箭發 則靡其弰 厭其肘 仰其腕 目以注之 手以指之 心以趣之 其不中何爲也

　화살을 내보낼 때 윗고자는 과녁을 향해서 앞으로 쓰러뜨리고 뒤 팔꿈치는 밑을 향하게 하면서[16] (뒤 팔을 펴서) 뒷손의 손목이[17] 위를 보게 하고[18] 시선

---

13) 원문의 "箭與弝齊爲滿 地平之中爲盈貫"을 뒤의 '흠신개궁(欽身開弓)' 항에 있는 "凡鏃與弝齊爲滿 半弝之間爲貫盈"과 같은 의미로 보았다. 만(滿)과 영관(盈貫) 또는 관영(貫盈)을 좀 명확히 구분하자면 만(滿)은 촉의 중간 부분을 줌통 옆까지 당긴 것을 말하고 영관(盈貫) 또는 관영(貫盈)은 촉끝을 줌통 중간까지 당긴 것을 말한다. 명나라 이정분의 ≪사경≫에서는 "촉이 줌통을 지나 더 들어오도록 당겨 쏘는 사람은 명가(名家)로서 초보자는 그렇게 할 수 없다. 이런 명가를 탈파전(脫弝箭)이라고 부른다."고 했다. 그러나 영관(盈貫) 또는 관영(貫盈)이나 탈파전(脫弝箭)같이 화살을 깊게 당겨 쏘는 것은, 유엽전(柳葉箭)을 쏠 때 숙달된 사람은 수월하겠지만 촉이 전형적인 화살표('↑') 모양으로 생긴 경우는 숙달된 사람이라도 어려울 것이다. 특히 초보자가 이를 흉내 내면 화살이 활에 걸려 부러지면서 줌손에 큰 부상을 입을 수 있다.

14) 이곳에서는 화살촉을 감지하는 손가락을 엄지라고 했으나 명나라의 사법서인 척계광(戚繼光)의 ≪기효신서(紀效新書)≫나 이정분(李呈芬)의 ≪사경(射經)≫이나 고영(高穎)의 ≪무경사학정종(武經射學正宗)≫ 등 후대의 사법서들은 중지(中指)의 끝이라 했다. 양자의 차이는 줌통 쥐는 방법의 차이에서 비롯된 것으로 보인다. 척계광 등은 엄지를 중지 옆에 붙이고 엄지로 중지를 눌러 주라고 한 것이고 이곳에서는 엄지를 중지 위에 올려 놓는 방법을 취한 것으로 보인다.

15) 이곳에서는 언제나 눈을 활 왼쪽에 두는 것을 바람직한 방법이라고 말하지만 후일 명나라 고영(高穎)의 ≪무경사학정종(武經射學正宗)≫, 첩경문(捷徑門) 편에서는 보사(步射)의 경우 먼 거리에 있는 과녁을 쏠 때는 시선을 활 오른쪽에 두고 화살대를 거쳐 촉을 통해 조준점을 보아야 하고 50보 이내의 가까운 과녁을 쏠 때나 기사(騎射)의 경우에는 시선을 활의 왼쪽에 두어야 한다고 했다.

16) 원문의 '염(厭)'은 덮어서 숨긴다는 의미의 글자로서 '염기주(厭其肘)'는 발시 전 뒤를 향하고 있던 뒤 팔꿈치를 발시 순간 밑을 보게 한다는 의미이다. 뒤의 보사총법(步射總法)에서는 '압기주(壓其肘)' 또는 '압주(壓肘)'라고 했지만 이는 '염기주' 또는 '염주'와 같은 뜻이다. '염'이나 '압'이나 발시 때 뒤 팔꿈치가 밑을 보게 하고 뒷손 손바닥과 손목이 위를 보도록 뒤 팔을 펴는 것을 말한다. 왕거의 사법을 도해(圖解)로 설명한 ≪사림광기≫의 삽화에도 뒤 팔이 수평으로 펴져 있다.

17) 원문은 단지 '완(腕)', 즉 '손목'이라고만 했지만 뒤의 '보사총법(步射總法)'에서는 "손바닥이 위를 향하게 해서 손금이 보이게 한다(仰掌現掌紋)."고 했으므로 여기서 말한 손목은 손목의 손바닥 쪽을 의미한다.

18) 원문의 "靡其弰 厭其肘 仰其腕"란 동작이 바로 중국의 전통적인 발시 동작인 별절(撇挐 또는 撇挒) 혹은

은 과녁을 응시하고 줌손도 과녁을 가리키고 마음까지 과녁으로 향하게 하면
명중되지 않을 수 없다.

그림 6. 왕거의 ≪사경≫에서 말하는 발시 동작[19]

又曰 矢量其弓 弓量其力 無動容 無作色 和其文體 調其氣息 一其心志 爲
之楷式 知此五者爲上德 故曰 莫患弓軟 服當自遠 若患力贏 恒當引之 但力勝
其弓則容貌和 發無不中

또한 화살을 활 힘에 맞추고 활은 쏘는 사람 힘에 맞추라고 한다. 얼굴이 움
직이거나 표정이 일그러져서도 안 된다. 자세를 편안하게 하고[20] 기와 호흡을
고르게 해서 정신을 집중해야만 한다. 이 다섯 가지가 활쏘기의 상덕(上德)이다.
그래서 "활이 연하다고 걱정하지 말라. 사람이 활을 부리면 화살은 의당 멀리
날아간다. 힘이 약해서 걱정이 되더라도 늘 연습하면 시위를 당길 수 있게 된
다."고 한다. 그러나 활을 쏘는 사람의 힘이 활의 힘을 이겨야 용모가 편안하게
되면서 쏘는 대로 명중시킬 수 있다.

질절(搾拏 또는 搾勞)이다. "靡其弣"는 앞손 동작으로서 이를 별(撇) 또는 질(搾)이라 하며 "厭其肘 仰其
腕"은 뒷손 동작으로서 이를 절(拏 또는 勞)이라고 한다.

19) 진원정(陳元靚)이 편찬한 ≪사림광기(事林廣記)≫에서 왕거(王琚)의 ≪사경(射經)≫이 말한 발시 동작의 자
세를 도해(圖解)로 설명한 삽화이다.

20) 원문의 '화기문체(和其文體)'를 명나라 척계광의 ≪기효신서≫나 이정분의 ≪사경≫에서는 '화기지체(和其枝
體)'로 보다 정확하게 수정해서 인용하고 있다.

故始學者 先學持滿 須能制其弓 定其體後乃射之 然其的必始於一丈 百發百
中 寸以加之 漸至於百步亦百發百中 乃爲術成 或升其的於高山 或致其的於
深谷 或曳之 或擲之 使其的縱橫前卻 所以射禽獸與敵也

따라서 초보자는 활을 가득 벌리고도 이를 버티면서 활을 마음대로 부릴 수
있어야 한다. 궁체가 안정되어야 활을 쏠 수 있다. 그러나 처음에는 과녁에서
한 장(丈)<약 3m> 거리에서부터 쏘아야 한다. 백발백중할 수 있게 되면 차례
로 1치(寸)<약 3cm>씩 거리를 늘려 100보(步) 밖에서 백발백중할 수 있을 때
비로소 궁술은 완성된다. 가끔 과녁을 높은 곳에 놓고 쏘기도 하고 깊은 계곡
밑에 놓고 쏘기도 하고 과녁을 끌거나 던지면서 전후좌우로 움직이는 과녁을
쏘기도 해야 비로소 짐승을 사냥하거나 전쟁터에서 적을 맞힐 수 있다.

凡弓惡右傾 箭惡其儒音 頤惡傍引 頸惡卻垂 胸惡前凸 背惡後傴 皆射之骨
髓疾也 故身前竦爲猛虎方騰 額前臨爲封兕欲鬪 出弓弰爲懷中吐月 平箭闊爲
弦上懸衡 此皆有威容之稱也

활은 오른쪽으로 눕혀진 것을 꺼리고[21] 화살은 힘없이 날아가는 것을 꺼린
다.[22] 턱은 옆으로 내미는 것을 꺼리고 목은 뒤로 젖히거나 앞으로 숙이는 것을
꺼리며 가슴은 앞으로 내미는 것을 꺼리고 등은 뒤로 젖혀지는 것을 꺼린다. 이
는 모두가 활쏘기에 있어 깊은 병이다. 몸 앞의 모습은 맹호가 막 뛰어오르는
것과 같이 무서워야 하고 이마 앞의 모습은 외뿔소가 대드는 형세라야 하며 활
을 벌리면서 내미는 모습은 품 속에서 달을 토해 내는 형세라야 하고 화살대와
오늬는 수평을 이루어서 시위에 저울대가 달린 형세라야 한다. 이는 모두 위엄
있는 모습을 가리키는 말이다.

---

21) 뒤의 'Ⅶ. 활 쏘는 순서'. '5. 포박견현(鋪膊牽弦)' 항에서 "왼손을 앞으로 내밀 때 윗고자를 약간 기울여 준다
(推出前手 微合上弰)."는 말이 있다. 이를 볼 때 이곳에서 활을 기울이지 말라고 한 것은 너무 기울이지 말라
는 말로 보인다. 원문의 "범궁오우경(凡弓惡右傾)"을 북송(北宋) 증공량(曾公亮)의 ≪무경총요(武經總要)≫
에서는 "범궁오좌경(凡弓惡左傾)"으로 인용하고 있지만 명나라 당순지(唐順之)의 ≪무편(武編)≫에서는 이곳
과 마찬가지로 "범궁오우경(凡弓惡右傾)"으로 인용하고 있다. 청나라 주용(朱墉)의 ≪무경칠서휘해≫에는 활
쏠 때 명심해야 할 14가지인 심담십사요(心談十四要) 중 하나로 궁소요측(弓弰要側)이란 말이 있는데 우궁의
경우 활을 오른쪽으로 약간 기울이라는 말이다.

22) 북송 증공량(曾公亮)의 ≪무경총요(武經總要)≫와 명나라 당순지(唐順之)의 ≪무편(武編)≫은 원문의 "전오
기유음(箭惡其儒音)"을 "전오직유(箭惡直憺)"로 인용했다.

又曰 控弦有二法 無名指疊小指 中指壓大指23) 頭指當弦直竪 中國法也 屈
大指 以頭指壓勾指 此胡法也 此外皆不入術 胡法力少利馬上 漢法力多利步
用 然其持妙在頭指間 世人皆以其指末齪弦 則致箭曲 又傷羽 但令指面隨弦
直竪 即脆而易中 其致遠 乃過常數十步 古人以爲神而秘之 胡法不使大指過
頭 亦爲妙爾

또 시위를 당기는 방식은 두 가지가 있다고 한다. 무명지와 새끼손가락은 붙
여 놓고 중지로 엄지를 누르고 검지는 시위에 대고 아래로 똑바로 내려뜨리는
방식은 중국 방식이고 엄지를 갈고리같이 구부리고 구부린 엄지를 검지로 누르
는 방법은 오랑캐 방식이며 그 외의 방식은 볼 것이 없다.24) 오랑캐 방식은 힘
은 약하나 말 타고 쏠 때 유리하며 중국 방식은 힘 있고 서서 쏠 때 유리하다.
그러나 (어떤 방식이건) 벌린 활을 버틸 때의 비결은 검지에 있다. 대부분 검지
로 시위를 눌러 비틀어 주지만 그렇게 하면 화살이 구부러지고 깃도 상하게 된
다.25) 하지만 검지의 옆면을 시위에 대고 똑바로 내려뜨리기만 하면 어렵지 않
게 화살을 내보낼 수 있고 명중시키기도 쉬워진다. 또한 화살이 보통 때보다 십
보(步) 정도 더 날아간다. 옛사람들은 이를 비법으로 여기고 숨겼었다. 오랑캐
방식에서는 엄지가 검지를 지나 중지에 닿지 않게 하는 것도 역시 그 비결이다.

其執弓欲使把前入扼 把後當四指本節 平其大指承鏃 卻其頭指使不碍26) 則
和美有聲而俊快也 射之道備矣哉

---

23) 증공량의 ≪무경총요≫는 원문의 "무명지첩소지 중지압대지(無名指疊小指 中指壓大指)"를 "무명지첩소지
압대지(無名指疊小指 壓大指)"로 인용했지만 명나라 모원의의 ≪무비지≫는 ≪무경총요≫를 인용하면서도
이를 왕거의 원문 그대로 "무명지첩소지 중지압대지"로 인용했다. 그러나 명나라 당순지(唐順之)의 ≪무편(武
編)≫은 이와 또 달리 "무명지 중지압대지(無名指 中指壓大指)"로 인용했다.

24) 이곳에서 말한 중국 방식을 '쌍탑(雙搭)'이라고 하고 오랑캐 방식을 '단탑(單搭)'이라고 하는데 명나라 정자이
(程子頤)의 ≪무비요략(武備要略)≫에서는 이와는 반대로 단탑이 중국 방식이고 쌍탑이 오랑캐 방식이라고
한다. 명나라 이정분(李呈芬)의 ≪사경(射經)≫에서도 단탑 방식을 취한다. 한편 여기서 말한 방식은 엄지에
암깍지를 끼고 시위를 당기는 방식이지만 뿔이 달린 수깍지를 엄지에 끼고 검지 하나 아니면 검지와 중지 둘을
뿔에 걸치고 시위를 당기는 방법도 있고 양궁에서는 엄지 이외 나머지 네 손가락의 끝을 구부려 시위를 당긴
다. 서양에서는 엄지에 깍지를 끼고 시위를 당기는 방식을 몽고(蒙古) 방식이라고 부르며 양궁의 방식을 지중
해(地中海) 식이라고 부른다.

25) 이곳에서는 중국 방식이건 오랑캐 방식이건 검지로 시위를 눌러서 비틀어 주는 방법을 옳지 못한 방법으로 보
고 있다. 그러나 검지로 시위를 눌러 주되 화살이 구부러지지 않게만 하면 화살이 힘차게 날아가고 명중도 쉬
워짐이 분명하다. 우리의 전통사법에서는 이를 두고 깍지손을 짠다고 한다. 숙달된 궁사라면 깍지손을 짜면서도
화살이 구부러지지 않게 하는 것이 어려운 일이 아니다.

26) 저본(底本)에는 '득(得)'으로 되어 있으나 '애(碍)'의 오기(誤記)로 보이므로 고쳐 썼다. 북송 증공량의 ≪무경총
요≫, 명나라 당순지의 ≪무편≫에 모두 '애(碍)'와 같은 뜻의 글자인 '애(礙)'로 고쳐져 있는 것에 따른 것이다.

활을 쥘 때는 줌통 앞면을 엄지와 검지 사이의 호구(虎口)에 넣고 줌통 뒷면에는 엄지를 제외한 네 손가락의 손바닥 쪽 첫 마디를 대 주며 엄지는 펴서 화살촉을 받쳐 주되 화살이 검지에 닿지 않도록 해야 한다. 그렇게 하면서 쏘면 화살은 부드러운 소리를 내면서[27] 매끄럽고 빠르게 날아간다. 이렇게 해야 사법에 맞는다.

Ⅱ. 오사설해(五射說解)[28]

1. 정의(井儀)

開弓形 所謂懷中吐月也

활을 내밀어서 벌리는 모습으로 품 속에서 달을 토해 내는 것 같다는 말이다.[29]

2. 양척(襄尺)

襄平也 尺曲尺也 平其肘 所謂肘上可置杯水也

양(襄)은 펴는 것을 말하고 척(尺)은 구부러진 자를 말한다. 따라서 (구부러진) 팔꿈치를 펴는 것을 말한다. 팔꿈치 위에 물잔을 올려놓을 수 있게 한다는 것을 말한다.[30]

---

27) 발시 후 시위가 제자리로 돌아갈 때 철퍼덕 소리를 내거나 화살 뒷부분이 활을 때리고 나가는 소리가 나지 않는다는 말이다. 줌손을 견고하게 쥐고 발시 후에도 풀어지지 않아야 그렇게 된다.

28) 이 항은 ≪주례≫, 〈지관〉 편. 보씨(保氏) 조에 있는 오사(五射)에 대한 설명으로서 저본(底本)에는 제목이 없으나 진원정(陳元靚)의 ≪사림광기(事林廣記)≫에서는 이 내용에 오사설해(五射說解)라는 제목을 붙였다. ≪주례≫의 본문에는 오사(五射)가 무엇인지 설명이 없고 후한(後漢) 정현(鄭玄)의 주(注)에서 오사(五射)란 백시(白矢)·삼련(參連)·염주(剡注)·양척(襄尺) 및 정의(井儀)를 말한다고 했는데 이들이 각각 무엇을 의미하는지에 대한 설명으로는 네 종류가 있다. 첫째는 후한(後漢) 정중(鄭衆)의 설명이고 둘째는 이곳에서의 왕거의 설명이며 셋째는 명나라 이정분(李呈芬)의 설명이고 넷째는 홍콩의 동양궁시 연구가 셀비(Selby)의 최근 새로운 설명이다. 이정분과 셀비의 설명은 뒤의 제4절 참고.

29) 뒤에서는 활을 내밀며 벌리는 형세가 품 속에서 달을 토해 내는 것 같다는 말은 위엄 있는 모습을 말한다고 했다. 그러나 후한(後漢) 정중(鄭衆)은 정의(井儀)란 "화살 넷을 쏜 것이 모두 관중해서 '井' 자 모양으로 꽂혀 있는 것(四矢貫侯 如井之容儀)"을 말한다고 했다.

30) 앞의 각주 10 참고. 그와는 달리 (後漢) 정중(鄭衆)은 "양척은 신하가 임금과 함께 활을 쏠 때는 나란히 서지 않고 한 자를 뒤로 물러나서 쏘는 것을 말한다(襄尺者 臣與君射 不與君竝立 襄君一尺而退云)."고 했다.

3. 백시(白矢)

矢白鏃至指也 所謂彀率也

화살의 반짝이는 촉이 손가락에 도달한 것을 말한다. 활을 가득 벌린 것을 말한다.[31]

4. 섬주(剡注)

注指也 以弓弰直指於前 以送矢 俗所謂劈捉也 剡銳也 弓弰也 靡其弰

'주(注)'는 무엇을 가리킨다는 말이다. 활의 윗고자가 똑바로 앞을 가리키게 하면서 화살을 내보내는 것으로서 속칭 절질(劈捉)의 동작을 말한다.[32] '섬(剡)'은 뾰족하다는 말로 활고자를 말한다. 섬주란 윗고자를, 과녁을 향해 앞으로 쓰러뜨리는 것을 말한다.[33]

5. 삼련(三連)

矢行急疾而連參也

세 화살을 연이어 신속하게 쏘는 것을 말한다.[34]

Ⅲ. 보사총법(步射總法)

左肩與胯對垜之中　兩脚先取四方立後　次轉左脚大指垜中心　此爲丁字不成
八字不就

왼쪽 어깨와 왼쪽 허벅지가 과녁을 향하는 자세로 두 발을 나란히 놓고 섰다

---

31) 후한(後漢) 정중(鄭衆)은 "백시란 과녁을 맞힌 화살이 관통해서 그 촉이 (과녁 뒤에서) 보이는 것을 말한다(白矢者 矢在候而貫候過 見其鏃白云)."고 했다.

32) 절질(劈捉)은 절질(擘捉)과 같고 이곳에서 말한 동작은 그중 앞손의 동작인 질(捉) 동작만을 말한다. 앞의 각주 18 참고.

33) 후한(後漢) 정중(鄭衆)은 "섬주란 화살이 깃은 높고 촉은 낮은 모습으로 날아가 형세가 날카로운 것을 말한다(剡注者 謂羽頭高鏃低而去 剡剡然云)."고 했다.

34) 후한(後漢) 정중(鄭衆)은 "삼련이란 화살 하나를 먼저 쏜 후 나머지 세 화살을 연이어 쏘는 것을 말한다(參連者 前放一矢 後三矢連續而去也云)."고 했다. ≪오월춘추(吳越春秋)≫에 의하면, 궁수부대는 "앞뒤로 (세 개의) 단위대로 나뉘어 적을 보고 쏘므로 모두 삼련이 된다(從分望敵 合以參連)."고도 했다.

가 왼발 엄지발가락을 과녁35) 가운데를 향하도록 돌린다.36) 이를 "정자불성 팔
자불취(丁字不成 八字不就)"37)라고 한다.

左手開虎口微鬆 下三指轉把臥側 則上弰可隨矢直指的 下弰可低38)胛骨下
此謂靡其弰

줌손의 호구를 약간 풀고 중지, 무명지 및 새끼손가락으로39) 줌통을 돌려 옆
으로 눕히면 윗고자가 화살을 좇아 과녁을 가리키고 아랫고자는 왼쪽 겨드랑이
밑으로 들어오는데 이를 '미기소(靡其弰)'라 한다.

右手摘弦 盡勢飜手向後 要肩臂與腕一般平直 仰掌現掌紋 指不得開露 此爲
壓肘仰腕40)

오른손은 시위에서 떼어 낸 후 힘껏 뒤집어 뒤로 보낸다. 이때 어깨, 팔, 손목
이 수평을 이루며 손바닥은 위를 보게 해서 손금이 드러나게 하며 손가락이 벌
어지지 않게 한다. 이를 '압주앙완'이라 한다.41)

射經曰 無動容 無作色 按手頤下 引之令滿 取其平直 故曰 端身如幹 直臂
如枝 箭發則靡其弰 壓其肘 仰其腕42) 胸凸背傴 皆射之骨髓疾也

《사경(射經)》43)에서는 "얼굴을 움직이거나 표정을 일그러뜨리지 말고 줌손
을 턱 밑에 붙이고 시위를 가득 당겨서 팔이 일직선으로 수평이 되게 하라."고
했다. 그래서 "몸은 나무줄기와 같이 바로 세우고 팔뚝은 나뭇가지같이 곧게 편

---

35) 앞의 각주 3 참고.

36) 셀비(Selby)의 저본(底本)에는 원문의 "좌각대지타중심(左脚大指垜中心)"이 "좌각첨지타중심(左脚尖指垜中
心)"으로 되어 있으나 의미는 동일하다.

37) 우리 활터에서 발 자세를 말하는 "비정비팔(非丁非八)"과 같은 말이다.

38) 저본(底本)과 진원정의 《사림광기》에는 '抵'로 되어 있으나 증공량의 《무편》과 모원의의 《무비지》에는
'低'로 되어 있다. '低'로 보아야 문맥이 잘 통한다.

39) 후일 명나라 이정분(李呈芬)의 《사경》에서도 무명지와 새끼손가락으로 줌통을 단단히 감아쥐라고 했다. 뒤
의 제7장, 각주 45 참고.

40) "압주앙완(壓肘仰腕)"의 의미는 앞의 각주 16 참고.

41) 현재 일부 활터에서 말하는 소위 '온깍지사법'에서는 발시 동작에서 뒤 팔을 지면과 약 45° 각도가 되도록 내
리뻗기도 하고 뒷손바닥이 옆이나 밑을 보게 하기도 하는데 정확하지 못한 동작이다.

42) "압기주 앙기완(壓其肘 仰其腕)"은 위에서 말한 "압주앙완(壓肘仰腕)"과 같다.

43) 이 부분은 이 글이 왕거의 《사경》의 원문 그대로가 아니라는 증거이다.

다.” 한다. 화살을 내보낼 때 윗고자는 과녁을 향해 앞으로 쓰러뜨리고 뒤 팔은 팔꿈치를 밑을 보게 하면서 손바닥과 손목이 위를 보도록 펴 준다. 가슴이 앞으로 튀어나오거나 등이 뒤로 젖혀지는 것은 모두 활쏘기에 있어 깊은 병이다.

Ⅳ. 보사병색(步射病色)[44]

開弓勘手 謂前手太高 後手低 不平

활을 벌렸을 때 ‘감수(勘手)’[45]란 앞 팔은 너무 높고 뒤 팔은 너무 낮아 두 팔이 수평을 이루지 못하는 것을 말한다.

開弓提手 謂前手太低 後手太高

활을 벌렸을 때 ‘제수(提手)’란 앞 팔은 너무 낮고 뒤 팔은 너무 높은 것을 말한다.[46]

開弓偃弰 謂身直頭偃 前手腕仰

활을 벌렸을 때 ‘언소(偃弰)’란 몸은 똑바로 세웠어도 머리가 옆으로 기울고 앞손 손목(의 손바닥 쪽)이 위를 향한 것을 말한다.[47]

兩摘[48] 謂不一發用力[49]及前後 分解不齊

---

44) 진원정의 ≪사람광기≫에는 ‘步射病色’이란 제목에 “前漢將軍李廣校訂”이란 주(註)가 있다. 이 항은 원래 전한(前漢) 이광(李廣) 장군의 말이라는 것이다.

45) 저본(底本)에는 ‘勘手’로 되어 있으나 ‘勘’이란 교정한다는 뜻으로 문맥이 통하지 않는다. 다음 항은 뒤 팔을 너무 올리는 자세를 말하므로 ‘提手’라고 한 것을 보면 이 항은 뒤 팔을 너무 낮추는 자세로 ‘斟手’라고 하는 것이 적절할 것이다.

46) 원문의 ‘開弓提手’에서 ‘提’는 들어 올리는 동작을 말하는 글자로서 뒤 팔을 너무 들어 올리는 자세이므로 ‘提手’라고 한 것으로 보인다.

47) ≪조선의 궁술≫이 말한 소위 붕어죽을 말한 것으로 보인다. 손목의 손바닥 쪽이 위를 향하면 윗고자가 (우궁의 경우 왼쪽으로, 좌궁의 경우 오른쪽으로) 넘어지기 쉽다. 언소(偃弰)란 고자가 넘어져 기울어졌다는 의미이다.

48) 저본(底本)에 ‘的摘’으로 되어 있으나 ‘兩摘’의 오기(誤記)로 보고 고쳤다. 진원정의 ≪사림광기≫, 당순지의 ≪무편≫이나 모원의의 ≪무비지≫ 등에 모두 ‘兩摘’으로 인용되어 있다.

49) 저본(底本)을 포함해서 여타의 본에 모두 “謂不發用力”으로 되어 있으나 진원정의 ≪사림광기≫에는 “謂不一發用力”으로 되어 있다. 후자가 보다 문맥이 잘 통하므로 후자와 같이 고쳤다.

‘양적(兩摘)’이란 (화살을 내보낼 때) 앞뒤 두 손이 한동작으로 같은 힘을 쓰지 못하는 것을 말한다.50)

斫弦 謂遣箭 分弓實握 不轉腕 微鬆手 轉弝

‘작현(斫弦)’이란 화살을 내보내고 윗고자를 앞으로 쓰러뜨릴 때 줌손이 줌통을 너무 꽉 쥐고 있어 손목을 돌려주지 못하는 것을 말한다. 줌손 호구를 약간 풀어서 줌통을 돌려주어야 한다.51)

脫弝52) 謂手太鬆 倒提手 弝不轉

‘탈파(脫弝)’란 줌손이 너무 느슨해서 줌손을 앞으로 쓰러뜨리기는 했지만 줌통을 돌려 주지는 못하는 것을 말한다.53)

鑼弰54) 弰子大 二件 謂下弰傳右胛55)

‘발소(鑼弰)’ 또는 ‘소자대(弰子大)’란 아랫고자가 오른쪽 어깨 쪽으로 올라오는 것을 말한다.56)

後手約 謂手側 不仰腕

---

50) ‘兩摘’에서 ‘摘’은 시위에서 손을 떼는 동작, 즉 발시 동작을 말하는 글자로서 발시 동작에서 두 손이 하나와 같이 힘을 쓰지 못하고 따로 힘을 쓰기 때문에 ‘兩摘’이라고 한 것으로 보인다.

51) 앞서 「보사총법」에서는 화살을 내보낼 때 줌손 호구를 풀고 무명지와 새끼손가락으로 줌통을 돌리면서 옆으로 눕혀 주면 윗고자가 화살을 좇아서 과녁을 향한다고 했다. 앞의 ‘그림 6’과 같이 손목과 줌통을 돌려 시위가 밑을 향해야 하는데 줌손이 너무 경직되어 손목과 줌통을 돌려 주지 못한 경우를 말한 것으로 보인다. 작(斫)이란 무엇을 찍어서 끊는 동작을 의미하는 글자이다. 작현(斫弦)은 뒷손으로만 시위를 끊어 내듯 발시 동작을 취한다는 말로 보인다.

52) 저본(底本)과 진원정의 ≪사림광기≫에는 ‘脫弝’로 되어 있으나 당순지의 ≪무편≫과 모원의의 ≪무비지≫에 ‘肥弝’로 되어 있다. ‘肥’가 오기(誤記)일 것이다.

53) 앞에서 말한 작현(斫弦)의 경우와는 달리 앞손이 너무 느슨해서 윗고자를 앞으로 쓰러뜨리기는 했지만 줌통을 함께 돌려 주지 못해서 시위가 밑으로 가지 못한 경우를 말한 것으로 보인다. 줌손이 줌통과 분리되어 따로 움직였다는 의미에서 탈파(脫弝)라고 한 것으로 보인다.

54) 저본(底本)을 포함해서 여타의 본에 모두 ‘剗弰’로 되어 있으나 진원정의 ≪사림광기≫에는 ‘鑼弰’로 되어 있다. ‘剗’과 ‘鑼’은 같은 의미의 글자이다.

55) 저본(底本)과 진원정의 ≪사림광기≫에는 ‘右胛’으로 되어 있으나 당순지의 ≪무편≫과 모원의의 ≪무비지≫에는 ‘二胛’으로 인용되어 있다. ‘二’는 ‘右’의 오기(誤記)일 것으로 보인다.

56) 발시 후 왼쪽 겨드랑이 아래로 와야 할 아랫고자가 오른쪽 어깨 쪽으로 올라오는 것을 말한 것으로 보인다. 발(鑼)은 낫질을 뜻하는 글자로 발소(鑼弰)나 소자대(弰子大)란 이름은 아랫고자가 오른쪽 어깨까지 올라오는 동작이 낫질하듯이 큰 동작이기 때문에 붙여진 이름일 것으로 보인다.

뒷손에서 '약(約)'은 뒷손이 기울어져 손목(의 손바닥 쪽)이 위를 보지 못하는 것을 말한다.[57]

後手小 謂斂定手 不放平[58]
뒷손에서 '소(小)'는 뒷손을 오므린 채 펴지 못한 것을 말한다.[59]

後水偃 後手捲 二件 謂遣箭 不直 硬腕 搦弦列手[60]
뒷손에서 '언(偃)' 또는 '권(捲)'은 화살을 내보낼 때 뒷손을 수평이 되도록 펴지 못한 것을 말한다.[61] 손목이 경직되어서 손이 제대로 펴지지 못하는 것이다.

Ⅴ. 전후수법(前後手法)[62]

宋盧宗邁太尉釋
송나라 노종매 태위는 다음과 같이 해설했다.

搬 說文云 側手擊物曰搬 謂當後手如擊物之狀 令臂與肩一般平直 是也
'살(搬)'을 ≪설문(說文)≫[63]에서는 손을 뒤집어 무엇을 때리는 것이라고 했다. 뒷손이 무엇을 때리는 것 같은 모습을 말한다. 뒷손을 어깨 높이로 뒤로 내뻗는 동작이 바로 그것이다.

---

57) 뒤 팔이 뒤로 펴지기는 했지만 손바닥이 위를 보지 못하고 옆을 보는 것을 말한 것으로 보인다.

58) 저본(底本)에는 '不放手'로 되어 있으나 여타의 본에 모두 '不放平'으로 인용되어 있다. 모두 같은 의미이지만 '手'보다 '平'으로 하는 것이 의미가 보다 명확하므로 '平'으로 고쳤다.

59) 손바닥을 오므린 채 전혀 펴지 못하는 것을 말한 것으로 보인다.

60) 저본(底本)을 포함한 여타 본에는 "謂遣箭不直硬 或剪弦列手"로 되어 있으나 진원정의 ≪사림광기≫에는 "謂遣箭不直 硬腕 搦弦列手"로 되어 있다. 해석이 가능한 후자와 같이 고쳤다.

61) '언(偃)'은 기울인다는 뜻이고 '권(捲)'은 이곳에서는 구부린다는 뜻이다. 뒷손을 펴기는 했어도 완전히 수평으로 펴 주지 못하고 엉거주춤하게 펴는 것을 말하는 것으로 보인다.

62) 저본(底本)과 진원정의 ≪사림광기≫에는 '전후수법(前後手法)'으로 되어 있으나 증공량의 ≪무편≫과 모원의의 ≪무비지≫에는 '수후수법(修後手法)'으로 되어 있다. 내용상 전자가 타당하다. 한편 서두에서 이 부분이 송나라 노종매 태위의 말이라고 한 것을 보면 이 글 전체가 왕거(王琚)의 글은 아니고 후대의 보정판(補正版) 이라는 증거이다.

63) 동한(東漢) 허신(許愼)이 편찬한 ≪설문해자(說文解字)≫의 약칭.

挩 說文云 挩拗也 謂以前手推弣 後手控弦 如用力拗挩之狀

‘렬(挩)’을 ≪설문(說文)≫에서는 비트는 것이라 했다. 앞손으로는 줌통을 밀고 뒷손으로는 시위를 당기는 모습이 무엇을 힘껏 비트는 것 같음을 말한다.[64]

劈[65] 說文云 劈斷也 謂當以後手摘弦 如劈斷之狀 翻手向後 仰掌向上 令見掌紋 是也

‘절(劈)’을 ≪설문(說文)≫에서는 자르는 것이라고 했다. 깍지손을 시위에서 떼어 내는 모습이 무엇을 자르는 것 같음을 말한다. 손바닥을 뒤집어 뒤로 뻗으면서 하늘을 향하게 해서 손금이 보이게 하는 것이 바로 그것이다.

搉 說文云 搉擲也 卽當以前手點弣 如擲物之狀 令上弰指的 下弰低[66]胛骨下也

‘질(搉)’은 ≪설문(說文)≫에서는 던지는 것이라고 했다. 줌손으로 윗고자를 앞으로 쓰러뜨리는 모습이 마치 무엇을 던지는 것같이 윗고자는 과녁을 가리키게 하고 아랫고자는 왼쪽 겨드랑이 밑으로 끌어당기는 것을 말한다.

Ⅵ. 마사총법(馬射總法)

勢如追風 目如流電 滿開弓 緊放箭 目勿瞬視 身勿倨坐 不失其馳 舍矢如破

기세는 바람을 몰고 가듯이 하고 눈빛은 번개가 흐르듯이 하라. 활을 가득 벌리면 지체 없이 화살을 내보내라. 눈을 깜박이지 말라. 편안한 자세로 앉아 있지 말라. 달리던 속도를 늦추지 말고 목표물을 부술 기세로 화살을 내보내라.[67]

---

64) 흔히 말하는 줌통과 시위를 짜 주는 동작과는 무관하다.

65) 후일의 사법서에서는 ‘절(劈)’을 ‘절(擘)’로 표기한다. 앞의 각주 18 및 32 참고.

66) 앞의 각주 38 참고.

67) 원문의 “부실기치 사시여파(不失其馳 舍矢如破)”는 ≪시경(詩經)≫, 〈소아(小雅)〉 편에 있는 「차마(車馬)」란 시의 한 구절이다. “전차(戰車) 모는 속도를 늦추지 않고 달리며 활을 쏘니 모두 표적을 부수듯이 명중시킨다.”는 뜻이다.

Ⅶ. 활 쏘는 순서[68]

1. 지궁심고(持弓審固)〈활을 벌려 버티며 조준해서 자세를 굳힌다〉

左手垂下 微曲大指羈弝 第二第三指着力把弓箭 餘指斜籠 下弰指左脚面 曲
右手當心 右臂貼肋 以大指第二第三指於節上 四指絃戻捉弰[69] 箭筈與手齊

  왼손은 아래로 내리고 엄지를 약간 구부려 줌통을 감싸고 검지와 중지에 힘
을 주어 활과 화살을 쥐며[70] 나머지 손가락은 가볍게 갈고리와 같이 구부린다.
아랫고자는 왼발을 향하게 하고[71] 오른손은 구부려서 시위의 절피 높이에 두고
팔을 옆구리에 붙이며 엄지와 검지 및 중지를 절(節)[72] 위에 대고 무명지는 시
위를 쓸고 올라가 윗고자에 댄다. 이때 오늬의 높이와 왼손의 높이가 같다.[73]

  訣曰 持弓審固事須知 垜在南時面向西 右手捉弓 左當弝 仍令箭筈兩相齊
  활노래[74]에서는 "활을 벌려 버티며 정신을 집중하고 자세를 고정시켜야 한다.
과녁이 남쪽에 있으면 얼굴은 서쪽을 향한다. 오른손을 활에 대고 왼손으로 줌
통을 쥐지만 화살 오늬는 여전히 (왼손과) 나란히 있게 한다."고 했다.

---

68) 이 제목은 원문에 없으나 내용 이해에 도움을 주기 위해 필자가 붙인 것이다.

69) 저본(底本)에는 "사지현측제소(四指絃戻提弰)"로 되어 있으나 이 항의 가결(歌訣), 즉 활노래 중 "우수착궁좌
당파(右手捉弓左當弝)"란 구절과 조화를 이루도록 '제(提)'를 '착(捉)'으로 바꾸었다. 이 부분이 당순지의 ≪무
편≫에는 "사지현측촉소(四指絃戻促弰)"로 모원의의 ≪무비지≫에는 "사지현리촉소(四指絃裏促弰)"로, 진
원정의 ≪사림광기≫에는 "사지현측착소(四指弦戻捉弰)"로 각각 약간씩 달리 인용되어 있다. '촉(促)'과 '착
(捉)'은 같은 의미로 사용되기도 하는 글자다.

70) 뒤의 말우취전(抹羽取箭) 항을 보면 화살을 줌손 중지로 잡았을 것으로 보인다. 이때 활과 함께 줌손에 쥔 화
살은 하나이고 나머지 화살은 전통(箭桶)이나 허리춤에 있었을 것으로 생각된다.

71) 활은 세워져 있고 왼쪽 어깨와 옆구리가 과녁을 향하고 두 발은 '二' 자로 나란히 놓인 자세에서의 동작일 것
으로 보인다.

72) 활의 구조를 보면 나무뼈대에서 줌통이 붙을 위치에는 줌통의 길이보다 약간 긴 얇은 나무를 덧댄다. 이를 덧
나무라고 하며 한자로는 절(節), 부(柎) 또는 녀(帤)라고 한다. 그러나 이곳의 원문에서 말한 절(節)은 문맥상
활대와 시위가 만나는 부분인 도고지쯤을 말한 것으로 보인다.

73) 뒤의 말우취전(抹羽取箭) 항에서 "왼발을 들어서 과녁 쪽으로 옮길 때 오른손 손가락들을 모아서 윗고자로부
터 줌통 쪽으로 손을 낮춘 다음에 검지를 화살에 대고 중지로 가볍게 화살을 건드려" 본다고 했다.

74) 가결(歌訣)이라고 하며 암기하기 쉬운 노래 형식으로 여러 가지 사법을 설명한 것으로서 순간적인 동작이나 기
술을 상징적으로 표현하고 있다. 앞의 제4장에서 소개한 "뒷손을 시위에서 떼는 것을 앞손이 모른다(後手發矢
前手不知)."는 유향(劉向)의 ≪열녀전(烈女傳)≫ 구절은 지금껏 알려져 있는 가장 오래된 가결이라고 말할 수
있다.

2. 거파누현(擧弣搜弦)[75]〈줌통을 들어 올리고 시위를 슬쩍 당긴다〉

欽身微曲 注目視的 左手輪指坐腕 把[76]弓箭如懷中吐月之勢 續以右手[77]第
二指與第三指靠心 斜入撥弦 令弓上傳著右肩 然後擧左脚三移步 以取箭

몸의 자세를 약간 구부리고 과녁을 주목한다. 왼손 손가락을 감아쥐고 손목을
낮추어 가슴에서 달을 토해 내는 형세로 활과 화살을 쥔다. 이어서 오른손 검지
와 중지를 시위 절피에 대고 앞으로 넣어 시위를 슬쩍 당겨 윗고자가 오른쪽
어깨 앞에 오게 한 후 왼발을 들어 과녁 쪽으로 세 발폭만큼 옮기면서[78] 화살
을 뽑는다.[79]

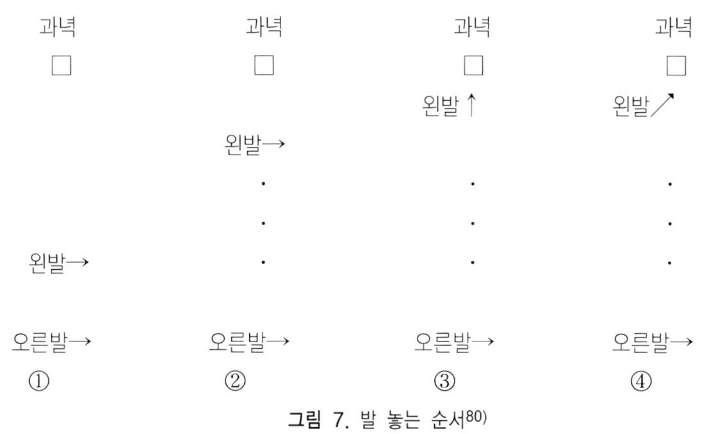

그림 7. 발 놓는 순서[80]

訣曰 擧弣撥弦 橫從脚 輪指坐腕 身[81]微欽 上弰斜傳右肩膊 左手持弣橫對心

---

75) 저본(底本)과 진원정의 ≪사림광기≫에는 거파안현(擧弣按弦)으로 되어 있으나 명나라 증공량의 ≪무편≫ 및
　　모원의의 ≪무비지≫에는 거파누현(擧弣搜弦)으로 되어 있어 이에 따랐다.

76) 저본(底本)에는 '弝'로 되어 있으나 '把'의 오기(誤記)로 보고 고쳤다. 앞항에도 '把弓箭'이란 구절이 있기 때
　　문이다.

77) 저본(底本)에 '좌수(左手)'로 되어 있으나 '우수(右手)'의 오기(誤記)로 보았다.

78) 중국 사법에서 활 쏠 때의 전형적인 발의 자세. 즉 비정비팔(非丁非八)의 자세는 이 말과 더불어 뒤의 당심입
　　괄(當心入筈) 항 중간에 있는 "왼쪽 발끝을 과녁 쪽으로 돌리고 발꿈치를 약간 (왼쪽으로) 내민다. 오른발은 과
　　녁과 바로 평행이 되게 횡으로 놓고 신발과 버선이 과녁을 마주 보게 한다(左脚尖指垛 脚跟微出 右脚橫 直
　　鞋襪對垛)."는 구절을 함께 보면 알 수 있다.

79) 왼손으로 활과 함께 쥐고 있던 화살을 오른손으로 뽑는다는 말이다.

80) 앞의 '보사총법' 및 뒤의 '당심입괄'과 이곳의 말을 종합해서 구성한 도해(圖解)이다. 화살표는 발끝 방향을 말
　　하고 점 하나가 한 발폭을 의미한다.

81) 저본(底本)과 진원정의 ≪사림광기≫에 '신(身)'으로 되어 있다. 증공량의 ≪무편≫ 및 모원의의 ≪무비지≫
　　에는 '수(手)'로 되어 있으나 오기(誤記)일 것이다.

활노래에서는 "줌통을 들어 올리고 시위를 슬쩍 당긴다. 앞발은 종으로 뒷발
은 횡으로 놓는다. (왼손은) 손가락을 구부리고 손목을 낮춘다. 몸은 약간 구부
리고 윗고자를 슬쩍 오른쪽 어깨 앞으로 당긴다. 왼손으로 줌통 중심을 쥔다."
고 했다.

3. 말우취전(抹羽取箭)〈깃을 더듬어 본 후 화살을 뽑는다〉

以左手三指承[82]下緊 抵前 四指五指鉤 落上箭[83] 先擧左[84]脚 隨步 合左手
指弰抵弝[85] 以二指按箭 三指斜擗箭 四指五指向裏斜鉤 左手二指三指羈靽 掣
箭至鏃

(화살을 쥐었던) 왼손의 중지를 그 아래의 무명지에 바짝 붙이고 왼손을 앞으
로 내민 다음에[86] 무명지와 새끼손가락은 갈고리같이 구부리고 그 위에 화살을
올린다.[87] 왼발을 들어 과녁 쪽으로 옮기면서 왼손 손가락의 끝마디들을[88] 모
아서 줌통을 꼭 쥔 후에 (오른손의) 검지를 화살에 대고 중지로 가볍게 화살을
건드려 보는데 이때 (오른손) 무명지와 새끼손가락은 손바닥 안으로 가볍게 구
부려 넣는다. 왼손의 중지와 검지로 화살대를 감싸 쥔 채 화살을 촉까지 끌어당
겨 본다.[89]

訣曰 前當弓弝一般齊 三實兩虛 勢漸離 小指取箭羈緊鏃 抹羽入弦無暫遲

활노래에서는 "앞손은 줌통과 나란하게 둔다. (왼손의) 하삼지(下三指)는 차차
조여 주고 엄지와 검지는 차차 느슨히 풀어 주면서 새끼손가락으로는 화살촉을

---

82) 저본(底本)을 포함해서 여타 본에 모두 '丞'으로 되어 있고 명나라 모원의의 ≪무비지≫에는 '承'으로 되어 있
    다. 어느 글자를 쓰건 의미는 같지만 의미가 보다 분명한 '承'으로 고쳤다.

83) 저본(底本)과 진원정의 ≪사림광기≫에는 '낙상농(落上籠)'으로 되어 있으나 명나라 증공량의 ≪무편≫과 모
    원의의 ≪무비지≫에는 '낙상전(落上箭)'으로 고쳐져 있어 이에 따랐다.

84) 저본(底本)에는 '右'로 되어 있으나 문맥상 '左'의 오기(誤記)로 보여 고쳤다. 앞의 거파누현(擧弝搂弦) 항에
    "擧左脚三移步"라는 구절이 있기 때문이다.

85) 저본(底本)과 진원정의 ≪사림광기≫에는 "합좌수지소저파(合左手指弰抵弝)"로 되어 있고, 명나라 증공량의
    ≪무편≫과 모원의의 ≪무비지≫에는 "합우수지소저파(合右手指弰低弝)"로 되어 있다. 오른손으로 이미 화
    살을 뽑은 다음의 동작을 말하므로 전자대로 해야 문맥이 분명해진다.

86) 손가락을 펴서 손끝을 앞으로 내민다는 말이 아니라 구부린 채로 앞으로 내민다는 말일 것이다.

87) 중지 위에 화살을 올려놓는다는 말로 보인다.

88) 원문의 소(弰)를 활의 고자가 아니라 손가락의 끝마디를 말하는 것으로 보았다.

89) 아직 오늬를 시위에 끼워 넣지 않은 상태이므로 시위를 당기는 것이 아니라 화살만 끌어당기는 동작을 말한다.

단단하게 감싸 쥔다.[90] (오른손으로) 깃을 더듬어 보고 오늬를 시위에 끼워 넣
을 때 서두르거나 머뭇거리면 안 된다.”고 했다.

4. 당심입괄(當心入筈)〈화살 오늬를 절피에 끼워 넣는다〉

右手第二指緊控箭筈 大指捻筈 當心 前手就後手 挼絭入弦 左脚尖指垛 脚
跟微出 右脚橫 直鞋襪對垛 淺坐箭筈 左手第二第三指坐腕鞲前 雙眼斜覷的

오른손 검지로 오늬를 잘 받쳐 주면서 엄지로 오늬를 밀어서 시위 절피까지
가게 함과 동시에 왼손과 오른손을 함께 사용해 오늬를 시위에 끼운다. 이때 왼
쪽 발끝을 과녁 쪽으로 돌리고 발꿈치를 약간 (왼쪽으로) 내민다. 오른발은 과
녁과 바로 평행이 되게 횡으로 놓고 신발과 버선이 과녁을 마주 보게 한다. 오
늬를 시위에 가볍게 끼웠으면 왼손 손목을 낮추고 검지와 중지로 줌통 앞을 감
싸 쥔 채 두 눈으로 슬쩍 과녁을 노려본다.

訣曰 右手二指抱箭筈 兩手相迎穩入弦 捻筈當心 斜覷帖 緊膨兩膝直如衡

활노래에서는 “오른손의 검지로 오늬를 받치고 두 손을 모으면서 조용히 오
늬를 시위에 끼운다. 오늬를 시위 절피에 끼웠으면 슬쩍 과녁을 노려본다. 두
무릎에 팽팽하게 힘을 주어 (두 다리를) 저울대같이 편다.”고 했다.

5. 포박견현(鋪膊牽弦)〈어깨를 눌러 펴며 시위를 당긴다〉[91]

輪指把弝 推出前手 微合上弰 兩臂稍[92]曲 不可展盡 左手輪指空 第二指過弓
弝節上 大指面緊著弓弝 屈起指節 餘指實屈 鋪下前膊 左右脚膝著力 同入筈法

줌통을 감아쥐고 왼손을 앞으로 내밀 때 윗고자를 약간 오른쪽으로 기울이되
두 팔은 약간 구부리며 완전히 펴지는 않는다. 줌통을 감아쥔 손가락들은 힘을
빼고 검지는 줌통 위에 놓는다.[93] 엄지는 바닥면[94]을 줌통에 밀착시키고 손가락

---

90) 아직 시위에 오늬를 끼워 넣지 않고 촉이 줌통에 오도록 당긴 화살의 촉을 앞손 새끼손가락으로 감싸 쥐는 동
작이다.

91) 내용상으로는 앞 어깨를 눌러 내려서 펴며 시위를 당기기 시작한다는 말이다.

92) 저본(底本)과 진원정의 ≪사림광기≫에는 ‘현(弦)’으로 되어 있고 증공량의 ≪무편≫에는 ‘소(弰)’로 되어 있
고 모원의의 ≪무비지≫에는 ‘초(稍)’로 되어 있다. ‘현(弦)’과 ‘초(稍)’는 문맥상 유사한 의미이나 뒤의 가결
(歌訣)에 “양비초곡(兩臂稍曲)”이란 구절이 있으므로 ‘초(稍)’로 했다. ‘소(弰)’는 문맥이 통하지 않는다.

은 편다. 나머지 손가락은 꼭 감아서 쥔다. 앞 어깨는 아래로 눌러 내려서 편다. 이때 두 다리와 무릎에 힘을 주는 것은 오늬를 시위에 밀어 넣을 때부터 같다.

訣曰 前膊[95]鋪[96]下 若推山 右指[97]彎弓 緊扣弦 兩臂稍曲 不展盡 文牽 須用緩投肩

활노래에서는 "왼쪽 어깨를 산을 내리누르듯 아래로 내리누르고 오른손 손가락으로 활을 벌릴 때 시위를 꼭 붙든다. 이때 두 팔을 약간 구부리고 완전히 펴지는 않는다. 부드럽게 시위를 당기려면 두 어깨를 서서히 벌려야 한다."고 했다.

6. 흠신개궁(欽身開弓)〈몸을 약간 앞으로 기울이며 활을 벌린다〉

以右手第二指知[98]箭 彄外覷帖 側手引箭至鏃 大指靠定血盆骨爲進 凡鏃與彄齊爲滿 半彄之間爲貫盈 貫盈信美 雖有及者 大抵脅勒脚膝著力 亦同入筈法

오른손 검지로 화살을 확인하고 줌통 밖으로 과녁을 노려보면서 오른손을 기울인 채[99] 화살촉을 줌통까지 당긴다. (오른손) 엄지가 턱뼈에 닿으면 화살이 들어왔다고 한다. 화살촉이 줌통과 나란히 되도록 화살을 당겼을 때를 만(滿)이라 하고 화살촉의 끝이 줌통의 중간까지 들어오도록 화살을 당겼을 때를 관영(貫盈)[100]이라고 한다. 관영은 참으로 웅장한 모습이다. 이때도 늑

---

93) 활은 나무뼈대에서 줌통이 붙을 위치에 줌통의 길이보다 약간 긴 얇은 나무를 덧댄다. 이를 덧나무라고 하며 한자로는 절(節), 부(柎) 또는 녀(籹)라고 한다. 검지가 이곳을 지나게 한다는 말은 검지의 위치를 줌통 위에 둔다는 말이다.

94) 엄지의 뿌리 마디가 있는 면을 말한다. 우리말로는 반바닥이라고 한다.

95) 저본(底本)에는 '각(脚)'으로 되어 있으나 '박(膊)'의 오기(誤記)로 보고 고쳤다. 앞 구절에 "포하전박(鋪下前膊)"이란 구절이 있기 때문이다.

96) 저본(底本)과 진원정의 ≪사림광기≫에는 '포(鋪)'로 되어 있으나 증공량의 ≪무편≫과 모원의의 ≪무비지≫에는 뒤에 이어진 '약추산(若推山)'에 맞추어 '추(推)'로 교정되어 있다. 그러나 어느 글자로 하건 의미는 동일할 것으로 보인다.

97) 저본(底本)과 진원정의 ≪사림광기≫에는 '지(指)'로 되어 있으나 증공량의 ≪무편≫과 모원의의 ≪무비지≫에는 '수(手)'로 교정되어 있다.

98) 저본(底本)과 진원정의 ≪사림광기≫에는 '취(取)'로 되어 있으나 증공량의 ≪무편≫과 모원의의 ≪무비지≫에는 '지(知)'로 되어 있다. 후자가 문맥이 통한다.

99) ≪조선의 궁술≫에서 말한 깍지손을 짜주는 동작과는 다르다. ≪조선의 궁술≫에서는 우궁의 경우 깍지손을 시계반대 방향으로 돌려 손등이 위를 보게 하는 것을 깍지손을 짜준다고 하는데 이런 동작은 화살을 땅에 떨어뜨리지 않는 데도 도움이 되지만 화살이 (우궁의 경우) 왼쪽으로 쏠리는 것을 방지해 주기도 하는 동작이며 이렇게 깍지손을 짜주면 화살은 힘 있게 멀리 날아간다.

100) 앞의 '총결(總訣)'에서는 영관(盈貫)이라고 했다.

골과 두 다리와 두 무릎에 힘을 주는 것은 오늬를 시위에 밀어 넣을 때와
같다.

訣曰 開弓發矢 要欽身 弝[101]外分明認帖眞 前肘[102]上翻 雙膊聳 脅勒脚膝
力須勻

활노래에서는 "활을 벌려 화살을 내보내려면 먼저 몸을 앞으로 약간 기울이
고 줌통 밖으로 조준점을 분명히 보아야 한다. 팔꿈치를 위를 보게 엎으면서 두
팔뚝을 모두 위로 올린다. 늑골과 두 다리와 두 무릎에는 고루 힘을 가해야 한
다."고 했다.

7. 극력견전(極力遣箭)〈있는 힘껏 화살을 내보낸다〉

竦腰出弰 上弰畫地 下弰傳左膊[103] 後手仰腕 極力搴[104]後肘過肋 掎[105]後
手向後 前手猛分 虎口著力 向下急捺 轉腕 以第四第五指緊鉤弓弝 兩肩凸出
則箭力倍勁

(화살을 내보낼 때는) 허리를 곧게 세운 다음에[106] 윗고자를 앞으로 쓰러
뜨려야 하고 아랫고자는 왼쪽 겨드랑이 아래로 끌어당겨야 한다. 이때 뒷손
은 손목(의 손바닥 쪽)이 위를 향하도록 뒤 팔꿈치와 늑골을 지나면서 있는
힘껏 뒤로 뽑아낸다. 앞손은 호구(虎口)에 힘을 가해 (줌통을) 돌려 눕히면
서 손목을 돌려 준다.[107] 이때 무명지와 새끼손가락으로 줌통을 단단히 감

---

101) 모로하시 데스지(諸橋轍次), 《대한화사전(大漢和辭典)》[동경, 대수관서점(大修館書店), 소화 31년(1956)],
     권6, 630쪽의 '欽' 항은 '弝'를 '弛'로 인용하고 있다.

102) 저본(底本)과 진원정의 《사림광기》에 '전주(前肘)'로 되어 있으나 증공량의 《무편》과 모원의의 《무비
     지》에는 '주(肘)'로 되어 있다.

103) 원문에는 "上弰畫地 下弰傳右膊"으로 되어 있다. 이 구절은 앞의 보사총법(步射總法) 중의 "上弰可隨矢
     直指的 下弰可低胛骨下"나 전후수법(前後手法) 항의 "上弰指的 下弰低胛骨下"란 구절과 같은 의미일
     것이다. 따라서 원문의 뒷부분은 "下弰傳左膊"으로 고쳐 읽어야 할 것이다. 앞의 「보사병색(步射病色)」에서
     "화살을 내보낼 때 아랫고자가 오른쪽 어깨 쪽으로 오는 것(下弰傳右胛)"을 '발소(鏺弰)' 또는 '소자대(弰子
     大)'라 하여 병으로 보았기 때문이다.

104) 저본(底本)에는 '九' 받침에 '卓'을 쓴 글자로 되어 있지만 '건(搴)'과 통용된다.

105) 저본(底本)과 진원정의 《사림광기》에는 '아(猗)'로 되어 있으나 명나라 증공량의 《무편》 및 모원의의 《무
     비지》에는 '기(掎)'로 교정되어 있다. 후자로 보아야 문맥이 통한다.

106) 앞의 거파누현(擧弝搵弦) 단계로부터 몸을 약간 앞으로 구부리고 있었다.

107) (줌통을) 돌려 눕히는 것은 윗고자를 앞으로 쓰러뜨리는 동작이며 손목을 돌려 주는 것은 시위가 아래로 향하
     게 하기 위한 동작이다. 앞의 232쪽 '그림 6' 참고.

아쥐고 있어야 한다. 두 어깨가 완전히 펴지면[108] 화살은 배로 힘차게 날아
간다.

訣曰 弰去猶如搦斷弝[109] 箭發應同撚[110]折弦 前弰盡鞋後靠脊 極力遣出猶
自然

활노래에서는 "윗고자를 과녁 쪽으로 쓰러뜨리는 모습은 줌통을 앞손으로 잡
아 부러뜨리는 것 같고 화살을 내보내는 모습은 시위를 뒷손으로 비벼서 끊어
버리는 것 같다. 윗고자는 왼발 앞쪽으로 쓰러지고 아랫고자는 등뼈 쪽에 붙는
다. 힘껏 화살을 내보내는 모습이 아주 자연스럽다."고 했다.

8. 권현입소(捲[111]弦入弰)〈시위를 돌려서 윗고자를 거두어들인다〉[112]

後箭前[113] 兩手相迎 直右手過胸 曲左手捲弦 以右手二指[114]取箭 前脚跟著
地[115] 聳身稍斂 雙眼覰帖 曲右手貼[116]肘 以右手第二第三指[117]側手羈鞲[118]
直右手上臂 仰腕過胸取箭

---

108) 원문의 "양견철출(兩肩凸出)"은 "두 어깨가 튀어나오면"이라는 말이지만 의미가 통하지 않으므로 활쏘기의
　　 일반이론에 따라 임의로 내용을 수정했다.

109) 저본(底本)과 여타 본에는 모두 '파(弝)'로 되어 있으나 진원정의 ≪사림광기≫에는 '파(把)'로 되어 있다. 후
　　 자가 오기(誤記)로 보인다.

110) 저본(底本)과 여타 본에는 모두 '연(撚)'으로 되어 있으나 진원정의 ≪사림광기≫에는 '염(捻)'으로 되어 있
　　 다. 후자가 오기(誤記)로 보인다.

111) 저본(底本)과 여타 본에는 모두 '권(捲)'으로 되어 있으나 진원정의 ≪사림광기≫에는 '권(卷)'으로 되어 있
　　 다. 후자가 오기(誤記)로 보인다.

112) 다음 화살을 쏘기 위한 자세로 돌아가는 동작을 말함.

113) 저본(底本)과 진원정의 ≪사림광기≫에는 '後箭'으로 되어 있고 명나라 증공량의 ≪무편≫에는 '後箭前'으
　　 로 되어 있으며 모원의의 ≪무비지≫에는 '後前'으로 되어 있다. '後箭前'으로 보아야 문맥이 가장 잘 통한다.

114) 저본(底本)과 진원정의 ≪사림광기≫에는 "以右第二指"로 되어 있고 명나라 증공량의 ≪무편≫ 및 모원의
　　 의 ≪무비지≫에는 "以左手第二指"으로 되어 있다. 양자 모두 문맥이 통하지 않으며 '以右手二指'로 보아
　　 야 의미가 분명해진다.

115) 저본(底本)에는 "前脚跟着地"로 되어 있고 진원정의 ≪사림광기≫에는 "前脚跟著地"로 되어 있고 명나라
　　 증공량의 ≪무편≫ 및 모원의의 ≪무비지≫에는 '前脚跟'으로만 되어 있다. "前脚跟着地"로 보아야 문맥
　　 이 통한다.

116) 저본(底本)과 진원정의 ≪사림광기≫에 '첩(貼)'으로 되어 있고 명나라 증공량의 ≪무편≫ 및 모원의의 ≪무
　　 비지≫에는 '첩(帖)'으로 되어 있으나 의미는 같다.

117) 어느 저본(底本)이건 '左手'로 되어 있으나 '우수'로 보아야 의미가 분명해진다.

118) 저본(底本)에는 '羈幹'으로 되어 있고 명나라 증공량의 ≪무편≫ 및 모원의의 ≪무비지≫에는 '羈鞲'으로
　　 되어 있으나 진원정의 ≪사림광기≫에는 '羈'로만 되어 있다. '羈幹'으로 보아야 의미가 분명해진다.

다음 화살을 쏘기 전 먼저 두 손을 모으는데 오른팔을 펴서 가슴 앞으로 가져오고 왼팔을 구부려 시위를 돌려서 윗고자를 거두어들인다. 다음은 오른손 (엄지와 검지) 두 손가락으로 화살을 뽑는다. 이때 앞발 발꿈치에 체중을 두고 몸을 일으켰다가 약간 구부리고 두 눈으로 과녁을 슬쩍 노려본 후 오른팔을 구부려 팔꿈치를 접고 오른손을 기울여 검지와 중지로 화살대를 쥐고 오른팔의 위 팔뚝을 펴면서 손목이 위를 보고 가슴을 지나면서 화살을 뽑는다.

訣曰 右指羈箭當胸出 左手捲119)弦弰靠肩 箭已中時 無動手 抹羽入筈法如前

활노래에서는 "오른손 손가락으로 화살을 쥐고 가슴 앞으로 뺄 때 왼손은 시위를 돌려서 윗고자를 (오른쪽) 어깨 쪽으로 보낸다. (그렇지만 먼저 쏜) 화살이 과녁에 꽂힐 때까지는 손을 움직이지 않는다."고 했다. 깃을 더듬어 본 후 화살을 뽑는 법이나 화살 오늬를 절피에 끼워 넣는 법은 앞서 말한 바와 같다.

Ⅷ. 궁유육선(弓有六善)120)

一者往121)體少而勁 二者太和而有力 三者久射力不屈 四者寒暑力一 五者弦聲淸實 六者張便正

좋은 활은 첫째, 왕체(往體), 즉 시위를 당기기 전 시위와 활대의 간격이 작고122) 탄력은 강해야 한다. 둘째, 태화(太和)123)를 이루며 힘이 있어야 한다. 셋

---

119) 저본(底本)과 여타 본에는 모두 '捲'으로 되어 있으나 진원정의 ≪사림광기≫에는 '卷'으로 되어 있다. 후자가 오기(誤記)로 보인다.

120) 좋은 활의 여섯 가지 특징을 설명한 글로서 ≪주례(周禮)≫, 〈동관(冬官)〉 편, 궁인위궁(弓人爲弓) 조에서 원용한 부분이 많이 보이며 송나라 심괄(沈括)의 ≪몽계필담(夢溪筆談)≫ 중의 〈기예(技藝)〉 편과 명나라 이정분(李呈芬)의 ≪사경(射經)≫ 등 후대의 여러 책들이 이를 인용하고 있는데 각각 글자 몇 개의 차이가 있을 뿐 내용이 동일하다. 그러나 명나라 모원의의 ≪무비지≫에는 왕거의 ≪사경≫을 인용하면서 이 항을 누락시켰다.

121) 저본(底本)과 진원정의 ≪사림광기≫에는 '性'으로 되어 있으나 역시 '往'의 오기(誤記)로 보고 고쳤다. 명나라 증공량의 ≪무편≫에도 역시 '往'으로 교정되어 있다. ≪주례≫, 〈동관〉 편, 궁인위궁 조에는 "往體多 來體寡 謂之夾臾之屬 利射侯與ᅵ 往體寡 來體多 謂之王弓之屬 利射革與質 往體來體若一 謂之唐弓之屬 利射深"이라는 구절이 있다. 그 의미에 대해서는 앞의 제2장 참고.

122) 이 구절의 원문 중 '往體少'는 ≪주례≫, 〈동관〉 편, '궁인위궁(弓人爲弓)' 조에서 말한 '往體寡'를 '往體少'로 인용한 것이다. ≪주례≫에서는 시위를 당기기 전 시위와 활대의 간격이 작은 활을 왕궁(王弓) 종류라고 하면서 가죽 과녁이나 나무 과녁을 쏠 때 유리한 좋은 활이라고 했다.

123) ≪주례≫, 〈동관〉 편, 궁인위궁 조에서는 좋은 활에는 세 가지의 삼균(參均)이 있고 이를 모두 합해 구화(九

째, 오래 써도 그 힘이 약해지지 않아야 한다. 넷째, 더우나 추우나 힘이 일정해
야 한다. 다섯째, 시위 소리가 맑고 실해야 한다. 여섯째, 활을 벌렸을 때 뒤틀
림이 없어야 한다.

凡弓 往[124]體少則易張而壽 但患其不勁 欲其勁者 妙在治筋 凡筋生長一尺
乾則減半 以膠湯濡而極之 復長一尺 然後用則筋力已盡 無復伸弛 又揉其材
令仰 然後傳角與筋 此兩法 所以爲筋也

　시위를 당기기 전 시위와 활대의 간격이 작은 활은 벌리기 쉽고 오래 쓸 수
있으나 다만 탄력이 모자랄 수 있다. 탄력이 있게 할 수 있는 비결은 힘줄의
처리에 있다. 소에서 바로 발라낸 힘줄 한 자(尺)를 건조시키면 그 길이가 절반
으로 줄어드는데 이를 어교(魚膠)에 적셔서 힘껏 펴 주면 그 길이가 다시 한
자로 늘어난다. 이렇게 처리한 힘줄을 사용하면 힘줄의 신장력(伸張力)이 사라
지기 때문에 더 이상 늘어나지 않게 된다. 이를 다시 주물러서 활대에 펼쳐서
붙이고 그 위에 뿔을 붙인다. 이 두 가지 단계를 거쳐 활에 이용되는 힘줄이 되
는 것이다.

凡弓 節短則和而虛 虛謂挽 過吻則無力 節長則健而柱 柱謂挽 過吻[125]則木
强而不來 節謂[126]把梢[127]裨木 長則柱 短則虛 節得中則和而有力 仍弦聲淸實

　무릇 활은 절(節)이 짧으면 부드럽지만 허하다. 허하다는 것은 시위가 입술
너머에까지 힘없이 당겨진다는 뜻이다. 절(節)이 길면 억세고 버틴다. 버틴다는
것은 입술 너머까지 시위를 당기려면 강해서 잘 당겨지지 않는다는 말이다. 절
(節)이란 줌통 부위의 활대에 덧대는 덧나무를 말하며 길면 버티고 짧으면 허하

和), 대화(大和) 또는 태화(太和)라고 한다. 첫째 삼균은 "좋은 재료, 훌륭한 솜씨, 활 만드는 적절한 시기(材
美 工巧 爲之時)"를 말하고 둘째 삼균은 "뿔이 나무뼈대보다 강하지 않고 나무뼈대는 힘줄보다 강하지 않
은 것(角不勝幹 幹不勝筋)"을 말하며 셋째 삼균은 "화살 길이는 활의 힘에 맞고 활의 힘은 사람 힘에 맞는
것(矢量其弓 弓量其力)"을 말한다.

124) 저본(底本)과 진원정의 ≪사림광기≫에는 '성(性)'으로 되어 있으나 역시 '왕(往)'의 오기(誤記)로 보고 고쳤
다. 명나라 증공량의 ≪무편≫에도 역시 '왕(往)'으로 교정되어 있다.

125) 저본(底本)에는 '해(咳)'로 되어 있으나 '문(吻)'의 오기(誤記)로 보고 고쳤다. 송나라 심괄(沈括)의 ≪몽계필
담(夢溪筆談)≫이나 명나라 이정분(李呈芬)의 ≪사경(射經)≫에서도 이 부분을 '문(吻)'으로 인용했다.

126) 명나라 증공량의 ≪무편≫에는 '위(謂)'가 '조(調)'로 잘못 인용되어 있다.

127) 명나라 증공량의 ≪무편≫에는 '초(梢)'가 '소(捎)'로 잘못 인용되어 있다.

다. 절(節)의 길이를 적당히 하면 부드러우면서도 힘이 있게 되고 시위 소리도
맑고 실하게 된다.

凡弓 初射與天寒 則勁强而難挽 射久天署則弱而不勝矢 此[128]膠之爲病也
凡膠欲薄而筋力盡 强弱任筋而不任膠 此所以射久力不屈 寒暑力一也

활은 처음 사용할 때나 기온이 낮을 때는 탄력이 좋고 강하므로 시위를 당기
기 어렵지만 오래 쓰거나 기온이 높으면 약해져서 화살 내보내는 힘이 떨어지
는데 어교(魚膠)에 이상이 생기기 때문이다. 어교를 조금만 써야 힘줄이 탄력을
발휘한다. (활의) 강약은 힘줄에 있는 것이지 어교에 있는 것이 아니다. 어교를
조금 쓰면 활을 오래 써도 힘이 떨어지지 않고 더울 때나 추울 때나 힘이 한결
같다.

弓所以爲正者 材也 相材之法 視其理 其理不因矯揉 而直中繩 則張而不跛
此弓人之所當知也

시위를 얹었을 때 활이 뒤틀리지 않게 하려면 좋은 재료들을 선택해야 한다.
재료[129]를 고를 때는 그 결을 보고 골라야 한다. 그 결이 손질을 거쳐 바로잡아
주지 않아도 처음부터 먹줄같이 곧바른 재료로 활을 만들면 시위를 얹었을 때
활이 뒤틀리지 않는다. 활을 만드는 사람은 이를 잘 알아야 한다.

---

128) 저본(底本)과 명나라 증공량의 ≪무편≫에는 '즉(則)'으로 되어 있으나 진원정의 ≪사림광기≫에는 '차(此)'
     로 되어 있다. 문맥상의 의미는 양자가 같다.
129) 이곳에서는 활대를 만드는 나무와 그 위에 덧붙이는 뿔을 말한다.

제6장 척계광(戚繼光)의 ≪기효신서(紀效新書)≫

척계광은 명나라 후기 인물로서 태주(台州), 광동(廣東) 등지에서 왜구(倭寇) 격퇴에 공을 세웠고 전략과 훈련문제를 다룬 ≪연병실기(練兵實紀)≫와 ≪기효신서(紀效新書)≫라는 명저를 남겼다. 이 글은 ≪기효신서(紀效新書)≫, 제13권에 수록되어 있는 <사법(射法)> 편이다. 이 글에서는 왕거(王琚)의 ≪사경(射經)≫ 중 여러 구절들을 인용하고 있기는 하나 실전(實戰) 경험이 많은 무인(武人)의 글답게 활 쏘는 자세에 관한 형식적 요소는 전혀 인용하지 않았다. 이 글의 가치는 무엇보다도 실전에서의 사법을 기술하고 있는 점에 있으며 당시 전투에서 사용되던 활쏘기 자세에 대해 상세히 언급해 놓았다. 이 글의 또 다른 가치는 ≪예기(禮記)·사의(射儀)≫ 등 옛 문헌들이 자주 사용해 온 심고(審固)라는 활쏘기 용어의 의미를 수준 높게 해설한 부분에서 찾아볼 수 있다. 다음 장에서 소개할 이정분(李呈芬)의 ≪사경射經≫은 이 글을 보다 상세히 설명한 책이라고 볼 수 있다.[1] 청나라 때 해붕(海鵬) 장약운(張若雲)이 교정(校訂)한 ≪기효신서≫를 저본(底本)으로 사용했다. 원문에는 구절들이 일정한 체계 없이 나열되어 있고 또 내용 분류와 그에 따른 제목도 없지만 독자의 편의를 위해 가급적 원문의 순서를 지키면서 구절들의 순서를 조정했고 내용별로 분류해서 제목을 만들어 붙였다.

---

1) 명나라 유대유(俞大猷)의 ≪검경(劍經)≫ 중 사법(射法) 부분도 ≪기효신서≫의 〈사법(射法)〉 편을 축약한 것이다.

Ⅰ. 지궁시심고(持弓矢審固)

持弓矢審固 審者詳審 固者把持堅固也 大指壓中指把弓 此至妙之古法也 決
不可不從之 凡打袖 皆因把持不定

활을 벌려 버티며 정신을 집중하고 굳혀야 한다. 집중한다는 것은 자세히 살
핀다는 것이고 굳힌다는 것은 줌통을 견고히 쥐는 것이다. 엄지를 중지 옆에 붙
이고 엄지로 중지를 눌러 주면서 활을 쥔다.[2] 이는 지극히 오묘한 옛 사법이다.
이를 어기면 안 된다. 시위가 옷소매를 치는 것은 모두가 활을 견고하게 쥐지
못했기 때문이다.

審者 審於弓滿矢發之際 今人多於大半矢之際審之 亦何益乎 審者 今人皆以
爲審的而已 殊不知審的第審中之一事耳 蓋弓滿之際 精神已竭 手足已虛 若
卒然而發 則矢直不直 中不中 皆非由我心使之也 必加審之 使精神知易 手足
安固 然後發矢 其不直不中 爲何

정신을 집중시키는 것은 활을 가득 벌려 화살을 내보내려 할 때 필요한 일이
다. 요즘은 많은 사람들이 활을 2/3가량 벌렸을 때 정신을 집중시켜서 조준점을
겨냥하지만 그렇게 하면 아무런 도움도 되지 않는다. 대부분 사람들은 정신을
집중시켜 과녁을 조준해야 하는 것만 알고 있을 뿐 과녁 조준은 정신을 집중시
켜서 해야 할 여러 일들 가운데 하나에 불과함은 전혀 모른다. 다만 활을 가득
벌렸을 때는 집중력도 떨어지고 팔다리의 기운도 바닥나기 쉽다. 이때 급작스레
화살을 내보내면 화살이 내 뜻대로 힘차게 날아가서 명중될 것을 기약할 수 없
다. 따라서 이때 더욱 정신을 집중시켜 마음을 가라앉히고 팔다리를 편안히 굳
힌 다음 화살을 내보내야만 한다. 이렇게 하면 화살이 힘없이 날아가거나 명중
되지 않을 이유가 없다.

射法中審字 與大學慮而後能得 慮字同 君子於至善 旣知所止而定而靜而安
矢 又必能慮焉 而後能得所止 君子於射箭 引滿之餘 發矢之際 又必加審焉 而

後中的可決 欲知審字工夫 合於慮字工夫玩味之乃得

　사법에서 정신집중을 말하는 심(審)은 ≪대학(大學)≫의 "여이후능득(慮而後
能得)"이란 구절 가운데 살펴본다는 뜻의 마지막 '여(慮)'와 같은 말이다. 군자
는 사물의 궁극적인 도리를 알면 이에 멈추므로 목표가 정해져 잡념이 없어지
며 마음이 안정된다. 그러나 두루 살펴보아야 멈출 곳을 알 수 있다. 군자는 활
쏠 때도 활을 가득 벌리고 화살을 내보낼 즈음에 정신을 집중시켜야 명중을 기
약할 수 있다. 심(審)이란 말의 의미는 ≪대학≫의 '여(慮)'란 말의 의미에 따라
서 이를 음미해 보면 알 수 있게 된다.

烈女傳云 怒氣開弓 息氣放箭 蓋怒氣開弓則力雄而引滿 息氣放箭則心定而
慮周

　≪열녀전≫에서는 성난 기세로 활을 벌리고 쉬는 기세로 화살을 보내라 했
다.3) 성난 기세로 벌리면 힘이 넘쳐 가득 벌릴 수 있고 쉬는 기세로 화살을 보
내면 마음이 안정되어 두루 살펴볼 수 있다.

凡中的之箭4) 可取必者 皆自從容閒暇中能必之 未有忙忽而可取必者 忙忽
而有中者 亦幸耳

　과녁을 맞힌 화살이라도 마음을 가라앉히고 쏘아 맞힌 것만 맞힌 것으로 보
아야 한다. 마음이 들뜬 상태에서 쏜 화살은 맞힌 것으로 볼 수 없다. 마음이
들뜬 상태에서 명중하면 이는 행운일 뿐이다.

場中射 須要業業恐不中 決不可有一毫自放之意 都如無監射各官在上 都如
平日自射一般 慢慢 一枝知鏃過一枝 一枝審過一枝 如何不中

　시험장에서 시험을 치를 때는 화살이 빗나가지 않도록 항상 정신을 집중해야
만 하고 조금이라도 방심하면 절대로 안 된다. 윗자리에 감사관(監射官)들이 없
이 평소 혼자서 쏠 때와 같이 차분하게 한 발 한 발 정신을 집중해서 활을 가
득 벌렸는지 살펴 가면서 쏘면 어찌 명중시키지 못하겠는가?

---

3) 앞서 제4장에서 소개한 두 편의 열녀전, 즉 유향(劉向)의 ≪열녀전≫에 있는 진나라 궁공(弓工)의 부인 이야기
　나 한영(韓嬰)의 ≪한시외전(韓詩外傳)≫에 있는 제나라 궁공의 부인 이야기에는 이 구절이 보이지 않는다.
4) 저본(底本)에는 '前'으로 되어 있으나 '箭'의 오기(誤記)로 보고 고쳤다.

凡射 至五矢之外 有未中的 更要從容審 決不可因不中而自忙 若忙則六七八
九矢更無中理也

다섯 발 이상을 쏘아 명중시킨 화살이 없으면 마음을 가라앉히고 다시 정신
을 집중해야만 한다. 절대로 명중시키지 못했다고 조급해지면 안 된다. 조급해
지면 그다음 어느 화살도 명중시킬 수 없다.

凡對敵射箭 只是箇膽大力定 勢險節短 則無不中人 無人能避矣 此狀形容
不出大端 將弓扯起 且勿盡滿 且勿輕發 只是四平裂手立定則勢自險矣 必待
將近數十步 約我一發必能中敵 必能殺人至死 或患將切身 或爲賊先鋒 一中
而收利十培 則節自短5)矣 馬上之賊 只當看大的射 不可射人 諺云 射人先射
馬 擒賊必擒頭 是也

적을 쏠 때 담대하게 힘을 내서 기세(氣勢)를 험하게 하고 절(節)을 짧게 하
면6) 명중시키지 못할 수 없고 적이 나의 화살을 피할 수 없게 된다. 모든 격식
을 다 갖추지는 않고 시위를 끝까지 당기지도 않지만 경솔하게 쏘면 안 된다. 그
러나 굳센 자세로 서서 팔을 들어올리기만 해도 그 기세가 절로 험해지는 법이
다. 적이 수십 보 내에 들어올 때를 기다렸다가 쏘면 반드시 적을 명중시켜 죽일
수 있다. 적의 칼날이 몸에 거의 닿을 정도가 되거나 적의 선봉과 얼굴을 맞댈
정도로 거리가 좁혀진 후에는 한 발만 적을 명중시켜도 그 효과는 10배가 될 것
이니 절(節)은 언제나 짧아야 한다. 말을 탄 적을 쏠 때는 의당 큰 표적을 보고
쏘아야 하며 사람을 맞히려 해서는 아니 된다. "적을 쏘기 전 먼저 말을 쏘고 적
을 사로잡기 전 먼저 적의 우두머리를 잡으라."7)는 말은 이를 두고 하는 말이다.

---

5) 저본(底本)에는 '段'으로 되어 있으나 '短'의 오기(誤記)로 보고 고쳤다.

6) 원문의 "세험절단(勢險節短)"은 ≪손자(孫子)≫, 〈세편(勢篇)〉에 있는 "기세는 급류에 빠르게 휩쓸려 내려오는
   바위덩어리 같아야 하고 절은 나뭇가지를 부러뜨리며 재빠르게 튀어 오르는 놀란 새와 같아야 한다. 잘 싸우는
   사람은 기세가 험하고 절은 짧다(激水之疾 至於漂石者 勢也 驚鳥之疾 至於毀折者 節也 是故 善戰者 其勢
   險 其節短)."라는 구절에서 인용한 말로서 기세가 험하다는 것은 힘이 넘친다는 말이고 절이 짧다는 것은 가까
   운 거리에서 공격한다는 말이다.

7) 두보의 「출새전(出塞前)」이라는 시(詩)의 일부이기도 하다. 두보의 시에서는 원문 마지막 글자가 '頭'가 아니라
   '王'으로 되어 있다.

Ⅱ. 구율(彀率)

量力調弓 量弓制矢 此爲至要也 故荀子曰 弓矢不調 羿不能以必中 孟子謂
羿之教人射 必至於彀 學者亦必至於彀 射家要法

　사람의 힘에 맞는 활을 쓰고 활에 맞는 화살을 써야만 한다. 이는 매우 중요
한 일로 순자(荀子)도 "활과 화살이 맞지 않으면 예(羿)[8]도 반드시 명중시킬 수
는 없다." 했다. 맹자는 예(羿)가 활을 가르칠 때는 반드시 가득 벌리게 했다고
말했다. 활쏘기를 배울 때는 반드시 활을 가득 벌려야 하며 활 쏘는 사람은 이
를 잘 지켜야 한다.

　步射箭法曰 箭者殺人於百步之外者也 射者必量其弓 弓量其力 無動容作色
和其肢體 調其氣息 一其心志 故曰 莫患弓軟 服當自遠 莫患力羸 引之自低
但力勝其弓[9] 必先持滿[10]射之 先近而遠 此不易之法也 大端還要 學址滿射遠
及到 然後自近求準 非如一 人自未開弓 便止射三二十步起也 如此一爲所局
豈能遠耶

　보사전법(步射箭法)에서는 화살은 100보 밖에 있는 사람을 죽일 수 있다고
한다. 활 쏘는 사람은 반드시 활의 힘을 재 보고 자신의 힘에 맞는 활을 써야 한
다. 얼굴이 움직이거나 표정이 일그러지면 안 된다. 자세를 편히 하고 기와 호흡
을 고르게 해 정신을 집중해야 한다. "활이 연하다고 걱정하지 말라. 사람이 활
을 부리면 화살은 의당 멀리 날아간다. 자신의 힘이 약하다고 걱정하지 말라. 시
위를 당기다 보면 의당 힘이 는다."고 했다. 자신의 힘이 활을 이길 수 있어야
한다. 언제나 활을 가득 벌려 버티면서 쏘되 가까운 과녁을 명중시킬 수 있게 된
후 먼 과녁을 쏘아야 하며 이는 불변의 법칙이다. 그러나 처음에는 시위를 가득
당겨 멀리 화살을 보내는 법을 배운 후 가까운 과녁부터 명중시키는 연습을 하
되 일정한 거리의 과녁만 계속 쏘면 안 된다. 활을 가득 벌리지 않고 20보 내지
30보 거리 과녁만 쏘아 버릇하면 어찌 먼 과녁을 명중시킬 수 있겠는가?[11]

---

8) 앞의 제1장 참고.

9) "莫患弓軟……但力勝其弓"은 왕거의 ≪사경≫에 있는 말을 약간 수정한 것이다.

10) '持滿'은 활을 가득 벌린 후 버틴다는 말이다. 앞의 233쪽 참고.

11) 이 구절도 왕거(王琚)의 ≪사경(射經)≫에 있는 구절을 약간 각색해서 인용한 것이다. 다만 이곳에서는 이를

法曰 鏃不上指 必無中理 指不知鏃 同於無目 此指字 乃是左手中指末 知鏃者 指末自知鏃到 不假於目也 必指末知鏃然後爲滿 必箭箭皆知鏃 方可言射

사법에 이르기를 촉이 손가락 위로 올라오지 않으면 결코 명중시킬 수 없고 손가락이 촉을 감지하지 못하는 것은 눈이 없는 것이나 같다고 했다. 여기서 손가락이란 왼손 중지 끝마디를 말한다.[12] 촉을 감지한다는 것은 중지 끝마디가 촉이 도달한 것을 스스로 알고 눈으로 보지 않아도 된다는 말이다. 중지 끝마디가 촉을 감지했을 때라야 활이 가득 벌어진 것이다. 쏘는 화살마다 모두 촉을 감지할 수 있어야 비로소 활을 쏜다고 말할 수가 있다.

凡矢搖而弱 皆因鏃不上指也

화살이 흔들리며 약하게 날아가는 것은 모두가 촉이 중지 끝마디 위로 올라오도록 화살을 끝까지 당기지 못했기 때문이다.

凡箭去 寧高而過的 愼勿低而不及也 此人人之病也 記之 記之

화살은 차라리 높이 날아가 과녁을 넘길지언정 낮게 날아 과녁에 미치지 못하는 일이 없도록 조심해야 한다. 이는 모든 사람이 지닌 병이다. 결코 잊으면 안 된다.

Ⅲ. 족법(足法)

凡射 前腿似橛 後腿似瘸 隨箭改移 只在後脚 左脚尖直對右脚跟[13] 丁字不成 八字不就 射右改左 射左改右 二句正中的之妙 此足法也

보사전법(步射箭法)이라고 했지만 보사총법(步射總法)이 아닌 총결(總訣)에 있는 구절들을 인용한 것이다.

12) 촉이 손가락 위로 올라오지 않으면 결코 명중시킬 수가 없고 손가락이 촉을 감지하지 못하는 것은 눈이 없는 것이나 같다는 말은 당나라 왕거(王琚)의 ≪사경(射經)≫에서 인용한 말이다. 다만 이곳에서는 화살촉을 감지하는 손가락을 중지라고 했으나 왕거의 ≪사경≫에서는 엄지라고 했다. 양자의 차이는 줌통 쥐는 방법의 차이에서 비롯된 것이다. 이곳에서는 엄지를 중지 옆에 붙이고 엄지로 중지를 누르라고 했기 때문에 화살촉을 감지하는 손가락은 중지가 된다. 왕거의 ≪사경(射經)≫에는 엄지로 중지를 누르라는 말이 없고 촉을 감지하는 손가락을 엄지라고 한 것을 보면 엄지를 중지 위에 올려놓는 방법을 취했음이 분명하다. 이정분(李呈芬)의 ≪사경(射經)≫과 고영(高穎)의 ≪무경사학정종(武經射學正宗)≫은 이곳에서와 같이 화살촉을 중지로 감지하라고 했다.

13) 저본(底本)에는 "左眉尖直對右脚尖"으로 되어 있고 정자이(程子頤)의 ≪무비요략(武備要略)≫에 그려진 삽화(뒤의 '그림 10')에 붙여진 설명에도 "左肩直對右脚尖"으로 되어 있으나 필자는 문맥에 따라서 "左脚尖直對右脚跟"으로 고쳤다.

활을 쏠 때 앞다리는 말뚝같이 펴 주고 뒷다리는 절름발이같이 구부린다.[14) 화살방향을 바꿀 때는 뒷다리만 옮기되 언제나 왼발 발끝이 오른발 발꿈치 앞에 있게 하고 발이 고무래 '丁' 자와 여덟 '八' 자 모양이 되지 않게 한다.[15) 오른쪽 표적을 쏠 때는 뒷발만 왼쪽으로 옮기고 왼쪽 표적을 쏠 때는 뒷발만 오른쪽으로 옮긴다. 마지막 구절은 과녁을 조준점에 명중시킬 수 있는 비결이다. 이것이 족법(足法)이다.

Ⅳ. 신법(身法)

凡射 頤惡傍引 頭惡却垂 胸惡前凸 背惡後偃 乃身之病 此身法也

활을 쏠 때 턱은 옆으로 내미는 것을 꺼리고 목은 뒤로 젖히거나 앞으로 숙이는 것을 꺼리며 가슴은 앞으로 내미는 것을 꺼리고 등은 뒤로 젖히는 것을 꺼린다.[16) 그와 같이 하는 것은 잘못된 몸의 자세이다. 이것이 신법(身法)이다.

Ⅴ. 수법(手法)

凡射 前手如推泰山 後手如握虎尾 一拳主定 前後直正 慢開弓 緊放箭 射大存於小 射小 加於大 存壓其前手 加擧其前手 務取水平 前手撇 後手絶 二句射之元機 一撇一絶 正相應之妙 一齊着力 使兩臂搏伸合 則箭疾而加於尋常數等矣 此手法也

---

14) 뒤의 '그림 10'은 명나라 정자이(程子頤)의 ≪무비요략(武備要略)≫에서 "전퇴사궐 후퇴사가(前腿似橛 後腿似橰)"의 자세를 설명한 그림이다. 정자이는 이 자세를 중평가(中平架) 자세라고 부르지만 명나라 이정분(李呈芬)의 ≪사경(射經)≫에서는 준요좌과((蹲腰坐胯)의 자세라고 부르고 있다.

15) 원문의 "丁字不成 八字不就"이란 왕거의 ≪사경≫ 중 '보사총법'에서 인용한 말로서 왕거의 ≪사경≫에 의하면 왼쪽 어깨와 왼쪽 허벅지가 과녁을 향한 자세로 두 발을 나란히 놓고 섰다가 왼발을 과녁 쪽으로 세 발폭만큼 옮겨서 발끝을 과녁을 향해 돌린 다음 발꿈치만 약간 왼쪽으로 내민 자세를 말한다. 정자이의 ≪무비요략≫에 있는 삽화(뒤의 '그림 10')는 이런 자세를 정확히 묘사하면서 왼발 부분에 "왼발 발끝이 대략 우측을 향하고 복사뼈는 대략 앞을 보게 한다(左脚尖略向右 使骨拐略向前)."는 설명을 붙였다. 한편 이 삽화에서는 "丁字不成"을 왼발 중앙에, "八字不就"를 오른발 발끝에 표기했다. 이는 '丁' 자나 '八' 자를 두 발이 함께 만든 모습에 관한 말로 보지 않고 '丁'을 왼발에 관한 말로, '八'을 오른발에 관한 말로 본 것이다. 아마도 왼발은 '丁'의 첫 획인 'ㅡ' 또는 둘째 획인 'ㅣ'과 같은 모습이 되지 않게 하고 오른발은 '八' 자의 첫 획인 'ノ' 또는 둘째 획인 'ㄟ'과 같이 비스듬한 모습이 아니라 'ㅡ'의 모습이 되게 하라는 말로 해석한 것으로 보인다.

16) 이 구절 역시 왕거의 ≪사경≫에서 인용한 것이다.

활을 쏠 때 줌손은 태산을 밀듯이 하고 깍지손은 호랑이 꼬리를 잡는 듯이 해야 한다. 앞 주먹은 견고하게 고정시켜야 하고 두 팔은 일직선으로 펴야 한다. 활은 서서히 벌려야 하고 가볍고 힘차게 화살을 내보내야 한다. 화살이 과녁을 넘을 때는 약간 존(存)하며 화살이 과녁에 미치지 못하면 약간 가(加)한다. 존(存)이란 줌손을 낮추는 것을 말하며 가(加)란 줌손을 올리는 것을 말한다. 그러나 앞뒤 두 팔은 항상 직선이 되어야 한다. 화살을 내보낼 때 줌손은 별(撇)하고 깍지손은 절(挈)한다. 별(撇)과 절(挈)은 활쏘기의 근본이다. 별(撇)과 절(挈)은 서로 호응하는 묘한 이치가 있다.[17] 앞뒤 두 손에 동시에 같은 힘을 가해서 두 팔을 펼쳐 주면 화살은 매우 빠르게 그리고 평소보다 더 멀리 날아간다. 이것이 수법(手法)이다.

凡射[18] 箭搖頭 乃是右手大食指扣弦太緊之故 其扣弦太緊 是無名小指鬆開之故 學射者 有此病 射時用小草梢一寸 用無名指小指 共揷於手心 箭去而草不墜 卽箭不搖擺矣

화살이 흔들리며 날아가는 것은 뒷손의 엄지와 검지로 시위를 너무 옥죄었기 때문이다. 엄지와 검지가 시위를 너무 옥죄는 것은 무명지와 새끼손가락이 풀려 있기 때문이다. 이런 병이 생기면 풀잎 하나를 손바닥 가운데 넣고 무명지와 새끼손가락으로 눌러 잡고 쏘아서 화살이 나간 다음 그 풀잎이 손에서 떨어져 나가지 않게 되면 화살은 흔들리지 않고 날아갈 것이다.

---

17) 별(撇) 및 절(挈)은 왕거(王琚)의 ≪사경(射經)≫ 중 '전후수법(前後手法)'에서 말한 질(拶) 및 절(挒)과 같은 말로서 별(撇) 또는 질(拶)은 줌손이 윗고자를 앞으로 쓰러뜨리는 동작을 말하고 절(挈 또는 挒)은 깍지손을 시위에서 떼어 내면서 손바닥을 뒤집어 뒤로 뻗으면서 하늘을 향하게 해서 손금이 보이게 하는 동작을 말한다. 청나라 때의 사법서인 기감(紀鑑)의 ≪관슬심전(貫虱心傳)≫과 이공(李塨)의 ≪학사록(學射錄)≫에서는 '撇'은 '一讓', 즉 윗고자를 앞으로 수그리는 동작을 말하며 '挒'은 '挺', 즉 펴 주는 동작을 말한다고 했다.

18) 저본(底本)에는 '凡射法'으로 되어 있으나 '凡射'의 오기(誤記)로 보고 고쳤다.

此法 弓滿則肱直如弦 弓斜如月

이 방법에서는 활을 가득 벌렸을 때 왼쪽 팔을 직선으로 펴고 활은 초승달같이 오른쪽으로 기울이며[20]
화살은 젖꼭지와 수평을 이루게 한다.

그림 8. 실악사도(實握射圖)[21]

此法 弓滿則肱之曲心對下 肘平如衡 而弓須兼八分平勢

이 방법에서는 활을 가득 벌렸을 때 앞 팔 팔꿈치 안쪽의 오금이 밑을 향하게 해서 팔꿈치를 저울대같이
곧게 펴며 활은 거의 세운다.

그림 9. 장심추사도(掌心推射圖)[22]

---

19) 저본(底本)에는 '前'으로 되어 있으나 '箭'의 오기(誤記)로 보고 고쳤다.

20) 활을 초승달같이 오른쪽으로 기울이는 것은 뒷손을 강하게 시위에서 떼어 내더라도 화살이 (우궁의 경우) 왼쪽
으로 쏠리지 않게 하는 방법이다.

21) 그림에서 줌손이 젖꼭지 높이로 내려와 있다. 본문 중 "화살이 과녁을 넘을 때는 존(存)하며"라는 구절의 묘사
로 보인다. 그러나 줌손뿐 아니라 깍지손까지 젖꼭지 높이로 내려와서 화살이 젖꼭지 높이에 있는 것은 장약운
이 척계광의 말을 잘못 이해한 결과로 보인다. 그림에서 앞다리는 펴져 있고 뒷다리는 구부러져 있는데 이는
"전퇴사궐 후퇴사가(前腿似橛 後腿似猢)"의 자세를 말한다.

Ⅵ. 안법(眼法)

凡射 或對賊對把 站定觀把子或賊人 不許看扣 目稍瞬則不可避而制於人 此眼法也

활을 쏠 때는 적을 쏠 때나 과녁을 쏠 때나 항상 굳게 서서 과녁 또는 적을 보고 있어야 하고 오늬를 쳐다보면 안 된다. 잠시도 눈을 딴 곳에 돌리면 적을 피하지 못하고 적에게 제압당한다. 이것이 안법(眼法)이다.

Ⅶ. 기사(騎射)

馬弓 決要開至九分滿 記之 記之 若七八分亦難中也

말 타고 쏠 때도 반드시 9할 정도는 활을 벌려야 한다. 결코 결코 잊으면 아니 된다. 만약 7~8할 정도만 벌리면 명중이 어려워진다.

馬上射把 箭須以箭二枝連弓弝把定 又以一枝 中弦掛爲便 其有以箭揷依領內 或揷腰間 俱不便 決要從吾言

말을 타고 과녁을 쏠 때는 2발의 화살을 줌통과 함께 쥐고 다른 1발을 시위에 재워 놓으면 편하다. 화살을 옷깃에 꽂아 놓거나 허리춤에 꽂아 놓는 것은 모두 불편하다. 절대로 내 말대로 하라.

教騎射箭法曰 勢如追風 目如流電 滿開弓 急放箭 目勿瞬視 身勿倨坐[23] 出弓如懷中吐月 平箭如弦上懸衡

말을 타고 쏘는 사법에서는 "기세는 바람을 좇는 듯이 해야 하고, 눈빛은 번개 같아야 하며, 활을 가득 벌리면 신속히 화살을 보내야 하고, 눈을 깜박이지 말아야 하며, 거만한 자세로 말 등 위에 앉지 말아야 하고, 가슴에서 달을 토해

---

22) 그림에서 줌손과 깍지손이 거의 턱 위치에 그리고 화살도 거의 턱 밑에 붙어 있다. 본문 중 "화살이 과녁에 못 미치면 가(加)한다."는 구절의 묘사로 보인다. 이 그림에서도 앞다리는 펴져 있고 뒷다리는 구부러져 있다. "전퇴사궐 후퇴사국(前腿似橛 後腿似鞠)"의 자세를 말한다.

23) 이 구절은 당나라 왕거(王琚)의 ≪사경(射經)≫에 있는 마사총법(馬射總法)에서 인용한 것이다. 다만, '緊'이 '急'으로 바뀌었을 뿐이다.

내듯 활을 내밀어야 하며, 시위에 꽂은 화살은 저울대같이 직선이 되게 해야 한다.”고 했다.

凡馬 須要平日適飼養 時調度 縱蹲廳令進止 觸物不驚 馳道不削 前兩脚從
耳下齊出 後兩脚向前培之 則疾且穩 而人可用器矣 故馬者 人之命 胡馬慣戰
數培中國 居常調度之功也

말은 평소 적절히 먹이고 수시로 조련해서 지시대로 달리고 서고 쪼그려 않
도록 만들고 무엇이 몸에 닿아도 놀라지 않게 하고 길을 달릴 때는 옆으로 벗
어나지 않도록 하고 앞의 두 다리를 귀밑에서 나란히 앞으로 내딛고 두 뒷다리
를 평소보다 두 배 더 멀리 앞으로 뻗게 해야 한다. 이렇게 하면 달릴 때 흔들
림이 적어 말 등에 있는 사람이 무기를 사용하기 수월하다. 말은 사람의 목숨과
마찬가지다. 호마(胡馬)는 중국말보다 월등히 전투에 익숙한데 이는 평소에 조
련을 잘 해 두기 때문이다.

제7장 이정분(李呈芬)의 ≪사경(射經)≫[1]

총론(總論)[2]

1. 사가불립문자(射家不立文字)

李呈芬曰 前輩有言兵險道也 而陽言之 我能往 寇亦能往 射家手口相傳 不立文字 豈謂挽二石不知一丁耶 蓋秘之矣

나 이정분은 옛말에 "무기 다루는 일은 매우 험난한 일"이라고 했지만 이는 (무기 사용법을) 숨기려는 말이라고 본다. 내가 할 수 있는 일이라면 남도 역시 할 수 있다. 활 쏘는 사람들은 사법을 손과 입을 통해서만 서로 전수할 뿐 이를 문자로 남기지 않는다. 어찌 그들이 2석(石) 억센 활을 당길 줄만 알고 'ㄒ' 자 하나를 읽고 쓸 줄 모른다고 할 수 있으랴?[3] 모두가 숨기고 있는 것이다.

---

1) 이정분은 척계광(戚繼光)과 동시대 인물로 그가 저술한 ≪사경≫은 척계광의 ≪기효신서(紀效新書)≫, 제13권의 〈사법(射法)〉 편을 계승, 발전시킨 것이다. 그 원문이 명나라 말기에 도정(陶挺)이 편찬한 ≪속설부(續說郛)≫에 수록되어 있다. 이곳에서 소개하는 원문과 내용과 순서가 그대로이다. 다만 편집상 편의를 위해 내용을 몇 개의 항으로 나누어 번호와 제목을 부여했다. 이정분이 편찬한 또 하나의 저술로 ≪황명경세전서(皇明經世全書)≫라는 책이 있어서 하동여(何棟如)란 사람이 서문(序文)을 붙여 발간했는데 하동여의 서문에는 이정분의 경력에 대해 안휘성(安徽省) 출신으로서 이명회(李明晦)로 불리기도 한다는 말밖에는 없으며 이정분 자신이 쓴 서문에는 ≪황명경세전서≫의 탈고 시기가 만력(萬曆) 27년(1599)으로 되어 있다고 한다. 하마구찌 후지오(橫口富士雄), ≪사경(射經)≫, 동경, 명덕(明德)출판사, 소화 54년(1979), 7－8쪽. 하마구찌 후지오의 이 책은 이정분의 ≪사경≫에 대한 일본어판 역주서(譯註書)이다. 우리나라에서는 김해성(金海星) 씨가 이 책의 번역본(자유문고, 동양학총서 44권, 1999년)을 출판했다.

2) 명나라 말기의 ≪속설부(續說郛)≫에 수록된 원문에는 서두(序頭)에 총론(總論)이라는 제목이 붙어 있지 않지만 청나라 강희(康熙) 45년(1706)에 ≪고금도서휘편(古今圖書彙編)≫이라는 이름으로 편찬되었고 옹정(雍正) 3년(1725)에 재편집되어 이름을 바꾸어 출간된 ≪고금도서집성(古今圖書集成)≫에는 이정분의 ≪사경≫ 항 서두에 총론(總論)이라는 제목이 붙여졌다.

3) 2석의 활은 장력이 약 250파운드나 되는 억센 활이다(뒤의 각주 20 참고). 현재 이런 활을 쏠 수 있는 사람은 없다. 'ㄒ' 자를 읽고 쓸 줄 모른다는 것은 우리말의 낫 놓고 'ㄱ' 자도 모른다는 말과 같은 말이다.

2. 오사(五射)[4]

周官保氏敎國子五射

주관(周官) 보씨(保氏)는 젊은이들에게 오사(五射)를 가르쳤다.

(1) 백시(白矢)

曰白矢 白鏃至指也 此彎弓之法 所謂彀率也

백시(白矢)란 화살의 반짝이는 촉이 손가락까지 도달하는 것을 말한다. 이른 바 구율(彀率: 활을 가득 벌리는 법칙)을 말한다.[5]

(2) 삼련(三連)

曰三連 謂先發一矢 三矢夾於三指間 相繼拾發 不至斷絶 此注矢之法也

삼련(三連)이란 먼저 한 발을 쏘고 (줌손의) 세 손가락에 끼고 있던 세 화살을 연이어 쏘는 것을 말한다. 집중발시법을 말한다.[6]

(3) 섬주(剡注)

曰剡注 剡銳也 弓弰也 注指也 箭發則靡其弰 直指於前 以送矢 所謂劈控是也 劈者 後水摘弦如劈斷之狀 飜手向後 仰掌向上 令見掌紋也 控者 以前手點弰 如擲物之狀 令上弰指的 下弰指髀骨之下也 或謂矢頭剡處 直前注於侯 不從高而下 卽諺所謂水平箭 此發矢之法也

섬주(剡注)의 '섬(剡)'은 뾰족하다는 말이니 고자를 말한다. '주(注)'는 무엇을 가리킨다는 말이다. 따라서 화살을 내보낼 때 윗고자를 똑바로 과녁을 가리키도록 쓰러뜨리면서 화살을 내보내는 것으로 소위 절질(劈控)을 말한다. 절(劈)은 깍지손을 시위에서 떼어 내는 모습이 무엇을 자르는 것같이 손바닥을 뒤집어

---

4) ≪주례(周禮)≫, 〈지관(地官)〉 편, 보씨(保氏) 조에서 말한 오사(五射)에 대한 설명이다. 앞서 소개한 바와 같이 오사의 구체적 의미에 대한 설명으로는 후한(後漢) 정중(鄭衆)의 설명, 당나라 왕거(王琚)의 설명, 명나라 이정분(李呈芬)의 설명, 홍콩의 궁시 연구가 셀비(Stephen Selby)에 의한 최근의 새로운 설명 등 네 종류가 있다. 정중과 왕거의 설명은 앞의 제2절에서 이미 소개한 바 있다. 셀비는 ≪주례≫가 쓰인 한나라 중엽에는 활 대신 쇠뇌[弩]가 주된 무기로 사용된 점에 비추어 볼 때 ≪주례≫에서 말하는 오사(五射)는 쇠뇌의 사법에 관한 것일 수 있다고 보면서 그가 밝혀낸 쇠뇌의 조준장치와 조준법을 기초로 오사(五射)에 대한 전혀 새로운 해석을 제시했다.

5) 이는 정중과 왕거의 해석을 그대로 옮겨 놓은 것이다. 그러나 셀비(Stephen Selby)는 백시가 쇠뇌를 쏠 때 풍향 등을 측정하거나 신호탄 용도로 사용하는 흰색 화살을 의미하는 것으로 보고 있다. Stephen Selby, *Chinese Archery*(Hong Kong: Hong Kong University Press, 2000), 222쪽 참고.

6) 이는 정중과 왕거의 해석을 좀 더 구체적으로 설명한 것이다. 하지만 셀비(Stephen Selby)는 삼련을 쇠뇌 사법에서 조준선과 촉과 조준점 셋을 일직선으로 연결시키는 것을 의미하는 것으로 추정하고 있다. 위의 책, 같은 쪽.

뒤로 뻗으면서 하늘을 향하게 해서 손금이 보이게 하는 것을 말한다. 질(搘)은 줌손으로 윗고자를 앞으로 쓰러뜨리는 모습이 마치 무엇을 던지는 것같이 윗고 자는 과녁을 가리키게 하고 아랫고자는 왼쪽 겨드랑이 아래로 끌어당기는 것을 말한다. 혹은 화살촉이 높이 솟아올랐다가 떨어지는 것이 아니라 과녁을 향해 거의 직진하는 속칭 수평전(水平箭)을 섬주(剡注)라고도 하는데 발시법(發矢法) 을 말하는 것이다.[7]

(4) 양척(襄尺)

曰襄尺 襄平也 尺曲尺也 謂平其肘 使肘上可置杯水 蓋架弦畢 便引之 比及 滿使臂直如矢也 或曰 襄包也 肘至手爲尺 射者常以肱敵其胸脅 無使他人之 矢從虛而入 此自防之法也

양척(襄尺)에서 '양(襄)'은 편다는 말이고 '척(尺)'은 구부러진 자를 말한다. 구부러진 앞 팔의 팔꿈치를 펴서 팔꿈치 위에 물잔을 올려놓는 것을 말한다. 시 위에 오늬를 끼운 다음 시위를 당겨서 활을 가득 벌렸을 때 앞 팔을 화살대와 같이 곧게 펴 주는 것을 말한다. 혹 '양(襄)'은 감싼다는 말이고 '척(尺)'은 팔꿈 치에서 손목까지를 '굽은 자'같이 구부리는 것을 말한다고도 한다. 활을 쏘는 사람은 (활을 쏘는 순간이 아니면) 늘 이렇게 팔뚝을 구부려 가슴과 옆구리를 막아 줌으로써 적이 쏜 화살이 자신의 가슴과 옆구리의 빈틈으로 파고들지 못 하게 한다는 말로서 자신의 몸을 방어하는 방법을 말하는 것이다.[8]

(5) 정의(井儀)

曰井儀 言開弓圓滿 似井形也 或謂四矢集侯如井字 卽詩四矢如樹 此法之妙 也 嗚呼 射之道備矣

정의(井儀)란 활을 둥그렇게 가득 벌린 모습이 '井' 자와 같은 모습이 되는 것을 말한다. 혹 화살이 과녁에 모여서 꽂힌 모습이 '井' 자와 같은 모습이 되

---

7) 앞부분은 왕거의 해석을 옮겨놓 은 것이고 '혹은' 이하의 부분은 정중의 해석을 좀 더 구체적으로 설명한 것이 다. 하지만 셀비(Stephen Selby)는 섬(剡)은 화살촉을 의미하고 주(注)는 표적 조준을 의미하는 것으로 보면서 따라서 섬주(剡注)란 쇠뇌를 쏠 때 촉으로 조준점을 겨냥하는 것을 의미하는 것으로 추정하고 있다. 위의 책, 같은 쪽.

8) 앞부분은 왕거의 해석을 옮긴 것이고 '혹은' 이하 부분은 또 다른 해석을 소개한 것이다. 하지만 셀비(Stephen Selby)는 양척이란 쇠뇌의 조준장치로서 가로 눈금이 새겨진 가늠자를 의미하는 것으로 추정하고 있다. 위의 책, 같은 쪽.

는 것을 말한다고도 하는데 시경(詩經)에서 "네 화살 꽂힌 모습 숲과 같도다."
라고 한 것은 이런 절묘한 모습을 읊은 것으로 참으로 사법에 통달한 경지이다.[9]

3. 심고만분(審固滿分)

鄧鐘曰 射法雖多大 要不過審固滿分四字耳 持弓欲固 開弓欲滿 視的欲審
發矢欲分分者 兩手齊分也 知鏃者 滿之象也 而審益精 臂力者 固之徵也 而分
始齊 射有臂力知鏃工夫 靡不命中矣 而先之入扼壁立爲入門 凡執弓 欲使把
前入扼 把後當四指本節 平其大指承鏃 却其頭指使不礙 則和美有聲而俊快也
凡開弓身直 頭偃前手腕仰爲病色 宜戒

등종(鄧鐘)은 "사법이 비록 수없이 많지만 요점은 심(審)·고(固)·만(滿)·분
(分) 네 글자에 지나지 않는다." 했다.[10] 활을 벌려서 버티며 자세를 굳혀야 하
고 활은 가득 벌려야 하며 조준에는 정신을 집중해야 하고 발시에는 균형이 맞
아야 한다. 균형이 맞는다는 것은 앞뒤 두 손에 같은 힘을 쓴다는 말이다. 촉을
손가락으로 감지할 수 있음은 활을 가득 벌린 징표며 그 후에 정신을 더 집중
해야 한다. 팔에 힘이 들어간 것은 줌통을 단단히 쥔 징표며 그 후 두 손에 같
은 힘을 써야 한다. 활 쏠 때 팔에 힘이 들어가고 손가락으로 촉을 감지하는데
어찌 명중시키지 못하랴? 그러나 줌통을 호구(虎口)에 넣고 쥐는 방법과 몸을
벽같이 곧게 세우는 방법부터 배워야 한다. 활 쥘 때는 줌통 전면을 호구(虎口)

---

9) 앞부분은 왕거의 해석을 좀 더 구체적으로 설명한 것이고 '혹은' 이하 부분은 정중의 해석을 그대로 옮긴 것이
다. 하지만 셀비(Stephen Selby)는 정의(井儀)에서 의(儀)는 쇠뇌의 조준장치로서 가로 눈금이 새겨진 가늠자를
의미하며 정의(井儀)란 표적을 '井' 자와 같이 아홉 등분해서 화살의 무게, 풍향, 표적까지의 거리등을 고려하며
조준점을 정하는 방법을 의미하는 것으로 추정하고 있다. 위의 책, 같은 쪽. 셀비의 해석은 ≪회남자(淮南子)≫
에 대한 후한(後漢) 고유(高誘)의 주(注)에 근거한 것이다. ≪회남자≫, 〈제속훈(齊俗訓)〉에는 "儀不可以爲發
依不可以爲歲 儀必應乎高下 衣必應乎寒暑"라는 구절이 있는데, 이에 대한 고유(高誘)의 주(注)에서는 '의
(儀)'란 "쇠뇌의 조준점을 말한다. 가깝고 멀게 흩어져 있는 많은 표적을 쏠 때 언제나 조준점을 같이 해서 쏠
수는 없다(弩招頭也 射百發遠近 不可皆以一儀也)."고 했다. 따라서 〈제속훈〉의 위 구절은 "조준점을 언제나
같게 쏘면 안 되는 것은 옷 한 벌로 한 해를 지낼 수는 없는 것과 같다. 조준점은 표적까지의 거리에 따라 높낮
이를 달리해서 쏘아야 하는 것은 옷을 더위와 추위에 따라 갈아입어야 하는 것과 같다."는 의미가 된다. ≪회남
자≫, 〈설림(說林)〉에도 "射者 儀小而遺大"라는 구절이 있는데 이는 "활 쏘는 사람은 작은 조준점을 보고 큰
표적을 쏜다."는 의미이다.

10) 셀비(Stephen Selby)는 등종이 17세기 초 인물이며 그의 몇 마디 말을 ≪무비집요(武備輯要)≫라는 책에서
발견할 수 있다고 했으나(같은 책, 280쪽), ≪무비집요≫가 누구의 저술인지에 대한 언급은 없다. 일본의 하마
구찌 후지오(橫口富士雄)는 등종의 저서인 ≪무비집략(武備輯略)≫이 일본에서 간행된 홍엽산문고(紅葉山文
庫) 중 하나로 내각문고(內閣文庫)에 남아 있지만 심(審)·고(固)·분(分)에 대한 설명만 있고 만(滿)에 대한
언급은 없다 한다. 하마구찌 후지오, 앞의 책, 51쪽.

에 넣고 줌통 뒷면에는 엄지를 제외한 네 손가락의 손바닥 쪽 첫째 마디를 대 주며 엄지를 펴 화살촉을 받쳐 주되 화살촉이 검지에 닿지 않게 해야 한다. 이 렇게 하고 쏘면 화살은 부드러운 소리를 내며 매끄럽고 빨리 날아간다.[11] 활을 벌릴 때 몸을 똑바로 세워야 하며 머리가 옆으로 기울고 앞손 손목(의 손바닥 쪽)이 위를 향한 것은 병이니 조심해야 한다.[12]

4. 사적(射敵)

正心養氣爲根本　至於射敵又與射的不同　射的貴從容　射敵貴神速　從容則引 弓稍輕而調　可以及遠中微　神速者　非强弓重矢　安能殺敵於百步之外哉　故倭 虜矢重弓勁　中之者必斃　彼近而始發　發必中人　乃華人徒畏之　而不知用其所 長也

마음을 바르게 하고 기(氣)를 키우는 것이 활쏘기의 근본이지만 적을 쏠 때는 과녁을 쏠 때와 다르다. 과녁을 쏠 때는 마음을 편히 해야 하지만 적을 쏠 때는 신속해야 한다. 마음이 편하면 부드러운 활이라도 자신의 힘과 화살과 어울리면 먼 곳의 작은 과녁도 명중시킬 수 있다. 그러나 신속이 필요할 때는 억센 활과 무거운 화살이 아니면 백 보 밖 적을 쏘아서 죽이기 어렵다. 왜구들은 억센 활 과 무거운 화살을 써서 그들 화살에 맞으면 늘 크게 다치거나 죽는다. 또 그들 은 가까이서 쏘므로 반드시 명중시킨다. 그러나 중국인들은 공연히 그들을 두려 워만 할 뿐 그들의 장점이 무엇인지 모른다.

5. 하학가언 상달불가언(下學可言　上達不可言)

雖然　弓矢器耳　射藝耳　器形而下　道形而上　藝成而下　德成而上　禮不盡於玉 帛　樂不盡於鐘鼓　射亦不盡於弓矢　張弓挾矢　下學之方　得手應心　上達之妙　下 學可言　上達不可言　可言者　吾不得而秘之　其不可言者　存乎人之自得矣　故以 所嘗試師友之法　分篇十三　系之以歌訣　而射儀附焉　俟同仇者共力之

허나 궁시(弓矢)는 기(器)에 불과하고 활쏘기는 예(藝)에 불과하다. 기(器)는

---

11) 이 부분은 왕거(王琚)의 《사경(射經)》 중 '총결(總訣)'에서 인용한 것이다.
12) 이 부분은 왕거의 《사경》 중 '보사병색(步射病色)'에서 인용한 것이다.

도(道)의 아래고[13] 예(藝)는 덕(德)의 아래다.[14] 예(藝)는 옥백(玉帛)이 모두가 아니고 악(樂)은 종고(鐘鼓)가 모두가 아니다.[15] 활쏘기 역시 궁시(弓矢)가 모두는 아니다. 활에 시위를 얹고 화살을 다루는 것은 하학(下學)의 방법이지만 마음에 따라서 손이 움직이는 것은 상달(上達)의 비결이다.[16] 하학(下學)은 글이나 말로 옮길 수 있지만 상달(上達)은 그러하지 않다. 글이나 말로 옮길 수 있으면 나 역시 이를 감출 수는 없다. 그러나 글이나 말로 옮길 수 없는 것은 각자가 스스로 이를 터득해야 한다. 이제 내가 늘 실습해 보았던 스승과 벗들의 사법(射法)을 13편으로 나누고 전해져 내려온 활노래들과 ≪예기(禮記)≫, <사의(射義)>편을 덧붙였다.[17] 뜻을 같이하는 이들끼리 서로 힘이 되기를 기대한다.

Ⅰ. 이기(利器 第一)[18]

荀子曰 弓矢不調 羿不能以必中 夫調之云者 矢量其弓 弓量其力 蓋手强而弓弱 是謂手欺弓 弓强而手弱 是謂弓欺手 余所交游遊善射之友 有能引滿數十力弓者 無過九力之弓 所以養勇也 蓋弓箭力量欲其相稱 古者 弓以石量力 今之弓 以箇量力 未詳出處 然相傳 九斤四兩爲之一個力 十個力爲之一石 或曰 九斤十四兩爲一個力云 凡弓五個力而箭重四錢者 發去則飄不穩 而三個力之弓重七錢之箭 發之必遲而不捷 何哉 力不相對也

순자(荀子)는 궁시(弓矢)가 맞지 않으면 예(羿)[19] 같은 선사(善射)도 명중시킬 수 없다 했다. 맞는다는 것은 화살은 활에 맞는 것을 쓰고 활은 힘에 맞는 것을

---

13) "形而上者 謂之道 形而下者 謂之器"란 ≪역계사(易繫辭)≫ 구절을 인용했다.

14) ≪예기(禮記)≫, 〈악기(樂記)〉 편 구절을 인용했다.

15) ≪논어(論語)≫, 〈양화(陽貨)〉 편에서 인용한 구절이다.

16) ≪논어(論語)≫, 〈헌문(憲問)〉의 "군자는 높은 이치에 통하고 소인은 속세의 이치에 통한다(君子上達 小人下達)."는 말과 "속세의 이치를 알고 높은 이치에 통했으니 나를 알아 줄 이는 하늘뿐이다(下學而上達 知我者 其天乎)."라는 말을 원용한 구절이다.

17) ≪예기(禮記)≫, 〈사의(射義)〉 편은 앞의 제3장에 번역해 놓았기 때문에 이곳에서는 생략한다.

18) 연장을 잘 선택해야 한다는 말로서 ≪논어(論語)≫, 〈위령공(衛靈公)〉 편에 있는 말이다. 자공(子貢)이 인(仁)에 대해서 묻자 공자는 "장인이 일을 잘 하려면 먼저 그 연장을 잘 선택해야 하듯이(工欲善其事 必先利其器)." 현명한 대부(大夫)를 섬기고 어진 선비와 벗해야 된다고 했다. 여기에서는 활을 잘 쏘려면 자신의 힘에 맞는 활과 그 활에 맞는 화살을 선택해야 한다는 의미로 쓰였다.

19) 앞의 제1장 참고.

쓴다는 말이다. 팔 힘은 강하고 활이 약하면 팔이 활을 부린다고 하며 활은 강한데 팔 힘이 약하면 활이 팔을 부린다고 한다. 나는 활 잘 쏘는 사람을 아는데 그는 수십 력(力)[20]의 활을 당길 수 있지만 9력 이내의 활을 쓴다. 그는 힘을 아끼며 키우는 것이다. 힘과 활 그리고 화살이 서로 맞아야 한다. 옛날에는 활 힘을 헤아리는 단위가 석(石)이었고 지금은 력(力)이란 단위를 쓴다. 출처가 분명치는 않지만 전해져 오는 말에 9근(斤) 4냥(兩)이 1력, 10력이 1석이라고 한다. 9근(斤) 14냥이 1력이란 말도 있다. 5력<약 60파운드>의 활로 무게가 4전<4돈>인 화살을 쏘면 화살이 흔들린다. 반면 3력<약 37파운드>의 활로 7전<7돈>의 화살을 쏘면 화살이 느리다. 두 경우 모두 활과 화살이 맞지 않기 때문이다.

故三力之弓 用箭則長十拳 所謂一拳 名曰一把 十把之箭 其重四錢五分 如四力之弓 則用箭九把半以長 或至十把猶爲相 稱其重 則五錢五分 至於五力六力之弓 用箭亦長九拳之半 七力八力之弓 用箭只長九把 卽長至九把半亦可也 故箭之長短 隨弓力 以重輕

힘이 3력<약 37파운드>인 활에는 길이 10권(拳)<약 2자 5치>[21]의 화살을 쓴다. 1권을 1파(把)라 부른다. 길이 10파의 화살은 무게가 4전 5푼<약 4돈 5푼)이다. 힘이 4력<약 49파운드>인 활이면 길이가 9.5파<약 2자 3치>인 화살을 쓰며 10파가 되어도 균형이 맞는다. 무게는 5전 5푼<약 5돈 5푼>이 맞는다. 힘이 5~6력<약 62~74파운드>인 활에도 길이 9.5파<약 2자 3치>의 화살을 쓴다. 힘이 7~8력<약 86~100파운드>인 활에는 길이가 9파<약 2자> 정도 되는 화살을 쓴다. 그러나 길이 9.5파<약 2자 3치>의 화살도 무관하다. 그러므로 화살의 길이는 활의 힘에 맞추어야 한다. 화살 무게도 그렇다.[22]

---

20) 이곳에서 말한 힘 또는 무게 단위는 10푼(分)이 1전(錢), 10전이 1냥(兩), 16냥이 1근(斤), 9근 4냥이 1력(力), 10력이 1석(石)이다. 1푼은 약 0.375g 정도로서 1전은 약 3.75g 또는 1돈, 1냥은 약 37.5g, 1근은 약 600g, 1력은 약 5.5kg 또는 12.3파운드, 1석은 약 55kg 또는 123파운드 정도였을 것으로 추산된다.

21) 1권 또는 1파는 손가락 네 개를 모은 폭으로 약 7.5cm 정도이고, 10권을 우리나라에서 화살 길이를 잴 때 사용하는 단위로 환산하면 2자 5치 정도가 된다.

22) 여기서는 활 힘이 커질수록 짧고 무거운 화살을 쓰라 했다. 그러나 고영(高穎)의 ≪무경사학정종≫에서는 힘이 세고 키가 큰 사람일수록 억센 활과 길고 무거운 화살을 사용하라고 한다. 자세한 내용은 뒤의 제5절 참고.

是故調弓審矢 使輕重長短强弱適均 然後 目力會意 縱送無虞

따라서 활과 화살이 맞는지 보려면 화살 무게와 길이 그리고 활 힘이 서로 맞는지 보아야 한다. 이들이 모두 잘 맞으면 눈으로 조준한 것과 마음의 계산이 서로 맞아서 자신 있게 활을 쏠 수 있다.[23]

弦扣之精粗 亦視弓之强弱 扣者 屬弦以附弓弰 其粗細不稱 則弓弦不調[24]

시위와 심고 굵기도 역시 활의 힘에 맞추어야 한다. 심고란 양양고자에 붙는 시위의 끝 부분이다.[25] 그 굵기가 활의 힘에 맞지 않으면 활과 시위가 맞지 않는다.

而弓面之於弦口 把力之方 箭翎之制 不必工拙而貴乎適宜 弓面貴窄 不貴寬 弦口貴緊 把力貴軒 歪寧一順 不宜十字 箭之制 貴上粗而下細 若秤榦狀 寧粗毋細 箭翎貴短 弓弦貴粗 弦粗 滿扣則穩當 而不走滚 弓矢調矣

또한 활대, 현구(弦口),[26] 줌통, 화살 및 깃의 형태는 다 적절해야 한다. 활대는 좁아야 좋다. 현구(弦口)는 시위가 팽팽해야 좋다.[27] 활대에서 줌통 부분은 약간 불룩한 것이 좋지만 너무 구부러진 것보다는 차라리 평탄한 것이 낫고 너무 불룩하면 안 된다.[28] 화살은 오늬 쪽은 굵고 촉 쪽은 가늘며 저울대같이 생기면 좋다.[29] 대체로 가는 것보다 굵은 것이 좋다. 깃은 짧은 것이 좋다. 시위는

23) 원문의 종송(縱送)은 ≪시경(詩經)≫, 〈정풍(鄭風)〉 편, 「대숙어전(大叔於田)」이란 시의 구절로 종(縱)은 활쏘기, 송(送)은 사냥하며 짐승 쫓기를 말한다.

24) 저본(底本)에는 이 구절이 위 구절 앞에 있지만 위치가 서로 바뀐 것으로 보고 다시 바꾸었다.

25) 활쏘기 용어로서 구(扣)는 여러 의미로 사용된다. 오늬를 시위에 끼우는 동작을 의미할 때도 있고 오늬 자체를 의미할 때도 있고 오늬를 끼워 넣는 시위의 중간 부분을 의미할 때도 있다. 그러나 구(扣)는 본래 두드린다는 의미를 지닌 글자로서 이곳에서는 심고, 즉 시위를 활의 고자에 거는 고리 부분이 시위를 당겼다 놓을 때 고자를 때리기 때문에 심고를 구(扣)라고 부른 것으로 보인다.

26) 활대와 시위 사이의 간격을 말하며 양궁에서는 이를 '브레이싱 하이트(bracing height)' 또는 '스트링 하이트(string height)'라고 한다.

27) 시위가 팽팽해지려면 시위 길이를 잘 조절해야 한다. 그러나 활대와 시위 사이의 간격이 어느 정도가 되어야 적절한지는 활마다 사람마다 다르며 반복적인 경험을 통해 결정할 수밖에 없다. 시위는 쓸수록 길이가 늘어나기 때문에 적절한 현구를 찾아낸 다음에는 언제나 이를 유지할 수 있도록 조심해야 한다. 늘어진 시위는 꼬아 주면 다시 길이가 줄어든다.

28) 활에 줌통을 붙이는 중간 부분을 우리말로는 한통이라 하고 한자로는 부(弣)라고 한다. 이곳은 활을 벌릴 때 가장 많은 힘을 받는 부분이기 때문에 활대 위에 줌통의 길이보다 약간 긴 덧나무를 붙이는데 이 덧나무를 우리말로 다림이라고 하고 한자로는 절(節) 또는 녀(㣎)라고 한다. 이 부분이 너무 평평하거나 너무 구부러지면 좋지 않다는 말로 보인다. ≪조선의 궁술≫에서는 "활에 알줌이라 하는 것은(활의 다림을 말한다) 다림이 구부러져서 아귀를 지나치게 받치는 것으로서 활쏘기에 이롭지 아니하다. 그러나 아귀가 부실해도 활쏘기에 이롭지 아니하다. 아귀는 다다 봉긋하여서 화살을 내보낼 때 줌통을 받쳐 주어야 한다."고 했다. 현대어 해설은 앞의 182쪽 참고.

굵은 것이 좋지만 오늬에 꼭 물리는 정도면 적당하다. 그러면 화살이 시위에서
떨어져 나가지 않고 활과 화살이 잘 맞는 것이다.[30]

而於閑習臨敵 器不同 用弓窄則美觀 平時用之可矣 若御敵則宜寬弓重箭 箭
重則貫札深 弓寬則不滾 箭之至短 不過九拳耳 少則撒放時難加筋節也

　또한 조용히 습사(習射)할 때와 전쟁터에서 쓰는 활이 다르다. 폭이 좁은 활
은 보기에도 좋고 평시 습사용으로는 무관하다. 그러나 전쟁터에서는 폭 넓은
활과 무거운 화살을 써야 한다. 무거운 화살은 갑옷을 깊게 뚫고 들어가며 폭
넓은 활은 시위가 벗겨져 활이 뒤집어지는 일이 생기지 않는다. 화살은 짧아도
9권(拳)<약 2자> 이내가 되어서는 안 된다. 화살이 너무 짧으면 화살을 내보
낼 때 힘을 쓰기 어렵기 때문이다.[31]

或有用三力半之弓 而長十拳重六錢之箭 似不如法 而其射甚平快 是必有法
在於加意精熟之 此利器之槪也

　그러나 3.5력(力)<약 43파운드>의 활로 길이 10권(拳)<약 2자 5치>, 무게
6전(錢)<약 6돈>의 화살을 쏘는 사람도 있다. 이는 사법(射法)에 어긋나는 것
같은데 그가 쏜 화살은 매우 낮고 힘차게 날아간다. 필시 그는 사법의 다른 요
소들에 매우 정통한 사람일 것이다. 이기(利器)란 이런 것이다.[32]

---

29) 대략 중간이 굵고 양끝은 가늘되 촉 쪽이 비교적 가는 형태를 말한 것으로 보인다. 명나라 정종유(程宗猷)의
　　≪사사(射史)≫에서는 "깃의 끝 부분은 가늘고 깃을 지나면서 점차 굵어지다가 중간부터는 다시 가늘어지면서
　　촉에 이른다."고 했고 ≪주례(周禮)≫, 〈동관(冬官)〉 편의 시인(矢人) 조에서는 "화살 길이의 1/3은 가늘게 한
　　다."고 했다.

30) 원문의 '주곤(走滾)'은 시위에 끼운 화살이 발시 전 빠진다는 말이다. 화살이 빠지지 않게 하려면 시위 굵기가
　　오늬 간격과 잘 맞아야 하지만 처음 시위에 잘 맞던 오늬도 오래 쓰면 간격이 넓어져 화살이 빠지므로 오늬를
　　끼워 넣는 부분에 덧실을 감아 주고 가끔씩 교체하는데 이 덧실 부분을 우리나라에서는 절피, 중국에서는 '필
　　(㢑)', 양궁에서는 '서빙(serving)'이라고 한다. 일본에서는 덧실을 감지 않고 작은 헝겊 조각을 감아 주는데 이
　　를 '중사괘(中仕掛)'라 한다.

31) 이정분(李呈芬)이 말한 발시법(發矢法)은 중국의 전통적인 발시법과 같이 화살을 내보낼 때 앞손으로는 윗고자
　　를 과녁 쪽으로 쓰러뜨리고 뒤 팔은 뒤로 펴 주는 것인데 너무 짧은 화살을 쓰면 이런 동작을 취하기 어렵다는
　　말로 보인다. 원문에서는 화살을 내보내는 동작을 살방(撒放)이라고 했는데 청나라 나란상균(那蘭常鈞)의 ≪사
　　적(射的)≫에서는 살방(撒放)은 발(發)과 같은 말이지만 발시 순간 뒷손의 동작을 살(撒), 앞손의 동작을 방(放)
　　이라고 했다. 그러나 청나라 이공(李塨)의 ≪학사록(學射錄)≫에서는 깍지손에서 시위에 걸어 놓은 엄지를 누
　　르고 있던 검지와 중지가 펴지는 동작이 살(撒)이고 엄지가 시위를 놓는 동작이 방(放)이라고 하면서 살(撒)이
　　느리면 화살이 표(飄)하고 방(放)이 느리면 화살이 합(合)한다고 했다. 표(飄)는 우궁의 경우 화살이 조준점보다
　　왼쪽으로 날아간다는 말이고 합(合)은 조준점보다 오른쪽으로 날아간다는 말이다.

32) 앞서 '하학가언 상달불가언(下學可言 上達不可言)' 항에서 언급한 "활에 시위를 얹고 화살을 다루는 것은 하

訣曰 弓用輕 箭用長 搭箭得弦 意怒强開弓 勢前後分陰陽 箭出門時 一點功平
准狠 去何用忙 曰平曰準曰狠三者 射之方也 夫善事者 必利器 斯則知其端倪矣

활노래에 "활은 연한 것을 화살은 긴 것을 써라. 화살에 시위를 꽂았으면 화
난 기세로 활을 벌리되 앞뒤 두 팔에 힘의 균형을 이루게 하라. 화살을 내보낼
때는 평(平)·준(准)·한(狠)[33]에 한 차례 더 공을 들여라. 서두르면 안 된다."는
말이 있다. 일을 잘하는 사람은 그 연장을 잘 선택한다. 이는 일의 시작을 아는
것이다.

Ⅱ. 변적(辨的 第二)[34]

夫箭稱百步之威 所謂殺人百步之外者也 故其效在於中人 而所習先於破的
的者 箭之侯 世俗通呼爲把子 諺曰 箭無落頭 不知遠近也 是野矢 落頭謂落矢
之所至 如射的者至的 射人者至人 是也 野矢謂不經師授 放縱無法

무릇 화살을 일러 100보 위력을 지닌다 한다. 100보 밖의 사람을 죽일 수 있
다는 말이다. 그 효용은 사람을 쏘는 데 있지만 이를 위한 연습으로 먼저 적(的)
을 꿰뚫을 수 있어야 한다. 적(的)은 습사(習射) 때 화살을 쏘는 후(侯)를 말하며
속칭 파자(把子)라 한다.[35] 흔히 낙두(落頭)와 원근(遠近)이 일정치 않은 화살을
야시(野矢)라 한다. 낙두(落頭)란 화살이 떨어져 도달하는 곳을 말한다. 과녁을
쏠 때는 과녁에, 적(敵)을 쏠 때는 적(敵)에게 화살이 도달해야 한다. 야시(野矢)
란 스승에게 배우지 않고 멋대로 쏜 화살을 말한다.

故的分遠近而前手應之 如把子八十步 前手與前肩對 把子一百步 則前手與
眼對 把子一百三四十步 則前手與眉對 其最遠至一百七八十步 則前手必與帽
頂對矣

학의 방법이지만 마음대로 손이 움직이는 것은 상달의 비결이다(張弓挾矢 下學之方 得手應心 上達之妙)."라
는 말을 이곳에서 다시 상기시키고 있는 구절로 보인다.

33) 평(平)은 화살이 낮게 날아가는 것, 준(準)은 화살이 좌우로 쏠리지 않고 날아가는 것, 한(狠)은 화살이 빠르게
날아가는 것을 각각 말한 것으로 보인다.

34) 표적에 명중시키기 위해 조준점을 정하는 방법을 말한다.

35) 적(的), 후(侯), 파자(把子)는 모두 습사(習射) 때 쏘는 과녁을 말한다.

따라서 과녁까지의 거리에 따라서 줌손의 높이를 달리해야 한다. 과녁이 80
보(步)36) 거리에 있을 때는 앞손을 눈높이에 두고 쏜다. 130보 내지 140보 거리
에 있을 때는 줌손을 눈썹 높이에 두고 쏜다. 과녁을 설치하는 가장 먼 거리인
170보 내지 180보에 있을 때는 줌손을 머리에 쓴 모자 꼭대기 높이에 두고 쏜다.

目力審眞 氣至 意注 二目審顧不眞 則箭發倉茫無准矣 由近及遠 漸習精求
善學射者 其的必始於一丈 百發百中 寸以加之 漸至於百步 亦百發百中 是爲
術成37) 此不易之法也

눈에 힘이 모이면 기(氣)가 오르고 정신도 모인다. 두 눈의 힘이 모이지 않으
면 화살은 제멋대로 날아간다. 평소 가까운 과녁부터 먼 과녁으로 점차 거리를
늘려 가면서 정확히 쏘아 맞히는 연습을 해야 한다. 활을 제대로 배우려면 처음
에는 과녁과 1장(丈)<약 3m> 거리에서부터 쏘아야 한다. 백발백중하게 되면
차례로 1치<약 3cm>씩 거리를 늘리는데 100보(步) 거리에서도 백발백중하게
될 때 비로소 궁술은 완성되는 것이다. 이는 바꿀 수 없는 법도이다.

凡把子五十步近者 前手下前肩二寸 直對把子中射之 把子三十步者 前手與
左胯對 正望把子根柢射之 故學射之初 必滿搜而遠發 寧高而過 勿低而不及
能及遠矣 然後自近求准 母畫地以自局焉 初學者 曾未開弓 便止射三二十步
如此是自局也 豈能遠耶38)

무릇 과녁이 50보 거리에 있을 때는 줌손을 앞 어깨보다 2치 정도 낮은 높이
에 두고 직접 과녁 중심을 조준하여 쏘고 과녁이 30보 거리에 있을 때는 줌손
을 왼쪽 허벅지와 같은 높이에 두고 과녁의 하단을 조준해서 쏜다.39) 따라서 처
음에 활을 배울 때는 반드시 시위를 가득 당겨서 멀리 쏘도록 해야 하고 차라

---

36) 1보(步)가 주(周)나라 때는 약 1.2m였고 전국시대(戰國時代)에는 약 1.35m였고 명나라 때는 약 1.55m였다.
　　현재 대한궁도협회의 규정은 1보를 약 1.2m로 보고 120보, 즉 145m 거리에 과녁을 설치하도록 되어 있는데
　　이는 주나라 때의 주척(周尺)을 기준으로 한 것이다.

37) "其的始於一丈 ～ 是爲術成"은 왕거(王琚)의 ≪사경(射經)≫ 중의 구절이다.

38) "故學射之初" 이하의 구절은 척계광(戚繼光)의 ≪기효신서(紀效新書)≫에 있는 구절을 약간 풀어서 설명한
　　것이다.

39) 조준점의 선택과 관련하여 이와 비슷한 흥미 있는 이야기가 ≪회남자(淮南子)≫, 〈설산훈(說山訓)〉에 있다. 어
　　떤 월(越)나라 사람이 활을 배웠는데 멀리 있는 과녁 중앙을 조준해서 쏘아 맞히더니 5보 거리에 있는 과녁도
　　중앙을 조준하더라는 이야기이다. 세상이 변한 것을 알지 못하고 옛 관습을 고집하는 것을 비유한 이야기이다.

리 화살이 과녁을 넘길지언정 미치지 못하게 해서는 안 되며 그런 다음에 가까운 과녁부터 시작해서 먼 과녁까지 정확하게 쏘는 연습을 해야 한다. 처음부터 땅에 선을 그어 놓고 그 범위 내에 스스로를 가두어 두듯이 짧은 거리의 과녁만 쏘면 안 된다. 활을 가득 벌리지 않고 20보 내지 30보 거리의 과녁만 쏜다면 이는 스스로를 가두어 두는 것이다. 그렇게 하면 어찌 화살을 멀리 보낼 수 있겠는가?

法曰　莫患弓軟　服當自遠　莫患力贏　引之自倕　弓之力强硬曰勁　弓小而弱曰軟　服者　久而熟習之謂也　贏猶弱也　倕有力也　夫力勝於弓　則氣和而命中[40]　及其升高俯塹　隨地勢之低昻　必移的習之　縱橫曳擲　發無遺矢矣　言預習之閑　以需臨敵進退之熟也

사법에 이르기를 "활이 연하다고 걱정 말라. 사람이 활을 부리면 의당 화살이 멀리 나간다. 자신의 힘이 부족하다고 염려하지 말라. 시위를 당기다 보면 의당 힘이 늘어난다."고 했다. 활의 힘이 강경(强硬)한 것을 억세다고 하며 활이 작고 약한 것을 연하다고 한다. 부린다는 것은 오래 연습해서 손에 익숙해지는 것을 말한다. 힘이 부족하다는 것은 힘이 약하다는 말이다. 힘이 는다는 것은 힘이 강해진다는 말이다. 무릇 사람의 힘이 활을 이겨야 기(氣)가 안정되어 명중시킬 수가 있다. 또한 높은 곳이나 골짜기 아래에 과녁을 놓고 올려 보거나 내려 보면서 쏘는 등 지세에 따라 과녁을 옮겨 보면서 연습하면 어떤 표적을 쏘아도 빗나가는 화살이 없게 된다. 평소의 습사(習射)는 전쟁터에서 쏘기 위한 준비이다.

戚將軍曰　對敵射箭　惟膽大力定　勢險節短　則人莫能避矣　凡臨敵　必挽弓矣　且勿滿拽　且勿輕發　只四平架手立定　以養其勢　必待將近數十步計之　一發必中　必能殺敵　又或患將切身　或爲賊先鋒　然後一發而中　收功十倍矣[41]

척계광 장군은 "적을 쏠 때는 담대하게 힘을 내서 기세(氣勢)를 험하게 절(節)을 짧게 하면 적이 나의 화살을 피할 수 없게 된다. 적을 쏠 때 활을 벌리지만 시위를 너무 가득 당겨도 안 되며 경솔하게 쏘아도 안 된다. 굳센 자세로

---

40) "莫患弓軟　服當自遠　莫患力贏　引之自倕" 부분은 당나라 왕거의 ≪사경≫에 있는 말을 척계광의 ≪기효신서≫에서 이해가 편한 말로 바꾸어 놓은 것을 인용한 것이고 "夫力勝於弓　則氣和而命中" 부분은 왕거의 ≪사경≫에 있는 말을 이정분이 이해가 편한 말로 바꾼 것이다.

41) 이 구절은 척계광의 ≪기효신서≫의 구절을 축약한 것이다.

서서 팔을 들어 올리고 기(氣)를 축적하고 있다가 적과 거리가 수십 보 이내로 좁혀지기를 기다려 한 발에 명중시키면 반드시 적을 죽일 수 있다. 적의 칼날이나 창끝이 나의 몸에 닿을 것이 염려될 정도로 적과 거리가 좁혀진 후에는 한 발만 적을 명중시켜도 그 효과는 10배가 될 것이다.

蓋弓矢長兵也[42] 長兵短用焉 力百步者 五十步而後發 力五十步者 二十五步而後發 長則謂之勢險 短則謂之節短也 力百步謂力可至百步也 力量倍而半用其力 則勢有餘而無錯矢之患

궁시는 멀리서 쏘는 무기이지만 실전에서는 가까이에서 쏘아야 한다. 힘이 100보면 50보에서, 힘이 50보면 25보에서 쏘아야 한다. 멀리 나가므로 기세가 험하다 하고 짧은 거리에서 쏘므로 절(節)이 짧다 한다. 힘이 100보라는 것은 100보까지 미친다는 말이다. 힘이 두 배라도 절반만 쓰면 기세가 넘치고 빗나가는 화살이 없게 된다.

故馬戰射的 射其大者 不必的於射人 語曰 射人先射馬 擒賊先擒王 所以論其要也 嘗觀時俗 嗤武擧試 圍之箭曰功名箭 謂其徒能博第而不足以臨敵也 於戲士取功名 何爲哉

마전(馬戰)에서는 큰 표적을 쏘아야 하며 사람을 쏠 필요가 없다. "적을 쏘기 전 말을 쏘고 적을 잡기 전 왕을 잡아라."[43]는 것은 이를 말한다. 사람들은 무과(武科)의 화살을 공명전(功名箭)이라 하면서 무과를 비웃는다. 과거에 급제해도 적과 싸우기에는 부족하다는 말이다. 우스운 한량이 공명(功名)만 얻으니 어찌하랴?

Ⅲ. 명구(明彀 第三)

孟子曰 羿之教人射 必至於彀[44] 學者亦必至於彀 又曰 羿不爲拙射變其彀率

---

42) ≪사기(史記)≫, 〈흉노전(匈奴傳)〉에 있는 "활과 화살은 원거리 무기이고 칼과 도끼는 근거리 무기다(弓矢長兵 刀鋋短兵)."라는 구절에서 인용한 말이다.

43) 당나라 두보(杜甫)의 출새전(出塞前)이란 시(詩)의 일부이다.

44) ≪맹자(孟子)≫, 〈고자상(告子上)〉 편에 있는 구절이다.

殼率者　盈滿之謂也　蓋鏃與弝齊爲滿　弝弓弝也　半弝之間謂之貫盈　明乎盈滿
之旨　不以目而以指

　맹자(孟子)는 "예(羿)가 활쏘기를 가르칠 때는 반드시 가득 벌리게 했다."고
한다. 활쏘기를 배울 때 반드시 활을 가득 벌려야 한다. 또한 "예(羿)는 초보자
를 가르칠 때도 구율(殼率)을 바꾸지 않았다."고 한다. 구율(殼率)은 활을 가득
벌리는 영만(盈滿)을 말한다. 무릇 촉이 파(弝)와 나란히 되도록 당기는 것을 만
(滿)이라 한다. 파(弝)란 궁파(弓弝), 즉 줌통을 말한다. 촉이 파(弝)의 중간까지
들어오게 당기는 것을 관영(貫盈)이라 한다. 활을 가득 벌렸는지 여부를 확인하
는 것은 눈으로 하는 것이 아니라 손가락으로 하는 것이다.

　是故　拽弦扣矢之節　屈壓撒放之方　古人秘妙　可以意授也
　깍지손으로 화살을 시위에 메기고 시위를 당기는 방법이나 줌손 손가락들을
구부리고 누르는 방법이나 화살을 내보내는 방법 등은 옛사람들이 숨기던 비법
(秘法)이지만 그 뜻은 말해 줄 수 있다.

　凡射　必大指壓中指把弓　此至妙之古法　須以大指上一指節探過中指上一節
大指與中指竝平攅緊　中指屈　要平大指　要微屈二指　靠弓弝平　屈無名指與小
指　要十分屈　十分緊　自肩至肘與手　要直如箭　若一節彎屈　骨節不對　便無力不
勁也
　활을 쏠 때 줌손은 엄지를 중지 옆에 붙이고 엄지로 중지를 눌러 주면서 활
을 쥐라 하는데 이는 지극히 묘한 옛 사법이다. 엄지 끝마디가 중지 끝마디를
지나서 엄지와 중지를 같은 높이에 나란히 두고 바짝 붙이되 중지는 구부리고
엄지는 펴며 검지는 가볍게 구부려서 줌통에 붙여야 하고 무명지와 새끼손가락
은 있는 힘껏 줌통을 감아쥐어야 한다.45) 이때 앞 팔은 어깨에서 팔꿈치를 거쳐

---

45) 무명지 및 새끼손가락으로 줌통을 힘껏 감아쥐라고 했지만 중지는 느슨해도 된다는 말로 보면 안 된다. 위에서
　　엄지로 중지를 눌러 주되 엄지와 중지를 같은 높이에 나란히 두고 바짝 붙이라 했으므로 결국 하삼지(下三指)
　　로 줌통을 힘껏 감아쥐어야 한다. 다만 당나라 왕거(王琚)의 ≪사경≫에서는 발시 순간에 소위 별(撇), 질(控)
　　또는 미기소(靡其弰)의 동작을 취하려면 줌손의 호구를 약간 풀어 주고 무명지와 새끼손가락으로 줌통을 돌리
　　면서 옆으로 눕혀 주라고 했으므로 이곳에서도 하삼지(下三指)가 아니라 하이지(下二指)라 한 것 같다. 앞의
　　제5장. 각주 39의 본문 참고. 한편 엄지로 중지를 눌러 주라는 말이 위에서 눌러 주라는 말이 아니라 옆에서
　　눌러 주라는 말임은 촉이 줌통으로 도달하는 것을 감지해야 하는 손가락을 엄지가 아니라 중지라고 한 뒤의 말
　　을 보면 분명하다.

손에 이르기까지 화살대 모양으로 곧게 펴져야 하며 조금이라도 구부러지면 골절(骨節)들이 맞물리지 못해서 무력해진다.

後手 以二指勾大指上一節 二節要斜靠箭扣 指頂下垂 箭扣搭宜最正 稍上亦可 若搭下 恐箭多上起而不直前也 拽弓未滿時 前後手且少用力 至箭鏃方進弓弛46)之時 前後手掌十指並加力上緊 審固 撒放之

깍지손은 검지를 구부려 엄지의 손톱마디 위에 걸고 검지의 둘째 마디는 화살 오늬에 붙이고 손가락 끝을 아래로 향하게 해야 한다. 오늬를 시위에 끼우는 위치는 매우 정확해야 한다. 좀 높게 끼우는 것은 무관하지만 낮게 끼우면 화살이 곧바로 앞을 향하지 못하고 떠오를 수 있다. 시위를 가득 당기기 전에는 앞뒤 두 손에 큰 힘을 가하지 않는다. 화살촉이 줌통에 닿기 시작할 때 비로소 두 손의 손바닥과 열 손가락 모두에 동시에 힘을 주어 매우 긴장시키고 정신을 집중해서 굳힌 상태에서 화살을 내보내야 한다.47)

法曰 鏃不上指 必無中理 指不知鏃 同於無目 此指字 乃左手中指之末 知鏃者 指末自知鏃到 不假於目也 必指末知鏃 然後爲滿 必箭皆知鏃 方可言射 把持定而知鏃 則無打袖搖指之患 凡打袖 皆因把持不定 凡矢搖而弱者 皆因鏃不上指故也

사법에 이르기를 "화살촉이 손가락 위에 도달하지 않으면 화살은 결코 명중하지 못하고 손가락으로 화살촉을 감지하지 못하는 것은 눈이 먼 것과 같다."고 했다.48) 여기서 손가락이란 왼손 중지의 끝을 말하며 화살촉을 감지한다는 것은

화살촉이 도달함을 손가락 끝이 스스로 감지하고 눈으로 보고 아는 것이 아니라는 말이다. 화살촉이 도달함을 손가락이 감지한 연후라야 반드시 가득 당겨진 것이고 쏘는 화살마다 모두 그렇게 해야 비로소 활을 쏜다고 말할 수 있다. 줌통을 밀고 버티면서 촉이 들어오는 것을 손가락이 감지하면 화살이 나갈 때 시위가 옷소매를 때리거나 손가락이 풀어지는49) 병이 없어진다. 시위가 옷소매를 때리는 것은 모두 줌통을 밀며 버티지 못했기 때문이고 화살이 흔들리며 힘없이 날아가는 것은 대개 시위를 덜 당겨 촉이 손가락 위에 올라오지 못했기 때문이다.

箭有脫弝之射者　名家也　非初學者可言　脫弝箭　名家之號也　其鏃進過虎口　審固而發　爲勢甚險　觀者悚心　此非初學可能　然當效法之　習之久而自能也　然有志之士　縱不能過　何可不及　不及者　非力不足也　不努力之故也　人不努力　百事無成　豈獨射藝乎哉　故曰　中道而立　能自從之

　화살촉이 줌통을 지나 들어오도록 당겨서 쏘는 사람은 명가(名家)로서 초보자는 그렇게 할 수 없다. 탈파전(脫弝箭)이란 그런 명가를 말하는 별명이다. 화살촉을 호구(虎口)까지 깊숙이 들어오게 해서 정신을 집중하고 줌손을 굳혀서 쏘면 그 기세가 심히 험해서 곁에서 보는 사람을 오싹하게 만든다. 초보자가 그렇게 할 수는 없지만 당연히 그렇게 되기를 목표로 해서 오래 연습을 하면 그렇게 할 수 있다. 활쏘기에 뜻을 둔 사람이라면 비록 그와 같이 당기지는 못할지라도 어찌 화살촉이 손가락 위에 도달하기까지 당기지도 못하겠는가?50) 화살촉이 손가락 위에 도달하기까지 당기지 못하는 것은 힘이 모자라서가 아니라 노력을 하지 않기 때문이다. 사람이 노력이 없으면 아무것도 성취할 수가 없다.

---

49) 원문의 '요지(搖指)'를 그대로 해석한 것이다. 그러나 문맥상 '요지(搖指)'는 '타지(打指)' 또는 '요시(搖矢)'의 오기(誤記)일 가능성이 크다. 줌통을 제대로 밀고 버티지 못하면 화살이 나갈 때 줌손의 손가락을 스치고 지나가면서 흔들리게 되기 때문이다.

50) 《논어(論語)》, 〈선진(先進)〉 편에는 과유불급(過猶不及), 즉 "지나침은 모자람만 못하다."는 말도 있으나 여기에서는 그런 의미로 과(過)와 불급(不及)이라는 말을 사용한 것은 아니다. 여기에서는 촉이 호구 깊숙이 들어오도록 당기는 것을 과(過)라 했고 이렇게 시위를 당기는 사람을 탈파전(脫弝箭) 또는 명가(名家)라고 부른다며 오히려 이를 최상의 경지로 보고 있다. 그러나 초보자의 경우는 화살촉을 당길 때 극도로 조심해야 한다. 우리나라의 활터에서는 줌통 넘어 촉이 들어오도록 당기는 것을 몰촉(沒鏃)이라고 하여 매우 경계하는데 자칫 잘못하면 시위를 놓을 때 화살촉이 줌통에 걸려 부러지고 이때 부러진 파편이 줌손이나 얼굴, 특히 눈을 크게 상하게 할 수 있기 때문이다. 따라서 초보자의 경우에는 과유불급(過猶不及)이 오히려 적절한 충고일 수도 있을 것이다.

어찌 사예(射藝)에서만 그러하겠는가? 그래서 이르기를 "도(道)를 굳게 지키면 능력 있는 자는 따라오게 마련이다."라고 했던 것이다.[51]

Ⅳ. 정지(正志 第四)

按烈女傳曰 怒氣開弓 息氣放箭 蓋氣怒 則力雄而引滿 氣息 則心定而慮周 此正志之則也

≪열녀전≫을 보면 "화난 기세로 활을 벌리고 편안한 기세로 화살을 내보내라."는 말이 있다. 무릇 화가 나면 힘이 솟아 시위를 가득 당길 수가 있고 편안하면 마음이 안정되어 사물을 두루 살필 수 있게 된다. 이것이 바로 정지(正志)의 법칙이다.

若夫校試於演武之場 則兢業操持 而神凝思曠 若無監司之臨其上 若無大衆 之列其左右 徐徐然 若閑習於野曠之間 則心泰而力完 必無嘈雜之驚 倉遑之 矢 於是 鏃鏃能知 而矢矢審固 如之 何不中

무릇 연무장(演武場)에서 시험을 볼 때는 정신을 집중시키고 잡념을 버려야한다. 마치 시험관도 없이 좌우에 늘어선 사람들도 없이 아무도 없는 벌판에서 조용히 습사(習射)하는 듯이 차분해야 한다. 그러면 정신은 집중되고 힘은 솟아서 시끄런 소리에 놀라 황당하게 빗나가는 화살이 없게 된다. 그렇게 해야 화살이 손가락 위에 올라오는지 일일이 모두 점검할 수 있고 화살을 내보낼 때마다 정신을 집중하고 줌손을 굳힐 수 있게 된다. 이렇게 하는데 명중이 되지 않을 수 있겠는가?

---

51) ≪맹자(孟子)≫, 〈진심(盡心)〉 상권에 나오는 말이다. 공손추(公孫丑)가 맹자에게 "도(道)는 높고도 아름답지만 마치 하늘에 오르는 것같이 도달하기가 어려울 것 같습니다. 사람들이 도에 도달하기 위해 나날이 노력하도록 하지 못하는 이유는 어디에 있습니까?"라고 묻자 맹자는 "훌륭한 목수는 졸렬한 목수를 위해 먹줄로 곧게 선을 긋는 방법을 고치거나 생략하지 않으며 뛰어난 궁사 예(羿)는 졸렬한 궁사를 위해 활을 가득 벌리는 원칙을 바꾸지 않았다. 군자가 활시위를 당기면 아직 화살을 쏘지 않더라도 화살이 곧 튀어 나갈 듯이 보인다. 도를 굳게 지키면 능력 있는 자는 따라오게 마련이다(大匠不爲拙工 改廢繩墨 羿不爲拙射 變其彀率 君子引而不 發 躍如也 中道而立 能自從之)."라고 대답했다. 마지막의 "도를 굳게 지키면 능력 있는 자는 따라오게 마련이다."라는 말은 활쏘기를 가르칠 때는 지켜야 할 원칙이 있는데 이를 철저히 지키면서 제자를 가르치면 자질이 있는 제자는 곧 잘 쏠 수 있게 된다는 말이다.

故中的之可取必者　自從容閑暇得之也　未有匆忙恍惚而可取必也　匆忙有中
亦幸耳　從容閑暇　乃善射之主宰　設若試場校射　一發至五矢　上下而有未中者
更要從容審決　必勿因不中而動荒(慌)忙之念　動念　則益乖張　而六七八九矢更
無中理矣

따라서 과녁을 맞힌 화살이라도 마음을 가라앉히고 쏘아서 맞혔을 때만 제대
로 맞힌 것으로 보아야 한다. 마음이 들뜬 상태에서 쏜 화살은 제대로 맞힌 것
으로 볼 수 없다. 마음이 들뜬 상태에서 명중하면 이는 행운일 뿐이다. 마음을
가라앉히는 것은 선사(善射)의 제1의 조건이다. 시험을 볼 때 다섯 발을 쏘아서
과녁을 넘거나 못 미치는 화살이 생기면 마음을 가라앉히고 다시 정신을 집중
시켜야 하며 화살이 맞지 않는다고 당황하면 안 된다. 당황하면 화살은 더욱 빗
나가게 되며 그다음 어느 화살도 맞힐 수 없다.52)

又如長驅接戰之期　旌旗蔽空　鉦鐃震地　倭鋒耀日而來　胡馬揚塵以進　懼心一
動　則手顫身寒　卽平日能穿七札　亦必委而不振矣　故爲將之道　當先治心　譽之
不喜　激之不怒　勝而不驕　敗而不懾　若泰山之崩於前而不驚　若虎兕之出於後
而不震

더욱이 멀리 달려가 싸울 때는 깃발이 하늘을 덮고 징 소리 북소리는 땅을
흔들고 왜구의 창끝이 햇빛에 번쩍거리며 몰려오고 오랑캐의 말발굽이 먼지를
일으키며 들이닥치는데 한번 공포를 느끼면 손은 떨리고 몸은 오싹해져서 평소
일곱 겹 비늘로 만든 갑옷을 뚫던 솜씨가 있어도 위축되어 솜씨를 발휘할 수
없게 된다. 따라서 장수(將帥)의 도(道)는 먼저 마음을 다스림에 있다. 칭찬을
들어도 기뻐하면 안 되고 노해서도 안 된다. 이겼다고 교만해서도 안 되며 패했
다고 좌절해서도 안 된다. 앞에서 태산이 무너지거나 뒤에서 호랑이나 코뿔소가
대들어도 놀라거나 동요돼서는 안 된다.

無動容　無作色　而和其肢體　調其氣息　一其心志53)　備此五德　惟彀率之是圖
失諸正鵠　反求諸己身　此君子之道也

얼굴을 움직이지 말 것, 표정을 일그러뜨리지 말 것, 자세를 편안히 할 것, 기와 호흡을 고르게 할 것, 정신을 집중할 것, 이 오덕(五德)을 갖춘 다음에는 오직 활을 가득 벌리는 데 충실하면 된다. 정곡(正鵠)에 명중시키지 못하면 자신을 되돌아보는 것이 바로 군자(君子)의 도(道)인 것이다.

昔之觀射者 見其百發百中 乃曰 可敎射 問之 則敎以善息 善射者 以技 善息者 進乎技矣 苟志不先正 隨氣爲盈涸 卽命中 烏能比乎禮樂哉

옛날 어떤 사람이 활 쏘는 것을 구경하다가 백발백중하는 이를 보고 "가르칠 만하다."고 하기에 그 이유를 묻자 그는 "그칠 때를 알아야 한다."고 가르쳤다고 한다.54) 선사(善射)란 솜씨가 있는 사람이지만 그칠 때를 안다는 것은 솜씨를 넘어서 도(道)의 경지로 들어선 사람이다.55) 마음을 먼저 바르게 하지 못하고 그때그때 기분에 따라서 활을 가득 벌리기도 하고 덜 벌리기도 하면 어찌 예악(禮樂)에 맞추어 활을 쏘아서 명중시킬 수 있겠는가?56)

V. 신법(身法 第五)

夫人之射 雖在乎手 其本主於身 每射時 如身挺然直立 兩足相竝 此謂大架 第足竝而下無力 肩高而手易搖 如兩股盡開 身伏手低 此謂小架 第身伏手不能起 足開腿急難收 二者 若與敵人對射 大架 不便躱避 小架 苦於收足 均未爲善 身法之善 莫若蹲腰坐胯 最爲便宜 腰蹲 則身不動 坐胯而臀不顯 肩肘腰腿 力萃於一處 易起易伏 遇敵之際 前手挽弓 可衛一身 控拽撒放 身俱不動 在射者有法 而旁視者美觀矣

활은 손으로 쏘는 것 같지만 그 바탕은 몸에 있다. 몸을 곧바로 세우고 두 발

---

54) 초나라 양유기(養由基)에 관한 말이다. 상세 내용은 앞의 제1장, 제2절 참고.

55) 원문의 진호기의(進乎技矣)라는 말은 ≪장자(莊子)≫, 〈양생주(養生主)〉 편에서 인용한 말이다. 어떤 사람이 소를 잡는데 순식간에 소 한 마리를 부위별로 완전히 해체할 뿐 아니라 뼈를 전혀 건드리지 않고 소를 잡기 때문에 무려 19년 동안 칼날을 가는 일도 없었다고 한다. 문혜왕(文惠王)이 그의 소 잡는 모습을 보고 "대단한 솜씨로다!" 하고 감탄하자 그는 "제가 원하는 바는 도(道)이며 솜씨 이상의 것입니다."라고 대답했다고 한다.

56) 예악에 맞추어 활을 쏜다는 것은 최고 수준의 활쏘기를 말한다. 예악에 맞추어 활을 쏠 수 있는 사람이란 고대 사회에서 천자(天子)가 하늘에 제사를 지낼 때 하는 활쏘기 의식에 참여할 수 있었던 사람이다. 상세 내용은 앞의 제2장 참고.

을 나란히 놓는 자세를 대가(大架)57)라 하는데 이 자세는 두 발을 나란히 놓으
므로 다리가 무력해지고 어깨가 높아 팔이 흔들리기 쉽다. 이와 달리 두 발을
크게 벌리고 몸과 팔을 낮추는 자세를 소가(小架)58)라 하는데 몸을 낮추기 때문
에 팔을 들어올리기 힘들고 두 발을 크게 벌리므로 다리를 급히 거두어들여 몸
을 일으키기 어렵다. 적과 싸울 때 대가(大架) 자세는 재빨리 적의 공격을 피하
기 어렵고 소가(小架) 자세는 벌린 발을 거두어들이기 힘들어 모두 좋은 자세라
할 수 없다. 좋은 신법(身法)은 허리를 좀 낮추고 한쪽 다리만 약간 구부려 허
벅지에 걸터앉은 듯한 준요좌과(蹲腰坐胯) 자세이다.59) 허리를 낮추면 몸이 흔
들리지 않으며 한쪽 다리만 약간 구부려 허벅지에 걸터앉은 듯이 하면 궁둥이
가 뒤로 빠지지 않는다. 이 자세는 어깨, 팔꿈치, 허리 및 다리의 힘이 모두 한
곳에 모이므로 몸을 일으키고 낮추기가 모두 수월하다. 특히 적을 만났을 때 앞
팔을 들고 활을 벌리면서도 몸을 보호할 수가 있으며 시위를 당길 때나 놓을
때나 몸이 흔들리지 않는다. 이 자세로 쏘면 사법을 충실히 지킬 수도 있고 옆
에서 보기에도 아름답다.

射經曰 頤惡傍引 頸惡卻垂 胸惡前凸 背惡後偃 皆射之骨髓疾也 故身前竦
爲猛虎方騰 額前臨爲封兕欲鬪 出弓弰爲懷中吐月 平箭闊爲弦上懸衡 此皆有
威容之稱也60)

≪사경≫에 이르기를 "턱은 옆으로 내미는 것을 꺼리고 목은 뒤로 젖히거나
앞으로 숙이는 것을 꺼리며 가슴은 앞으로 내미는 것을 꺼리고 등은 뒤로 젖히
는 것을 꺼린다. 이는 모두 활쏘기에 있어 깊은 병이다. 몸 앞의 모습은 맹호가
뛰어나가려는 것같이 무서워야 하고 이마 앞의 모습은 외뿔소가 대드는 형세라
야 하며 활을 벌리며 내미는 모습은 품 속에서 달을 토해 내는 형세라야 하고

---

57) 뒤의 '그림 10' 참고.

58) 뒤의 '그림 10' 참고.

59) 준요좌과(蹲腰坐胯)의 자세란 평소보다 두 발을 약간만 더 벌린 상태에서 뒷다리를 약간 구부려서 허리를 낮
추는 자세를 말하며 뒤의 '족법(足法)'에서는 이 때 두 다리의 모습을 "전퇴사궐 후퇴사가(前腿似橛 後腿似
橺)"라고 했는데 이 구절은 척계광의 ≪기효신서(紀效新書)≫에서 인용한 것이다. 명나라 정자이(程子頤)의
≪무비요략(武備要略)≫에 있는 삽화(뒤의 '그림 10')는 이러한 자세를 묘사한 것이다. 정자이는 이 자세를
중평가(中平架) 자세라고 부르면서 "왼발은 곧고 오른발은 약간 굽는다(左足直 右足微曲)."고 설명했다. 명나
라 정종유(程宗猷)의 ≪사사(射史)≫에서는 이런 자세를 중평사세(中平射勢)라고 했다.

60) 이 부분은 왕거(王琚)의 ≪사경≫에 있는 구절을 그대로 인용한 것이다.

화살대와 오늬는 수평을 이루어서 시위에 저울대가 달린 형세라야 한다. 이는 모두 위엄 있는 모습을 가리키는 말이다."라고 했다.

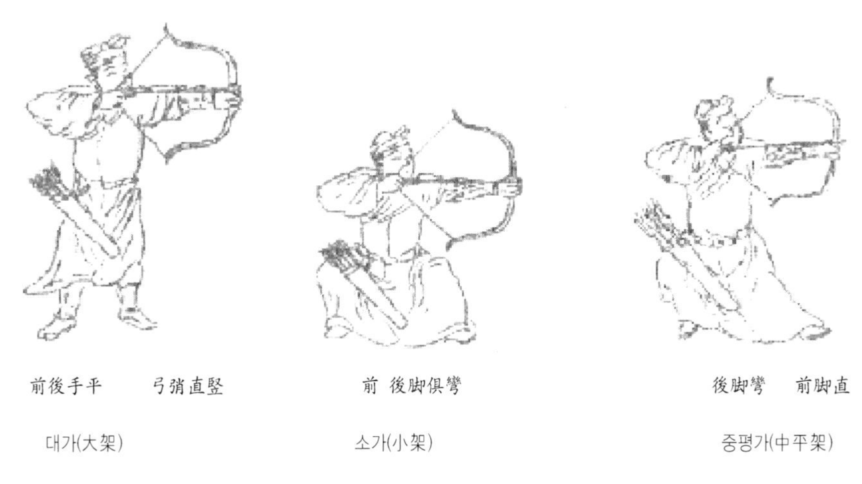

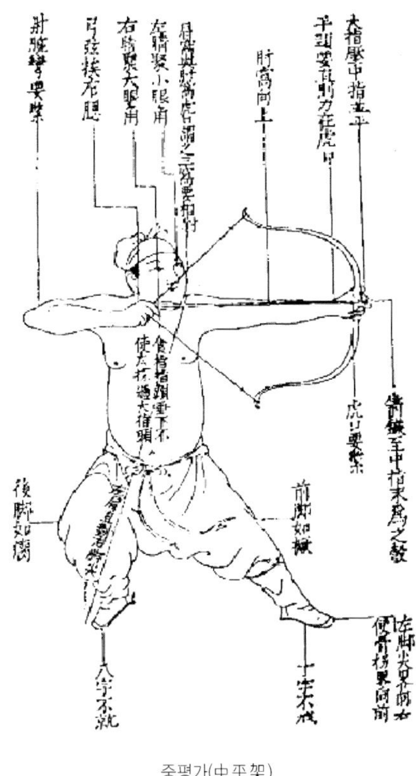

중평가(中平架)

그림 10. 정자이(程子頤)의 ≪무비요략(武備要略)≫에 그려진 삽화들

Ⅵ. 수법(手法 第六)

昔晉平公使工爲弓 三年乃成 射不穿一札 公怒 將殺工 其妻見公 曰 妾之夫
造此弓 亦勞矣 而不穿一札 是君不能射也 妾問射之道 左手如拒 右手附枝 右
手發箭 左手不知 公以其儀而射 穿七札 此儀也 端身如榦 直臂如枝 左臂毫髮
不動 巧力盡用之右手 是射家極則也

옛날 진(晋)의 평공(平公)이 궁공(弓工)에게 활을 만들라고 하자 그 궁공은 3
년 만에 만들어 바쳤다. 그러나 평공이 활을 쏘아 보니 갑옷의 비늘 한 장도 뚫
지 못하는지라 화가 나서 그를 죽이려고 했다. 이에 궁공의 아내가 평공을 만나
말하기를 "제 남편이 이 활을 만드는 데도 많은 노고가 있었습니다. 공께서 갑
옷의 비늘 하나도 뚫지 못한 것은 공이 활을 쏠 줄 모르기 때문입니다. 제가 올
바른 사법을 들은 바가 있습니다. 왼손은 바위를 버티듯 하고 오른손은 나뭇가
지를 붙인 것같이 해야 하며 오른손을 시위에서 떼는 것을 왼손이 모르게 해야
합니다."라고 했는데 평공이 그 말대로 하니 갑옷 비늘 일곱 장을 뚫을 수가 있
었다.[61] 그 뜻을 말하자면 몸을 나무줄기같이 곧게 세우고 팔은 나뭇가지같이
곧게 펴고 쏘되 왼팔은 미동도 하지 말고 힘과 솜씨를 다해 화살을 내보내는
것은 오른손이라는 것이다. 이는 활을 쏘는 사람에게 극히 중요한 원칙이다.

射鵰穿楊之技 非學者所易到也 今學射者 曰 前手搦弓 以緊爲主 後手拽弦
撒放 有法 是前力也後巧也

독수리를 쏘아 떨어뜨린다든가 버들잎을 뚫는다든가 하는 솜씨는[62] 쉽게 배울
수 있는 것이 아니다. 오늘날 활을 쏘는 사람들은 줌손으로 활을 쥘 때는 힘껏
쥐는 것이 우선이고 깍지손으로 시위를 당겨 발시하는 것은 사법(射法)에 따라야
한다고 한다. 줌손은 힘이 중요하고 깍지손은 솜씨가 중요하다는 말이다.[63]

---

61) 이 이야기는 유향(劉向)의 ≪열녀전(烈女傳)≫, 〈변통전(辨通傳)〉에 나오는 '진궁공처(晉弓工妻)' 이야기를 축
    약한 것이다. 앞의 제4장 참고.

62) 독수리를 쏘는 기술이란 ≪사기(史記)≫, 〈이장군전(李將軍傳)〉에 수록되어 있는 흉노(匈奴)의 어느 선사(善
    射)에 관한 말이며 버들잎을 뚫는 기술이란 ≪전국책(戰國策)≫, 〈서주책(西周策)〉에 수록된 초(楚)나라 양유
    기(養由基) 장군에 관한 이야기이다. 그 내용은 앞의 제1장, 제2절에서 소개한 바 있다.

63) 이 구절과 관련된 말이 ≪맹자(孟子)≫, 〈만장(萬章)〉下편에 있다. "지(智)는 기교에 비유할 수 있고 성(聖)은
    힘에 비유할 수 있는 것으로서, 100보 거리의 과녁을 쏠 때 화살이 과녁에 이르게 하는 것은 힘이지만 명중은

其法 左手執弓必中 中云者 在把之中 且欲當其弦心也 右手取箭 覆其手微
拳 令指第三節齊平 以三指捻箭三分之一 加於弓亦三分之一 以左手頭指受之
則轉弓 令弦稍離身就箭 卽以右手尋箭羽 下至闊 以頭指第二節當闊 約弦徐
徐送之 令衆指差池如鳳翮 使當於心 又令當闊 羽向上 弓弦旣離身 卽易見箭
之高下 取其中平直[64]

사법(射法)을 말하자면 우선 활을 쥘 때는 줌손으로 중간을 쥐어야 한다. 중간
이란 줌통 중간을 말하지만 (앞 팔뚝도) 시위 중간을 지나야 한다. 그리고 오른
손으로 화살을 뽑고 손을 엎고 손가락들을 가볍게 구부리되 손바닥 쪽 마디들은
펴고 엄지와 검지 및 중지로 화살의 오늬 쪽 3분지 1 부분을 쥐고 촉 쪽 3분지
1 부분을 출전피에 대고 줌손 검지로 화살을 받아 쥐며 활을 돌려서 몸 쪽에 있
던 시위를 화살 쪽으로 가게 한다. 그런 다음 오른손이 깃을 더듬으며 오늬까지
와서 검지 둘째 마디를 오늬에 대고 서서히 오늬를 시위에 끼워 넣는데 손가락
들을 봉황새 꼬리털같이 벌려 시위 중간에 대었다 다시 오늬에 댄다. 이때 깃은
위를 향하고 있고 시위도 이미 몸에서 떨어져 있기 때문에 오늬의 높낮이를 눈
으로 곧 확인할 수 있다. 화살이 수평이 되도록 오늬의 높낮이를 바로잡는다.[65]

然後 前手如推泰山 後手如握虎尾 一拳主定 前後直正 慢開弓 緊放箭 射大
存于小 射小 加于大 務取水平 前手撇 後手擎 存云者 壓其前手 加云者 擧
其前手 總之 欲拳與肩齊也 前撇後擎 射之元氣 一撇一擎 乃相應之妙 萃聚
精神 奮力推拽 胸銳前挺 背猛後夾 則箭疾而加於尋常數等矣[66]

그런 다음 줌손은 태산을 밀듯이 하고 깍지손은 호랑이의 꼬리를 잡는 듯이

힘에 의한 것이 아니다(智譬則巧也 聖譬則力也 由射於百步之外也 其至爾力也 其中非爾力也)."는 공자(孔
子)의 말이다. 이 말에 따르자면, 본문의 "前力也 後巧也"라는 구절은 앞손에 힘을 써야 화살을 과녁까지 보
낼 수 있지만 과녁에 명중시키려면 뒷손 동작이 정확해야 한다는 말로 해석될 수도 있다. 실제 활을 쏘아 보면
이 말을 실감할 수 있다. 화살이 과녁 앞에 떨어질 때는 깍지손을 힘차게 시위에서 떼어 내는 일도 중요하지만
그보다는 줌손으로 줌통을 견고하게 잘 쥐어야 하며 특히 손가락 중 어느 하나라도 풀리면 안 된다. 줌손이 약
하면 깍지손을 아무리 힘차게 떼어 내도 화살은 여전히 짧게 떨어진다.

64) 이 구절은 당나라 왕거의 ≪사경≫ 중 가장 앞에 있는 구절을 그대로 인용한 것인데 왕거의 ≪사경≫에는 자
리에 앉는 동작에 대한 설명이 몇 마디 있으나 이곳에서는 생략되어 있다.

65) 이 구절에 대해 앞서 제2절에서 몇 개의 각주를 첨부했으니 참고할 것.

66) 이 구절은 몇 글자는 다르지만 척계광의 ≪기효신서(紀效新書)≫에 있는 말을 각색한 것이다. 이정분의 원문
에는 '存云者 壓其前手 加云者 擧其前手 務取水平 前手撇 後手絕 總之 欲拳與肩齊也' 부분이 '務取水
平 前手撇 後手絕 存云者 壓其前手 加云者 擧其前手 總之 欲拳與肩齊也'로 바꾸어져 있으나 오히려 혼
동이 생기기에 이곳에서는 척계광의 원래 문장대로 어순을 다시 바꾸었다.

해야 한다. 앞 주먹은 견고하게 고정시켜야 하고 두 팔은 일직선으로 펴야 한다. 활은 서서히 벌려야 하고 가볍고 힘차게 화살을 내보내야 한다. 화살이 과녁을 넘을 때는 약간 존(存)하며 화살이 과녁에 미치지 못하면 약간 가(加)한다. 그러나 앞뒤 두 팔은 언제나 직선이 되어야 한다. 화살을 내보낼 때 줌손은 별(撇)하고 깍지손은 절(擎 또는 𢴃)한다. 존(存)이란 줌손을 낮추는 것을 말하며 가(加)란 줌손을 올리는 것을 말한다. 주먹과 어깨는 언제나 같은 높이여야 한다.67) 줌손은 별(撇)하고 깍지손은 절(擎 또는 𢴃)하는 것은 활쏘기의 근본이다.68) '별'과 '절'은 서로 호응하는 묘한 이치가 있다. 정신을 집중해서 힘껏 줌손은 밀고 깍지손은 당기면서 가슴을 뼈개듯 벌려 주고 등을 조여 주면69) 화살은 빠르고 멀리 날아간다.

   學者之病 在始拽弓時 兩手就緊 至放手轉不加力 矢去不遠 若肩手不對 矢向兩旁 或後水得法 前手不應 箭不平快 出門便動 或前手得法 後水不應 箭必懈怠 將落必動 此巧力之妙 在撒放時用

활 배우는 사람이 지니기 쉬운 병은 활을 벌리기 시작할 때부터 앞뒤 두 손에 너무 많은 힘을 주기 때문에 정작 발시할 때는 힘을 못 쓰는 것이다. 그러면 화살이 멀리 나가지 못한다. 어깨와 손이 서로 호응하지 않으면 화살은 좌우로 흩어진다. 깍지손이 사법대로 했어도 줌손이 응하지 않으면 화살은 힘차고 빠르게 가지 못하며 활을 떠날 때부터 흔들린다. 줌손이 사법대로 했어도 깍지손이 호응하지 않으면 화살은 힘없이 날아가다 과녁에 도달할 무렵 반드시 흔들린다. 이와 같이 솜씨와 힘은 발시 순간에 필요한 것이다.

   凡箭去搖頭 乃右手大食指扣弦太緊 其扣弦太緊 是無名小指鬆開之故 射時用小草梢一寸 以無名小指共招于手心 箭去而草不墜 旣箭不搖擺矣70)

---

67) "주먹과 어깨는 언제나 같은 높이여야 한다(總之 欲拳與肩齊也)."는 말은 ≪기효신서≫에 없는 말을 삽입한 것인데 척계광이 말한 '존(存)'과 '가(加)'의 의미를 이정분은 이런 의미로 이해한 것으로 보이지만 이정분 자신도 앞의 '변적(辨的)'에서 멀리 있는 표적을 쏠 때는 줌손을 모자 위로까지 들어 올리라고 한 것을 볼 때 이 구절을 삽입한 의미가 무엇인지 이해가 되지 않는다.

68) 별(撇), 질(控), 절(擎), 절(𢴃)의 의미는 앞의 제1장. 각주 18 참고.

69) "정신을 집중해서 힘껏 줌손은 밀고 깍지손은 당기면서 가슴을 뼈개듯 벌려 주고 등을 바짝 조여 주면(萃聚精神 奮力推拽 胸銳前挺 背猛後夾)"이라는 구절은 척계광의 ≪기효신서≫에서 "앞뒤 두 손에 동시에 같은 힘을 가해서 두 팔을 펼쳐 주면(一齊着力 使兩臂搏伸合)"이라고 한 말을 더 구체적으로 설명한 것이다.

화살이 흔들리며 날아가는 것은 뒷손의 엄지와 검지가 시위를 붙들고 늘어지기 때문이다. 엄지와 검지가 시위를 붙들고 늘어지는 것은 무명지와 새끼손가락이 풀려 있기 때문이다. 활을 쏠 때 풀잎 하나를 손바닥 가운데 넣고 무명지와 새끼손가락으로 눌러 잡고 화살이 나간 다음 그 풀잎이 손에서 떨어져 나가지 않게 되면 화살은 흔들리지 않고 날아갈 것이다.

凡此皆下學之方耳 今之射者 疇能右發而左不知也 不知云者 學造于熟 形神俱應 乃上達之妙也 聖人天君泰然 常應常靜 左手如拒 亦復如是 吾輩 由用力以造于不動 由知鏃 以造于不知 庶乎古之絶技哉

이상에서 말한 것은 모두 하학(下學)의 방법에 불과하다. 오늘날 활 쏘는 사람 중 누가 깍지손이 시위를 놓는 것을 줌손이 모르게 할 수 있겠는가? 깍지손이 시위를 놓는 것을 줌손이 모르게 되면 배움이 무르익어 몸과 정신이 상응(相應)하는 상달(上達)의 경지에 도달한 것이다. 성인(聖人)의 천군(天君)은[71] 태연해서 늘 조용히 변화에 대응한다. 줌손이 바위를 버티듯 할 수 있는 것도 역시 그런 경지다. 힘쓰는 단계에서 시작해 부동(不動)의 경지에 이르고 손가락이 촉을 감지해서 활이 가득 벌어진 것을 알 수 있는 단계에서 시작해서 깍지손이 시위를 놓는 것을 줌손이 모르는 경지에 이르면 비로소 옛사람들의 절기(絶技)에 가까워지는 것이다.

Ⅶ. 족법(足法 第七)

凡射 前腿似橛 後腿似瘸 隨箭改移 只在後脚 左肩與胯對垛之中 兩脚先取四方立 後次轉左脚大指對左肩尖 當垛中心 右脚橫直 鞋襪對垛 此爲丁字不成八字不就 射右改左 射左改右[72] 射的之常法也 迨學之 旣熟 則便截如轉環所以能應變 此又不可不知

---

70) 이 구절 역시 몇 글자는 다르지만 척계광의 ≪기효신서≫에서 인용한 것이다.

71) ≪순자(荀子)≫, 〈천론(天論)〉 편은 이목구비형(耳目口鼻形)의 오관(五官)을 군주와 같이 다스리는 것이 마음이므로 사람의 마음을 천군(天君)이라 했다.

72) 이상의 구절 중 처음의 "前腿似橛 後腿似瘸 隨箭改移 只在後脚" 및 뒤의 "射右改左 射左改右"는 앞의 '신법(身法)'에서 한 말을 반복한 것이고 나머지는 왕거의 ≪사경≫에서 인용한 것이다.

무릇 활을 쏠 때 앞다리는 말뚝같이 펴 주고 뒷다리는 절름발이같이 구부린
다. 화살방향을 바꿀 때는 뒷다리만 옮긴다. 왼쪽 어깨와 왼쪽 허벅지가 과녁을
향하는 자세로 두 발을 나란히 놓고 섰다가 왼발의 끝을 돌려서 과녁 가운데를
향하도록 돌린다. 오른발은 과녁과 평행이 되게 횡으로 놓고 신발과 버선이 과
녁을 마주 보게 한다. 이를 '정자불성 팔자불취(丁字不成 八字不就)'라고 한다.
오른쪽을 쏠 때는 뒷발만 왼쪽으로 옮기고 왼쪽을 쏠 때는 뒷발만 오른쪽으로
옮기는 것이 과녁을 쏠 때의 일상적인 방법이다. 이를 배워서 숙달되면 구슬을
굴리듯 다리 위치를 바꾸어 가면서 상황의 변화에 대처할 수 있는 것이다. 이를
모르면 안 된다.

Ⅷ. 안법(眼法 第八)

昔飛衛敎紀昌射 以氂懸虱著牖 望之三年 若輪 貫虱心而懸不絶 蓋視小如大
學不瞬 而後能 此射家第一義也

옛날에 비위(飛衛)가 기창(紀昌)에게 활쏘기를 가르쳤는데 기창은 털실로 벼
룩을 묶어 창문에 매달고 3년을 바라보자 벼룩이 수레바퀴같이 크게 보여 활을
쏘니 벼룩의 심장을 꿰뚫었지만 털실은 끊어지지도 않고 그대로 있었다 한다.[73]
무릇 작은 것을 크게 보는 것은 눈을 깜박이지 않는 방법을 배워야 가능해진다.
이는 활 쏘는 사람에게는 제일 중요한 일이다.

人每拽弓 便看把子 滿俱把子矣 箭多不眞 如兩目正視把子 亦不得眞 然用目
看扣 看鏃 非能射也 對敵之際 目稍瞬 則不及避而制於人矣 故凡射對敵或對把
站定 意在把子或敵人 不得看扣 至箭頭進弓弣時 便審顧把子中心 卽放 箭去無
有不中的者 其審顧法 要兩眼角斜視 得眞 我輩欲求箭穩多中 當於此注意焉

흔히 시위를 당기면 곧 과녁을 보되 과녁 전체를 보는데 그렇게 하면 빗나가
는 화살이 많고 두 눈으로 과녁을 똑바로 쳐다본다 해도 마찬가지다. 눈으로 오
늬를 보거나 촉을 보는 사람 역시 능숙한 사람이 아니다. 적과 마주했을 때는

---

73) 여기에 인용된 이야기는 ≪열자(列子)≫, 〈탕문편(湯問篇)〉에 있는 이야기이다. 앞의 제1장. 제2절에 전문을
　　수록하여 놓았다.

눈을 조금만 깜박거려도 적의 공격을 피할 수 없고 적에게 제압당하게 된다. 따라서 적을 쏠 때나 과녁을 쏠 때나 굳건히 서서 적이나 과녁을 응시해야 하며 오늬를 보아도 안 된다. 촉이 줌통에 들어오면 과녁 중심을 조준해[74] 즉시 화살을 내보내면 빗맞는 화살이 없게 된다. 조준할 때는 반드시 두 눈으로 비스듬히 보아야만 제대로 조준할 수 있다. 화살이 매끄럽게 날아가서 명중되기를 바란다면 이를 주의해야 한다.

IX. 심고(審固 第九)[75]

南唐子曰 記稱持弓審固 審者 詳審 固者 把持堅固也 審者 與大學慮而後能得慮字同 君子於至善 旣知所止而定而靜而安矣 又必能慮焉 而後能得所止 君子於射箭 引滿之餘 發矢之際 又必加審 而後中的可決 今射者 多於大半矢之時審之 亦何益乎 且夫審者 今人皆以爲審的而已 不知審的 第審中之一事耳 蓋弓滿之際 精神已竭 手足已虛 若卒然而發 則矢 直不直 中不中 皆非由我心使矣 必加審之 使精神和易 手足安固 然後發矢 其不直不中 爲何故 欲知審字工夫 合於慮字工夫 玩味之乃得

척계광(戚繼光)은 "활을 벌려 버티며 심고(審固)한다는 말에서 '심(審)'은 두루 살펴본다는 말이고 '고(固)'는 줌통을 단단하게 쥔다는 말이다. 심(審)은 ≪대학(大學)≫의 여이후능득(慮而後能得)이란 구절 중 여(慮)와 같은 뜻이다. 군자는 사물의 궁극적 도리를 알면 이에 멈추므로 목표가 정해져 잡념이 없어지며 마음이 안정된다. 그러나 두루 살펴보아야 멈출 곳을 알 수 있다. 군자는 활 쏠 때도 활을 가득 벌리고 화살을 내보낼 즈음 정신을 집중시켜야 명중을 기약할 수 있다." 했다. 요즘 화살을 2/3가량 당겼을 때 정신을 집중시킨다고 하는 사람들이 많은데 그리 해서 무슨 도움이 되겠는가? 또 사람들은 과녁에 정신을 집중시키는 것이 모두인 줄로 알지만 과녁에 정신을 집중시키는 것은 정신집중의 일부일 뿐이다. 활이 가득 벌어지면 정신은 고갈되고 손발의 기운도 바닥이

---

74) 표적 전체를 볼 것이 아니라 표적까지의 거리나 풍향 등을 고려해서 아주 작은 조준점 하나를 정해서 그곳에 정신을 집중하라는 말로 보아야 할 것이다.

75) 이 항은 척계광의 ≪기효신서(紀效新書)≫의 구절을 순서는 약간 바꾸었지만 거의 그대로 인용한 것이다.

난다. 이때 만약 갑자기 화살을 내보내면 화살이 곧게 날아갈는지 명중이 될는
지 내 뜻대로 되지 않는다. 더욱 정신을 집중시켜 정신이 안온해지고 손발을 안
정되게 굳혀 놓은 다음에 화살을 내보내야만 한다. 그리 하면 화살이 힘없이 날
아가거나 명중되지 않을 이유가 없다. 심(審)의 뜻을 알려면 여(慮)의 의미를 잘
음미해 보면 알 수 있게 된다.[76]

Ⅹ. 지기(指機 第十)

射之有決 俗名指機 眼宜少長 不宜圓 所以然者 取其緊夾大指 庶臨陣無疎
虞 此不易之法也

　활 쏠 때 쓰는 도구에 깍지란 것이 있는데 속칭 지기(指機)라고 한다.[77] 가운데
구멍이 좁고 긴 타원형이라야 하며 동그란 모양이면 안 된다. 엄지에 꼭 물리게 하
고 전쟁터에서 빠져나가는 일이 없게 하기 위함이다. 이는 바꿀 수 없는 철칙이다.

吾友于一躍 別有獨得之妙 其言曰 用決之策 原爲手指皮 肉不能與絲弦相當
故用此借木堅也 今人多苦大力勾挽 致箭縱橫不調 用是機者 其中有微妙焉 如
用於大指極根 箭去木而不靈 動搖遲鈍隨之 用於大指紋中 扯拉無力 滑泛易去
巧力審顧撇放之法 會用不及而箭去矣 世人有此二病 莫知其端 今善射者 用決
於大指近根處 搭箭拽弦時 決自徐徐前行 方到大指紋中 弓開已滿 審顧 用力
卽放 矢去平快俊安 良有此耳 指機徐徐之妙 難以言形 惟以意念 學射者參之

　내 벗인 우일약(于一躍)은 혼자만의 묘한 방법을 쓰고 있다. 그는 "깍지를 쓰
는 것은 원래 손가락을 보호하는 데 있다. 사람의 피부는 실로 된 시위와 마찰
을 감당할 수가 없기 때문에 깍지를 쓰는데 이는 깍지의 단단한 성질을 빌리는
것이다. 요즘 사람들은 손가락을 시위에 걸고 큰 힘을 들여 활을 벌리지만 화살
이 종횡으로 고르지 못하게 나가는 것 때문에 고심하고 있다. 깍지의 사용방법
에는 미묘한 비결이 있다. 깍지를 엄지 깊숙이 끼면 화살이 둔해져서 흔들리거

---

76) 이 마지막 구절은 ≪기효신서≫의 구절을 좀 더 구체적으로 설명한 것이다.
77) 우리말의 깍지를 말하며 ≪조선의 궁술≫에서는 이를 '角指' 또는 '犬'로 표기하고 있다. 이 외에도 깍지를
　　의미하는 글자로는 '抉', '決' 또는 '玦' 등이 있다.

나 느리게 날아간다. 그렇다고 엄지 끝마디의 지문(指紋) 위에 얕게 끼면 시위에 힘없이 걸려서 엄지가 시위에서 미끄러져 빠지기 쉽다. 이렇게 되면 솜씨와 힘을 다해 정신을 집중시켜 화살을 내보내는 방법을 제대로 써 보지 못한 상태에서 화살이 나가 버리게 된다. 이런 두 가지 병을 지니고 있으면서도 그 원인은 모르는 사람들이 많다. 요즘 활을 잘 쏘는 사람들을 보면 처음에 깍지를 엄지의 속 마디 가까운 곳에 끼는데 시위를 당김에 따라서 깍지가 서서히 앞으로 밀려나와 엄지 끝마디 지문(指紋) 위에 도달할 때쯤 활이 가득 벌어지며 이때 정신을 집중시켜 약간의 힘을 가해 바로 화살을 내보내면 화살은 곧고 빠르게 날아간다. 이는 참으로 깍지를 잘 쓴 결과인데 깍지가 서서히 밀려 나오는 모습은 이를 말로 표현하기 어렵고 다만 마음으로만 그 모습을 그려 볼 수 있다."고 한다. 활쏘기를 배우는 사람들은 참고 바란다.

XI. 마사(馬射 第十一)

王琚馬射法曰 勢如追風 目如逐電 滿開弓 急放箭 目勿瞬視 身勿倨坐 不失其馳 舍矢如破[78]

왕거(王琚)는 마사법(馬射法)에 대해 "기세는 바람을 몰고 가듯이 하고 눈빛은 번개가 흐르듯이 하라. 활을 가득 벌렸으면 지체 없이 화살을 내보내라. 두 눈을 깜박이지 말라. 거만한 자세로 앉아 있지 말라. 달리던 속도를 늦추지 말고 목표물을 부술 기세로 화살을 내보내라."고 했다.

夫馬者 人之命 則調馬先之矣 凡馬 須要平日適飼養 時調度 蹤蹲聽令 觸物不驚 馳道不削 前脚從耳下齊出 後兩脚向前培之 則疾且穩 而人可用器 胡馬慣戰 數培中國 居常調度之功也 馬上射把 有以箭揷衣領內 或揷腰間 俱不便 必須 以箭二枝 連弓弜把定 又以一枝 中弦掛爲便[79]

무릇 말은 사람의 목숨과 마찬가지이니 먼저 말을 길들여야 한다. 말은 평소

적절히 먹이고 수시로 조련해서 지시대로 달리거나 쪼그려 앉게 만들고 무엇이 몸에 닿아도 놀라지 않게 하고 길을 달릴 때는 옆으로 벗어나지 않게 하고 앞의 두 다리를 귀밑에서 나란히 앞으로 내딛고 뒤의 두 다리를 평소보다 두 배 더 멀리 앞으로 뻗게 해야 한다. 이렇게 하면 달릴 때 흔들림이 적어서 말 등에 있는 사람이 무기를 사용할 수 있게 된다. 호마(胡馬)는 중국말보다 월등히 전투에 익숙한데 이는 평소에 조련을 잘 해 두기 때문이다. 말을 타고 과녁을 쏠 때 옷깃에 꽂아 놓거나 허리춤에 꽂아 놓는 것은 모두 불편하다. 반드시 2발의 화살을 줌통과 함께 쥐고 다른 1발을 시위에 재워 놓아야만 편하다.

馬始騎時 左手挽弓 右手攬轡 馬一縱時 身卽左跨 便搭箭當弦 左手高張 如鳥舒一翼 弓拽圓滿 至把子與馬相對 左手卽落與左膝 相對望把根 射百發百中 凡開弓 必至九分滿爲發 卽七八分亦難中也 馬多右開 人身左跨左重 馬不能右開 間有左開 身一右轉 馬卽過矣 馬行直否 盡在兩腿

말을 타면 왼손으로 활을 쥐고 오른손으로는 고삐를 잡는다. 말이 달리기 시작하면 체중을 즉시 왼쪽 다리로 옮기고 오늬를 시위에 물린 다음 새가 한쪽 날개를 펴듯 왼손을 높이 들어 뻗어 주면서 활을 가득 벌린 후 말이 과녁 앞에 도달하는 즉시 왼손을 왼쪽 무릎 높이로 내리고 과녁 밑동을 조준해서 쏘면 백발백중할 수 있다. 이때 활이 9할 정도 벌어졌을 때 쏘아야 하며 7할 또는 8할 정도 벌리고 쏘면 명중시키기가 어렵다.[80] 말이 달릴 때 오른쪽으로 방향이 쏠리는 습성이 있지만[81] 사람이 왼쪽 다리에 체중을 두면 오른쪽으로 방향이 쏠

---

80) 말을 타고 쏠 때는 9할 정도만 활을 벌리라는 부분은 척계광의 《기효신서》에서 인용한 말이다. 말을 타고 쏠 때 활을 가득 벌리지 않고 쏘는 것은 가까운 거리에서 쏘기 때문이다. 청나라 주용의 《무경칠서휘해(武經 七書彙解)》에서는 말 위에서 활을 쏠 때는 10보 내지 20보 사이 거리가 아니면 쏘지 않고 따라서 화살이 떠올라 표적을 넘어가기 쉽기 때문에 조준도 줌손 앞쪽이 아니라 뒤쪽, 즉 손등 너머로 한다고 했다. 서서 쏠 때도 50보 이내의 거리에서는 말 위에서 쏠 때와 같이 줌손 뒤쪽으로 조준한다고 했다. 말 타고 쏠 때의 조준 법에 대해서는 뒤의 《무경칠서휘해》 마지막 항인 사비지류(舍轡之謬) 항 참고.

81) 사람이 달릴 때는 왼쪽으로 방향이 쏠리기 쉽다. 대부분 오른쪽 발의 힘이 왼쪽보다 강해서 왼쪽으로 방향을 바꿀 때는 원심력에 의해 체중이 오른쪽으로 넘어가는 것을 오른발이 잘 버텨 주기 때문이다. 근대 올림픽 육상 트랙 경기에서 처음에는 시계방향으로 트랙을 돌도록 했지만 3회 대회부터는 도는 방향을 바꾸었다. 시계 반대방향으로 돌아야 더 좋은 기록이 나오기 때문이다. 이곳에서는 말이 달릴 때 대부분 오른쪽으로 방향이 쏠린다고 했는데 이는 혹 말의 경우 왼발 힘이 오른발 힘보다 강하기 때문이 아닌가 추정된다. 승마 전문가들에 의하면 말은 평보(平步)나 속보(速步)에서 왼발이 먼저 앞으로 나가며 구보(驅步)에서도 두 발이 동시에 나가 는 듯이 보이지만 실제로는 왼발이 먼저 앞으로 나간다고 한다. 이런 특징이 말이 달릴 때 오른쪽으로 쏠리는 현상과 어떤 관계가 있을 것으로 보인다.

릴 수 없다. 간혹 왼쪽으로 방향이 쏠리는 때도 있지만 이런 때는 사람이 체중을 오른쪽 다리로 옮겨 주면 말은 즉시 직진하게 된다. 말이 직진할 것인지 아닌지는 사람이 두 다리 가운데 어느 쪽에 체중을 둘 것인지에 달려 있다.

若久馳純熟 則馬上身法 如分鬃對鐙抹鞦云者 惟所用之 鄭若曾曰 武士之常技三 曰分鬃 向前射也 曰對鐙 向旁射也 曰抹鞦 向後射也 分鬃[82]者 以馬之頸鬃爲界 一邊挽弓 一邊發矢 乃弄花巧之法 邊軍不然 以身俯出馬外 於此挽弓 就於此發矢 臨敵倉皇之際 庶無謬誤 對鐙者 主左一邊而言 今北方嚮馬 常勒馬由道右而行 讓客於左以便發箭 亦此義也 然是法但可施於途遇一二人耳 設使衆敵叢射 或敵在右 將旋馬以應酬之也 學騎射者 須習左右手皆便方可[83]

말을 타고 달리는 것에 익숙해진 다음에야 비로소 분종(分鬃), 대등(對鐙) 및 말추(抹鞦)라는 마상신법(馬上身法)에 따라 활을 쏠 수 있다. 정약증(鄭若曾)[84]에 의하면 무사(武士)의 이런 일상적 세 기술 가운데 분종(分鬃)은 앞을 향해 쏘는 것이고 대등(對鐙)은 옆을 향해 쏘는 것이며 말추(抹鞦)는 뒤를 향해 쏘는 것이라 한다.[85] 분종(分鬃)이란 말 목덜미의 갈기를 경계로 한쪽에서 활을 벌리고 반대쪽을 쏘는 방법으로서[86] 농화교(弄花巧) 사법이라고도 한다. 그러나 변경 군사들은 그렇게 쏘지 않는다. 그들은 말 위에 엎드려 몸을 말 옆으로 내민 채[87] 활을 벌리고 그쪽에서 그대로 쏘는데 적과 싸우는 다급한 경우에도 전혀

---

82) 필자의 저본(底本)에 '騣'으로 되어 있으나 문맥상 '鬃'의 오기(誤記)로 보았다. 그러나 '騣'은 '鬃'과 뜻이 같은 글자이다. 셀비(Selby)도 이를 '鬃'으로 읽었다. Stephen Selby, *Chinese Archery*(Hong Kong: Hong Kong University Press, 2000), p.304.

83) 기사(騎射)의 세 가지 자세를 설명한 이 단락을 명나라 모원의(茅元儀)의 『무비지(武備志)』는 명나라 호종헌(胡宗憲)이 편찬한 ≪주해도편(籌海圖編)≫의 구절로 인용하고 있으며 세 가지 자세를 도해(圖解)로 설명해 놓았다.

84) ≪강남경략(江南經略)≫이라는 무예서의 저자.

85) 이 설명에 의하면 분종(分鬃)은 앞에 있는 표적을 말 목덜미의 갈기를 가르는 듯한 자세로 쏜다는 의미에서 생긴 이름이고 대등(對鐙)은 말의 등자(鐙子)와 나란히 옆에 있는 표적을 쏜다는 의미에서 생긴 이름이며 말추(抹鞦)란 말 등에서 뒤에 있는 표적을 쏘는 모습이 말의 꼬리에 매다는 추(鞦)라는 줄을 어루만지는 것과 같다는 의미에서 생긴 이름일 것으로 보인다. 서양에서는 말추 사법을 '파르티안 사법(Parthian Shot)'이라고 하는데 파르티아는 카스피 해 남동쪽에 있던 고대국가로서 고대 페르시아와 매우 긴밀한 유대관계에 있었으며 고대 페르시아와 같이 기마궁수(騎馬弓手)가 그들의 주된 병종(兵種)이었다.

86) 우궁의 경우 갈기 오른쪽을 향해 활을 벌렸다가 갈기 왼쪽의 표적을 쏘거나 갈기 왼쪽을 향해 활을 벌렸다가 갈기 오른쪽의 표적을 쏜다는 말로 보인다. 이런 사법에 관한 말이 뒤의 'Ⅻ. 신기(神奇)' 항에서는 '별회 사법'이라고 했다.

87) 우궁인 경우 말의 오른쪽으로 몸을 내밀어야 활을 쏠 수 있을 것이다.

실수가 없다. 대등(對鐙)이란 왼쪽 한편만 쏘는 자세를 말한다. 요즘 북방 마적(馬賊)들은 늘 길 오른쪽을 따라 말을 몰면서 상대를 자신의 왼쪽에 두고 활을 쏘는데 바로 그런 사법이다. 그러나 이런 사법은 길에서 한두 사람의 적을 만났을 때나 사용할 수 있다. 적이 이곳저곳에서 떼를 지어 활을 쏘거나 오른쪽에서 쏘면 말의 방향을 돌려 가며 응수해야 할 것이다. 기사(騎射)를 배울 때는 두 손을 모두 쓸 수 있도록 평소 연습해야 한다.

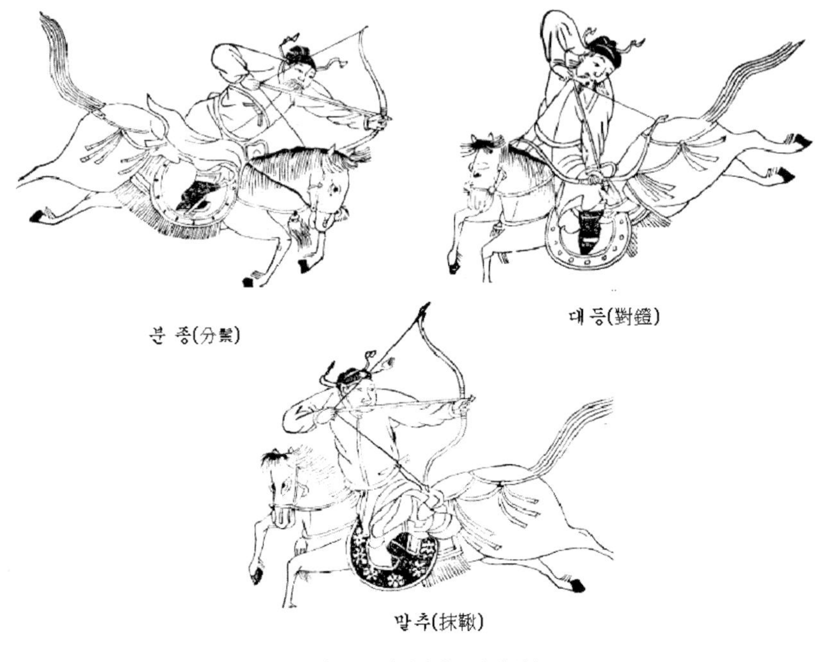

그림 11. 마상신법(馬上身法)

誰然此以射言也 若披堅執銳 攻戰於白刃之外 又必兩邊用力 身活直坐 以張弄武藝 身若太伏 恐馬前失 身若後倚 恐馬仰坐 左右少跨 與射不同 蓋射不用力 身有輕也 手持器械 盡力使用 身太離鞍 馬蹶人仆 是可以不愼乎哉

활을 쏠 때만 그런 것은 아니다. 갑옷과 투구 등으로 무겁게 무장하고[88] 번쩍이는 날을 겨누며 전투를 벌일 때도 역시 두 손을 모두 쓰면서 말 위에 유연하

---

88) 원문의 "披堅執銳"라는 구절은 ≪삼국지(三國志)≫, 〈위서(魏書)〉 및 ≪묵자(墨子)≫, 〈노문(魯問)〉 등 여러 곳에서 사용된 문구로서 '披堅'은 단단한 갑옷과 투구로 무장한다는 말이고 '執銳'는 날카로운 무기를 든다는 뜻이다.

고 곧은 자세로 앉아서 무예(武藝)를 펼쳐야 한다. 몸을 너무 앞으로 수그리면 말이 앞으로 넘어질 수 있고 몸을 너무 뒤로 젖히면 말이 주저앉을 수 있다. 좌우로 체중을 옮기는 방법도 활을 쏠 때와는 다르다. 활을 쏠 때는 큰 힘을 쓰지 않기에 몸이 가볍다. 그러나 무거운 갑옷에 무거운 무기를 들고 너무 큰 힘을 쓸 때는 몸이 안장에서 너무 멀어지면 말이 넘어질 수 있고 사람도 말에서 떨어질 수가 있으니 이를 조심하지 않을 수 없다.

XII. 신기(神奇 第十二)

夫射貴神貴奇 凡射 以目至 神射 以意至 凡射 惟中左 奇射 兼中右 此今世之所看有 而學者所致也

활쏘기에서는 신사(神射)와 기사(奇射)를 귀히 여긴다. 활을 쏠 때 흔히 눈으로 보고 쏘지만 신사(神射)는 마음으로 보며 활을 쏜다. 흔히 표적을 왼쪽에 두고 쏘나 기사(奇射)는 오른쪽 표적도 쏜다.[89] 신사(神射)와 기사(奇射)는 지금도 있고 노력하면 그리 될 수 있다.

今夫彈鳥雀者 不視丸[90] 不視彈 以意逆飛者而中之 挾矢者何獨不然 初學時 手足身眼之法 毫不可廢 及其後也 諸法揮忘 意的之所在而矢無虛發 若樊進德輩是已

오늘날도 탄(彈)으로 새를 쏠 때는 눈으로 환(丸)이나 탄(彈)을 보지 않고도 하늘에 나는 새를 마음으로 맞이하여 명중시킨다. 화살을 쏜다고 해서 그렇게 하지 못할 이유가 있겠는가? 처음 활을 배울 때는 수법(手法), 족법(足法), 신법(身法), 안법(眼法) 등을 조금도 소홀히 해서는 안 되지만 시간이 흐른 후에는

---

89) 원문의 '中左' 및 '中右'를 왼쪽과 오른쪽 표적을 쏘는 것을 각각 의미할 수도 있지만, 왼손과 오른손으로 활을 쥐고 쏘는 것을 각각 의미할 수도 있다. 전자는 어느 손으로 활을 쥐고 쏘건 좌우로 방향을 바꾸어 가며 자유자재로 쏜다는 뜻이고 후자는 왼손과 오른손으로 활을 바꾸어 쥐며 쏠 수 있다는 뜻이다. 하마구찌 후지오(橫口富士雄)는 전자의 해석을 취했고(앞의 책, 171面), 셀비(Stephen Selby)는 후자의 해석을 취했다(앞의 책, p.306). 문맥상 전자의 해석이 타당할 것으로 보이며 앞의 기사(騎射)에서 언급된 분종(分鬃)이 이를 말한 것 같다.

90) 저본(底本)에는 '弓'으로 되어 있으나 '丸'의 오기(誤記)로 보고 고쳤다. 탄(彈)이란 조그맣고 동그란 돌인 환(丸)을 쏘는 활을 말한다.

잡다한 사법들은 모두 잊고 마음을 표적에 두기만 하면 빗맞는 화살이 없게 되어야 한다. 번진덕(樊進德) 같은 사람이 바로 그런 사람이다.

夫射左者 敵出乎右則難矣 射右者 敵出乎左則難矣 吾友張一白 左右開弓 命中如一 擬古岳武穆之臂 或有用撇懷射法 正馳馬 張弓以向左 忽轉跨而射右 前後上下 隨其所欲 射之險勢 節短 莫過乎此

왼쪽 표적만 쏘는 사람은 적이 오른쪽에서 나타나면 쏘기 어렵고 오른쪽 표적만 쏘는 사람은 적이 왼쪽에서 나타나면 쏘기 어렵다. 나의 벗 장일백(張一白)은 왼쪽을 쏘건 오른쪽을 쏘건 모두 명중시킨다. 마치 옛날 악무목(岳武穆)[91]과 같다. 때로는 별회(撇懷) 사법을 쓰기도 하는데[92] 말을 달리며 왼쪽을 겨누었다 돌연 체중을 오른발로 옮기며 오른쪽을 쏘기도 하며 전후, 상하 어느 곳을 쏘건 그 기세가 험하고 절(節)이 짧기가 그보다 더할 수 없다.

孟子有言 夫仁亦在乎熟之而已 有射亦然 是以君子習焉 習射 以堊爲圈 兩人各立圈內 由遠及近 射相較 以避矢出圈者爲負 眼明 手疾 身法步法俱到 而矢不及於其身

맹자(孟子)는 "무릇 인(仁)도 역시 무르익어야 되는 것이다."라고 했다.[93] 활쏘기도 그렇기 때문에 군자는 숙달되도록 노력한다. 습사(習射)할 때는 원거리로부터 시작해서 근거리로 좁혀 가면서 일정한 거리를 두고 땅 위에 두 개의 원을 그려 놓고 두 사람이 각각 자신의 원 안에 선 후 서로 상대방을 향해 활을 쏘는 연습을 벌이기도 한다. 이때 상대방 화살을 피하려고 먼저 원 밖으로 나가는 사람이 지는 것이다. 눈이 밝고 손이 재빠르며 신법(身法)과 보법(步法)에 숙달된 사람은 상대방의 화살에 맞지 않는다.

若獨習於家者 環堵之室 懸草荐於梁下 中粘紅紙 大如指頂 以爲的 日日射

---

91) 남송(南宋)의 악비(岳飛) 장군을 말한다. 그의 시호는 무목(武穆) 또는 충무(忠武)이다. ≪송사(宋史)≫, 〈악비전(岳飛傳)〉에 의하면 그는 300근의 활이나 8석의 쇠뇌를 당겼으며 좌우 표적을 모두 쏘는 활쏘기에 능했다고 한다.

92) 앞의 'ⅩⅠ. 마사(馬射)'에서 언급한 '분종'과 동일한 것으로 보인다.

93) ≪맹자(孟子)≫, 〈고자(告子)〉上편에 있는 말이다. 오곡(五穀)도 무르익어야 식량이 되고 무르익지 않으면 잡초만도 못하듯이 어진 마음인 인(仁)도 무르익어야 가치가 있다는 말이다.

之 的誰數步 其引滿盡力 悉如百步法 至於箭箭紅心 則出而射百步 猶是矣 故曰
閉門造車 出門合轍 古人以投壺寓射 以滴油寓射 惟其理一 機同 顧所習爲何耳

　　홀로 집에서 연습할 때는 담이 둘러쳐진 실내에서 짚단을 대들보에 매달고
짚단 가운데 손톱 크기의 붉은 종이를 붙여 놓고 이를 과녁 삼아 매일 쏘는 연
습을 한다. 몇 보 밖의 과녁이지만 시위를 힘껏 당겨 100보 밖의 과녁을 쏠 때
와 같이 쏘아야 한다. 이와 같이 해서 백발백중 홍심(紅心)을 맞힐 수 있으면
비로소 활터로 가서 100보 밖의 과녁을 쏘아야 한다. 그래서 "문을 닫고 수레
를 만든 후 문밖에서 바퀴를 끼운다."[94]고 말하는 것이다. 옛사람들은 활쏘기를
투호(投壺)나 기름병에 기름 따르기[95]에 비유했다. 이치나 원리가 같기 때문이
다. 숙달에는 연습이 필요하다.

　　諺稱 武藝 長一寸强一寸 射爲諸藝之首 以其長也 更有長於射者 必也大器
乎 誰然 三軍之命 懸於一將 今特患無將耳 易曰 師貞丈人吉 丈人者 爲人所
倚丈者也 使有仁義之將 恩威足以服吾人之心 智勇足以破敵人之膽 將見衆有
所恃 而技藝可施 自皆膽大力定 一發五把矣 不然 誰有神射 亦何益哉

　　속담에 "무예(武藝)에서는 한 치가 길면 한 치가 세진다."는 말이 있다. 활쏘
기를 무예 중 으뜸으로 치는 것은 멀리 공격할 수 있기 때문이다. 활보다 더 멀
리 갈 수 있는 무기가 있다면 이는 대단한 무기가 될 것이다. 그러나 군대의 운
명은 (무기보다) 장수 한 명에 의해 좌우된다. 지금의 걱정은 장수가 없는 점이
다. ≪주역(周易)≫에서는 "사(師)는 명분과 장인(丈人)이 있어야 길하다." 했
다.[96] 장인(丈人)이란 사람들이 그를 의지하고 따를 수 있는 사람을 말한다. 은
혜와 위엄이 병사들 마음을 감복시킬 수가 있고 지혜와 용기는 적의 간담을 서

---

94) 주자(朱子)의 ≪중용혹문(中庸或門)≫ 3권에 있는 말이다. 규격대로만 마차를 만들면 바퀴와 본체를 따로 만
　　들어도 잘 조립되듯이 원리를 터득하면 어디에서나 통용될 수 있다는 말이다.

95) 송나라 구양수(歐陽修)의 ≪귀전록(歸田錄)≫에 나오는 매유옹(賣油翁) 이야기이다. 강숙공(康肅公) 진요자
　　(陳堯咨)는 활쏘기에 능한 사람으로서 상대할 자가 없었고 스스로도 이를 자랑으로 여겼다. 어느 날 그가 활
　　쏘는 것을 기름 파는 노인이 보고 있었는데 이 노인은 강숙공의 화살이 열에 여덟, 아홉이 명중하는 것을 보고
　　서도 조금 고개를 끄덕일 뿐이었다. 이에 강숙공이 노인을 보고 "그대가 활쏘기를 아는가? 내 솜씨가 아직 미
　　숙한가?" 하고 물었다. 노인은 "별것 아닌 것 같습니다. 다만 손에 익숙한 것 같습니다."라고 대답했다. 이에
　　강숙공이 화를 내며 "그대 어찌 나의 솜씨를 가볍게 여기는가?" 하고 물으니, 노인이 대답하기를 "내가 기름
　　붓는 것으로 이를 아는 것입니다."라고 대답하면서 표주박 하나를 땅 위에 놓고 동전 하나를 위에 올려놓더니 그
　　동전 구멍을 통해 표주박에 기름을 붓는데 한 방울도 옆으로 새지 않았다. 동전에도 기름 한 방울 묻히지 않았
　　다. 그리고는 다시 말하기를 "이것도 또한 별것 아니고 다만 손에 익숙할 뿐입니다."라고 했다는 이야기이다.

96) 사괘(師卦)에 대한 괘사(卦辭)로서 사(師)는 군대 또는 군대를 움직이는 일을 말한다.

늘케 할 수 있는 인의(仁義)를 갖춘 장수가 있으면 병사들이 의지할 곳이 생겨서 기예(技藝)를 펼칠 수 있게 되며 모든 병사가 담대해지고 힘이 솟아 활을 쏘러 나가면 멧돼지 다섯 마리를 죽일 수 있게 된다.97) 그런 장수가 없다면 신사(神射)가 있다고 한들 무슨 도움이 되리오?

XIII. 고공(考工 第十三)98)

按古 天子之弓 合九而成規 諸侯合七而成規 大夫合五而成規 士合三而成規 故句弓者 謂之弊弓99)

옛글에 의하면 천자(天子)의 활은 아홉 장을, 제후(諸侯)의 활은 일곱 장을, 대부(大夫)의 활은 다섯 장을, 그리고 일반 관리의 활은 세 장을 각각 연결하면 둥그런 원이 되므로 많이 휘어진 활을 나쁜 활이라고 부른다."고 했다.100)

凡弓有六善焉 一曰往體少而勁 二曰太和而有力 三曰久射力不屈 四曰寒暑力一 五曰弦聲清實 六曰張便正

좋은 활은 첫째는 왕체(往體)가 작고 탄력이 강해야 한다. 둘째는 태화(太和)를 이루며 힘이 있어야 한다. 셋째는 오래 써도 힘이 약해지지 않아야 한다. 넷째, 더울 때나 추울 때나 힘이 일정해야 한다. 다섯째는 시위 소리가 맑고 실해야 한다. 여섯째는 활을 벌렸을 때 뒤틀리지 않아야 한다.

凡弓 往體少則易張而壽 但患其不勁 欲其勁者 妙在治筋 凡筋生長一尺 乾則減半 以膠湯濡而極之 復長一尺 然後用則筋力已盡 無復伸弛 又揉其材令仰 然後傳角與筋 此兩法 所以爲筋也

---

97) '일발오파(一發五豝)', 즉 한번 활을 쏘러 나가면 멧돼지 다섯 마리를 잡는다는 말은 ≪시경(詩經)≫, 〈소남(召南〉 편 중 '추우(騶虞)'라는 노래의 한 구절이다. 이 노래는 천자의 사냥터를 돌보는 관리(官吏)인 추우(騶虞)의 뛰어난 활 솜씨를 찬양하는 노래로서 천자가 활을 쏠 때 연주했다 한다.

98) "凡弓有六善焉〜此弓人之所當知也" 부분은 왕거의 ≪사경≫에서 그대로 옮겨 놓은 말이다. 앞의 제5장에서 이 구절에 몇 개의 각주를 첨부했다.

99) ≪주례≫, 〈하관(夏官)〉 편의 사궁시(司弓矢) 조에서 인용한 말이다.

100) 여러 장을 연결해야 둥근 원이 되는 활은 시위를 당기지 않았을 때 많이 휘어지지 않은 활을 말한다. 따라서 이 구절은 시위를 당기지 않았을 때 휘어진 정도가 작을수록 좋은 활이라는 뜻이다.

왕체(往體), 즉 시위를 당기기 전에 시위와 활대의 간격이 작은 활은 벌리기가 쉽고 오래 쓸 수는 있으나 다만 탄력이 모자랄 수 있다. 탄력이 있게 할 수 있는 비결은 힘줄의 처리에 있다. 소에서 바로 발라낸 힘줄 한 자(尺)를 건조시키면 그 길이가 절반으로 줄어드는데 이를 어교(魚膠)에 적셔서 빗질을 해서 펴주면 그 길이가 다시 한 자로 늘어난다. 이렇게 처리한 힘줄을 사용하면 힘줄의 신장력(伸張力)이 사라지기 때문에 더 이상 늘어나지 않게 된다. 이를 다시 주물러서 펼쳐 놓고 그 위에 뿔을 붙인다. 이 두 가지 단계를 거쳐 활에 이용되는 힘줄이 되는 것이다.

凡弓 節短則和而虛 挽過吻則無力 節長則健而柱 挽過吻則木强而不來 節節 謂把梢裨木得中 則和而有力 仍弦聲淸實

무릇 활은 절(節)이 짧으면 부드럽지만 허하며 시위가 입술 너머까지 당겨지면서 무력하다. 절(節)이 길면 억세고 버티며 입술 너머까지 시위를 당기려면 강해서 잘 당겨지지 않는다. 절(節)이란 줌통 부위의 활대에 덧대는 덧나무를 말하는데 그 길이를 적당히 하면 부드러우면서도 힘이 있게 되고 시위 소리도 맑고 실하게 된다.

凡弓 初射與天寒則勁 强而難挽 射久天署則弱而不勝矢 此膠之爲病也 凡膠 欲薄而筋力盡 强弱任筋而不任膠 此所以射久力不屈 寒暑力一也

모든 활은 처음 사용할 때나 기온이 낮을 때는 탄력이 좋고 강해 시위를 당기기 어렵지만 오래 쓰거나 기온이 높으면 약해져서 화살 내보내는 힘이 떨어지는데 이는 어교(魚膠)에 이상이 생기기 때문이다. 어교를 조금만 써야 힘줄이 탄력을 발휘한다. (활의) 강약은 힘줄에 있는 것이지 어교에 있는 것이 아니다. 어교를 조금 쓰면 활을 오래 써도 힘이 떨어지지 않고 더울 때나 추울 때나 힘이 한결같다.

弓所以爲正者 材也 相材之法 視其理 其理不因矯揉 而直中繩 則張而不跛 此弓人之所當知也

시위를 얹었을 때 활이 뒤틀리지 않게 하려면 좋은 재료들을 선택해야 한다. 재료를 고를 때는 그 결을 보고 골라야 한다. 그 결이 손질을 거쳐 바로잡아 주지 않아도 처음부터 먹줄과 같이 곧바른 재료로 활을 만들면 시위를 얹었을 때 활이 뒤틀리지 않는다. 활을 만드는 사람은 이를 잘 알아야 한다.

噫 古者 上有道則百工信度 且得執藝事以諫 唐太宗聞弓人論木 心不直則脈理皆邪 心致取焉 猶有古人遺意 若射而穿則斬函人 射而不穿則斬矢人 雖曰威克厥愛允濟 然於正心以正百工之道遠矣 夫兵凶器也 始之以正心 終之以來百工 則遠人將服之 其可忽哉 其可忽哉

아! 옛날에는 윗사람에게 도(道)가 있으면 공인(工人)들이 법도(法度)를 믿고 전문지식으로 윗사람에게 바른 말을 할 수 있었다.[101] 당나라 태종(太宗)은 궁인(弓人)이 활의 재료인 나무에 대해 "나무는 중심이 똑바르지 않으면 그 결이 모두 비틀어지는 것입니다."라고 말하는 것을 듣고 깊이 받아들였다 한다.[102] 옛 사람들의 말에 "화살로 쏘아서 갑옷이 뚫리면 갑옷 만든 사람을 죽이고 갑옷이 뚫리지 않으면 화살 만든 사람을 죽인다."고도 했고 "위엄이 사사로운 정(情)을 누르면 일이 바로잡힌다."[103]고도 했지만 이는 스스로의 마음을 바르게 함으로써 공인(工人)들의 도(道)를 바로잡는 방법이라고는 볼 수가 없다. 무릇 무기는 흉기(凶器)이다. 스스로의 마음을 바르게 함으로써 여러 공인(工人)들이 모여들게 한다면 먼 곳에 있는 사람들까지 장차 따르게 될 것이다.[104] 어찌 이를 소홀히 할 수 있겠는가? 어찌 이를 소홀히 할 수 있겠는가?

---

101) 《서경(書經)》, 〈하서(夏書)〉, 윤정(胤征) 조를 인용한 말이다. 자신의 직무를 팽개치고 방탕한 생활에 젖어 있는 제후들을 토벌하라는 왕명에 따라 출정을 나가는 윤후(胤候)가 군사들에게 출정의 이유를 설명하는 말 중에 "선대(先代)에는…… 관리들은 서로 가르치고 바로잡아 주었고 공인들은 전문지식을 가지고 윗사람에게 간했다. 이제 자신의 직책에 힘쓰지 않는 자가 있으면 나라에서는 언제나 형벌을 내릴 것이다(官師常規 工執藝事以諫 或其不恭 邦有常刑)."라고 말한 구절이 있다.

102) 당나라 태종이 신하와 더불어 정사(政事)를 논한 중요한 문답을 오긍(吳兢)이 정리해 놓은 책인 《정관정요(貞觀政要)》의 〈정체(政體)〉 편에 있는 말이다. 좋은 활이라고 하는 것을 얻어서 궁인에게 보였더니 좋은 나무로 만든 활이 아니기 때문에 화살이 똑바로 나가지 않는다는 말을 듣자 자신은 천하를 평정하면서 활을 사용한 일이 많았음에도 활에 대해 이렇게 아는 것이 없으니 천하를 다스리게 된 지 얼마 되지 않는 자신이 정사(政事)에 대해 잘 알지 못할 것임을 깨닫고 이후로는 백성들의 실정과 정책의 득실에 대해 항상 신하들의 의견을 귀담아 들었다고 한다.

103) 역시 《서경(書經)》, 〈하서(夏書)〉, 윤정(胤征) 조를 인용한 말이다. 임무 수행에 있어 사사로운 정에 얽매여 본연의 임무를 그르치지 말라고 병사들을 훈계한 말이다.

104) 《중용(中庸)》에서 인용한 말이다. 《중용(中庸)》, 제20장에서는 범위천하국가유구경(凡爲天下國家有九經)이라 해서 자신을 바르게 하는 수신(修身), 어진 사람을 존중하는 존현(尊賢), 친족들과 화목하게 지내는 친친(親親), 대신들을 공경하는 경대신(敬大臣), 신하를 내 몸같이 여기는 체군신(體群臣), 서민을 자식같이 돌보는 자서민(子庶民), 모든 공인들이 모여들게 하는 래백공(來百工), 먼 곳의 사람들을 따듯이 맞이하는 유원인(柔遠人) 및 제후들이 따르게 하는 회제후(懷諸候) 등 아홉 가지를 천하를 경영하는 중요한 원칙이라고 했다.

제8장 고영(高穎)의 ≪무경사학정종(武經射學正宗)≫과 ≪무경사학정종지미집(武經射學正宗指迷集)≫[1)]

　　명나라 고영(高穎)의 서기 1637년 저술인 ≪무경사학정종≫과 그 도해(圖解) 해설서인 ≪무경사학정종지미집≫은 중국의 사법서 중 매우 독특한 글이다. 무엇보다 이 글은 모든 사법서 중 가장 분석적인 논문(論文) 형태의 글이며 또 이 글을 통해 저자 고영은 중국의 전통적인 발시 동작인 소위 별절(撇挈 또는 撇挈) 혹은 질절(挃挈)을 배척하고 발시 동작에서 앞뒤 두 손과 팔의 흔들림을 최대한으로 억제한 혁신적 발시 동작을 창안(創案)했다. 이런 차이점 외에도 ≪무경사학정종지미집≫에서는 사법들을 각 단계마다 도해(圖解)를 이용해서 알기 쉽게 설명하고 있다.[2)]

---

1) 조선조 후기 평양감영이 간행한 ≪무경칠서휘해≫는 청나라 주용(朱墉)이 서기 1700년 편찬한 ≪무경칠서휘해≫의 초간본을 복사본으로 간행한 것으로 그 말권, 즉 ≪사법비전공하≫는 지금 소개할 명나라 고영의 ≪무경사학정종≫ 내용을 축약 각색한 것이다. 일본에도 이와 동일한 내용의 ≪무경사학비수공하(武經射學秘授攻瑕)≫(일어 번역본)란 책이 있는데 안영(安永) 2년(서기 1772년) 간행된 이 책에 대한 구기제(求己齊)의 해제(解題)에는 이 책에 명나라 양수령(楊修齡)의 ≪무경사학정종지미집≫의 구절들이 인용되어 있다 했다. 그러나 ≪무경사학정종지미집≫은 고영 자신의 글이 분명하다. 고영의 ≪무경사학정종≫은 현재 중국에서 거의 발견되지 않고 특히 그 도해 해설서인 ≪무경사학정종지미집≫은 일본의 유명한 유학자 오규소라이(荻生徂來: 서기 1666년~1728년)가 서기 1786년 경도(京都)의 유리창(琉璃廠)에서 발간한 ≪사서유취국자해(射書類聚國字解)≫에만 그 전문이 남아 있다. 중국에서 고영이란 이름은 잊어버렸지만 그의 사법은 후대로 전해졌다. ≪무경사학정종≫은 첩경문(捷徑門), 변혹문(辨惑門), 택물문(擇物門) 총 3권으로 구성되어 있는데 청나라 주용의 ≪무경칠서휘해≫, 말권은 ≪무경사학정종≫의 첩경문과 변혹문을 축약 각색해서 〈사의(射義)〉와 〈사학문답(射學問答)〉이란 제목으로 수록해 놓았다. 〈사의〉의 사법인단(射法引端)은 ≪무경사학정종≫의 첩경문을 그리고 〈사의〉의 포우편(褒愚篇)과 정류편(正謬篇) 및 〈사학문답〉은 변혹문을 각각 축약 각색한 것이다. 이곳에서는 첩경문만 소개하겠다. 변혹문의 내용은 인궁요초지혹(引弓撩草之惑), 교사태조지혹(郊射太早之惑), 망사고침지혹(妄射藁砧之惑), 조사경궁지혹(早射勁弓之惑), 교사용대적태조지혹(郊射用大的太早之惑), 악궁망긴지혹(握弓妄緊之惑), 습사작철지혹(習射作輟之惑), 신도불독지혹(信道不篤之惑), 사심자시지혹(私心自是之惑), 불변풍기지혹(不辨風氣之惑), 식견미충지혹(識見未充之惑), 함양미순지혹((涵養未純之惑) 순으로 되어 있으나 그 중요한 내용들이 뒤에 소개할 ≪무경칠서휘해≫의 포우편과 정류편 및 사학문답에서 잘 정리되어 있다. ≪무경사학정종≫의 고공문은 궁시 제작 등에 관한 구체적 주의사항들이지만 지면 관계로 역시 생략했다.

2) 또한 이 글은 종래 사법서들과 달리 왼손, 오른손이라는 말 대신 앞손, 뒷손이란 말을 쓰고 있는데 이는 고영(高穎)이 왼손잡이로 활을 쏘았기 때문이다. 원래는 오른손잡이였던 그는 나이가 들수록 활 솜씨가 쇠락하자 그때까

제1절 ≪무경사학정종(武經射學正宗)≫

첩경문(捷徑門)[3]

夫射之道 若大路焉 入路自有次序 得其路而由之 始而入門 旣而昇堂 又旣
而入室 計日可到 不得其路而由之 一入旁門 猶適燕越轍 逾趨逾遠

　무릇 활쏘기를 배우는 길은 대로(大路)와 같은 것이며 이 길로 들어서면 스스
로 배우는 순서가 정해진다. 이 길을 제대로 찾아 따라가면 대문을 지나게 되고
대문을 지나서 집 안으로 들어가면 다시 마루로 올라가게 되고 마루로 올라간
다음에는 방으로 들어갈 수 있듯이 시간이 가면 활쏘기를 터득할 수 있다. 그러
나 이 길을 찾지 못하고 잘못된 길을 따라가다가 다른 문으로 들어가면 북쪽의
연(燕)나라로 가려고 나섰다가 남쪽의 월(越)나라로 수레바퀴가 향하게 되듯이
갈수록 활쏘기는 아득한 일이 되어 버리고 만다.

當其年少 初習時 病未入骨 筋力强 神氣銳 引弓可彀 機勢一熟 便可中的
習射旣久 病根一深 不過數年 精神未及 衰老 引弓遽爾難彀 逾久而矢離的逾
遠 回視昔年中的時 若兩截人物

　어려서 활쏘기를 배우기 시작할 때는 뼛속까지 병이 깊게 들지 않고 근력은
강하고 정신과 기력(氣力)은 넘치기 때문에 활을 가득 벌릴 수 있고 익숙해지면
과녁을 명중시킬 수 있다. 그러나 세월이 지나면서 병은 깊어지고 몇 해 지나지
않아 정신력과 기력이 떨어지며 어느 날 갑자기 활을 가득 벌리기 어렵게 된다.
시간이 좀 더 흐르면 화살은 과녁에서 점점 더 멀어지게 되고 과녁을 명중시키
던 옛날과 비교해 보면 전혀 다른 사람같이 된다.

지 자신이 익혀 온 사법에 근본적 문제점이 있을 것으로 보고 새 사법을 탐구하던 중 이미 고벽(痼癖)이 깊어져
있는 자세로는 활솜씨를 회복할 수 없을 것으로 보고 왼손잡이로 다시 시작해서 자신의 독특한 사법을 완성했다
고 한다.

3) 청나라 주용(朱墉)의 ≪무경칠서휘해≫, 말권에서는 이 글을 축약해서 사법인단(射法引端)이라는 제목을 붙여
놓았다. 사법의 요점이라는 뜻이다.

今人莫曉其故 此無他 只因習射之初 妄自引弓 或爲掘射 所誤 偶入旁門 不
得正門而由耳 若過循正路 則射逾久法逾熟 烏有射久而逾不如前者乎

요즘 사람은 잘 모르고 있지만 그 이유는 간단하다. 활을 배우기 시작할 때
함부로 시위를 당기고 멋대로 쏘았기 때문이다. 즉 바른 문을 찾지 못하고 그릇
된 문으로 들어간 것이 잘못이다. 옳은 길을 찾아 꾸준히 따라간다면 오래 쏠수
록 사법에 익숙해지는 것이니 어찌 오래 쏜다고 과거와 달라질 수 있겠는가?

所云正路者 一曰審 二曰骰 三曰均 四曰輕 五曰注 穎請以法 祥著於篇 使
人得循途而進 不爲邪徑所迷 近不過百日 遠不過期年 命中可幾矣 其功最捷
故名其門曰捷徑云

그러면 정도란 무엇인가? 첫째는 심(審)이고 둘째는 구(骰)이고 셋째는 균(均)
이고 넷째는 경(輕)이며 다섯째는 주(注)이다. 나 고영(高穎)이 이제 사법을 상
세히 기술해 놓았으니 이는 활을 배우려는 사람들로 하여금 옳은 길을 따라갈
수 있게 하려고 함이다. 거짓된 지름길에 빠져 헤매지만 않는다면 짧게는 100
일 내에, 길면 1년을 넘기지 않아서 꽤 많이 명중시킬 수 있게 될 것이다. 효과
가 매우 빨리 나타날 것이기에 나는 이 방법을 첩경문(捷徑門), 즉 지름길로 가
는 문이라고 부르겠다.

世人只欲且熙期效 一聞期年之說 便爾駭然 詎之 無法之射 逾趨逾遠 白首
而無成 穎所云期年者 合法之射 計日可到 期年之期 豈不爲捷徑乎

요즘 사람들은 빠른 효과를 원할 뿐이다. 그들은 1년 정도 시간이 필요하
다는 말을 들으면 곧 놀라면서 어찌 그렇게 오래 걸리느냐고 되묻는다. 그러
나 사법을 모르고 쏘면 갈수록 활쏘기는 아득한 일이 되어 백발이 되어도 터
득할 수 없게 된다. 나 고영(高穎)이 1년이라 말한 것도 매일 사법에 따라 쏘
았을 경우를 말한 것이다. 1년이란 기간을 어찌 지름길이라고 하지 않을 수
있는가?

1. 논심법(論審法 第一)

發矢必先定一主意 意在心而發於目 故審爲先 審之工夫直貫到底 與後注字

相照應　俱以目爲主　故欲射　先以目審定　而後肩臂衆力從之而發　然審法不同
有審鏃於臨發矢者　有審於弓左者　皆非也

　화살을 내보내려면 의지(意志)를 한곳에 모아야 한다. 그러나 의지는 마음속
에 있지만 화살을 내보낼 때는 눈으로 보고 내보내기 때문에 '심(審)', 즉 조준
(照準)이 중요하다. 조준은 활쏘기의 전 단계에 영향을 주며 특히 뒤에 말할
'주(注)', 즉 목력집중(目力集中)과 서로 호응하는 것으로서 양자 모두 눈이 중
심이 된다.[4] 따라서 활을 쏘려면 우선 눈으로 조준한 후 어깨와 팔의 힘을 모
아 화살을 내보내야 한다. 그러나 조준방법이 누구나 같은 것은 아니다. 발시
순간에야 비로소 촉을 통해 조준하는 이도 있고 활의 왼쪽을 통해 조준하는 이
도 있는데 이는 잘못된 것이다.

　審鏃於臨發矢者[5]　固已倉卒且專心於箭鏃　恐鏃對而箭桿不對　發矢亦邪　若
審於弓左者　箭在弓右　目不見鏃注的　不淸矢之遠近　何從分別　總之　以意度之耳

　발시 순간에야 촉을 통해 조준하는 사람은 자세가 굳혀진 다음에 느닷없이
촉에만 마음이 쏠리므로 촉은 과녁을 향했어도 화살대는 과녁을 향하지 못해
화살이 빗나갈 수 있다. 활 왼쪽을 통해서 조준하는 사람의 경우에는 화살은 활
오른쪽에 있기 때문에 촉이 과녁을 향하고 있는지를 눈으로 볼 수 없고 화살이
날아갈 거리 역시 제대로 확인할 수가 없게 된다. 화살이 날아갈 방향과 거리를
무엇으로 분별하겠는가? 결국은 짐작에 의할 수밖에 없게 될 것이다.

　故審之正法　惟於開弓時　先以目視的　而後引弓將彀時　以目稍自箭桿至鏃　直
達於的　而大小東西了然　是之謂審　然此審法　射遠乃爾　若五十步以內者　俱視
在弓左　與騎射同　騎射　非十步二十步內　不發　射近而亦用前審法　則矢揚而大
矣　故射近者　前手低於後手　安能審在弓右乎　此又不可不知

　올바른 조준법은 활을 벌릴 때부터 조준하는 방법뿐이다. 우선 눈으로 과녁을

보고 시위를 당겨 활이 가득 벌어질 때쯤 잠시 눈으로 화살대와 화살촉을 거쳐 과녁을 보면 좌우 원근을 뚜렷이 확인할 수 있다. 이를 조준이라 한다. 그러나 이런 조준법은 원거리 표적을 쏠 때 쓰는 방법이고 50보 이내 근거리 표적은 말 타고 쏠 때같이 시선을 활 왼쪽에 둔다. 말 타고 쏠 때는 10~20보 이내의 표적만 쏜다. 가까운 표적을 쏠 때는 앞서와 같이 조준하면 화살은 위로 떠올라서 표적을 넘기게 된다. 따라서 가까운 과녁을 쏠 때는 앞손을 뒷손보다 낮추고 쏘는데 어찌 활의 오른쪽을 통해 조준할 수 있겠는가? 이를 또한 모르면 안 된다.

2. 논구법(論彀法 第二)

彀者 引箭鏃至弓弝中間之謂 乃射之根本 巧妙之所從出也 惟彀 則前段審的 工夫 有所托以用其明 後勻注之功有所托以收中之效

'구(彀)', 즉 활을 가득 벌린다는 것은 화살촉의 끝이 줌통의 중간에 이르기까지 당기는 것을 말하며[6] 활쏘기의 기본이며 모든 솜씨는 이로부터 나오게 된다. 활을 가득 벌려야만 이에 의지해서 앞서 설명한 조준법도 제대로 행할 수 있는 것이고 또 뒤에 설명할 균'(均)'과 '주(注)'도 명중의 효과를 얻을 수 있게 된다.

倘引弓不彀 骨段節未盡 肩臂俱鬆 猶不根之木 生意 何有發 喪心之人 百務 必不集 縱有巧法 安從施哉 世人講射法者紛紛 但不講所以彀之法 其舍本逐 末 老而不精 故射之根本 必先於彀

활을 가득 벌리지 않으면 뼈마디와 관절들이 펴지지 않아서 어깨와 팔이 모두 느슨해진다. 뿌리 없는 나무와 같다. 의지만 있다고 어찌 활을 쏠 수 있겠는가? 근본을 잃은 사람은 무엇을 해도 효과가 없다. 기술이 있다고 한들 그 기술을 어떻게 펼칠 수 있겠는가? 사법을 가르치는 사람들은 수없이 많은 것들을 가르치고 있지만 활을 가득 벌려야 하는 이유를 가르치는 사람은 없다. 이는 근본을 버리고 말단을 추구하는 것이다. 이렇게 되면 세월이 갈수록 명

---

6) 왕거(王琚)의 ≪사경(射經)≫에서는 촉을 줌통 옆까지 당긴 것을 만(滿), 촉끝을 줌통 중간까지 당긴 것을 영관(盈貫)이라 했고 이정분(李呈芬)의 ≪사경(射經)≫에서는 그 외에 촉이 줌통을 지나 더 들어오도록 당겨 쏘는 사람을 탈파전(脫弝箭) 또는 명가(名家)라고 했다. 화살을 많이 당기는 사람일수록 활을 잘 쏘는 사람이라는 의미이다. 여기서는 소위 영관(盈貫)을 구(彀)의 기준으로 했다.

중률은 떨어지게 된다. 활쏘기의 근본 중에서도 활을 가득 벌리는 일이 가장
중요하다.

彀法有不同 有鹵莽彀 有氣虛彀 有氣泄彀

흔히들 활을 가득 벌리는 모습을 보면 모두 같지는 않다. '노망구(鹵莽彀)'도
있고 '기허구(氣虛彀)'도 있고 '기설구(氣泄彀)'도 있다.[7]

夫鹵莽彀者 引弓將彀時 將射 鏃露半寸許於弓弝外 臨發時 急抽箭鏃至弓弝
中間而出 是全以氣質用事 急求於彀 激動箭鋒 矢發必不準

'노망구(鹵莽彀)', 즉 '거친 벌림'이란 활을 벌릴 때 화살촉의 반 치(寸)가량을
줌통 밖에 남겨 두었다 발시 직전에 비로소 촉의 끝을 급히 줌통 가운데까지
당겨서 발시하는 것이다. 이는 기질이 급해서 그런 것이다. 활을 급히 가득 당
기려 하면 화살촉 끝이 흔들려서 화살은 반드시 빗나가게 된다.[8]

氣虛彀者 引弓迅速 急抽箭鏃至弓弝中間 不及審的 後手力量已竭 膽氣俱虛
曾不能少留 隨卽發出 矢亦不準 名氣虛彀 以形彀而氣不彀也 此皆非彀之正法

'기허구(氣虛彀)', 즉 '힘없는 벌림'이란 활을 빠르게 벌리면서 촉끝이 줌통
중간에 도달하자마자 제대로 과녁을 조준하기 전에 뒷손 힘이 빠지고 담력과
기력이 모두 달려서 잠시도 머무르지 못하고 그대로 화살을 내보내는 것을 말
한다. 그렇게 하면 화살은 역시 빗나가게 된다. 이름을 '기허구(氣虛彀)'라고 한
것은 외양은 활을 가득 벌린 것 같지만 기(氣)는 가득 펼쳐지지 못했기 때문이
다. 이는 활을 가득 벌리는 올바른 방법이 아니다.

---

7) 주용(朱墉)의 ≪무경칠서휘해(武經七書彙解)≫에는 '彀有不同' 부분이 '彀有二病'으로 고쳐서 인용했고 '기
   설구(氣泄彀)'에 관한 언급도 없다. 이곳에서 '기설구(氣泄彀)'를 언급한 다음 뒤에 그 내용에 대한 설명이 없기
   때문에 그렇게 한 것으로 보인다. '기설구(氣泄彀)'란 '기가 빠진 벌림'이란 말로서 활을 가득 당겼다가 발시 전
   에 촉을 앞으로 토해 내는 것을 말하는 것으로 보인다.

8) ≪조선의 궁술≫에서는 "화살이 만작되어 내보낼 즈음에는 짤긋짤긋 당기다가 내보내야 한다. 그렇게 아니 하고
   만작되어 잔뜩 멈추었다가 내보내면 화살을 내보내기에 앞서 토해 냈다가 내보내기 쉽다. 이는 사법에 맞지 않는
   다."고 했다. 지금도 우리나라 활터에서는 이런 방법을 권장하며 이를 가입(加入)이라 한다. 이곳에서 말하는 '노
   망구(鹵莽彀)'는 이런 경우와는 달리 앞에 남겨 두었던 촉을 발시 전 급히 당겼다가 화살을 내보내는 것을 말하
   지만 앞서 언급한 바와 같이 가입(加入)의 발시 방법은 초보자에게 적합한 방법이다. 자세한 설명은 앞의 179쪽
   주 81를 참고할 것.

夫正法者 只有一條大路 世人不知 偶合一二者有之 然非心知其善 亦未必能
守也 及習射旣久 病根漸增 始之偶合者 亦漸消滅 原歸不彀矣 彀之大路云何

　　무릇 올바른 길은 넓고 쉬운 길 하나밖에 없지만 이를 사람들은 모른다. 우연
히 제대로 하는 사람도 하나 둘 있지만 그 궁극적 원리를 모르고 있는 사람은
그 방법을 계속 유지할 수가 없는 법이다. 그런 사람은 오래 활을 쏠수록 병의
뿌리가 점점 더 깊어지기 때문에 처음에는 우연히 제대로 했지만 점차 그 방법
을 잊어버리고 다시 활을 가득 벌리지 못하게 되고 만다. 그렇다면 활을 가득
벌릴 수 있는 넓고 쉬운 올바른 길이란 어떤 길인가?

彀法根本 全在前肩下捲 前肩旣下 然後 前臂及後肩臂 一齊擧起 與前肩平
直如衡 後肘屈極向背 體勢反覺朝後 骨節盡處 堅持不動 箭鏃猶能浸進 方可
言彀 人之長短不齊 各以其骨節盡處爲彀 則力大者不能太過 力少者不能不及
此天造地設之理

　　활을 가득 벌리는 방법의 근본은 모두가 앞 어깨를 아래로 돌려 누르기에 있
다.9) 앞 어깨를 먼저 아래로 내린 상태에서 앞 팔과 뒤 어깨 및 뒤 팔을 일제히
들어 올려서 앞 어깨와 더불어 저울대같이 수평으로 일직선이 되도록 하고 뒤 팔
꿈치를 힘껏 구부려서 등 쪽을 향하도록 하면 몸이 뒤를 돌아보는 듯한 느낌이 생
기며10) 뼈마디들이 완전히 펴져서 조금도 흔들림 없이 버틸 수 있다. 이 상태에서
화살촉이 마치 물이 스며들어 오듯 당겨져 들어올 수 있게 되어야 비로소 활을 가
득 벌린 것이라고 할 수 있는 것이다. 사람은 체격이 서로 다르기 때문에 각자 자
신의 체격에 맞게 뼈마디들이 완전히 펴지면 활은 가득 벌어진 것이다. 그러므로
힘이 세다고 해서 가득 벌린 것보다 더 벌릴 수 있는 것은 아니며 힘이 약하다고
해서 가득 벌리지 못하는 것도 아니다. 이는 하늘과 땅이 정한 이치이다.

---

9) 원문의 '전견하권(前肩下捲)'이란 말의 의미에 대해 ≪무경사학정종≫에는 아무 추가 설명이 없다. 그러나 ≪무
　경사학정종지미집≫에는 이에 해당하는 준비동작을 '전비번직향지(前臂番直向地)'라고 표현하면서 이를 그림으
　로 설명하고 있는데 이 그림을 보면 앞 어깨를 과녁방향으로 돌려서 아래로 낮춘 다음에 앞 팔을 땅바닥을 향해
　쭉 뻗어 주는 동작을 말한다. '전견하권(前肩下捲)'은 그런 자세에서 앞 어깨는 그대로 낮추어 놓고 팔만 위로
　들어 올렸을 때의 모습을 말한다. 주용(朱墉)의 ≪무경칠서휘해(武經七書彙解)≫에서는 '권(捲)'이란 글자의 의
　미에 대해 '회전번하위권(回前番下爲捲)'이라는 주(註)를 달아 놓았다. "앞으로 돌려 주면서 아래로 누르는 것"
　을 '권(捲)'이라고 한다는 의미이다.

10) 얼굴은 과녁을 향하고 있어도 상체는 마치 뒤를 돌아보려는 듯한 자세가 되어야 한다는 의미이다. 주용의 ≪무
　경칠서휘해≫에서는 이 구절 뒤에 "몸이 뒤를 돌아보는 듯한 자세 이것이 바로 활을 가득 벌린 절묘한 모습이
　다(體勢朝後 此是彀弓之妙境)."라는 구절을 추가했다.

今人不知彀法 全持力而引弓 鏃至弓弣爲彀 骨節平直之法 置而不講 則就一
人之身 一日之間 力亦有衰旺 夫人朝氣銳 晝氣心惰 暮氣歸 氣銳時則力旺而
彀 氣衰而不彀矣 彀不彀分 而矢之遠近亦因之 安有定衡乎

요즘 사람들을 보면 가득 벌리는 방법은 모른 채 오로지 힘에 의지해서 시위
를 당기고 화살촉이 줌통에 도달하는 것만으로 곧 가득 벌린 것으로 알며 뼈마
디들이 곧게 펴져야 하는 원칙은 따지지도 않는다. 그러나 사람의 몸에는 하루
동안에도 그 힘에 기복(起伏)이 있다. 무릇 사람은 아침에는 기(氣)가 솟지만 낮
에는 기(氣)도 쇠하고 마음도 나태해지며 저녁이 되면 기(氣)가 멈춘다. 기(氣)가
솟으면 힘도 왕성하여 활을 가득 벌리기 쉽지만 기(氣)가 쇠하면 힘도 쇠하고
활을 가득 벌리기가 어렵게 된다. 이렇게 활을 가득 벌리기도 하고 못 벌리기도
하면서 화살 날아가는 거리가 길어지기도 하고 짧아지기도 하면 어찌 일정하게
화살을 보낼 수 있겠는가?

惟以骨節盡處爲彀 則長人用長箭 短人用短箭 力大用勁弓 力少用軟弓 矢鏃
俱引至弓弣中間爲彀 方有定準11)

뼈마디들이 완전히 펴져야 활을 가득 벌린 것이 된다. 따라서 키가 큰 사람은
긴 화살을 쓰고 키가 작은 사람은 짧은 화살을 쓰며 힘이 센 사람은 억센 활을
쓰고 힘이 약한 사람은 부드러운 활을 씀으로써 언제나 화살촉의 끝이 줌통 중간
에 도달하게 해야 활을 가득 벌린 것이 된다. 이것이 활을 가득 벌리는 기준이다.

然骨節平直工夫 全在前肩下捲 下前肩法 今人絶不講 間有言及者 俱出耳聞
不得其竅 此所以前肩不得下 欲彀而未能耳 下肩法 詳於辨惑門 潦草引弓章
內 宜細求之 則肩不期下而自下 弓不期彀而自彀矣 此下手入彀工夫也

그러나 뼈마디들을 완전히 펴는 요령은 전적으로 앞 어깨를 아래로 돌려 누
르기에 달려 있다. 오늘날 앞 어깨를 낮추어야 하는 원칙에 대해서 말하는 사람
은 아무도 없다. 간혹 이에 대해 말하는 사람도 있기는 하지만 그들은 모두 어

---

11) 저본(底本)에는 마지막 부분이 "矢鏃俱引至弓弣中間爲彀 方有定準"으로 되어 있으나 ≪무경칠서휘해≫,
   초간본(初刊本)을 복간(復刊)한 평양감영의 ≪무경칠서휘해≫에는 "矢鏃俱引至弓弣中間 發矢 力有定準"
   으로 인용되어 있고 중간본(重刊本) ≪무경칠서휘해≫에는 "矢鏃俱引至弓弣中間 發矢 方有定準"으로 수
   정해서 인용되어 있다. '力'을 '方'으로 수정한 것이다.

디선가 들은 이야기를 옮기는 것일 뿐 그 구체적인 방법은 모른다. 이것이 바로 앞 어깨를 낮추지 못해서 활을 가득 벌리고 싶어도 그렇게 하지 못하는 이유다. 앞 어깨를 낮추는 방법에 대해서는 뒤의 변혹문(辨惑門) 편, 인궁요초지혹(引弓 潦草之惑)[12] 장에서 상세히 소개했으니 그대로만 잘 따라서 해 보면 앞 어깨를 낮추려 하지 않아도 저절로 낮추어지며 활은 가득 벌리려 하지 않아도 저절로 가득 벌어지게 된다. 이것이 초보자가 활을 가득 벌릴 수 있는 방법이다.[13]

3. 논균법(論勻法 第三)

勻者 前後肩臂分勻而開之謂 所以終彀之功 而啓後輕注之巧妙者也

'균(勻)', 즉 균형이란 앞뒤 어깨와 팔을 같은 힘으로 열어 주는 것을 말한다. 활을 가득 벌린 후 뒤에 언급될 '경(輕)'과 '주(注)'의 단계로 들어갈 수 있도록 인도해 주는 단계이다.

今人當引弓旣彀時 骨節盡而筋力竭 信手便發 何暇浸進而加勻之功 勻開之 功不加 發矢時 斟酌不淸 所以矢之大小左右 俱不暇顧 發矢一偏 則彀之工夫 總爲無用 此彀之後當繼之以勻 而勻開之功爲最急

요즘 사람들은 활을 가득 벌렸을 때쯤에는 골절과 근육에 힘이 고갈되어서 바로 화살을 내보내게 되고 서서히 균형을 맞추기 위해 공을 들일 여유를 갖지 못한다. 그러나 앞뒤 어깨와 팔을 균형을 맞추어 열어 주는 일에 공을 들이지 않으면 조준이 흐릿해져 화살이 날아갈 방향이나 거리를 알지 못하게 된다. 발시(發矢)가 잘못되면 활을 가득 벌리려고 기울였던 노력이 다 무용지물이 되므

---

12) 아무렇게나 적당히 활을 벌리는 잘못을 말한다.

13) ≪무경칠서휘해≫에는 이 구절에 이어 아래와 같은 구절이 첨부되어 있다. "활을 가득 벌렸을 때 앞 어깨가 솟아오르면 팔뚝이 구부러지는 병이 생긴다. 따라서 반드시 앞 주먹을 약간 기울인 다음 한 치가량 높여 눈썹과 같은 높이에 두어야 한다. 다만 앞 주먹을 너무 들어 올리면 앞 어깨가 반드시 들뜨게 된다. 그러나 앞 어깨를 있는 힘껏 아래로 돌려 누르고 어깨 위 움푹 파인 곳이 앞을 향하게 한 다음 팔뚝과 함께 곧게 펴서 땅을 향해 내리뻗은 후 앞 주먹을 들어 올리면 앞 어깨가 들뜨지 않는다. 이때 앞 어깨는 그 뿌리가 등에 있으므로 어깨 위의 움푹 파인 곳이 앞을 향하게 하려면 반드시 등에 연결된 어깨죽지뼈도 앞을 향하게 해서 아래로 보내야 한다. 앞 어깨를 앞으로 내밀어야만 비로소 어깨 위의 움푹 파인 곳도 앞을 향하게 된다. 이 동작들은 상호 연관된 동작이므로 동시에 이루어져야 하며 그중에 하나라도 빠뜨리면 안 된다(弓彀 前肩必前突出 則有 括臂之病 故須前拳斜側 向眉前 高出一寸許 與眉齊 但前拳過高則前肩必退縮 故又須將前肩極力下捲 實令肩上潭窩前向 同臂番直向地 則前拳雖高而肩不退縮矣 然前肩之根在於背 欲肩窩向前 又須將肩背 骨向前番下送 前肩出則肩窩方得向前 此皆相因之勢 不可缺一)."

로 활을 가득 벌린 후는 반드시 균형을 맞추어야 한다. 어깨와 팔을 균형을 맞추어서 열어 주는 일에 정성을 다해야 한다.

然勻之法 莫妙於用肩而勿用臂 何也 臂之力少而肩之力厚也 引弓旣彀時 筋力將盡 欲使兩臂分勻而開 勢必不能

균형 맞추는 방법에 있어 가장 큰 비결은 팔이 아니라 어깨의 힘을 쓰는 데 있다. 왜일까? 팔은 힘이 약하지만 어깨 힘은 충분하기 때문이다. 활이 가득 벌어지면 근력이 거의 고갈되므로 두 팔을 균형을 맞추어 열어 주려 해도 힘이 이를 감당할 수 없게 된다.

惟肩力厚 則能施運而悠長 弓彀之時 臂力將盡 以肩力繼之 前肩極力下捲14) 後肩堅持泄開 則箭鏃從弓弝中間徐徐而進 如水之浸滴然 豈非勻之正法乎

그러나 어깨의 힘은 크기 때문에 서서히 오래 쓸 수 있다. 활이 가득 벌어질 때쯤에 팔의 힘이 고갈되려 하면 어깨의 힘으로 이를 이어받아야 한다. 앞 어깨를 있는 힘껏 아래로 돌려 누른 후 뒤 어깨에 힘을 주어 매끄럽게 열어 주면 화살촉은 마치 물이 스며들듯이 줌통 중간까지 서서히 진입하게 된다. 이것이 어찌 균형을 맞추는 올바른 방법이 아니겠는가?

今人當彀之後 只用臂力分開 臂之力少 如何能開 必將殫力而抽 箭鏃急進 激動前臂 發矢必邪 前功盡棄

요즘 사람들은 활이 가득 벌어진 후에 오직 팔의 힘만으로 균형을 맞추어 어깨와 팔을 열어 주려 한다. 그러나 팔 힘은 약한데 어찌 가능하겠는가? 결국 힘껏 잡아채듯이 당겨서 화살촉이 급히 끌려 들어오게 되고 앞 팔이 흔들리며 화살은 빗나갈 것이다. 이렇게 되면 앞에서 기울인 공도 모두 다 버리는 것이 되고 만다.

故曰 勻之法 莫妙於用肩而勿用臂 古云 胸前肉開 背後肉緊者 此也 此勻之下手工夫 則說得 行不得 說之何益 下手工夫 獨得之秘 當爲智者之道也

---

14) ≪무경칠서휘해≫에서는 이곳에 '回前番下爲捲'라는 주(註)를 붙여 놓았다. 앞으로 돌려 주면서 아래로 누르는 것을 '권(捲)'이라고 한다는 의미이다.

그렇기 때문에 균형 맞추는 방법에 있어서 가장 큰 비결은 팔이 아니라 어깨의 힘을 쓰는 데 있다고 하는 것이다. 가슴 근육을 벌리고 등 근육은 조인다는 옛말이 바로 이를 두고 한 말이다. 이것이 균형을 맞추는 기초적 방법이다. 그러나 이를 말로 할 줄은 알아도 실제로 하는 방법을 모른다면 그런 옛말이 무슨 도움이 되겠는가? 방금 말한 기초적 방법은 내가 홀로 터득한 비결이며 매우 효과가 좋은 방법이다.[15]

4. 논균경(論勻輕 第四)

輕者 後拳與前拳相應 輕鬆而發矢也 然輕之功極細 發矢時 若欲輕而不敢用力 矢鏃必然吐出 卽使不吐而定 發矢亦覺無氣 氣怯 則矢發 必傷於小 懼其小也 而稍用力 則力微而矢不能進 懼其不進也 而極力求進 必然一抽而出 就著氣質機神衝動 不能凝注 矢不能不小偏矣

'경(輕)'은 뒤 주먹과 앞 주먹이 서로 호응하며 가볍게 화살을 내보내는 것을 말한다. 그러나 이런 가벼운 발시는 매우 미묘한 것이다. 화살을 가볍게 내보내려고만 하고 과감히 힘을 쓰지 않으면 반드시 화살촉을 토해 내게 되고 촉을 토하지 않게 고정시켜도 발시 때는 기(氣)가 모자라게 되고 기(氣)가 모자라면 화살 날아가는 거리가 반드시 짧아지게 된다. 화살 날아가는 거리가 짧아질 것이 염려되어 조금 더 힘을 쓴다 해도 힘이 모자라면 촉을 끝까지 당기지 못한다. 그러나 촉을 끝까지 당기지 못할 것을 우려해서 있는 힘껏 화살을 끌어당기려 하면 반드시 화살을 단번에 잡아채게 되고 그렇게 되면 기(氣)와 정신에 충동이 일어나서 집중력을 잃게 되고 그 결과 화살이 짧거나 빗나가지 않을 수가 없다.

故旣勻之後 後肩瀉開時 箭鏃已至弓弝中間 決機命中全在於此 後拳必將筋

---

15) 균형을 맞추는 방법에 대해 ≪무경칠서휘해≫에서는 ≪무경사학정종≫의 문구들을 축약 각색해서 "균형을 맞출 때는 화살촉을 서서히 끌어당겨야 하며 아직 화살을 내보내면 안 된다. 활이 가득 벌어지면 팔 힘은 고갈된다. 이때 팔 힘이 아니라 어깨 힘을 쓸 수 있으려면 앞 어깨를 아래로 돌려 누른 채 앞 팔을 들어 올려 화살을 내보내야 한다. 이때 뒤 어깨는 들려 있는데 뒤 팔을 위에서 아래로 매끄럽게 쓸어내리고 뒷손은 시위에서 떼어 내면 가슴 근육은 벌어지고 등 근육은 조여지는 것을 느끼게 된다. 또한 두 어깨는 강직하면서도 유연하고 거세면서도 부드러운 것을 느끼게 된다(蓋勻之時 猶浸進未發 惟當引弓旣彀 臂力已盡 惟用肩而不用臂 全持前肩下捲 達上而出矢 後肩聳起 運臂自高瀉下而脫弦 便覺胸前肉開 背後肉緊 兩肩剛而且柔 猛而且緩)."고 했다.

力緊收　與前掌相應　前後肩臂殫力　並實堅凝一片　輕輕運開後拳與前拳　約勻
平脫　後肘又垂下向背　若拳平脫　後肘不垂　發矢無勢

따라서 균형을 맞춘 다음 뒤 어깨를 매끄럽게 열어서 줌통 중간에 화살촉의
끝이 도달하면 다음과 같이 해야 명중을 기약할 수 있다. 뒤 주먹에 힘을 줄 때
는 항상 앞손의 손바닥도 이에 호응해야 한다. 앞뒤 어깨와 팔의 힘이 떨어지려
하면 한 덩이로 단단히 굳혀 놓고 두 주먹에 고르게 야금야금 힘을 가해 뒤 주
먹이 시위에서 수평으로 벗겨지게 해야 한다. 이때 뒤 팔꿈치는 밑으로 떨어뜨
리면서 등 쪽을 향하게 해야 한다. 뒤 주먹이 시위에서 수평으로 벗겨져도 뒤
팔꿈치를 밑으로 떨어뜨리지 않으면 화살이 힘없이 날아간다.

如此肘垂而拳平脫　氣質　煙火之性　泯然不露　如蜻蜓點水　輕揚活潑　如瓜熟
蒂落　全出天然　鬆而且脆　矢出如荳　細衝至的　是下手用輕之工夫　古云　後手發
矢前手不知者也

이렇게 해서 뒤 팔꿈치가 밑으로 떨어지면서 뒤 주먹이 시위에서 수평으로
벗겨지면 그 기세가 불꽃이나 연기같이 형체를 드러내지 않고 아득하며 물
위를 스쳐 가는 잠자리같이 가볍고도 활발하며 줄기에서 떨어지는 농익은 오
이 꼭지처럼 자연스럽고 가벼우면서도 시원해서 화살은 콩알같이 날아가서
정확하게 과녁에 꽂히게 된다. 이것이 가볍게 화살을 내보내는 기초적인 방
법이다. 옛말에 "뒷손이 화살을 내보내는 것을 앞손이 모른다."는 말이 바로
이것이다.

5. 논주(論注 第五)

注者　目力凝注一處　精神聚而不分之謂　與前審字相應　夫人一身之精神　皆萃
於目　目之所注　神必至焉　神至　而四體百骸筋力精氣俱赴矣

'주(注)'란 눈 힘을 집중함으로써 정신을 모으는 것을 말하며 앞서 말한 '심
(審)', 즉 조준과 서로 호응한다. 무릇 한 몸의 정신은 모두 눈에 모인다. 눈이
어느 곳을 응시하면 정신도 그곳으로 가고 정신이 가는 곳으로 온몸과 근력(筋
力)과 정기(精氣)가 모두 가게 된다.

李將軍射石一發沒鏃者 以虎視石也 神之至也 故發矢時 目力必凝注一塊 目
注而心到意到手到 發無不中矣 古云 認的如仇者 此也 此下手用注工夫也

　한(漢)나라 이광(李廣) 장군이 돌을 쏘아서 촉이 돌 속에 박히게 된 것은 돌
을 호랑이로 알고 정신을 집중했었기 때문이다. 따라서 발시 순간에는 반드시
눈의 힘을 한 점에 집중시켜야만 한다. 눈의 힘을 한곳으로 집중시키면 마음도
뜻도 손도 따라가게 되니 화살을 쏘면 명중되지 않는 것이 없게 된다. 옛말에
"과녁 보기를 원수 보듯 하라."는 옛말은 바로 이를 두고 하는 말이다. 이것이
눈 힘을 집중시키는 기초적인 방법이다.

然注與審不可分爲二事 引弓之初 以目視的 是之謂審 發矢時 以目注的 亦
謂之審 總之皆用目力 原非二事 何爲分審與注之名也

　그러나 '주(注)'와 '심(審)'이 별개 것이 될 수 없다. 시위를 당기기 시작할 때
과녁을 보고 조준할 점을 보는 것을 '심(審)'이라고 하며 발시 때 눈의 힘을 조
준할 점에 집중시키는 것도 '심(審)'이라 한다. 양자 모두 눈의 힘을 사용하는
것으로 원래부터 별개의 것이 아니다. 그러면 '심(審)'과 '주(注)'로 이름을 나눈
이유는 무엇인가?

只爲世人引弓時 誰能目視的 及旣彀之後 筋力已竭 信手便發 無暇認的 精
神散漫 發矢俱偏 故於勻輕之後 復立一注之名 以提醒世人 使發矢時 目認的
間一塊 或認的之心 或認的之足與首 精神手法俱向此一塊而發

　요즘 사람들 중에 시위를 당길 때는 조준점을 볼 수 있지만 활을 가득 벌린
후에는 근력(筋力)이 떨어져서 조준점을 볼 틈도 없이 바로 화살을 내보내는
경우가 있다. 그렇게 하면 정신이 흐트러지고 화살도 빗나간다. 따라서 '균
(勻)'과 '경(輕)' 다음에 다시 '주(注)'를 만들어 주의를 환기시킨 것이다. 발시
순간 과녁의 중심이건 바닥이건 꼭대기이건 어느 한 점에 눈의 힘을 집중시켜
서[16] 정신과 손이 모두 그곳을 향해 화살을 보내게 하려는 것이다.

---

16) ≪무경칠서휘해≫는 이 구절의 의미를 부연설명하기 위해 "조준점이 언제나 일정해야 되는 것은 아니며 활 힘
　　이나 바람에 따라 달라진다. 부드러운 활이면 과녁 상단의 한 점을, 강한 활이면 과녁 하단의 어느 한 점을 조
　　준한다. 활도 강하고 뒤바람도 불면 사대와 과녁의 중간쯤을 촉끝으로 조준할 때도 있다. 활은 부드럽고 맞바람
　　도 불면 과녁보다 더 위 어느 곳을 촉끝으로 조준할 때도 있다. 활은 부드럽고 옆바람도 크면 과녁 좌우로 두
　　걸음 이상 떨어진 곳을 조준할 때도 있다. 활은 강하고 옆바람도 작으면 과녁 좌우로 1자 이내의 곳을 조준할

故注之名　原爲世人之掘射而設　善射之人　手一擧弓　目力便審　精神便凝注一
塊　自始至終　神氣精專　弓一彀而勻　輕以出矣　何待勻輕而注哉　善學者不可不察

'주(注)'는 활을 제대로 쏘지 못하는 사람을 위해 만든 말이다. 활을 잘 쏘는
사람은 한번 활을 들어 올리면 눈의 힘을 집중해 정신을 어느 한 점에 모아 처
음부터 끝까지 정신(精神)과 기(氣)를 흩뜨리지 않으며 활을 가득 벌리고 앞뒤
두 팔과 어깨에 균형을 잡은 후 가볍게 화살을 내보낸다. 균(勻)과 경(輕)의 단계
에서 눈의 힘을 집중시키는 것은 아니다. 활을 잘 쏘려면 이를 명심해야 한다.

첩경문총결(捷徑門總結)

審彀勻輕注　雖爲五段　其實一貫　審與注　首尾相應　總之皆用目力　審於開弓
之時　注於發矢之頃也

비록 '심(審)', '구(彀)', '균(勻)', '경(輕)' 및 '주(注)' 다섯 단계가 있기는 하
지만 실제로는 모두 하나로 통하는 것이다. 특히 '심(審)'과 '주(注)'는 시작과 끝
에서 서로 호응하는 것으로서 양자 모두 눈의 힘을 사용하는 것이지만 '심(審)'
은 활을 벌릴 때 하는 것이고 '주(注)'는 발시 순간에 하는 것이 다를 뿐이다.

中間彀字　乃開弓之根本　勻者　乃所以終彀之力量而斟酌發矢之機宜　世人言
射　只言彀字　一彀便發　大小左右俱不暇顧　詎知　彀者　乃發矢遠到之本　非中的
之本也　彀而不勻　發矢皆偏　何取於彀　惟於彀之後　復引箭鏃　勻調浸進分許　斟
酌已定　而預爲出矢輕鬆之地　故有勻之功　而彀力始不虛

그 중간의 '구(彀)'는 활을 벌리는 기본원칙이며 '균(勻)'은 활이 가득 벌어질
때쯤 화살을 내보낼 준비를 하는 것이다. 활쏘기를 말할 때 가득 벌리라는 말만
하면서 활이 가득 벌어지면 원근(遠近)이나 좌우(左右)를 헤아릴 여유가 없이
바로 화살을 내보내는 사람들도 있다. '구(彀)'는 화살을 멀리 보낼 수 있는 근
본일 뿐 명중시킬 수 있는 근본은 아님을 그들은 모른다. 활을 가득 벌려도 균

때도 있다(但目認之法　不可執一　或隨風而變　或隨弓之軟勁而變　弓軟則認的之首　弓勁則認的之足　弓勁風
順而以鏃頂半路　弓軟風逆頂的之上　弓軟風大則認的之左右丈餘　弓勁風微則頂的之左右尺寸)."라고 했다. '風
逆頂的之上'은 저본(底本)에 '風逆頂的之左'로 되어 있으나 오기(誤記)가 분명하므로 필자가 바로잡은 것이다.

형을 맞추지 못하면 화살은 모두 빗나간다. 무엇 때문에 활을 가득 벌렸는가? 활을 가득 벌려 갈 즈음 또 화살촉을 자근자근 더 당기고 앞뒤 두 어깨와 팔에 균형을 맞추어 가며 물이 스며들듯이 힘을 가해 주며 가볍게 화살을 보낼 준비를 해야 한다. 균형 맞추는 공이 더해져야 비로소 활을 가득 벌린 힘이 효과를 거두기 시작하는 것이다.

輕者 乃竟勻之機而法必中節者也 上文勻之時 矢猶未發而斟酌定矣 輕者 承勻之後而輕鬆以出 發矢以準 故有輕之功而後 勻之妙始著

‘경(輕)’은 균형 맞추기가 끝나갈 때 반드시 명중시킬 수 있게 하는 방법이다. 앞서 말한 ‘균(勻)’은 화살을 내보내기 전에 내보낼 준비를 갖추는 단계이며 ‘경(輕)’은 ‘균(勻)’의 뒤를 이어서 가볍고 정확하게 화살을 내보내는 것을 말한다. 가벼운 발시에 공을 들여야 균형을 맞춘 공도 효과를 거둘 수 있다.

注者 合衆法之精神 萃而歸之的 以終審彀勻輕之大成也

‘주(注)’는 지금껏 기울인 정신을 모두 과녁으로 보내서 ‘심(審)’, ‘구(彀)’, ‘균(勻)’, ‘경(輕)’을 성공적으로 마무리할 수 있는 방법이다.

自審而彀而勻而輕而注 相通一氣 一審便彀 一彀便勻輕而注 發以達於的 捷於呼吸 猶人一身 自頂至足 疾痛相關 不隔一縷 而射之道盡矣

그러나 ‘심(審)’, ‘구(彀)’, ‘균(勻)’, ‘경(輕)’ 및 ‘주(注)’는 일기상통(一氣相通)하는 법이다. 조준했으면 활을 가득 벌리고 활을 가득 벌렸으면 균형을 맞추어서 가볍게 발시하면서 목력(目力)을 집중시키면 활을 떠난 화살은 순식간에 과녁에 도달한다. 마치 사람의 몸에서 어느 곳에 병이 생기면 머리끝에서 발끝까지 모두에 영향을 미치듯이 ‘심(審)’, ‘구(彀)’, ‘균(勻)’, ‘경(輕)’ 그리고 ‘주(注)’는 어느 것 하나라도 소홀히 하지 않아야 사법에 맞는다.

然有終身習之而不得其門者 亦足爲掘射所感 偶入斜路 白首難改 猶學文者 一入惡套 揮之不去 又猶學書者 把筆一差 到老仍誤習殊 若一更改 反覺不便 此初射者 斜正之門 不可不辨 而下文辨惑之門 所由作也

하지만 평생 활을 쏘면서도 올바른 문을 못 찾으면 제대로 쏘지 못한다. 한번 잘못된 길로 들어서면 늙도록 고치지 못한다. 마치 글을 배우는 사람이 한번 잘 못된 문투(文套)에 익숙해지면 평생 이를 떨쳐 버리지 못하고 서법(書法)을 배우는 사람이 한번 붓 잡는 방법을 잘못 배우면 평생 잘못된 버릇에서 벗어나지 못하는 것과 같다. 잘못을 고치려 해도 불편만 느끼게 되는 법이다. 따라서 처음 활을 배우는 사람은 어느 문이 잘못된 문이고 어느 문이 올바른 문인지 구분하지 않으면 안 된다. 이를 위해 다음에 변혹문(辨惑門)이라는 제목으로 잘못을 식별하고 고치는 방법들을 기록해 놓았다.

제2절 《무경사학정종지미집(武經射學正宗指迷集)》[17]

Ⅰ. 척확세개궁도(尺蠖勢開弓圖 第七)

그림 12. 개궁도(開弓圖)

---

17) 이곳에서는 활을 벌리는 방법과 발시 방법에 관한 고영의 독특한 방법인 소위 자벌레법, 즉 척확세(尺蠖勢)에 관한 도해(圖解) 부분만 소개하기로 하겠다.

尺蠖惟屈所以能伸　開弓將前肩先下　前臂番直向地　後肘朝上扣弦提起　前肩
下定不動　只將前臂擧起　兩拳一齊撐開　前拳與目齊　後拳與腮齊　而弓已殼矣
此時　前肩尙低　前後臂俱高　前肩從下達上　送前掌托出　後臂從高瀉下　而後拳
平引　則弓不期殼而自殼矣　如諸葛弩之控弦　只以後機從高壓下　弩身直挺　安
定不動　故不努力而弩自殼

　　자벌레는 몸을 구부리므로 다시 펼 수 있다.[18] 활을 벌릴 때도 이와 같이 우
선 앞 어깨를 낮추고 앞 팔을 펴서 지면을 향해 뻗은 상태에서 뒤 팔꿈치를 위
를 향해 들어 올려 시위를 뽑아 올린다. 그다음 앞 어깨는 낮추어 놓은 채로 움
직이지 말고 앞 팔만 들어 올리면서 두 주먹에 함께 힘을 가해 활을 벌리는데
앞 주먹이 눈높이로 올라가고 뒤 주먹이 뺨 높이에 있게 되면 활은 거의 가득
벌어진다. 이때 앞 어깨는 아직 내려가 있고 두 팔은 들려 있는 상태에서 앞 어
깨를 위로 올리며 앞손 반바닥을 밀어 주고 뒤 팔꿈치를 서서히 내리면서 뒤 주
먹을 수평으로 끌어당기면 활은 가득 벌리려고 하지 않더라도 저절로 가득 벌어
진다. 마치 제갈량(諸葛亮)이 만든 쇠뇌의 시위를 당길 때와 같다. 제갈량의 쇠
뇌는 후기(後機), 즉 누름틀을 아래로 누르기만 하면 쇠뇌의 몸통이 수평으로
펴지고 움직이지 않으므로 쇠뇌는 별로 어렵지 않게 저절로 가득 벌어진다.

今人不知殼法　引弓先聳前肩　全持臂力撐開　故弓一殼　臂力已竭　隨卽吐出
不能從容審的　如何發矢必準　若用尺蠖勢殼弓　後手向上一提便殼　旣殼之後
前肩從下按實　則前拳直撐　力量有餘　後拳平引　於前拳相對　以張其勢　兩肩並
實運開　輕勻以發矢　大小左右　隨意所指　何難於中的乎哉　輕勻法　詳捷徑門

　　요즘 사람들은 가득 벌리는 법은 모르고 활을 벌리려면 우선 앞 어깨를 위로
들어 올린 채 팔의 힘만 가지고 활을 벌린다. 그렇게 하면 활이 가득 벌어질 때
팔 힘이 곧 고갈되면서 촉을 토해 내게 되고 여유 있게 과녁을 조준할 수 없게
된다. 어찌 정확한 발시가 가능하겠는가? 그러나 척확세(尺蠖勢), 즉 자벌레와
같은 모습으로 활을 벌리면 뒤 팔을 위로 들어올리기만 하면 곧 활이 가득 벌
어지며 가득 벌어진 다음에도 앞 어깨가 밑에서 단단히 받쳐 주므로 여유 있게

앞 주먹을 밀 수 있다. 앞 주먹을 미는 것에 호응해서 뒤 주먹을 수평으로 당겨 그 기세를 늘여서 두 어깨를 동시에 힘차게 열어서 가볍게 균형을 맞추어 화살을 내보내면 방향, 거리를 마음대로 조절할 수 있다. 이와 같이 하는데 과녁을 명중시키는 것이 어렵겠는가? 가벼운 발시의 방법과 균형을 맞추는 방법은 첩경문 편에 상세히 기술되어 있다.

Ⅱ. 척확세인궁장구도(尺蠖勢引弓將彀圖 第八)

그림 13. 인궁장구도(引弓將彀圖)

引弓將彀時 前肩愈按實下捲 送前掌根托實弓心 大抵引初滿時 전권顒起與鼻齊 後拳與耳齊 弓極彀時 前拳撑實對的 後拳漸抵與腮齊 此時 前肩尚低於前後拳臂 則骨節猶未平直也

활이 가득 벌어지려고 할 때는 앞 어깨를 더욱 아래로 돌려 누르면서 앞손 반바닥으로 줌통을 밀어야 한다. 대체로 활이 가득 벌어지기 시작할 때는 앞 주먹은 위로 올라가 코와 같은 높이에 있고 뒤 주먹은 귀와 같은 높이에 있게 된

다. 활이 가득 벌어지면 앞 주먹은 팽팽하게 과녁을 향하고 뒤 주먹은 점차 낮
아져서 뺨 높이에 있게 된다. 이때 앞 어깨가 앞뒤 주먹과 팔보다는 여전히 낮
기 때문에 아직까지는 모든 골절들이 수평으로 펴진 상태는 아니다.

然臂力將盡 以肩力繼之 兩臂並力瀉開 矢鏃已至弓弰中間浸進 則兩臂平直
彀極矣 將發矢時 後拳無退步 故後肘宜漸垂 輕勻以脫出 後肘垂圖在後

그러나 팔의 힘이 고갈되어 가면 비로소 어깨 힘으로 이어받아 두 팔을 서서
히 함께 벌려 주면 화살촉이 줌통 중간까지 들어오고 두 팔이 수평으로 곧게
펴지면서 활이 가득 벌어진다. 화살을 내보내려 할 때쯤 되면 뒤 주먹을 더 뒤
로 당길 수 없으므로 뒤 팔꿈치를 조금씩 아래로 낮추면서 앞뒤 두 팔과 어깨
에 균형을 맞추어 뒤 주먹을 가볍게 시위에서 벗겨 내야 한다. 뒤 팔꿈치를 아
래로 낮추는 모습은 뒤의 '그림 15. 살방도(撒放圖)'를 보라.

Ⅲ. 척확세인궁구극시임발도(尺蠖勢引弓彀極矢臨發圖 第九)

그림 14. 인궁구극시임발도(引弓彀極矢臨發圖)

弓極彀時　後臂骨節已盡　後肘與膊合緊　發矢時　後肘不垂　後拳更無退步　故
以肘稍垂　矢發時　方可垂　若未發時　肘不宜垂　後拳切勿垂　只宜平脫

활이 완전히 벌어지면 뒤 팔의 뼈마디는 완전히 펴지고 뒤 팔꿈치와 뒤 팔뚝
이 하나로 굳어진다. 따라서 발시할 때 뒤 팔꿈치를 떨어뜨리지 않으면 뒤 주먹
이 더 뒤로 물러나지 않는다. 따라서 뒤 팔꿈치를 약간 낮추되 뒤 팔꿈치를 발
시 때 낮추어야 하며 발시 전에는 낮추면 안 된다. 뒤 주먹은 절대로 낮추지 말
고 수평으로 시위에서 벗겨 내야 한다.

今人學尺蠖勢者　始初亦知下前肩矣　至弓彀發矢時　後肘稍垂　後拳亦從之而
垂　引弓非不彀也　但後拳垂　前拳亦爲後拳所牽而垂　前拳旣垂　前拳復聳矣. 孰
知　前拳若垂　發矢必不及遠. 前肩復聳　則前臂主持不定, 矢出亦不準　而始初下
前肩之功俱不效. 所以學尺蠖勢者　未見其美也. 故學尺蠖勢而先下前肩者　當
極彀發矢時　必將後拳守定　與前拳相對勿垂　只將後肘垂　而前肩從下送　前拳
從上達出.

이 자벌레법을 배우는 사람들은 처음에 앞 어깨를 낮추는 법은 잘 알지만
활을 가득 벌린 후 발시하려고 뒤 팔꿈치를 약간 낮출 때 뒤 주먹까지 함께
낮춘다. 이는 활을 가득 벌리지 못했기 때문은 아니다. 그러나 뒤 팔꿈치를
낮추면서 뒤 주먹까지 낮추면 이 뒤 주먹을 따라 앞 주먹까지 내려오고 앞
주먹이 내려오면 앞 어깨가 다시 위로 솟아오른다. 앞 주먹이 낮아지면 화살
이 멀리 가지 못한다는 것을 잘 알아야 한다. 앞 어깨가 다시 위로 솟아오르
면 이로 인해서 앞 팔이 흔들리면서 화살이 정확하게 나가지 못하기 때문이
다. 이렇게 되면 처음 앞 어깨를 낮추는 데 드린 공이 모두 물거품이 된다.
자벌레법을 배워도 효과가 없는 것은 이 때문이다. 따라서 자벌레법을 배우
면서 먼저 앞 어깨를 낮추더라도 활을 가득 벌리고 발시할 때는 뒤 주먹을
앞 주먹과 같은 높이에서 고정시켜 낮추지 말고 뒤 팔꿈치만 낮추어야 하며
앞 어깨를 밑에서부터 수평으로 펴 주면서 앞 주먹이 위에서 앞으로 밀고 나
가야 한다.

弓愈滿　前肩愈下　後肩愈聳　兩肩繃開　鏃至弓弝中間侵進　兩拳相對平脫　此

時前肩之下屈者方伸　後肘之勢將垂　而矢正從此出　是得機于此　得勢于此　而
尺蠖之法方見全美而收其效

　활이 벌어질수록 앞 어깨를 더 낮추고 뒤 어깨를 더 위로 올려서 두 어깨를 벌
리며 화살촉이 줌통 중간까지 들어오면 앞뒤 두 주먹이 마주 보면서 뒤 주먹을
수평으로 시위에서 벗겨 내야 한다. 이때 낮추어져 있던 앞 어깨가 올라와 수평
이 되면서 뒤 팔꿈치를 낮추는 시점이 바로 화살이 나가는 시점이다. 화살의 힘
과 정확성은 바로 여기서 생기며 자벌레법도 비로소 효과를 거둘 수 있게 된다.

　使前肩未盡伸而矢卽出　則失其早　前肩已伸而矢不出　則失其遲　後肘不垂而
矢出　則氣未足而出無勢　後肘旣垂而後出矢則氣竭　出亦無勢　是前肩後肘之間
遲速失宜　出矢皆不可言得機勢　惟前肩下極方伸　後肘平極將垂　矢正從此發
飽滿充足　不先不後　方爲得機得勢　嗟嗟　非沉雄之士　安能至此哉

　앞 어깨가 올라와 수평이 되지 않은 상태에서 화살이 나가면 너무 빠른 것이
고 앞 어깨가 수평이 되어도 화살이 나가지 않았으면 너무 늦은 것이다. 뒤 팔
꿈치를 낮추지 않았는데 화살이 나가면 기(氣)가 아직 부족해서 화살이 무력하
고 뒤 팔꿈치가 낮추어진 다음에야 화살이 나가도 역시 기(氣)가 고갈되어 화살
이 무력하다. 이는 모두 앞 어깨를 수평으로 하면서 뒤 팔꿈치를 낮추어서 화살
을 내보내는 시점을 놓친 것으로서 화살에 힘과 정확성이 없게 된다. 앞 어깨를
최대한 낮추었다가 수평으로 펴 주면서 뒤 팔꿈치를 최대로 수평을 유지하다가
낮추는 바로 그 순간 화살이 나가야 한다. 이때 화살이 나가면 모자람이 없다.
빠르지도 늦지도 않아야 화살이 힘과 정확성을 얻게 된다. 참으로 침착하면서도
담대한 사람이 아니면 이렇게 할 수가 없다.

　夫射法只有三大端　始而引弓之速彀也　旣而持盛之堅固也　終而發矢之得機
勢也　尺蠖勢妙境在此數行　智者勿輕也

　무릇 사법의 큰 요점은 셋뿐이다. 활을 벌리기 시작했으면 신속히 가득 벌려
야 한다. 활을 가득 벌렸으면 버티며 자세를 굳혀야 한다. 마지막으로 정확하고
힘차게 발시해야 한다. 척확세(尺蠖勢)의 비결도 바로 이 몇 마디의 말 중에 있
다. 현명한 사람이라면 이를 소홀히 해서는 아니 된다.

그림 15. 살방도(撒放圖)

發矢法不專用臂 專托力於肩 直推而出 不撤不攣 前肩從下送 前掌根直托
而前虎口自然不緊 彀極 肘垂而矢卽發 掌心自然向前 輕匀平脫

화살을 내보낼 때 팔 힘에 의존하지 말고 어깨 힘을 이용해 곧바로 밀어 보
내야 한다. 고자를 앞으로 쓰러뜨리고 뒤 팔을 뒤로 뻗어 주는 별절(撤攣 또는
撤勞) 동작을 취하면 아니 된다.[19] 앞 어깨를 밑에서부터 수평으로 펴 주면서
앞손 손바닥의 뿌리, 즉 반바닥을 똑바로 앞으로 밀어 주되 엄지와 검지 사이
호구는 자연스럽게 조여 주여야 하며 지나치게 조이면 안 된다. 활이 가득 벌어
졌으면 뒤 팔꿈치를 낮추어 화살을 내보내야 한다. 이때 자연스럽게 앞을 향한
손바닥과 균형을 맞추어 뒷손을 가볍게 수평 뒤로 벗겨 내면 된다.

---

19) 별절(撤攣 또는 撤勞)에 대해서는 앞의 232쪽 각주 18 참고.

體勢反覺朝後 聲色不動 出矢自雄 正所謂後手發矢前手不知者也 較之要略
所載撒放勢 專以撇拏發矢 矢銳氣盡露於外 彀弓沈雄之實則不足 手動身搖
矢發偏斜者異矣

이때 몸의 자세가 뒤를 돌아보는 듯한 느낌을 지녀야 하며 몸의 자세는 물론
얼굴 표정에도 변화가 없어야 한다. 그렇게 하면 화살은 저절로 힘차게 날아간
다. "뒷손이 화살을 내보내는 것을 앞손은 모른다."는 말은 바로 이를 말하는
말이다. 정자이(程子頤)의 ≪무비요략(武備要略)≫에서 말하는 살방세(撒放勢)
는 발시 순간 윗고자를 앞으로 쓰러뜨리고 아랫고자를 겨드랑이 아래로 끌어들
이면서 뒤 팔을 뒤로 펴 주는 별절(撇拏 또는 撇劈) 동작이다. 그와 같이 하면
겉으로는 화살의 날카로운 기운이 한껏 나타남에도 불구하고 활을 가득 벌린
다음 침착하고 결단력 있게 화살을 내보내는 내실(內實)이 부족해서 손과 몸이
흔들리며 자벌레법과 달리 화살이 빗나가게 되고 만다.[20]

---

20) ≪무경사학정종지미집(武經射學正宗指迷集)≫에는 지금 소개한 내용 외에 특히 주목되는 내용으로는 옛 사
    법에 "편한 기세로 활을 벌리고 화난 기세로 화살을 내보내라(息氣開弓 怒氣發矢)."는 말도 있지만 이는 옳지
    않고 ≪열녀전(烈女傳)≫에서 말한 대로 "화난 기세로 활을 벌리고 편한 기세로 화살을 내보내라(怒氣開弓
    息氣發矢)."는 말이 옳다는 구절도 있고 기사법(騎射法)에 대해서는 척계광의 말을 높이 평가한 구절도 있다.

제9장 주용(朱墉)의 ≪무경칠서휘해(武經七書彙解)≫

이 책은 청나라 강희(康熙) 39년(서기 1700년) 주용(朱墉)이 편찬한 병서(兵書)로 그 말권(末卷)에 사법서(射法書)가 수록되어 있다. 초간본(初刊本) 발간 후 176년이 지난 광서(光緒) 2년(서기 1876년)에는 중간본(重刊本)이 발간되었다. 조선의 기영(箕營), 즉 평양감영은 이 ≪무경칠서휘해≫의 복사본을 발간했는데 그 발간연도로 볼 때 초간본과 내용이나 순서가 같은 것으로 보아야 한다.[1] ≪무경칠서휘해(武經七書彙解)≫, 중간본 말권에는 먼저 <사법비전공하>란 제목 아래 참법(站法), 전수병(前手病), 후수병(後手病), 심담십사요(心談十四要), 사법약언(射法約言) 등 5편이 있으며 이어서 <마사법(馬射法)>, <사학문답(射學問答)>, <사경(射經)>[2] 등 3편의 글과 <사의(射義)>란 제목 아래 명나라 고영(高潁)의 ≪무경사학정종(武經射學正宗)≫, <첩경문(捷徑門)> 편을 축약한 글과 <파우편(破愚篇)>과 <정류편(正謬篇)>이란 제목 아래 ≪무경사학정종≫, <변혹문(辨惑門)> 편을 각색한 글이 있고 마지막에 <표책제의(標策題義)>란 글이 있다.[3] 이곳에서는 이미 소개한 <사경>[4] 및 ≪무경사학정종≫, <첩경문> 편[5] 및 사법과 무관한 <표책제의> 부분은 생략하고 나머지 부분만 소개한다.

---

1) 평양감영에서 발간한 ≪무경칠서휘해≫는 발간연도가 기미년(己未年)으로 되어 있다. 영조 15년(서기 1739년)이다. 일본에도 이와 내용이 완전히 같은 <무경사학비수공하(武經射學秘授攻瑕)>란 글이 전해져 있는데 안영(安永) 2년(서기 1772년)에 일본어 번역본이 간행되었기 때문이다. 이 번역본 서두에 구기제(求己齊)라는 인물이 첨부한 해제(解題)에서는 이 글이 중국에서 건너온 것이지만 어느 시대 누가 쓴 글인지 확실치 않고 내용 중 ≪무비요략≫이나 ≪무경사학정종지미집≫의 구절들이 인용된 것을 보아 명나라 때 글일 것이라고만 했다.

2) 사경(射經)은 ≪예기(禮記)≫, 사의(射義) 편을 이름만 바꾸어 놓은 것이다.

3) ≪무경칠서휘해≫ 말권, 초간본과 내용 순서가 같을 것으로 추정되는 평양감영의 ≪무경칠서휘해≫, 말권에는 <사학문답>이 <사의> 다음에 있으며 마지막에 <역대병제고(歷代兵制考)>가 있으며 <표책 제의>는 말권(14권)이 아닌 13권에 있다. <사학문답> 역시 ≪무경사학정종≫, <변혹문(辨惑門)> 편을 각색한 글이다.

4) 앞의 제3장을 보라.

5) 앞의 제8장, 제1절을 보라.

제1절 사법비전공하(射法秘傳攻瑕)

Ⅰ. 참법(站法)〈서는 법〉

前脚病在太前 後脚病在太後 兩足四平立 前脚先對把中 脚根微出 而後一二移其步[6]

앞발의 병은 너무 앞으로 내미는 것이고 뒷발의 병은 너무 뒤로 빼는 것이다. 두 발을 나란히 놓고 서서 앞발을 과녁 중심을 향해 돌린 후 발꿈치를 약간 바깥으로 빼 준 다음 약간 앞으로 옮긴다.[7]

Ⅱ. 전수병(前手病)

1. 장(張)〈펼침〉

是出箭時 往[8]外一捲 病在骨節對不緊 而射家惧認爲癖[9]也

화살이 나갈 때 앞손을 과녁 쪽으로 돌려 누르는 것을 말한다.[10] 골절들을 단단하게 맞물리게 하지 않는 병이다. 활 쏘는 사람들은 잘못 알고 이런 동작을 취하는 것이 고벽(痼癖)으로 되어 있다.

---

6) 평양감영의 ≪무경칠서휘해≫에는 '三移其步'로 되어 있으나 ≪무경칠서휘해≫, 중간본에는 '一二移其步'로 수정되어 있고 일본의 ≪무경사학비수공하≫에는 숫자를 빼 버리고 '移其步'로 수정되어 있다.

7) 두 발을 나란히 놓고 선다는 것은 과녁을 옆으로 보고 과녁을 향해 두 발을 '二' 자로 놓고 선다는 의미이다. 중국 사법의 발 자세에 관한 내용은 왕거(王琚)의 ≪사경(射經)≫, 척계광(戚繼光)의 ≪기효신서(紀效新書)≫ 및 이정분(李呈芬)의 ≪사경(射經)≫ 등을 참고할 것. 원문 중 '把'는 줌통, 과녁, 화살 등을 통칭하는 말로 여기서는 과녁을 말한다. 뒤의 사법약언(射法約言), 발시(發矢) 항에서도 과녁을 '把子'라 했다. '把中'은 과녁의 중심을 말한다. '脚根'은 '脚跟'과 같고 발꿈치를 말한다. 중국의 발 자세에 관한 도해(圖解)는 앞의 243쪽 그림 7. 참고.

8) 일본의 ≪무경사학비수공하≫에는 '住'으로 되어 있다. '往'의 오기(誤記)이다.

9) 평양감영의 ≪무경칠서휘해≫와 ≪무경칠서휘해≫, 중간본에는 '辟'으로 되어 있으나 일본의 ≪무경사학비수공하≫는 '癖'으로 고쳐 읽고 있다.

10) 주용의 ≪무경칠서휘해≫에서는 '捲'의 의미에 대해 "앞으로 돌려 주면서 아래로 누르는 것을 권이라고 한다(回前番下爲捲)."는 주(註)를 붙여 놓았다(앞의 310쪽, 각주 14 참고). 이에 따라 해석해 보면 원문의 "往外一捲"은 줌손을 의도적으로 "과녁 쪽으로 돌려 누른다."는 뜻이다. 이를 잘못된 동작으로 보는 것은 발시 때 윗고자를 앞으로 쓰러뜨리고 아랫고자를 겨드랑이 밑으로 끌어들이는 전통적 발시 동작인 '별(撇)' 또는 '질(挃)' 동작을 비판한 것이다.

2. 도(挑)[11]〈삐침〉

是前手往外一拱　箭去自然不平　病在前手上半節氣力貫不直　虎口所以壓不
住手也

앞손이 바깥쪽으로 삐치는 것을 말한다. 당연히 화살이 매끄럽게 날아가
지 못한다. 앞 팔 위 팔뚝 기력(氣力)이 직선으로 뻗지 못하는 것이 병이다.
이렇게 되는 이유는 호구(虎口)가 앞손의 동요를 억제시키지 못했기 때문이
다.[12]

3. 탁(卓)〈끄떡임〉

是出箭時　手往下一卓　病在虎口太緊　弓力爲手扼住[13]　射家不識者　則每認爲
落膀　而不知此爲揭手箭去易小

화살이 나갈 때 앞손을 아래로 끄덕이는 것을 말한다. 호구(虎口)에 너무
힘을 가해서 활이 손에 눌리는 병이다.[14] 활 쏘는 사람들 중 모르는 사람은
(화살이 멀리 가지 못하면) 앞 팔을 내렸기 때문인 것으로 아는 경우가 있
다. 그들은 앞손을 들어 올려도 (아래로 끄덕이면) 화살이 멀리 가지 못함을
모른다.

4. 눈(嫩)〈유약함〉

是前手右曲　射家止知怯于打[15]臂所致　而實病在前腕無力　前臂不伸　氣力透
不直手心　自然伸不直　拳撑不開弓　箭去時斷不對的

---

11) 평양감영의 ≪무경칠서휘해≫에는 '桃'로 되어 있으나 ≪무경칠서휘해≫, 중간본과 일본의 ≪무경사학비수공
하≫에는 '挑'로 수정되어 있다. 이를 보면 ≪무경사학비수공하≫가 ≪무경칠서휘해≫, 중간본을 참고한 것
같지만 이는 우연의 일치이다. 간행연도가 ≪무경사학비수공하≫는 안영(安永) 2년(서기 1772년)이고 ≪무경
칠서휘해≫, 중간본은 광서(光緖) 2년(서기 1876년)이다. 뿐만 아니라 ≪무경사학비수공하≫의 다른 부분은
평양감영의 ≪무경칠서휘해≫, 말권과 같다.

12) ≪조선의 궁술≫에서는 어깨에서 손까지 일직선으로 뻗치는 등힘으로 줌통을 밀어 주라고 했는데 이렇게 못
했다는 말이다.

13) 일본의 ≪무경사학비수공하≫에는 '往'으로 되어 있다. 오기(誤記)로 보인다.

14) ≪조선의 궁술≫에서는 "웃아귀가 밀리면 화살이 덜 나가게 된다."고 했는데 이에 해당하는 말이다. 앞의 172
쪽 참고.

15) 일본의 ≪무경사학비수공하≫에는 '折'로 되어 있다. 오기(誤記)로 보인다.

앞손 손목이 앞쪽으로 구부러진 것이다. 시위가 팔뚝 때리는 것을 겁내 그러는 것으로 알고 있으나 사실은 앞 손목이 무력한 병이다. 앞 팔을 펴 주지 않으면 기력이 손바닥까지 뻗어 나가지 못해 자연히 손목이 펴지지 않는다.[16] 그리되면 활을 벌릴 때 앞 주먹이 버티지 못하며 따라서 화살이 결코 과녁을 향해 바로 날아갈 수 없다.

5. 노(老)〈흔들림〉

是前手骨節無力 一毫無主 如楊花敗絮隨風所致 決無中理

앞 팔의 골절이 무력해 전혀 줏대가 없는 것이다. 버들가지 꽃눈이 바람에 날리듯 앞 팔이 흔들리게 된다. 결코 과녁을 맞힐 수 없다.

6. 만(彎)〈구부러짐〉

是非獨手指彎也 肩眼[17]不出亦是彎 前膀不轉亦是彎 前腕不伸亦是彎 前拳不直亦是彎 病在理不淸 經絡鼓不定氣 力對不緊骨節 射家識此最少

앞 팔 팔뚝이 구부러진 것만 말하지 않는다.[18] 어깨눈이 생기지 않는 것,[19] 앞 팔뚝을 비틀어 팔꿈치를 엎어 주지 않는 것, 앞 팔목을 펴 주지 않는 것, 앞 주먹을 곧게 세우지 않는 것[20] 등도 역시 구부러졌다고 한다. 잡념이 많고 경락(經絡)은 뛰고 기력(氣力)이 안정되지 못하고 뼈마디들이 단단히 맞물리지 못한 것이 병이다. 활 쏘는 사람들 가운데 이를 아는 사람은 극히 드물다.

---

16) 《조선의 궁술》에서 말한 '흙받기줌'을 말한다. 앞의 173쪽 참고.

17) 일본의 《무경사학비수공하》에는 '根'으로 되어 있다. '肩'의 오기(誤記)임이 분명하다.

18) 원문의 '手指'는 통상 '손가락'을 말하나 여기서는 문맥상 '手枝'와 같은 말로 '팔뚝'을 말하는 것으로 보았다. 한문의 '手'는 손 또는 팔을 말한다.

19) 앞 어깨를 앞으로 돌려서 낮춘 채로 앞 팔을 들어 올리면 어깨죽지뼈와 위 팔뚝이 서로 단단히 맞물리게 되는데 이때 어깨죽지뼈와 위 팔뚝 사이에는 움푹 파인 작은 구멍이 생긴다. 이를 견안(肩眼), 즉 '어깨눈'이라고 한다. 고영의 《무경사학정종》, 첩경문(捷徑門) 편, 논구법(論彀法) 항에서는 이를 견상담와(肩上潭窩) 또는 견와(肩窩)라고 했다.

20) 앞 주먹은 주먹을 세우고 반바닥으로 줌통을 밀어 주어야 한다.

7. 잉(剩)〈남김〉

是扯箭不滿有剩餘也　此病　射家每認爲後手不地所致　若深一層看　皆因前臂
不伸　筋骨不湊不落　膀不歸巢　後手已盡　前手未伸　無以助後手之力　此剩之一
字　實前手所致之病

화살을 충분히 당기지 못한 것이다. 활 쏘는 사람 중 이를 뒷손이 시위를 충
분히 당기지 못한 것으로 알고 있는 경우가 있으나 깊이 보면 앞 팔이 펴지지
않고 근골(筋骨)이 서로 맞물리지 못해 팔뚝이 안정되지 못한 것이다. 뒷손이
할 일을 다 해도 앞 팔이 덜 펴지면 뒷손을 도와주지 못한다. 촉을 남기는 것은
실은 앞 팔의 병이다.

Ⅲ. 후수병(後手病)

1. 돌(突)〈급작 발시〉

是紐弦太重　用力太過　後肘不壓　往上一拱　突然有聲　射家誤認爲遞也

시위를 너무 틀어쥐어서 뒤 팔꿈치를 밑으로 누르지 못하고 위로 삐쳐 올린
채 갑자기 시위를 놓는 것을 말한다. 활 쏘는 사람들은 잘못 알고 이렇게 엉거
주춤하게 화살을 내보낸다.[21]

2. 핍(逼)〈화살 짓누르기〉

是與肘不一氣平衡　後三指搭弦太緊逼住　將箭桿逼曲　發箭不能直前

뒷손과 뒤 팔꿈치가 일체가 되지 못하고 시위에 건 엄지와 검지 및 중지의
세 손가락으로 화살대를 구부러질 정도로 짓누르는 것을 말한다. 이렇게 하면
화살이 곧게 앞으로 나갈 수 없다.[22]

---

21) 원문의 ‘遞’는 평양감영의 《무경칠서휘해》에는 ‘됴’ 받침의 글자로 되어 있으나 《무경칠서휘해》, 중간본
　　및 일본의 《무경사학비수공하》에는 ‘足’ 받침의 글자로 수정되어 있다. 할 일을 끝내지 않았다는 뜻이다.
　　‘後肘不壓’은 뒤의 ‘5. 토(吐)’의 “不知壓肘仰腕之法”과 같은 말로서 뒤 팔꿈치를 누르면서 손바닥과 손목이
　　위를 보게 뒤 팔을 펴 주는 법을 모른다는 뜻이다. “壓肘仰腕”은 중국의 전통적 발시법 중에 뒤 팔 동작인 절
　　(挈 또는 勞)을 말하며 《무경칠서휘해》는 발시 동작에서 뒤 팔 동작은 이런 동작을 원칙으로 한다. 뒤의 각
　　주 24 참고.

3. 추(揪)〈시위 붙들고 늘어지기〉

是後三指搭弦太老　揪緊不放　射箭不能速去也　法曰形如鳳眼發如流星　深所
以解揪字也

뒷손 엄지와 검지 및 중지 세 손가락을 시위에 힘 있게 걸지 못해서 붙들고
늘어지기만 하고 가볍게 풀어 주지 못하는 것을 말한다. 그리 되면 화살이 빠르
게 날아가지 못한다. 사법에 "(뒷손의) 모양은 봉황의 눈과 같이 하고 발시는 유
성같이 하라."는 말이 있다.[23] 그 뜻을 깊이 새겨 보면 붙들고 늘어진다는 말의
의미를 알 수 있다.

4. 송(鬆)〈느슨함〉

非止搭箭也　是後手後腕節節俱鬆俱曲　隨意扯來　毫無氣力　隨手放去　毫不着
緊　不識者誤認爲輕　而不知此假輕眞鬆也

화살을 느슨히 쥐고 시위를 당기는 것만 느슨한 것이 아니다. 뒷손과 뒤 팔목
의 모든 마디마디들이 느슨하고 구부러지면 제아무리 시위를 힘껏 당긴다 하더
라도 전혀 기력이 없고 손으로는 화살을 내보내도 화살에 전혀 힘이 실리지 않
는다. 모르는 사람들은 이를 두고 가볍게 화살을 내보낸다고 하지만 이는 진정
으로 가볍게 화살을 내보내는 것이 아니라 느슨하게 화살을 내보내는 것에 불
과하다는 것을 모르는 것이다.

5. 토(吐)〈촉 토하기〉

是後手往前一送　箭頭反出一段放去　病在後肘無力　不知壓肘仰腕之法　病之
最大者也

---

22) 척계광의 ≪기효신서≫와 이정분의 ≪사경≫에서는 화살이 흔들리며 날아가는 것은 뒷손의 엄지와 검지가 시
　　위를 너무 붙들고 늘어지기 때문인데 보다 근본적인 원인은 무명지와 새끼손가락이 느슨하게 풀려 있기 때문이
　　라고 했다. 한편, "뒷손은 호랑이 꼬리를 잡듯이 하라(後手如握虎尾)."는 옛말도 있는데 정종유(程宗猷)의 ≪사
　　의주해(射義註解)≫는 이는 "뒷손 무명지와 새끼손가락으로 호랑이 꼬리를 당겨 멈추게 할 정도에 이른 것을
　　말한다." 했다. 뒷손은 손등이 위를 향하게 해서 시위를 약간 비트는 것이 원칙이다. 그러나 이곳에서 말한 동
　　작은 이같이 시위를 짜는 동작이 아니고 시위에 건 엄지와 검지 및 중지의 세 손가락에만 과도한 힘을 주어서
　　화살대를 구부러질 정도로 짓누르는 것을 말한다.

23) 봉황의 눈은 매서운 눈이므로 "모양은 봉황의 눈과 같이 하라."는 말은 시위를 잡은 뒷손이 그런 기세를 보이라는
　　말이며 "발시는 유성같이 하라."는 말은 뒷손을 힘차게 시위에서 떼어 내며 팔을 펴서 뒤로 뻗어내라는 말이다.

뒷손이 앞으로 끌려 나가면서 화살촉을 앞으로 약간 토해 낸 다음에 내보내는 것을 말한다. 뒤 팔꿈치가 무력한 것이 병이다. 발시 동작에서 뒤 팔꿈치를 누르면서 손바닥과 손목이 위를 보도록 뒤 팔을 펴 주는 원칙을 모르는 것으로서[24] 병 가운데 가장 큰 병이다.

Ⅳ. 심담십사요(心談十四要)

1. 궁요연(弓要軟)〈활은 부드러워야 한다〉

非必欲軟也 弓勝于力 則力爲弓所欺 不欲 力强于弓 則弓方能爲力所使 故要軟也

무턱대고 활이 부드러워야 한다는 말은 아니다. 자신의 힘에 부치는 강한 활은 자신의 힘을 속이는 법이니 이를 탐해서는 안 된다. 자신의 힘이 활의 힘보다 강해야 활을 자신의 힘으로 부릴 수 있다. 그래서 활은 부드러워야 한다고 한 것이다.[25]

2. 전요장(箭要長)〈화살은 길어야 한다〉

箭隨人之膀爲長短 膀短箭長 易致前肩之凸 膀長箭短 必致筋骨之拘攣 所謂 要長之說 使兩膀到得恁地位而箭稱之 非必欲長也

화살 길이는 팔 길이에 맞추어 써야 한다. 팔은 짧은데 긴 화살을 쓰면 앞 어

---

24) 원문의 "압주앙완(壓肘仰腕)"은 당나라 왕거(王琚)의 ≪사경(射經)≫에서 말하는 발시 순간 뒤 팔의 자세로서 팔꿈치를 누르면서 손목과 손바닥이 위를 보도록 뒤 팔을 펴 주는 소위 절(拏 또는 勢) 동작을 말하며 "염주앙완(厭肘仰腕)"이라고도 한다. 명나라 고영(高穎)은 앞서 소개한 ≪무경사학정종지미집≫의 척확세살방도(尺蠖勢撒放圖)에서 알 수 있듯이 중국의 전통적인 발시 동작인 별절(撇拏 또는 撒勢) 혹은 질절(控拏 또는 控勢)을 배척했다. 그러나 ≪무경칠서휘해≫는 앞의 전수병(前手病), 장(張) 항에서 알 수 있듯이 앞손의 동작에 대해서는 고영과 같은 입장을 취한 반면 뒷손 동작에 대해서는 이곳에서 알 수 있듯이 전통적 동작을 그대로 계승하고 있다. 발시 동작에서 앞손에 대해서는 전통적인 별(撇) 또는 질(控) 동작을 버렸지만 뒷손에 대해서는 전통적인 절(拏 또는 勢) 동작을 따르던 것이 청나라 때의 일반적 풍조였을 것으로 보인다. 뒤에서 다시 소개할 유기(劉奇)의 ≪수상과장사법지남차(繡像科場射法指南車)≫ 중 살수험법세(撒手驗法勢) 항을 보면 앞뒤 두 손 동작이 ≪무경칠서휘해≫가 말하는 동작과 거의 같다. 다만 ≪무경칠서휘해≫도 뒤의 사법약언(射法約言) 중 '서(序)' 항과 사학문답의 '심풍후(審風候)' 항과 '기사대략(騎射大略)' 항에서는 앞손 동작에 대해서도 전통적인 별(撇) 혹은 질(控) 동작을 취하고 있다.

25) 뒤의 〈사법약언〉에는 이와 약간 다르게 "팔 힘은 강한데 활이 약하면 손이 활을 속이게 되고 활은 강한데 팔 힘이 약하면 활이 손을 속이게 된다(若手强弓弱 則手欺弓 弓强手弱 則弓欺手)."는 말이 있다. 이정분의 ≪사경≫에서 인용한 말이다.

깨가 튀어나오기 쉽다.[26] 팔은 긴데 화살이 짧으면 관절과 근육이 구부러진다. 화살이 길어야 한다는 말은 두 팔이 완전히 펴질 수 있도록 이에 맞는 화살을 쓰라는 것이다. 무턱대고 긴 화살이 좋다는 것은 아니다.

3. 흉전의흡(胸前宜吸)〈가슴은 수축시켜야 한다〉

吸者收斂之謂也　胸凸　則前膀[27]不收　前肩因胸之凸而俱凸　後手爲胸所碍而不得歸巢　此前手與後手節節俱鬆　遂成一虛空架子　惟一吸　則週身之氣力皆提而鼓于上　前膀[28]因之而收　前肩因之而藏　後肩因之而擠　兩手骨節自然撞緊　此吸字工夫最細

흡(吸)은 수축시키는 것이다.[29] 가슴이 튀어나오면 앞 팔뚝도 어깨에 밀착되지 못하고 앞 어깨도 솟아오르며 뒷손도 가슴에 걸려서 제자리를 찾지 못한다. 이렇게 되면 앞뒤 팔 마디마디가 모두 느슨해져서 마침내 허공에 걸리게 된다. 그러나 가슴을 수축시키면 온몸에 기력이 솟구치고 앞다리 앞 팔뚝도 어깨에 붙고 앞 어깨도 낮아지고 뒤 어깨는 조여져서 앞뒤 팔의 골절들이 저절로 단단히 맞물리게 된다. 가슴을 수축시킨다는 것은 아주 미묘한 것이다.

4. 각립요방(脚立要方)〈발은 바르게 놓아야 한다〉

方者非方正之謂也　前脚太前　則前跨無力　後脚太後　則後腰無力　故前後各有定位　期于平穩　牢靠　卽是方也

바르게 놓는다는 것은 나란히 놓는다는 말이 아니다. 앞발이 너무 앞에 있으

---

26) 뒤의 '11. 전견요장(前肩要藏)' 항 참고.

27) 원문에 '前膀'이 아닌 '跨'로 되어 있으나 일본의 ≪무경사학비수≫은 '膀'으로 수정했다. 필자 역시 이를 '前膀'으로 수정해야 될 것으로 보았다.

28) 원문에는 '前跨'로 되어 있으나 이 부분은 일본의 ≪무경사학비수≫에도 수정되어 있지 않지만 문맥상 '前膀'으로 수정되어야 할 것이다.

29) 숨 쉬기를 말하는 호흡(呼吸)에서 호(呼)는 숨을 내쉬는 것이고 흡(吸)은 숨을 들이마시는 것이다. 그러나 이곳에서의 흡(吸)은 숨을 들이마셔 가슴을 부풀리라는 말이 아니고 앞가슴을 수축시키라는 말이다. 하지만 앞가슴을 수축시킨다고 해서 숨을 내쉬면 안 된다. 시위를 당겨 발시 단계에 이르기까지는 근육에 많은 산소가 필요하므로 반드시 숨은 들이마셔야만 한다. 그러나 숨을 들이마셔 가슴을 부풀리면 마치 공기가 가득 찬 풍선과 같은 가슴에 유동(流動)이 생길 수 있다. 많은 산소를 들이마시되 가슴의 유동을 없애려면 들이마신 숨을 아랫배로 내리밀어 가슴을 수축시켜야 한다. 이런 호흡법을 흔히 복식호흡(腹式呼吸) 또는 단전호흡(丹田呼吸)이라고 한다. 우리나라 전통 사법에서 말하는 흉허복실(胸虛腹實)도 바로 그런 호흡방법을 말한다. 흉전의흡(胸前宜吸)의 흡(吸)은 흉허복실(胸虛腹實)의 허(虛)와 같은 의미로 보아야 한다.

면 앞발의 디딤이 무력하고 뒷발이 너무 뒤에 있으면 뒤 허리가 무력하다. 두 발을 정해진 위치에 놓고 편안하고 견고하게 서는 것이 바르게 놓는 것이다.[30]

5. 지궁여악란(持弓如握卵)〈활을 벌려 버틸 때는 계란 쥐듯 해야 한다〉

持弓如握卵者 最爲前手心秘訣 前手直握弓弣 則虎口緊而下三指鬆 箭去易小 下掌往上太托 則手腕無力 箭去鬆而無力 不速疾至 握卵則不輕不重 手與弓弣 帖然相服 而弓弰有偃月之狀 無合手陽手之病 射者最宜細玩

활을 벌린 후 버틸 때 계란을 쥐듯 줌통을 쥐어야 한다는 것은 앞손의 가장 중요한 비결이다. 줌통을 처음부터 너무 세게 움켜쥐면 엄지와 검지 사이의 호구(虎口)가 조여지기는 하지만 중지, 무명지 및 새끼손가락 하삼지(下三指)가 무력해져 (발시 때) 화살 나가는 거리가 짧아진다. 그러나 줌손 반바닥을 너무 위로 치받쳐도 손목이 무력해져 (발시 때) 화살이 맥없이 날아간다. 계란 쥐듯이 줌통을 쥐면 하삼지에 적절하게 힘이 들어가서 줌손과 줌통이 하나같이 움직이게 되고 윗고자가 초승달같이 적당히 기울어져서 활이 너무 눕거나 너무 서는 병이 없게 된다. 이를 세밀히 살펴야 한다.[31]

6. 탑전여현형(搭箭如懸衡)〈화살을 끼울 때는 저울 눈금 재듯 해야 한다〉

搭箭如懸衡 衡者 稱物輕重 差之毫釐 失之千里 扣搭上去 必小 扣搭下去 必大 如懸衡而輕重隨之 自無大小矣

화살을 시위에 끼울 때는 저울 눈금 재듯이 해야 한다. 저울이란 물건의 무게

---

30) 앞의 'Ⅰ. 참법(站法)' 항에서 설명한 대로 중국 사법에서 발의 자세는 우선 과녁을 옆으로 보고 과녁을 향해 두 발을 '二' 자로 나란히 하고 선 다음 앞발을 과녁 중심을 향해 돌린 후 발꿈치를 약간만 바깥쪽으로 돌려 준 다음에 앞으로 약간 옮겨 딛는 자세이다(앞의 243쪽, 그림 7. 참고). 이때 앞발이 너무 앞에 있게 되면 체중을 주로 뒷발로 지탱하며 서게 되고 뒷발이 너무 뒤에 있게 되면 체중을 주로 앞발로 지탱하며 서게 된다. 원문 중 '方正'은 앞의 'Ⅰ. 참법(站法)' 항에서 말한 '兩足四平立'과 같은 말이다.

31) 줌통을 쥘 때는 줌손 엄지의 뿌리 마디 부분을 줌통의 정면 약간 좌측에 대고 밀어 주면서 하삼지(중지, 무명지 및 새끼손가락)로 줌통을 단단히 감아쥐고 화살을 내보내야 한다. 줌손 엄지의 뿌리 마디 부분을 중국에서는 장근(掌根) 또는 하장(下掌)이라고 하며 우리말로는 '반바닥'이라고 한다. 줌통을 계란을 쥐듯이 쥐어야 한다는 말은 이렇게 줌통을 쥐기는 하지만 처음에는 하삼지를 너무 세게 감아쥐지는 말고 반바닥도 너무 세게 밀어 주지 말라는 말이다. 처음부터 줌손에 너무 힘이 들어가면 화살을 내보낼 때는 오히려 하삼지가 풀리기 쉽다. 반바닥으로 줌통을 힘차게 밀어 주고 하삼지를 바짝 감아쥐어야 하는 시점은 화살을 내보내기 직전부터이다. 뒤의 '파궁(把弓)' 항, '악지허실(握指虛實)' 항 및 '용력선후(用力先後)' 항 그리고 '포우편(褒愚篇)'의 '악고우(握固愚)' 항에 힘을 쓰는 순서와 요령에 대한 설명이 나온다. 원문의 '직악(直握)'은 반바닥으로 줌통을 밀지 못하고 호구(虎口)에 힘을 주어 쥔다는 말로서 이를 우리 활터에서는 '막줌'이라고도 한다.

를 재는 기구이다. 화살을 시위에 끼울 때 조금만 차이가 있어도 화살 나가는 거리에 크게 차이가 생긴다. 위에 끼울수록 화살은 반드시 짧게 나가고 아래에 끼울수록 반드시 멀리 나간다. 저울추 옮기듯이 거리에 따라 화살 메기는 위치를 정하면 거리에 오차가 생기지 않는다.

7. 궁소요측(弓弰要側)〈윗고자는 기울여야 한다〉

側者少臥之意　如太直則爲陽手　太合則爲合手　犯此二病　認的不眞　稍側者不合不陽　法謂初出勢前肩　弓臥滿來時急反胸堂　又云　開弓如偃月　是也

　기울인다는 것은 약간 눕힌다는 뜻이다. 고자를 너무 세우는 것을 양수(陽手)라 하고 너무 눕히는 것을 합수(合手)라 한다. 이런 병이 있으면 제대로 조준이 안 된다. 약간만 기울이면 이런 병들이 없어진다. 사법에 "처음 앞 어깨에 기세를 몰아 활이 눕고 시위가 가득 당겨질 때쯤 가슴을 더욱 벌려 주라."는 말도 있고 "활을 초승달같이 벌리라."는 말도 있는데 바로 이를 두고 하는 말이다.[32]

8. 수요평형(手要平衡)〈두 팔은 수평으로 펴야 한다〉

中與不中　皆在兩手　前手低而後手高　則不行　前手高而後手低　則不平　所謂平衡者　兩手無分毫高下　只在奶上頤下　如彈線一般平平　扯去法所謂　穿胸臂袖　分襟　落膀　是也[33]

　화살의 적중 여부는 모두 두 팔에 달려 있다. 앞 팔은 낮고 뒤 팔은 높으면 화살이 멀리 못 가고 그 반대이면 화살이 낮고 힘차게 날아가지 못한다. 두 팔을 수평으로 펴라는 것은 두 팔의 높이를 같게 하라는 말이다. 두 팔은 젖가슴과 턱 사이에서 팽팽한 줄같이 수평이 되어야 한다. 시위 당기는 법에서 말한

---

32) 활을 세울수록 (우궁의 경우) 화살은 좌측으로 쏠리며 멀리 나가고 눕힐수록 우측으로 쏠리면서 거리는 줄어든다. 활을 적당한 각도로 기울인 다음 화살이 조준선과 같은 방향으로 날아가게 하는 것이 바람직하다는 말이다.

33) 평양감영의 ≪무경칠서휘해≫와 ≪무경칠서휘해≫, 중간본에는 세 가지 차이가 있다. 첫째, 전자는 제목이 '手要平'이나 후자는 '手要平衡'으로 수정했다. 둘째, 전자는 "前手低而後手高　則不行"이라고 한 것을 후자는 끝 글자를 '平'으로 수정했다. 셋째, 마지막 구절에서 전자는 '胸臂袖'라 한 것을 후자는 '胸擘袖'로 수정했다. 첫째 부분을 고친 것은 제목의 '平'을 본문 중 "前手高而後手低　則不平"의 '平'과 구분하기 위한 것으로 옳은 수정이지만 둘째 부분과 셋째 부분은 초간본이 말한 '行'과 '臂'의 의미를 파악하지 못했기 때문이다. 일본의 ≪무경사학비수공하≫는 첫째 부분만 중간본과 같이 수정하면서 본문 중간의 '所謂平者' 역시 '所謂平衡者'로 수정해 놓았다. 의미를 완전히 파악하고 제대로 수정한 것이다.

"가슴과 팔뚝과 옷소매가 꿰뚫린 듯이 하라", "저고리 앞섶을 가르라" 또는 "앞팔을 낮추라"고 하는 것은 이를 말한다.[34]

9. 전방요전(前膀要轉)〈앞 팔뚝은 비틀어야 한다〉

轉者直也 膀不轉 則臂不直 臂不直 則筋骨不伸 遂至曲而無力 究竟節節盡差 惟一轉則弓弰自臥 而前膀之力可直貫于前拳 此最要工夫

비틀라는 말은 곧게 펴라는 의미이다. 팔뚝을 비틀지 않으면[35] 팔이 곧게 펴지지 않고 팔이 곧게 펴지지 않으면 힘줄과 뼈가 펴지지 않고 구부러져 무력해지며 결국은 마디마디가 모두 어긋나게 된다. 그러나 팔뚝을 비틀기만 하면 활고자도 저절로 기울어지고 팔뚝의 힘이 주먹까지 곧바로 뻗치게 된다. 이를 잘 익혀야 한다.

10. 골절요신(骨節要伸)〈골절은 펴져야 한다〉

人身筋骨 原對偶而不差毫 末稍有一膜 不湊幷 其伸者而曲之出射 遂有生硬之病 所謂伸者 從容舒展 緩緩于骨節湊理之間 隱然有處處相對之意 毋過太硬 亦毋過太弱

사람 몸에서 힘줄과 뼈마디들은 본래 짝을 이루어 조그만 차이도 없이 맞물리게 되어 있고 각기 얇은 막(膜)으로 둘러싸여 있어 들러붙지 않게 되어 있다. 펴주어야 할 힘줄과 뼈마디를 구부린 채 활을 쏘면 마침내 그 상태로 굳는 병이 생긴다. 편다는 것은 뼈마디들을 조용하게 펼쳐서 은연중 곳곳이 서로 맞물리게 한다는 뜻이다. 지나치게 힘주어 펴도 안 되지만 지나치게 허술하게 펴도 안 된다.

---

34) 두 팔을 수평으로 하라는 말은 일정 범위의 거리와 높이에 표적이 있거나 비교적 강궁을 사용할 때나 가능한 말이다. 매우 높거나 낮거나 멀거나 가까운 표적을 쏠 때는 통상 앞 팔과 뒤 팔의 높이를 달리한다. 다만 두 팔 높이를 달리하더라도 두 팔은 언제나 직선을 이루는 것이 바람직하다.

35) 팔뚝을 비틀라는 것은 중국뿐 아니라 우리나라와 일본의 사법이 모두 마찬가지이다. 왕거(王琚)의 ≪사경(射經)≫, 흠신개궁(欽身開弓) 항에서는 "왼팔 팔꿈치를 위를 보게 엎는다(前肘上飜)."고 했고 ≪조선의 궁술≫에서도 왼팔 중구미(팔꿈치)를 엎으라고 했다. 또한 척계광(戚繼光)의 ≪기효신서(紀效新書)≫ 역시 실악사도(實握射圖)라는 삽화에 첨부한 설명에서 "활을 벌렸을 때는 팔꿈치 안쪽의 오금이 밑을 보게 한다(弓滿則肱之曲心對下)."고 했다. 또한 이정분(李呈芬)의 ≪사경(射經)≫에서도 "왼손 손목(의 손바닥 쪽)이 위를 보는 것은 잘못이니 조심해야 한다(前手腕仰爲病色 宜戒)." 했는데 팔꿈치가 위를 보게 엎어 주라는 말이다. 정자이(程子頤)의 ≪무비요략(武備要略)≫에 있는 삽화에도 왼팔 팔꿈치 부분에 "팔꿈치의 움푹 팬 곳이 위를 본다(肘窩向上)."는 설명이 있다. 모두가 같은 말이다.

11. 전견요장(前肩要藏)〈앞 어깨는 감추어야 한다〉

藏字 斂而不露之意 前肩一凸 則胸因之而凸 而手遂不接 謂之死膀 又謂聳
肩 打臂之病 因之而生 惟藏 則臂[36]收而胸亦吸 胸骨開而背肉緊 可以蓄有餘
之意 於將發之時 此藏字奧者也

　감춘다는 것은 거두어들여 드러내지 않는다는 뜻이다. 앞 어깨가 솟아오르면 가슴도 그로 인해 튀어나오고 결국은 (앞 어깨와 앞 팔이) 맞물리지 못하게 된다. 이를 죽은 팔뚝 또는 솟은 어깨라고 한다. 시위가 팔뚝을 때리는 병도 이로 인해서 생긴다. 그러나 앞 어깨를 감추면 앞 팔뚝이 (어깨뼈와) 들러붙고 가슴도 수축된다. 이때 가슴뼈를 벌리고 등 근육은 조여 주면 힘에 여유를 지닐 수 있다. 발시하려 할 즈음에는 앞 어깨를 감추는 것이 더 중요하다.

12. 후견요제(後肩要擠)〈뒤 어깨는 조여야 한다〉

不言後手而言後肩 與前肩相應也 不言放而言擠 與藏字相應也 後肩直垂 謂
之凸 後肩不動 則筋骨不伸 擠字 輕輕往前一湊 後肩與背肉湊 背肉與前肩湊
前肩與前膀湊 節節皆湊 節節皆緊 俱從擠字得來 故前肩之藏正對後肩之擠也

　뒤 팔이라고 하지 않고 뒤 어깨라고 한 것은 앞 어깨와 호응하는 것이 뒤 어깨이기 때문이다. 풀어 준다고 하지 않고 조인다고 한 것은 앞 어깨를 감추는 것과 호응하는 것이 뒤 어깨를 조이는 것이기 때문이다. 뒤 어깨는 처진 것을 튀어나왔다 한다. 뒤 어깨를 그대로 두면 근골(筋骨)이 펴지지 않는다. 조인다는 것은 지긋이 앞으로 모은다는 말이다. 뒤 어깨를 등 근육과 모으고 등 근육을 앞 어깨와 모으고 앞 어깨를 앞 팔뚝과 모으면 마디마디 빈틈없이 모이지만 이는 뒤 어깨를 등 쪽으로 조여 주면서 시작되는 것이다. 따라서 앞 어깨를 감추는 것은 뒤 어깨를 조여 주는 것과 서로 호응하는 것이다.

13. 출전요경(出箭要輕)〈화살은 가볍게 나가야 한다〉

中與不中 皆在出時 輕者 不用手指工夫 俟其輕輕自脫而去 無有不細而平者

---

36) ‘臂’가 원문에는 ‘跨’로 되어 있으나 의미가 잘 통하지 않는다. 앞의 각주 27 및 28과 같이 ‘臂’ 또는 ‘前臂’로 수정해야 의미가 확연해지기에 수정했다.

명중 여부는 화살이 나가는 순간 결정된다. 화살이 가볍게 나가게 하려면 손
가락 놀림에 의지하지 않고 화살이 저절로 나가기를 기다려야 한다. 그렇게 하
면 모든 화살이 정확하고 매끄럽게 나간다.

14. 방전요속(放箭要速)〈화살을 과감하게 내보내야 한다〉

速者 不要纖翳 不滯毫忽 所謂前手放箭後手不知 疾速而行也 認的工夫盡在
扯37)時 放時少有着意 反爲沾滯 故速者從輕字而發也 習射者宜細玩之

화살을 빠르게 내보내려면 조금도 망설이거나 머뭇거리지 말고 내보내야 한
다. "앞손이 화살을 내보내는 것을 뒷손이 모른다."는 말은38) 화살이 빠르게 떠
나가기 때문이다. 조준은 시위를 끌어당길 때 끝내야 한다. 화살을 내보낼 때
조금도 머뭇거리면 안 된다. 따라서 화살을 빠르게 보내려면 화살이 가볍게 나
가야 한다. 활쏘기를 연습할 때 이를 세밀히 살펴야 한다.

V. 사법약언(射法約言)

서(序)

臨場演習 須豎弓直 射鞠躬緩扯 嘴項相挨 肩顋相靠 額角前臨 右眼覷把 前
肩極力下捲 後肘堅持瀉開 兩足矢直 兩手平衡 務期滿而又滿 固而又固 正而
又正 不論的之大小 惟指中心極細之處 兩目稍自桿至鏃 直達於的 往復凝視
不差累黍

활터에서 연습할 때는 활대같이 몸을 바로 세워야 하며 쏠 때는 몸을 조금
구부리고39) 서서히 활을 벌리며 턱은 당기고 뺨은 어깨 쪽으로 돌려 이마가 앞
을 향하게 한 후 오른쪽 눈으로 표적을 노려본다.40) 그런 다음 앞 어깨를 최대

---

37) 일본의 ≪무경사학비수공하≫에는 '抯'으로 되어 있다. 자전(字典)에서는 찾아볼 수 없는 글자이나 '扯'와 같
은 의미의 글자로 보인다.

38) ≪열녀전(烈女傳)≫의 "우수발지 좌수부지(右手發之 左手不知)", 즉 "오른손이 시위를 놓는 것을 왼손이 모
른다."는 말과 같은 말이다.

39) 발시 때는 몸을 기울이면 안 된다. 여기서 말한 것은 시위를 당기기 전 힘을 모으려고 잠시 앞으로 기울이는
동작을 말하는 것으로 보아야 한다.

한 앞으로 돌려 누르고 뒤 팔꿈치의 힘으로 힘차고 매끄럽게 활을 벌린다. 두 다리는 화살대처럼 꼿꼿이 펴고 두 팔은 저울대와 같이 수평으로 펴면서 활을 가득 또 가득 벌리고 굳히고 또 굳혀서 바르고 또 바르게 될 때를 기다린다. 과녁 크기에 관계없이 오직 과녁 중심의 극히 미세한 조준점을 정하여 두고[41] 두 눈으로 잠시 화살대에서부터 촉의 끝을 거쳐[42] 조준점에 이르기까지를 왕복 응시하면서 좁쌀만큼의 차이도 없이 조준한다.

然後 用前手緊搦一挺 拳往下按 後手平肩一撒 直伸于後 名曰鳳點頭龍擺尾 則認的眞 用力均 撒放齊 不輕不重 無先無後 可至可中 進乎技矣

그런 다음에 앞손으로 줌통을 단단히 쥐고 줌손을 내뻗고 아래로 누르며 뒷손은 어깨와 같은 높이로 뿌리듯 뒤로 펴 준다. 이런 모습을 "봉황이 머리를 끄덕이고 용이 꼬리를 친다."고 한다.[43] 그런즉 정확하게 조준하고 앞뒤 두 손의 힘에 경중(輕重)과 선후(先後)의 차이 없이 동시에 고르게 힘을 쓰면 표적까지 화살을 보내 명중시킬 수 있는 도(道)의 수준에 이른다.[44]

---

40) 이때는 오른 눈으로 표적을 노려본다고 했지만 바로 뒤에는 쏠 때는 두 눈으로 과녁을 조준한다는 말이 있다. 뒤의 '송긴(鬆緊)' 항에서도 '곁눈질(斜眼)'은 안 된다 했고 또 〈사학문답〉에서도 "눈이 둘이지만 이를 둘로 나누면 한 눈이 과녁을 보고 있을 때 다른 눈은 무엇을 하는 것인가? 반드시 두 눈의 빛을 마치 한 눈의 빛과 같이 모아야 한다."고 했다. 그러나 이정분의 ≪사경≫에서는 "조준법을 말하자면 두 눈으로 비스듬히 보아야만 제대로 조준할 수 있다(其審顧法 要兩眼角斜視 得眞)."고 했다. 일본 사법에서는 다른 사람이 옆에서 부를 때 자연스럽게 흘낏 쳐다보는 것같이 표적을 보는 것이 좋은 방법이라고 한다.

41) 조준점을 크게 잡지 말고 아주 미세한 한 점으로 잡으라는 말로 보아야 할 것이다. 과녁 가운데에 조준점을 정한다는 말은 특정한 조건 아래 활을 쏠 때만 적용되는 말이다. 과녁까지의 거리나 활의 강도나 바람의 방향과 크기 그리고 과녁을 조준하는 방법의 차이에 따라서는 촉의 조준점을 아예 과녁 바깥에 정하는 경우도 있다. 상세한 설명은 뒤의 '풍기(風氣)' 항이나 ≪무경사학정종≫, 〈첩경문〉 편의 논주법(論注法) 항을 참고할 것.

42) 이 구절은 ≪무경사학정종≫, 〈첩경문〉 편의 논심법(論審法) 항에 있는 구절이다. 한편, 이정분의 ≪사경≫에는 "눈으로 오늬를 보거나 촉을 보는 것은 능숙한 활쏘기가 아니다(用目看扣看鏃 非能射也)."는 말이 있는데 이는 촉을 통해서 조준점을 보지 말라는 것이 아니고 전쟁터에서 오늬를 시위에 끼울 때는 눈으로 보지 말고 손가락의 감으로 끼우고 또한 촉이 가득 당겨졌는지 여부를 눈이 아니라 줌손 손가락으로 확인해야 한다는 말에 불과하다.

43) 원문의 '鳳點頭'는 발시 순간 앞손의 모습이고 '龍擺尾'는 뒷손의 모습으로 이곳에서는 중국의 전통적 발시 동작인 별절(撇撆 또는 撇勞) 혹은 질절(搯撆)의 동작을 말하는 것이다. ≪사법비전공하≫는 기본적으로 전통적 발시 동작 중 앞손 동작인 별(撇) 혹은 질(搯)은 배척하고 뒷손 동작인 절(撆 또는 勞)은 취했는데 이곳과 뒤의 〈사학문답〉 중 '심풍후(審風候)' 항 및 '기사대략(騎射大略)' 항에서는 앞손 동작도 별(撇) 혹은 질(搯) 동작을 취하고 있다. 의식적인 것인지 여러 사법서 내용을 축약 각색하며 모순을 발견하지 못한 것인지 불분명하다.

44) 원문의 '進乎技矣'는 ≪장자(壯子)≫, 〈양생주(養生主)〉 편에서 인용한 말이다. 어느 백정(白丁)이 소를 부위별로 완전히 해체하는데 뼈를 전혀 건드리지 않아 무려 19년 동안 칼날을 가는 일도 없었다 한다. 문혜왕(文惠王)이 그의 소 잡는 모습을 보고 "대단한 솜씨다."라고 감탄하자 그는 "제가 원하는 바는 도(道)로서 솜씨 이상의 것입니다(臣之所好者 道也 進乎技矣)."라고 대답했다고 한다.

尤尺威曰 凡學射 必先須擇弓之稱手者 若手强弓弱 則手欺弓 弓强手弱 則
弓欺手 皆所不可 然初學寧使手有餘力

우척위(尤尺威)가 이르기를 "활쏘기를 배울 때 먼저 자신의 힘에 맞는 활을
골라야 한다. 힘이 강한 사람이 약한 활을 쓰면 팔이 활을 속이고 힘이 약한 사
람이 강한 활을 쓰면 활이 팔을 속이니 두 가지 모두 취할 바가 아니다. 그러나
초보자들에게는 차라리 힘에 비해 약한 활을 쓰게 해야 한다."고 했다.

1. 장궁(張弓)〈활 벌리기〉

初學宜張弓 時時空張 併習容止 俟空張旣熟容止亦端 乃可引弓 若遽然引弓
發矢 則恐力不出心又亂 諸病不可除矣

초보자는 먼저 활을 벌리는 것부터 배워야 한다. 수시로 빈 활을 당기며 자세
를 익히고 익숙해져서 바른 자세가 되기를 기다렸다가 비로소 화살을 내보내는
연습에 들어갈 수 있다. 처음부터 바로 화살 내보내는 것부터 연습하면 힘도 쓸
수 없을 뿐 아니라 마음도 산란해져서 고벽(痼癖)들이 생기지 않을 수 없다.

2. 발시(發矢)

發矢須知 箭在弓右 視在弓左 箭在右手 視在于的 若視箭則不中矣 故須兩
眼凝神 看定把子紅日 左手提起弓 右臂與左肩 皆轉向于前 務令臂肩與身一
直 執弓碍眼 直挺如拒 牢不可動

화살을 내보낼 때는 화살은 활의 오른쪽에 있지만 눈은 활 왼쪽에 있고[45] 화
살은 손에 있지만 눈은 과녁을 보는 것을 알아야 한다. 시선이 화살에 머물면
표적을 맞히지 못한다. 따라서 두 눈에 정신을 집중시켜 과녁 중심을 응시해야
한다.[46] 왼손으로 활을 들어 올릴 때 오른쪽 앞 팔뚝[47]과 왼쪽 어깨를 앞을 향

---

45) 눈은 활 왼쪽에 있지만 시선은 화살대를 거쳐 활 오른쪽을 통해 과녁을 조준한다. 그러나 아주 가까운 표적을
쏘거나 말을 타고 쏠 때는 시선이 활의 왼쪽으로 간다. 활을 엎어 놓고 손등 위로 표적을 조준하기 때문이다.
이에 관한 자세한 언급이 ≪무경사학정종≫, 〈첩경문〉 편, 논심법(論審法) 항에 있다.

46) 과녁의 중심을 응시해야 한다는 말은 조준점을 응시해야 한다는 말로 새겨들어야 옳을 것이다. 바람이나 과녁
까지의 거리 등 여러 가지 변수로 인해 과녁의 중심을 조준할 수 없는 상황이 흔히 발생하기 때문이다. 한편,
촉으로 조준점을 조준하는 경우에는 촉을 조준점을 향하도록 해서 발시 전까지는 촉과 조준점을 동시에 응시해
야 할 것이다.

47) 원문은 '右臂'라고 했으나 오른팔의 아래 팔뚝을 의미하는 것으로 보아야 문맥이 통한다.

하게 하고 어깨와 팔 그리고 몸이 표적을 향해 일직선이 되게 해야 한다. 활을 눈높이로 들었으면 팔을 뻗어 견고히 버티며 결코 움직이지 말아야 한다.

右手扯弦 須傍耳邊扯來 愼勿挨胸抹奶 後手及後臂 與前臂前肩 一直如線 見得弓滿 又拳正對月中 卽便着力一掔

시위를 당길 때는 오른손이 귓가를 스쳐 당겨야 하고 가슴 옆으로 지나 젖가슴을 스치면 안 된다. 뒷손과 뒤 어깨는 앞 팔, 앞 어깨와 함께 일직선이 되어야 한다. 활이 가득 벌어져 앞 주먹이 과녁 중심을 마주 보면 곧 뒷손에 힘을 가해 팔꿈치를 누르면서 손바닥과 손목이 하늘을 보게 뒤 팔을 뒤로 펴 주어야 한다.[48]

蓋自持弓矢之時 卽當審固 又至滿而將發 最要倍加精神 愈審愈固 務求滿而 又滿 正而又正 斯可至可中矣 然太遲久 反至臂力耗竭 發矢無力 又所當知

활을 벌려 버틸 때는 정신을 집중시키고 자세를 굳혀야 하지만 활이 가득 벌어져서 화살을 내보내는 순간에는 정신을 배가시켜서 더욱 집중시키고 자세를 더욱 굳혀야 한다. 가득 벌렸어도 더 가득 벌리고 바르게 했어도 더 바르게 해야 명중시킬 수 있다. 그러나 너무 오래 지체하면 오히려 팔의 힘이 떨어져 발시 동작이 무력해짐을 알아야 한다.

3. 용력(用力)〈힘의 사용〉

又用力 有先後 有徵驗 開弓之始 前臂着力 將滿之際 兩臂齊力 則胸前骨開 背心肉緊 若胸背[49]無徵驗 必兩臂無齊力也

또한 힘을 쓸 때는 선후(先後)와 징험(徵驗)이 있어야 한다. 활을 벌리기 시작할 때는 먼저 앞 팔에 힘을 주며 활이 다 벌어질 때쯤에 앞뒤 두 팔에 고루 힘을 주는데 이렇게 하면 가슴 앞의 뼈는 벌어지고 등 가운데 근육은 조여진다. 가슴과 등에 이런 징험이 없으면 앞뒤 두 팔에 힘을 고르게 주지 않았기 때문이다.[50]

---

48) 중국의 전통적인 발시 동작인 별절(撇掔 또는 撇劈) 혹은 질절(挃掔 또는 挃劈)에서 뒷손의 동작인 절(掔 또는 劈)을 말한다.

49) 저본(底本)에는 '臂'로 되어 있으나 문맥상 '背'의 오기(誤記)로 보여 고쳤다.

4. 예궁(拽弓)〈시위 당기기〉

又拽弓之時 須屈右手名小二指爪入掌心 及臨發之時 五指着力齊放 反向掌
後則脫而易中 其至遠過常 若爪之不力 則發亦無力也

또한 시위를 당길 때는 오른손 무명지와 새끼손가락을 구부려서 손톱을 손바
닥 속으로 넣어야 한다. 화살을 내보낼 때는 다섯 손가락에 모두 힘을 주어 내
보내면서 손바닥을 뒤집어서 뒤로 보내면 오른손이 시위에서 벗겨지면서 화살
이 쉽게 명중하며 평소보다도 멀리 나간다. 만약 손톱에 힘을 주지 않으면 화살
이 무력해진다.[51]

5. 송긴(鬆緊)〈느슨함과 팽팽함〉

又前手鬆則打袖而去多搖 後手鬆則矢遲而不能及遠 又射要遍身着力[52] 却
無着力形狀 不引頤 不頭垂 不咬牙 不傾背 不斜眼切視 不動容作色 不矯手頓
足 不搖擺輕跳

또한 앞손이 느슨하면 시위가 옷소매를 때리고 화살이 크게 흔들린다. 반면에
뒷손이 느슨하면 화살이 느려지고 멀리 가지 못한다. 또한 활을 쏠 때는 온몸에
두루 힘을 주면서도 오히려 힘을 주지 않은 것 같은 모습이 되어야 한다. 턱을
옆으로 빼지 말고 고개를 수그리지 말며 어금니를 악물지 말고 등을 옆으로 기
울이지 말아야 한다. 곁눈질을 하거나[53] 눈을 감으면 안 된다. 얼굴을 움직이거

---

50) 이곳에서는 먼저 앞 팔에 힘이 들어가고 나중 앞뒤 팔에 고루 힘이 들어간다고 했지만 ≪조선의 궁술≫에서는
처음부터 앞 팔에 지나치게 힘을 주어 내뻗으면 나중에는 앞 팔에 기운이 떨어지므로 처음에는 앞 팔을 풀어
놓았다 나중에 앞뒤 팔에 고루 힘을 주라고 했다. 뒤의 파궁(把弓) 항과 악지허실(握指虛實) 항 및 용력선후(用
力先後) 항 그리고 포우편(褒愚篇), 악고우(握固愚) 항에도 힘을 쓰는 순서와 요령에 대한 이와 같은 설명이
있다.

51) 마지막 구절에서 말한 손톱은 무명지와 새끼손가락의 손톱을 말한다. 무명지와 새끼손가락의 손톱에 힘을 주는
것은 엄지와 검지 및 중지에 지나친 힘이 들어가서 화살을 내보내려 할 때 뒷손을 시위에서 쉽게 떼어 내지
못하는 것을 방지하기 위한 방법으로서 척계광의 ≪기효신서≫에서 비롯된 말이다. 앞의 259쪽 및 287쪽 참
고. 한편 유래가 분명하지 않지만 "뒷손은 호랑이 꼬리를 잡듯이 하라(後手如握虎尾)."는 옛말이 있는데 명나
라 정종유(程宗猷)의 ≪사의주해(射義註解)≫에서는 호랑이 꼬리를 잡듯이 하라는 말은 호랑이 꼬리를 당겨서
멈추게 할 정도로 뒷손의 무명지와 새끼손가락에 힘을 주라는 말이라고 했다. 한편 우리나라에서는 소위 온깍
지사법에서와 같은 뒤 팔의 동작을 "發如虎尾"라고 하는데 청나라 기감(紀監)의 ≪관슬심전(貫虱心傳)≫에
서는 발시 전 뒤 팔의 자세에서 팔꿈치를 깍지손보다도 더 높이 들어 주는 자세를 취하면서 이를 "뒤 팔꿈치는
들어서 호랑이가 꼬리를 뻗친 듯이 하고(後肘高提 如拔虎尾)"라고 표현하고 있다. 뒤의 406쪽 참고.

52) 저본(底本)에 "又肩射要避身着力"으로 되어 있으나 "又射要遍身着力"로 고쳤다. 일본의 ≪무경사학비수공
하≫에도 "又射要遍身着力"으로 수정해 놓았다.

나 표정을 일그러뜨려도 안 된다. 불필요한 손놀림을 하거나 발을 굴러서도 안 된다. 몸을 흔들거나 경망스럽게 뛰어도 안 된다.[54]

6. 원실(原失)〈근본적인 잘못〉

生弓不可必中　生疎不可必中　弓强矢輕不可必中　弓弱矢重不可必中　氣驕志怠不可必中　心神恍惚不可必中　射多力疲不可必中　見己之病不改不可必中　好勝之心甚不可必中　怯懦之心生不可必中

낯선 활로는 맞힐 수가 없고 오래 습사를 쉬어도 맞힐 수 없다.[55] 활은 강한데 가벼운 화살을 쓰거나 활은 약한데 무거운 화살을 쓸 경우에도 맞힐 수가 없다. 교만하거나 게을러서도 맞힐 수가 없다. 심신이 들떠도 맞힐 수가 없다. 너무 많은 화살을 쏘아서 힘이 떨어져도 맞힐 수가 없다. 자신의 고벽(痼癖)을 알고도 고치지 않으면 맞힐 수가 없다. 이기려는 마음이 너무 커도 맞힐 수가 없고 겁을 내도 맞힐 수가 없다.

7. 선후(先後)〈정신집중과 굳힘의 선후〉

審固二字相因　初無先後　固中有審　審中有固　自開弓至發矢　皆當審固　但將發矢　尤當加意耳

정신을 집중시켜 조준하는 일과 자세를 굳히는 일은 서로가 호응하는 것으로서 애초부터 선후가 없다.[56] 자세를 굳혀야 정신을 집중시켜 조준할 수 있고 정신을 집중시켜야만 자세를 굳힐 수가 있다. 활을 벌리기 시작할 때부터 화살을 내보낼 때까지 언제나 정신을 집중시켜 조준하면서 자세를 굳혀 주어야 한다. 다만 화살을 내보낼 때에는 더욱 주의해야 할 뿐이다.

---

53) 앞의 각주 39 참고.

54) 이곳에서 말한 주의사항들은 왕거(王琚)의 ≪사경(射經)≫, '총결(總訣)' 편에서 유래된 말로서 어느 사법서나 공통으로 인용하고 있는 말이다.

55) 원문의 생궁(生弓)을 잘 점화시키지 못한 각궁으로 해석하고 뒤의 생소(生疎)를 낯선 활로 해석하는 경우도 있다. 각궁(角弓)은 사용 전에 필히 불기에 쏘여 습기를 제거하여야만 하는데 잘 말리지 않아 습기를 머금고 있는 각궁(角弓)을 생궁으로 본 것이다. 그러나 이곳에서는 아직 손에 익지 않은 새 활을 말한 것으로 보는 것이 타당할 것이다. 원문의 생소(生疎)에 대해서는 뒤의 제3절 〈사학문답(射學問答)〉, 작첩(作輒) 항의 내용에 따라서 해석했다.

56) 이 글은 명나라 등종(鄧鐘)의 ≪무비집략(武備輯略)≫에서 발췌한 것이라 한다.

8. 사후(射後)〈활을 쏜 이후〉

又平居不射之時 晝夜 每自思忖 思己之得處[57] 思己之失處 又思人之得處
而學于己 思人之失處 而去于己 沉潛反復 自得心應乎

또한 평상시 활을 쏘지 않을 때도 늘 자신의 장단점을 헤아려 보아야 하며
또한 타인의 장점을 생각해 보면서 자신도 이를 배우고 타인의 단점을 생각해
보면서 자신의 결점을 고쳐야 한다. 조용히 자신을 뒤돌아보면 저절로 깨우칠
수 있게 된다.

결(結)

程衡子曰 胸骨挺開 背肉腠合 兩目注定 雙手齊 而前拳指的之中 後手貼眉
之傍 使掌仰向上令見手紋 而下頦宜對左肩 不可使肩聳起 前手搦一挺 後手
平肩一撒 用力旣均 則自直捷而易中

정형자(程衡子)[58]는 "가슴뼈는 벌리고 등 근육을 조여라. 두 눈은 표적을 응
시하라. 두 팔에 고루 힘을 주고 앞 주먹은 과녁 중심을 향해라. 뒷손은 눈썹
곁에 붙였다가[59] 화살을 내보낼 때는 손금이 보이게 뒷손 손바닥을 뒤집으면서
뒤로 펴 주라. 턱끝은 앞 어깨 쪽으로 돌려라. 앞 어깨가 솟아오르지 않게 하라.
앞손은 단단히 활을 쥐고 곧게 앞으로 내밀라. 뒷손은 어깨를 펴며 뒤로 뿌리듯
이 빼어 내라. 앞뒤 팔에 힘을 고르게 쓰라. 그런즉 화살은 곧고 빠르게 날아가
쉽게 명중된다."라고 했다.

欲治力者 先須調氣 欲調氣者 先須養心 喜懼不搖 得失俱妄 則動無不合 人
苟不知所以養心調氣 難能持滿而終不能審固 難能視的而終不能凝神 須能成
其架式而終不能安舒以自得

힘을 제대로 쓰려면 먼저 기(氣)를 안정시켜야만 한다. 기(氣)를 안정시키려면

먼저 마음을 다스려야 한다. 즐거움과 두려움을 염두에 두지 말고 득실을 모두 잊으면 움직임에 잘못이 없어진다. 만약 마음을 다스리지 못하고 기(氣)를 안정 시키지 못하면 비록 시위를 충분히 당기더라도 정신을 집중시켜 조준하면서 자 세를 굳힐 수가 없고 비록 과녁을 볼 수 있어도 과녁에 정신을 집중시킬 수 없 으며 비록 좋은 자세를 취할 수 있어도 편안할 수 없다. 마음을 다스리고 기(氣) 를 고르게 할 수 있어야 한다.

제2절 마사법(馬射法)

馬射與步射不同 全要在平日調習馬耳 平日先慢行 次緊行 久之純熟 自得意 忘形

마사(馬射)는 보사(步射)와 다르다. 가장 중요한 것은 평소 말을 길들이는 것 이다. 평일에 처음은 천천히 말을 몰다가 다음에는 빠르게 몰아야 하며 훈련을 오래 해서 숙달되면 말과 사람이 하나가 된 듯이 말을 타고 있다는 사실조차 잊게 된다.

一 馬射 宜靜不宜動 貴緩不貴急 馬之馳驟 身之活潑 必動也 然動而不穩重 則失法 故謂靜 馬之迅速失之 連法[60]必急也 然急而不從容 反有慌 故謂緩 是 動中寓靜 急中從緩 在學者留神耳

一. 마사(馬射)에서는 움직임보다 안정이 중요하고 급함보다는 느림을 귀하게 여긴다. 말이 달리고 몸이 활발한 것은 움직임이다. 그러나 움직임만 있고 안정 이 없으면 마사법(馬射法)에 어긋난다. 그러므로 안정이 중요하다고 하는 것이 다. 말이 너무 빠르면 안정을 잃는다. 연속해서 활을 쏘려면 반드시 급해야 하지 만 급하기만 하고 침착함이 없으면 오히려 화살을 명중시킬 수 없다. 그러므로 여유가 귀하다고 하는 것이다. 다시 말해서 움직임 속에서 안정을 유지하고 급함 속에 여유가 있어야 한다는 말이다. 마사(馬射)를 배우는 사람은 유념해야 한다.

---

60) 평양감영의 ≪무경칠서휘해≫에는 '連發'로 되어 있으나 ≪무경칠서휘해≫. 중간본(重刊本)에는 '連法'으로 수정되어 있다. 문맥상 후자가 의미가 더 확실하다.

一 馳驅之法 宜踞坐不宜跕坐 蓋踞坐則穩 跕坐則虛矣 宜以兩膝 將鞍頭夾緊 或兩足緊夾馬腹下 則穩而無誤 若以兩足 將鐙踏緊 一誤便敗矣一.

一 말을 빨리 몰 때는 안장에 걸터앉아야 하고 발걸이만 밟고 서듯이 앉으면 안 된다. 안장에 걸터앉으면 자세가 안정되지만 발걸이만 밟고 서듯이 앉으면 불안정해진다. 두 무릎을 안장 앞부분에 대고 조여 주거나 두 발을 말의 아랫배에 대고 조여 주면 자세가 안정되고 실수가 없게 된다. 만약 두 발로 발걸이를 힘껏 눌러 밟으면 한번 실수로 큰 낭패를 보게 된다.

一 馳馬宜以身撲向于前 不宜直挺在上 蓋向前 則不爲風勢所凌 若直挺 則爲風所裸61) 而力不使矣 又宜左身左足向前 不宜平身平足 蓋左身左足向前 則運用得勢 若平身平足 則不活動矣

一 말을 몰 때는 몸을 앞으로 숙여야만 하며 위로 곧추 세우면 안 된다. 앞으로 숙이면 바람의 영향을 덜 받지만 위로 곧추 세우면 바람의 영향을 받아 힘을 쓸 수 없게 된다. 또한 몸과 발 모두 왼쪽이 앞으로 나가야 하며 좌우가 같으면 안 된다. 몸과 발의 왼쪽이 앞으로 나가면 몸놀림이 자유로워지지만 좌우가 같으면 몸놀림이 자유롭지 못하게 된다.

一 發馬須隨着馬力顚開 如馬未開身勢 先撲以待馬馳 恐致將身聳起 而身勢不穩矣 馬馳始可加鞭 雖加鞭 切不可將手擧高 防有所裸故也 馬已馳圓方 可取箭 從容搭老 不可令手撚開 猛然就弓或鞭 撚于左 不裸鬂 卽撐膝爲所愼耳

一 말을 출발시킬 때 말과 함께 몸을 움직여야 한다. 말이 아직 출발하지 않았는데도 몸을 먼저 앞으로 숙이고 말이 달리기를 기다리면 몸이 위로 솟구쳐서 불안한 자세가 될 수 있다. 말이 달리기 시작하면 채찍질을 시작할 수 있다. 그러나 손을 높이 들어 올리고 채찍질을 하면 절대 안 된다. 채찍을 든 손이 바람에 걸리는 것을 방지하기 위해서다. 말이 연병장을 둥그렇게 돌아 직선 주로(走路)에 들어서면 화살을 뽑아서 침착하고 익숙하게 시위에 끼워야 한다. 이때

---

61) 원문에는 '衣' 받침 위에 '果'를 쓴 글자로서 '裸'와 같은 글자 같다. 모로하시 데스지(諸橋轍次)의 ≪대한화사전(大漢和辭典)≫[동경, 대수관서점(大修館書店), 소화 31년(1956)], 권10, 242쪽에는 이와 유사한 글자가 '囊'과 같은 뜻으로 쓰인다고도 하나 '囊'과 같은 뜻으로 보면 문맥이 통하지 않는다. 마사(馬射)와 관련된 곳에서는 이 글자가 여러 차례 나오는데 이를 모두 '裸'로 표기했고 그 뜻은 문맥을 볼 때 바람에 걸린다는 의미로 보여 모두 이런 의미로 해석했다.

손을 크게 휘두르면 안 된다. 활이나 채찍을 크게 휘두르다가 왼쪽으로 쏠리면 말의 갈기를 건드리거나 무릎을 건드려서 자세가 흐트러질 수 있기 때문이다.

一 馬之扯手 不宜離早 恐馬或不順 使用不由于我 開弓之時 始可容其釋手 亦在馬之可否酌之 而扯手宜短 不宜長 長則偏垂于下 有裸馬腿之慮 至于科 場跑埂 則宜帶 扯手亦不妨長 因有埂故也 平地則有不宜者 恐我弓一開 將馬 帶裸矣

一 말고삐를 일찍 손에서 놓으면 안 된다. 일찍 놓으면 말이 사람의 뜻에 따르지 않고 제멋대로 움직일 가능성이 있다. 활을 벌릴 때는 말고삐를 놓을 수도 있지만 이 역시 말의 상태에 따라 결정할 일이다. 고삐는 짧고 팽팽하게 잡아야 하며 늘어뜨려서는 안 된다. 늘어뜨리면 한쪽 아래로 처져 말의 허벅지를 건드릴 수 있다. 과거시험장에서 둑길을 달릴 때는 눈 옆을 가리는 안대(眼帶)를 채워야 한다. 고삐는 길게 늘어뜨리면 안 된다. 둑길을 달리기 때문이다. 둑길이 아닌 평지에서도 고삐를 늘어뜨리면 안 되는 것은 활을 벌릴 때 고삐가 안대를 건드릴 수 있기 때문이다.

一 收馬時 仍須將身稍前向 切勿將身後仰 又不宜將腿伸直 直挺于前 恐用 力太過 或馬有所閃身勢 卽不固矣 至于收馬之法 貴雙收 不宜單收 恐將馬頭 挽回 目不顧前 防有所失 而高收又難令顧下 必以雙手近鬃 用力分而收之可 耳 卽馬間有不然之處 而我之手臂有所恃也 有云左右以身跨馬 則非矣 常云 馬上要潑 殊不知駕馭得法 馬之操縱悉爲我用 雖不潑亦潑也 設不得其法 甚 非保重之道 雖潑亦奚取焉 至於腿揸脚搦身臀齊下 是深所忌也

一 말의 걸음을 늦출 때는 몸을 약간 앞으로 숙여야 하며 절대 뒤로 몸을 젖히면 안 된다. 허벅지를 펴서 앞으로 뻗어도 안 된다. 그렇게 하면 지나친 힘이 말에 가해져서 말이 놀랄 수 있고 자세가 불안해질 수 있기 때문이다. 말 걸음을 늦출 때는 두 손으로 고삐를 당겨 세우는 방법이 좋으며 한 손으로 고삐를 당기면 안 된다. 한 손으로 고삐를 당기면 말머리가 한쪽으로 돌아가 앞을 보지 못해 넘어질 가능성이 있다. 고삐를 높이 당기면 말이 밑을 보지 못할 수 있다. 반드시 두 손으로 고삐를 잡고 갈기에 가깝게 낮은 곳에서 두 손에 고르

게 힘을 가해 당겨야만 한다. 그렇게 해야 말이 머리를 돌리거나 밑을 보지 못하는 일이 생기지 않고 나의 손과 팔도 의지할 곳이 있게 된다. 좌우 어느 한쪽으로 체중이 쏠리게 하라는 말도 있지만 그렇게 하면 안 된다. 흔히들 말 위에서는 자신감을 지녀야 한다고 하지만 말 다루는 법을 잘 모르는 사람의 말이다. 말을 내가 필요한 대로 조종할 수 있으면 절로 자신이 생긴다. 말 다루는 법을 터득하지 못한 채 이를 중요시하지 않는 사람이 자신감만 가지고 무엇을 할 수 있다는 것인가? 심지어는 한쪽 허벅지를 반대쪽으로 뽑아내면서 다리를 휘돌려서 몸과 엉덩이를 동시에 말 등으로부터 내리는 경우도 있는데 이는 말을 다룰 때 크게 기피하는 행위이다.

一 搭箭忌高 貴下而臥 高則不如法 下則有勢矣 臥者恐弓一竪 不能無所碍也 弓一開節 使弓亮起 斜滿懷中 漸漸逼毬 不宜猛就 猛則非式 且難必中 亦不可目視箭扣 恐馳馬不穩 致生脫扣之虞 且馬一馳 我之聚精會神 萃注于前矣 何容他顧哉 而射毬之法 全在馳馬得勢 或開或逼 均非善也 必挨毬不遠而過 身勢往前稍就 則緊貼于毬矣 發無不中者 所云分鬃者是也 至若對鐙發箭則非矣 對鐙射者 非馬開馳 斷不能發矢也 況我之開弓馳馬 力已有所用矣 毬一遠 身勢不就 自不能命中 身勢一就 可能令其必中 而身法自然乎 或裸或開勿容輕發 持重之道也 持重之說爲騎射格言 學者留意焉 至于對毬之法 非步射可比 步射對的詳細 騎則一瞬卽過 約以前拳對毬之後 而以箭對毬之根 雖不容遲 更不宜早 恐早則○62)矣 得心應手 非言可喩 然而騎射之法與步射 原無異也 果能善于步 無有不善于馬者 否則卽生疎故耳 然則求善之法 一言而蔽之 有熟而已 熟則巧妙生焉

一 시위에 화살 오늬를 끼울 때는 손을 높이 들고 끼우는 것을 피하고 손을 낮추고 활을 눕혀 끼워야 한다. 손을 높이 들고 오늬를 끼우면 사법에 어긋나며 손을 낮추고 오늬를 끼워야 힘이 생긴다. 이때 활을 눕히는 것은 활을 세우면 어딘가 걸리지 않을 수가 없기 때문이다. 처음에 활을 조금만 벌렸다가 비스듬히 가슴 앞으로 들어 올리면서 활을 가득 벌린 후 서서히 맞추어야 할 공(毬)에

---

62) 저본(底本)에는 '共' 밑에 '血' 받침이 있는 글자이나 어느 자전(字典)에서도 전혀 찾아볼 수 없는 글자이다. 뜻은 문맥에 따라 짐작되는 대로 해석했다.

접근해야 한다. 빠르게 접근하면 사법에도 어긋나며 명중시키기 어렵다. 또한 화살이나 오늬에 시선을 주면 안 된다. 그렇게 하면 말이 안정되게 달리지 못해서 쏘기도 전에 오늬가 시위에서 빠질 수 있다. 말이 달릴 때는 정신을 집중해서 앞을 주시해야 한다. 다른 곳에 신경을 쓸 틈이 어디 있겠는가? 공을 쏠 때 중요한 것은 말이 달리는 기세를 유지하는 것이다. 빨리 달리거나 너무 가까이 공에 접근하는 것은 모두 좋은 방법이 아니다. 공에서 멀리 지나쳐 버리지 않도록 조심해야 한다. 몸을 약간 앞으로 숙이면 공에 가까이 접근할 수도 있고 쏘는 대로 맞힐 수 있다. 그러나 이렇게 하는 것은 앞에 있는 공이나 표적을 쏘는 분종(分鬃)의 경우이고 옆에 있는 공이나 표적을 쏘는 대등(對鐙)의 경우에는 이렇게 하면 안 된다. 대등(對鐙)일 때는 말이 한창 달릴 때 쏘지 않을 수 없다.[63] 더욱이 나는 활을 벌린 채 말을 달리면서 힘을 이미 써 버렸기 때문에 공에서 한번 멀어지면 몸을 앞으로 숙일 수가 없어 명중이 불가능하게 된다. 몸을 앞으로 숙이기만 한다면 반드시 명중시킬 수 있을 뿐 아니라 신법(身法)도 자연스럽다. 혹 말을 건드려 말이 달리더라도 함부로 쏘면 안 되며 신중하게 쏘아야 한다. 신중히 쏘라는 말은 기사(騎射)를 위한 격언이니 기사를 배우는 사람은 명심해야 한다. 대구사법(對毬射法)[64]은 보사(步射)의 경우와는 다르다. 보사에서는 과녁을 세밀하게 조준할 수 있지만 기사에서는 눈 깜박할 새에 공을 지나게 된다. 따라서 대략 앞 주먹을 공보다 뒤를 향하게 하고 화살이 공의 밑 부분 높이를 향하게 해서 쏘아야 한다.[65] 느려서도 안 되지만 서두르면 절대 안 된다. 서두르면 소홀해진다. 마음대로 손이 움직인다는 것을 말로는 표현할 수 없는 부분이다. 그러나 기사법과 보사법에 근본적인 차이는 없다. 보사는 잘하는데 기사는 못하는 사람은 없다. 만약에 그렇지 않다면 이는 기사가 생소하기 때문이다. 기사를 잘하는 법을 한마디로 줄여 말하자면 오로지 숙달이 필요하다. 숙달이 되면 묘한 솜씨가 저절로 생겨난다.

凡此諄諄者　惟恐長才　視弓矢之事　爲粗且易耳　吾輩旣以之　博榮名沐　大典

---

63) 이정분의 ≪사경≫에는 말을 타고 활을 쏘는 분종(分鬃), 대등(對鐙) 및 말추(抹鞦) 세 가지 경우를 상세히 설명하고 있다. 이곳에서는 앞의 두 경우만 언급되어 있다.

64) 말을 달리며 공을 쏘는 사법을 말한다.

65) 공의 뒤와 밑을 조준하는 것은 이동 중에 쏘기 때문에 화살에 가속이 붙는 것을 고려했기 때문일 것이다.

何不下[66] 一轉念 以初視 爲精心 以易 得爲難 至乎裸視爲易 則終無得手之時
惟視爲難 則自有得心應手之日 故尼夫有云 先難後獲 願我同人 深致意焉

이렇게 누누이 말하는 것은 재주만 믿고 궁시(弓矢)에 관한 일을 대충 쉽게
여기지 않을까 염려되기 때문이다. ……마음을 모아서 초심(初心)으로 정성을
다해야만 한다. 쉽게 여기면 솜씨를 터득할 수 없다. 소홀히 쉽게 여기면 끝내
솜씨를 얻을 수 없다. 어렵게 여겨야 마음에 따라 손이 호응하는 날이 온다. 공
자(孔子)께서는 "어려운 일에 앞장서고 보답은 뒤에 생각하라." 했다.[67] 남을 따
라가려면 이 말을 깊이 새겨들어야 한다.

제3절 사학문답(射學問答)[68]

Ⅰ. 문답(問答)

1. 심(審)〈정신집중〉

或問 射之貴審明矣 抑審于未滿之時乎 審于旣滿之時乎 答曰 未滿之時審亦
何益 惟旣滿之時在所加意耳 古人視小如大 視微如著 則精光凝聚 膽視分明
乃得貫蝨之巧 審字與大學慮而后能得慮字同看言 人若能先曉得那當止的去處
則志有定向而不他求 所向旣定 則內念不興 無以動于心而靜矣 心旣能靜 則
外物俱動搖他不得而安矣 心裏旣安 則從容閒暇 遇事物之來皆能仔細思量 不
忙不錯而能慮矣 能慮而後得所止之地而止矣 要知此審字亦是心眼俱到 仔細
思量 不忙不錯地位 豈是粗看得的

문: 활쏘기에서는 정신을 집중하여 조준하는 것을 중요시한다. 이는 활을 가
득 벌리기 전에 필요한 것인가? 아니면 활을 가득 벌린 다음에 필요한 것인가?

---

66) "吾輩旣以之 博榮名沐 大典何不下" 부분은 정확한 의미를 짐작할 수 없어 번역을 생략했다. 평양감영 ≪무
　　경칠서휘해≫에는 둘째 글자가 '車' 받침 위에 '北' 자가 쓰여 있으나 '輩'의 속자(俗字)이다.

67) ≪논어(論語)≫, 〈옹야(雍也)〉 편의 "어려운 일에 앞장서고 보답은 뒤에 생각하면 어질다 할 수 있다(先難而
　　後獲 可謂仁矣)."는 구절을 인용한 것이다.

68) 원문에는 문답 형식의 글과 강해 형식의 글이 섞여 있어 이를 나누었다.

답: 활을 가득 벌리기 전에 정신을 집중해서 조준하는 것이 무슨 도움이 되리오? 가득 벌린 이후에 더욱 정성을 기울여야 한다. 옛사람들은 작은 것을 크게 보고 미세한 것을 뚜렷하게 볼 수 있었으니 정신과 눈빛을 집중시켜 사물을 분명하게 봄으로써 벼룩의 심장을 꿰뚫는 솜씨를 터득할 수가 있었던 것이다.[69] 정신을 집중하여 조준한다는 '심(審)'이란 글자는 ≪대학(大學)≫의 "여이후능득(慮而後能得)", 즉 "두루 살펴본 후에야 멈추어야 할 곳을 안다."는 구절 중의 헤아릴 '여(慮)' 자와 같은 뜻의 글자로 본다. 사람은 먼저 도달해서 멈추어야 할 곳이 어디인지 알 수 있으면 마음의 방향이 정해져서 한눈을 팔지 않게 된다. 마음의 방향이 정해지면 잡념이 일지 않아 마음이 흔들림 없이 안정된다. 마음을 안정시킬 수 있으면 외부 사물 어느 것도 그를 동요시킬 수 없고 편안해진다. 마음이 편안하면 차분한 속에 여유가 생겨서 서둘거나 헷갈리지 않고 주변 사물을 두루 살펴볼 수 있다. 두루 살펴볼 수 있게 되면 도달해서 멈추어야 할 곳을 찾아서 멈출 수 있다. 이 '심(審)'이란 말은 마음과 눈이 모두 열려서 서둘거나 헷갈리지 않고 두루 살펴본다는 말임을 알아야 한다. 어찌 대충 과녁을 쳐다볼 수 있겠는가?[70]

2. 고(固)〈굳힘〉

或問 旣審矣而有不能必中者何也 答曰 人引弓至滿之際 精力已竭 手足已憊 卒然發矢 皆非由我心使之也 發矢旣非由我心使之 則審不亦爲虛審乎 全要在 將發之際 鼓其氣力 手足肩臂愈加筋骨 斯謂之固 所謂審能命中固能致遠 兩 者相需而不可偏廢者也.

문: 정신을 집중해서 조준했는데 명중시키지는 못하는 경우는 무엇 때문인가?

---

69) 원문의 관슬지교(貫虱之巧), 즉 벼룩 심장을 뚫는 솜씨란 말은 ≪열자(列子)≫, 탕문편(湯問篇)에 나오는 말로 앞의 제1장에서 소개한 바 있다.

70) 유교 경전인 ≪대학≫은 서두에서 "대학지도 재명명덕 재친민 재지어지선(大學之道 在明明德 在親民 在止 於至善)"이라 하여 대학의 세 강령(綱領)을 언급한 다음 이어서 "지지이후유정 정이후능정 정이후능안 안이후 능려 여이후능득(知止而後有定 定而後能靜 靜而後能安 安而後能慮 慮而後能得)"이라 하여 그러한 목표로 나아가는 순서 내지 방법을 말하고 있다. 이 구절의 마지막 글자인 득(得)의 의미에 대해 주자(朱子)는 "득위득 기소지(得謂得其所止)"라 하여 "그 멈출 곳을 아는 것"이라는 뜻으로 해석했다. 이러한 해석을 잘못 이해하면 ≪대학≫의 이 구절이 비논리적인 것이라고 할 수도 있을 것이다. 시작과 끝이 같은 말로 되어 있기 때문이다. 그러나 주자는 이 구절을 일련의 순서를 말한 것이 아니라 상호 연쇄적 관련성을 지닌 방법들을 서술한 구절로 본 것이다. 활쏘기에서 정신을 집중한 조준을 말하는 심(審)을 ≪대학≫ 구절 중의 여(慮)와 같은 뜻으로 본 것은 척계광의 ≪기효신서(紀效新書)≫에서 비롯된다. 앞의 제6장 참고.

답: 활이 가득 벌어질 때 힘이 떨어지고 수족이 이미 허해져서 마음과 달리 갑자기 화살을 내보냈기 때문이다. 화살을 마음에 따라 내보내지 못했다면 정신을 집중해서 조준한 것도 허사(虛事)가 아니겠는가? 요컨대 화살을 내보내려 하는 순간 기력(氣力)을 돋우어 손과 발 그리고 어깨와 팔의 근골(筋骨)에 힘을 가해야만 하며 이를 자세를 굳힌다고 한다. 정신을 집중해 조준하면 명중시킬 수 있고 자세를 굳히면 화살을 멀리 보낼 수 있다고 하나 둘 다 필요한 것이며 어느 하나만으로 되는 것이 아니다.71)

3. 지(持)〈버팀〉

或問 持之說何如答曰 前手持弓 務令虎口與肩肘窩節節相對 則筋骨纏72)能
仰直 後手引絃 平肩扯來 切勿挨胸抹奶 法云前手如拒後手如枝 卽此意也

문: 버티라는 말이 있다. 어떻게 하라는 말인가?

답: '앞손이 활을 버틸 때는 호구(虎口: 엄지와 검지 사이)와 견와(肩窩: 팔을 들었을 때 어깨 위 움푹 들어간 곳)와 주와(肘窩: 팔을 폈을 때 팔꿈치의 움푹 팬 곳)가 모두 서로 맞물려야 근골(筋骨)이 펴진다. 뒷손이 시위를 당길 때 어깨 높이로 당겨야 하며 가슴 앞을 지나면서 젖꼭지를 비비면 절대 안 된다. "앞 팔은 버티듯이 하고 뒤 팔은 나뭇가지같이 펴라."는 사법의 말은 이를 말한다.

4. 만(滿)〈가득 당김〉

或問 經云鏃不上指必無中理 指不知鏃同于無目 是必引弓至鏃而後謂之滿
然又有滿而復吐者 其病何在答曰 病在速滿 用力太急 把持不定故耳

문: 왕거(王琚)의 ≪사경(射經)≫에서는 "촉이 손가락 위로 올라오지 않으면 결코 명중시킬 수 없고 손가락이 촉을 감지하지 못하는 것은 눈이 없는 것이나

---

71) 명나라 등종(鄧鐘)의 ≪무비집략(武備輯略)≫에서는 정신집중이 굳힘과 일체를 이루어야 하는 것으로 보면서 "굳힘은 손에 있고 정신집중은 마음에 있는 것이지만 둘은 서로 의지하며 애초에 앞뒤가 없는 것으로 굳힘 속에 정신집중이 있고 정신집중 속에 굳힘이 있다."고 했고 청나라 손희단(孫希旦)의 ≪예기집해(禮記集解)≫에서는 "뜻이 바르면 곧 마음에 치우침이 없어서 활과 화살을 쥐고 올바로 정신을 집중할 수 있고 몸이 곧으면 곧 힘을 집중할 수 있어서 활과 화살을 쥐고 굳힐 수 있다."고 했다 한다. 표현은 다르더라도 그 취지는 모두 같다.

72) 평양감영의 ≪무경칠서휘해≫에는 '綄'로 되어 있으나 ≪무경칠서휘해≫의 중간본(重刊本)에는 '纏'로 수정되어 있다.

같다.” 했다.[73] 촉까지 다 끌어당겨야만 시위를 가득 당긴 것이라는 말이 분명하다. 그런데 발시 전 촉을 약간 토해 내게 되는 것은 어떤 병 때문인가?

답: 너무 급히 힘을 써서 활을 쥔 앞손이 불안정하기 때문이다.

曰 然則遲滿可乎答曰 遲滿 則又力疲 而不堅 發矢無力矣 莫若兩手齊分 胸開背緊 手力旣均 胸背旣合 安有滿而復吐之病哉

문: 그러면 천천히 당기라는 말인가?

답: 천천히 활을 벌려도 힘이 떨어져 견고하지 못하고 화살 보내는 것이 무력해진다. 두 손에 힘을 고르게 주고 가슴을 벌리고 등을 조여 주어야 한다. 두 손의 힘이 같고 가슴과 등이 하나가 되었는데 어찌 활을 가득 벌려 다시 촉을 토해 내게 되겠는가?

5. 신법(身法)〈몸의 자세〉

或問 習射 必先身法 有所忌乎答曰 有忌頭縮 忌胸捉 忌前探 忌後仰 忌臀露 忌腰彎 忌頓足 種種不一 總之 一有形相 便成醜態 須要遍身着力 却無着力形迹 則立身之法盡善矣

문: 습사(習射) 때 몸자세부터 배우는데 피할 것이 있는가?

답: 목 움츠리기, 가슴 웅크리기, 몸을 앞으로 기울이거나 뒤로 젖히기, 궁둥이 내밀기, 허리 구부리기, 발 구르기 등등 이루 다 열거할 수가 없다. 어느 하나도 범하면 흉한 모습이 된다. 온몸에 고루 힘을 주되 오히려 힘을 뺀 듯한 형태가 되어야 한다. 그렇게 되면 몸 세우는 법은 모두 갖춘 것이다.

6. 수법(手法)〈손의 사용〉

或問 法云前手如推泰山 後手如握虎尾 一拳注定 前後直正 慢開弓 緊放箭答曰 此手法之神機也 前後手 正有相應之妙 使兩臂膊伸合 一齊進力 則箭去直速而平矣

---

73) 원문의 “鏃不上指必無中理 指不知鏃同于無目”라는 구절은 왕거(王琚)의 ≪사경(射經)≫에서 비롯되어 후대의 사법서들이 한결같이 인용하는 구절이다. 뒤의 입구(入彀) 항 및 정류편(正謬篇), 지지족지류(指知鏃之謬) 항도 참고할 것.

문: 사법에 “앞손은 태산을 밀듯 하고 뒷손은 호랑이 꼬리를 잡듯 하라. 앞주먹은 고정시키고 두 팔은 직선이 되게 하라. 서서히 활을 벌리고 팽팽히 화살을 내보내라.”[74]고 한다. 무슨 말인가?

답: 그것은 손과 팔의 자세에서 핵심인 말이다. 앞뒤 두 손과 팔은 서로 호응하는 묘한 이치가 있다. 두 팔을 펴서 하나로 만들어서 동시에 힘을 쓰면 화살은 곧고 빠르면서도 낮게 날아간다.[75]

7. 족법(足法)〈발의 자세〉

或問 立足則丁字不成八字不就矣 而腿有言 前直如劂 後彎似瘸[76]者 又有左則稍曲 後則直立矣答曰 前直後灣 以在舟中射的 或由谷險阻之處 必用閃法[77] 使敵不見 而我可以射其無備矣 若臨場試射 自必前曲後直 使身略前引 左手肩窩臂節三處相對 右手右肩平直如線 以腰眼迎把 乃爲得勢也 至有相膝齊曲 兩眼皆直 兩足並立 兩足八字者 總在功深 候到神明 變通而已

문: 두 발은 고무래 ‘丁’ 자나 여덟 ‘八’ 자로 놓지만 않으면 되는데 “앞다리는 말뚝같이 펴 주고 뒷다리는 절름발이같이 구부린다.”는 말도 있고 “왼쪽 다리는 좀 구부리고 오른쪽 다리는 곧게 편다.”는 말도 있다. 왜 그런가?

답: 앞다리를 펴고 뒷다리를 구부리는 것은 배 위나 험한 산골에서 재빨리 연거푸 쏠 때 취해야 하는 자세며[78] 나를 적에게 덜 노출시키고 대비가 없는 적을 쏠 수 있는 자세이다. 그러나 활쏘기 시험에서는 앞다리는 구부리고 뒷다리는 곧게 펴서 몸이 대략 앞으로 기울게 서서[79] 왼쪽의 손과 견와(肩窩: 팔을 들었을 때 어깨 위 움푹 팬 곳) 및 팔뚝 세 곳이 직선을 이루게 하고 오른쪽 팔과

---

74) 척계광의 ≪기효신서≫에서 인용한 구절이다.

75) 이 구절 역시 척계광의 ≪기효신서≫에 있는 구절을 약간 각색한 것이다.

76) ≪무경칠서휘해≫의 초간본과 내용이 같을 평양감영의 ≪무경칠서휘해≫에는 ‘痲’로 되어 있으나 ≪무경칠서휘해≫, 중간본에는 ‘瘸’로 수정되어 있다. 이 구절은 척계광의 ≪기효신서≫의 “前腿似橛 後腿似瘸”를 각색한 것이다.

77) 평양감영의 ≪무경칠서휘해≫에는 ‘朋矢(연거푸 쏘기)’로 되어 있고 ≪무경칠서휘해≫, 중간본에는 ‘閃法(빨리 쏘는 법)’으로 수정되어 있으나 같은 의미이다.

78) 척계광의 ≪기효신서≫에서는 “前腿似橛 後腿似瘸” 다음에 “隨箭改移 只在後脚”라고 했다. “화살 쏘는 방향을 바꿀 때는 뒷다리만 옮긴다.”는 말로서 결국 “前腿似橛 後腿似瘸”의 자세, 즉 앞다리를 펴고 뒷다리를 구부리는 자세는 어느 곳에서 접근할지 모르는 적을 신속하게 쏘기 위한 자세인 것이다.

79) 당시의 독특한 자세였던 것으로 보인다. 앞의 각주 39 참고.

어깨도 직선으로 수평을 이루게 하고 허리와 눈이 과녁을 마주 보는 것이 바른 자세이다. 두 무릎을 함께 굽혀 보거나 두 눈을 치켜세워 보거나 두 발을 11자로 나란히 놓아 보거나 여덟 '八' 자로 놓아 보기도 하는 것은 모두 내공(內功)을 통해서 정신이 집중되기를 기다릴 때 하는 특수한 동작일 뿐이다.

8. 안법(眼法)〈눈의 사용〉

或問　身法手法足法旣定　而後可以運吾之精神乎答曰　人之一身精神皆在于目　目之所注　神必至焉　神至　而四體百骸筋力精氣俱足　故發矢時　兩目凝注　看定把月80)　精神聚而不分　則心到眼到而手亦到矣　古云認的如仇　此之謂也

문: 신법(身法)과 수법(手法) 그리고 족법(足法)을 모두 갖춘 후에야 정신을 집중시키는 것인가?

답: 몸에서 정신은 모두 눈으로 모인다. 한 점을 응시하면 정신도 그곳으로 향한다. 정신이 집중되면 온몸에 근력(筋力)과 정기(精氣)가 충만하게 된다. 따라서 화살을 내보낼 때는 두 눈의 힘을 모아 과녁 중심을 응시해야 한다. 정신을 한곳에 집중시켜 흩트리지 않으면 마음도 눈도 손도 모두 정신을 따라간다. 옛말에 "과녁 보기를 원수 보듯 하라."는 말이 있는데 이를 두고 한 말이다.

9. 대소(大小)〈화살 나가는 거리〉

或問　箭何以有大小之不同乎答曰　前高後低則大　前壓後起則小　其理至易明也

문: 화살이 과녁을 넘기도 하고 못 미치기도 하는 이유는 무엇인가?

답: 앞손이 높고 뒷손이 낮으면 과녁을 넘고 앞손을 내리고 뒷손을 들면 과녁에 못 미친다. 그 이치는 극히 분명하다.

曰　亦有前高而反小　前低而所大者　何也　答曰　皆因前手無力之故也　務必射大存小　射小加大　加意於兩手而已矣.

---

80) 평양감영의 ≪무경칠서휘해≫에는 원문이 '파월(把月)', 즉 과녁의 중심으로 되어 있으나 ≪무경칠서휘해≫, 중간본(重刊本)에는 '파궁(把弓)'으로 고쳐져 있다. 중간본(重刊本)의 교정은 글의 취지를 잘못 이해했기 때문인 것으로 보인다.

문: 앞손이 높으면서도 오히려 과녁에 못 미칠 때도 있고 앞손이 낮은데도 오히려 과녁을 넘는 경우도 있는데 이유가 무엇인가?

답: 앞손이 무력하기 때문이다. 과녁을 넘으면 앞손을 조금 낮추고 못 미치면 앞손을 조금 올린다.[81] 두 손에 주의를 기울이면 된다.

10. 좌우(左右)〈화살의 좌우 편차〉

或問 又何以有左右之不一乎答曰 箭在左者 必前手用力之過 箭在右者 必後手用力之過 俱病在用力不均耳

문: 어찌하여 화살이 좌우로 일정치 않게 가는가?

답: 화살이 왼쪽으로 가는 것은 앞손에 너무 힘을 쓴 것이고 오른쪽으로 가는 것은 뒷손에 너무 힘을 쓴 것이다. 두 손에 고르게 힘을 쓰지 않은 것이 병이다.

曰 用力之均 在手乎 不徒在手乎答曰 若止用力在手 則猶有不能自持之處 必自肩而臂而腰而足 一齊進力 不輕不重 不先不後 自然疾速而不偏也 始爲用力之法

문: 두 손에만 힘을 고르게 쓰면 되는가?

답: 손의 힘에만 의존하면 제대로 할 수가 없게 된다. 두 어깨, 두 팔 그리고 양쪽 허리와 두 발에 이르도록 모두 고르게 힘을 써서 경중(輕重)과 선후(先後)가 없으면 화살은 자연히 빨라지고 치우치지 않게 된다. 힘쓰는 법은 이로부터 시작된다.

11. 중파(中把)〈참된 명중〉

或問 今人初學射時 亦能中把 何也答曰 此幸耳 豈所云命中者 凡中的之可取必者 皆是[82]從容閒暇中得之 今試執其人而問之曰是果汝心眼中所必欲得者乎 則茫無以應也 豈非幸乎

---

81) 원문에는 ‘射小存大’로 되어 있으나 ‘射小加大’의 오기(誤記)로 보고 고쳤다. 이 구절은 척계광의 《기효신서》 중 “射大存於小 射小加於大”를 각색한 말로 청나라 장약운(張若雲) 교정본(校訂本) 《기효신서》에는 이 구절에 “存 壓其前手 加 擧其前手”란 주(註)가 있다. “존(存)은 줌손을 낮추는 것을 말하며 가(加)는 줌손을 올리는 것을 말한다.”는 뜻이다. 거리 조절에 대해서는 뒤의 각주 135 참고.

82) 평양감영의 《무경칠서휘해》에는 ‘문’으로 되어 있으나 《무경칠서휘해》, 중간본에도 ‘是’로 교정되어 있다.

문: 초보자도 과녁을 맞힐 수 있는데 무엇 때문인가?

답: 그것은 행운일 뿐이다. 어찌 그것이 참된 명중이겠는가. 명중을 했더라도 쓸 만한 명중은 침착하고 여유 있게 쏘아야 얻어진다. 지금 그 초보자에게 방금 맞힌 것이 그대의 마음과 눈으로 꼭 맞힐 수 있다고 생각하고 쏘아서 맞힌 것인지 물으면 그는 대답을 못할 것이다. 어찌 행운이 아니라 하겠는가?

12. 허심(虛心)〈겸손〉

或問 見聞必廣 用心貴虛乎答曰 然 見聞不廣 何以取資用 心不虛 何以受益 見人之得 則學於己見人之失 則改於己 人言之是 不以其人而廢其言 人言之 非 不以其言而廢其人 謙受益滿招損 其言良 不誣也

문: 견문(見聞)은 넓어야 하고 마음은 겸손해야 하는가?

답: 그렇다. 견문을 넓히지 않으면 어떻게 배우며 겸손하지 않으면 어떻게 남의 도움을 얻을 수 있겠는가? 남의 장점을 보면 이를 배우고 남의 결점을 보면 이를 거울삼아 자신의 결점을 고칠 줄 알아야 한다. 남의 말이 옳을 때는 비록 그 사람이 싫더라도 그의 말까지 무시하면 안 된다. 남의 말이 그르더라도 그 말이 그르다 하여 그 사람까지 버리면 안 된다. 겸손하면 도움을 얻고 자만하면 손해를 본다는 말은 참으로 옳은 말이다.

13. 학문(學問)〈배움〉

或問 射之必籍于學問工夫 當何從而入手乎答曰 全在平日 講貫得此種道理 明明白白 而于立身之法 開弓之法 發矢之法 眼何以視 手何以運 力何以用 件件了徹胸中 然後從旁印證 而得者失者是者非者 悖于理近于道者 自然判然眼下矣 舍正路而不由 又安知入手之在何處也

문: 활쏘기는 반드시 배움과 노력에 의지한다고 하는데 무엇부터 시작해야 하는가?

답: 평소 여러 이치들을 분명히 알 수 있도록 공부해야 한다. 몸의 자세와 활 벌리는 법과 화살 내보내는 법은 물론이고 눈은 어떻게 보는지 손은 어떻게 쓰는지 힘은 어떻게 쓰는지 등을 확실히 안 연후에 이를 실제로 시험해 보면 장

단점과 옳고 그름이 스스로 눈앞에 분명히 드러나게 된다. 바른 길을 버리고 따라가지 않는다면 무엇부터 시작해야 할 것인지를 어찌 알 수 있으리오?

14. 생질(生質)〈타고난 자질〉

或問 人有生質之美者 可無籍于學問乎答曰 不學無術 自古誌之 若徒恃生質而不深之而學問 則放蕩之人 必流于輕佻拘執之人 漸入于板實 況不學之人 其心必驕 天下有心驕而能受益者乎 窮年石乞石乞 老大徒傷 可勝惜哉

문: 자질을 타고난 사람도 있는데 그런 사람은 배울 필요가 없는가?

답: 예부터 배우지 않으면 솜씨를 갖추지 못한다 했다. 타고난 자질만 믿고 배움을 통해 자질을 키우지 않는 자는 방탕한 사람이다. 반드시 경솔하고 고집스런 사람으로 점차 굳어진다. 또한 배우지 않는 사람은 마음도 반드시 교만하게 된다. 천하에 마음이 교만하면서 남의 도움을 얻을 수 있는 자 있겠는가? 나이 들수록 병만 깊어지게 될 것이니 안타까울 뿐이다.

15. 구익(求益)〈남의 도움〉

或問 有人求教而見拒者 何也 答曰 今人持弓挾矢 毫無寸得 自謂己至 遂揚揚有自滿之色 而實無求益之志 倘處以直道 輒傷其隱 必不求相耀 而求相規 一言輒拜 一喚便醒 相與有成 並受其益

문: 가르침을 구하기를 거절하는 사람도 있는데 왜 그런가?

답: 활을 쏜다고는 하나 아는 것은 조금도 없으면서 이미 다 안다고 말하며 의기양양 자만한 사람이 있다. 그런 사람은 남의 도움을 얻으려는 뜻이 없는 것이다. 때로는 잘못된 점을 바로 말해 주면 숨겨진 잘못이 드러나는 것을 부끄러워하는 사람도 있다. 그러나 서로 기분 좋은 칭찬만 나누려 해서는 안 되며 서로 잘못을 바로잡아 주려고 노력해야 한다. 충고의 말 한마디를 들으면 곧 감사하는 마음을 표시하고 깨우쳐 주는 말 한마디를 들으면 곧 깨달아 가면서 서로 도움을 주고받으며 발전해야 한다.

16. 체단(體段)〈몸매〉

或問 人之一身 有肥瘦之不同 短長之不一 何以盡其善乎答曰 亦各成其體段
而已譬之明鏡在前 因物肯形 就其近于道者 使之肥 不儡堆 瘦不逼削 長不伶
仃 短不局促 又何有大異于其間哉

문: 살찐 사람도 있고 마른 사람도 있고 키가 큰 사람이 있고 작은 사람도 있
다. 어떻게 해야 가장 좋은 몸매가 되는가?

답: 타고난 몸매는 어쩔 수 없지만 거울 앞에 서면 자신의 모습을 잘 알 수
있다. 고칠 수 있는 부분은 알맞게 다듬어 좋은 몸매를 만들도록 해야 한다. 그
러나 몸매를 키운다고 디룩디룩 살이 찌거나 살을 뺀다고 바짝 여위면 안 된다.
또한 키가 크다고 해서 무엇이 그리 우뚝하겠으며 작다 해서 무엇이 그리 답답
할 정도이겠는가? 그 차이가 무엇이 그리 대단하겠는가?

17. 교력(巧力)〈솜씨와 힘〉

或問 巧力二者 當以何者爲先乎答曰 射之貴巧 夫人而知之 而不知力之中能
生巧 是非有以練之不可

문: 솜씨와 힘 중에서 무엇이 우선인가?

답: 활쏘기에서 솜씨가 중요함을 사람들은 다 알지만 힘에서 솜씨가 생김을
알지 못한다. 이런 솜씨는 연습 없이는 얻을 수 없다.

曰 然則有力者 皆可以言射乎答曰 非也 吾之所謂力者 乃人身自有之力 特
善用之而已 總在提一身之力 運之于四肢 使之可收可放 可去可來 呼吸相通
神明在我 則弓自我操 箭由中發 巧又不于此生乎

문: 그러면 힘 있는 사람들은 활쏘기를 잘할 수 있는가?

답: 그렇지 않다. 내가 힘을 말한 것은 사람이 스스로 지니고 있는 힘을 특별히 잘 활
용하라는 말일 뿐이다. 요컨대 자신의 힘을 모두 일으켜서 온몸에 운행케 하면서 그 힘
을 자유자재로 모으고 풀어 주고 보내고 부를 수 있으면 들이쉬고 내쉬는 호흡이 서로
통하면서 신명(神明)이 찾아든다. 그리 되면 활을 내 뜻대로 움직일 수 있고 이로써 화
살이 과녁을 향하여 나가게 되는 것이다. 이때 어찌 솜씨가 생기지 않을 수 있겠는가?

18. 쌍분(雙分)〈좌우균형〉

或問 今人動稱雙分可盡得乎答曰 未也 雙分之妙 全在將開之際 有一種安舒
自得超超不群之槪 肢體和而容色定 氣息調而心志一 所以弓開引滿 而身法眼
法手法足法法法俱備 今人未曾開弓 而先排足探腰 撑拳弔肘 曰此雙分也 雙
分顧如是乎

　문: 요즘 사람들은 좌우균형의 쌍분[83]을 잘 하고 있는가?

　답: 그렇지 않다. 제대로 쌍분을 이루려면 활이 벌어질 즈음 편한 마음으로
잡념이 없어야 한다. 몸도 편하고 얼굴색도 안정되고 숨결도 고르고 정신도 집
중되면 활을 가득 벌려도 신법(身法), 안법(眼法), 수법(手法), 족법(足法) 등 모
든 사법들을 갖추게 된다. 요즘 활을 벌리기에 앞서 두 발을 벌려 보고 허리를
돌려 보고 주먹을 뻗어 보고 팔꿈치를 올려 보기도 하면서 이를 쌍분이라 하지
만 쌍분이 어찌 이것이 모두이겠는가?

19. 양심조기(養心調氣)〈심기의 함양〉

或問 養心調氣之道 可得聞乎答曰 凡人臨射時 兩目視的 兩手對的 其間往
來周旋運用 不窮者 心也 氣也 使心有不定 則氣餒矣 氣餒 則肩肘腕指 俱爲
之動搖矣 安望其不忙不錯 仔細思量乎

　문: 마음에 여유를 갖고 기(氣)를 안정시키는 방법은 무엇인가?

　답: 무릇 두 눈으로 과녁을 바라보고 두 팔로 과녁을 겨누는 사이에 잠시도
쉬지 않고 오고 가며 돌아다니고 쓰이는 것이 마음과 기(氣)다. 마음이 여유가
없으면 기(氣)가 달리고 기(氣)가 달리면 어깨, 팔꿈치 그리고 팔목과 손가락이
모두 흔들린다. 어찌 착오 없이 자세히 살피기를 기대할 수 있겠는가?

　曰 然則養之調之 當何如答曰 此非可而易言也 心爲一身之主宰 氣乃百骸之
作用 惟養 則一而精神凝聚 肯綮俱得 惟調 則閑而從容 暇預操縱自如 皆平日
工夫漸積而成 學問以充之 聞見以廣之 由生至熟 由勉幾安 寧易言哉

---

83) ‘쌍분(雙分)’은 ‘쌍수제분(雙手齊分)’ 또는 ‘쌍분양수(雙分兩手)’와 같은 말로 청대(淸代) 사법서인 기감(紀鑑)
　　의 ≪관슬심전(貫虱心傳)≫에는 ‘쌍수제분(雙手齊分)’이라는 말이 있고 사덕위(史德威)의 ≪사예진량(射藝津
　　梁)≫에 수록된 활노래인 선사가(善射歌)에는 ‘쌍분양수(雙分兩手)’라는 말이 있다.

문: 어찌 해야 마음을 여유롭게 하고 기(氣)를 안정시킬 수 있는가?

답: 그것은 말로 표현하기가 어렵다. 마음은 몸을 부리는 주인이요 기(氣)는 몸을 움직이는 근원이다. 마음을 여유롭게 하면 정신이 집중되어 사물의 핵심을 알 수 있고 기(氣)를 안정시키면 여유가 생겨 뜻대로 몸을 움직일 수 있다. 이는 평소에 차근차근 노력을 쌓아 완성되는 것이다. 학문과 견문을 통해 식견을 넓히면 생소했던 것도 익숙해지고 힘들던 것이 편해진다. 그러나 어찌 이를 쉽게 말로 표현할 수 있겠는가?

20. 양목양수(兩目兩手)〈두 눈과 두 손〉

或問 人皆以一目視的 而子獨言兩目 人皆以一手對的 而子獨言兩手 必有說以主此答曰 世人通病 正坐在不知兩目兩手耳 目雖兩 若分而二之 則一目對的 一目又對在何處 雖手兩 若分而二之 則一手對的 一手又對在何處 必聚兩目之光如一目 合兩手之力 若一手 則得其意也

문: 모두가 한 눈으로 과녁을 보는데 선생만 두 눈으로 보라 하고 모두가 한 손으로 과녁을 대하는데 선생만 두 손으로 대하라고 한다. 그렇게 말하는 근거가 반드시 있을 것이다.

답: 사람들의 공통된 병은 바로 사람에게는 두 눈과 두 손이 있음을 모르는 데에 있다. 눈이 둘인데 만약 이를 나누어 쓰면 한 눈이 과녁을 보고 있을 때 다른 눈으로는 무엇을 본다는 것인가? 손이 둘인데 만약 이를 나누어 쓴다면 한 손이 과녁을 대하고 있을 때 다른 손은 무엇을 대하고 있을 것인가? 두 눈의 빛을 마치 한 눈같이 모으고 두 손의 힘을 마치 한 손과 같이 모으는 것이 옳다.

21. 입구(入彀)〈가득 벌림〉

或問 所謂彀者 而鏃到指上爲期乎答曰 務必肩臂一直如線 後手己盡 更不能復來 此方是彀 若肩臂未直 只以鏃到指上爲期 又安得謂之彀乎 故入彀 只看肩臂之直與未直 不必論鏃之到與不到也

문: 촉이 손가락 위에 올라오면 활을 가득 벌린 것인가?

답: 어깨와 팔을 일직선이 되게 펴서 뒷손이 더 이상 갈 수 없을 때까지 당기

는 것이 가득 벌리는 것이다. 단지 촉만 손가락 위에 올라와 있다면 이를 어찌 가득 벌렸다고 할 수 있겠는가? 가득 벌린다는 것은 어깨와 팔이 일직선이 되었는지 여부만 보면 되는 것이지 촉이 손가락 위에 왔는가는 따질 필요가 없는 것이다.

22. 지촉(知鏃)〈촉 위치의 확인〉

或問 指未知鏃者 何也答曰 今人審的 有先看箭頭而後照把者 有先看把而後看箭者 未免精光散亂 而箭去不定矣 指未知鏃者 不假于目也

문: 촉이 와 닿는 것을 손가락이 감지하지 못하는 것은 왜 그런가?

답: 과녁을 조준할 때 촉끝을 먼저 본 후 나중 과녁을 보는 사람도 있고 과녁을 먼저 본 후 화살을 나중 보는 사람도 있다. 이렇게 하면 정신이 분산되어 화살이 일정하게 날아가지 못한다. 손가락에 촉이 닿는 것을 감지하지 못하는 사람은 눈이 바빠진다.[84]

23. 파궁(把弓)〈줌통 쥐기〉

或問 以大指壓中指把弓 何意也答曰 此古法之至妙也 人只知以大指壓中指把弓 以爲執弓之法盡是矣 而不知其中有步步扣入淺深 節奏之妙 毫釐分寸一絲不走 審的命中 皆于此立基 可不細心探討乎

문: 엄지로 중지를 누르면서 줌통을 쥔다는 말은 무슨 뜻인가?[85]

답: 그것은 옛 사법에서 가장 큰 비결이다. 다만 사람들은 엄지로 중지를 눌러 주는 것을 활 쥐는 법의 모두인 것으로 알고 있고 서서히 힘을 가해 가며 줌통을 쥐는 비결은 모른다. 털끝만큼의 오차도 없이 과녁을 조준해서 명중시킬 수 있는 기초가 이때 세워진다. 어찌 세심하게 헤아리지 않을 수 있겠는가?[86]

---

84) 앞의 '만(滿)' 항에서의 설명은 뒤의 정류편(正謬篇), 지지족지류(指知鏃之謬) 항에서의 설명과 함께 고영의 ≪무경사학정종≫에 의거한 설명이다. 그러나 이 항에서의 설명은 왕거의 ≪사경≫에 의거한 설명이다. 양자 간 약간 차이가 있기는 하지만 모두가 타당한 설명들이며 다만 경우가 다른 것일 뿐이다.

85) 엄지로 중지를 누르며 쥔다는 말은 척계광의 ≪기효신서≫에 있는 말이다.

86) 줌통 쥐는 방법에 대한 설명이 뒤의 '악지허실(握指虛實)' 항 및 '용력선후(用力先後)' 항 그리고 포우편(褒愚篇)의 '악고우(握固愚)' 항에 있다.

24. 조궁시(調弓矢)〈활과 화살의 균형〉

或問 弓矢必當調乎答曰 量力制弓 量弓制矢 此射家之至要也 荀子云弓矢不調 羿不能以必中

문: 화살과 활은 반드시 균형을 맞추어야 하는가?

답: 힘에 맞추어 활을 정하고 활에 맞추어 화살을 정하는 것은 활 쏘는 사람들에게 매우 중요한 일이다. 순자(荀子)는 활과 화살이 균형이 맞지 않으면 아무리 예(羿)[87]와 같은 선사(善射)라고 해도 명중시킬 수 없다고 했다.

25. 심풍후(審風候)〈바람〉

或問 射時遇風 則因風而迎此法 可爲當乎答曰 左風左迎 右風右迎 固亦一時之巧也 第思因風而迎特 矢去虛而不實 恐爲風所動耳 何如加意于前後手之間 一撇一擎 則矢去實而不虛 雖有風不能動矣

문: 바람이 있으면 그 바람에 따라 달리 쏘는 것이 맞는가?

답: 바람에 따라 조준점을 달리하는 것은 일시적 편법에 불과하다. 오로지 바람에 따라 조준점을 달리할 것만 생각하면 화살이 바람에 따라 흔들릴 수 있다. 앞뒤 두 손에 더욱 정성을 기울이는 것이 어떠한가? 앞손을 별(撇)하고 뒷손을 절(擎 또는 猲)하면[88] 화살이 힘 있게 날아가 바람에 날리지 않을 것이다.[89]

---

87) 앞의 제1장 참고.

88) 중국의 전통적인 발시 방법인 별절(撇擎 또는 撇猲) 혹은 질절(控擎)을 말한다. 앞 장에서 설명한 바와 같이 고영(高穎)의 ≪무경사학정종≫은 중국의 전통적 발시 동작인 별절 또는 질절을 배척했지만 주용(朱墉)의 ≪무경칠서휘해≫에서는 전수병(前手病), 장(張) 항에서는 앞손 동작에 대해 고영과 같은 입장을 취한 반면 후수병(後手病), 토(吐) 항 및 사법약언(射法約言), 발시(發矢) 항에서는 뒷손의 동작에 대해서만 전통적 동작을 그대로 계승하고 있다. 이렇게 앞손에 대해서는 전통적인 별(撇) 또는 질(控) 동작을 버렸지만 뒷손에 대해서는 여전히 전통적인 절(擎 또는 猲) 동작을 따르는 것이 청나라 때의 일반적 풍조였을 것으로 생각된다. 뒤에 다시 소개할 청나라 유기(劉奇)의 ≪수상과장사법지남차(繡像科場射法指南車)≫ 중 살수험법세(撒手驗法勢) 항 역시 그러하다. 그러나 이곳에서는 앞뒤 두 손 모두 모두 전통적인 동작을 권장하고 있는데 의도적인 것인지 여러 사법서들을 인용하는 중에 모순을 발견하지 못한 것인지는 불분명하다.

89) 이 말은 굳힘에 정성을 다해 힘차게 내보낼 것을 강조하려는 말에 불과하다. 바람의 영향에 관한 자세한 설명이 뒤의 풍기(風氣) 항에 있다. 바람이 심할 때의 방법은 ≪무경사학정종≫, 첩경문(捷徑門) 편, 논주법(論注法)도 참고할 것.

26. 득실(得失) 〈상과 벌의 영향〉

或問 功名之際 人未有不營得失者 故往往臨場試射之時 屢發而不得中者 皆
此患 得患失之心動之也 當何以使之不驚不奪乎答曰 射之一道 至精至微 發
于心而應于手 胸中少有所惑 則心無主而神搖 氣餒而機沮 又何暇操弓審固乎
雖有羿之善射 亦動于萬金之賞 懼于千邑之罰矣 非有曠觀之識函養 有素從容
審決 安能當此而不移也

문: 공명(功名)을 다투는 자리에서 득실을 따지지 않는 사람은 없다. 때로는
활쏘기 대회에서 누차 쏘아도 명중시키지 못하는 사람이 있는데 이는 모두가
득실을 걱정하는 마음이 그를 동요시켰기 때문이다. 어떻게 하면 그를 흔들리지
않게 할 수 있겠는가?

답: 사도(射道)는 지극히 미묘해 마음이 흔들리면 손이 이에 응하는 것이다.
가슴속에 작은 미혹(迷惑)이라도 있으면 마음에 줏대가 없어지고 정신도 흔들리
고 기(氣)가 달리게 되어 솜씨를 발휘할 수 없게 된다. 정신을 집중해 조준하고
자세를 굳힐 여유가 있겠는가? 비록 예(羿)와 같은 사람이라도 만금(萬金)의 상
(賞金) 앞에서는 마음이 움직일 것이고 천읍(千邑)을 잃게 될 벌(罰) 앞에서는
두려워할 것이다. 널리 견문을 넓히지 않고 평소 조용한 가운데 정신을 집중하
고 조준하는 습관만 키운다면 공명(功名)을 다투는 자리에 나가 어찌 마음이 흔
들리지 않을 수 있겠는가?

27. 연담(練膽) 〈담력의 연마〉

或問 膽者勇之決也 當有以練之乎答曰 膽怯則神寒 神寒則氣餒 當事未有不
廢者也 惟膽旺之人 神全而氣充 雖百折不能移 有何榮辱之可加利害之足動哉

문: 담력에서 용기가 생긴다고 한다. 담력을 키워야 하는 것인가?

답: 담력이 약하면 정신이 위축되고 정신이 위축되면 기(氣)가 달려 일이 닥
치면 그르치게 된다. 담력이 왕성하면 정신이 맑아지고 기(氣)가 넘쳐 어떤 어
려움이 닥쳐도 동요가 없어지니 어찌 영욕(榮辱)과 이해(利害)에 따라 마음의
동요가 일어날 수 있겠는가?

28. 학습(學習)〈배움의 시작〉

　或問　初學射之人　骨節未開　當何如練習乎答曰　初學之人　必先將種種諸法
一一詳思而熟習之　然後得一人從旁　將前肩下捲　後肘向後緊去　務使手穩肩
平[90]　俟其酸痛既定　方將軟弓開放　習之既熟　不勞于力　自能引弓不搖　發矢平
準　而不爲弓所制也　要之　前肩下捲　則力從前拳而出　後肘後緊　則力縱後拳而
開　雖無力之人　可彀勁弓矣　若未經練習　入門未端　遽往郊射　惟期中的　何暇深
求其法　百病萌生而不自覺矣

　문: 초보자는 골절(骨節)이 펴지지 않는데 어떻게 연습해야 하는가?

　답: 먼저 사법(射法)의 여러 요소들을 자세히 마음속에 익힌 후에는 (맨몸으
로 활을 벌리는 자세를 연습하면서) 곁에 있는 사람에게 자신의 앞 어깨를 아래
로 돌려 누르게 하고 뒤 팔꿈치를 바짝 뒤로 돌려 주면서 팔을 흔들지 말고 어
깨를 수평으로 펴 준다. 이렇게 하면서 통증(痛症)이 가라앉을 때쯤 되면 비로
소 부드러운 활을 벌리는 연습을 한다. 익숙해져서 힘도 들지 않고 시위를 당겨
도 팔이 흔들리지 않게 되면 화살을 낮고 정확하게 내보낼 수 있고 팔 힘이 활
힘에 눌리는 일도 없어진다. 요컨대 앞 어깨를 아래로 돌려서 누르면 앞 주먹에
힘이 솟고 뒤 팔꿈치를 바짝 뒤로 돌려 주면 뒤 주먹에 힘이 솟는다. 이렇게 되
면 힘없는 사람이라도 강한 활을 가득 벌릴 수 있다. 만약 이런 연습도 없이 입
문(入門)하자마자 서둘러 활터로 가 활을 쏘면서 오로지 과녁 맞히기만 바란다
면 어느 틈에 사법을 깊이 익힐 수 있겠는가? 온갖 병들이 생겨도 스스로 깨우
치지 못하게 된다.

29. 거병(去病)〈병의 치료〉

　或問　射家有病痛處　當時豈不自知乎答曰　不知也　知則不犯矣　夫未射之先
貴有練習之功　既射之後　當有去病之法　必須辨之早而去之　盡思今日得何法
去何病　明日更當進何法　去何病　寸累銖積與日　俱深久之而合法自熟　去病愈
遠　命中之技在是矣　吾觀今人好勝者多　而力學者少　自恃其聰明才辨　而不肯

遵先 則古[91]其始也 病在于不學 其後也 病在于不改 則有一二熱心苦口之人
直指其短 而反支 吾掩飾 或疑其人之忌己也 見道不明 信道不篤 在道不專 因
循怠緩 遂成終身之疾 而不可復療矣 故箴規勸勉 全賴師友之力 而虛衷 以受
尤在聽言之人

　문: 병이 있어도 어찌하여 당시에 스스로 알지 못하는가?

　답: 스스로는 알 수 없기 때문이다. 스스로 알 수만 있다면 그렇게 하지는
않을 것이다. 무릇 활쏘기에 앞서 공 들여 연습하는 것이 필요하고 활쏘기를
시작한 후에는 병을 고치는 방법을 터득해서 되도록 일찍 자신의 병을 찾아내
고쳐야 한다. 오늘은 어떤 사법을 배웠고 어떤 병을 고쳤으며 내일은 다시 어
떤 사법을 익히고 어떤 병을 고칠 것인지를 늘 깊이 생각해야 한다. 그런 노
력이 오래 쌓이면 드디어 사법에 익숙해지고 병도 없어지며 근심도 멀어지게
될 것이다. 과녁을 명중시킬 수 있는 솜씨는 이와 같이 해야 생기는 것이다.
내가 보기에 요즘 사람들 중에는 이기기를 좋아하는 자는 많으나 배움에 힘쓰
는 자는 적다. 아무리 총명한 재질이 있어도 선인(先人)들의 가르침을 따르려
고 하지 않으면 새싹을 말려 죽이는 것과 같다. 배우지 않으면 병이 생기고
배우더라도 고치지 않으면 또한 병이 깊어진다. 이와 같이 하면 더러 진지하
게 충고해 주는 사람들이 있어서 그의 단점을 바로 지적해 주면 오히려 잘못
을 숨기려 하고 때로는 자기를 시기하는 것이 아닌가 의심하기도 한다. 옳은
이치를 알지 못하거나 알더라도 깊이 믿지 못하거나 이를 익히기 위해서 정성
을 다해 노력하지 않는다면 점차 나태해져서 결국 평생 고치지 못할 병이 생
긴다. 오로지 스승과 벗을 믿고 충고를 구하면서 마음을 비우고 남의 말에 귀
를 기울여야 한다.

30. 점두파미(點頭擺尾)〈봉황이 머리를 끄덕이듯 용이 꼬리를 헤치듯〉

　或問 古法有鳳點頭龍擺尾 可學乎答曰 鳳點頭者 卽虎口向前一緊 龍擺尾者
卽右手向後一撒也 古人著盡立言 不得不別其名 爲後人法 學之者 亦得其所
以緊所以撒之意而己 何必拘于其名 而曰如何點 如何擺 亦執矣

---

91) 평양감영의 ≪무경칠서휘해≫에는 ‘亡’으로 되어 있으나 ≪무경칠서휘해≫, 중간본에는 ‘古’로 수정되어 있다.

문: 옛 사법에 이르기를 "봉황이 머리를 끄덕이듯 용이 꼬리를 헤치듯" 하라는 말이 있는데 무슨 말인가?

답: 봉황이 머리를 끄떡이듯 하라는 말은 엄지와 검지 사이의 호구(虎口)를 팽팽히 앞으로 밀라는 말이며 용이 꼬리를 헤치듯 하라는 말은 오른손을 뿌리듯 뒤로 펴라는 말이다. 옛사람이 글을 쓰면서 적당한 말이 없을 때 부득불 표현을 달리해서 나중 사람들에게 남긴 말이니 배우는 사람들 역시 팽팽히 하라는 긴(緊)과 뿌린다는 살(撒)의 의미만 터득하면 된다. 그 말에 구애되어 끄떡이는 것은 어떻게 하는 것이고 헤치는 것은 어떻게 하는 것인지 따지고 있는 것은 말에 대한 집착일 뿐이다.[92]

31. 전거파요(箭去擺搖)〈화살의 흔들림〉

或問 箭去多擺搖者 何也答曰 古人已言之詳矣 前手用而後手不用者 箭頭上下搖 後手用而前手不用者 箭羽左右擺 若能不上不下不左不右 跟箭一線而出斯 則前後手俱用而無擺搖之病矣 又云大食指扣絃大緊之故 亦是

문: 화살이 날아가며 상하좌우로 흔들리는 것은 무엇 때문인가?

답: 옛사람들이 이미 자세히 말한 바 있다. 앞손만 쓰고 뒷손을 안 쓰면 화살 머리가 상하로 흔들리고 뒷손만 쓰고 앞손을 안 쓰면 화살 꼬리가 좌우로 흔들린다. 상하좌우 흔들림이 없이 일직선으로 화살을 내보낼 수 있다면 그것은 앞뒤 손을 동시에 쓰고 있어 화살 흔들림의 병이 없는 증거이다. 뒷손 엄지와 검지가 시위를 너무 비틀어 잡아도 화살이 흔들린다 하는데 옳은 말이다.[93]

---

92) 앞의 〈사법약언〉 항, 서(序) 부분을 보면 '鳳點頭 龍擺尾'는 중국의 전통적인 발시 동작인 '별절' 또는 '질절'을 말한다. 앞의 각주 43 참고. ≪사법비전공하≫는 기본적으로 이 동작 중 앞손 동작인 별(撇) 혹은 질(搾)은 배척하고 뒷손 동작인 절(絶 또는 勞)은 취했는데 앞의 〈사법약언〉, 서(序) 항과 〈사학문답〉, '심풍후(審風候)' 항 및 '기사대략(騎射大略)' 항에서는 앞손 동작도 별(撇) 혹은 질(搾) 동작을 취했다. 그러나 이곳에서도 앞손 동작에서 별(撇) 혹은 질(搾) 동작을 취한 것인지는 불분명하다. 앞의 〈사법약언〉, 서(序) 항에서는 앞손에 대해 '前手緊搦 一挺拳 往下按'이라고 한 데 비해 이곳에서는 '虎口向前一緊'이라는 표현만 쓰고 더욱이 구절 전체에서 강조하는 내용이 다르다.

93) 뒤의 정류편(正謬篇), 시요지류(矢搖之謬) 항에서는 화살 흔들림의 여러 원인과 그 치유법에 대해 다른 각도에서 상세히 설명하고 있다.

32. 악지허실(握指虛實)〈줌손 손가락의 허실〉

或問 拿弓弣之法答曰 弓弣不可將手指斜拿 只宜直拿 直拿則有力 斜拿則無力矣 然其間又有虛實之分 不可以不知也 拿弓將下三指掌定弓弣 虎口緊鬆待弓開漸漸緊來 臨滿如鉗擠緊 乃得虛實之妙也 法云 用力辨先後 握指分虛實 是也

문: 줌통은 어떻게 쥐어야 하는가?

답: 줌통을 손가락으로 흘려 쥐면(斜拿) 안 되며 힘주어 쥐어야(直拿) 한다. 힘주어 쥐면 힘이 있지만 흘려 쥐면 무력해진다. 그러나 힘주어 쥐는 것과 흘려 쥐는 사이에 허실(虛實)이 있으니 이를 잊으면 안 된다. 활을 쥘 때는 하삼지(下三指: 중지와 무명지 및 새끼손가락)와 손바닥으로 줌통을 쥔 후 엄지와 검지 사이 호구(虎口)를 처음에는 약간 느슨히 했다 활이 벌어지기를 기다리며 점차 호구를 조여 주고 활이 완전히 벌어질 즈음에 집게와 같이 단단히 조여 주면 허실의 묘리를 터득할 수 있다. 사법에서 힘을 씀에 선후(先後)를 구분하라거나 줌통을 쥔 손가락에 허실(虛實)을 구분하라는 것은 바로 이를 두고 하는 말이다.[94]

33. 용력선후(用力先後)〈줌손에 힘을 주는 순서〉

或曰 敢問用力先後之說答曰 開弓之始 卽將弓弣捍緊 前手之力先死 而用之不出 及至箭滿而手己虛 後手又不相應 焉能命中 故開弓之時 宜活拿 將滿之際 宜緊拿 吾見 今人開弓之時 反緊 而將滿之際 反放活矣 此何意也 然活拿緊拿亦不要看呆 殺了活 不是如何鬆緊 正是愈見其緊耳

문: 힘을 씀에 있어 선후(先後)를 구분하라는 말은 무슨 말인가?

---

94) 처음부터 줌손에 힘을 가해 쥐면 오래 버틸 수 없고 정작 발시 때는 풀리기가 쉽다. 다만 여기서는 호구(虎口)를 처음에 약간 느슨히 했다가 활이 벌어지기를 기다리며 점차 호구를 조여 주고 활이 완전히 벌어질 즈음에 집게같이 단단히 조여 주라 했는데 이 말은 조심해서 읽어야 한다. 줌손 호구를 너무 조여 주면 웃아귀로 줌통을 밀게 되기 쉽고 웃아귀로 줌통을 밀어 주면 활 웃아귀가 앞으로 밀리고 활 웃아귀가 앞으로 밀리면 그로 인해 시위를 놓았을 때 활 윗고자가 앞으로 숙으면서 화살은 낮고 짧게 날아가게 된다. 120보나 되는 원거리 과녁을 쏠 때 그렇게 하면 억센 강궁을 사용하지 않으면 화살을 멀리 보낼 수 없다. 따라서 체력단련용으로 120보 거리의 먼 과녁을 쏘기 위한 교범으로 쓰인 ≪조선의 궁술≫은 "반바닥과 등힘으로 줌통을 밀어 주되 범아귀는 다물어야 하며 하삼지가 풀리거나 웃아귀가 밀리면 화살이 덜 나가게 된다."고 한 것이다. 한편 심담 십사요, '지궁여악란(持弓如握卵)' 항에서는 줌통을 '바로 쥐면(直握)' 안 되고 '계란 쥐듯' 쥐라고 했는데 이미 설명한 대로 직악(直握)은 처음부터 힘을 주고 쥐는 것이며 계란 쥐듯 쥐는 것이 이곳에서 말한 사나(斜拿)와 같은 말이다. 필자는 이곳에서 말한 사나(斜拿)를 ≪조선의 궁술≫이 말한 흘려 쥐기와 같은 말로 본다. 앞의 172쪽, 각주 20 참고.

답: 활을 벌릴 때 처음부터 줌통을 힘껏 감아쥐면 앞손 힘이 일찍 떨어져 나중에는 힘을 쓰려 해도 힘이 솟지 않고 활이 가득 벌어질 때쯤 손이 허해져 앞손이 뒷손과 서로 호응할 수 없게 된다. 이렇게 되면 어찌 명중시킬 수 있는가? 활을 벌리기 시작할 때는 느슨히 흘려 쥐었다가(活拿) 가득 벌어졌을 때쯤 단단히 쥐어야(緊拿) 한다.[95] 내가 보기에 요즘 사람들은 오히려 활을 벌리기 시작할 때는 단단히 쥐고 있다가 가득 벌어질 때쯤에는 힘을 풀어 느슨히 쥐고 있으니 도대체 어찌된 일인가? 그러나 느슨히 쥐었다가 단단히 쥐라는 말 또한 적당히 이해해서는 아니 될 말이다. 극히 중요한 요소는 얼마만큼 느슨히 또는 단단히 쥐어야 하는지가 아니라 차츰차츰 단단히 쥐어 나가야 한다는 점이다.

34. 흡흉장견(吸胸藏肩)〈가슴은 거두어들이고 어깨는 낮추고〉

或問 法云胸吸氣自舒 肩藏力斯出 其言何如答曰 旨哉言乎 凡人聳肩挺肘 摸妳縮肩 皆因不知吸胸藏肩之法 故只覺其急倨 而不安舒 局促而不開展 若能曉得所以吸所以藏 則氣力自然百倍矣

문: 사법에 가슴을 거두어들이면 기(氣)가 저절로 안정되고 어깨를 낮추면 힘이 그로부터 솟는다는 말이 있다. 이 말이 어떠한가?

답: 매우 타당한 말이다. 앞 어깨를 들어 올린 채 앞 팔을 내뻗거나 뒷손으로 젖꼭지를 비비며 시위를 당기며 어깨를 움츠리는 사람이 흔한데 이는 가슴은 수축시키고 앞 어깨는 낮추어야 하는 것을 모르기 때문이다. 그렇게 되면 조급하고 불안하며 또 답답하기만 할 뿐 편안하지 못하게 된다. 그러나 가슴을 수축시키고 앞 어깨를 낮추면 기력(氣力)이 저절로 크게 솟구치게 될 것이다.

35. 전권후수(前拳後手)〈앞 주먹과 뒷손〉

或問 法云前稍擊不知 後指剔無突 何如答曰 凡箭之非開 卽小者皆涉有心 把持不定耳 所謂擊不知者 蓋後手放箭而前手凝然不知也 至後手放箭 俟弓開引滿 以大指向後滯拔一剔 則箭脫去靈妙 方纏不突 否則或揪或○[96] 而重滯動搖矣

---

95) 이곳의 원문에서 말한 활나(活拿) 및 긴나(緊拿)는 위의 악지허실(握指虛實) 항에서 말한 사나(斜拿) 및 직나(直拿)와 각각 같은 말임이 분명하다.

문: 사법에 앞 주먹은 건드려도 모르게 하고 뒷손 손가락은 칼로 베어 내듯 시위에서 벗기고 급작스럽게 시위를 놓는 일이 없게 하라는 말이 있다. 무슨 말인가?

답: 화살이 힘없이 과녁에 못 미쳐 떨어지는 것은 조금이라도 잡념이 있어 줌통을 꽉 쥐지 못했기 때문이다. 건드려도 모른다는 말은 뒷손이 시위를 놓아도 앞손은 꽉 굳혀져 있어 흔들리지 않는다는 말이다. 뒷손이 시위를 놓을 때 활을 가득 벌린 후 엄지손가락을 뒤로 자근자근 뽑아내다가 마지막에 잘라 내듯이 시위에서 힘차게 벗겨 내면[97] 화살이 힘차게 나간다. 이렇게 하는 것이 급작스럽게 시위를 놓지 않는 것이다. 이렇게 안 하면 뒷손이 시위를 잡고 늘어지거나 낚아채게 되면서 화살이 느리고 흔들리게 된다.

36. 노기식기(怒氣息氣)〈성난 기세와 쉬는 기세〉

或問 傳云怒氣開弓 息氣放箭 其說何如答曰 怒氣者 則力雄而引滿 息氣者 則心定而慮周 然開弓之時 心何常不定 放箭之時 力又何常不雄哉 總是一身 之精神心力畢萃于此 纔開得這弓 放得這箭 枝枝如一 安有不得心應手者乎

문: ≪열녀전(烈女傳)≫에 성난 기세로 활을 벌리고 쉬는 기세로 화살을 내보내라는 말이 있다. 이 말이 어떠한가?

답: 성난 기세라는 것은 큰 힘으로 활을 가득 벌리라는 것이고 쉬는 기세라는 것은 마음을 안정시켜서 두루 살피라는 것이다. 그러나 활을 벌릴 때 성난 기세로 한다고 해서 마음이 늘 불안정해서야 되겠는가? 그리고 화살을 내보낼 때 쉬는 기세로 한다고 해서 늘 힘을 적게 써서야 되겠는가? 활을 벌릴 때나 화살을 내보낼 때나 반드시 온몸의 정신과 마음과 힘을 모두 쏟아부어야 비로소 성난 기세로 활을 벌리고 쉬는 기세로 화살을 내보낼 수 있다. 활을 벌릴 때나 화살을 내보낼 때 한결같이 정신과 마음과 힘이 하나로 모이면 어찌 손이 마음을 따르지 않겠는가?

---

96) 원문은 의 '扌' 변에 '畫'로 된 글자로 어느 자전(字典)에도 보이지 않는 글자이다. 의미는 문맥에 따라 해석했다.
97) 중국의 전통적인 발시 동작에서 뒷손의 동작인 절(撦 또는 搠)을 말한다.

37. 낙경(樂境)〈즐거운 경지〉

或問 射中亦有樂處乎答曰 安得無樂 今人未得入手時 只如崎嶇險阻畏 雖不
皆因心地未明 工夫未熟 竟視此爲必不能到之事 若一得手 却坦坦大道 疾徐
自如 眞覺天空雲淨 到一層 自有一層樂處 然此種樂處 須問過來人曉得 門外
漢應是茫然

문: 활쏘기에도 즐거움이 있는가?

답: 어찌 없겠는가? 그러나 요즘 사람들은 그런 경지에 도달하기도 전에 활쏘
기를 마치 험한 산중을 헤매는 일같이 두려워만 한다. 모두 그런 것은 아니나
마음이 밝게 열리지 못하고 공부가 미숙해서 이를 결코 도달할 수 없는 경지로
여기고 있기 때문이다. 그러나 한번 그 경지로 들어서면 탄탄대로를 마음껏 달
리는 듯도 하고 혹은 조용히 구름 위에 올라탄 듯 갈수록 더 새로운 즐거움을
느낄 수가 있다. 그러나 이런 경지는 이미 경험한 사람들에게 물어서 문득 깨우
칠 수 있는 경지며 문외한에게 물어보아야 그저 망연한 일일 수밖에는 없다.

38. 위용(威容)〈위엄 있는 모습〉

或問 身架必當大方 不宜爲小家乎答曰 人之一身 自有天然步位 今人不知學
問 自憑胸憶 一落小家 便非上乘 法云身前竦爲猛虎方騰 額前臨爲封兒欲鬪
出弓如懷中吐月 平箭如絃上懸衡 此皆有威容之謂也

문: 자세는 당당해야 되고 좀스러우면 아니 되는가?

답: 사람의 몸은 천성적으로 차이가 있다. 그러나 요즘의 사람들은 배울 줄
모르고 자신의 생각만 믿기 때문에 자세까지도 좀스럽게 변해 가면서 발전을
멈추게 된다. 사법에서는 활 쏘는 사람의 앞모습은 맹호가 막 뛰어나가는 듯한
섬뜩한 형세라야 하고 얼굴은 외뿔소가 싸우려고 대드는 듯한 형세라야 하며
활을 내미는 모습은 품 속에서 둥근 달이 튀어나오는 것과 같은 형세라야 하고
시위에 끼워 놓은 화살은 저울대같이 직선으로 수평을 이루어야 한다고 했다.
이들은 모두 위엄 있는 자세를 일컫는 말들이다.[98]

---

98) 이곳에서 인용한 구절들은 왕거(王琚)의 ≪사경(射經)≫에 있는 구절들이다.

39. 탑전(搭箭)〈시위에 화살 오늬 끼워 넣기〉

或問 搭箭之法答曰 古法有文搭有武搭 總之 全在手活 切忌眼看 從容摩扣
對絃搭上 以大指指機釣絃 食指淺搭于大指之上 然食指尖須直向于下 內指節
一直傍矢 不可太逼 太逼則矢曲而不直矣

문: 시위에 화살 오늬를 끼워 넣을 때는 어떻게 하는 것인가?

답: 예부터 문인(文人)들이 쓰던 방법과 무인(武人)들이 쓰던 방법이 있어 서
로 다르지만 중요한 것은 손으로만 익숙하게 끼워 넣어야 한다는 점이다. 절대
로 눈으로 오늬를 쳐다보면 안 되며 조용히 손가락으로 짐작해 가면서 시위에
오늬를 끼워야 한다. 그다음 엄지에 낀 깍지를 갈고리같이 시위에 걸고 검지로
가볍게 엄지손톱 마디를 눌러 준다. 이때 검지 끝이 밑을 향하게 하고 손바닥
쪽 마디를 화살에 붙이되 너무 짓누르면 안 된다. 너무 짓누르면 화살이 구부러
진다.99)

40. 임사(臨射)〈활터에서〉

或問 身法手法足法眼法 俱在臨射時思擬乎答曰 人身手足頭目各有定位 如
以的爲主 前拳對的 目在拳之上的之下 前臂在目之下 前足在拳之下 箭位絃
之下100) 後手在右肩之傍 後足在右肘之下 若繩之直焉可也 上下相等 前後相
對 須在平日工夫熟慣 豈待臨時思擬得來

---

99) 뒷손의 엄지에 끼는 깍지를 말하는 한문 용어로는 각지(角指), 결(夬, 抉, 決 또는 駃), 지기(指機), 섭(韘) 등이
    있는데 엄지 끝마디의 안쪽을 덮도록 만든 것을 우리말로 암깍지라 하고 암깍지에서 시위가 엄지 안쪽으로 넘
    어들어 오지 않게 턱을 만들어 준 것을 턱깍지라고 부른다. 이런 암깍지와 달리 뿔이 달린 반지 모양으로 만든
    것을 수깍지라 하는데 주로 강궁을 쏠 때 사용하며 깍지를 낀 엄지를 곧게 펴서 깍지에 달린 뿔을 시위에 걸고
    검지 하나 또는 검지와 중지를 함께 이 뿔에 걸고 시위를 당긴다. 그러나 이 글은 암깍지를 쓸 때의 손가락 모
    습을 말하고 있다. 깍지를 끼고 화살과 시위를 잡는 방법에는 대체로 세 가지가 있다. 첫째는 엄지의 손톱마디
    를 구부려 시위에 건 후에 검지 하나로 엄지의 손톱을 눌러 주는 방법으로 이를 단탑(單搭)이라 한다. 이 글에
    서 말한 방법도 이 방법이다. 둘째는 검지와 중지 둘로 엄지의 손톱을 눌러 주는 방법으로서 쌍탑(雙搭)이라고
    하며 가장 일반적인 방법이다. 셋째는 중지 손톱마디로만 엄지의 손톱을 눌러 주는 방법인데 쌍탑의 변형된 형
    태이다. 왕거(王琚)의 ≪사경(射經)≫에서는 이 변형된 쌍탑이 중국의 방식이고 단탑은 오랑캐의 방법인데 단
    탑 방식은 힘은 없지만 특히 말을 타고 가까운 과녁을 쏠 때 유리하다 했다. 그러나 고영의 ≪무경사학정종지
    미집(武經射學正宗指迷集)≫에서는 ≪무비요략(武備要略)≫을 인용하면서 단탑이 중국식이고 쌍탑이 오랑
    캐식이라 했다. 이정분의 ≪사경≫, 명구(明彀) 항에서는 이곳에서와 같이 단탑 방식을 취하고 있다.

100) 평양감영의 ≪무경칠서휘해≫에는 '箭位緩之下'로 되어 있으나 ≪무경칠서휘해≫, 중간본에는 '箭位絃之
     下'로 고쳐져 있다. 그러나 어느 경우이건 의미가 불분명할 뿐 아니라 몸 각 부분의 위치를 논하면서 화살의
     위치에 대한 설명을 삽입한 것도 의아하다. 이 부분은 번역을 생략한다.

문: 신법(身法) 및 수법(手法), 족법(足法), 안법(眼法) 등은 모두 활터에 나왔을 때 헤아려 보는 것인가?

답: 사람 몸에서 손, 발, 머리, 눈은 모두 정해진 위치가 있다. 과녁을 중심으로 앞 주먹은 과녁을 마주 보아야 한다. 시선은 앞 주먹 위를 통해 과녁 밑을 향한다.[101] 앞 어깨는 눈보다 낮은 곳에 두어야 한다. 앞발은 앞 주먹 아래 두어야 하다. 뒷손은 오른쪽 어깨 곁에 두어야 한다. 뒷발은 오른쪽 팔꿈치 아래에 두어야 한다. (앞 주먹에서 뒷손까지) 줄을 펼쳐 놓은 듯 직선으로 높낮이에 차이가 없이 서로 마주 대해야 한다. 이는 평소 익혀서 습관이 되도록 하여야 한다. 활을 쏘러 나가 비로소 헤아려 본다면 어찌 모두 헤아려 볼 수가 있겠는가?

41. 전견욕하(前肩欲下)〈앞 어깨는 낮춘다〉

或問 前肩必欲下乎答曰 前肩不下 則一身之氣力皆虛而不實矣

문: 앞 어깨는 반드시 낮추어야 하는가?

답: 낮추지 않으면 몸의 기력(氣力)이 모두 허해진다.

曰 然則一身肩爲之主乎答曰 不在肩也 惟腰得其力 則胸背皆有徵驗 而肩自下矣 故曰在腰不在肩也

문: 그러면 몸의 중심은 어깨에 있는 것인가?

답: 아니다. 허리에 힘이 모이면 가슴과 등에 징후가 나타나 어깨가 저절로 낮추어진다. 그렇기 때문에 몸의 중심은 허리에 있다고 하지 어깨에 있다고 하지는 않는 것이다.

42. 하해대견(下頦對肩)〈턱끝을 앞 어깨 쪽으로 돌린다〉

或問 視把必須正面乎答曰 然 吾觀 今人泥于下頦對肩之說 而不知拳肩臂肘之皆非也

문: 반드시 과녁을 정면으로 마주 보아야 하는가?

---

101) 원문의 '目'은 내용상 '시선'을 뜻하며 시선을 앞 주먹 위를 지나 과녁 아래를 조준한다는 의미이지만 이는 개인적인 또한 특정된 경우를 말한다. 개인적 습성이나 활의 세기나 바람 정도에 따라 과녁 상단을 조준하는 경우도 있고 때로는 앞 주먹 밑을 통해 과녁의 어느 한 점을 조준하는 경우도 있다.

답: 그 말은 맞다. 하지만 내가 보기에 요즘 사람들은 아래턱을 어깨 쪽으로 향하게 하라는 말에 빠져서 주먹, 어깨, 팔, 팔꿈치 모두가 잘못되어도 이를 잘 모르는 경우가 있다.[102]

43. 민첩종용(敏捷從容)〈민첩하면서도 침착하게〉

或問 騎射之法 有云 滿開弓 急放箭 是于步射之從容審決異乎答曰 馬如風馳雨驟而來 若不敏捷 未免有過把之患矣 要之 敏捷神速中自有從容審決之妙

문: 말 타고 쏠 때는 활을 가득 벌리면 바로 화살을 내보내라 한다. 침착하게 정신을 집중시켜 조준하라는 보사법(步射法)과 다른가?

답: 말은 바람이 비를 몰고 가듯이 빨리 달린다. 민첩하지 않으면 쏘기 전에 과녁을 지나쳐 버릴 수 있다. 민첩한 속에서 침착하게 정신을 집중시켜 조준해야 한다.

44. 인마상습(人馬相習)〈말의 조련〉

或問 馬者人之命也 戰鬪不得其馬 則傷其生 科場不得其馬 則失其名 是當調習乎答曰 日常言走馬事 在至險 安可不愼馬 凡馬 須平日調習 有宜飼養 有法使之 觸物不驚 馳道不開 進止有節 悉如人意 則人與馬 相習而相忘 始可以言射矣 然則擇之精 而練之熟 誠在人也

문: 말은 사람의 목숨을 좌우한다. 말을 다루지 못하면 전투에서는 목숨을 잃고 과거시험장에서는 명예를 잃는다. 말 다루는 법을 배워야 하는가?

답: 말을 모는 일은 매우 어렵다. 어찌 조심해 말을 몰지 않을 수 있겠는가? 반드시 평소에 잘 먹이고 조련해 무엇이 몸에 닿아도 놀라지 않고 달리다 길을

---

102) 과녁을 정면으로 마주 보려면 턱끝이 앞 어깨 쪽을 향해야 한다. 그러나 이를 잘못 이해하고 목을 움츠려 턱끝을 앞 어깨에 파묻듯이 하거나 앞 어깨를 들어 올려 턱끝에 붙이면 앞 주먹과 앞 어깨 앞 팔꿈치 모두가 기형적인 모습이 된다. ≪조선의 궁술≫에는 "턱끝은 죽머리와 가까이 묻으라."는 말이 있으나 이는 턱을 어깨 쪽으로 돌리고 끌어당겨 목에 묻으라는 말이지 턱을 어깨에 붙이라는 말은 아니다. 한편 이곳에서는 과녁을 정면으로 마주 보아야 한다고 했지만 앞의 사법약언(射法約言)에서는 "이마가 앞으로 향하게 한 다음 오른쪽 눈으로 표적을 노려보아야 하다(額角前臨 右眼覰把)."고 했고 이정분의 ≪사경≫에서는 "조준법을 말하자면 두 눈으로 비스듬히 보아야 제대로 조준할 수 있다(審顧法 要兩眼角斜視 得眞)."고 했다. 일본에서는 다른 사람이 부를 때 자연스럽게 흘긋 쳐다보는 모습과 같이 과녁을 보는 것이 좋은 방법이라고 가르치기도 한다.

벗어나지 않고 가고 서는 것을 사람의 뜻에 따르게 해야 한다. 사람과 말이 서로 익숙해져 하나가 되어야 비로소 말을 타고 활을 쏠 수 있게 된다. 말을 잘 골라 조련시켜 사람과 익숙게 만드는 것은 사람 하기에 달려 있다.

45. 마상신세(馬上身勢)〈말 위에서 자세〉

或問 馬上身勢 必以何者爲最乎答曰 風流活潑四字 盡之矣 坐馬有坐馬之勢 出縱有出縱之勢 開弓有開弓之勢 對把有對把之勢 發箭有發箭之勢 眞如花香 無滯影 月色不留痕 方爲入妙

문: 말 위에서 자세는 어떤 자세가 가장 좋은가?

답: 풍류활발(風流活潑) 네 글자만 알면 된다. 말 위에 앉는 자세, 말을 출발시키는 자세, 활을 벌릴 때의 자세, 과녁을 대하는 자세 그리고 화살을 내보내는 자세가 다 따로 있다. 난초의 꽃향기가 자취를 남기지 않고 달빛이 흔적을 남기지 않는 것과 같이 하면 솜씨를 터득하게 된다.

46. 기사대략(騎射大略)〈기사법의 요점〉

或曰 請言其略答曰 凡人上馬 先堅固鞍轡較定 踏鐙不可使之過長 亦不可使 之太短 太長則不可得力 太短則不可得勢矣 然後將轡繩理齊 左手着力 連轡 帶鬃搦住 右手帶鞭 按鞍 四肢用力靠馬而起 兩足立定踏鐙 雙膝夾住鞍 身切 勿踞坐 亦不可站立 要于挺中有活 實而不虛 乃爲得法 至于或行或止 欲東欲 西 只在轡手靈動 身勢轉移而已

문: 기사법(騎射法)을 요점만 말해 줄 수 있는가?

답: 말을 탈 때는 먼저 안장과 고삐를 단단히 조여 준다. 발걸이는 너무 처지거나 올라오면 안 된다. 너무 처지면 힘을 쓰지 못하고 너무 올라오면 자세를 잡을 수 없다. 그런 후 고삐 줄을 잘 정리해서 왼손으로는 고삐와 말갈기를 함께 움켜쥐고 오른손으로는 채찍을 쥐고 안장에 붙인다. 온몸에 힘을 주어 말에 붙어서 안장 위에 올라가 두 발로 등자를 밟고 두 무릎으로 안장을 조여 준다. 안장에만 걸터앉거나 발걸이만 밟고 서면 절대 안 된다.[103] 반드시 몸을 펴고

---

103) 앞의 제2절 〈마사법(馬射法)〉에서는 "말을 빨리 몰 때는 안장에 걸터앉아야 하고 발걸이만 밟고 서듯이 앉으

있으면서 유연하고 굳건하면서 허공에 떠 있지 않아야 사법에 맞는다. 출발과 정지 및 방향 전환은 고삐 잡은 손을 조금씩 움직이거나 체중을 좌우로 옮기기만 하면 된다.

曰 古法云 坐身宜撲向前 不宜直挺 恐爲風所裸[104]而不便也答曰 若射箭時 自必將馬留定 認定道路 帶韁持弓 先据[105]後騁 身勢向前 帶韁以防開裸向前 則不爲風所凌 待馬跑圓 却加鞭 取箭搭扣開弓 悉如步射之法 總之 步射 從容 中要便捷 馬射 便捷中要從容 惟平日跨馬利便 挽箭熟慣 臨時自不至忙忽矣 法云勢如追風 目如流電 看得淸 較得定 一撒一擎 無不應手而得三把 旣定卽 將兩手近鬃 用力收住 兩足立定 踏鐙身勢 不可仰後 自然緩急得法 操縱自如 以臻于至精之域也 奚難

문: 옛 기사법(騎射法)에서는 앉은 자세로 몸을 앞으로 숙여야 하고 세우면 안 되며 몸을 세우면 바람에 걸려서 불편하다고 했다.

답: 활을 쏘려면 말이 길을 벗어나지 않도록 해야 한다. 고삐 줄과 활을 쥐고 서서히 출발해서 점차 속도를 높이면서 몸을 앞으로 숙이되 고삐 줄로 바람에 걸리는 것을 막아 주면서 몸을 앞으로 숙이면 바람을 이길 수 있다. 말이 주로 (走路) 끝을 둥글게 돌고 있을 때 채찍을 가해야 한다. 화살을 뽑아 오늬를 시 위에 끼워 넣고 활을 벌릴 때의 동작들은 보사(步射)의 경우와 같다. 보사는 침 착한 중에 민첩해야 되나 마사(馬射)는 민첩한 중에 침착해야 된다. 평일에 말 과 같이 훈련하면서 활을 쏘는 것이 익숙해지면 과거시험장에 나와도 당황하거 나 서두르지 않게 된다. 마사법(馬射法)에 "기세는 바람을 몰고 가듯이 하고 눈 빛은 번개가 흐르듯이 하라."는 말이 있다. 밝게 보고 침착하게 살펴서 앞손을 별(撤) 하고 뒷손을 절(擎) 하면[106] 쏘는 대로 세 과녁을[107] 모두 맞히지 못할

___

면 안 된다. 안장에 걸터앉으면 자세가 안정되지만 발걸이만 밟고 서듯이 앉으면 불안정해진다(宜踞坐不宜跕 坐 蓋踞坐則穩 跕坐則虛矣)."고 했다. 왕거의 《사경》, 마사총법(馬射總法)에는 "편안한 자세로 앉아 있 지 말라(身勿倨坐)."는 구절이 있다.

104) 앞의 각주 61 참고.

105) 평양감영의 《무경칠서휘해》에는 '抵'으로 되어 있으나 《무경칠서휘해》, 중간본에는 '据'로 수정되어 있다.

106) 중국의 전통적인 발시 방법인 별절(撤擎 또는 撤勢) 혹은 질절(控擎 또는 控勢)을 말한다. 앞에서 설명한 대로 《무경사학정종》은 중국의 전통적 발시 동작인 별절 또는 질절을 배척했지만 《무경칠서휘해》는 앞 손의 동작에 대해서는 고영과 같은 입장을 취한 반면 뒷손의 동작에 대해 전통적인 절(擎 또는 勢) 동작을 그대로 계승하고 있다. 다만 앞의 〈사법약언〉, 서(序) 항과 〈사학문답〉 중 '심풍후(審風候)' 항 및 이 '기사대

리가 없다. 세 과녁을 모두 쏘았으면 두 손을 말갈기 높이에 두고 당겨서 말을 세운다. 이때 두 발로 발걸이를 똑바로 딛어야 하며 몸을 뒤로 눕히면 안 된다. 자연스럽게 완급(緩急)을 뜻대로 조정할 수 있어야 한다. 정성을 다하면 어려울 것이 없다.

47. 선학(善學)〈옳은 배움〉

或問 射學遂止此乎答曰 善學者貴通其意而己 古人引進來學千章萬句 反覆明詳然 自有吃緊關頭 在我能去繁就簡 雖一字一句 皆能終身行之不盡 若不得古人精義所在 而徒泛泛從事 未免有徒讀之誚矣

문: 지금까지 배운 것으로 활쏘기의 모든 것을 다 배웠다고 할 수 있겠는가?

답: 제대로 배웠다 함은 그 뜻을 통달함이 가장 중요하다. 옛사람들은 장차 배움의 길로 들어설 사람들을 위해서 수많은 글귀들로 자세하게 반복 설명해 놓았다. 그러나 스스로 그 핵심을 깨우칠 수 있는지 여부는 잡다하고 번거로운 것들은 버리고 요점을 파악할 수 있는지 여부에 달려 있다. 어느 글자 어느 구절이라도 평생 끊임없이 행한다 해도 모두 실천할 수 없는 것이다. 만약 옛사람이 말하고자 했던 세밀한 의미가 무엇인지는 터득하지 못한 채 건성으로 따라 하는 시늉만 냈다면 헛되이 옛사람의 글을 읽는 데 시간만 낭비하였다는 책망을 면키 어려울 것이다.

曰 然 如子之言 則人皆可以造于精微之地 何以善射者之不多 觀其人也 且其間工夫 自有層次 不可躐等 若能曉得那吃緊關頭 便己學問有成矣 惟在那或長或落時 進時退之際 欲跨入一步 如登天之 難久之 志氣漸昏 精力日衰 不長者而反落矣 不進者而反退矣 如是可勝言哉答曰 人之造道也 得一法則生一病 病則從法生也 步步要人提醒 時時要自悟想去 得此病則法方爲我得 彼反落 反退者 正是病之所生漸入而不覺也

문: 선생의 말대로만 하면 누구나 훌륭한 솜씨를 터득할 수 있어야 될 터인데 왜 활 잘 쏘는 사람이 드문가? 사람마다 노력에 차이가 있어 이를 무시할 수는 없을 것이다. 만약 그 핵심을 깨우칠 수만 있다면 배움은 완성되겠지만 때로는 성장하고 때로는 퇴락하고 때로는 전진하고 때로는 후퇴하기도 하는 가운데 한 단계 도약하기는 하늘에 오르는 것만큼이나 어려울 것이다. 또 시간이 흐를수록 지기(志氣)는 점차 혼미해지고 정력은 날로 쇠하게 될 것이므로 성장하지 못하는 자는 오히려 퇴락하고 전진하지 못하는 자는 오리려 후퇴하게 될 것이다. 이런 나의 말이 옳은가?

답: 도를 깨우쳐 갈 때는 한 가지 사법을 깨우치면 한 가지 병이 생긴다. 병은 사법을 따라다니며 생긴다. 한 걸음 한 걸음 나아갈 때 늘 정신을 차리고 수시로 반성하여 보아야 한다. 하나의 병을 고칠 수 있게 되면 바야흐로 또 다른 병이 생긴다. 늘 찾아드는 병들을 깨닫지 못하는 사람은 퇴락하고 후퇴하게 된다.

曰 然則病終無己時乎答曰 曉得吃緊關頭 自然學問日新 工夫漸熟 何射之不善也

문: 그러면 병이 생기는 것은 끝이 없는 것인가?

답: 핵심을 깨우치면 배움은 저절로 나날이 새로워지고 솜씨는 점차 익숙해지기 마련인데 어찌 활을 잘 쏘지 못하겠는가?

48. 가식준두(架式準頭)〈자세와 맞히기〉

或問 人之有架式者 常無準頭 有準頭者 常無架式 是兩者不能並立乎答曰 爲此言者 不惟盲于目 而幷盲于心者也 架式因準頭而成 準頭因架式而有 今且不足辨 就子之所爲架式者 問之何以無準頭 則不知也 就子之所爲準頭者 問之何以無架式也 則不知也 若是則架式者外得之架式 而準頭者亦偶中之準頭耳 究于何有哉

문: 자세가 좋은 사람들은 흔히 잘못 맞히고 잘 맞히는 사람은 흔히 자세가 나쁜데 두 가지를 다 갖출 수는 없는 것인가?

답: 당신같이 말하는 것은 눈이 멀었을 뿐 아니라 마음까지 닫혀 있는 것이

다. 자세는 맞힐 수 있을 때 완성되고 맞히기는 좋은 자세로 인해 얻어지는 것이다. 대체로 양자는 구별이 잘 안 되는 것이다. 당신이 말한 자세 좋은 사람에게 가서 왜 못 맞히냐고 물으면 그는 모를 것이다. 그대가 말한 잘 맞히는 사람에게 가서 왜 자세가 나쁘냐고 묻는다면 그 역시 모를 것이다. 결국 당신이 본 좋은 자세는 겉으로만 흉내 낸 자세에 불과하고 당신이 잘 맞히는 것으로 본 사람은 우연히 맞힌 것에 불과할 것이다. 결국 무엇을 갖추었다고 할 수 있겠는가?

49. 욕속(欲速)〈조급함〉

或問 習之者 須幾何時而可以奏成功也答曰 學問靡窮 工夫無盡 又寧以歲月計哉 總之 興欲其高志 欲其苦心 欲其虛 如得其傳 便撒手 做去 不爲是非 所淆 不以得失累心 純一無雜 直造到眞 眞灼灼地步 胸中雪亮 眼底光明 于無煩惱處 生出智慧 正朱子所謂覺夢關 此關一透 頭頭是道矣 若徒以歲月計功 未免欲速 心勝輕浮躁露 于此道 相隔萬重 且天下之最惵事者 毫無知識之人 從旁贊賞 只一好字 便已遏住 多少向上念頭 何異矮人觀場 痴人說夢 蒙昧一至此極也 苦海茫茫 欲登彼岸難矣 而子顧可以輕視乎哉

문: 배우는 사람은 얼마 동안을 배워야 배움을 완성할 수 있는가?

답: 배움과 노력에는 끝이 없는 법이다. 어찌 세월로 따질 수 있으리오? 요컨대 포부는 크게 갖되 각고의 노력을 기울여야만 하고 마음은 비워야 한다. 사법(射法) 한 구절을 보거나 들었으면 곧 종래 하던 방법을 그치고 이를 실천해야 한다. 시비에 휘말리면 아니 되며 득실(得失) 때문에 마음을 어지럽히면 안 된다. 잡념을 버리고 순수한 마음으로 돌아가면 곧 참되고 빛나는 경지에 도달하여 가슴속은 흰 눈같이 밝아지고 눈에는 광채를 띠게 된다. 잡념이 없는 곳에 지혜가 샘솟는다. 주자(朱子)의 말대로 꿈에서 깨어나는 관문을 한번 통과하게 되면 생각하는 모든 것이 도(道)에 어긋남이 없게 된다. 만약 배움의 완성을 헛되이 세월로 재려 한다면 빨리 이루려는 욕심이 앞서서 경솔하고 들뜨고 조급해질 수밖에 없다. 이렇게 되면 도(道)에서 한없이 멀어진다. 천하에 가장 어리석은 일은 아무것도 모르는 사람이 곁에서 그저 좋다고 칭찬하면 곧 연습을 멈추고 자신이 발전했다고 생각하는 것이다. 그런 사람의 말이 난쟁이의 연극 구

경이나 정신 나간 사람의 꿈 이야기와 무엇이 다르겠는가?[108] 이보다 더 어리석은 일은 없다. 그렇게 하면 배움의 완성은 망망고해(茫茫苦海)를 건너 피안(彼岸)에 이르기같이 어려울 것이다. 이를 어찌 가볍게 볼 일인가?

Ⅱ. 강해(講解)

1. 고침(藁砧)〈짚 과녁〉

學法而射者 得益甚捷 射藁砧者 一日可發數百矢在家 射藁砧一日 可當郊射十日之功 是以 學法而射藁砧者 合法愈熟去病愈遠 不一月而法機熟 入門旣端 將來漸入巧妙 皆基于此 是以 心虛好學之人 雖天資敏妙 不敢私心自用 必以前審彀五法 日嚴諸心 行住坐臥 宛然心目 而後對藁砧端立 搭箭引弓 不發必極于彀 熟視藁砧心一塊少頃 弛弓 一日之間 如此數百次須十餘日 肩掌臂俱伸 得極熟巧妙自生 隨手可以命中

사법을 배우며 활을 쏘면 매우 빠르게 효과가 나타난다. 또 고침(藁砧)[109]을 쏘면 집 안에서 하루에 수백 발씩 쏠 수 있으므로 활터에 나가 열흘 걸릴 것을 하루에 익힐 수 있다. 따라서 사법도 배우면서 고침도 쏘면 사법에 나날이 익숙해지면서 나날이 병을 없앨 수 있으므로 빠르면 한 달 내에 사법과 기술을 모두 익힐 수 있다. 이것이 올바로 입문해서 솜씨를 늘려 나갈 수 있는 길이다. 마음을 비우고 배움을 즐기는 사람이면 비록 천재적 자질을 타고났다 해도 감히 제멋대로 하려고 하지 않는다. 매일 앉으나 서나 반드시 앞서 말한 심(審)·구(彀)·균(勻)·경(輕)·주(注) 다섯 사법[110]을 생각해서 마음과 눈에 훤하게 담아 두어야 한다. 그런 다음에 고침 앞에 단정하게 서서 화살을 시위에 끼워

---

108) "왜인관장(矮人觀場)", 즉 "난쟁이의 연극 구경"이란 난쟁이가 키 큰 사람 뒤에서 연극을 구경하면서 잘 보지도 못한 연극 장면에 대해 앞사람이 하는 말을 덩달아 따라 하는 것을 말한다. "왜인관극(矮人觀劇)"이라고도 한다. "치인설몽(痴人說夢)", 즉 "정신 나간 사람의 꿈 이야기"란 정신이 나간 사람이 꿈 이야기를 하는 것같이 허황된 일을 늘어놓는 것을 말한다.

109) 고침(藁砧)은 사법의 기본을 익히기 위해 사용하는 연습용 짚 과녁이다. 권고(卷藁), 초천(草芊), 동결(胴結), 동체(胴締) 또는 침질(砧質)도 모두 같은 말이다. 고침에 직접 화살을 쏘면서 활쏘기를 연습하지만 처음에는 화살은 내보내지 않으면서 그 앞에서 기본자세와 사법을 먼저 익혀야 한다.

110) 고영(高穎)의 ≪무경사학정종≫, 첩경문(捷徑門) 편 참고.

넣고 활을 벌리는 동작을 연습한다. 활 벌리는 동작이 익숙해지면 활을 벌린 다음 고침 중심의 한 점을 잠시 조준해 본 다음에 화살을 내보내지 않고 그대로 시위를 늦추어 주기를 하루에 수백 번씩 연습해야 한다. 십여 일을 이렇게 연습하면 반드시 어깨와 손과 팔을 펴는 것이 익숙해지고 솜씨가 저절로 생기면서 화살을 내보내도 모두 명중시킬 수 있게 된다.

2. 연습(演習)

引弓時　先以矢搭在弓上　前臂番直朝地　前肩向下捲勢　前掌托實弓心　胸愈斂腹愈挺　足愈直　站愈穩　方將後肘　向上從後一提　前手　自肩而臂而掌一齊俱直托出向的　豈非合肩臂手直如衡乎　故不期彀而自彀矣

시위를 당겨 활을 벌릴 때는 먼저 시위에 화살을 끼운 후 앞 팔을 곧게 펴서 지면을 향해 내뻗고 앞 어깨를 낮춘 다음 그 기세를 타고 앞손의 손바닥[111]으로 활의 한가운데를 굳세게 밀어 주어야 한다. 이때 가슴을 수축시킬수록 아랫배에 딴딴히 힘이 들어가고 다리를 곧게 펼수록 서는 것이 편안하고 바르게 된다. 이런 자세로 뒤 팔꿈치를 뒤쪽 위로 들어 올려 활을 벌리며 앞손을 들어 주면서 어깨로부터 팔뚝을 거쳐 손바닥에 이르기까지 직선으로 펴서 과녁을 향해 내뻗으면 어찌 어깨와 팔과 손이 하나가 되어 저울대와 같이 일직선이 되지 않겠는가? 이와 같이 하면 활을 가득 벌리려 하지 않아도 활이 저절로 가득 벌어지게 되는 법이다.

發矢時　前肩下捲已極　于實送前掌注的　後肩高平瀉　大抵　前肩從下捲　前掌達上　力從前掌而出　後肘從高瀉下　力從後拳而開　此時光景　勢如常山之蛇盤旋　而引矢鏃浸進毫無阻碍　前後手勻輕兩開

화살을 내보내려 할 때 먼저 앞 어깨를 충분히 아래로 돌려 누른 채로 앞손 손바닥을 과녁으로 향하게 하고 뒤 어깨를 들어 올린 채 팔을 매끄럽게 위로 뽑아 올려야 한다. 앞 어깨를 아래로 돌려 누른 채로 앞 손바닥을 위로 들어 올리면 앞손 손바닥에 힘이 솟아오르고 뒤 팔꿈치를 위로부터 아래로 쓸어내리면

---

111) 줌손의 장근(掌根), 즉 우리말로 반바닥(엄지 뿌리 마디 부분)을 의미한다.

뒤 주먹에 힘이 솟게 된다. 이때 모습은 마치 상산(常山)의 뱀이 꿈틀대는 것 같은 힘찬 기세가 되어[112] 화살을 당길 때 촉이 줌통을 향해 조금도 거침없이 스며들어 오고 앞뒤 팔은 고르고 가볍게 양쪽으로 벌여진다.

此等工夫　全在藁砧上演習　乃得入此妙境　若演習未熟　遽往郊射　精神外騖 惟求中的　何暇深求其法　則百病萌生　而不自知矣

이러한 솜씨는 모두 고침(藁砧)을 이용한 연습을 통해서 터득할 수 있고 그 묘한 경지에 이를 수 있다. 그러나 연습이 미숙한 상태에서 바로 활터에 나가 활을 쏘면 정신이 겉돌기만 하면서 오로지 명중만 바라게 되니 어찌 사법(射法) 을 깊이 탐구할 틈이 있겠는가? 그리되면 온갖 병이 생겨나도 스스로 그것을 알지 못하게 된다.

3. 입족(立足)〈발 놓기〉

足法　無過丁字不成八字不就　隨箭改移　只在後足　射右改左　射左改右　乃射 時中的之竅也

족법(足法)은 비정비팔(非丁非八) 이상 더 필요한 것이 없다. 화살 쏘는 방향 에 따라 옮기는 것은 뒷발뿐이다. 오른쪽 과녁을 쏠 때는 뒷발을 왼쪽으로 옮기 고 왼쪽 과녁을 쏠 때는 뒷발을 오른쪽으로 옮기기만 하면 언제나 과녁의 중심 을 향할 수 있다.[113]

4. 입신(立身)〈몸의 자세〉

身法　有六忌　忌頭縮　忌身歪　忌前倒　忌後仰　忌臀露　忌腰彎　六忌明而立身 之法善矣

신법(身法)에서는 여섯 가지 꺼리는 것이 있다. 목을 움츠리기를 꺼리고, 몸을 비틀기를 꺼리고, 앞으로 기울여 서기를 꺼리고, 뒤로 젖혀 서기를 꺼리고, 엉덩

---

112) ≪손자병법≫에 있는 말로 상산(常山)에 있는 솔연(率然)이란 큰 뱀은 머리를 치면 꼬리가 덤벼들고 꼬리를 치면 머리가 덤벼들고 몸통을 치면 머리와 꼬리가 한꺼번에 덤벼든다고 한다.
113) 척계광의 ≪기효신서≫에 있는 구절을 각색한 말이다.

이를 빼고 서기를 꺼리고, 허리를 휘고 서기를 꺼린다. 이 여섯 가지만 분명히
알면 된다.

5. 용궁(用弓)〈활과 화살의 조화〉

弓之長短不齊　則力量亦因之而異　長弓之力量長　故能彀長箭　短弓之力量
短　只能彀短箭　不可紊亂　如使長弓而用短箭　箭已彀而弓力量未彀　如此而遽
發矢　則不能及遠　且弦口鬆　箭發亦不準　短弓用長箭　則箭未彀　弓之力量先彀
若復過引　不惟弓之筋角易斷　且肩臂骨節爲弓所局　不能展舒其巧　發矢烏能如
意　是以　人長則臂長　而弓矢之長　亦稱之　人短則臂短　而弓矢之短　亦稱之　此
爲定論

　큰 활과 작은 활이 있어 힘이 각기 다르다. 큰 활은 힘도 커서 긴 화살을 쓸
수 있으나 작은 활은 힘도 작아서 짧은 화살만 쓸 수 있을 뿐이니 활과 화살은
서로 맞아야 한다. 큰 활에 짧은 화살을 쓰면 화살을 끝까지 끌어당겨도 활의
힘이 다 펼쳐지지 않아 화살이 멀리 못 가고 시위도 느슨해서 화살이 똑바로
날아가지도 않는다. 작은 활에 긴 화살을 쓰면 화살이 다 당겨지기 전 활의 힘
이 먼저 다 펼쳐지며 만약 더 당기게 되면 활이 부러질 수 있을 뿐 아니라 어
깨 및 팔의 골절이 활에 막혀 펴지지 못하게 되니 어찌 마음대로 화살을 쏘아
보낼 수 있겠는가? 그런즉 키 큰 사람은 팔도 긴 법이니 활과 화살을 그에 맞
추어야 하며 키 작은 사람은 팔도 짧은 법이니 활과 화살도 그에 맞추어야 한
다는 것이 정론(定論)이다.[114]

6. 택궁(擇弓)〈활과 화살의 선택〉

因弓制矢　量力調弓　此不刊之論　凡臂力多者　能引勁弓　大率弓以百斤爲準

---

114) 물론 작은 활이라도 힘은 강할 수 있고 큰 활이라도 힘은 약할 수 있지만 긴 화살을 끝까지 당기려면 작은
활은 안 된다. 활과 화살의 선택은 미묘한 문제로 처음에는 대략 자신의 신장에 어울리는 화살 길이를 선택한
다음 자신의 힘으로 이 화살을 끝까지 다 당길 수 있는 활을 선택하는 것이 바람직하다. 화살을 선택할 때
대략 신장에서 5cm를 뺀 다음 이등분한 길이의 화살을 권장하기도 하고(권영구·지철훈, ≪궁술개론≫, 37
쪽), 키가 160cm 미만인 사람은 2자 5치 이하의 화살, 170cm까지는 2자 6치의 화살, 180cm까지는 2자
7치의 화살 그리고 180cm 내외를 넘는 사람은 2자 8치 이상의 화살을 권하기도 한다(정진명, ≪한국의 활
쏘기≫, 278～279쪽). 그러나 이런 기준은 누구에게나 일률적으로 적용될 수 있는 기준은 아니며 결국 각자
의 경험을 통해 결정되어야 한다.

空引能彀百斤者　射時只用五十斤　大約用力十分之五　不過竭其力　寧過于軟
過勁則非矣　蓋用弓過勁　則筋力爲弓所束縛　安能盡射法之巧妙哉

활이 화살을 다스릴 수 있어야 하고 사람의 힘이 활과 맞아야 한다는 것은
너무 당연한 말이다. 무릇 팔의 힘이 센 사람이라야 억센 활을 당길 수 있다.
대개 활은 100근(斤)을 기준으로 하지만 100근 활을 가득 벌릴 수 있는 사람이
라도 실제 활을 쏠 때는 50근 정도 활을 쓴다. 힘의 절반만 쓰면 힘을 지나치게
소모하는 일이 없다. 지나치게 약한 활을 쓸지언정 지나치게 억센 활은 쓰면 아
니 된다. 지나치게 억센 활을 쓰면 근력(筋力)이 활의 힘에 눌리게 되니 어찌
사법(射法)대로 오묘한 솜씨를 두루 익힐 수 있겠는가?115)

7. 궁파(弓弝)〈줌통〉

弓弝116)不宜太大　恐握之易緊　發矢時常犯撇病　撇則矢必偏于左　弝亦不安太
小　小則難握弓彀　發矢時　常犯括臂之患　蓋射者貴用小弝　而不貴大弝者　非弝
大小有貴賤　以善握弓者　手掌實　故不必用大弝　惟不善握弓者　手掌不知實法
故必用大弝　掌根實者　發矢平直　掌根不實者　發矢多偏　貴賤在掌根之實與不
實　不在弝之大小也　拙射不知求實掌根之法　但慕弓弝小之可貴　則惽矣

줌통은 너무 크면 안 된다. 너무 크면 앞손이 긴장해 별병(撇病)117)이 생기고
화살도 (우궁의 경우) 왼쪽으로 치우친다. 그러나 너무 작으면 쥐기도 어렵고
팔뚝이 구부러지는 병이 생긴다. 대개 작은 줌통을 귀하게 여기지만 줌통의 크
기 자체에 귀천(貴賤)이 있는 것은 아니다. 줌통 쥐는 법을 알면 장근(掌根)118)

---

115) 활과 화살 그리고 사람의 힘이 조화를 이루어야 한다는 것은 사법의 철칙(鐵則)이다. ≪순자(荀子)≫, 〈의병
　　(議兵)〉 편에는 "활과 화살이 맞지 않으면 예(羿)라 해도 명중시키지 못할 것이다. 맞는다는 것은 화살은 활
　　의 힘에 맞는 것을 쓰고 활은 사람의 힘에 맞는 것을 쓰는 것을 말한다. 무릇 팔 힘은 강한데 활이 약하면
　　팔이 활을 속인다고 하고 활은 강한데 팔 힘이 약하면 활이 팔을 속인다고 한다. 내가 교유하고 있는 활을
　　잘 쏘는 벗은 수십 력의 활을 당길 수 있지만 그가 평소 연습하는 활은 9력을 넘지 않는다. 그는 이렇게 해서
　　용력을 기르고 있다(弓矢不調　羿不能以中微　夫調之云者　矢量其弓　弓量其力　蓋手强而弓弱　是謂手欺弓
　　弓强而手弱　是謂弓欺手　余所交遊善射之友　有能引滿數十力弓者　其所常習　無過九力之弓　所以養勇
　　也)."는 말이 있다. ≪회남자(淮南子)≫, 〈병략훈(兵略訓)〉 편에서도 순자의 이 말을 인용하고 있다.
116) 평양감영의 ≪무경칠서휘해≫에는 '弛'로 되어 있으나 ≪무경칠서휘해≫, 중간본은 '弝'로 수정되어 있다.
117) 별병(撇病)이란 중국의 전통적인 발시 동작에서 윗고자를 앞으로 쓰러뜨리고 아랫고자를 겨드랑이 밑으로 끌
　　어들이는 동작인 별(撇) 또는 질(挃)을 말한다. 이곳에서는 줌통이 너무 크면 이런 동작이 저절로 나온다고 본
　　것이다.
118) 엄지의 뿌리 마디 부분을 말하며 우리말로는 반바닥이라고 한다.

이 실해서 큰 줌통을 쓸 필요가 없다. 그러나 줌통 쥐는 법을 모르면 장근이 부실하므로 반드시 큰 줌통을 찾는다. 장근이 실하면 화살이 수평으로 곧게 나가지만 부실하면 빗나가기 쉽다. 귀천은 장근이 실한지 여부에 있는 것이며 줌통의 크기에 있는 것이 아니다. 활을 잘 쏘지 못하면서 장근을 실하게 하는 방법을 찾을 줄은 모르고 단지 작은 줌통을 귀하게 여긴다는 말만 믿고 있으면 이는 잘못이다.

8. 궁현(弓弦)〈시위〉

弦長則口鬆 弦口鬆則發矢時振盪不定 矢發不準

　시위가 길면 현구(弦口)가 느슨해져서 화살을 내보낼 때 시위가 진동하며 안정이 안 되므로 화살이 곧게 나가지 못한다.[119]

9. 작첩(作輒)〈습사의 중단〉[120]

　善射者 擧審觳勻輕注之法辨之 旣析 行住坐臥 宛然心目 郊射演習 試必合　　　 會衆人喧譁 我獨靜思 舍矢雖多 無不暗記 今日增何法 去何病 明日更當進何法 去何病 寸累銖積精進之功 新與日 俱相習滋久 机神自暢 倘工夫間斷 以致生疎 卽羿亦難命中

---

119) 현구(弦口)란 시위를 얹어 놓은 활에서 줌통과 시위 사이의 간격을 말하며 현구가 느슨해진다는 것은 이 간격이 좁아지면서 시위가 느슨해진다는 말이다. ≪주례≫, 〈동관〉 편, 궁인위궁(弓人爲弓) 조에는 "유체방지 인지중참(維體防之 引之中參)"이란 구절이 있는데 이에 대한 주(注)에서 후한(後漢)의 정현(鄭玄)은 이는 "활의 형체를 잡고 간격을 맞춘 다음 시위를 얹으면 시위와 줌통의 간격이 1자이지만 시위를 당기면 2자가 늘어나는 것"을 말한다고 했고 이 주(注)에 대한 소(疏)에서 당나라 가공언(賈公彦)은 "왕궁(王弓)이나 호궁(弧弓) 종류의 활은…… 시위를 얹지 않았을 때는 두 고자를 연결한 선과 줌통 사이의 간격이 5치이나 시위를 얹으면 1자 5치가 되고 협궁(夾弓)이나 유궁(庾弓) 종류의 활은…… 두 고자를 연결한 선과 줌통 사이의 간격이 1자 5치이나 시위를 얹으면 5치만 늘어나며 당궁(唐弓)과 대궁(大弓)은…… 시위를 얹기 전이나 얹은 후나 두 고자를 연결한 선과 줌통 사이의 간격이 모두 1자인데 이렇게 되도록 하는 것이 간격을 맞추는 것이다."라고 했다. 결국 주(周)나라 때는 활의 현구(弦口)가 활의 종류에 따라 주척(周尺) 1자(약 22.5cm) 내지 2자(약 45cm)가 되는 것을 표준으로 했다는 말이다. 상세한 내용은 앞의 제2장 참고. 그러나 ≪무경사학정종≫에서는 명나라 때의 현구(弦口)에 대해서 큰 활은 7寸(약 21.7cm) 작은 활은 6.5寸(약 20.2cm)이 적절하다고 했다. 이와 같이 활마다 그 활에 적절한 현구, 즉 줌통과 시위의 간격이 따로 있어서 항상 이를 맞추어야 하는데 자신의 활에 가장 적절한 간격을 찾아낸 다음 이를 기억해 두고 시위를 얹을 때마다 확인하는 습관을 들여야 한다. 양궁 선수들은 이를 측정할 수 있도록 'T'형 자(尺)를 휴대하고 다닌다. 특히 새 시위는 얼마 동안 쓰면 늘어나기 때문에 가끔 이를 조절해야 한다. 늘어난 시위는 꼬아 주면 줄어든다. 시위가 늘어나면 현구가 좁아지면서 시위는 느슨해지고 다시 줄여 주면 현구가 넓어지면서 시위가 다시 팽팽해진다. 어느 정도 오래 쓴 시위는 더 이상 늘어나지 않는다.

120) ≪무경칠서휘해≫, 중간본(重刊本)에는 작철(作輟)로 되어 있다. 같은 의미다.

활을 잘 쏘는 사람들은 심(審)·구(彀)·균(勻)·경(輕)·주(注) 다섯 사법[121]을 정확히 이해한 후 늘 훤히 기억하면서 들판에 나가 연습할 때도 이를 시험해 보며 사람들이 모여 와자지껄 떠들더라도 홀로 조용히 되새겨 본다. 많은 화살을 쏘았어도 오늘 어떤 사법이 늘었고 어떤 병을 고친 것인지 내일 어떤 사법을 익혀야 하고 어떤 병을 고쳐야 할 것인지 늘 조용히 헤아려 본다. 이런 노력이 쌓이면 나날이 솜씨가 늘고 시간이 흐르면서 몸과 마음이 저절로 발전하게 되는 법이다. 그러나 공부 도중 단절이 생겨 활이 생소해질 지경에 이르면 마침내는 예(羿)[122]라고 해도 명중시키기 어렵게 된다.

10. 자족(自足)〈자만심〉

凡初學之士　必親就射法熟嫺之人　敬之如父師　蓋射法胸中雖已昭然　而身之形跡狀貌手之合法與否　已不得見也　故得法之射　必資二三同志之友　更相鑑戒見己之所不見　言己之所不知　乃可去病　而守法也　若少有自足之色　忠言不聞終不能有得

무릇 초보자는 반드시 사법(射法)을 잘 알고 숙달된 사람을 찾아가서 그를 어버이나 스승같이 공경하면서 그로부터 배워야만 한다. 그러나 마음속에 이미 사법이 훤한 사람이라도 또한 자신의 자세나 손놀림이 사법에 맞는지의 여부를 스스로는 볼 수가 없으므로 사법대로 쏘려면 반드시 두셋 뜻이 같은 벗들과 함께 서로 보아 주면서 스스로는 보지 못하던 것을 보고 스스로는 모르던 것을 알아내야만 한다. 그렇게 해야 병도 없애고 사법대로 쏠 수 있다. 조금이라도 자만하는 마음이 생겨 충고의 말을 듣지 않게 되며 결국 활쏘기를 터득할 수 없게 된다.

11. 식견(識見)〈경험〉

人惟識見[123]未定　當功名之場　便營得失　于戰鬪之際　便憂死生　不覺神驚氣奪　何暇持弓審固乎　須放開眼界　全不介意　方得神全氣定

---

121) ≪무경사학정종≫, 첩경문(捷徑門) 편 참고.
122) 고대 중국의 전설적인 선사(善射). 앞의 제1장 참고.
123) 평양감영의 ≪무경칠서휘해≫에는 '識'으로만 있으나 ≪무경칠서휘해≫, 중간본에는 '識見'으로 수정되어 있다.

경험이 없으면 공명을 다투는 시험장에 서면 득실만 따지게 되고 전쟁터에
서면 목숨 잃는 일만 걱정하게 되어 부지중 정신은 흐트러지고 기(氣)는 빠진
다. 어찌 활을 쥔 후 정신을 집중시키고 자세를 굳히는 일을 다 할 수 있겠는
가? 경험을 쌓아 잡념을 버릴 수 있어야만 정신을 집중시키고 기(氣)를 안정시
킬 수 있는 것이다.

12. 함양(含養)〈담력과 기력의 함양〉

射貴于養其膽　膽者勇之決也　膽不足則神寒　居閒且餒　當局自靡　膽壯之人
果而銳　健而能久　利害不以動其心　又在養其氣　氣盈則驕　餒則怯　驕者神奮[124]
而疎　怯者神短而懼　疏者發矢多大而無當　懼者多小而偏斜　此善養者　貴持
守[125]而不撓也

　활쏘기에서는 담력을 중요하게 여긴다. 담력은 용기의 근원이다. 담력이 허하
면 정신이 옹색해지고 위축되어 일을 당하면 어쩔 줄 모르게 된다. 담력이 웅장
한 사람은 과감하고 굳세어 오래 버틸 수 있고 이해(利害)에 따라 마음이 움직
이지 않는다. 그러나 기력(氣力)이 너무 넘치면 교만해지고 부족하면 겁을 낸다.
교만하면 쉽사리 흥분해서 소홀해지고 겁이 나면 정신이 위축되어서 두려워진
다. 소홀하면 멀리 나가기만 할 뿐 거리를 맞추지 못하고 두려워지면 짧게 나가
는 화살이 많아지고 또한 좌우 편차가 생기게 된다. 기력을 키우면 평상심이 유
지되고 흔들림이 없어진다.

13. 지병(知病)〈병의 발견〉

肩聳而骨節不直一病也　犯此病者　引弓必漸不滿　引弓一抽卽彀　一彀卽脫　發
矢順利而唧勒不淸二病也　犯此病者　雖滿而難齊　舍矢甚易而神不注三病也　犯
此病者　矢大小不準

　앞 어깨가 솟고 골절이 펴지지 않는 것이 가장 큰 병이다. 이 병이 있으면

---

124) 평양감영의 《무경칠서휘해》에는 '昏'으로 되어 있으나 《무경칠서휘해》, 중간본에는 '奮'으로 수정되어
　　있다.

125) 평양감영의 《무경칠서휘해》에는 '科平'으로 되어 있으나 《무경칠서휘해》, 중간본에는 '持守'로 수정되
　　어 있다.

활을 가득 벌리지 못한다. 단번에 시위를 당겨 활을 벌리고 활이 벌어지는 대로 바로 시위를 놓으면 손쉽게 화살을 내보낼 수는 있어도 세밀하고 정확한 자세를 취할 수 없으니 이 역시 큰 병이다. 이런 병이 있으면 활을 가득 벌리고도 앞뒤 팔의 힘을 고르게 맞출 수 없다. 정신을 집중시키지 않고 너무 소홀히 화살을 내보내는 것도 큰 병이다. 화살이 멀리 또는 가까이 제멋대로 날아간다.

14. 풍기(風氣)〈바람과 기후〉

凡臨場演射 一遇風塵四起 矢不免有左右大小之偏 夫風有大小 又有四方之殊 氣有燥濕 亦有四時之別 夫射而止于四十步之內 弓矢勁銳 風氣不能使此不辨可也 若四十步之外射漸遠 則矢力漸弱 大小左右皆爲風氣所使 此而不辨 發矢皆偏矣 大抵春氣多溫 夏氣多炎 秋氣多燥 冬氣多冽 氣若濕則風和 氣燥則風勁 此其大槩也 然而四時之中 又有寒熱不常 則就一時之中 又有燥濕炎冽之氣風亦隨之以變矣 燥冽之風勁 矢遇之 而多偏 炎濕之風和 矢遇之 而小偏 且風勁而弓亦勁 發矢常遠 風和而弓力弱 發矢常近

무릇 활터에서 활을 쏠 때 바람 먼지가 사방에서 일어나면 화살의 거리나 방향이 달라진다. 모름지기 바람에는 큰바람, 작은 바람이 있고 또 풍향도 사방으로 다를 수 있다. 기후에는 건조함과 습함이 있고 또한 계절에 따라 구분이 있다. 대개 40보 이내에서는 화살의 힘이 강하고 날카로워서 바람과 기후가 화살을 흔들지 못하므로 바람을 염두에 두지 않아도 좋을 것이다. 그러나 40보를 넘어 멀리 갈수록 화살의 힘도 점차 약해져 바람과 기후에 따라 거리와 방향에 편차가 생긴다. 이때는 바람을 고려해서 조준점을 달리해야 된다.[126] 대개 봄은 따뜻하고 여름은 뜨겁고 가을은 건조하며 겨울은 춥다. 기후가 습하면 바람은 부드럽고 기후가 건조하면 바람이 거센 것이 보통이다. 그러나 한 계절 중에서도 덥고 추운 것이 한결같지 않고 건조하고 습한 것도 일정하지 않을 뿐 아니라 그에 따라 바람 역시 변한다. 건조하고 추운 바람이 강하게 불면 화살에 치우침이 많게 되고 뜨겁고 습기가 많은 바람이 부드럽게 불면 화살에 치우침이

---

126) 어지간히 강한 활을 쓰지 않는 한 120보 거리의 먼 과녁을 쏠 때는 제법 바람이 일면 화살의 방향과 거리에 편차가 생긴다.

적게 된다. 활이 강하면 바람이 세도 화살이 멀리 갈 수 있고 활이 약하면 바람
이 부드러워도 화살이 멀리 못 간다.

　故善射者　將發矢　必先辨風氣　東風則發矢宜頂的之左　西風則發矢宜頂的之
右　對面風則發矢宜頂的之首　背後風則發矢宜頂的之足　而頂之多寡　一因弓力
之發　强弱不齊　與風氣燥濕炎冽大小之不同　而爲之參酌　變而通之存乎　其人
不可執一也

　활 잘 쏘는 사람은 바람과 기후를 살펴 오른쪽에서 바람이 불면 과녁의 오른
쪽을 조준하고 왼쪽에서 바람이 불면 왼쪽을 조준한다. 맞바람을 만나면 과녁
상단을 조준하고 뒤바람을 만나면 그 하단을 조준한다.[127] 그러나 조준점의 결
정은 첫째, 활의 강약에 따라서 그다음으로는 바람과 기후에 따라서 달리하는
것이니 잘 헤아려야만 한다. 어느 한 가지 기준만 고집할 일이 아니다.

제4절 사의(射義)[128]

Ⅰ. 파우편(破愚篇)[129]

1. 탐평우(貪平愚)

　射貴平直　矢發而造橋　世所嘆也　然所貴平者　謂其中也　矢及的而鏃不下垂
其力尙可數武　是能洞堅及遠　故爲名家　若低而不及　是求平而不求中也　亦何
貴于平耶　心有此愚　則貪平之心　足以亂其命中之心　其一二幸中者非可觀　而
其不中者固多矣　矢矢墮于的前　百無一大　遂爲射家一大病

---

127) 우리 활터의 용어로는 맞바람을 촉바람 뒤바람을 오늬바람이라고 하며 때로는 왼쪽에서 불어오는 바람을 뒤
　　바람 오른쪽에서 불어오는 바람을 앞바람이라고 부르는 경우도 있다(우궁의 경우).

128) 같은 제목 아래 포함된 첫 글로 '사법인단(射法引端)' 편이 있지만 이는 ≪무경사학정종≫의 첩경문(捷徑門)
　　편을 축약·각색한 것으로서 앞의 제8장에서 이미 그 축약·각색된 부분까지 소개한 바 있어 생략한다.

129) ≪무경칠서휘해≫의 초간본(初刊本)과 내용이 같을 것으로 추정되는 평양감영의 ≪무경칠서휘해≫에는 파우
　　편(破愚篇)으로 되어 있으나 ≪무경칠서휘해≫의 중간본에는 포우편(褒愚篇)으로 수정되어 있다. 파우(破愚)
　　란 어리석은 생각을 깨우쳐 준다는 뜻이고 포우(褒愚)란 어리석은 생각들을 모아 놓았다는 뜻이다.

활쏘기에서는 살줄이 낮은 평찌[130]를 귀하게 여기고 화살이 큰 포물선을 그으며 날아가면 이를 비웃는다. 그러나 낮은 살줄이 귀한 것은 명중시킬 수 있을 때의 일이다. 살줄이 낮으면서도 과녁까지 도달한 후에 촉이 처지지 않고 그 힘이 맹렬하기가 과녁을 꿰뚫고 더 멀리 날아갈 수 있게 활을 쏠 수 있는 사람이면 그를 명궁이라 할 수 있다. 그러나 살줄은 낮지만 화살이 과녁에도 미치지 못하면 이는 낮은 살줄만 탐하고 명중은 구하지 않기 때문이다. 낮은 살줄을 귀하게 여기는 이유가 무엇이겠는가? 마음속에 그런 어리석음이 있으면 낮은 살줄을 탐하는 마음 때문에 명중시키려는 마음을 어지럽힐 수가 있다. 요행히 한두 화살이 명중될 수는 있을지라도 명중되지 못하는 화살이 당연히 많게 될 것이다. 과녁 못 미쳐 떨어지는 화살이 백이면서 과녁을 넘기는 화살은 하나도 없게 되면 이는 활 쏘는 사람에게는 큰 병이다.

法云 寧高而過的 愼勿低而不及 法豈敎人而不平哉 正以破貪平者之愚 而人自不察耳 惑有力雄弓勁 然卒不及的 正坐此弊 夫射期于中 中則平亦可 高亦可 不中則高固不可 平亦未見其可也 雖然過的之高 非造橋之謂也 乃平發而矢自揚[131] 斯正所稱妙技也

"높은 살줄로 과녁을 넘길지언정 낮은 살줄로 과녁에 못 미치는 것은 피하라."는 말이 있다.[132] 그러나 사법에서 어찌 살줄이 높아야 한다고 가르치겠는가? 낮은 살줄을 탐하는 어리석음을 고쳐 주려는 말인데 사람들이 그 의미를 못 헤아릴 뿐이다. 힘센 사람이 강한 활로 쏘며 과녁에 못 미치는 것은 낮은 살줄을 탐하는 병 때문이다. 활을 쏘면 명중을 노린다. 명중시킬 수 있다면 살줄이 낮아도 되고 높아도 된다. 명중시킬 수 없다면 살줄이 높아도 안 되지만 낮아도 좋다 할 수 없다. 그러나 살줄이 높아도 된다고 큰 포물선을 긋도록 높아도 좋다는 말은 아니다. 되도록 살줄이 낮게 쏘되 낮게 가다가 스스로 떠오르게 쏘는 것이야말로 참으로 절묘한 솜씨이다.

---

130) ≪조선의 궁술≫에 나오는 우리나라 활쏘기 용어로는 화살이 날아가는 높이를 살고라 하고 화살이 날아가며 공중에 긋는 선을 살줄이라고 하며, 화살이 날아가는 속도를 살걸음이라고 한다. 또한 살줄이 낮은 것을 평찌라고 한다.

131) 마지막의 '揚'이 평양감영의 ≪무경칠서휘해≫에는 '楊'으로 되어 있으나 ≪무경칠서휘해≫, 중간본에서는 '揚'으로 수정되어 있다.

132) 척계광의 ≪기효신서≫에서 인용한 말이다.

2. 악고우(握固愚)

今人悉力把弓　自謂固矣　而矢卒不平　且不迅　何也　皆愚于固　而不得其所以
固也　夫握弓　而止用力于大指食指　任其小指虛浮　是徒敝精神　于射何補　見矢
之不平且疾　遂謂握固爲無益　不知握固之道

　요즘 사람들 중에는 줌통을 견고하게 쥐어도 화살이 낮고 힘차게 가지 않는
다고 하는 때가 있다. 줌통을 견고하게 쥔다는 말만 알고 정작 견고하게 쥐는
방법은 모르기 때문이다. 새끼손가락은 헛놀게 하면서 엄지와 검지에만 힘을 주
는 것은 활쏘기에 도움될 것이 없는 곳에 헛힘을 쓴 것이다. 그런 사람은 결국
화살이 낮고 힘차지 못한 것을 보고는 줌통을 단단히 쥐어 봐야 쓸모없다고 말
하게 된다. 그러나 이는 줌통을 견고하게 쥐는 방법을 모르기 때문이다.

必從小指以及無名指食指　次第捲握　掌心穩貼弓弝　然後謂固　誠然　則矢發而
弦聲震若霹靂　而矢有不迅疾者哉

　활을 쥘 때는 반드시 새끼손가락에서 시작해서 무명지, 중지, 검지의 순서로
차례대로 자근자근 감아쥐고 손바닥은 줌통에 편안하게 밀착시켜야 한다. 이렇
게 해야 줌통을 견고하게 쥐었다고 할 수 있는 것이다. 만약 그렇게 했다면 어
찌 화살이 나갈 때 시위 소리가 벼락 치듯 울리는 일이 생길 수 있겠으며 또
화살이 낮고 힘차게 날아가지 못하는 일이 생길 수 있겠는가?[133]

---

133) 이곳에서 말한 방법은 대체로 ≪조선의 궁술≫에서 말한 방법과 같다. 그러나 ≪무경사학정종≫, 변혹문(辨
或門) 편, 악궁망긴지혹(握弓妄緊之惑) 항에서는 줌통 쥐는 방법 세 가지를 소개하면서 그 장단점을 논하고
있다. 첫째는 새끼손가락과 무명지로만 줌통을 감아쥐고 검지와 중지는 가볍게 활에 대 주는 방법으로 이를
대응조(大鷹爪)라 하며 가장 좋은 방법으로 본다. 둘째는 다섯 손가락 모두로 줌통을 감아쥐는 방법으로 이를
만파(滿弝)라 하며 화살이 힘없이 불안정하게 날아간다고 한다. 셋째는 이곳에서 말하는 방법과 같이 새끼손
가락과 무명지 및 중지 세 손가락으로 줌통을 감아쥐고 검지는 헛놀게 하는 방법으로 이를 소응조(小鷹爪)라
하는데 이를 초보자가 쓸 방법으로 보고 있다. 그러나 고영보다 앞 시대 사람인 정종유(程宗猷)의 ≪사사(射
史)≫에서는 고영이 말한 소응조(小鷹爪)를 호조(虎爪)라 하여 이 방법만을 취하고 있다. 일본 역시 예부터
홍엽중(紅葉重), 인형(鱗形), 난중(卵中), 제수(鵜首) 등으로 불리는 여러 방법들이 유파별로 사용되고 있지만
고영이 말한 소응조(小鷹爪)와 같은 방법이 가장 흔히 사용되고 검지는 아예 곧게 펴 주고 있다 한다. 하마구
찌 후지오(橫口富士雄), ≪사경(射經)≫, 동경, 명덕(明德)출판사, 소화 54년(서기 1979년), 93쪽. 하삼지로
줌통을 감아쥐면서 검지를 곧게 펴 주는 방식은 청나라 때의 중국에서 흔히 사용되던 방식인데 화살대가 긴
화살을 쓰면서 곧게 편 검지의 끝에 화살촉이 닿는 때를 만작 시기를 결정하는 기준으로 사용하기도 했다. 이
러한 방법을 설명한 삽화가 기감(紀鑑)의 ≪관슬심전(貫虱心傳)≫ 등에도 수록되어 있다. 뒤의 제10장 참고.
한편, 척계광의 ≪기효신서≫에서는 엄지로 중지를 눌러서 활을 잡는 방법을 지극히 오묘한 오래된 사법으로
보면서 이를 매우 강조하고 있고 이정분의 ≪사경≫ 역시 그러한 방법을 취하면서 보다 구체적으로 엄지 첫
째 마디로 중지 첫째 마디와 겹쳐지게 할 것을 강조하고 있다. 척계광이나 이정분의 방법 역시 하삼지로 줌통
을 감아쥐는 방법을 취하고 있음을 알 수가 있다. 다만, 지금 우리나라에서는 대부분 엄지를 중지 위에 올려

3. 인만우(引滿愚)

矢鏃及弣 人人謂引滿矣 不知矢有長短 人有高矬 設以長人而用短矢 骨節之
用 未及十之七八 亦謂之滿耶 短人而用長矢 亦必其鏃之上指 胡可得也 故以
骨節用盡 不餘絲毫爲滿 則人人有引滿之分量 不可全以矢鏃爲準 然其酌量之
矢制 則準于小尺二尺七寸 或二尺八寸 今擧世以矢鏃上指爲彀 而境不究矢之
長短 人之高矬 故曰引滿之愚也

흔히 화살촉을 줌통까지 당겨야 가득 당긴 것이라고 하지만 화살에도 장단이
있고 사람의 키에도 장단이 있음을 간과한 말이다. 키가 큰 사람이 짧은 화살을
쓰면 촉이 줌통까지 들어오더라도 골절은 7~8할밖에는 펴지지 않는데 이를 어
찌 가득 당겼다 하겠으며 키가 작은 사람이 긴 화살을 쓰면 어찌 촉을 줌통까
지 다 당길 수 있겠는가? 골절이 조금도 남김없이 완전하게 펴진 것을 가득 당
긴다고 하는 것이니 가득 당기는 기준을 일률적으로 촉을 줌통까지 당기는지
여부에 둘 수는 없다. 요즘 화살 길이는 작은 자로 2자 7치 또는 2자 8치가 표
준이다. (이같이 긴 화살을 쓰면서) 사람들은 대개 촉이 손가락 위에 올라오는
것으로 가득 벌리는 기준을 삼을 뿐 화살의 길이나 사람의 키는 염두에 두지
않는다. 이런 어리석음을 일러 인만우(引滿愚)라고 한다.[134]

놓고 위에서 중지를 눌러 주는 방법을 사용하면서 화살이 가득 당겨졌는지 여부를 엄지로 감지하고 있으나
이정분의 ≪사경≫에서는 화살이 가득 당겨졌는지 여부를 중지로 감지해야 한다고 한 것을 보면 엄지를 중지
옆에 나란히 놓고 옆에서 중지를 눌러 주는 방식을 취한 것으로 보인다. 그러나 중국 최고(最古)의 사법서인
왕거의 ≪사경≫은 화살이 가득 당겨졌는지 여부를 엄지로 감지하라 했다. 줌통 쥘 때의 주의사항들에 대해
서는 앞의 〈사학문답(射學問答)〉 중 '파궁(把弓)' 항. '악지허실(握指虛實)' 항 및 '용력선후(用力先後)' 항
을 참고할 것.

134) 지금 우리가 흔히 쓰는 화살은 2자 5치 내지 2자 7치 정도이다. 그러나 요즘 신세대는 팔 길이가 길기 때문
에 처음부터 자신의 팔 길이에 맞는 긴 화살을 쓰도록 가르쳐야 될 것이다. 긴 화살을 쓰면 굳이 억센 활을
쓸 필요가 없다. 키가 179cm인 필자의 경우 길고 무거운 화살(2자 9치 x 1돈)과 35lb의 장궁(長弓)을 사용
하며 촉으로 과녁 중심을 조준해 쏘아 보기도 했다. 35lb 활은 2자 9치 화살 길이를 생각해 보면 결코 연궁
(軟弓)이 아니다. 그러나 긴 화살은 대개 무게도 많이 나가므로 이런 조합으로는 명중시키기 어려워서 사법에
는 어긋나지만 2자 5치의 짧은 화살과 50lb의 중궁(中弓)을 쓰고 있다. 필자가 목격한 어느 고교생은 55lb
활에 길이 2자 9치의 화살을 사용하면서 촉으로 과녁 중심을 조준해서 직선 살줄로 과녁까지 화살을 보낸다.
그 학생은 호구로 줌통 상단을 밀어 줄 뿐 아니라 발시 순간 고자채기까지 한다. 활과 화살의 선택은 팔의
길이와 힘 그리고 줌통 쥐는 방법이나 발시 방법에 맞으면 된다. 현재 우리나라에서 활의 장력을 정하는 기준
은 줌통을 붙이기 전 활의 안쪽 면과 시위까지의 거리가 2자 6치가 될 때의 장력을 말한다.

4. 저앙우(低昂愚)

今人挽弓而射　傍觀者見矢過的　必令低其前掌使下　見矢不及的　必令低其前掌使高　以是而求中者愚也　夫兩臂挽弓　臂若懸衡　前手衡之紐　後手衡之權　矢有大小　以後手爲高下　手在頤間　自胸及頤平日定爲分寸　欲有改　動循其分寸以爲低昂　庶其的中　不致過當　若前手無所憑藉　一低一昂　非過則不及　雖間有適可者　要之　終是意想測度　未爲定見　不若後手于胸頤之間　寸寸而移之爲有準　則若懸衡　以稱物輕重　移權以就平　顧不易易耶　使遠及百步以上　近止五十步以下　則兩手各當有低昂　又難一例論矣

요즘 사람들은 남이 활 쏘는 것을 곁에서 보면서 화살이 과녁을 넘기는 것을 보면 반드시 앞손을 내리라고 하고 화살이 과녁에 미치지 못하는 것을 보면 반드시 앞손을 위로 올리라고 한다. 그러나 그렇게 하여 명중을 구함은 어리석은 일이다. 무릇 두 팔로 활을 벌렸을 때 두 팔이 저울대와 같다면 앞손은 저울을 잡는 끈과 같고 뒷손은 추와 같다고 보면 된다. 따라서 화살 나가는 거리의 조절은 뒷손 높이로 조절해야 한다. 뒷손은 턱 부근에 있으니 가슴과 턱 사이에서 평소 그 위치를 세밀하게 나누어 놓았다가 표적의 거리에 따라 뒷손 높이를 올리거나 내리면 된다. 그러나 뒷손 높이를 너무 올리거나 낮추면 안 된다. 만약 앞손의 높이를 고정시켜 놓지 않고 뒷손을 높이거나 낮추면 화살 나가는 거리를 짐작할 수 없게 된다. 앞손의 높이를 조정해서 화살 거리를 맞추는 방법도 있지만 앞손의 높이는 마음으로만 헤아려 움직일 수 있을 뿐 분명한 기준을 정할 수 없기 때문에 뒷손을 가슴과 턱 사이에서 조금씩 옮기는 방법만 못하다. 뒷손의 높이로 화살 거리를 조정하는 방법은 저울에서 추를 옮겨 가며 무게를 재는 방법과 같으니 어찌 쉬운 일이 아니겠는가? 다만 100보 이상의 먼 표적을 쏘거나 50보 이내의 가까운 표적을 쏠 때는 두 손 모두를 적당히 낮추거나 높여야만 한다. 그러나 그 기준은 일률적으로 말할 수는 없다.[135]

---

135) 이정분의 ≪사경≫에서는 "대개 과녁이 50보(약 78m)에 있을 때는 앞손을 왼쪽 어깨보다 2寸(약 6cm) 내린 상태에서 과녁 중앙을 겨냥해 쏘고 과녁이 30보(약 45m)에 있을 때는 앞손을 왼쪽 사타구니 높이에 두고 과녁 하단을 겨냥해 쏘라."고 하지만 이는 특정한 조건(활의 강도, 화살의 길이 등)을 전제로 한 예시(例示)일 뿐이다. 또한 그런 말들은 실전이나 수렵에서 표적을 쏘기 위한 말이므로 고정 거리의 과녁을 쏠 때는 염두에 둘 필요가 없다. 어떤 경우라 해도 큰비나 강풍 아래서는 앞손이건 뒷손이건 위치를 조절하지 않을 수 없게 되는데 필자의 경험에 의하면 뒷손의 높이를 조정해서 쏘는 것은 매우 어려운 일이다. 한번 습관을 들이면 이를 바꾸기 어렵기 때문이다. 오히려 뒷손의 위치는 항상 고정시켜 놓고 조준점을 약간씩 옮겨 가며 쏘는 것이

Ⅱ. 정류편(正謬篇)

1. 별절지류(撇絶之謬)〈고자채기와 뒤 팔 펴기〉

談射者人人言 左撇右絶 以爲不撇絶則矢不平直 余謂握弓而引滿 手力已竭
骨節已極 何從撇絶 間有然者 必不在發矢之時 而在發矢之後 强爲是態 觀美
云爾 于射何盆說云 力尙有餘 骨節有能舒展 則從屬未滿 未有不彀而可言射
者也 然則求平直者奈何 曰審固而已

활쏘기를 말하는 사람들은 누구나 화살을 내보낼 때는 앞손은 '별(撇)' 동작
을 취하고 뒷손은 '절(絶)' 동작을 취해야 한다면서[136] 그리 하지 않으면 화살
을 낮고 힘차게 보낼 수 없다고 한다. 그러나 내가 묻건대 활을 쥐고 시위를 가
득 당기면 손과 팔의 힘은 이미 떨어지고 골절은 완전히 펴진 상태인데 어떻게
'별(撇)' 동작을 취하고 '절(絶)' 동작을 취할 수 있는가? 간혹 골절을 완전히 펴
고도 그와 같은 동작을 취하는 사람이 있다면 이는 필시 화살을 내보내는 순간
이 아니라 화살을 이미 내보낸 다음에 억지로 그런 동작을 취하는 것이다.[137]
보기에는 좋다고 할 수 있으나 활쏘기에 무슨 도움이 되겠는가? 아직도 힘이 남
아 있고 골절도 더 펴질 수 있다면 이는 결국 시위를 가득 당기지 못했다는 증
거이다. 시위를 가득 당기지 않고도 활쏘기를 잘할 수 있다고 할 수 있는 사람은
없다. 평찌로 힘차게 화살을 내보내려면 오직 정신집중과 굳힘에 힘써야 한다.

有握固之固 有周身瞥力之固 能固而後能審 固且審則不求平直而自平 自撇
絶之說興 而固字置之不講 則體勢聳動 或臨滿吐呑 或遑遽速遣 或括臂占袖
或併 審而忘之 則皆撇絶之說誤之也

바람직한데 그렇게 하려면 우선 촉으로 조준하는 방법을 터득한 후 앞 팔 높이를 미세하게 조정하면 된다. 촉
으로 조준하지 못하고 줌손의 어느 부분이나 화살대 어느 부분으로 조준하는 초보자의 경우 점차 궁력이 늘
어날수록 조준점이 점차로 낮아지다가 어느 순간부터는 드디어 과녁 하단보다 더 아래의 땅바닥에 조준점을
두어야 할 경우가 있는데 이 정도가 되면 앞손으로 조준점을 조정하기가 어려워진다. 이런 경우는 활을 좀 더
연한 것으로 바꾸거나 화살을 좀 더 무거운 것으로 바꾸면 된다.

136) 중국의 전통적인 발시 동작인 별절(撇絶 또는 撇勞) 또는 질절(搾絶)을 말한다. 상세 내용은 왕거의 《사경》,
총결(總訣) 편 참고.

137) 《조선의 궁술》에서는 발시 후 깍지손이 제자리에 머무는 동작을 '봉뒤'라고 하고 이렇게 발시가 된 후 깍
지손을 뒤로 펴 주는 동작을 '두벌뒤'라고 한다.

줌통을 단단히 쥐는 것도 굳힘이고 온몸에 두루 힘을 주는 것도 굳힘이다. 줌 손을 비롯해서 모두 굳힐 수 있어야 정신이 집중된다. 굳힌 다음 정신을 집중시 키면 화살을 낮고 힘차게 보내려 애쓰지 않아도 저절로 낮고 힘차게 가게 된다. '별(撇)'이니 '절(挈)'이니 하는 말에 현혹되어 굳힘을 소홀히 하면 자세가 솟구 치거나 시위를 가득 당긴 후 화살촉을 토해 내기도 하고 얼떨결에 화살을 놓치 듯 내보내기도 하고 팔뚝이 구부러지거나 옷깃을 심하게 스치기도 하며 이런 일들이 함께 생기기도 한다. 정신집중만 알지 굳힘에 대해서는 잊고 마는 것은 모두가 '별(撇)'이니 '절(挈)'이니 하는 잘못된 말 때문이다.

弓工妻之對楚王有云 前手如拒虎 後水如附枝 後手發矢 前手不知 非固何以 能如拒 非固何以能不知 曰不知 何以須撇絶旨哉言乎 盡審固之義矣

궁공(弓工)의 아내는 초왕(楚王)에게 "앞 팔은 호랑이를 버티듯이 하고 뒤 팔 은 나뭇가지같이 펴라." 또 "뒷손이 화살 내보내는 것을 앞손이 모르게 하라." 고 말했다.138) 굳히지 않고 어찌 앞 팔이 호랑이를 버티듯 할 수 있으며 굳히지 도 않고 어찌 앞손이 모르게 뒷손이 화살을 내보낼 수 있다고 말할 수 있겠는 가? 앞손 모르게 뒷손이 화살을 내보낸다고 하면서 어찌 '별(撇)'이니 '절(挈)'이 니 하는 동작을 취해야 하는가? 위의 말은 정신집중과 굳힘을 강조한 말이다.

2. 지지촉지류(指知鏃之謬)〈손가락으로 촉을 감지하기〉

說者曰 指不知鏃 同于無目 夫知鏃 乃能知的 知的乃能中的 此射之要機也 而謂以指知鏃則舛甚何也 知鏃者 不以指而以目也 今目不知而指知之者何也 則以其不見鏃也 其不見鏃者何也 引弓之際 頭容却垂 目爲前手所障 進天空 地濶 而境不知鏃的之在何所 故不得已而寄目于指 是以 射法有四惡 頭惡却 垂 頤139)惡旁引 胸惡前凸 背惡後偃 却垂則必旁引 前凸則必後偃 四惡相因而 鏃的茫然矣

---

138) ≪열녀전≫에 나오는 말이다. 앞의 제1장 참고.

139) 저본(底本)에는 '顧'로 되어 있으나 '頤'의 오기(誤記)가 분명하므로 고쳤다. 왕거의 ≪사경≫, 총결(總訣) 편과 척계광의 ≪기효신서≫, 신법(身法) 항 그리고 이정분의 ≪사경≫, 신법(身法) 항에 모두 '頤'로 되어 있다.

"손가락이 화살촉 위치를 확인 못 하면 눈먼 것과 마찬가지다."란 말이 있다.140) 화살촉의 위치를 확인할 수 있어야 과녁을 조준할 수 있고 과녁을 조준해야 명중시킬 수 있다. 이는 활쏘기의 기본이다. 손가락이 화살촉의 위치를 확인하면 화살이 크게 빗나간다고 하는 사람도 있는데 이는 왜 그럴까? 그는 손가락이 아니라 눈으로 화살촉 위치를 확인하기 때문이다. 화살촉 위치를 눈이 아니라 손가락으로 확인하는 사람은 왜 그렇게 할까? 그는 눈으로 화살촉의 위치를 확인하지 못하기 때문이다. 그가 눈으로 촉 위치를 확인하지 못하는 이유는 무엇일까? 그는 시위를 당길 때 고개를 뒤로 젖히거나 아니면 앞으로 수그려서 앞손이 눈앞을 가리므로 눈으로는 천지(天地) 간을 헤매어도 화살촉과 과녁이 어디 있는지 볼 수 없기 때문이다. 그리 되면 부득이 눈의 역할을 손가락에 맡길 수밖에 없다. 그래서 사법에 네 가지 꺼리는 것이 있다. 머리를 뒤로 젖히거나 앞으로 수그리는 것을 꺼리고, 턱을 옆으로 빼는 것을 꺼리고, 가슴을 앞으로 내미는 것을 꺼리고, 등을 뒤로 젖히는 것을 꺼린다.141) 머리를 뒤로 젖히거나 앞으로 수그리면 과녁을 쳐다볼 때 반드시 턱을 옆으로 빼게 되고, 가슴을 앞으로 내밀게 되면 과녁을 쳐다볼 때 등이 반드시 뒤로 눕게 된다. 이 네 가지는 서로가 서로의 원인이 되므로 어느 하나라도 범하게 되면 촉이나 과녁은 눈에서 사라져 보이지 않게 된다.

知鏃者奈何哉 引弓之始 欠身而頭容稍前向 以目擬于箭羽之旁 由羽而見桿 由桿而見鏃而見的 自羽至的 一目可觀 奈何于指上求之乎 夫射也 力在手而 巧在心目之間 以心運目 以目運指 未聞心目反運于指者也 說者又曰 鏃不上 指 必無中理 夫鏃不上指 乃爲未彀 止于力弱耳 世之未彀而中數 反勝於能彀 者比比也 可云無中理哉 但責其命中于烈風之中 貫革于百步之外 則欲然也

---

140) "손가락이 화살촉의 위치를 확인하지 못하면 눈먼 것과 마찬가지다(指不知鏃 同于無目)."라는 말은 원래 왕거의 ≪사경≫. 총결(總訣) 편에서 비롯된 말로서 그 이후 거의 모든 중국의 사법서가 이를 따르고 있다. 원래의 취지는 화살촉의 위치를 눈으로 확인하는 방법은 야간에는 쓸 수가 없고, 가까운 거리의 표적을 쏠 때 역시 줌손을 엎어 놓고 손등 위로 겨냥을 하기 때문에 그런 방법을 역시 사용할 수 없을 뿐만 아니라 눈으로 화살촉의 위치를 확인하려면 정신이 분산되기 쉽기 때문에 손가락으로 확인하라는 것이다. 앞의 I. 문답, '4. 만(滿)' 항에서도 같은 말을 했다. 그러나 이곳에서는 손가락으로 화살촉의 위치를 확인하는 방법은 머리를 앞으로 숙이거나 뒤로 젖히는 잘못된 자세를 취했을 경우 부득이 그렇게 되는 것으로 보고 있다.

141) 사법에 네 가지 꺼리는 일이 있다는 말 역시 왕거의 ≪사경≫. 총결(總訣) 편에서 비롯된 말이다. 다만 왕거의 ≪사경≫에는 '頭惡却垂'가 아니라 '頸惡却垂'로 되어 있는데 머리(頭)를 뒤로 젖히거나 앞으로 수그리는 것과 목(頸)을 뒤로 젖히거나 앞으로 수그리는 것은 같은 말이다.

그렇다면 화살촉 위치를 어떻게 확인하는 것인가? 시위를 당기기 시작할 때 몸을 바로 세운 다음 얼굴을 약간 앞으로 내밀고 눈길을 화살 깃에 두었다가 화살대와 촉을 거쳐서 과녁을 보면 화살 깃으로부터 과녁을 한눈에 볼 수 있는데 어찌 손가락으로 화살촉의 위치를 확인하려고 하는가? 무릇 활쏘기에서 힘은 손에 있지만 그 교묘한 솜씨는 마음과 눈에서 나오는 것으로서 마음이 눈을 움직이고 눈이 손가락을 움직이는 것이다. 이와 반대로 마음과 눈이 손가락에 따라 움직인다는 말은 들어보지 못했다. 또 화살촉이 손가락 위로 오지 않으면 결코 명중시킬 수 없다고 말하기도 한다.[142] 그렇지만 화살촉이 손가락 위로 오지 않았다는 것은 활을 가득 벌리지 않은 것으로 단지 화살 힘이 약해질 뿐이다. 세상에 활을 가득 벌리지 않고도 가득 벌린 사람보다도 오히려 더 많은 화살을 명중시키는 사람도 많다. 그런데 어찌 결코 명중시킬 수 없다고 말할 수 있겠는가? 다만 활을 가득 벌리지 않으면 강한 맞바람이 불거나 과녁이 100보 이상 멀리 있을 때는 명중시키기가 어려울 뿐이다.

3. 시요지류(矢搖之謬)〈화살의 흔들림〉

說者曰 矢搖而弱者 鏃不上指也 此謬也 鏃不上指 矢發而不能洞堅已耳 胡爲而忽自動搖

화살이 흔들리고 힘이 없는 것은 촉이 손가락 위에 오지 않았기 때문이라고 말하기도 하지만 이는 잘못된 말이다. 촉이 손가락 위에 올라오지 않으면 화살이 힘 있게 날아가지 못할 뿐이다. 무엇 때문에 그렇다고 느닷없이 화살이 스스로 흔들리겠는가?

夫搖動之故 大率于發矢之際 或括臂 或粘袖 或指端拂弦 或後手太緊挽弦使曲 四者有一於此 則弦激 弦激而矢隨之搖矣 矢之搖否 應于弦 與鏃何閔 故謂鏃不上指而矢弱 則可 謂鏃不上指而矢搖 則不可 前此三條 考之紀效新書及劍經射法俱同

---

142) "화살촉이 손가락 위로 오지 않으면 결코 명중시킬 수 없다(鏃不上指 必無中理)."는 말도 왕거의 ≪사경≫, 총결(總訣) 편에서 비롯된 말로서 후대의 모든 사법서들이 이를 따르고 있다. 다만 마지막의 '理'가 왕거의 ≪사경≫에는 '矢'로 되어 있으나 후대의 사법서들은 이를 '理'로 고쳐 읽음으로써 의미를 보다 강조하고 있을 뿐이다.

화살이 흔들리는 것은 화살을 내보낼 때 시위가 팔뚝을 비비거나 옷소매를 스치거나, 뒷손 손가락 끝이 시위를 건드렸을 때 혹은 뒷손에 너무 힘을 주어 시위를 짓누르며 당겼을 때 생기는 일이다. 그중에 어느 하나라도 범하면 시위가 흔들리고 시위가 흔들리면 화살도 그에 따라서 흔들리게 되는 것이다. 화살이 흔들리는 것은 시위 때문이다. 화살촉과 무슨 관련이 있겠는가. 화살촉이 손가락 위에 올라오지 않으면 화살이 약해진다고 말할 수는 있지만 화살이 흔들린다고 할 수는 없다. 지금 말한 세 가지 이유는 ≪기효신서(紀效新書≫나 ≪검경사법(劍經射法≫에서도 모두 같게 말하고 있다.[143]

4. 약궁맹력지류(弱弓猛力之謬)〈약한 활을 세게 당기기〉

強有力者 或習射弱弓 云悉力遣之 矢當自行 又上弓弱而能竭其周身之力 則矢疾可與強弓等 不知強弓乃堪悉力分解 謂弓力能與人力抗也

힘센 사람이 간혹 약한 활로 연습을 하면서 "힘을 다해 화살을 내보내면 화살은 의당 저절로 잘 날아갈 것이다."라거나 한술 더 떠서 "활은 약해도 온몸의 힘을 다 기울여 쏘면 강한 활로 쏘는 것같이 화살을 빠르게 내보낼 수 있다."고 말하는 사람도 있다. 그러나 이는 강한 활이라야 비로소 큰 힘이 퍼져 나가는 것을 감당할 수 있음을 모르고 활이 사람의 힘을 모두 감당할 수 있다고 말하는 것이다.

以弱弓而用猛力 弓不人抗 弦隨手來 弓稍後弭來猛 而去緩 中途矢墮矣 見

---

143) 이 말은 척계광의 ≪기효신서≫를 잘못 인용한 것이다. ≪기효신서≫는 화살이 흔들리며 약하게 날아가는 원인을 두 가지로 말하고 있다. 첫째는 촉이 손가락 위로 올라오지 않은 것과 둘째는 뒷손 무명지와 새끼손가락은 풀려 있고 엄지와 검지로 시위를 너무 옥죄는 것이 그 이유라고 했다. 그 이외에 시위가 옷소매를 치는 것은 모두가 활을 견고하게 쥐지 못했기 때문이라는 말이 있을 뿐이다. ≪검경사법≫은 잘 알려져 있지 않은 글이다. 한편, 앞의 〈사학문답(射學問答)〉, 전거파요(箭去擺搖) 항에서는 "앞손만 쓰고 뒷손을 아니 쓰면 화살 머리가 상하로 흔들리고 뒷손만 쓰고 앞손을 아니 쓰면 화살 깃이 좌우로 흔들린다. 좌우나 상하로 흔들림이 없이 화살 생긴 그대로 일직선으로 화살을 내보낼 수 있다면 그것은 앞뒤 손을 함께 사용하고 있어 화살 흔들림의 병이 없는 것이다. 그러나 엄지와 검지가 시위를 너무 세게 비틀어도 화살은 흔들린다."고 했고 〈사법약언(射法約言)〉, 송긴(鬆緊) 항에서는 "앞손이 느슨하면 시위가 옷소매를 때리고 화살이 날아가면서 흔들리게 된다. 뒷손이 느슨하면 화살이 느려지고 멀리 가지 못한다."고 했다. 한편 이곳에서는 뒷손에 너무 힘을 주어 시위를 짓누르며 당겼을 때도 화살이 흔들린다고 했지만 이는 새겨들어야 할 말이다. 뒷손으로 시위를 비틀어 당기는 것을 우리말로 뒷손을 짜준다고 하는데 뒷손을 짜주면 화살은 더욱 힘차게 날아간다. 다만 줌손을 짜줄 때 화살이 구부러지면 화살이 흔들리게 된다. 또한 이곳에서는 활을 가득 벌리지 않으면 화살이 약해지기는 하지만 화살이 흔들리는 것과는 무관하다고 했으나 화살의 힘이 약할수록 바람에 흔들리기 쉽다.

其不能及的也　愈奮其猛而愈墮　是必然之理　夫力强而弓弱　當專精求固　劑量
而遣之　毋使過猛　乃可及的　有人曰　吾善射能使弓弱而矢平　是自欺也

약한 활에 큰 힘을 쓰면 활이 사람의 힘을 감당하지 못해 시위가 쉽게 당겨
지고 곧 활의 고자도 쉽게 끌려 들어오기는 하나 시위를 놓았을 때 느리게 돌
아가므로 화살은 멀리 못 가고 도중에 땅에 떨어진다. 화살이 과녁까지 못 가는
것을 보고 더 힘을 가해 힘차게 당길수록 화살은 더 가까이 떨어진다. 이는 필
연적 이치이다. 힘은 강한데 활이 약하면 줌손과 자세를 굳히는 일에 더욱 정성
을 들여 힘을 적절히 조절해서 화살을 내보내야 한다. 이런 때는 지나치게 큰
힘을 쓰지 말아야 화살이 과녁까지 갈 수 있다. "나는 활을 잘 쏘므로 약한 활
을 가지고도 낮은 살줄로 화살을 보낼 수 있다."고 말하는 사람이 있다면 이는
스스로 속고 있는 것일 뿐이다.[144]

5. 완인지류(緩引之謬)〈서서히 활 벌리기〉

謂引弓之始　須悠悠緩引　逮其將滿　則驟引而疾發　是說也　平時　則可　臨敵
則不可　臨敵緩引　則人再發而我一發　我矢未發而先爲敵中矣　況敵人先知我所
向　寧肯竚立而待矢乎　車馳卒奔　勢甚飄忽　亦何容若此暇預也　難者

시위를 당길 때 반드시 처음에는 서서히 당기다가 가득 당겨질 때쯤 빨리 당
겨서 재빨리 화살을 내보내라는 말도 있다. 이 방법은 평소에는 무관하지만[145]
적과 교전 시에는 써서는 안 될 방법이다. 적 앞에서 서서히 당기면 적은 두 번
쏠 때 나는 한 번 쏘게 되고 나는 채 쏘지도 못했을 때 적의 화살에 얻어맞게
된다. 하물며 내가 쏘려는 것을 적이 먼저 알게 될 터인데 그가 어찌 단정하게
서서 나의 화살을 기다리고만 있겠는가? 수레는 달리고 군졸들은 분주히 오가
고 그 기세가 바람같이 빠른 전쟁터에서 어떻게 그렇게 하고 있을 여유가 있겠
는가? 어려운 일이다.

---

144) 필자는 ≪무경칠서휘해≫에 의지해서 독학으로 활을 배워 가면서 신장에 맞는 화살과 활을 찾아보려고 화살
　　길이는 늘리고 활은 연궁으로 줄여 가면서 길이 2자 9치에 무게 1돈의 길고 무거운 화살에 35*lb*의 활까지
　　쏘아 본 일이 있다. 그러나 이런 조합에서는 극히 정성을 들여 쏘지 않으면 명중시키기 어려웠다.

145) ≪무경사학정종≫. 첩경문(捷徑門) 편에서는 이렇게 화살을 내보내는 것을 노망구(蕗莽彀)라 하여 화살을 정
　　확하게 내보낼 수 없다고 했다.

曰驟發則不審　不審則虛發矣　矢石相及之之　一發而虛禍且不測　故當對壘交
鋒　相去不遠　命中易也　中一　駭百處　勢易也　驟引固無損也

서둘러 쏘면 정신이 집중되지 못하고 정신이 집중되지 못하면 빗나가게 된다
고도 한다. 그러나 화살과 돌덩이가 서로 미칠 수 있는 가까운 거리에서는 쏜
화살이 빗나갈지는 예측하기 어렵다. 가까운 거리에서 적들과 대치해서 싸울 때
는 적을 맞히기 쉬운 법이다. 한 번 발시해서 누구라도 맞히게 되면 적진(敵陣)
여기저기서 놀라게 되고 기세가 바뀌게 된다. 급하게 쏘아도 결코 손해가 없다.

所謂審者　必于臨發之時　非先審而後引　何暇于緩也　至若騎射之勢　勢如風雨
尤宜疾上加疾　使人無容措手　乃爲善技　若習緩引法　卽矢且不及發　何言中哉

정신을 집중해서 조준하는 것은 화살을 내보내는 순간에 해야 할 일이며 먼
저 정신을 집중해서 조준한 다음 활을 벌리는 것이 아니다. 어찌 서서히 시위를
당길 틈이 있겠는가? 더욱이 말을 타고서 활을 쏠 때는 비바람 같은 기세로 빠
르고 또 빠르게 쏘아서 적으로 하여금 손쓸 틈을 허용하지 말아야 비로소 잘
쏘는 것이다. 서서히 당겨 쏘는 방법만 익혀 놓으면 쏘아야 할 시간을 놓치게
될 것이니 어찌 명중시킬 수 있으리오?146)

若夫步騎之認的　則迥然各別　步射審于弓弝之右　騎射審于手背之上　其故何
也　步射遠而騎射近也　設步射在三十步內　則與騎射同　是又難爲執一之論무릇
보사(步射)와 기사(騎射)에서는 과녁을 조준하는 방법도 판이하게 다르다. 보사
때는 줌통 오른쪽으로 조준하지만 기사 때는 손등 위로 조준한다. 그 이유는 무
엇인가? 보사 때는 멀리서 쏘고 기사 때는 가까운 곳에서 쏘기 때문이다. 그러
나 보사 때라도 대개 30보 이내에서는 기사 때와 같은 방법으로 조준한다. 그러
나 구체적으로 어느 정도 거리에서부터 기사 때와 같은 방법으로 조준할 것인
지는 일률적으로 말하기가 어렵다.147)

---

146) 이 항은 정밀한 활쏘기 기법을 말하는 것이 아니라 실전에서의 활쏘기 기법을 말한 것이다. 다만 이곳에서는
　　실전 훈련을 위해 평소에도 시위를 빨리 당기는 습관을 들이도록 요구하고 있다. 이 항을 속사(速射)에 관한
　　글로 해석하는 경우도 있지만 속사에도 여러 유형이 있다. 시위는 서서히 당기더라도 촉이 조준점을 향하게
　　되는 순간 바로 발시하는 것도 역시 속사라고 한다. 여하간 활터에서 흔히 하는 말로 속사는 한번 기세가 오
　　르면 명중률이 매우 높지만 흐름을 놓치면 화살이 마구 빗나간다고도 하고 힘에 부치는 강궁을 사용하면 속
　　사를 하게 된다고도 한다. 그러나 더 조심해야 할 것은 잘 맞는다고 자만심이 생겨 속사를 하는 경우이다. 이
　　때 온갖 고벽이 몸에 배게 된다.

6. 사비지류(舍 轡之謬)〈말고삐 놓고 쏘기〉

凡騎射者類 皆舍轡而馳 以此戲逐于演武場中 猶且不可 況兩軍對壘厚集其
陣 轡不在手 馬必直馳 不能盤旋 一再發而驅 入人馬之叢 不僵則仆 故騎射必
帶小轡于手 方穩無斜開 騎射之矢 較常矢 必餘三寸重 須及兩長 則鏃在手前
可于手背前審的 重則矢能深入 可以洞堅也 是又不必矢鏃上指 而骨節自引滿矣

말을 타고 활을 쏠 때 고삐를 손에서 놓는 사람도 있다. 그러나 그런 장난 같
은 짓은 무예 경연장에서도 절대 하면 안 되며 양쪽 군사가 밀집해서 진(陣)을
치고 있을 때는 말할 나위도 없다. 고삐를 놓으면 말은 반드시 직진하며 방향을
돌릴 수가 없다. 화살을 한두 번 쏘고 나면 말은 사람과 말이 빽빽이 서 있는
가운데로 그대로 밀고 들어가서 넘어져 쓰러진다. 그러므로 말을 타고 쏠 때는
작은 고삐를 손에 쥐고 있어야 말을 제대로 다룰 수 있다. 말 타고 쏠 때는 보
통 화살에 비해 반드시 길고 무거운 화살을 쓴다. 그러므로 활을 가득 벌리더라
도 촉이 손보다 많이 앞에 있게 되고 따라서 손등 위로 촉을 통해 표적을 조준
할 수가 있다. 또한 무겁기 때문에 단단한 것도 관통할 수 있다. 그렇기 때문에
촉을 줌손 손가락 위에까지 당기지 않아도 골절(骨節)이 모두 펴질 수 있다.

---

147) ≪무경사학정종≫, 〈칩경문〉 편, 논심법(論審法) 항에서는 50보 이내의 근거리 과녁은 말 타고 쏠 때와 같이
활 왼쪽으로 겨냥한다고 했다.

제10장 청대(淸代)의 여타 사법서

　　청나라는 만주족(滿洲族)이 세운 나라이며 만주족은 전통적으로 활을 매우 중
요시했고 그들의 궁술은 한족(漢族)과 차이가 있었다. 그들은 강하고 긴 활을 선
호했고 화살 역시 무겁고 긴 화살을 선호했는데 개국 초기에는 8력(力)이나 되는
강궁을 썼고 화살도 길이가 3자(尺)나 되고 촉의 길이만 5치(寸)였는데 이를 투
갑추(透甲錐)라고 불렀으며 무엇을 쏘던 모두 관통했다고 하며 때로는 두 명의
적을 한 번에 관통하고도 힘이 남아 있었다고 한다.[1] 한편 청나라 초기 황제들
은 만주족이 유목민 근성을 잃는 것을 방지하려고 활쏘기를 군사훈련의 중요 부
분으로 유지하면서 각별한 관심을 기울였을 뿐 아니라 명나라 때와 달리 무과
(武科)에 합격한 사람만 고위직 장수로 발탁했기 때문에 많은 사법서(射法書)가
과거시험의 지침서로 출간되었다고 한다. 그러나 청나라의 사법서들이 채택한
한결같은 방식은 정신수양, 호흡, 위엄 있는 외모 등 내공(內功)과 발 자세, 줌통
쥐기, 활 벌리기, 조준, 발시 후 자세 등을 의미하는 외공(外功)의 분리에 있다.

　　이곳에서는 나란상균(那蘭常鈞)의 ≪사적(射的)≫, 기감(紀監)의 ≪관슬심전
(貫虱心傳)≫, 유기(劉奇)의 ≪수상과장사법지남차(繡像科場射法指南車)≫ 및
사덕위(史德威)의 ≪사예진량(射藝津梁)≫에서 청대 사법의 특징을 잘 나타내는
부분만 발췌해서 소개하겠다. 저본(底本)으로는 ≪관슬심전≫은 ≪소대총서(昭代
叢書)≫, 병집(丙集), 39권에 수록된 심수덕(沈梾德)의 교열본(校閱本)을 사용했
고 나머지는 홍콩의 동양궁시 연구가 셀비(Selby)가 수집한 원문을 사용했다.[2]

---

1) 청나라 군대에서 만주족으로 편성된 핵심부대를 기(旗)라고 했었는데 ≪청패류초(淸稗類鈔)≫, 〈기용류(技勇
　　類)〉 편에는 "이 부대에서는 놀이 삼아 활쏘기를 연습했다(旗人以習射爲娛)."면서 "개국 초기에 그들은 장력이
　　8력(力)이나 되는 강궁을 썼고 화살도 길이가 3자(尺)나 되고 촉 길이만 5치(寸)였는데 이를 투갑추라고 불렀고
　　무엇을 쏘든 반드시 관통했다. 때로는 두 명의 적을 한 번에 관통하고도 힘이 남아 있었다(開國之初 其射也 弓
　　用八力 箭長三尺 鏃長五寸 名透甲錐 所中必洞 或連貫二人而有餘力)."는 기록이 있다.

제1절 나란상균(那蘭常釣)의 ≪사적(射的)≫

청나라 때는 기(氣)를 집중시켜 신체의 필요 부위에 운행시키는 소위 기공(氣功)호흡법, 즉 복식호흡(腹式呼吸) 또는 단전호흡(丹田呼吸)이 무예 분야에서 중시되었었다. 성인의 일상 호흡방법인 흉식호흡(胸式呼吸)에서는 호흡 시 늑골(肋骨)을 벌리고 오므리고 하나 이런 호흡방식으로는 발시(發矢) 순간 늑골에 유동이 생길 수 있다. 그러나 가슴 아래쪽 횡경막(橫經膜)을 이용해서 숨을 들이마시거나 내쉬는 단전호흡이나 복식호흡에 숙달되면 충분한 호흡을 하면서도 발시 순간 늑골의 유동을 방지할 수 있다. 이곳에서는 기공(氣功)을 사법에 접목시킨 대표적 사법서로서 만주족 나란상균(那蘭常釣)이 저술한 ≪사적(射的)≫이라는 글에서 기공(氣功) 훈련의 유명한 한 단계인 팔단금(八段錦)[3]을 활쏘기 연습에 적용한 부분만 소개한다.

서언(序言)

人身以氣充　而丹田又爲氣歸宿之地……善養氣者……勿以喜樂耗其氣　勿以哀怒傷其氣　納而有常　出而有道　充於一身　達於四體　臨射連用之時　全身貫注百節乃靈　而力與功便鼓舞於氣之中矣

사람의 몸은 기(氣)의 덩어리로서 단전(丹田)은 기(氣)가 모이는 곳이다. ……

---

2) Stephen Selby, *Chinese Archery*(Hong Kong: Hong Kong University Press, 2000), pp.360~386. 셀비(Selby)는 이외에도 황백가(黃百家)의 ≪정남사법(征南射法)≫, 왕정영(汪正榮)의 ≪사여우기(射餘偶記)≫, 고호(顧鎬)의 ≪사설(射說)≫, 왕정극(王廷極)의 ≪사략(射略)≫, 최기잠(崔起潛)의 ≪신전사예상설(新鐫射藝詳說)≫, 진왕모(陳王謨)의 ≪사결집익(射訣集益)≫, 서역(徐亦)의 ≪무경집요(武經集要)≫, 이공(李塨)의 ≪학사록(學射錄)≫ 등 청대 사법서의 이름들을 소개하고 있다. 만주족이 중국을 지배하자 많은 한족(漢族) 지식인들, 즉 유학자들은 그들에게도 일부 개방되어 있던 과거시험에 응시하지 않고 전원 속에 묻혀 지내며 무예(武藝)를 연구해서 많은 사법서들을 남겼다. 그러나 청나라 초기 세 황제인 강희제(康熙帝), 옹정제(擁正帝) 및 건륭제(乾隆帝)는 청나라 역사의 절반에 가까운 133년(서기 1662년~1795년) 동안 중국을 통치하며 만주족의 통치에 대한 저항에 이용될 수 있는 한족 지식인들의 군대무예 서적의 유포를 금지했고 그 결과 강희제 당시 처음 발간되고 건륭제 때 증보하여 서기 1725년 완성된 ≪흠정고금도서집성(欽定古今圖書集成)≫에도 한족 지식인들의 군대무예 서적들 가운데 누락된 것이 많다. 그 대표적인 예가 명나라 말기인 1638년 한족 정자이(程子頤)가 쓴 ≪무비요략(武備要略)≫으로 이 책은 당시에는 금서(禁書) 중 하나였는데 다행히 그 복사본이 보존되어 있다. 같은 책, 345~350쪽 참고.

3) 송(宋)나라 때의 문헌에 처음 나타나는 가결(歌訣) 형식의 기공(氣功) 수련법이며 조선시대 의학서적인 ≪의방유취(醫方類聚)≫에는 '여진인안락법(呂眞人安樂法)'이라는 이름으로 소개되어 있다. 8단계 수련 방법 중 하나가 '좌우개궁사사조(左右開弓似射雕)'이며 맨손으로 활을 벌려 하늘을 나는 수리를 쏘는 자세이다. 폐(肺)와 신장(腎臟)의 기능을 향상시킨다고도 하고 간(肝)과 신장(腎臟)의 기능을 향상시킨다고도 한다.

기(氣)를 잘 보존하려면…… 즐거움에 들떠 기(氣)를 낭비하면 안 되고 슬픔이나 노여움에 잠겨서 기(氣)를 축내도 안 된다. 기(氣)를 잘 받아들인 후 절도 있게 씀으로써 몸에 기(氣)를 충만케 해서 온몸에 운행(運行)시키면 활을 쏘면서 기(氣)를 계속 사용할 때라도 기(氣)가 온몸에 두루 펼쳐져서 모든 관절과 골절들에 활력을 불러일으키면서 기(氣)를 따라 힘과 솜씨가 발휘된다.

연법(演法)

用功不外乎法 身法手法指法眼法 皆用功之準繩也 善學者 不必日事弓箭 朝斯夕斯 周身一想 空手作執弓扣弦狀 久定之後 又作撒放勢 一如眞射

활쏘기를 배우려면 우선 사법(射法)에 충실해야 한다. 신법(身法), 수법(手法), 지법(指法), 안법(眼法) 등은 모두가 활을 배울 때 지켜야 할 원칙들을 말하고 있다. 그러나 활쏘기를 잘 배우려면 매일 활을 쥐고 화살을 쏘아 가면서 연습을 할 필요는 없다. 밤낮으로 몸 각 부분의 자세를 생각해 가면서 빈손으로 마치 활을 쥐고 시위를 당기는 자세를 취하면서 자세가 익숙해진 다음에는 마치 실제로 활을 쏘는 듯이 발시 자세까지 취해 보면 된다.

道書修養門 以左右挽手如引硬弓 能療風痺不仁 是此法原有所本也 且較之執弓空拉 功實倍之 蓋空拉不過鍊肋膀力 旣不能撒放 隨弦收復 肋骨反拘 兩拳中一點巧處 不能法洩 不若空拉 多定之後 卽可作撒放勢 久之 自然純熟 臨射則巧亦從熟生矣

도서(道書)의 수양문(修養門) 편에 의하면 맨손으로 억센 활을 벌리는 자세를 반복하면 풍비불인(風痺不仁)의 병4)을 치료할 수 있다고 한다. 앞서 말한 연습법은 본래 이를 응용한 것이다. 또한 이 연습법은 빈 활을 벌리는 연습법보다 그 효과가 배로 크다. 빈 활을 벌리는 연습법은 늑골과 어깨의 힘을 키우는 방법에 불과하며 발시 동작의 연습이 불가능하기 때문에 당겼던 시위를 다시 늦추어 주는 동작에서 늑골(肋骨)이 오히려 반대로 오그라들고 앞뒤 두 손의 미묘한 동작들을 사법대로 연습해 볼 수도 없다. 그러나 빈 활을 실제로 벌

---

4) 관절의 마비증세로서 유주성 관절풍습통(遊走性 關節風濕痛)이라고도 한다. 류마티스(rheumatism)의 일종이다.

리는 연습방법과 달리 맨손으로 하는 연습법은 활 벌리는 자세에 익숙해지면 화살을 내보내는 동작까지 취해 볼 수 있고 이 동작을 오래 연습해 무의식적으로 같은 동작을 취할 수 있게 되면 실제로 활을 쏘아 보아도 익숙한 솜씨가 발휘된다.

제2절 기감(紀監)의 ≪관슬심전(貫虱心傳)≫

청대(淸代) 사법서의 또 다른 특징은 도해(圖解)를 이용한 점이다. 이곳에서는 이런 사법서 중 하나인 기감의 ≪관슬심전≫[5] 중 지고편(持固篇), 내성조의편(內省措宜篇) 및 지구편(志觳篇)을 소개한다.

Ⅰ. 지고편(持固篇)〈견고한 줌통 파지〉

持弓之訣 虎口須急 平衝頂弨 挽窩對直 中無名小握卵捺入 大指壓中 悉力追出 箭架節傍 骨平無凸 食指扶矢 知鏃指的 持弓之手 須虎口衝急 頂弨平對 挽窩正直勿偏 其小指無名指中指 一如握卵狀 幷力捺入 大指壓中指上悉力追出 三指入而大指出則虎口自急矣 將箭架大指節傍 上節骨平則無掃翎之病 以食指伸出點鏃指的 此謂知鏃上指 蓋目神凝於幹而著於的 無暇視鏃 故以指知鏃 乃不亂神 法曰 鏃不上指 必無中理 指不知鏃 同於無目

활을 쥘 때 "호구(虎口)를 꽉 조여 줌통 상단에 대고 완와(挽窩: 호구 밑의 손목에 움푹 파인 곳)와 마주 본다. 중지, 무명지, 새끼손가락은 계란 쥐듯 가볍게 구부린다. 엄지는 중지를 누르며 앞으로 내민다. 화살을 엄지 위에 대고 엄지를 편다. 검지는 화살 옆에 대고 촉과 과녁을 향한다."는 활노래가 있다. 줌손은 호구를 조이고 줌통 상단에 대야 한다. 완와가 한쪽으로 기울면 안 된다. 중지, 무명지 및 새끼손가락은 계란 쥐듯 가볍게 구부린다.[6] 엄지는 중지를 눌러

---

5) ≪관슬심전(貫虱心傳)≫이라는 제목은 ≪열자(列子)≫, 〈탕문편(湯問篇)〉에 나오는 감승(甘蠅), 비위(飛衛) 및 기창(紀昌)에 관한 이야기에서 따온 것이다.

주며 편다. 중지, 무명지 및 새끼손가락을 감아쥐고 엄지를 펴면 호구는 저절로
조여진다. 화살을 엄지 위에[7] 대고 엄지를 펴면 화살 깃이 엄지를 훑고 나가는
병이 없다. 검지는 펴서 화살촉을 건드려 본 후 과녁을 향하며 이를 손가락이
촉을 감지한다고 한다. 무릇 시선은 화살대를 거쳐 과녁에 집중되므로 촉을 눈
으로 볼 틈이 없다. 손가락으로 촉을 감지하면 정신이 흐트러지지 않는다. 사법
에서는 촉이 손가락 위로 올라오지 않으면 결코 명중시킬 수 없고 손가락이 촉
을 감지하지 못하는 것은 눈이 없는 것이나 같다고 했다.[8]

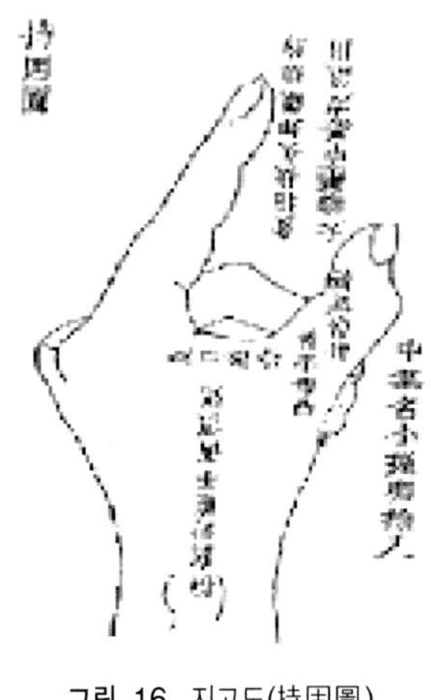

그림 16. 지고도(持固圖)

Ⅱ. 내성조의편(內省措宜篇)〈평온한 마음〉

搭矢之方 橫弓少腹 右手縷箭三寸近鏃 交納于左食指 銜屬 舒弓抽矢 隨矢
而復雙合扣之 扣急勿朒 大食單勾 餘指拳握 竪挽扭弦 展弓向鵠 內省措宜 專
心注目 左手持弓 橫按少腹間 右手縷箭近鏃三寸許 交納于左大指節傍 左手
食指銜住 臂伸而腹屈 合右手入扣 以意度其平衡 勿以眼看扣 扣急 以大指指
機控弦 附中指傍 將食指搭大指上 須一直傍矢 不可太逼 則箭出不搖尾矣 將

---

6) 호구를 조여 주고 하삼지를 느슨히 쥐는 것은 가까운 과녁을 쏘기 때문이다.

7) 원문은 '엄지 곁에(大指節傍)'라고 되어 있으나 엄지 옆이 위를 보고 있으므로 '엄지 위에'라고 번역했다.

8) 당나라 왕거(王琚)의 ≪사경(射經)≫에서 비롯된 말이다. 다만 이곳에서는 매우 긴 화살을 쓰므로 검지를 펴서
   검지로 촉을 감지한다.

中指無名指小指緊拳揷掌心　竪捥令平　掌心覆下　高提肘而捥之　此名單勾發機
最靈之法也

　화살을 시위에 걸 때 우선 활을 아랫배 앞에 비스듬히 댄다. 오른손으로 촉에
서 3치쯤 되는 화살대 부분을 더듬어 찾고 왼손 검지로 이를 받아 쥔다. 화살을
서서히 활에서 뽑아낸다. 화살을 따라가서 두 손으로 재빨리 오늬를 시위에 끼
워 넣는다. 오른손 엄지와 검지를 단구(單勾)로 시위에 걸고 나머지 손가락은
손바닥 속에 구부려 넣는다. 손목을 수평으로 펴고 시위를 당기면서 과녁 중심
을 향해 활을 벌려 준다. 평온한 마음으로 정신을 집중해야 한다. 왼손으로 활
을 쥐고 옆으로 기울여 아랫배 앞에 댄다. 오른손으로 촉에서 3치쯤 떨어진 화
살대 부분을 더듬어 찾아서 왼손 엄지 옆에 놓고 왼손 검지로 감아쥔다. 오른팔
을 펴서 (화살을 앞으로 뽑아낸 후 손이 화살 곁을 따라오며) 다시 구부려 두
손을 모아 오늬를 시위에 끼워 넣는다. 이때 화살대가 평행으로 된 상태로 오늬
가 제 위치에 끼워졌는지를 눈으로 오늬를 보지 않고 마음속에 헤아려 보면서
재빨리 시위에 끼워 넣는다. 그 후 깍지 낀 오른손 엄지를 시위에 걸고 (그 끝
을) 중지에 댄 후 검지를 구부려서 엄지(손톱마디)에 건다. 이때 검지를 화살 옆
에 바짝 대지만 화살을 짓누르면 안 된다. 그래야 화살이 꼬리를 흔들며 날아가
지 않는다. 중지와 무명지 및 새끼손가락은 손바닥 속으로 바짝 구부려 넣는다.
손목을 수평으로 하고 손바닥은 아래를 보게 하고 뒤 팔꿈치는 높이 들고 시위
를 당긴다. 이런 방식을 단구(單勾) 방법이라고 하며 가장 뛰어난 방법이다.

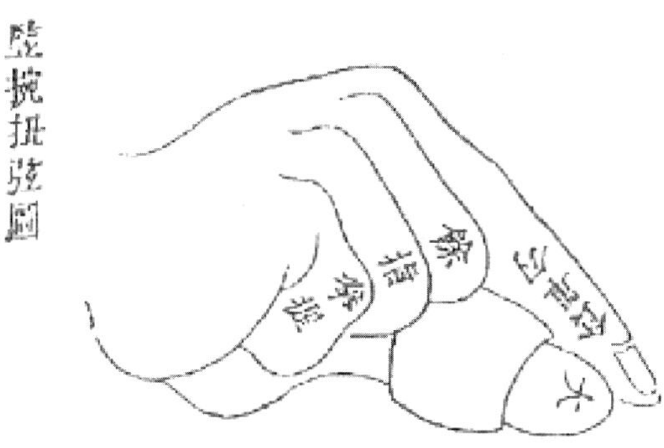

그림 17. 수완유현도(竪捥扴弦圖)

Ⅲ. 지구편(志殼篇)

開弓之要 敬爾威儀 心平體正 表裏咸宜 膝勻 腋䏶 腹鼓 臍垂 如鵬展翼將翔未飛 自下雙分 後肘上提 肩臂緩轉 四窩對之 志殼審固 知鏃爲期 開弓要氣固 丹田收䏶 腋胯從容不迫 雙手齊分 從懷中抽出 後肘高提 如拔虎尾 前肩臂緩轉 而四窩骨節環鎖相對 身勢 腹鼓而臍垂 翩翩然 如鳥之將翔未飛 蓋射 必心平體正 心平者謂心氣和平 而無動容作色也 體正者謂四體周正 上下左右前後端好也

활을 벌릴 때 중요한 것은 엄숙하고 위엄 있는 자세이다. 마음이 편하고 자세가 곧아야 하며 안팎이 모두 편해야 한다. 두 무릎에는 고루 힘이 들어가고 아랫배는 부풀리고 배꼽은 늘어뜨려 붕새가 날개를 펴 막 날아오르려는 듯 좌우균형을 이루어야 한다. 뒤 팔꿈치를 높이 올리고 어깨와 팔을 서서히 돌려서 사와[四窩: 앞 팔의 호구 밑 손목에 움푹 파이는 완와(挽窩), 팔꿈치의 주와(肘窩), 어깨의 견와(肩窩) 및 겨드랑이의 늑와(肋窩)][9)]가 직선상에 놓이게 하고 활을 가득 벌리고 정신을 집중해 조준하고 자세를 굳힌 후 화살촉을 손가락으로 감지하게 되면 드디어 발시 시점이 된 것이다. 활을 벌릴 때는 기(氣)를 고정시키고 단전(丹田)은 수축시키고[10)] 사타구니와 허벅지를 편안히 하고 좌우균형을 이루어서 가슴속에서 달을 끌어내듯이 한다. 뒤 팔꿈치는 들어서 호랑이가 꼬리를 뻗친 듯이 하고 앞 어깨와 팔을 서서히 돌려서 사와(四窩)와 골절들이 서로 맞물려 직선이 되게 해야 한다. 몸에서 배는 부풀려 배꼽이 처지게 해서 새가 날아오를 듯한 모습이 되어야 한다. 무릇 활을 쏠 때는 마음이 편안하고 자세가 곧아야 한다. 마음이 편하다는 것은 심기(心氣)가 평온해서 얼굴색이 변하거나 찡그리지 않는 것을 말한다. 자세가 곧다는 것은 몸 전체가 모두 바른 자세를 취해서 상하, 좌우, 전후가 모두 단정한 것을 말한다.

---

9) 뒤의 '그림 19. 경절도(勁節圖)' 참고.
10) 배꼽 밑의 배 속에 몸의 기운이 모두 모인다는 곳.

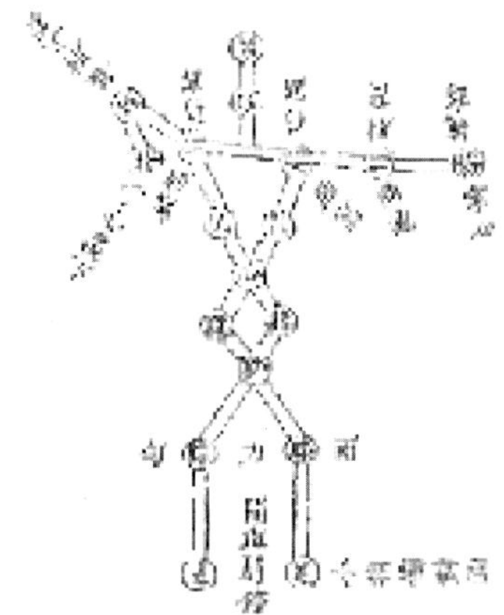

그림 18. 지구도(志彀圖)[11]   그림 19. 경절도(勁節圖)[12]

제3절 유기(劉奇)의 ≪수상과장사법지남차(繡像科場射法指南車)≫

이 책은 무과(武科) 시험의 표준자세를 도해로 설명한 책이다.[13] 이곳에서는 서언(序言)과 보사도상(步射圖像) 중 아홉 개만 소개한다.

---

11) 다리는 이정분의 ≪사경≫, 신법(身法) 편에서 말하는 소가(小架) 자세와 같다. 뒷팔꿈치를 높이 들고 손목은 펴주고 화살대가 가슴 앞에 있는 것이 특이하다.

12) 위의 지구도(志彀圖)를 세부적으로 설명한 그림이다.

13) 명나라 이전 사법서에는 오늘날 여타 스포츠 서적같이 도해(圖解)가 포함된 것이 많지 않다. 명나라 양수령(楊修齡)의 ≪무경사학정종지미집(武經射學正宗指迷集)≫, 남송(南宋), 진원정(陳元靚)의 ≪사림광기(事林廣記)≫ 중 왕거(王琚)의 사법 도해, 명나라 정자이(程子頤)의 ≪무비요략(武備要略)≫ 중 척계광(戚繼光)과 이정분(李呈芬)의 사법 도해 등이 고작이다. 아마도 인쇄술 문제보다는 도해가 사법 설명에 도움이 되지 않을 것으로 생각했었기 때문일 것이다. 특히 단순한 자세가 아니라 동작이나 정신집중 등 사법의 핵심요소들을 그림으로 표현하는 것이 불가능할 것으로 생각했기 때문일 것이다. 그러나 ≪수상과장사법지남차≫를 비롯한 청나라 사법서에는 많은 도해가 포함되어 있다. 이 책은 서기 1722년에 편찬되었으나 원본은 없어졌고 서기 1940년 상해시무예발전협회(上海市武藝發展協會)가 발행한 ≪청대사예총서(淸代射藝叢書)≫에 수록된 당호(唐豪: 서기 1897년~1959년)의 재편집본만 남아 있다고 한다. Stephen Selby, *Chinese Archery*(Hong Kong: Hong Kong University Press, 2000), p.361.

서언(序言)[14]

馬步圖像 十有三式 皆自京衛巧正 且關係古今要緊法 則圖以備覽 原取作一
對證 非徒飾觀而已 其自踵至訂 無一點不合法 無一點不有用 要細細看玩 得
其神勢 卽移於鏡中燈下 摩擬彷佛 使在我全體架子於他出一個模樣 規矩始定
卽與識者面談 不過如此

기사(騎射) 및 보사(步射)를 설명한 이 13개 도상(圖像)은 모두가 도성(都城)
수비대의 올바른 자세를 모델로 고금(古今)의 주요 사법들을 그림으로 설명한
것이다. 이곳에 있는 그림들은 처음부터 사법과 대조해 가며 그린 것이며 눈요
기를 위한 장식용 그림이 아니다. 이 그림들에는 발끝부터 머리끝까지 사법에
어긋나거나 불필요한 부분들이 없으므로 독자들은 상세히 살펴보면서 그 절묘
한 자세를 터득해야 한다. 그런 다음 곧 거울 앞에 서서 등불을 켜 놓고 자신의
모든 자세가 그림과 꼭 같은 모양이 되도록 흉내를 내 보아야 한다. 이렇게 해
서 자세가 제대로 잡히기 시작하면 자세를 잘 아는 사람과 이야기를 해 보아도
더 이상 배울 것이 없게 될 것이다.

Ⅰ. 정체집궁법(正體執弓法)〈바른 자세로 활 쥐기〉

此勢宜看他內正外直 從容閑雅 一片精神俱在含養不露中 爲上 至於執弓出
箭 冠冕有度 又其次矣 然亦大方擧動 不可不學

이 모습에서 바른 정신과 곧은 자세를 보아야 한다. 가장 중요한 점은 고요하
고 편안하지만 정신을 집중시키며 한눈팔지 않고 있는 점이다. 그다음으로 중요
한 점은 활을 쥐고 화살을 (허리춤에서) 뽑는 모습인데 당당하고 절도 있지만
거침이 없다. 우리는 이런 자세를 배우지 않을 수 없다.

---

14) 원문에는 '서언(序言)'이라는 말은 없지만 필자가 편의상 써 넣은 것이다.

그림 20. 정체집궁법(正體執弓法)

Ⅱ. 정지인구세(定志認扣勢)〈정신을 집중해 오늬를 끼워 넣는 모습〉

此勢宜看他端莊靜默 凝神相的 無半點情色處 爲上 至於抱弓如懷月 理扣如
執星 不過是都門新樣 若見大方而已 然學之亦有妙處

이 모습에서는 단정하고 조용한 모습으로 정신을 집중해서 과녁을 바라보고
있는 점을 눈여겨보아야 한다. 가장 중요한 점은 전혀 잡념이 없는 모습이다.
가슴에 달을 품은 듯 활을 감싸 쥐고 손가락으로 별을 잡듯 오늬를 쥐고 시위
에 끼워 넣고 있는 모습은[15] 도성(都城) 정문을 지키는 경비병에게서 볼 수 있
는 새로운 모습에 불과하지만 전혀 거침이 없어 보인다. 그러나 이런 자세를 배
우는 것도 좋을 것이다.

---

15) 눈이 오늬를 보지 않고 있다.

그림 21. 정지인구세(定志認扣勢)

Ⅲ. 가궁제기세(架弓提氣勢)〈활을 들어 올리고 기력을 모으는 모습〉

此勢宜看他兩手不高不低 兩肋不偏不紐 腰申臍吸 面正肩平處 然皆外相 易
於看出 惟提氣最難 須細看吸臍處 則見其妙矣 提氣正在此時 不可忽略 切記
切記

이 모습에서는 두 손이 높지도 낮지도 않고 양쪽 늑골(肋骨)이 어느 쪽으로
기울거나 비틀리지 않았고 허리는 꼿꼿하고 배꼽은 끌어당겼고 얼굴은 바로 들
었고 두 어깨 높이가 같음을 눈여겨보아야 한다. 외적인 모습들은 모두 쉽게 눈
에 들어오지만 기력(氣力)을 모으고 있는 내적인 모습은 쉽게 알아보기 어려운
데 배꼽을 끌어당긴 모습을 잘 보면 그 비결이 보인다. 바로 이때 기력을 모으
고 있는 것이다. 이를 건성으로 보면 안 된다. 깊이 깊이 기억하라.16)

---

16) 이곳에서는 아랫배를 바짝 끌어당기라고 하고 이를 강조하지만 아직 거궁 단계일 뿐이다.

그림 22. 가궁제기세(架弓提氣勢)

Ⅳ. 합과양현세(合胯讓弦勢)〈허벅지를 조이며 시위를 당기는 모습〉

此勢乃旁取 非正像也 宜看他肩肘背三處足 後勁工夫 全在此時要緊 至於腰下軟 臀不現 腹不鼓 脈不曲 雖是外相 非內功所在 然不可不如此 若不如此 則有病矣

이 모습은 움직이는 도중의 모습을 그린 것이고 정지한 모습이 아니다.[17] 이곳에서는 어깨와 팔꿈치와 등만 보면 된다. 뒤에 자세를 굳히려면 지금이 중요하다. 아직 허리 아래는 힘을 주지 않고 유연하며 엉덩이를 내밀지 않았고 배도 (아직) 부풀리지 않았다. (어깨와 팔꿈치 및 등에서) 맥(脈)이 구부러진 곳이 없다. 이는 외적 모습이고 내공(內功)이 드러나 있지 않지만 이렇게 해야만 한다. 이렇게 하지 않으면 병이 생긴다.

---

17) 뒤의 제가후경세(齊加後勁勢)를 보면 허리를 앞으로 구부린 다음 시위를 당기기 시작해서 활이 8~9할쯤 벌어졌을 때부터 허리를 펴는 것을 알 수 있다.

그림 23. 합과양현세(合 胯讓弦勢)

Ⅴ. 대면인준세(對面認準勢)〈정면으로 과녁을 조준하는 모습〉[18]

此勢宜看他立弓平準 正面審的 不偏不倚 前後對針處 是要緊工夫 餘無他勢
不同[19]

이 모습에서는 활을 똑바로 세우고 정면으로 과녁을 조준하면서 기울어지거
나 비뚤어진 곳이 없는 점을 눈여겨보아야 한다. 줌손과 깍지손이 바늘 끝을 보
듯이 하나의 점으로 보이는 것이 중요하다. 나머지는 다른 모습과 같다.[20]

---

18) 앞의 합과양현세(合 胯讓弦勢)를 과녁 쪽에서 본 모습일 것으로 생각된다.

19) 저본(底本)에는 "餘無他勢同"으로 되어 있으나 문맥상 "餘無他勢不同"의 오기(誤記)로 보고 '不' 자를 추가
했다.

20) 앞의 합과양현세에서 말한 나머지는 모두 같다는 의미로 보았다.

그림 24. 대면인준세(對面認準勢)

Ⅵ. 후주득력세(後肘得力勢)〈뒤 팔꿈치에 힘이 들어간 모습〉21)

此勢宜看他肘不鬆　肩不吐　手不懸　乃最得勁處　其頭胸背腰臀亦揣摩如式

이 모습에서는 뒤 팔꿈치에 힘이 들어가 있고 뒤 어깨는 완전히 펴져서 앞으로 딸려 나가지 않았고 뒷손이 아래로 처지지 않은 것을 눈여겨보아야 한다. 이 부분들이 완전히 굳혀져 있다. 머리, 가슴, 등, 허리 그리고 엉덩이는 사법대로 하려는 모습이다.

---

21) 역시 허리를 앞으로 굽히고 있는 것을 보면 앞의 합과양현세(合胯讓弦勢) 또는 대면인준세(對面認準勢)를 뒤에서 본 모습일 것으로 생각된다.

그림 25. 후주득력세(後肘得力勢)

Ⅶ. 제가후경세(齊加後勁勢)〈활을 가득 벌리면서 자세를 굳힌 모습〉

此勢宜看他引弓到八九時　並氣集力　胸腹腰肘　一齊加勁處　然後兩肩可開　背骨可合　正是入彀　先一着工夫　當細心揣摩如式　則入彀有力矣

이 모습에서는 시위를 8~9할쯤 당겼을 때부터 기력(氣力)을 모아 가슴, 배, 허리 및 팔꿈치에 일제히 힘을 주고 있음을 눈여겨보아야 한다. 이렇게 해야 다음에 두 어깨를 벌리고 등뼈도 조일 수 있고 활을 가득 벌릴 수 있다. 무엇보다 잘 배워야 할 부분이다. 이 모습대로 잘 따라 하면[22] 활을 가득 벌린 후 힘에 여유가 있게 된다.

---

22) 아직 허리가 완전히 펴지지 않은 모습이 보인다. 또한 다음의 인궁입구세(引弓入彀勢)를 보면 화살이 턱끝에 붙어 있지만 이곳에서는 아직 떨어져 있다.

그림 26. 제가후경세(齊加後勁勢)

Ⅷ. 인궁입구세(引弓入彀勢)〈활을 가득 벌린 자세〉

此勢乃正取 故不見讓弦 宜看他胸骨開展 左右肩肘平直如衡 則背自合無疑 此入彀之正式也 學者須漸次加功 其妙必得 至於前手得力 後歸位 腰腹用勁 處 俱有相助之功 悉宜留心

이 모습도 정지된 모습으로 시위를 당기는 것은 보이지 않는다. 이 모습에서는 가슴뼈가 활짝 벌어져 있는 것을 눈여겨보아야 한다. 좌우 어깨와 팔꿈치가 저울대와 같이 수평으로 곧게 펴져 있기 때문에 등뼈가 조여져 있음은 의심할바 없다. 바로 이런 모습이 활을 가득 벌린 올바른 자세이다. 활쏘기를 배우는사람은 이런 자세를 갖추도록 계속 노력해야 한다. 줌손에 힘을 얻는 일과 깍지손을 끝까지 당기는 일 그리고 허리와 배를 단단히 굳히는 일은 어느 하나가되지 않으면 다른 것도 되지 않는다. 특별히 유념해야 한다.

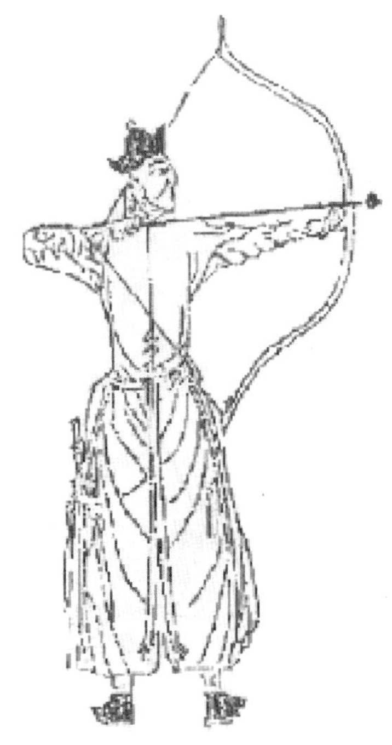

그림 27. 인궁입구세(引弓入彀勢)

Ⅸ. 살수험법세(撒手驗法勢)〈화살을 내보내 사법이 효과를 보는 자세〉

此勢宜看他前手不動不搖處 乃畫龍點睛 末後有一着工夫 正是古法云 後手
發矢 前手不知之意也 至於後掌平出 不過取其中正之妙 若太猛 則又有失矣
二法俱是要緊 不可輕視

이 모습에서는 줌손에 미동도 없음을 눈여겨보아야 한다. 이 점이 바로 마지
막 화룡점정(畫龍點睛)의 단계이다. 옛 사법에서 "뒷손을 시위에서 떼는 것을
앞손이 모른다."는 것은 바로 이를 두고 하는 말이다. 깍지손을 직선으로 뒤로
뺄 때는 적절한 힘을 써야 한다. 깍지손을 너무 거칠게 시위에서 떼면 화살이
빗나간다. 줌손과 깍지손 모습은 모두 중요하니 소홀히 하면 안 된다.[23]

---

23) 중국의 전통적 발시 동작인 소위 별절(撒鞏 또는 撒勢) 혹은 질절(挃鞏 또는 挃勢)에서 앞손의 동작은 배척
하고 뒷손의 동작만 계승한 동작이다. 다만 전통적 방식대로 뒷손 손바닥을 뒤집어 하늘을 보게 했는지는 불분
명하다.

그림 28. 살수험법세(撒手驗法勢)

제4절 사덕위(史德威)의 ≪사예진량(射藝津梁)≫

    이곳에서는 사덕위의 ≪사예진량≫(1868년)에 수록된 청나라 말기의 활노래 가운데 하나인 선사가(善射歌)만 소개하겠다. 활노래는 암기하기 쉬운 노래 형식으로 사법을 설명한 것으로서 어느 순간적인 동작이나 기술을 상징적으로 표현하고 있다. 앞서 여러 차례 소개된 "뒷손을 시위에서 떼는 것을 앞손이 모른다(後手發矢 前手不知)."란 유향(劉向)의 ≪열녀전(烈女傳)≫ 구절은 지금껏 알려진 가장 오래된 활노래라고 할 수 있다. 앞서 명나라 때의 사법서들을 통해 알 수 있었듯이 명나라 때부터는 사법의 어느 한 부분을 설명할 때 그와 관련이 있는 잘 알려진 활노래를 소개하면서 이를 분석하는 방법이 사용되어 왔다. 그러나 이곳에서 소개할 선사가(善射歌)는 완성된 칠언시(七言詩) 형식의 활노래로 사법 전반을 묘사한 것이다.

善射由來 有的傳　　선사(善射) 이야기, 전해져 오나
但傳形勢 巧自專　　전해진 건 형식뿐, 솜씨는 스스로 터득해야지

全身勁力 由心發　　온몸 굳힘은, 마음에서 나오고
拉放從容 在兩拳　　당기고 놓는 일, 두 주먹이 하네

神定眉平 項不偏　　두 눈에 정신 모으고, 고개는 세우고
雙分兩手 力須堅　　좌우균형 이루며, 더욱 힘을 가하네

平舒背力 能施展　　여유 있는 등힘, 서서히 펴지고
束肋鬆襠 欨落肩　　앞가슴 비우며, 앞 어깨 낮추네

定氣平胸 入彀明　　편안하게 가슴 펴니, 활은 가득 벌어지고
細看靶近 鏃相迎　　줌통 옆을 보니, 촉이 들어와 있네[24]

左手持弰 宜扁握　　왼손은 편편히 줌통을 쥐고 있고
右指放箭 貴速輕　　오른손 손가락은 빠르고 가볍게 시위를 놓네
前拳力大 後微鬆　　앞 주먹에 힘써도 뒷손이 무력하면
箭出離弦 恐失中　　시위 떠난 화살 빗나갈 수 있다네

後手力强 前手弱　　뒷손에 힘써도 앞손이 약하면
矢頭發出 多落空　　화살은 날아가다 땅에 떨어진다네

前後分明 兩力齊　　앞뒤 손에 고르게 힘을 쓰면
裏推外裏 是元機　　밀고 당기면서 힘이 넘친다네

扁開握放 能如式　　줌통 쥐기, 활 벌리기, 발시하기 법대로 하니
箭箭穿楊 中不移　　쏠 때마다 버들잎 뚫고 빗맞는 화살 없다네

力微只合 用輕弓　　힘이 약하면 부드러운 활을 쓰고
箭短箭長 與臂同　　화살 길이는 팔 길이에 맞춘다네

---

24) 전통적인 사법에서는 활이 가득 벌어지는 것을 눈으로 확인하지 말고 줌손 엄지손가락에 촉이 도달하는 느낌을
가지고 확인하라고 가르친다.

弓强力弱 難施放　　활과 힘이 어긋나면 활 다루기 어렵고
硬則傷人 軟在工　　억센 활에 몸 상하니 부드러운 활이 좋다네

弓矢須秤 己力行　　궁시가 맞으니, 힘이 절로 솟고
五平三靠 記分明　　오평(五平) 삼고(三靠), 잊지 않았네[25]

須將心平 爲眞訣　　마음 다스림, 진짜 비결이라오
法則當由 十八精　　사법은 모두, 십팔정(十八精)에서 나오네

得心應手 眞神妙　　마음 따라 손 움직이니, 참으로 신묘하고
貫虱穿楊 信不慚　　벼룩 뚫고 버들잎 뚫는 솜씨,[26] 부럽지 않네.

---

25) 《사예진량(射藝津梁)》에 의하면, 《두 눈썹, 두 젖꼭지, 가슴의 양쪽, 등의 양쪽 그리고 두 팔이 각각 수평을 이루는 것을 오평이라 했고 시위를 가슴에 대고, 화살을 절피 중간 제자리에 끼고, 화살대를 얼굴 어느 곳에 대는 것을 삼고라 했다. 그러나 청나라 때의 소설인 이여진(李汝珍)의 《경화연(鏡花緣)》은 오평과 삼고의 의미를 달리 설명한다. 즉, 두 어깨, 두 팔꿈치 및 천정(天庭: 두 눈썹 사이의 미간)이 수평을 이루는 것이 오평이며 화살 깃을 입 옆에 대는 것, 시위 아랫부분을 가슴에 바짝 대는 것 그리고 시위 소리를 들을 수 있게 시위 윗부분을 귀에 가깝게 대는 것을 삼고라 하고 있다. Stephen Selby, *Chinese Archery*(Hong Kong: Hong Kong University Press, 2000), pp. 378, note 10 참고. 오평의 경우에는 《사예진량》에서의 설명이 보다 합리적이고 삼고의 경우에는 이여진의 설명이 보다 그럴듯한 설명일 것으로 보인다.

26) 감승(甘蠅)과 비위(飛衛) 및 기창(紀昌)의 일화와 양유기(養由基)의 일화를 말한다. 앞의 제1장 참고.

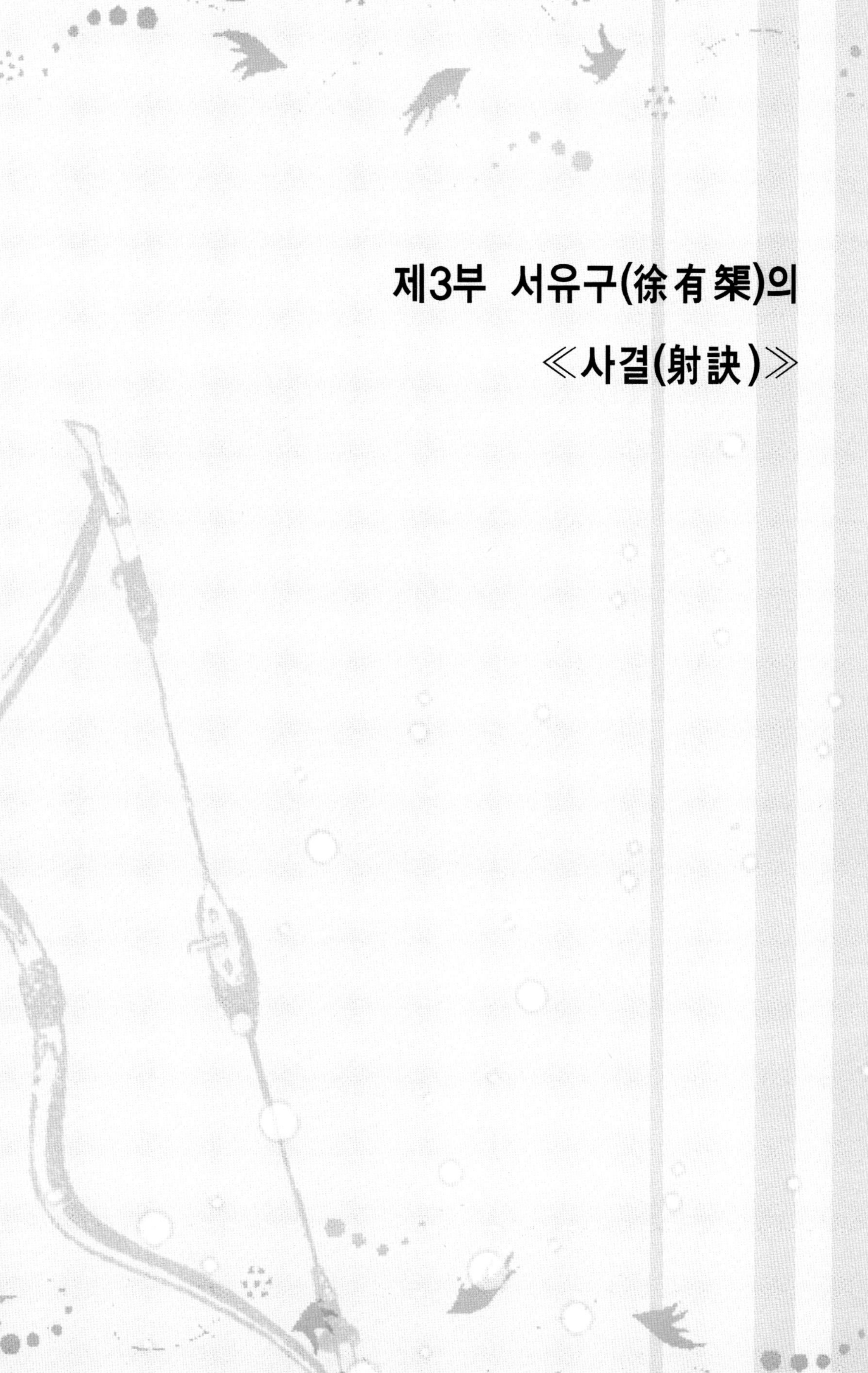

제3부 서유구(徐有榘)의 《사결(射訣)》

서 론

이 글은 조선조 후기의 실학자 풍석(楓石) 서유구(徐有榘, 1764~ 1845)가 저술한 ≪임원경제지(林園經濟志)≫ 중 <유예지(遊藝志)>에 포함되어 있는 글로서[1] 서기 1700년 간행된 청나라 주용(朱墉)의 ≪무경칠서휘해(武經七書彙解)≫, 말권(末卷)을 축약, 각색한 것으로 보이는 ≪무경휘해(武經彙解)≫[2] 중 사법(射法) 부분과 당나라 왕거(王琚)의 ≪사경(射經)≫ 중 일부를 발췌, 편찬한 글이다. 이 글에 인용된 ≪무경휘해≫의 내용은 ≪무경칠서휘해≫의 내용을 그대로 옮기지 않고 명나라 고영(高穎)의 ≪무경사학정종(武經射學正宗)≫의 내용 중 일부와 당시 우리 군대에서 사용되던 사법과 연습방법 등을 참고로 각색했던 것으로 보인다. ≪무경휘해≫에서 인용했다고 한 연향법(演香法), 상현법(上弦法), 칭궁법(稱弓法), 장궁법(臟弓法), 조전법(造箭法), 찰시법(擦矢法), 장전법(臟箭法) 등은 ≪무경칠서휘해≫에는 보이지 않는 항목이다. 또한 학사총법(學射總法), 연초법(演艸法), 연비법(演臂法), 연모법(演眸法), 원전법(遠箭法), 원근취적법(遠近取的法), 보사촬요(步射撮要), 사법십사요(射法十四要) 등은 내용도 그렇고 각 항 제목 역시 ≪무경칠서휘해≫와는 상당한 차이가 있다. 이 글은 궁시(弓矢)가 아직 군대의 중요 무기로 사용되던 시기에 우리나라 군대가 통일적으로 사용하던 사법과 연습방법을 기록으로 남겼다는 점에서 일제강점기에 발간된 ≪조선의 궁술≫보다 더 큰 의미가 있는 글이다.

---

1) ≪임원경제지≫는 한국과 중국의 각종 저서들을 참고, 인용해 엮어 낸 백과전서로서 본리지(本利志) 13권, 관휴지(灌畦志) 4권, 예원지(藝畹志) 5권, 만학지(晚學志) 5권, 전공지(展功志) 5권, 위선지(魏鮮志) 4권, 전어지(佃漁志) 4권, 정조지(鼎俎志) 7권, 섬용지(瞻用志) 4권, 보양지(葆養志) 8권, 인제지(仁濟志) 28권, 향례지(鄕禮志) 5권, 유예지(游藝志) 6권, 이운지(怡雲志) 8권, 상택지(相宅志) 2권, 예규지(倪圭志) 5권 등 그 내용이 크게 16부분으로 나뉘어 있어서 ≪임원십육지(林園十六志)≫ 또는 ≪임원경제십육지≫라고도 한다. 이 책은 전사본(轉寫本) 1질이 고려대학교 중앙도서관에 소장되어 있고 또 다른 전사본 1질이 일본 오사카 시립박물관에 소장되어 있다. 유예지(游藝志) 제1권이 사결(射訣)이다.

2) 정확한 발간연도는 미상이지만 비변사가 발간된 ≪무경휘해≫라는 책자가 국립중앙도서관에 일부 수장되어 있지만 이는 ≪무경칠서휘해≫의 내용을 그대로 옮겨 놓은 글이다.

제1장 초학연습(初學演習)

Ⅰ. 학사총법(學射總法)

初學最忌弓不服手　當備極和軟周正大弰之弓　配上好弦　上弦必用弓擎　則受力自均　無損傷胎腦之虞

초보자가 가장 경계해야 할 일은 자신의 손으로 제대로 다룰 수 없는 억센 활이다. 매우 부드럽고 연하면서도 일그러진 곳이 없고 고자가 큰 활과 이에 맞는 좋은 시위를 준비해야 한다. 시위를 활에 얹을 때는 반드시 도지개를 써서 얹어야 고르게 힘을 쓸 수 있어서 활의 내부에 손상을 입히지 않는다.

弓旣上弦　少停片晌　竢角膠性定　看其斜　正解去擎子再端放　片刻始虛擬一的對的空張　先習容止　將左手中名小三指　搦定弓弣　弓要直竪　大指活按中指之上食指虛中對合大指　形如蟹鉗　如此搦弓　不惟步射便于搭矢　騎射亦無落架之患

시위를 얹은 활은 덧댄 뿔과 민어부레풀이 자리를 잡도록 잠시 기다렸다가 비뚤어진 곳이 보이면 바로잡은 후 잠시 활을 벌리고 몸 앞의 가상 과녁을 향해 자세를 취해 본다. 이때 줌손의 중지와 무명지 및 새끼손가락으로 줌통을 쥐고 반드시 활을 수직으로 세운 후에 엄지를 가볍게 중지 위에 올려놓은 다음 검지와 엄지로 게 집게발 같은 모습을 만든다. 이렇게 활을 쥐면 서서 쏠 때 시위에 화살을 끼우기에 편리할 뿐 아니라 말을 타고 쏠 때도 화살을 땅에 떨어뜨릴 염려가 없다.

次將兩足立爲不丁不八之勢　左膝對的　稍曲向前　右足着力　直立　兩足用力均

勻 自不搖動 身勢須直 略似向前 兩目視的若不轉睛 下頦宜對左肩 此際當從
容養氣

　　그런 후 두 발의 모습이 고무래 '丁' 자나 여덟 '八' 자 모습이 되지 않게
서서 왼쪽 무릎이 과녁을 향하게 한 후 앞으로 약간 구부렸다 뒷다리에 힘을
주면서 곧게 서되 두 다리에 고루 힘을 주면 몸이 흔들리지 않는다. 몸은 곧바
로 세우되 대체로 전방을 향한 자세로 선다. 두 눈으로 과녁을 보되 눈동자를
굴리지 말고 턱끝은 앞 어깨를 마주 보아야 하며 이때 조용히 기력을 돋우어야
한다.[3)]

　　然後將右手食中名三指鉤弦之中　左右手齊擧開弓　前手將出　必須對的　其勢
要同右手漸次伸開　兩手平如一線　右手曲至右肩之傍　貼在肩　稍則前手已指的
定矣　模彷式樣　審固片晷　隨手鬆　回再開如此九次　停息片時　又如前法　循環不
輟　乃見功效　若是開弓　或一月　或二三月　手足身法　自然純熟　動輒合式　然後
再學搭矢

　　그런 후 깍지손 검지와 중지 및 무명지 세 손가락을 시위 중앙에 건 후 두
팔을 함께 들고 활을 벌린다.[4)] 줌손을 과녁을 향해 내미는 것과 동시에 깍지손
도 서서히 뒤로 벌려서 두 팔이 일직선이 되게 펴는데 뒤 팔을 구부려 깍지손
이 오른쪽 어깨 곁에 닿을 때쯤에는[5)] 줌손이 과녁을 향한 채 정지하게 활을 벌
려 준다. 그런 다음에 활을 쏘는 자세를 취하면서 정신을 집중해서 자세를 굳혔
다가 다시 팔에 힘을 풀고 시위를 늦춘다. 이런 자세를 아홉 차례 취해 본 후
잠시 쉬었다 같은 연습을 다시 계속하기를 그치지 않아야 연습의 효과가 나타
난다. 짧게는 1개월 길게는 3개월을 이렇게 활 벌리는 연습을 하면 손과 발과

---

3) "왼쪽 무릎이 과녁을 향하게 하라."는 말은 ≪조선의 궁술≫이 말한 앞발 끝이 과녁을 향하게 서는 자세와 같지
만 이곳에서도 뒷발 방향에 관한 구체적 언급은 역시 없다. 부정부팔(不丁不八) 또는 비정비팔(非丁非八) 자세
에 관한 상세한 설명은 앞의 167~169쪽 및 243쪽 참고.

4) 아직은 화살을 시위에 끼우지 않은 상태이다.

5) 깍지손이 오른쪽 어깨에 닿도록 시위를 당기는 자세를 말한 유일한 기록이며 ≪조선의 궁술≫에는 이런 말이
없다. 깍지손이 오른쪽 어깨에 닿도록 시위를 당기는 자세는 몸이 거의 앞을 향하게 선다면 매우 짧은 화살을
써야 가능한 자세이지만 이렇게 섰을 경우에는 두 어깨와 두 팔이 일직선이 되도록 자세를 취하기는 불가능하게
된다. 한편 옆구리가 과녁을 향하게 서는 자세로는 비교적 긴 화살을 써도 깍지손이 오른쪽 어깨에 닿도록 시위
를 당기면서도 두 어깨와 두 팔이 일직선이 되는 자세를 취할 수 있지만 이런 자세로 활을 쏘려면 매우 약한
활을 써야 한다. 중국 사법에서는 옆구리가 과녁을 향하는 자세를 취하면서도 깍지손 위치를 대개 뺨 근처에 두
도록 한다.

몸의 자세가 익숙해지며 모든 자세가 사법대로 된 연후에야 비로소 시위에 화
살 끼우는 방법을 배울 차례가 된다.

至矢之法 亦當對牆 虛擬一的 左手以前法搦弓 右手持箭離鏃二寸許 橫弓對
齊 投鏃於左手大指食指之中 食指大指箝籠箭鏃 右手五指由箭桿而下至羽後
扣處 將中大食指 摩扣對弦 適中搭上 模索穩滿 以大指指機控弦 以食指交搭
大指之上 同指機箝住箭扣 不可太緊 亦不可太鬆 其中名小三指俱宜空拳 搭
矢之時 止可手摩 切忌眼看 左手大食兩指鬆鬆籠抱箭桿 中名等指搦緊弓弛
身法立法照前 持固審的 鬆回弓矢

시위에 화살을 끼우고 하는 연습도 담벼락 앞에 서서 담벼락에 가상 과녁을
정해 놓고 연습한다. 줌손으로는 앞서 말한 방법대로 활을 쥐고 깍지손으로 화
살을 쥐되 촉에서 2치(寸)<약 6cm>가량 떨어진 곳을 활대에 직각으로 붙인 다
음 화살을 줌손 검지와 엄지 사이에 밀어 넣고 검지와 엄지로 화살촉을 감싸
쥔다. 그런 다음에 깍지손의 다섯 손가락이 화살대를 따라 깃을 지나 오늬까지
가서 (오늬를 쥐고 화살대를 앞으로 밀어낸 다음) 엄지와 검지 및 중지로 더듬
어 가면서 오늬를 절피 중앙에 조용히 끼운다. 그런 다음에는 깍지 낀 엄지로
시위를 당기는데 이때 검지 끝마디를 엄지 끝마디 위에 걸치고 깍지와 함께 화
살오늬를 감싸되 너무 억세거나 너무 허술하게 감싸면 안 된다. 깍지손의 나머
지 세 손가락은 가볍게 손바닥 속으로 구부려 넣는다. 화살을 시위에 끼울 때는
손으로 더듬어서 끼우며 눈으로 보면서 끼우면 안 된다.[6] 줌손 엄지와 검지는
화살을 가볍게 감싸 주고 나머지 세 손가락은 줌통을 단단하게 감아쥔다. 몸과
발의 자세를 앞서 말한 대로 취한 후 시위를 당겨 굳게 버티면서 과녁을 겨냥
해 굳혔다 다시 자세를 풀어 준다.

如是而行 造至純熟 始用草把對身演習 無一不是 無一不精 然後至敎場 豎
立箭把 把濶八寸高四尺 量準二十弓爲遠近之則 釘一脚椿 前足對椿立定 照
式開弓搭矢 更在撒放着意 以前手指的 緊搦一挺 後手平肩一撒卽伸於後 若

少有把持不固 用力不勻 則不免出矢打袖搖頭等弊矣 貴在前手撇後手勞<按撇
勞解見下> 用力均勻 巧力兼至也 然把則尺寸亦宜漸加 移至三十五弓爲度

　이 연습에 숙달되면 짚 과녁 앞에 서서 자세를 연습하며 자세나 동작에 조금
도 잘못이 없게 된 후 활터로 나가 짚 과녁을 과녁 삼아 실제 활을 쏜다. 짚 과
녁은 바로 세워 놓되 지름은 8치(寸)<약 26cm>,[7] 높이는 4자(尺)<약 130cm>
이며[8] 처음에는 20궁(弓)<약 33m> 앞에 세워 놓는다.[9] 짚 과녁 다리 하나를
말뚝에 고정시키고 앞발을 이 말뚝을 향해 놓고 법도대로 활을 벌리고 화살의
오늬를 시위에 끼운다. 화살을 내보낼 때 줌손으로는 활을 더 단단히 쥐고 과녁
을 향해 내뻗고 깍지손은 어깨 높이에서 뒤로 곧게 빼내서 펴 준다. 이때 줌통
을 쥔 손가락이 풀리거나 줌손과 깍지손의 힘의 균형이 무너지면 화살이 나갈
때 시위가 팔뚝이나 옷소매를 치거나 화살이 요동치며 나가는 등 병폐를 면할
수 없다. 줌손은 활 윗고자를 앞으로 쓰러뜨리는 별(撇) 동작을 취하고 깍지손
은 뒤로 펴서 손바닥이 하늘을 바라보는 절(勞) 동작을 취하는 것이 좋다.<별
(撇), 절(勞)에 대한 설명은 뒤에 다시 나옴>[10] 줌손, 깍지손에 고루 힘을 쓰면
화살에 힘도 있고 명중률도 높아진다. 짚 과녁 연습은 거리를 아주 조금씩 늘리
면서 35궁(弓)<약 60m>까지 점차 늘려 간다.[11]

弓亦漸强 量力配合 總以服爲佳 不可使弓勝於力也<武經匯解>凡初學入門
之始 貴用極軟之弓 極長之箭 精究學法 體會於胸 日於家庭中用草把演習 模
彷架式 對的放箭 手熟心巧 無不中的

　이때 활은 점차 억센 활을 사용하되 손이 활을 부릴 수 있어야 하며 힘에 부
치는 억센 활을 쓰면 안 된다.<무경휘해> 활쏘기를 배울 때는 매우 부드러운 활

---

7) 뒤의 '연초법(演艸法)'에서는 짚 과녁을 둥근 원통형으로 만들되 둥근 정면의 둘레를 2자(尺)〈약 66cm〉 남짓이
　　라고 했다.

8) 짚 과녁 상단의 높이를 말하는 것으로 보인다. 이렇게 짚 과녁을 세워 놓으면 그 중심이 대개 그 앞에 서 있는
　　사람의 젖가슴 정도가 된다.

9) 뒤의 '연초법(演艸法)'에서는 처음에 연습을 시작할 때는 짚 과녁을 몸 앞의 2자(尺)〈약 66cm〉 거리에 놓고 연
　　습을 시작한다고 한다.

10) 뒤의 '전후수법(前後手法)'에서 말하는 질(揑)과 절(勞)을 말한다. 또한 뒤의 '보사촬요(步射撮要)' 참고.

11) 뒤의 '연초법(演艸法)'에서는 1치(寸)〈약 3.3cm〉 단위로 짚 과녁까지 거리를 늘려 가면서 매번 익숙해질 때까
　　지 연습을 계속하는데 10보(步)〈약 12m〉 거리에서도 백발백중할 수 있을 때까지 짚 과녁의 거리를 늘려 간다
　　고 했다.

과 매우 긴 화살을 사용하는 것이 좋다. 사법을 열심히 공부해 마음속 깊이 이해하고 매일 집 안 마당에서 짚 과녁을 이용해서 연습을 하되 법도대로 자세를 취한 후 화살을 쏘아서 명중시키지 못하는 일이 없을 정도로 숙달되어야만 한다.

然後就敎場排立而射 以五人爲一排 於中輪 一二人立于兩側 以效其程度 立步不可太濶 亦不可太窄 須要適中 以成不丁不八之勢 擬的在南 端身穩立 勢要向的 略帶向西

그렇게 된 다음에는 활터에서 여럿이 조를 이루어 늘어서서 활을 쏘는데 다섯 명이 한 조를 이루어 초보자가 가운데 서고 양옆에 선 사람은 초보자의 잘못을 고쳐 준다. 두 발의 간격은 너무 넓거나 너무 좁으면 안 되고 적당해야 하며 두 발의 모습이 고무래 '丁' 자나 여덟 '八' 자가 되지 않아야 한다. 과녁이 남쪽에 있을 때 몸은 똑바로 편안히 서서 과녁을 향하지만 대략 서남쪽을 향하게 된다.

前後手與肩肘齊平 往後扯去 手忌過目 肘忌貼脅 端身如幹 直臂如枝 前胸須挺開 切忌挺開之迹 後背須撮合 貴無撮合之形

앞뒤 두 손과 어깨와 팔꿈치는 모두 직선을 이루어야 한다. 시위를 뒤로 당길 때 깍지손이 눈앞을 지나가면 안 되며 뒤 팔 팔꿈치를 낮추어서 옆구리에 붙여도 안 된다. 몸통은 나무줄기같이 곧바로 세우고 두 팔은 곧게 펼쳐진 나뭇가지 같아야 한다. 앞가슴은 활짝 펴야 하지만 눈에 뜨일 정도로 활짝 펴면 안 되며 뒷등은 조여야 하지만 조이지 않은 듯 조여야 좋다.

前拳直指的中 後手緊貼肩傍 大指在下 食指在上籠箭 援弦將手背向身略扭 使掌心略見於外 兩目視的 切忌看扣看弝 下頦須對左肩 雙手引弓平平扯開 不可動容作色

앞 주먹은 과녁을 향하고 깍지손은 어깨 곁에 붙이고 엄지 위에 걸친 검지로 화살을 눌러 준다. 시위를 당길 때 깍지손 손등이 몸을 향하고 손바닥이 바깥쪽을 향하도록 비틀어 당겨야 한다. 두 눈은 과녁을 보며 결코 오늬나 줌통을 보면 안 된다. 턱끝은 왼쪽 어깨를 향해서 돌려야 한다. 두 손이 수평을 유지하면서 활을 벌려야 하며 얼굴을 움직이거나 일그러뜨리면 안 된다.

不可弓甫開圓便爾輕易發矢 不可將前拳預先伸直拄定始用後手扯弓 又不可
未射之先糚成架式與印板相似

활이 벌어지자마자 바로 발시하면 안 되며 앞 팔을 먼저 펴서 줌손을 고정시
켜 놓고 깍지손으로 시위를 당겨 활을 벌려도 안 된다. 실제로는 쏘지 않으면서
먼저 쏘는 자세를 취해도 안 된다.

要必脚未立 手先持弓 立未定弓卽搭矢 弓開一分 架式隨成一分 弓開式成
弓圓式定 持滿審固 愈久愈妙 合於式者因之 不合於式者去之

다리 자세를 잡기 전 활을 쥐고 활을 들어올리기 전 시위에 오늬를 끼우며
활을 벌려 가면서 서서히 자세를 취해야 한다. 활이 완전히 벌어질 때쯤에는 완
전한 자세를 취하고 굳게 버티면서 더욱 정신을 집중하고 자세를 굳힌다. 이렇
게 해야 사법에 맞는 것이다.

總期手眼腰足身法立法開弓搭矢審固法合式而後止＜上同＞

손, 눈, 허리, 발 및 몸의 자세와 서는 자세 그리고 화살을 끼우고 활을 벌려
조준해 자세를 굳히는 법을 모두 익혀야 한다.＜무경휘해＞

Ⅱ. 연초법(演艸法)〈짚 과녁 연습법〉

演艸之法 實初學正始之方 如弓開滿彀 架式周定則製一草把 用極長極硬稻
莖 扯去護葉剪去穗頭 比箭略短 顚倒 作束約蘿口大 曬極乾置陰所 回潤一頭
取齊 用麻繩從頭纏縛 漸漸縛緊 槌棒周圍敲打 敲打一次 緊縛一次 以最緊 直
平爲度 約斗口大 周圍二尺餘 平面之中 點一方寸鵠 的一樣 制兩個 輪換取用

짚 과녁 연습법은 활쏘기를 올바로 시작하는 방법이다. 활을 가득 벌리고도
자세를 제대로 취할 수 있게 되면 짚 과녁 하나를 만든다. 우선 아주 길고 질긴
벼 줄기를 구해서 잎과 끄트머리를 쳐낸 다음 화살 길이로 잘라서 눕혀 놓고
광주리 주둥이 크기로 묶는다. 이를 햇볕에 말린 후 그늘에 두었다가 가지런히
다듬은 후에 삼줄로 위에서부터 아래로 단단하게 묶어 내려가는데 한 바퀴 묶

을 때마다 몽둥이로 골고루 두들겨 가면서 반듯한 모양이 되게 단단히 묶어서
둘레 2자(尺)<약 66cm> 남짓의[12] 원통형으로 만든다. 둥근 정면의 중앙에는
가로와 세로가 각 1치(寸)<약 3cm>인 과녁 모양 표적지를 만들어 붙이는데 이
런 표적을 2개를 만들어서 바꾸어 가며 쓴다.

再用木架 架之 置架之法 四足着地 中用數擋拘定 上用木板二塊作月牙鉗口
箭定草把 再用繩索兩頭 縛固架上 箭把之木須作活機 可上可下 以便與人身
段相配 鵠面向人 務要較準高下 與人左乳相對其鵠 比乳高二三寸許 務期開
弓圓滿 架式平正 箭恰對鵠爲度

그런 다음에는 다시 나무다리 4개를 만들어 이 다리로 짚 과녁을 세우는데
다리 중간 부분을 막대기 몇 개로 연결해 흔들리지 않게 고정시키며 다리 상단
에는 나무판 2개로 반원형 받침대를 만들어 짚 과녁을 그 위에 올려놓고 다시
밧줄 2개로 받침대 두 곳을 다리에 붙들어 맨다. 이때 짚 과녁 받침을 아래위로
움직일 수 있게 만들어서 짚 과녁 중앙의 표적지가 쏘는 사람의 왼쪽 젖가슴보
다 2~3치(寸)<7~10cm> 정도 높아지게 해야만 하는데 이 높이는 활을 가득
벌리고 자세를 취했을 때 화살이 가리키는 위치이다.

草把旣成 覈定工課 每日約三次學射 立身離草把二尺許 模彷格式 照法搭矢
開弓極圓極滿 箭鏃離鵠一寸 儼如遠射 對定審固良久 前後手用力均勻 撒放
得法 向鵠射人須用尖頭小箭則不損把 射法點熟 箭自歛羽 箭入草把 中正平
直者 是中把之箭也 假如箭尾偏左則知箭合於右 箭尾偏右則知箭揚於左 以箭
扣之上下左右 論準頭之大小揚合

짚 과녁이 준비되면 그 앞에서 진도를 보아 가며 매일 서너 차례씩 활 쏘는
연습을 한다. 짚 과녁 앞에 2자(尺)<약 66cm> 정도 거리를 두고 서서[13] 자세
를 취한 후 법도대로 시위에 화살을 끼우고 활을 가득 벌리면 화살촉은 짚 과
녁의 표적지와 1자(尺)<약 33cm> 거리에 있게 된다. 이때 멀리 있는 실제 과
녁을 쏠 때나 똑같은 마음자세로 과녁을 조준하고 정신을 집중해서 자세를 굳

---

12) 앞의 '학사총법'에서는 짚 과녁의 지름은 8치(寸)<약 26cm>라 했다. 지름을 8치로 하면 둘레는 2자 6치<약
86cm>가량이 된다.

13) 앞의 '학사총법'에서는 처음에는 짚 과녁을 20궁(弓)<약 33m> 앞에 세워 놓고 연습을 시작한다고 했다.

힌 다음에 앞뒤 손에 고루 힘을 써서 화살을 내보내야 한다. 짚 과녁의 표적지
를 쏠 때는 촉이 가느다란 화살을 써야 짚 과녁의 손상을 줄일 수 있다. 사법에
익숙해질수록 화살은 점차 짚 과녁에 깊이 박히게 되는데 표적지에 수평으로
바로 박힌 화살은 실제로 활터에서 쏜 화살이었다면 과녁에 명중한 화살이 된
다. 화살 꼬리가 왼쪽으로 치우쳐 박힌 화살은 실제로 활터에서 쏜 화살이었다
면 오른쪽으로 치우쳐 날아간 화살이 될 것임을 알 수 있으며 꼬리가 오른쪽으
로 치우쳐 박힌 화살은 실제로 활터에서 쏜 화살이었다면 왼쪽으로 치우쳐 날
아간 화살이 될 것임을 알 수 있다. 이와 같이 짚 과녁에 꽂힌 화살 오늬의 상
하좌우를 보면 화살이 실제로 상하좌우 어느 쪽으로 날아갈 것인지를 알 수 있
는 것이다.

　射至純熟 分寸漸加 漸演漸遠 矢矢如是加之 十步之外發必中鵠 然後再往敎
場試驗則成竹在胸 雖有不中 知不遠矣<武經匯解>

　이렇게 연습을 해서 익숙해지면 1치(寸)<약 3.3cm> 단위로 짚 과녁까지 거
리를 늘려 가면서 매번 익숙해지도록 계속 연습하며 10보(步)<약 12m> 밖에
서도 백발백중할 수 있을 때까지 거리를 늘려 간다.14) 이런 연습을 거친 후 활
터로 나가서 실제 과녁을 쏘면 이는 완전한 준비를 갖추고 활을 쏘는 것이다.
이때 비록 처음에는 명중시키지 못하는 경우가 있어도 곧 명중시킬 수 있게 된
다.<무경휘해>

Ⅲ. 연비법(演臂法)〈앞 어깨 단련법〉

　學者將欲引弓 須先操練手臂 時常對柱挺直 使之堅固 以左手托在柱上與前
肩齊 以後肘聳起與前拳齊 使他人從傍將前肩捺向下捲15) 竢其酸痛旣定 一月

---

14) 원문의 10보는 100보의 오기(誤記)로 보인다. 앞의 '학사총법'에서는 짚 과녁 연습은 35궁(弓)〈약 60m〉까지
　　거리를 아주 조금씩 늘려 간다고 했다. 또한 당나라 왕거의 ≪사경≫에서는 짚 과녁 연습이 아니라 실제 과녁
　　을 쏘는 연습이기는 하지만 "처음에는 과녁에서 한 장(丈)〈약 3m〉 거리에서부터 쏘아야 한다. 백발백중할 수
　　있게 되면 차례로 1치(寸)씩 거리를 늘려 100보(步) 밖에서 백발백중할 수 있을 때 비로소 궁술은 완성된다."
　　고 했다.

15) 주용(朱墉)의 ≪무경칠서휘해(武經七書彙解)≫에서는 '권(捲)'이란 글자에 대해 '회전번하위권(回前番下爲
　　捲)'이라는 주(註)를 달아 놓았다. "앞으로 돌려 주면서 아래로 누르는 것"을 '권(捲)'이라고 한다는 의미이다.

之後 方以鋪筋軟竹弓托在柱上 後手提高引間 俟前肩下得極熟 方可搭箭空引 彀 法旣合 骨節自直 直則生力 熟則生勢 終日習射不勞於力 旣彀之時 自能堅 持不動 遲速操縱無不如意 大抵前肩從下捲則拳達上 力從前拳而出 後肘從高 瀉下 力從後拳而開 如此操鍊 兩手均勻 工夫純熟 巧妙自生＜武經匯解＞

활쏘기를 배우려면 활을 벌리기 전 손과 팔을 단련시켜야 하는데 수시로 왼손을 기둥에 대고 팔을 뻗어 단련시키며 앞손과 어깨의 높이를 같게 하고 뒤 팔꿈치를 들어 올려 앞 주먹과 높이가 같도록 한 다음 옆 사람을 시켜 자신의 앞 어깨를 아래로 돌려 누르게 한다. 이렇게 하면 처음에는 어깨에 통증이 생기나 한 달쯤 이런 훈련을 반복하면 통증이 없어진다. 이때쯤 되면 기둥 대신 쇠 힘줄을 덧댄 대나무 활을 쥐고 단련하는데 깍지손을 높이 들고 시위를 당기면서 앞 어깨를 힘껏 아래로 돌려 누르는 동작이 익숙해지면 이때 비로소 시위에 화살을 끼우고 활을 벌리는 연습을 시작한다. 이 동작이 숙달되면 골절들은 저절로 펴지고 골절이 펴지면 힘이 솟고 기세가 강해지며 하루 종일 활을 쏘아도 힘이 달리는 일이 없어진다. 또한 활을 가득 벌리고도 조금도 흔들림이 없게 되어서 발시 시기를 당기거나 늦추거나 마음대로 조절할 수 있게 된다. 무릇 앞 어깨를 돌려 누르면 줌손이 위로 올라가면서 줌손에 힘이 솟는다. 또한 뒤 팔꿈치를 높이 들어 올렸다 서서히 뒤 어깨 높이로 쓸어내리면 깍짓손에 힘이 솟는다. 이와 같이 연습해서 앞뒤 두 손에 힘의 균형을 이루게 되면 연습을 해 갈수록 저절로 솜씨가 늘어난다.＜무경휘해＞

Ⅳ. 연모법(演眸法)〈시력 단련법〉

夫人一身精神 皆萃於目 目之所注 神必至焉 神至而四體百骸筋力精氣俱赴 矣 故平時常凝眸定目 先望五十步外 漸及白步外 以一物作準看得其中明明白 白 雖細密處亦若粗大 久之 精光凝聚 凝視分明 臨射時自得天巧＜武經匯解＞

무릇 사람의 몸에서 정신은 모두 눈으로 모이고 눈이 응시하는 곳으로 반드시 정신도 향하게 되며 정신이 향하는 곳으로 온몸의 기운과 정기가 모두 이르게 되는 법이다. 따라서 평시에 늘 두 눈의 힘을 모아서 50보 떨어진 곳의 한

곳을 응시하다가 조금씩 거리를 늘려 가며 100보 밖의 한 곳을 응시하는 훈련
을 한다. 이때 쳐다보는 곳의 모습을 뚜렷이 볼 수 있어야 하며 아주 작고 세밀
한 부분까지 크게 볼 수 있어야 한다. 이렇게 오랫동안 끊임없이 연습하면 눈의
힘이 모여 사물을 분명히 응시할 수 있게 되고 활을 쏠 때 놀라운 솜씨를 발휘
하게 된다.<무경휘해>

Ⅴ. 연향법(演香法)〈향불 연습법〉

欲精射法工不可間　每夜將香點灼三枝　並揷或作一束　置高土埂下　或高土牆
下　若庭內演習　則置土墼壁下　再以厚草搰之　相去約二十步　用箭三枝　對香頭
略下三四分停　久審視　必拳正對而後發矢　須親自檢取　看其高下左右何如　變
化在心　發可百十矢　以香減爲度　久之　法熟機生　隨手可以命中　或日間　以錢大
鵠的　如法演習　得益甚　捷然搭箭　須前低後高　方能有準<武經匯解>

사법을 익히려 해도 잘 되지 않을 때는 밤에 향불 세 가닥에 불을 붙여서 높
은 흙더미나 토담 아래 나란히 꽂아 놓거나 혹은 세 가닥을 함께 묶어 꽂아 놓
고 연습한다. 집 안 마당에서 연습하려면 흙벽돌로 쌓은 담장을 두터운 풀 더미
로 가린 후 그 앞에 향불을 꽂아 놓는다. 그런 다음 향불로부터 약 20보(步)
<약 12m> 거리에서 화살 세 개를 불꽃 아래 약 3∼4푼(分)<약 1.5cm>쯤에
고정시켜 놓고 이를 오랫동안 응시하다가 앞 주먹을 앞으로 내뻗고 화살을 내
보내며 화살을 내보낸 후에는 반드시 직접 가서 화살이 향불 상하좌우 어느 곳
에 꽂혔는지를 확인한다. 쏠 때마다 차이점을 마음에 새겨 놓고 향불이 다 타서
꺼질 때까지 백여 차례를 계속 쏜다. 이렇게 오래 연습하면 사법에 익숙해지고
솜씨가 생겨 쏘는 대로 명중시킬 수 있게 된다. 혹 밝은 낮에 연습할 때는 동전
크기의 아주 작은 과녁을 만들어서 앞에 놓고 사법대로 연습을 해 보면 매우
큰 효과를 거둘 수 있다. 또 화살을 시위에 끼울 때는 신속하게 끼워야 하며 줌
손을 낮추고 깍지손을 높여야만 정확하게 화살을 내보낼 수 있다.<무경휘해>

제2장 임장해식(臨場楷式)[1]

Ⅰ. 총결(總訣)⟨王氏射經⟩

凡射 必中席而坐 一膝正當垜 一膝橫順席 執弓必中在把之中 且欲當其弦心也
以弓當左膝前 豎按席 稍吐下弰向前 微令上傾向右 然後取箭 覆其手 微拳 令指
第三節齊平 以三指捻箭三分之一 加於弓亦三分之一 以左手頭指受之 則轉弓 令
弦稍離身就箭 即以右手尋箭羽 下至闊 以頭指第二節當闊 約弦徐徐送之 令衆指
差池如鳳翮 使當於心 又令當闊 羽向上 弓弦旣離身 即易見箭之高下 取其中平直
然後擡弓離席 目取睨其的 按手頤下 引之令滿 其持弓手與控指及左膊肘平如水准
令其肘可置杯水 故曰 端身如幹 直臂如枝 直臂者 非初直也 架弦畢 便引之 比及
滿使臂直是也 引弓不得急 急卽失威儀而不主皮 不得緩 緩卽力難爲而箭去遲 唯
善者能之 箭與弓把齊爲滿 地平之中爲盈貫 信美而術難成 要令大指知鏃之至 然
後發箭 故曰 鏃不上指 必無中矢 指不知鏃 同於無目 試之至也 或以目視鏃 馬上
與暗中則乖 此爲無術矣 故矢在弓右 視在左 箭發 則麾其弰 厭其肘 仰其腕 目以
注之 手以指之 心以趣之 其不中何爲也 又曰 矢量其弓 弓量其力 無動容 無作色
和其文體 調其氣息 一其心志 爲之楷式 知此五者爲上德<王氏射經>[2]

左肩與胯對垜之中 兩脚先取四方立後 次轉左脚大指垜中心 此爲丁字不成
八字不就 左手開虎口微鬆 下三指轉把臥側 則上弰可隨矢直指的 下弰可低胛
骨下 此謂麾其弰 右手摘弦 盡勢飜手向後 要肩臂與腕一般平直 仰掌現掌紋
指不得開露 此爲壓肘仰腕<上同>[3]

Ⅱ. 탑시법(搭矢法)〈화살을 시위에 끼우고 발시하는 법〉

凡搭矢　先看單翎在上　入扣止用手摩　切忌眼看　前手須高　後手四五分　蓋前
高後低　方得水平　矢去不掃然　亦顧人力何如　力强自能遠到　後手宜高　若力弱
而後亦高　則矢不遠　須放平些惟射近　前低後高　方纔有準

화살을 시위에 끼울 때는 화살 깃 중 하나가 위에 있는지 여부만 먼저 눈으
로 보고는 오늬를 시위에 끼울 때는 손으로 더듬어 가며 끼워야지 눈으로 보면
서 끼우면 안 된다. 그리고 (발시 동작에서) 줌손보다 깍지손을 4~5푼(分)<약
1.6cm>쯤 낮추어야 두 손 높이가 같아지고 화살이 지나치게 떠오르지 않는다.
그러나 활 쏘는 사람의 힘도 고려해야 한다. 힘이 세면 화살을 멀리 보낼 수 있
어 깍지손을 높여야 하지만 힘은 약한데 깍지손을 높이면 화살을 멀리 보내지
못한다. 그러나 평지에서 가까운 과녁을 쏠 경우라면 줌손은 낮추고 깍지손은
높이는 것이 옳다.

大指羈弦之中　食指尖半搭大指尖　極力外撑　直向於下　不可橫斜　致令鉤弦
兩指根緊對懷中　兩指抄緊往右撇　內節傍矢　不可太逼傍矢　則矢不則落地　而
不太逼則矢滿不彎　反掌向外　略見掌心　臨發着力再緊　大食二指　盡力直開　自
覺臂力酋勁　脫弦鬆脆　聲音清亮　名曰亮掌　此至法也<武經匯解>

(깍지손의) 엄지를 시위 중간에 건 후 검지 끝마디의 절반을 엄지 끝마디의
위에 걸고 힘껏 버티면서 똑바로 아래로 향하도록 해야지 옆으로 기울이면 안
되며 단단히 시위에 걸어야 한다. 엄지와 검지의 뿌리 부분은 가슴 쪽을 향하
고 끝 부분은 팽팽하게 오른쪽으로 밀면서[4] 검지의 뿌리 마디로 화살을 눌러
주되 지나치게 누르지만 않으면 화살을 땅에 떨어뜨리는 일이 없어지고 시위를
가득 당겼을 때도 화살이 구부러지지 않는다. 손바닥이 바깥쪽에서 보일 정도
로 비틀어 준 다음 화살을 내보내려는 순간 바짝 더 힘을 가해 엄지와 검지를
힘껏 풀어 주면 팔에 힘을 느끼게 되면서 시위에서 가볍게 벗겨지고 맑고 경

---

3) 같은 글 중 '보사총법(步射總法)'의 앞부분을 그대로 옮겨 놓은 것임. '번역문은 앞의 237쪽 참고. 이 부분은
　우리나라 활터에서 전통적으로 통용되던 비정비팔(非丁非八)의 발 자세가 중국 사법의 발 자세와 같았음을 말하
　는 부분이다.'
4) 우궁의 경우를 말한다.

쾌한 소리가 난다. 이를 양장(亮掌)[5]이라고도 하며 가장 훌륭한 발시법이다.
<무경휘해>

Ⅲ. 공현법(控弦法)

凡控弦有二法　無名指疊小指　中指壓大指　頭指當弦直竪　中國法也　屈大指
以頭指壓勾指　此胡法也　此外皆不入術　胡法力少利馬上　漢法力多利步用　然
其持妙在頭指間　世人皆以其指末齪弦　則致箭曲　又傷羽　但令指面隨弦直竪
卽脆而易中　其致遠　乃過常數十步　古人以爲神而秘之　胡法不使大指過頭　其
執弓欲使把前入扼　把後當四指本節　平其大指承鏃　卻其頭指使不碍　則和美有
聲而俊快也<王氏射經>[6]

Ⅳ. 전후수법(前後手法)

Ⅴ. 지궁심고(持弓審固)

Ⅵ. 거파누현(擧弝摟弦)

Ⅶ. 말우취전(抹羽取箭)

Ⅷ. 당심입괄(當心入筈)

Ⅸ. 포박견현(鋪膊牽弦)

Ⅹ. 흠신개궁(欽身開弓)

Ⅺ. 극력견전(極力遣箭)

Ⅻ. 권현입소(捲弦入弰)[7]

---

5) "경쾌한 깍지손 떼기"로 해석하면 무난할 것이다.

6) 당나라 왕거(王琚)의 ≪사경(射經)≫에서 '총결(總結)'의 중간 부분을 그대로 옮겨 놓은 것임. 번역문은 앞의
　　234쪽 참고.

7) '전후수법'부터 '권현입소'까지는 같은 글 중 같은 제목의 내용을 모두 그대로 옮겨 놓은 것임. 다만 원문에서는
　　'持弓審固'를 '指弓審固'로 그리고 '擧弝摟弦'을 '擧弝按弦'으로 잘못 인용해 놓았다. 번역문은 앞의 240～
　　249쪽 참고.

XⅢ. 원전법(遠箭法)〈먼 과녁을 쏘는 방법〉

兩足着力直站 左手拿弓搭胸勿動 右手將箭揷腰間取箭一枝 離鏃二寸許 投於左手大指食指之中 大指二指[8]箝籠箭鏃 右手五指由箭桿直下至羽後扣處 將中指大指食指摩扣對弦 適中搭上 摸索穩滿 以指機控弦 食指尖半搭大指尖 極力直撐 勿橫勿逼

두 다리에 힘을 주고 곧게 서서 줌손으로 활을 쥐고 가슴 앞에 들고 깍지손으로 화살 하나를 허리춤에서 뽑아내 촉에서 2치(寸)<약 6cm>쯤 되는 부분까지 줌손 엄지와 검지 사이에 밀어 넣고 엄지와 검지로 촉을 감싼다. 그다음 깍지손 다섯 손가락이 모두 화살대를 따라 깃을 지나 오늬까지 가서 (오늬를 쥐고 화살대를 앞으로 밀어낸 후) 엄지와 검지 및 중지로 더듬어 가면서 오늬를 절피 중앙에 조용히 끼운다. 이어 깍지를 낀 엄지로 시위에 걸고 검지의 끝마디 절반을 엄지 끝마디 위에 걸쳐 놓은 후 힘껏 버티는데 이때 검지 끝마디가 기울어지거나 화살을 지나치게 짓누르면 안 된다.

正面竪弓 看淸把子中心 線直左右手 使勁齊擧直開 捲前肩 亮後掌嘴項挨而勿離 務使後拳對前拳貼後肩 前拳對把子[9] 兩目稍[10]自箭桿至鏃直達於的 審固良久分寸不差 然後兩手再緊 身勢逼近弓內 盡力一撒

몸 앞에 활을 세우고 과녁의 중심을 응시한다. 두 팔을 직선으로 펴고 고루 힘을 주어 수평으로 활을 벌린다. 이때 앞 어깨는 앞으로 돌려 누르고 깍지손을 높여 입이나 목덜미보다 낮지 않은 높이에서 줌손을 마주 보게 하면서 뒤 어깨에 붙인다. 줌손이 과녁을 마주 보게 한 다음 두 눈으로 잠시 화살대에서 화살 촉을 거쳐 과녁까지 조준선이 일직선이 되었는지를 확인한 후 이 조준선이 조금도 어긋나지 않도록 정신을 집중해서 지그시 자세를 굳힌 후에 또다시 두 손에 더 힘을 주어 자세를 더욱 굳히면서 활이 움직이지 않게 쥐고 힘껏 깍지손을 뒤로 빼내 화살을 내보낸다.

---

8) ‘二指’는 ‘食指’와 같은 말이다.

9) 원문에는 이 구절 끝에 ‘頭上高一丈’이라는 문구가 있으나 뒤의 ‘逐漸擧起’ 다음에 있어야 할 문구가 잘못 삽입된 것으로 보여 바로잡았다.

10) 원문에는 ‘稍’로 되어 있으나 ‘稍’의 오기(誤記)임이 분명하므로 바로잡았다. 이 글의 원전(原典)인 명나라 고영(高穎)의 ≪무경사학정종(武經射學正宗)≫에도 ‘稍’로 되어 있다.

看其落頭何如 不到 再高一尺 不到 再又高一尺 逐漸擧起 相勢發矢 射左迎右 射右迎左 把子頭上高一丈 或拳下審把 如此揣摹射 去步數雖遠 凌決無不到不中 或揚或閣之矢 蓋射遠與射近不同 射近 惟指的心 縱上不過把頭下 亦不過把足而止 最忌描高 務取水平 射遠 若拘此法 不但不中 並且不到 所以要高數尺 運用之妙存乎 一心總在人神而明之耳<武經匯解>

이때 화살이 과녁에 미치지 못하면 (앞 주먹을) 1자(尺)<약 30cm> 정도 더 들어 주고 그래도 화살이 과녁에 미치지 못하면 1자(尺) 정도를 더 들어 주면서 형편에 따라서 줌손의 높이를 결정해서 쏜다. 또한 화살이 왼쪽으로 치우쳐서 나가면 줌손을 오른쪽으로 옮겨 놓고 쏘고 오른쪽으로 치우쳐서 나가면 왼쪽으로 옮겨 놓고 쏜다. 줌손을 과녁 상단보다 1장(丈)<약 3m> 위로 올려놓고 쏘기도 하고 때로는 줌손 밑으로 과녁을 조준해서 쏘기도 한다. 이렇게 형편을 헤아려 가면서 쏘면 과녁이 아무리 멀리 있어도 화살을 과녁까지 보낼 수 있으며 화살이 과녁에 못 미쳐 명중시키지 못하게 되는 일이 결코 생기지 않는다. 간혹 과녁을 넘어가는 화살도 있고 과녁에 못 미치는 화살도 있는데 무릇 먼 과녁을 쏘는 방법은 가까운 과녁을 쏘는 방법과는 다르다. 가까운 과녁을 쏠 때는 오로지 과녁의 어느 한 곳을 조준해서 쏘며 줌손을 어떤 때라도 과녁 상단보다 높게 올리지 않고 과녁의 하단보다 낮게 내리지도 않는데 줌손을 높이 들어 올리는 것을 가장 피하며 앞뒤 두 주먹이 최대한 수평이 되게 해야 한다. 그러나 먼 과녁을 쏠 때도 이런 방법만 고집하면 화살이 과녁을 향해 날아가지도 않을 뿐 아니라 과녁까지 날아가지도 못한다. 줌손을 형편에 따라 몇 자(尺)씩 들어 올리는 것이 형편에 따라서 쏘는 방법이다. 늘 형편을 잘 판단해 가며 쏘아야 한다.<무경휘해>

XIV. 원근취적법(遠近取的法)〈거리에 따른 겨냥 방법〉

凡射之時 步有遠近不等 手須高下以審其的 方能命中 若執定前拳對鵠心之說 則膠柱而鼓瑟矣 如射六十步 則拳對把子中心 七十步 則拳對把子頸項 八十步則拳對把子頭上 一百六十步則拳高把子一丈 或拳下審把亦可 務指親切

若射近則拳須低于後手　太近二十步則拳對把子脚　此隨地變通審的之法　不可
不知也<武經匯解>

　활을 쏠 때 과녁까지 거리가 언제나 일정한 것은 아니다. 따라서 줌손 높이를
과녁까지 거리에 따라 달리해서 조준을 해야만 비로소 명중시킬 수 있다. 줌손
이 과녁의 중심을 마주 보아야 한다는 말에 집착하는 것은 거문고 줄을 받치는
줄기둥을 아교로 고정시켜 놓고 거문고를 타는 것이나 마찬가지이다.[11] 60보
(步) 거리의 과녁을 쏠 때는 줌손이 과녁의 중심을 마주 보게 하고 쏜다. 70보
(步) 거리의 과녁을 쏠 때는 줌손을 과녁의 목 부분을 마주 보게 하고 쏜다. 80
보(步) 거리의 과녁을 쏠 때는 줌손을 과녁의 상단에 올려놓고 쏜다. 때로는 과
녁을 줌손보다 아래에 놓고 겨냥을 할 수도 있다. 이렇게 거리에 따라 조준을
달리한다. 만약 가까운 과녁을 쏘려면 줌손이 깍지손보다 낮아야 한다. 과녁까
지의 거리가 20보(步) 정도로 아주 가까울 경우에는 줌손을 과녁 하단에 놓고
쏜다. 이것이 과녁까지 거리에 따라서 겨냥을 달리하는 방법이니 잊어서는 아니
된다.<무경휘해>

XV. 보사촬요(步射撮要)〈서서 쏘는 사법의 요점〉

　臨場演習　先一心志　次調氣息　身宜壁立　弓要直竪　相把當正面　搭扣貴鳳眼
鞠躬緩拽　先寬後緊　前肩極力下捲　後肘堅持瀉開　兩足矢直　兩手平衡　下頦直
置肩尖　右拳緊貼肩畔　務期滿而又滿　固而又固高　正而又正　不論的之大小　惟
指中心極細之處　兩目近注於箭　遠注於的　自的至箭　自箭至的　往復凝視　不差
緊黍　然後倍加精神　前手猛力緊搦一挺　拳往下按　後手猛力平肩一撒　直伸於
後　則認的眞　用力均　撒防齊　可至可中矣　若再進以時習之功　謙虛之度　退思之
詣　病則改而善　則遷自然法熟機生　寧慮射之　有不得心應手哉<武經匯解>

---

11) 줄을 받치는 줄기둥을 거문고 몸통에 아교풀로 붙여 놓고 연주하면 한 가지 소리밖에 나지 않는다. ≪사기(史
記)≫,〈염파인상여전(廉頗藺相如傳)〉에 있는 말로서 배운 것만 고집하여 융통성이 없는 것을 이르는 말. 조
(趙)나라가 진(秦)나라와 싸울 때 학식이 많기로 이름난 조괄(趙括)을 역전의 명장 염파(廉頗)를 제쳐 놓고 대장
으로 임명하려 하자 재상 인상여(藺相如)가 "조괄을 대장으로 임명하는 것은 마치 줄기둥을 아교풀로 붙인 거
문고를 타는 것과 같습니다. 조괄은 그의 아버지가 준 병서(兵書)를 읽었을 뿐 상황에 맞추어 변통할 줄 모릅니
다."라며 반대했다. 왕은 인상여의 말을 무시하고 조괄을 대장에 임명했지만 조괄은 병법 이론만으로 병력을 지
휘하다가 진나라의 함정에 빠져서 40만이라는 대군을 모두 죽이는 중국 역사상 최대·최악의 참패를 초래했다.

활터에서 연습할 때는 먼저 정신을 집중시킨 후 숨과 기(氣)를 안정시키고 몸을 곧게 세운다. 활은 수직으로 세우고 얼굴은 정면으로 과녁을 본다. 시위에 건 깍지손의 모습은 봉황의 눈과 같은 것이 좋다.[12] 몸을 약간 앞으로 숙이고 서서히 시위를 당겨 마지막에는 굳게 버틴다. 앞 어깨는 힘껏 앞으로 돌려 누르고 뒤 팔꿈치를 위에서 쓸어내려 활을 벌린다. 다리는 곧게 펴고 두 팔은 수평으로 편다. 턱끝을 당겨 앞 어깨 쪽으로 돌리고 깍지손은 어깨에 붙인다. 활을 가득 벌린 다음 굳혀서 자세를 바르게 한다. 과녁이 크건 작건 중심의 극히 작은 한 점을 정해두 눈으로 화살대와 이 조준점을 오가면서 주시해 조금의 오차도 없이 조준한 후 정신을 집중해 줌손으로 힘껏 줌통을 움켜쥐고 내뻗어 주먹을 아래로 낮추고 깍지손은 어깨 높이로 뒤로 뿌리듯 펴 준다.[13] 이리하면 과녁을 올바로 조준할 수 있고 앞뒤 손이 고루 힘을 쓸 수 있어 화살을 과녁에 명중시킬 수 있다. 수시로 활터로 나가 반복 연습하되 늘 겸허한 마음을 지니고 활터에 가지 않을 때도 늘 활쏘기를 생각하면 잘못된 점도 고쳐지고 절로 사법에 익숙해져 솜씨가 는다. 이렇게 하면 어찌 마음대로 손이 움직이지 않을 수 있겠는가?<무경휘해>

XVI. 사법십사요(射法十四要)〈武經匯解〉[14]

---

12) 봉황 눈은 힘 있고 매서운 눈이다. 깍지손이 그런 기세를 보이라는 말이다.

13) 중국의 전통적 발시 동작인 별절(撤彆 또는 撇彆) 혹은 질절(搢彆)의 동작을 말하는 것이다. 앞의 337쪽, 각주 43 참고.

14) 청나라 주용의 ≪무경칠서휘해≫에서 '심담십사요'를 그대로 옮겨 놓은 것임. 번역문은 앞의 330쪽 이하 참고.

제3장 자병(疵病)

Ⅰ. 총병(總病)〈王氏射經〉[1]

Ⅱ. 전수병(前手病)〈武經匯解〉[2]

Ⅲ. 후수병(後手病)〈武經匯解〉[3]

---

1) 당나라 왕거의 《사경》에서 〈보사병색〉 부분을 그대로 옮겨 놓은 것임. 앞의 237쪽 참고.

2) 청나라 주용의 《무경칠서휘해》에서 같은 제목의 내용을 그대로 옮겨 놓은 것임. 앞의 325쪽 참고.

3) 같은 책에서 같은 제목의 내용을 그대로 옮겨 놓은 것음. 앞의 328쪽 참고.

제4장 풍기(風氣)[1]

Ⅰ. 논풍후(論風侯) 〈바람과 활쏘기〉

凡臨場演射　一遇風塵四起　矢不免有大小左右之偏　夫風有大小　又有四方之
殊　氣有燥濕　亦有四時之別　夫射而止數十步之內　弓矢勁銳　風氣不能奪　卽不
辨可也　若射四十步之外　射漸遠則矢力亦漸弱　大小左右皆爲風氣所使　此而不
辨　發矢皆偏矣　大抵　春氣多溫　夏氣多炎　秋氣多燥　冬氣多冽　氣濕則風和　氣
燥則風硬　此其大槪也　然而四時之中　又有寒熱不常　則就一時之中　亦有燥濕
炎冽　風亦隨之而變矣　燥冽之風硬　矢遇之而多偏　炎濕之風和　矢遇之而少偏
且風硬弓亦硬　發矢常遠　風和則弓弱　發矢常近　和風無伏氣　一日平平　冽風
有首尾　起於呼吸　風首亦大　驅箭必遠　風尾力小　打矢不多　當觀其勢　避首乘
尾　左風矢多合　須迎左　右風矢易揚　須迎右　對面風矢難到　頂的之首　背面風
矢易難去　頂的之足　弓硬風順則　以鏃頂半路　弓軟風逆頂-把-頭二三尺　弓軟
風大　須認把左右丈餘　弓硬風微　則頂把左右尺寸　而頂之多寡　一因弓力之發
強弱不齊　與風氣燥濕炎冽大小之不同　而爲之參酌　不可執一　然但遇有風　前
手須極力一撇　後手極力一努　則矢之去也　實而不虛　無風不搖　有風不動矣　其
爲風飄去者　特矢虛耳　與其因風而有左右高下之迎　不若因風而力撇力努也〈武
經匯解〉

---

1) 같은 책에서 같은 제목의 내용을 그대로 옮겨 놓은 것임. 번역문은 앞의 386~387쪽 참고.

Ⅱ. 논한서(論寒暑)〈온도와 활쏘기〉

　　習射而不相天時　非射之善者也　天時有寒有暖　寒則弓硬　弱者亦進於强　箭
去較遠於平時　須捺下前手　方無蓋把之弊　暖則弓柔　强者亦漸於疲　矢去倍
促於尋常　須提起前拳　始無短索之慮　然寒時捺下弗疑　若暖時遇高前拳　恐招
搭橋之誚　或易硬弓　或加烘焙　方不矢水平　箭法　至一日之中　晨寒而午暖　甚
或日出則暖　風至則寒　須時時察其弓性柔硬　以爲手之高下　而且始射弓硬　久
射弓疲　皆當卽此而推心細如是　吾身卽具天時　尙何射之不神〈武經匯解〉

제5장 기구(器具)

Ⅰ. 조궁법(造弓法) 〈활 만들기〉[1]

弓以服手爲佳 其材料用筋角竹木 運合而後成 有一不善 必不相調 胎竹須乾
透 弓弰宜杜桑 勿用沙桑 一色相配 則性和而發矢平直 京製桑胎 先盤筋木 後
配角面 以定强弱 名盤胎弓 最佳 次則正角面弓 弱傍面則有下塾閃弛之病 欲
察傍正 須辨角紋 欲得好弓 須訪名匠 用膠無太濃厚 膠以千杆 杆以極化 用麻
布絞 得細膩白淨爲妙 胎宜薄 兩弰須細小 不宜粗太 腦須堅勁穩實 不取薄而
狹 薄則發矢無力 狹則活而易滾 角面紋欲相對而端正 取老而黑 勿取嫩而黑
也 長以四尺一二寸爲度 筋貴長貴細貴勻 不宜過多 多則易滾 烘未透易鬆 火
太煽亦易起 若筋過少 又易疲 發矢不遠 筋角須相對配

활은 손의 힘에 맞는 활이 좋다. 활은 (소의) 힘줄과 뿔, 대나무 및 나무를 재
료로 쓰며 이들이 합해져서 활이 되는데 그 중 하나라도 나쁜 재료가 있으면
여러 재료들이 서로 어울리지 못한다. 대나무는 충분히 말려야 한다. 고자를 만
드는 뽕나무는 두상(杜桑)을 써야하며 사상(沙桑)을 쓰면 안 된다. 재료들이 서
로 잘 어울리면 부드러우면서도 화살을 힘차게 내보낸다. 서울의 상태궁(桑胎
弓)은 나무에 힘줄을 입힌 후 (반대쪽 면에) 뿔을 덧대어 강약을 조절하며 반태
궁(盤胎弓)이라고도 하며 가장 좋은 활이다. 그 다음은 좋은 뿔을 쓴 활이다. 옆
이 약하면 활을 벌렸을 때 줌통이 움직이기 쉽다. 옆이 튼튼한지는 뿔 무늬를
보아야 한다. 좋은 활을 얻으려면 직접 명장(名匠)을 찾아가 구해야 한다. 어교
(魚膠)를 너무 많이 쓰면 안 되며 많이 이겨야 한다. 많이 이긴 어교를 삼베로

---

1) 이 부분에는 명나라 고영(高潁)의 ≪무경사학정종(武經射學正宗)≫ 중 제3권 택물문(擇物門) 편의 일부 구절
이 보인다.

짜내면 곱고 매끄럽고 맑고 깨끗한 어교가 된다. 파간(弝幹)은 얇아야 한다. 두고자〔弰〕는 정밀하고 짧아야지 거칠고 길면 안 된다. 그러나 삼삼이〔腦뇌〕는 단단해야지 얇거나 좁으면 안 된다.[2] 얇으면 화살을 힘 있게 내보내지 못하고 좁으면 휘청거려 활이 쉽게 뒤집힌다. 뿔 무늬는 좌우 대칭이 되어야 하고 충분히 성장한 소의 짙은 색 뿔을 써야지 어린 소의 검은 뿔을 쓰면 안 되며 길이는 4자(尺) 1치(寸) 내지 2치(寸) 〈약 135~140cm〉 내외로 한다. 힘줄은 길고 가늘고 굵기가 고른 것이 좋지만 너무 많이 쓰면 안 된다. 힘줄을 너무 많이 입힌 활은 쉽게 뒤집히며 충분히 건조시키지 않으면 쉽게 풀어지고 너무 건조시켜도 역시 쉽게 일어난다. 힘줄을 너무 적게 써도 활이 쉬 피로해져 화살이 멀리 가지 않는다. 힘줄과 뿔은 서로 배합이 맞아야 한다.

弝底平勁 不宜太突 不宜軟而折陷 弓弝粗細 貴於適中 弝眼與脅道勻調

줌통을 대는 대소(竹心죽심) 부분은 평평하면서 단단해야 하며 너무 튀어나와도 안 되고 너무 부드러워 구부러져도 안 된다. 줌통의 굵기는 적절해야 한다. 대림끝〔弝眼파안〕과 오금〔脅道협도〕은 조화를 이루어야 한다.

弓心與兩腦相應　弓雖弱而弦聲和鳴晌喨　性雖勁而弓底與手掌相和而不悖 初引口要極緊 漸漸引滿愈覺活和 方可審把 不致拘肘暴發 口緊則箭去平而更遠 若滿而不能審 去高而猶不到把者 皆底硬口鬆之故也 乾久鉒淨 配上好弦 逐日張弛 待其性情 以別姸媸 然後裏樺弓 以多爲貴 便於更換習服 或不能多得 亦當勉力爲之＜武經匯解＞

대소(竹心죽심)와 아래 위의 두 삼삼이〔弰양〕 부분이 서로 잘 어울리면 부드러운 활이라도 시위 소리가 맑고 날카롭게 울리며 억센 활이라도 대림(弝幹파간)이 손의 힘에 버겁지 않게 된다. 시위를 당길 때 처음에 극히 뻑뻑해도 당길수록 부드럽게 당겨지는 활이라야 가득 벌린 후 과녁을 조준해서 자세를 굳히기 전에 시위를 놓치는 일이 없다. 처음에 당길 때 뻑뻑한 활은 화살이 낮고 매끄럽게 멀리 날아간다. 가득 벌린 후 조준해서 자세를 굳힐 수가 없고 화살이 높

---

2) 원문의 '태(胎)'는 '대소' 즉, '죽심(竹心)'을 말하며, 원문의 '뇌(腦)'는 이 '대소'와 '고자'가 만나는 '삼삼이'를 말한다.

게 떠도 과녁까지 날아가지 못하는 경우는 모두 처음 당길 때는 부드러워도 당길수록 억세지기 때문이다. 활을 오래 건조시킨 다음 잘 모양을 다듬어서 좋은 시위를 얹고 매일 벌렸다가 늦추어 보면서 활의 특성이 드러날 때까지 기다려 본 후에 잘 다듬은 활이 좋은 활이다. 이렇게 수시로 다듬어서 활을 좋은 활로 만들어야 하며 잘 안 되더라도 노력을 기울이면 좋은 활이 된다.<무경휘해>

弦以鹿皮爲上 線弦次之 牛皮羊腸皆不可用 要與弓力相配 不可過於長短粗細 弓長弦離弝七寸 弓短弦離弝六寸五分 若弦長口鬆 發矢振蕩不準 <上同>

시위는 사슴의 가죽으로 만든 것이 가장 좋고 실로 만든 것이 그다음이며 소가죽이나 양의 창자로 만든 시위를 쓰면 안 된다. 시위는 활의 힘과 어울려야 한다. 길이가 너무 길거나 짧으면 안 되며 굵기가 너무 굵거나 얇어서도 안 된다. 긴 활일 경우 줌통과 시위의 간격이 7치(寸)<약 23cm>가 되면 적절하고 짧은 활일 경우 6치(寸) 5푼(分)<약 21cm>이 되면 적당하다. 시위가 길어서 늘어지면 화살이 흔들려 정확하게 날아가지 못한다.<상동>

弓有六善 一者性體少而勁 二者和而有力 三者久射力不屈 四者寒暑力一 五者弦聲淸實 六者張便正 凡弓 體性少則易張而壽 但患其不勁 欲其勁者 妙在治筋 凡筋生長一尺 乾則減半 以膠湯濡而梳之 復長一尺 然後用則筋力已盡 無復伸弛 又揉其材令仰 然後傳角與筋 此兩法 所以爲筋也 凡弓 節短則和而虛 虛謂挽過吻則無力 節長則健而柱 柱謂挽過吻則木强而不來 節謂把梢裨木 長則柱 短則虛 節得中則和而有力 仍弦聲淸實 凡弓 初射與天寒則勁 强而難挽 射久天署則弱而不勝矢 此膠之爲病也 凡膠欲薄而筋力盡 强弱任筋而不任膠 此所以射久力不屈 寒暑力一也 弓所以爲正者 材也 相材之法規 其理 其理不因矯揉 而直中繩 則張而不跛 此弓人之所當知也<夢溪筆談>3)

<hr>

3) ≪몽계필담(夢溪筆談)≫은 11세기 송나라 때 천문·역학을 관장하던 사천감(司天監) 심괄(沈括)의 저서이다. 왕거의 ≪사경≫에 있는 내용을 그대로 옮긴 것으로서 글자 몇 개가 다르기는 하나 의미는 같다. 번역문은 앞의 249쪽 이하 참고.

Ⅱ. 상현법(上弦法)〈시위를 얹는 법〉

凡上弦 用手掌上下熨抹 令筋角溫潤 若初出烘箱 不可驟上 俟冷定用 擎先
上硬頭 後下硬頭 手執把中 橫看雌雄直 看歪斜 雄邊膝抵角面 雌邊膝抵筋面
弰斜右膝抵左 弰斜左膝抵右 或用脚從容一蹋 再停片刻 待其性定 用之 或微
火往來 烘熱 緩緩調正 發箭正直＜武經匯解＞

활에 시위를 얹을 때 손바닥으로 아래위를 오가며 비벼서 힘줄과 뿔을 따듯
하게 풀어 준다. 건조통에서 활을 꺼낸 다음 바로 시위를 얹으면 안 되며 적당
히 열이 식기를 기다렸다가 먼저 윗부분을 쥐어 보고 나중에 아랫부분을 쥐어
본다. 그런 다음 줌통의 중간을 손으로 붙잡고 활을 옆으로 뉘어서 (뿔에) 튀어
나오고 들어간 곳이 있는지를 살펴본 후 다시 활을 똑바로 세워 놓고 (고자가)
기울거나 비틀린 곳이 있는지 살펴본다. (뿔이) 튀어나온 곳은 무릎으로 뿔 쪽
을 눌러 주고 들어간 곳은 힘줄 쪽을 무릎으로 눌러 주며 고자가 왼쪽으로 기
울어진 부분이 있으면 무릎으로 오른쪽으로 눌러 주고 오른쪽으로 기울어진 부
분이 있으면 무릎으로 왼쪽으로 눌러 준다. 때로는 발로 지그시 밟아 주기도 한
다. 그런 다음 잠시 쉬며 활 모양이 제대로 되기를 기다렸다 사용한다. 때로는
약한 불로 아래위를 오가며 덥혀서 서서히 활의 형태를 잡아 주면 화살을 똑바
로 내보낼 수가 있다.＜무경휘해＞

Ⅲ. 칭궁법(稱弓法)〈활의 강약 측정법〉

以弓置地上 用脚蹋定弓弝 以秤鉤弦稱起 將箭鏃頂在弓弝上 弦至箭根齊 卽
知弓力之重輕矣＜武經匯解＞

활을 바닥에 놓은 후 발로 줌통을 밟고 저울 고리를 시위에 건 다음 들어 올리면
서 무게를 재는데[4] 화살촉의 끝 부분이 줌통의 위에 닿고 시위는 화살대의 끝과
같은 높이에 있게 될 때의 무게를 가지고 활의 강약을 재어 볼 수 있다.＜무경휘해＞

---

4) 줌통을 발로 밟은 채로 수평 저울의 고리를 시위에 걸고 일정한 높이로 끌어 올려서 무게를 재는 방법을 말하는
   것으로 보인다. 앞의 207쪽 '시궁정력도(試弓定力圖)' 참고. 현재 개량궁의 경우는 대개 2자 6치 화살의 길이
   만큼 시위를 끌어 올렸을 때 무게를 파운드(lb)로 계산해서 활에 표시해 놓는다.

Ⅳ. 장궁법(臟弓法)〈활의 보관법〉

弓若潮濕　用卽打飜　數飜必折　須備櫃盛之　夏秋常用微火烘焙　春冬則量
天氣而用　然須連焙三四天　其內方乾　苟徒一晝夜　樺皮搪濕亦可烘火　仍軟
難用　用必常常烘焙　必要用礬水獎囊　盛懸風高之處　或板壁床頭爐傍　方可
<武經匯解>

습기가 찬 활을 쓰면 활이 뒤집어지고 자주 뒤집어지면 부러진다. 궤짝을 준
비해 활을 보관해야 한다. 여름과 가을에는 늘 약한 열로 활을 건조시켜야 하며
가을과 겨울에도 날씨를 보아 가며 활을 써야 한다. 그러나 3~4일은 계속 열
을 가해야 활 내부가 건조해진다. 하루만 써도 벗나무 껍질에 습기가 차므로 열
을 가해 말려야 한다. 습기에 물러진 활은 쓸 수 없으니 늘 열에 건조시킨 후
써야 하며 보관할 때는 명반(明礬) 물에 적셨다 말린 주머니에 넣어서 바람이잘
통하는 높은 곳에 보관해야 하며 나무판자로 된 벽에 걸거나 탁자 위나 난로
옆에 보관하는 것도 무방하다.〈무경휘해〉

Ⅴ. 조전법(造箭法)〈화살 선택법〉

量弓强弱配箭重輕　寧可箭用略輕　不可箭重違弓　定箭長短宜隨臂之骨節　臂
長箭長　臂短箭短　總以鏃齊前拳　扣之右肩爲度　若少有輕重長短　卽失用弓之
靈　欲得窾竅　全凭揀擇　配搭用意

활의 강약과 화살의 무게는 잘 맞아야 한다. 활의 힘에 비해 약간 가벼운 화
살은 무관하지만 활의 힘에 비해 무거운 화살을 쓰면 안 된다. 화살의 길이는
팔의 길이에 따라 정해야 된다. 팔이 길면 긴 화살을 쓰고 팔이 짧은 사람은 짧
은 화살을 쓴다. 대체로 화살촉이 앞 주먹에 있을 때 오늬가 오른쪽 어깨에 오
는 화살이 적당한 화살이다. 화살의 무게와 길이를 잘못 정하면 좋은 활도 쓸모
가 없다. 오묘한 활 솜씨를 얻을 수 있으려면 활의 힘과 팔의 길이와 힘에 잘
맞는 좋은 화살을 골라야 한다.

其木貴天然挺直 用火治者稍久卽曲 幹貴決而勁 鬆軟之木 引滿必彎 發去橫
削木太決而夗 必不善走

화살대는 본래부터 곧은 나무를 쓰는 것이 좋다. 불로 펴서 곧게 편 나무는
조금만 쓰면 휘어진다. 나무는 곧고 단단한 것이 좋다. 무른 나무로 만든 화살
은 가득 당기면 휘어지고 쏘면 빗나간다. 나무를 곧게 가른다고 너무 가늘게 가
르면 잘 날지 못한다.

鏃稜忌歪 翎宜大邊 鏃不可過重 重則去促 翎不可過大 大則招風 並不能及
遠 肚不欲粗 前後須勻 過輕不準 且搖而弱 鐵信宜長 纏筋貴多 須號桿定做枝
枝般重一彎者猶可 輕重不等與彎多者不宜

촉은 날이 휘면 안 된다. 깃은 적당히 커야 한다. 촉이 너무 무거우면 멀리
가지 못한다. 깃이 너무 크면 바람을 타며 멀리 날아가지 못한다. 화살대는 허
리가 너무 굵으면 안 되고 아래위 굵기가 균형이 맞아야 한다. 화살이 너무 가
벼우면 똑바로 날아가지 않고 흔들리며 힘도 약하다. 토리5)는 길어야 한다. 내
촉(內鏃) 외부를 힘줄로 단단하게 감아 주면 좋다. 화살대는 나뭇가지를 써야
하는데 무게가 고르면서 한 번 정도 휘어진 나뭇가지는 쓸 만하지만 무게가 고
르지 않고 여러 차례 휘어진 나뭇가지는 쓸 수 없다.

竹箭貴厚而勁 紋粗聲清者 老而可用 體薄紋細而軟 與聲木朴者爲嫩 桿上多
白點者 去靑太多 其箭劣 榦曲翎曲 用火烘熱端正 愼勿冷 調扣聲細密 用目照
視 一直如針者佳 <武經匯解>

대나무 화살은 굵고 단단한 것이 좋다. 무늬가 크고 (두들겨 보아) 소리가 맑
은 것은 늙은 대나무라도 쓸 수 있다. 몸통이 가늘고 무늬가 작고 연하며 (두들
겨 보아) 소리가 둔탁한 대나무는 약하다. 줄기 위에 흰 점이 많고 푸른색이 너
무 탈색된 대나무로 만든 화살은 좋지 못하다. 화살대나 깃이 휘면 불에 쪼여
펴야 하며 차갑게 하면 안 된다. 손톱 위에서 굴려 보아서 그 소리가 고르고 눈
으로 보아서 똑바른 화살이 좋은 화살이다. <무경휘해>

---

5) 내촉(內鏃)이 박힌 화살대 외부를 힘줄로 감싼 다음 이 힘줄을 보호하기 위해 겉에 입히는 대롱인 죽관(竹管)을
   상사라 하고 상사의 끝을 굽통이라고 하며 다시 이 굽통을 겉에서 감싸 주는 얇은 철판으로 만든 고리를 토리라
   한다.

Ⅵ. 찰시법(擦矢法)〈화살 손질법〉

射時要逐會拂拭 勿粘泥土 每用將亂草擦光肯走 <武經匯解>

활을 쏘면 매번 화살을 닦아 내 흙이 묻어 있지 않도록 해야 한다. 쏘고 난 화살은 매번 풀로 비벼서 반짝거리게 닦으면 잘 날아간다. <무경휘해>

Ⅶ. 장전법(臟箭法)〈화살 보관법〉

收藏包固 宜置乾燥處所 時加烘焙 若經塵濕 翎莖皆解 臟箭用大竹 數箭打通爲筒 比箭略長寸許 置蓋盛之 或用生熟牛皮縫囊 或礬布爲囊皆可 <武經匯解>

화살을 보관할 때는 잘 싸서 건조한 곳에 보관하며 때때로 열을 가해 말려 주어야 한다. 먼지와 습기에 절면 깃이 떨어진다. 화살을 보관할 때는 큰 대나무 통 속에 몇 개의 화살씩 넣어서 보관한다. 대나무 통은 화살보다 한 치(尺) 정도 긴 것이 좋고 덮개를 씌워서 보관한다. 소가죽으로 만든 주머니나 명반(明礬) 물에 적셨다 말린 주머니에 화살을 보관해도 된다. <무경휘해>

부록: 활의 전술적 활용

Ⅰ. 그리스와 페르시아[1]

1. 활과 궁수(弓手)의 전술적 가치

크세노폰(Xenophon)[2]의 ≪키로페디아(*Cyropaedia*)≫, Ⅱ, 3. 17절에 소개된 어느 일화(逸話)를 보면 활이나 돌멩이나 투창(投槍)과 같은 투사무기(投射武器)[3]보다는 칼이나 장창(長槍) 같은 근접전 무기의 위력이 더 큰 것임을 알 수 있다. 이 일화에 의하면 페르시아 제국 창건자 키루스(Cyrus) 대왕은 병력을 둘로 나누어 절반에게는 몽둥이를 무기로 주고 나머지 절반에게는 돌덩이를 무기로 준 다음에 서로 싸움을 붙여 보고 이튿날은 서로 무기를 바꾸어 싸움을 계속해 보게 했다. 싸움이 모두 끝난 후에 대왕은 이 실험의 경과를 물어보았는데 처음에는 몽둥이를 든 측이 상대방 돌덩이에 맞아서 멍이 좀 들었었지만 나중에는 몽둥이를 든 측이 상대방에게 더 큰 압박을 가할 수 있었다는 것이 한결같은 대답이었다고 한다. 크세노폰의 말에 의하면 키루스 대왕은 이때부터 페르시아 병사들에게 그들의 전통적 무기인 활보다는 칼이나 장창(長槍) 등 근접전 무기를 주로 사용하게 했다고 한다. 다만 크세노폰은 마지막 구절에서 자신의 시대에는 페르시아 군의 관습이 또다시 바뀌어서 휘어진 긴 칼을 휴대하기는 했지만 백병전은 피하고 먼 거리에서 활을 쏘거나 투창을 던지는 전사(戰士)들이 페르시아 군의 주력이었다고 한다.

크세노폰이 이렇게 백병전(白兵戰) 전사(戰士)의 우월성을 지적한 것이 큰 의미가 있는 것은 바로 이 시기 그리스에서는 궁수, 투석병(投石兵), 투창병(投槍兵) 등으로 편성된 펠타스트(peltast)라는 경무장(輕武裝) 병종(兵種)이 발전되어

---

1) 이 부록의 내용은 델브뤼크(Hans Delbrück)의 ≪병법사(兵法史 *Geschichte der Kriegskunst in Rahmen der politischen Geschichte*)≫, 제Ⅰ편~제Ⅳ편[베를린: 게오르크 스틸케(Georg Stilke) 출판사, 서기 1900년~1923년] 중 활과 궁수들의 전투에 관한 내용을 발췌해서 축약한 것이다. 이 부록에서 제Ⅰ절부터 제Ⅴ절까지의 각주는 역자의 각주이고 원 저자의 각주는 본문에 포함시켰으나 제Ⅵ절부터의 각주는 원 저자의 각주이고 필자의 역주는 본문에 포함시켰다. 이 부록의 소제목들은 편저자(編著者)가 붙인 것이며, 델브뤼크의 ≪병법사≫를 인용한 쪽수는 편역자의 우리말 번역본(서기 2009년, 도서출판 학술진흥)의 쪽수이다.

2) 크세노폰은 그리스의 군사이론가이며 지휘관으로서 대규모 그리스인 용병부대와 함께 페르시아 왕자의 왕위 찬탈을 돕기 위해 소아시아 원정에 나갔던 인물이다. 이 원정에 나선 이후 쿠낙사(Cunaxa) 전투(기원전 401년)에서 패배하고 철수할 때의 기록으로 ≪일만인(一萬人)의 퇴각≫이라고도 불리는 ≪아나바시스(*Anabasis*)≫와 페르시아 제국 창건자인 키루스 대왕의 허구적 전기(傳記)인 ≪키로페디아(*Cyropaedia*)≫ 등 많은 저술이 있다.

3) 동양에서는 활이나 쇠뇌 또는 투창(投槍), 투석(投石) 같은 투사무기 또는 이런 무기로 무장한 병력을 장병(長兵)이라고 했고 칼이나 장창 같은 근접전투 무기 또는 이런 무기로 무장한 병력을 단병(短兵)이라고 했다.

이들이 장갑창병(裝甲槍兵)인 호프라이트(Hoplite)들을 때로는 격퇴하기도 했기 때문이다. 당시 그리스에서는 장차 이런 경무장 병종이 호프라이트들을 완전히 격파할 수 있을 것으로 보는 사람이 흔했었다 한다. 그러나 그리스인들은 기원전 490년 마라톤(Marathon) 전투 당시 페르시아 군의 활을 창(槍)으로 제압했던 일을 잊지 않았고 크세노폰 역시 마찬가지였다. 그리스 군의 중추는 여전히 호프라이트들의 밀집방진(密集方陣)인 팔랑스(phalanx)였고 궁수 등 여타 병종들은 큰 발전에도 불구하고 아직 보조병종에 불과했었다.4) 마라톤 전투에서 아테네 시민 민병대의 지휘관 밀티아데스(Miltiades)는 페르시아 군 궁수부대가 아테네 군 방어선까지 접근하게 허용한 후 그들이 화살 유효사거리(80~120m)쯤 도달하자 호프라이트 - 팔랑스를 적을 향해 질주해 나가도록 해서 페르시아 궁수부대를 격파했었다.

폴리에누스(Polyaenus)는 소아시아 원정 당시의 쿠낙사(Cunaxa) 전투 때 클레아르쿠스(Clearchus)가 그리스 팔랑스를 이끌고 싸운 모습을 잘 묘사해 놓았다[《전략(Strategica)》, Ⅱ, 2. 3절]. 그들은 질서정연하게 천천히 적을 향해 전진하다 적의 화살 사정거리까지 나간 후 뜀걸음으로 돌격함으로써 적의 화살에 의한 피해를 줄일 수 있었다. 디오도루스(Diodorus)도 이와 유사한 말을 남겼다. 프리드리히(G. Friedrich)는 이런 기록들이 팔랑스는 적과 싸울 때 일제히 뛰어나갔다는 크세노폰의 묘사와 크게 다르지 않다는 것을 잘 설명해 놓았다(《신문헌학연보(新文獻學年報 Neue Jahrbücher für Philologie》, 제151권, 26쪽).5)

프로코피우스(Procopius)도 그리스 - 로마 시대의 군대는 활보다는 갑옷을 중히 여겼고 궁수보다 근접전 전사를 선호했음을 알고 있었지만 자신의 시대에는 궁수도 온몸을 갑옷으로 감싸고 말을 탔고 옛날같이 시위를 가슴까지만 당기지는 않고 귀 너머까지 당겨서 화살의 위력이 훨씬 강력해지는 등 과거와는 크게 달라졌다고 했다(《폴레몬(Polemon)》, <페르시아 전기(戰記)>, Ⅰ, 1장). 그는 또한 페르시아 군의 화살이 여타 민족의 화살보다 속도가 훨씬 빠른 것은 사실이지만 시위가 느슨해 화살에 위력이 없었기 때문에 로마인이 쏜 화살과 달리

---

4) 델브뤼크, 《병법사》, 제Ⅰ편(그리스 - 로마 고전시대), 179쪽.
5) 델브뤼크, 《병법사》, 제Ⅰ편(그리스 - 로마 고전시대), 71쪽.

갑옷을 착용한 상대방에게 별 피해를 입히지 못했다고 했다(Ⅰ, 18장).[6] 그러나 그의 평가는 모두가 사실과 다르다.

아시아인의 궁술은 언제나 유명했다. 옌스(Jähns)의 ≪공격무기의 역사(*Geschichte des Trutzwaffen*)≫에는 활에 관한 매우 많은 정보가 별개 장으로 수록되어 있다. 또한 활쏘기가 언제나 민족 스포츠였던 페르시아와 파르티아(Parthia)의 궁술이 캄비세스(Cambyses)[7] 시대 이후 다른 민족의 궁술보다 약해졌다고 볼 수는 없다. 카시우스(Dio Cassius)는 페르시아 화살은 방패와 갑옷도 관통했다 한다(≪로마사(*Romanika*)≫, XXXX, 22장). 코스로에스(Chosroes) Ⅱ세의 모습을 그린 그림에는 사냥 중인 왕이 시위를 귀 너머까지 당기는 모습이 보인다[디엘(Diel), ≪유스티니아누스와 비잔티움 문명(*Justinien et la civilisation byzantine*)≫, 209쪽]. 포로코피우스의 평가는 통찰력과 역사지식이 있는 사람의 말이 아니라 허풍이 심한 병사들이 숙영지 내에서 주고받던 말을 옮긴 것에 불과하다. 그의 설명에는 진정한 문제점에 관한 언급이 없다. 로마 인이건 페르시아 인이건 뛰어난 궁수가 좋은 활로 아주 가까운 거리에서 쏘지 않으면 적의 갑옷을 뚫을 수 없었다. 같은 시대 글인 저자 미상의 ≪궁술입문(弓術入門 *Anleitung zum Bogenschiessen*)≫에서는 적 전투선(戰鬪線)을 향해 쏠 때는 말의 다리를 쏠 때 외는 사각(斜角)으로 쏘아야 한다고 했다[쾌클리(H. Köchly)·뤼스토프(W. Rüstow), ≪그리스 군사저술가(*Griechische Kriegsschriftsteller*)≫, 제Ⅱ편, 201쪽 이하]. 이는 적이 전면을 방패로 가리고 있어 화살로 방패를 뚫기가 쉽지 않기 때문이다. 결국 진정한 문제점은 무거운 갑옷을 착용한 전사(戰士)들을 어떻게 활로 쏘아 쓰러뜨릴 수 있는지에 관한 문제이다. 그들이 쓰던 '쇠뇌(弩 cataphractes)'란 무기도 새로운 무기는 아니었다. 다리우스(Darius)와 크세르크세스(Xerxex) 때도 페르시아 전사들은 이미 그런 형태의 활을 사용했었다.[8]

병법의 발전은 이론의 발전을 촉진시켰으며 이론의 발전은 무기 특성의 평가에서 시작되었을 것이다. 이 문제를 놓고 아테네 인들이 벌였던 활기찬 논쟁에 대한 단서를 에우리피데스(Euripides)의 비극 <미친 헤라클레스(*Hēraklēs mainomenos*)>

---

6) 시위가 느슨하면 화살이 빨리 날아갈 수 없다. 아마 페르시아 궁수들은 화살이 빠르지만 위력이 없었다는 것은 가벼운 화살을 썼다는 말일 것 같다.

7) 기원전 6세기 페르시아 왕국을 세운 키루스 대왕의 아들로 메디아, 바빌로니아, 리디아, 이집트를 모두 정복했다.

8) 델브뤼크, ≪병법사≫, 제Ⅱ편(게르만족), 346쪽.

중 헤라클레스를 단순한 궁수로 폄하(貶下)하는 리쿠스(Lycus)가 암피트리온
(Amphitryon)과 벌이는 논쟁 대목에서 볼 수 있다.

리쿠스는 이렇게 말한다.

헤라클레스가 누구요? 용감하다는 그의 명성은
맹수들과 싸워 얻은 것일 뿐일세.
그때는 용감했을지 모르나 다른 곳에서는 아니라오.
단 한번 방패를 만져 본 적이 없고
창도 만져 본 적이 없소. 그의 무기
그건 겁먹은 화살뿐이지. 줄행랑이 그의 특기라오.
누구에게도 사나이다운 용기를 보여 주지 못했소.
사나이다운 궁수라면 두 다리를 떨지 말고
꿈쩍 않고 서 있어야지. 창끝이 눈앞에 다가와도.
옆으로 비켜서면 되는가? 앞에 펼쳐진 숲 같은 창끝을
응시하면서 꿈쩍 않고 서 있어야지.
근육 하나라도 움직이면 사나이라 하겠는가?

이에 암피트리온이 대꾸한다.

활과 화살, 얼마나 논리적 발명품인가?
자네는 이를 싫어하니, 잘 듣고 깨닫게.
창으로 싸우는 자, 그는 무기의 노예라오.
창끝이 부러지면 무엇으로 싸우겠나?
그를 지켜 주는 게 단 한 자루 창인데 말일세.
그뿐인가? 가련한 자들과 함께 서서 싸울 때는
비겁한 전우가 있으면 자신도 죽게 된다네.
그렇지만 스스로 활을 다룰 줄 알게 되면
장점이 얼마나 큰 줄 아는가? (이보다 더 큰 장점은 없지.)
이미 천 발의 화살을 쏘았어도,
자신을 보호할 무기는 여전히 없어지지 않는다네.
그의 화살은 먼 적도 맞히지만, 적은
화살에 맞고도 누구에게 맞았는지도 모른다네.
하지만 자신은 엄폐물 뒤에 숨고, 적에게

모습을 드러내지 않는다네. 전쟁무기로 말하자면
얼마나 위대한 기술인가? 위험도 없고,
안전하게 적을 쓰러뜨린다네.[9]

페르시아 군은 그리스 군과 달리 주로 기병과 궁수였는데 기병까지 활로 무장했었고 칼이나 단창(短槍)은 보조무기였을 뿐이다. 그들의 주된 무기는 활이므로 보호갑옷도 가벼웠다. 애쉴루수(Aeschylus)는 페르시아 전쟁에 관한 기록을 우리에게 전해 준 유일한 당대 인물로 그의 희곡에는 창으로 활에 대항한 전쟁 이야기가 수없이 등장한다(≪페르시아 인≫, 25절, 82절, 133절, 226절, 864절 등). 헤로도토스의 기록에도 같은 말이 있다(≪역사(*Historiai*)≫, Ⅸ권, 19장 및 49장). 다만 시모니아데스(Simoniades)가 테르모필레(Thermopylae) 전투(기원전 480년)에서 페르시아 침공군과 싸우다가 몰사한 스파르타 병사들에게 헌정한 봉헌문(奉獻文)에는 "전쟁의 눈물 속에 그 소임을 다한 이 활들이 이제 아테네 성전(聖殿)의 지붕 밑에 쉬노라. 저들은 때때로 격전 중 도살자 페르시아 기병들의 핏물로 목욕을 하며 슬픔에 잠겼던 활들이니라."*란 구절도 있다[143단장(斷章). 유사한 문구가 97단장에도 있다]. 그러나 빌러베크(Billerbeck) 대령은 "수사(Susa)의 부조(浮彫)"라는 논문에서 이 부조에 그려져 있는 사람들의 주된 무기는 활보다는 창이라는 사실을 강조하고 있다.

페르시아 군과 그리스 군은 사용무기만 다른 것이 아니었다. 그리스 팔랑스의 위력은 병사들의 뛰어난 용기와 우수한 장비 그리고 전술대형의 견고성에 있었다. 반면 페르시아 군은 전술조직(戰術組織)을 편성하지 않았고 궁수도 마찬가지였다. 그들은 성격상 단일 조직체를 편성하기보다는 분산되어 싸우는 경향이 있었다. 단일 조직체를 만들려면 고도로 발달된 지휘기술이 필요하지만 그들에게는 그런 지휘기술이 없었다. 그들은 개인의 전투기술과 정열과 용기에 모든 것을 의존했다. 그들은 궁수들로 밀집대형을 편성해서 그리스 호프라이트들의 팔랑스에 대항할 수 없었을 것이다. 궁수들이 종심(縱深) 깊은 밀집대형을 편성하면 전면의 첫 횡렬 외는 활을 효과적으로 이용하지 못하기 때문이다. 그렇다고 각 횡렬 간의 거리를 늘리면 전면의 몇 개 횡렬을 제외하면 화살이 적에게 도달할 수 없다.[10]

---

9) 델브뤼크, ≪병법사≫, 제Ⅰ편(그리스 – 로마 고전시대), 175쪽.

2. 창병(槍兵)과 궁수(弓手)의 협조

그리스에서는 활이 전통적으로 중요한 무기였고 그리스의 국민적 영웅인 헤라클레스(Heracles)도 궁수였고 페르시아가 침공해 왔을 때인 기원전 479년 플라타이아(Plataea) 전투에서도 아테네는 궁수부대를 별도로 운용했다는 기록이 있다. 그러나 장갑창병(裝甲槍兵) 호프라이트로 밀집방진 팔랑스를 편성한 후로는 궁수가 큰 역할을 하지 못했다. 활과 창이 서로 배타적 무기는 아니지만 궁수와 창병을 함께 활용하는 것이 매우 어렵기 때문이다. 궁수들이 팔랑스의 전방, 후방 또는 측면에 배치된 모습을 한번 생각해 보자.

궁수들이 팔랑스 전방에 위치하면 양측 팔랑스가 충돌하기 전에 자리를 비켜 주어야 하는데 만약 이들이 아군 팔랑스 중간으로 철수한다면 이때 이들이 아군 대형에 초래할 혼란과 지연의 피해는 이들이 적에게 입힌 피해보다도 커지게 될 것이다. 전개된 팔랑스는 적에게 충격력을 발휘하려면 개인 간 거의 간격을 두지 않고 밀집되어 있어야 하기 때문이다.[11] 따라서 전면에 배치된 궁수들은 아군 팔랑스 측면을 돌아서 철수할 수밖에 없는데 이때 적어도 양측 팔랑스가 수백 보(步) 내로 접근하기 전에 미리 철수하기 시작해야 할 것이다. 상황에 따라서 차이는 있지만 팔랑스의 표준 종심을 8명으로 보는 것이 보통인데 약 10,000명의 병력을 종심 8명으로 정렬시킨 팔랑스라면 정면에 약 1,250명이 옆으로 늘어서게 되고 이런 넓은 정면을 옆으로 돌아 철수하려면 엄청난 시간이 필요하기 때문이다. 그뿐만 아니라 적에게는 궁수들이 없고 아군에게만 궁수들이 있어서 적을 향해 전진할 때 계속 활을 쏘면 적에게 상당한 피해를 입힐 수 있겠지만 양측 모두에 궁수들이 있다면 대개의 경우 양측 궁수들끼리만 화살을 주고받을 수 있을 뿐 이 궁수들이 상대방의 주된 전력(戰力)인 팔랑스에는 거의 영향을 미칠 수 없을 것이다. 궁수들이 아군 팔랑스 후방에 위치한다면 그들은 양측 팔랑스가 충돌하기 직전 아군 팔랑스 머리 위를 넘겨 적에게 화살을 퍼부을 수는 있을 것이다. 그러나 이렇게 적을 직접 조준하지 못하고 곡선탄도(曲線彈道)로 공격하는 것은 그리 효과적 방법이 되지 못한다. 특히 아군 팔랑스가 빠른 돌격속도로 적에게 접근하는 동안에는 더 그렇다. 크세노폰 같은 이론가는

---

10) 델브뤼크, 《병법사》, 제 I 편(그리스 - 로마 고전시대), 55쪽.

11) 밀집방진을 여러 제대로 나누어 각 제대 사이에 틈을 두는 전술이 개발된 것은 로마 군 이후의 일이다.

그런 전술을 권장했지만(《키로페디아》, Ⅵ, 3. 25절) 그런 전술이 실제 사용된 예는 매우 드물어서 트라시불루스(Thrasybulus)가 피레우스(Piraeus) 거리에서 폭군 30명과 싸운 전투[크세노폰의 《그리스인(Hellēnica)》, Ⅱ, 4절] 정도뿐이다. 그러나 이 전투는 트라시불루스가 종심(縱深)이 불과 10명인 팔랑스로 높은 곳에서 적을 기다리고 있고 상대방은 종심 50명의 팔랑스로 낮은 곳에서 공격해 올라온 경우이다. 이런 특수한 조건 때문에 트라시불루스의 궁수들은 아군 팔랑스 머리 위를 넘겨 종심 깊은 적에게 화살을 쏘아 큰 효과를 발휘했었지만 궁수들은 일반적으로 보조적 역할만 담당했던 병력이다. 페르시아 전쟁 당시 그리스 군의 핵심은 호프라이트였다.[12]

궁수들이 아군 팔랑스 양 측면에 위치해 있다가 접근해 오는 적의 정면에 사선(斜線)으로 활을 쏘면 전투 진행에 상당한 영향을 미칠 것이다. 특히 장갑을 착용한 적에게는 전면공격보다는 측면공격이 효과적이다. 그러나 그리스 인들이 이런 방식으로 궁수들을 활용한 흔적은 후기 그리스 전투에서조차 발견되지 않는다. 그리스 군인들이 고심했을 것이 분명한 문제는 호프라이트들과 궁수들 간 협조 문제였다. 당시까지 각 병종(兵種)은 각자의 특성에 맞는 전투만 했다. 여러 병종의 협조전술이란 없었다. 활이나 투창(投槍) 등 투사무기가 호프라이트 전투에서 잘 활용되거나 각 병종들이 상호간 효과적으로 지원했던 예는 거의 없다. 크세노폰의 기록에 의하면 그리스 팔랑스를 도입한 페르시아 키루스 대왕은 투창병(投槍兵)을 호프라이트 뒤에 배치하고 또 그 뒤에 궁수를 배치해서 궁수나 투창병들이 앞 횡렬(橫列)들의 머리를 넘겨 창을 던지거나 활을 쏘게 했다고 한다(《키로페디아》, Ⅳ, 2장). 투창병이나 궁수들은 백병전에서 스스로를 보호할 수 없지만 호프라이트들 뒤에서 그들의 엄호하에 창을 던지거나 활을 쏠 수 있다는 것이다.

만약 그런 방식으로 각 병종들을 배치하는 것이 실제 가능했다면 이는 엄청나게 효율적이었을 것이 당연하고 실제로 그랬던 경우를 다른 어느 곳에서 찾아볼 수 있을 것이다. 하지만 그런 방식은 이론에 불과할 뿐이다. 호프라이트 머리를 넘겨 곡사궤도(曲射軌道)로 발사된 화살은 앞서 소개한 트라시불루스의 전투와 같은 예외적인 경우 외는 별 효과를 발휘하지 못한다. 특히 호프라이트

---

12) 델브뤼크, 《병법사》, 제Ⅰ편(그리스―로마 고전시대), 40쪽.

들이 마지막에 빠른 속도의 돌격 보조(步調)를 취하게 되면 그런 방식은 거의 무용지물이 된다. 호프라이트들이 적과 충돌하기 전에 궁수나 투창수가 적에게 심각한 피해를 입히려면 화살이나 투창 세례(洗禮)를 원거리로부터 퍼붓기 시작 하거나 아니면 호프라이트들 자신이 그런 무기들을 써야 할 것이다. 크세노폰같 이 실전(實戰) 경험도 있는 명석한 사람이 어떻게 궁수들이 팔랑스 후방에 배치 되었다는 몽상을 할 수 있었을까? 그의 이론은 이론이란 것이 냉혹한 현실과는 동떨어진 것이 되기가 얼마나 쉬운 것인지를 잘 보여 주는 역사적 실례(實例)일 뿐 도저히 이해가 되지 않는 이론이다. 탁월한 전쟁 지도자였던 나폴레옹 Ⅰ세 도 7년 전쟁(서기 1756년~1763년)을 평가하면서 보병대형의 세 번째 횡렬(橫 列)에 궁수들을 배치해서 그들이 3~5인치 두께의 코르크 창을 신발 밑에 덧댄 다면 앞 횡렬의 머리 너머로 활을 쏠 수가 있었을 것이라는 말을 한 적이 있다. 그러나 과연 그들은 이 코르크 샌들을 활을 쏘기 직전에 착용해야 할까? 아니 면 착용한 채로 행군도 해야 할까? 나폴레옹 Ⅰ세의 이런 제안은 크세노폰의 제안과 완전히 같은 수준의 제안이다. 우리들의 영원한 친구인 호머(Homer)뿐 만 아니라 크세노폰이나 나폴레옹 Ⅰ세 같은 위대한 장군들조차도 때로는 꿈속 을 헤매고 있었던 것이다.[13]

3. 궁수의 신분

베르니케(Wernicke)는 궁수로 싸운 아테네 시민들이 비교적 가난한 계층 출신 이었다고 했지만(≪헤르메스(*Hermes*)≫, 제26호, 서기 1891년, 51쪽) 기병들과 마 찬가지로 궁수들 역시 엘리트 계층 출신이었을 것으로 보아야 할 것이다. 비록 그들의 장비가 호프라이트 장비에 비하면 비용이 적게 들기는 하지만 제대로 쓸 만한 궁수가 되려면 호프라이트들보다 훨씬 강도 높은 훈련이 필요했었다. 호프라이트의 경우 단기간의 훈련만으로 팔랑스 대형에 설 수 있었지만 궁수의 경우는 기본적으로는 활을 쏘아 적을 맞힐 수 있어야 했을 뿐만 아니라 적에게 가까이 접근하기 위해서도 그렇고 적에게 접근했다가 공격을 받았을 때는 신속 히 철수할 수 있기 위해서는 매우 빠른 동작과 함께 상호협력이 필요했다. 따라

---

13) 델브뤼크, ≪병법사≫, 제Ⅰ편(그리스－로마 고전시대), 178쪽.

서 그들에게는 독립심, 주의력, 판단력 그리고 냉철한 마음이 두루 필요했었다. 호전적인 전통을 지닌 국가에서는 어린 시절부터 훈련을 통해 그러한 자질을 전수받게 되지만 당시의 아테네와 같이 고도로 문명이 발달했던 국가에서는 연습에 필요한 충분한 시간과 여유를 지닌 상위 계층의 사람들 중에서만 그러한 자질들을 갖춘 사람이 배출되었다. 따라서 아테네 궁수들은 말을 소유할 수 있을 만큼 부유하지는 않았지만 대부분의 일반시민들보다는 많은 시간과 노력을 훈련에 투자할 만한 여유 있는 계층에서 나왔으리라고 보아야 할 것이다. 더욱이 제대로 쓸 만한 좋은 활은 매우 값비싼 무기였다.[14]

4. 활의 사거리

스트라보(Strabo)에 의하면 소아시아 카파도키(Cappadocia) 왕국의 미트리다테스(Mithridates) 왕은 에페수스(Ephesus)의 아르테미스(Artemis) 사원(寺院) 지붕 위에서 활을 쏘면서 그때까지 1스타디움(stadium)[15]이던 사원 자유지역(自由地域)의 반경(半徑)을 지금 쏜 화살이 떨어진 거리까지 확장한다고 선포했는데 이때 그가 쏜 화살은 1스타디움보다 약간 더 나갔다고 한다(≪역사 스케치(*Historical Sketches*)≫, XIV, 1. 23절). 그러나 그는 최고 품질의 활을 지니고 있던 훌륭한 궁수였다. 또한 만약 그가 화살이 1스타디움을 넘도록 고각(高角)으로 쏘지 않고 저각(底角)으로 쏘았었다면 그의 화살은 기껏해야 200~240보쯤 날아갔을 것이다.

올뱅(Olbin)의 풍자시(諷刺詩)에는 명궁(名弓)인 아낙사고라스(Anaxagoras)가 화살을 280클라스터(klaster)[16]나 보낼 수 있었다고 칭송하는 구절이 있다[≪문예중앙(*Literarisches Centralblatt*)≫, 서기 1901년호, 887단].

리하르트(Paul Reichard)의 말에 의하면 스탄리(Stanley)란 사람은 아프리카 활로 200m 이상 거리를 쏜 적이 있다고 주장하나 그것은 과장일 것이라고 했다[≪독일평론(*Deutsche Rundschau*)≫ 제12호, 서기 1890년 9월, 426쪽]. 리하르트에 의하면 동아프리카에서 가장 우수한 궁수라는 르완다와 부룬디의 유목민인 와

---

14) 델브뤼크, ≪병법사≫, 제 I 편(그리스 - 로마 고전시대), 130쪽.

15) 180~190m.

16) 521.6m.

투시스(Watusis)들과 실제 함께 활을 쏘아 본 경험에 의하면 자신은 화살을 겨우 7보까지 보낼 수 있었지만 가장 힘이 센 사람이라도 겨우 120m(160보)밖에 못 내보냈다고 한다.

모르겐(Morgen) 중위는 카메룬(Cameroons)에 관한 강의에서 그 역시 이와 유사한 경험이 있는데 조건에 따라 화살이 150~180보를 나갈 수 있다고 했다. 그러나 루샨(Luschan)은 '고대의 활(über den antiken Bogen)'이라는 연구보고서[서기 1898년의《벤도르프 축하논문집(Festschrift für Benndorf)》] 및 서기 1899년 2월 베를린 문화인류학회 제18차 총회 회의록에서 아시아 활은 아프리카 활보다 훨씬 좋았고 몇 년이 걸려야 완성되는 가장 좋은 활은 믿기지 않을 정도로 멀리 화살을 내보낼 수 있었다고 했다.

큰 궁수부대의 유효사거리를 말할 때는 그들 중에 가장 능력이 뒤처진 궁수의 사거리를 기준으로 하는 것이 당연하며 베게티우스(Vegetius)는 이를 600ft로 보았다. 옌스(Jähns)는 궁수부대의 유효사거리를 "저각 사격 때는 250보(약 200m), 고각 사격 때는 400보(약 320m)"라 했다[《고대 공격무기 발달사(Entwicklungsgeschichte der alten Trutsswaffen)》, 281쪽].

활의 전술적 유효사거리에 관한 최근 연구로 라이머(Paul Reimer)의 "궁시(弓矢 Der Pfeibogen)"[《프로메테우스(Prometheus)》, 944호, 서기 1907년 11월 20일]라는 논문이 있다.[17]

5. 마케도니아

알렉산더(Alexander) 대왕의 마케도니아 군 11,000명(기병 5,000명 포함)은 히다스페스(Hydaspes) 강 주변에서 인도의 포루스(Porus) 왕자와 결전을 치렀다. 결정적 접전은 알렉산더가 병력 11,000명을 이끌고 양측이 히다스페스 강을 사이에 두고 마주 보면서 숙영했던 지점에서 18마일 떨어진 상류지점을 기습적으로 건너며 시작되었다. 포루스나 알렉산더 모두 기병을 양 측면에 나누어 배치했다.

인도 군의 강점은 코끼리에 있었고 이 코끼리들은 전선의 중앙에 기묘한 대형으로 보병과 결합되어 있었다. 등 위의 탑 속에 코르나크(koak) 또는 마후트

---

17) 델브뤼크, 《병법사》, 제Ⅰ편(그리스-로마 고전시대), 71쪽.

(mahout)라고 불리던 조종수 이외에 몇 명의 궁수들을 태운 코끼리들이 서로 상당한 간격을 유지하며 배치되어 있었다. 보병은 이들의 바로 뒤에 배치되어 코끼리들 사이의 간격을 메우기도 했다. 그리스 기록에 의하면 인도 군 전체 대형의 모습은 마치 중간중간 탑이 있는 성벽과 같았다 한다.

마케도니아 군은 그들의 통상 대형대로 중앙에 팔랑스를 배치하고 양 측면에 기병을 배치했는데 마케도니아 군의 우익은 다른 때라면 늘 알렉산더가 지휘했지만 이번에는 코이누스(Koinus)가 지휘했고 강가를 따라 이동했었다. 좌익에는 연결된 특별한 지형지물이 없어 취약했지만 그 대신 우회 및 포위 기동을 위한 최상의 조건을 갖추고 있었으므로 이번에는 알렉산더가 좌익을 지휘했던 것이다.

마케도니아 기병이 인도 기병보다 숫자보다는 전술훈련의 면에서 우세했을 것으로 우리는 단언할 수 있고 그들은 양 측면에서 모두 성공적으로 기동했다. 인도 군 전투전차는 긴밀히 배치된 마케도니아 기병 분견대의 치열한 공격을 그들의 기병보다 오래 버티지 못했고 마케도니아 군에게 쫓긴 전차들은 코끼리 뒤로 도주했다. 마케도니아 군의 공격은 코끼리 앞에서 소강상태로 들어갔다. 코끼리들 가운데 일부는 후방을 공격하는 마케도니아 군을 상대하려고 뒤로 방향을 돌려 보병 사이로 후방으로 이동했음이 분명하다. 말들은 코끼리를 겁내므로 마케도니아 기병은 이 큰 동물들에게 접근할 수 없었다. 말들이 코끼리를 겁낼 것을 우려한 알렉산더는 적의 면전에서 강을 건너는 모험을 하지 않고 포위작전을 선택했다. 그리스 측 사료들은 이 전투를 매우 무서운 전투로 묘사해 놓았다. 인도 군의 코끼리들은 밀집대형을 이루고 있던 마케도니아 군 대형을 뚫고 들어가 적을 짓밟거나 코로 붙잡아 공중으로 내던지기도 하고 상아로 찌르기도 했고 포루스 왕자를 포함해서 코끼리 등 위에 올라탄 궁수 등은 화살이나 투창을 날렸지만 결국 마케도니아 군이 승리했다. 그들은 활과 투창으로 코끼리 조종수들을 쓰러뜨렸고 코끼리들에게 상처를 입혀 더 이상 전진 못 하게 만들었다. 결국 뒤로 돌아서는 코끼리도 생겼고 코끼리들이 게으름을 피우자 인도 군은 패배했다. 인도 군의 보병은 마케도니아 보병보다 수적으로 우세했지만 코끼리가 적진에 조성한 혼란을 활용해서 근접전투로 마케도니아 팔랑스를 격파할 기지는 없었다. 또한 인도 군의 전반적 공격은 애초부터 마케도니아 기병에 의해 저지되었음이 분명하다. 마케도니아 기병은 승기(勝氣)를 잡자 적의 전선

후방으로 우회해 들어갔고 적의 코끼리 때문에 일시 주춤했지만 전장을 이탈하지 않고 있었다.

마케도니아 군의 기병은 다시 앞으로 나오려는 인도 군 기병들을 압도적인 수적 우세를 이용해 다시 코끼리가 있는 선까지 밀어냈다. 사태를 잘 예측하고 있던 알렉산더는 종심이 그리 깊지 않던 그의 팔랑스에게 처음에는 제자리에 머물러 있게 했다. 만약 인도 군 코끼리와 보병들이 아무 방해도 받지 않고 합동으로 공격했다면 아마 마케도니아 군은 이를 감당할 수 없었을 것이다. 하지만 인도 군 후방에서 펼쳐진 기병 전투는 처음부터 인도 군의 자신감과 의욕을 떨어뜨렸을 것이 분명하며 일단 그들이 주춤대자 마케도니아 군은 그들을 둘러싸고 포위망을 좁혔다. 인도 군은 도망가려고 뒤로 돌아선 그들의 코끼리에게 짓밟혔다. 포위망 바로 바깥에 있던 마케도니아 군 보병은 코끼리가 전진하려고 하면 잠시 길을 터 주기도 하다 다시 화살로 공격해 코끼리를 밀어낸 후 그 뒤를 바짝 따라가면서 앞서 전선을 우회해서 적 후방을 공격하고 있던 우군의 기병 쪽으로 적을 밀어붙였다. 이런 방식으로 인도 군은 대부분 쓰러졌고 거의 모든 코끼리와 포루스 왕자까지 마케도니아 군에게 붙잡혔다.[18]

6. 파르티아

파르티아[19]는 페르시아와 매우 긴밀한 관계를 지닌 종족이었으며 그들의 전투방식은 고대 페르시아 군의 전투방식과 거의 같았었다. 그들은 기마궁수(騎馬弓手)로 싸웠으며 페르시아와 마찬가지로 이 기병들은 활 외에 근접전투 무기로 주로 창을 휴대했었다.[20] 이 기마궁수들은 좋은 갑옷으로 무장한 로마 군 대형에 큰 피해를 입힐 수 없었는데 사료들은 파르티아 군이 화살이 떨어지지 않도록 예비화살을 가득 실은 낙타를 데리고 다니면서 무섭게 화살공세를 폈다고 하지만 우리는 이 말을 믿고 그들을 페르시아와 그리스 간 고대전투 당시의 기마궁수들과 다른 어떤 병력이었을 것으로 보면 안 될 것이다. 로마 군에는 그들과 대적하기 위한 병력으로 그들보다 훨씬 정확하게 활을 쏠 수 있는 경보병(輕

---

18) 델브뤼크, ≪병법사≫, 제Ⅰ편(그리스 - 로마 고전시대), 259 - 263쪽.

19) 카스피 해 남동쪽에 있던 고대국가로서 마케도니아의 지배하에 있었다.

20) 델브뤼크, ≪병법사≫, 제Ⅰ편(그리스 - 로마 고전시대), 559쪽.

步兵)들도 상당수 있었고 적이 매우 가까이 핍박해 오면 출격할 수 있는 기병도 있었으며[21] 또한 파르티아 궁수보다 화살을 멀리 내보내 적의 갑옷을 꿰뚫을 수 있는 궁수들도 있었다(카시우스, ≪로마사≫, XLIX, 26장).[22]

델리우스(Dellius)는 로마 군이 서로 방패를 연결해서 지붕과 같은 덮개를 머리 위에 만들어서 파르티아 군의 화살을 막았는데 이를 본 파르티아 군은 로마 군이 모두 죽거나 전투를 포기하는 것으로 여겼지만 로마 군은 갑자기 그들에게 쇄도해 왔다고 했다.[23]

Ⅱ. 게르만족

1. 게르만족의 무장

게르만족은 청동기 시대부터 사용해 오던 활과 화살을 도중 포기했다가 다시 쓰기 시작한 것은 3세기 이후부터이다. 사료의 기록과 고고학적 발견물들은 이 점에서 일치한다[얀(Martin Jahn), ≪고대 철기시대의 게르만족의 무장 — 기원전 약 700년에서 서기 200년까지(*Die Bewaffung der Germanen in der älteren Einzeit etwa von 700 v. Chr. bis 200 n. Chr*)≫, 87쪽 및 216쪽].[24]

주로 게르만족으로 구성되어 있던 비잔티움 제국의 군대가 활을 극히 선호했던 것은 지휘부의 취향 때문이었음이 분명하다. 게르만 민족들 중 특히 반달(Vandal)족이나 동(東) 고트(Goth)족은 활에는 익숙하지 않았고 칼이나 장창(長槍)을 선호했었다는 기록이 있다. 프랑크(Frank)족도 활을 썼다는 기록이 별로 보이지 않는다.[25]

2. 고트(Goth)족

프로코피우스(Procopius)는 "고트족의 병사들에게 전투 때 창 외에 활 등 다른

---

21) 델브뤼크, ≪병법사≫, 제Ⅰ편(그리스 – 로마 고전시대), 560쪽.
22) 델브뤼크, ≪병법사≫, 제Ⅰ편(그리스 – 로마 고전시대), 562쪽.
23) 델브뤼크, ≪병법사≫, 제Ⅰ편(그리스 – 로마 고전시대), 567쪽.
24) 델브뤼크, ≪병법사≫, 제Ⅱ편(게르만족), 39쪽.
25) 델브뤼크, ≪병법사≫, 제Ⅱ편(게르만족), 409쪽.

무기를 사용하지 말라는 토틸라(Totila)의 엄명(嚴命)이 있었다. 무기 등 모든 면에서 로마 군에 뒤져 있던 그들은 토틸라의 이 우매한 조치로 인해 전투 초기 큰 피해를 입었다. 토틸라가 왜 그리 했는지 모르겠다. 반면에 로마 군은 상황에 따라 활도 쓰고 창도 쓰고 칼도 쓰면서 모든 상황을 유리하게 이용했었다. 일부는 말을 타고 싸웠고 일부는 발로 싸웠으며 어떤 곳에서는 적을 포위했고 어떤 곳에서는 기다리다가 적의 제1격을 방패로 잘 막아냈다. 반면 고트족 기병은 창의 힘만 믿고 보병들은 멀리 뒤에 남겨 두고 거칠게 돌격했지만 적과 마주치자 함부로 돌격한 쓴 열매만 거두게 되었다. 그들은 로마 군 중앙을 공격했지만 예상외로 서서히 앞으로 휘돌아 나간 8,000명의 로마 궁수들 틈에 위치하게 되었기 때문이다. 고트족 기병은 적에게 도달하기도 전에 양측에서 불화살이 쏟아지자 바로 혼란에 빠졌고 수많은 병력과 더불어 많은 말을 잃었으며 로마 군이 이렇게 완강히 대응하자 결국 백병전을 벌이게 되었다."고 한다[《폴레몬(Polemon)》, <고트 전기(戰記)>, Ⅳ권].

　　이 구절에서 프로코피우스가 말한 로마 군의 기본전술과 무기를 보면 고대 로마 레기온(legion)의 경우와 완전히 달라졌음을 알 수 있지만 고트족 기병이 로마 궁수들로부터 입은 피해가 그렇게 클 수는 없었을 것이 분명하다. 로마 궁수들은 전투장소를 둘러싼 언덕 위에서 활을 쏘았다. 그들이 평지에 위치해 있었을 수는 없다. 만약 그랬다면 그들은 고트족 기병의 거친 돌격에 견디지 못했을 것이다. 위에서 아래로 쏘는 화살은 매우 효과적이지만 이 화살에 큰 위협을 받았던 것은 주로 대형 양 측면에 있는 기병들뿐이었을 것이다. 평지가 그렇게 좁았을 수 없음이 분명하므로 대형 중앙까지 화살이 미치지 못했을 것이기 때문이다. 더군다나 고트족 기병은 병사들뿐 아니라 말에도 갑옷을 입혔었고(위은 책, Ⅰ권, 16장) 무거운 갑옷이 허용하는 한 최대한 빠른 속도로 로마 궁수들의 곁을 질주했을 것이다. 프로코피우스는 다른 구절에서는 고트족 기병은 활에는 전혀 숙달되지 않았고 칼과 창만 썼다고 했다(위의 책, Ⅰ, 27장).26)

---

26) 델브뤼크, 《병법사》, 제Ⅱ편(게르만족), 357쪽.

3. 프랑크족

사료에는 샤를마뉴(Chalemagne) 대제(大帝)[27] 당시 프랑크 전사(戰士)들의 무장에 관해 너무 모순된 말이 많아 사료의 세부내용이 얼마나 신뢰성 없는지를 잘 보여 주는 예가 되고 있다. 센트 쿠엔틴(St. Quentin) 대수도원(大修道院)의 수도원장 풀라트(Fulrad)에게 보낸 소집령에서는 모든 기병(騎兵)은 방패, 장창(長槍), 폭이 넓은 칼, 활 및 화살을 채운 화살주머니를 휴대하도록 지시하면서 투구와 갑옷에 대한 언급은 없다. 우리는 이를 보고 카롤링(Caroling) 왕조 기병들을 경무장 기마궁수(騎馬弓手)로 생각할지도 모른다. 그러나 방패와 활의 조합은 매우 이례적이다. 활을 쏠 때 방패는 방해만 될 뿐 몸의 보호에 별 도움이 되지 않는다. 궁수에게는 쇠미늘 갑옷[28]이나 딱딱한 가죽 갑옷이 훨씬 도움이 된다.

프랑크족의 전투를 묘사한 여타 사료에는 활에 관한 언급이 매우 드물지만 법령들에는 활을 그들의 무장 일부로 언급했던 경우가 흔하다. 발처(Baltzer)는 12세기 이전 독일에서는 활을 전쟁무기로 본 적이 없다고 보나(≪게르만 전쟁사(*Zur Geschichte des deutschen Kriegswesen*)≫, 48쪽) 이는 부정확한 말이다. 반대증거들이 바이츠(Waitz)의 ≪독일헌법사(*Deutsche Verfassungsgeschichte*)≫, 제Ⅷ편, 123쪽에 열거되어 있다. 비두킨트(Widukind)의 기록에는 서기 953년에 게르만족 화살에 쓰러진 전사(戰士)들이 언급되어 있다(≪작센 연대기(年代記)≫, 제Ⅲ편, 28장). 오토(Otto) 대제(大帝)도 슬라브족에게 화살세례를 퍼부었다. 브루노(Bruno)의 기록에도 '사기타리(sagittarii)', 즉 궁수에 대한 언급이 있다(61장). ≪레기노 연대기 보유편(*Continuatio Reginonsis*)≫에도 서기 962년에 게르만족이 한 이태리 거점을 포위 당시 '궁수 및 투석수(*sagittarii et fundibularii*)'를 사용했다는 말이 있다. 리세르(Richart Richer)도 서기 984년 게르만족의 베르덩(Verdun) 포위 때 그와 유사한 일이 있었다고 했다.

우리는 이런 법령들을 보고 당시에는 활과 화살의 사용이 일반화되었다고 보면 안 된다. 활은 만들기 쉬운 무기지만 진정 좋은 활은 그렇지 않다. 더욱이

---

27) 프랑크 왕국 후기 왕조인 카롤링(Caroling) 왕조 제2대 왕으로서 서로마제국 황제가 된 인물. 재위기간은 서기 768년~814년.

28) '미늘'이란 물고기 입 속에 들어간 낚시 바늘이 빠져나오지 못하게 바늘 끝과 반대방향으로 일으켜 놓은 수염 모양 가시를 말한다. '쇠미늘 갑옷'은 적의 칼날에 치명적인 부상을 입지 않도록 이런 모양의 쇠조각을 붙인 갑옷이다.

좋은 궁수나 특히 기마궁수(騎馬弓手)는 장기간의 엄격한 훈련을 거쳐야만 양성될 수 있었다.[29]

Ⅲ. 노르만족

정복자 윌리암(William the Conquerer)이 이끈 노르만 군이 해롤드(Harold)가 이끈 앙겔-작센 군을 하스팅(Hasting) 전투(서기 1066년 10월 14일)에서 격파하고 잉글랜드를 정복할 당시 노르만 군은 2차 무기인 활에서도 앙겔-작센 군보다는 우세했다. 베욕스(Bayeux)의 벽걸이 융단 그림에서도 이를 확인할 수 있다. 노르만 군은 화살세례를 퍼붓고 있지만 앙겔-작센 군에는 궁수가 1명만 보인다. 해롤드의 핵심병력은 말은 없지만 노르만 군과 같이 좋은 갑옷을 입었고 창, 칼, 도끼 등 다양한 무기들로 무장한 모습이다. 이들이 직업전사인 케올(Keorl)과 테인(Thane)이다. 해롤드에게는 이들 이외에 일부는 방패를 들고 일부는 방패가 없이 투창(投槍)이나 자루도끼 등을 휴대한 경무장 병력이 보인다. 이들은 농민징집군이 아니라 직업전사들의 종자(從者 Knape)와 사병(私兵 Knechte)이었고 그들만으로는 노르만 군 궁수와 기사(騎士)들을 상대할 수 없었을 것이다. 그들은 직업전사들의 틈에 서 있다 얼마큼 앞으로 뛰어나가 투창 등을 던진 후 적이 접근하면 갑옷을 착용한 직업전사들 뒤로 철수했을 것이다.

노르만 군은 기병과 궁수가 나란히 서서 언덕 위로 밀고 올라갔다. 궁수들은 적을 쏘려고 약간 앞으로 뛰어 나갔다. 이들은 인원도 많았고 사거리가 큰 활이 있다는 장점은 있었지만 위에서 아래로 쏘는 상대방 궁수들에 비해 아래에서 위를 쏘아야만 하는 단점이 있었다. 근접전 무기를 휴대하고 보병과 섞여 있던 기병은 언덕 위를 향해 올라갔지만 경사진 언덕 때문에 돌격의 기세가 둔화되어서 위치가 유리했던 방어군에게 밀려났다. 그들 중 일부는 아예 언덕 아래까지 밀려나기도 했지만 대부분은 일단 발길을 돌렸다 다시 돌격을 시도했다. 이렇게 진퇴를 거듭하던 노르만 군의 기병과 궁수는 지속적인 협동작전으로 결국 승기(勝機)를 잡을 수 있었다.[30]

---

29) 델브뤼크, ≪병법사≫, 제Ⅲ편(중세), 21쪽.

Ⅳ. 스페인

11세기 말의 스페인 사람인 페트루스 알폰시(Petrus Alfonsi)는 <디스플리나 글러리칼리스(*Disciplina Clericalis*)>란 글에서 학문적 자유기예(自由技藝) 7종과 기사기예(騎士技藝 probitates) 7종을 소개해 놓았는데 후자에는 '승마, 수영, 활 쏘기, 권투, 그물로 새 잡기, 장기(將棋) 및 시작(詩作)'이 포함되어 있다[베델 (von Wedel)의 ≪게르만 기사(*Deutschlands Ritterschaft*)≫ 및 슐츠(Alwin Schultz)의 ≪궁중의 생활(*Das höfische Leben*)≫, 제Ⅰ편, 170쪽].[31] 그러나 아주 이상하게 가 장 중요한 검법(劍法)은 이 구절에 빠져 있고 다른 구절에는 음식접대와 식탁예 절이 예비기사(豫備騎士)들의 훈련과목으로 언급되어 있다[뀌이에모(Guilhiermoz), ≪중세 프랑스 귀족의 기원(*Essai sur l'origine de la noblesse en France au moyen âge*)≫, 433쪽, 각주 60].[32]

Ⅴ. 투르크족

1. 기마궁수

비잔틴 제국 레오(Leo) 황제는 투르크(Turk)족을 갑옷 입힌 말을 타고 창과 칼과 활을 교대로 쓰며 싸우는 전사(戰士)로 묘사했다[≪전술론(*Taktik*)≫, 18장, 49~50 절]. 군사체계에 관한 한 아랍 문헌에는 다음 같은 구절이 있다[뷔스텐펠트 (Wüstenfeld)가 편집, 번역한 내용이 ≪쾌팅겐 학회 논집(*Abhandlungen der Gesellschaft der Wissenschaften zu Göttingen*)≫, 제26권(서기 1880년)에 수록되어 있다].

"무장은 무겁지도 가볍지도 않고 질기고 단단한 갑옷, 속의 모자와 연결된 투 구, 팔뚝 보호대 2개, 정강이 보호대 2개 및 장갑 2개로 구성된다. 군마(軍馬)는 발굽이 단단하고 가슴, 앞쪽 1/4, 목 및 뒤쪽 1/4이 튼튼해야 한다.[33] 전투장비 는 다음과 같다.

---

30) 델브뤼크, ≪병법사≫, 제Ⅲ편(중세), 152쪽.

31) 이 구절은 나라의 젊은이들에게 예(禮)·익(樂)·사(射)·어(馭)·서(書)·수(數), 즉 예의·음악·활쏘기·전 차(戰車) 몰기·서예 및 셈법 육예(六藝)를 가르쳤다는 중국고전 ≪주례(周禮)≫의 구절이 연상되는 대목이다.

32) 델브뤼크, ≪병법사≫, 제Ⅲ편(중세), 249쪽.

강궁(强弓) 2자루: 대는 곧고 촉은 뾰족하고 중간은 단단하고 쇠 깃(isernen Flügeln)을 붙인 화살 30대.[34] 너무 크거나 화살 30대를 담지 못할 정도로 너무 작지도 않으면서 견고하게 봉합된 긴 가죽끈이 달려 있고 튼튼한 주머니에 넣은 중간 크기의 화살통 1개, 아주 곧고 너무 길거나 짧지도 않고 견고한 자루가 달리고 여러 개의 날카로운 날이 있고 특히 강한 최고 품질 쇠로 만들어졌고 끝은 목표물을 파고들 수 있게 뾰족한 촉이 달린 장창(長槍) 1자루, 곧바른 투창(投槍) 1자루, 전체를 담금질된 쇠로 만들어 잘 들고 날카로운 칼이나 다루기 쉽게 짧고 예리한 칼 1자루, 양쪽으로 날이 있고 끝은 뾰족한 손칼 1자루, 너무 무거워 다루기 힘들거나 너무 가벼워 위력이 없지도 않고 목표물을 타격하면 뚫고 들어갈 수 있는 갈고리가 달린 철퇴(鐵槌) 1개, 단단한 손잡이가 달리고 한 번 가격으로 상대방의 강한 무기를 부술 수 있고 양쪽에 날카로운 날이 있는 도끼 1자루, 말안장 머리 좌우에 달린 각 30개의 작은 돌멩이가 담긴 주머니 2개."[35]

비잔틴 제국의 전사와 서구 전사의 큰 차이점은 광범위한 궁시 활용에 있고 궁시와 무거운 갑옷은 어울리지 않는다. 무거운 갑옷을 착용하면 활을 잘 다룰 수가 없을 뿐 아니라 튼튼한 말이 필요하며 더욱이 말에까지 갑옷을 입히면 빨리 달릴 수 없게 된다. 또한 말이 빠르지 못한 기마궁수(騎馬弓手)는 근접전을 피할 수 없으며 근접전에서는 활이 별 도움이 되지 않는다. 비잔틴 제국 레오(Leo) 황제는 아랍 전사들이 모두 동일한 전투병종인 것같이 묘사해 놓았지만 그들이 언제나 그렇지는 않았을 것이다. 아마 그들은 무거운 갑옷을 착용하고 무거운 갑옷을 입힌 말을 타던 백병전 전사들과 가벼운 갑옷만 착용하고 가볍고 빠른 말을 타던 기마궁수들로 나누어져 있었을 것이다. 그들이 항상 기마궁수라는 전투병종을 양성했던 것은 아시아인 특히 초원지대 민족의 오랜 전통 때문이었음이 분명하다. 서구 십자군(十字軍)은 이들과 익숙해지자 곧 이런 병종을 채택했고 그들이 기마궁수를 지칭하던 '투르코폴(Turkopole)'이라는 이름은 후일 기사(騎士) 국가 프로이센(Preussen)에까지 전해지게 되었다.

이 점에서 동방(東方) 전사와 서구 전사는 약간 차이는 있었지만 그들이 근본적으로 다르지는 않았다. 서구의 기사들이 성지(聖地)[36]에서 기사들의 마상경기(馬上競技)를 개최할 때 무슬림(Muslim)의 기사들도 경기 참여를 초대받았던 것

---

33) 말에도 가슴 부위를 제외한 나머지 부분에 갑옷을 입혀야 한다는 말로 보인다.

34) 쇠 깃은 쇠촉의 오기(誤記)로 보인다.

35) 델브뤼크, 《병법사》, 제Ⅲ편(중세), 214쪽.

36) 팔레스타인 지역.

같다. 그들이 어울려 마상경기를 벌였었다는 것은 장비, 전투방식과 전투관행 등이 매우 유사했었다는 충분한 증거가 된다. 십자군(十字軍) 관련 기록 중에는 기독교 기사와 회교(回敎) 기사들은 서로 종교적, 인종적 적대감은 있지만 계급의식은 꽤 비슷했다는 많은 증거들이 있다.[37]

기마궁수는 페르시아, 파르티아(Parthia), 훈(Hun), 아랍 및 투르크 등 중앙아시아 민족들의 역사 깊은 전투병종이다. 이 민족들에게는 기마궁수들이 큰 기여를 했지만 이들이 오로지 활만 사용했었다면 창과 칼로 돌격했던 십자군 기사들에게 그렇게도 잘 저항할 수는 없었을 것이다. 결국 그들의 무기도 서구 전사들의 무기와 큰 차이는 없었을 것이며 그들 역시 수적인 우세를 이용해서 근접전투를 벌일 수도 있었을 것이다. 기마궁수들은 원할 때 얼마든지 철수할 수 있고 적이 지치거나 추격을 포기하면 곧 다시 돌아서서 공격을 재개할 수 있는 넓은 평원지대에서 최대의 능력을 발휘할 수 있다. 따라서 우리는 이들의 기원을 초원지대에서 찾아볼 수 있다. 초원지대에서는 활의 장점이 너무 크기 때문에 그들은 활 쏘는 기술을 갖추기 위한 고통스런 훈련을 감내할 수 있었을 것이다. 물론 다른 지역에서도 활쏘기 기술을 배워서 전통으로 발전시키면 이 병종을 보유할 수 있다. 십자군은 이런 기마궁수의 위력을 아주 일찍부터 알아차리고 투르크족을 그들의 군대에서 복무시킴으로써 자신들을 방어하려 했었다. 이런 '투르코폴(Turkopole)'에 관한 기록은 서기 1115년 처음 등장하지만 라이문트(Reimund von Tououse)에게 항복한 후에 그의 밑에서 예루살렘 다윗 성(城)을 수비하던 병력이 이미 기마궁수들이었을 수도 있다. 프리드리히(Friedrich) Ⅱ세는 이태리 전역(戰役)에서 그의 군대에 사라센(Saracen) 출신 보병궁수와 기마궁수를 활용했다. 서구인들 자신은 산악과 숲과 습지가 많은 그들의 지형에서 기마궁수를 양성하지 않았다. 그런 곳에서는 기마궁수가 별 효용이 없고 이들의 양성에 너무 큰 노력이 필요했기 때문이다.

쾰러(Köhler) 장군은 서구에서 기마궁수를 자체적으로 양성했던 사료의 구절들을 몇 가지 수집해 놓았는데[≪기사 시대의 전쟁과 용병술의 발전≫, 제Ⅲ편, 제Ⅰ권, 95쪽] 특히 잉글랜드의 에드워드(Edward) Ⅲ세는 서기 1356년에 기마궁수로 한 근위부대를 편성했었다는 기록도 있다. 쾰러는 같은 책 부록[특히 보

---

37) 델브뤼크, ≪병법사≫, 제Ⅲ편(중세), 215쪽.

유편(補遺編)]에도 비갈로아(Wigalois)의 또 다른 구절을 추가했다. 필자는 그 외에도 롬바르디 동맹조약[무라토리(Ludovico Antonio Muratori), ≪중세 이태리의 옛 제도(*Antiquitates Italicae Medii Aevi*)≫, 제IV편, 490쪽에 수록되어 있음]도 이런 종류의 기록에 속한다고 본다. 그러나 잉글랜드에서도 기마궁수가 독립된 병종으로 발전하지는 않았다. 15세기에는 말을 탄 궁수들에 관한 기록이 많이 발견되지만 그들에게 말은 단지 이동수단이었을 뿐 전투 때는 말에서 내려 싸웠다.

쾰러 장군은 프리드리히 II세 밑에 복무하던 사라센 병력은 모두 보병궁수였을 것으로 보지만 "서기 1248년 파르마(Parma)에서 프리드리히 II세 밑에는 말을 탄 쇠뇌수와 보병 쇠뇌수(*balistarii tam equites quam pedites*)"가 있었다는 명문 기록이 있다<파르마 대연대기(*Annales Parmenses majores*)>. ≪게르만 사료집(*Monumenta Germaniae*)≫, SS., XVIII, 673)].[38]

2. 야니샤르

오스만 제국이 수백 년간 패권을 확립하고 유지할 수 있게 해 준 병력은 야니샤르(janissaries)였다. 야니샤르에 관한 연구서로는 하인리히 슈르츠(Heinrich Schurtz)의 "야니샤르(Die Janitschren)"(≪프로이센 연보(*Preussische Jahrbücher*)≫, 제112권, 서기 1903년), 레로폴트(Leopold von Schölzer)의 ≪고대 투르크 군의 기원과 발전(*Ursprung und Entwickelung des alttürkischen Heeres*)≫(서기 1900년) 및 랑케(Reopold Ranke)의 "오스만 스페인 왕국(Die Osmanen und die spanische Monarchie)"[≪랑케 선집(*Werke*)≫, 제35권)이 있다.

야니샤르 또는 '예니체리(Jeni dscheri)'(직역하자면 '새 병력')는 서기 1330년 창설된 병력으로서 동시대 잉글랜드 궁수들 같은 보병궁수들이었지만 그 조직은 완전히 달랐으며 훈련된 상비군이었다. 잉글랜드 궁수들도 직업적 전사였지만 상비군이 아니라 용병(傭兵)이었고 단기간 전쟁을 위해 모집되었다 평화조약이 체결되면 민간직업으로 돌아가든지 다른 지도자 밑으로 가든지 아니면 도둑이나 강도떼로 변해서 각 지방을 돌아다녔다. 야니샤르도 처음에는 모집되었지만 일단 모집된 후에는 술탄(Sultan) 밑에서 영구적으로 복무했다. 그들은 정복

---

38) 델브뤼크, ≪병법사≫, 제III편(중세), 285쪽.

지에서 부모들로부터 강제로 떼어 내서 이슬람교로 개종(改宗)시킨 후 엄격한 군사훈련을 시킨 소년들로 보강되었다. 이들은 결혼도 하지 않았고 동지들과 함께 생활했다. 이들은 군부대이면서 동시에 경제공동체였다. 그들은 10명 단위로 1개 종렬(縱列) 또는 1개 천막집단이 되었고 취사용 밥솥과 등짐 말을 공유했었다. 종렬 8~12개가 모여 한 지휘관 밑의 중대급 부대인 오다(Oda)가 되었다. 14세기에는 이런 야니샤르 오다가 60개였고 총 병력은 약 5,000명이었다. 동로마제국 수도 콘스탄티노플을 정복한 무하메드(Muhammed) Ⅱ세는 33개의 오다로 '세그반(Segban)'을 편성했고 후일 다시 100개의 오다로 '야가(Jaga)'를 만들었다. 세그반은 술탄이 사냥할 때 데리고 다니던 측근부대였던 것으로 보인다. 이들의 총원이 7,000명이었다는 기록이 있지만 물론 크게 과장된 것이므로 이를 기초로 1개 오다의 병력이 약 200명이었을 것이라는 생각이나 이 수치에 기초한 종렬(縱列) 또는 천막 집단의 인원수에 관련된 계산들도 잘못된 것이다[슈르츠(Schurtz), 앞의 논문, 459쪽]. 셀림(Selim) Ⅰ세 당시(서기 1512~1520년) 야니샤르의 총원은 총 3,000명에 불과했지만 서기 1550년에는 16,000명까지 증가했던 것으로 추정된다[슈르츠, 앞의 논문, 454쪽]. 3,000명이란 수치는 분명히 66개 오다를 말한 것에 불과하다. 무하메드 Ⅱ세 당시 야니샤르 숫자는 12,000명으로 추정된다(슈르츠, 앞의 논문, 459쪽).

이 집단의 결속력과 특성의 전제조건은 절대적 신뢰를 지닌 정기 보급체계였다. 오스만 술탄들은 이를 위한 자원을 그들이 무력으로 굴복시킨 신민(臣民)들로부터 획득했다. 그 당시 기독교 왕국으로는 불가능한 일이었다. 간부들의 책임과 관련된 괴상한 호칭들을 보면 우리는 야니샤르들의 조직이 보급문제를 얼마나 강조했었는지를 알 수 있다. 오다의 지휘관을 '초르바치 바쉬(Tschorbadschi Baschi)', 즉 '수프 분배관'이라고 했고, '주방장' 또는 '보급관'으로 불리는 지휘관도 있었다. 부사관(副士官) 급을 '낙타 조종수'라고 했었다. 오다라는 명칭도 동지들이 함께 자는 '방'을 의미했다. 오다(Oda)를 그들이 공동으로 음식을 만드는 '오르다(Orda)'['화로(火爐)']로 부르기도 했던 것으로 보인다. 밥솥은 부대의 신성한 물건으로 간주되었다. 1개 종렬용의 작은 밥솥 외에 1개 오다용 큰 밥솥도 있었는데 매주 금요일 알라(Allah) 신(神)의 전사들을 위해 술탄의 부엌에서 쌀과 양고기로 만든 국가적 음식인 필라브(Pilav)가 이 밥솥에 보급되었다.

야니샤르는 자신의 숟가락을 모자에 꽂고 다녔다.

그들은 야니샤르에게 처음부터 군인정신과 함께 신앙심을 불어넣었다. 베크타쉬(Bektaschy) 승려단(僧侶團)도 이 병력의 창설에 참여했고 베크타쉬 승려들은 사제(司祭), 가수(歌手) 또는 어릿광대로 야니샤르들과 함께 전장(戰場)에도 나갔다. 전사들도 사제와 같은 모자를 썼고 길게 나부끼는 옷자락이 그들의 표지였는데 이 표지는 마치 승려들이 축원을 할 때 펄럭이는 소맷자락을 연상시켰다. 어린 신병들의 교육도 이 승려들이 담당했을 것으로 보인다.

부모와 집을 잊은 이 전사들에게 조국은 없고 궁전만 있었으며, 아버지나 주인은 없고 위대한 지도자만 있었고, 자신의 의지는 없고 위대한 지도자의 의지만 있었으며, 희망은 없었고 위대한 지도자의 호의만 있었다. 그들에게 생활은 없고 엄격한 군기(軍紀)와 무조건 복종만 있었고, 직업은 없고 전투만 있었으며, 자신의 목적은 없고 삶과 죽음과 낙원만 있었다. 낙원의 문은 전투에 의해 열렸다.

수도원(修道院)과도 같은 병영(兵營) 내에서는 군기(軍紀)가 매우 엄했었고 누구도 병영 밖에서 밤을 보낼 수 없었다. 젊은이는 아무 말 없이 나이 든 사람을 섬겼다. 벌을 받는 사람은 얼굴을 가린 채로 자신에게 벌을 내린 사람의 손에 입을 맞추어야 했다.

야니샤르들은 장비나 전투기술은 잉글랜드의 궁수들과 거의 같았지만 엄격한 군기 때문에 큰 업적을 남길 수 있었다. 때로는 창병(槍兵) 아사벤(Asaben)이 적의 기병을 저지하기 위해 그들에게 배속되었다는 기록도 있지만 이는 아주 예외적인 경우였음이 분명하다. 아사벤은 기사들같이 궁수들의 사기(士氣)를 유지시켜 줄 수 있는 지위 높은 자들이 아니었다. 야니샤르는 적의 공격을 스스로 버틸 수 있을 만큼 완강했지만 개활지에서도 기사(騎士)들의 공격에 맞설 정도는 아니었다. 활과 화살만으로는 그렇게 할 수가 없다. 그러나 그들은 자신들의 앞에 약간의 토벽(土壁)을 쌓거나 참호를 구축하고 그 뒤에서 적의 공격을 기다리는 전투방법을 알았고 공격 임무는 그들의 중기병(重騎兵) 시파이(siphai)에게 맡겨 놓았었다.[39]

---

39) 델브뤼크, ≪병법사≫, 제Ⅲ편(중세), 462 – 464쪽.

3. 니코폴(Nikopolis) 전투(서기 1396년 9월 25일)

이 전투는 니코폴 시(市)를 탈환하러 나타난 신성로마제국 십자군을 투르크족의 야니샤르들이 격퇴한 전투이다. 투르크족은 서기 1356년 처음 유럽에 모습을 나타냈고 서기 1453년에는 비잔틴 제국의 수도 콘스탄티노플을 함락시켰다. 이 100년 기간 중 파디샤(Padishah)[40]의 수도는 아드리아노플(Adrianople)이었고 그는 이곳을 근거지로 세르비아(Serbia)와 불가리아(Bulgaria)를 정복했다. 이 시기에 신성로마제국 황제 카를(Karl) IV세의 아들로 브란덴부르크(Brandenburg) 선제후(選帝侯)였고 후일 자신이 황제가 되는 시기스문트(Sigismund)는 헝가리(Hungary) 왕실 딸과 결혼을 통해 헝가리 왕이 되었다. 그는 헝가리 왕국뿐 아니라 서구 전체를 위협하는 투르크족의 위험을 인식하고 자신의 가족관계를 활용해서 각 지역에서 비잔틴 제국의 수도 콘스탄티노플에 원조를 제공하게 했다. 시기스문트는 프랑스어 사용 가문의 후손으로서 룩셈부르크 대공(大公)을 겸하고 있었으므로 프랑스와도 오랜 우호관계를 유지하고 있었다. 크레시(Crécy) 전투(서기 1346년)[41] 당시 전사(戰死)한 프랑스 요한(Johann) 왕은 그의 조부였다. 게르만과 이태리와 잉글랜드로부터 지원을 받고 있던 교황 보니파스(Boniface) IV세는 모든 기독교인들에게 소환령을 내리고 십자가(十字架)를 앞세웠다.

시기스문트가 동원한 병력은 십자군(十字軍)의 업적에 버금가는 것이었다. 부르고뉴(Burgogne) 영주 필피프(Philip)의 아들인 네베르스(Nevers) 대공(大公)은 정예 프랑스 기사(騎士)들을 지휘했었다. 베니스(Venice)는 선박을 지원했다. 게르만, 잉글랜드, 폴란드 및 이태리도 파견병력을 보냈다. 이때 파견 나온 게르만 영주들 중에는 백작대공(伯爵大公 Pfalzgraf) 루프레흐트(Ruprecht)와 뉘른베르크(Nürnberg) 성주대리(城主代理 Burggraf)인 요한(Johann)도 있었고 스트라스부르크(Strassburg) 기사들도 이들과 함께 있었다. 로도스(Rhodos)에 본부를 둔 성(聖)요한 기사단(Johanniter)[42]도 합류했고 발라켄(Walachen) 영주 미르케아(Mircea)도 보충병력을 보내왔다. 프랑스가 보낸 병력만 해도 기사 1,000명과 크나페

---

40) 투르크 제국 오스만 왕조 황제의 호칭.

41) 뒤의 492쪽 참고.

42) 십자군 부상자의 간호나 순례자 안내를 위해 서기 1048년 예루살렘에서 조직된 기사단. 이 기사단을 자선기사단(慈善騎士團 Knights Hospitaler)이라고도 한다.

(Knappe)[43] 및 여타 지원병력 등 총 2,500명은 되었다. 이 기독교도 군대의 총
병력은 기사들만 해도 9,000∼10,000명은 되었을 것이고 행군 중 손실과 숙영
지에 남겨 둔 수비병력을 빼면 약 7,500명이 실제로 전투에 참여했을 것이다.
보병이 있었다는 기록은 없다. 이 기독교도 기사들의 군대는 매우 큰 규모였으
므로 이교도(異敎徒)들과 싸우러 나갈 때는 자부심과 자신감에 차 있었다. 이들
은 도나우(Donau) 강을 따라 육로로 행군했으며 식량은 보급함대가 강으로 수
송했다.

이들은 투르크족을 유럽에서 몰아낼 수 있을 뿐 아니라 예루살렘 성묘(聖廟)
까지 되찾을 수 있을 것으로 생각했을 것이다. 헝가리 왕 시기스문트는 하늘이
무너져도 자신의 병력들의 창끝으로 받칠 수 있다고 말한 것으로 보인다. 그런
그들이 인간들을 두려워했을까?

그들은 소위 철문(鐵門)[44]에서 도나우 강을 건넜지만 많은 병력의 급양(給養)
문제 때문에 아드리아노플 쪽으로 깊이 들어가지 않고 보급함대를 따라서 더
올라갔다. 이는 불가리아 도시들을 함락함으로써 술탄(Sultan) 바야지트(Beyazid)
와 그의 군대를 유인해 자신이 원하는 곳에서 결전(決戰)을 벌이려는 생각이었
음이 분명하다.

비딘(Widdin) 시(市)는 저항 없이 항복했다. 라호바(Rahowa) 시(市) 역시 불가
리아 주민들이 봉기해 투르크 수비대를 공격한 결과 5일 만에 함락되었다. 그러
나 니코폴(Nikopol) 시(市)는 방어가 강력해서 십자군(十字軍)들은 이를 16일간
이나 공격하고도 함락시키지 못한 채 투르크 구원군이 접근하고 있다는 보고가
들어왔다.

십자군 군대의 진격을 술탄 바야지트가 안 것은 콘스탄티노플에 있을 때였다.
그는 준비할 시간도 필요했지만 십자군 군대가 아드리아노플 쪽으로 깊이 들어
오게 할 계획이었던 것으로 보인다. 그는 필리포폴리스(Philippopolis)를 떠나 스
키프카(Schipka) 통문을 거쳐 티르노바(Tirnova)로 진군했다. 이는 동쪽으로 선회
한 것으로 니코폴의 그쪽 지형이 자신의 전술에 적합함을 발견했기 때문이었음
이 분명하다. 그의 행군은 너무 빨라서 전령(傳令)들이 그의 도착 사실을 티르

노바(니코폴에서 직선거리 90km)에 알린 것과 거의 동시에 자신도 티르노바에 도착했다. 그는 기독교도 군대로부터 불과 5∼6km 떨어진 곳에 숙영지를 구축했다(9월 24일 저녁). 기독교도들은 티르노바 앞의 도나우 계곡에 있었고 투르크 군은 이 계곡 동남쪽의 바닥이 고르지 않은 고지 위에 있었다. 이 고지의 폭은 약 4km 정도 되고 좌우측은 급한 경사면을 이루고 있었다.

투르크 군의 돌연한 출현으로 기독교도들은 불리한 상황에 처했다. 하루만 여유가 있었다면 그들이 먼저 고지대로 올라가 투르크 군을 맞이할 수 있었겠지만 이제는 적이 훤히 내려다보는 중에 협곡을 따라 강 계곡에서 고지대로 올라가지 않을 수 없게 되었다. 그들은 그날 적의 구원군 접근 소식들을 듣고 포위를 이미 멈춘 것이 분명하지만 적이 즉시 맞이하러 나가야 할 만큼 가까이 와 있다는 것까지는 몰랐다. 그날 밤 시기스문트는 병력전개와 전투계획을 논의 차 프랑스 군에 갔다. 누가 적에게 먼저 타격을 가하는 명예를 차지할지와 관련된 논쟁이 있었을 것이다. 그러나 이에티켓 문제 뒤에는 전술 문제가 숨어 있었을 수도 있다. 시기스문트가 선두에 서기를 원했다면 이는 명예보다는 자신의 병력 무장 때문이었을 수도 있다. 여러 세대 동안 헝가리에는 기마궁수(騎馬弓手)들이 있었고 그들은 먼저 전투를 시작하기에 적합한 병력이었다. 그러나 프랑스 군도 굳이 선두에 서려 했고 결국 그들의 주장대로 되었다. 각 분견대들이 국적별로 하나씩 협곡을 따라 고지대로 올라갔다.

투르크 군 야니샤르들은 목책으로 보강한 고지 위 진지에서 기다리고 있었다. 후일 아쟁쿠르(Agincourt) 전투 당시(서기 1415년)[45] 잉글랜드 궁수들의 진지와 유사한 곳이다. 아쟁쿠르에서 잉글랜드 군 대형은 이 전투 때 야니샤르들의 대형을 모방했을 가능성도 있다. 이 전투에 잉글랜드 기사들도 참전했고 그들은 투르크 군의 승리를 목격했기 때문이다. 그러나 이 전투는 나머지 면에서는 후일의 아쟁쿠르 전투보다 과거의 크레시(Crécy) 전투(서기 1346년)와 유사했다. 투르크 군은 궁수에게 유리한 방어위치에 있었고 기독교도들은 전 병력이 함께 공격하지 않고 적의 유도에 넘어가 축차(逐次) 공격을 했다. 바야지트는 기병들에게 야니샤르 앞에서 탐색전을 벌이게 하고 자신은 중기병(重騎兵) 시파히(Sipahi)와 함께 언덕 너머에 숨어 있었다. 프랑스 군은 고지대 위에 올라가 몇

---

45) 뒤의 501쪽 참고.

안 되는 투르크 기병과 그 뒤의 궁수들을 보자 자제할 수가 없었다. 그들은 보이는 것이 적의 모두인 줄 알았거나 자신들이 아직 전개 중인 적을 기습공격하는 것으로 알고 돌격했다. 시기스문트는 그들에게 적의 병력이 모두 올라올 때까지 기다려야 한다고 말해 놓았었지만 소용이 없었다.

프랑스 기사들은 투르크 기병들을 쉽게 밀어낼 수 있었지만 이때 투르크 기병들은 프랑스 기사들을 야니샤르의 화살 유효사거리로 끌어들이고 있었던 것이다. 투르크 기병들이 물러나자 야니샤르들의 화살이 날아왔고 이어 파디샤가 시파히들을 끌고 언덕 위로 나타나 득의양양하던 프랑스 기사들에게 결정타를 날렸다. 이때 야니샤르 좌우에는 시파히들이 전진할 공간이 남아 있었을 것이다. 시파히들은 압도적 병력으로 좌우에서 프랑스 기사들을 포위했다. 시기스문트가 게르만 군, 헝가리 군 등 여러 분견대들을 이끌고 나타났을 때 프랑스 기사들은 거의 다 쓰러져 있었고 투르크 군은 곧 승리를 마감했다.

우리는 투르크 군 병력이 기독교도 군대보다 더 많았는지에 대해서는 따져 볼 필요가 없다. 투르크 군 병력을 400,000명이라 한 기록[≪에스테 연대기 (*Annales Estenes*)≫]도 있지만 이는 믿을 만한 기록이 못 된다. 기독교도 측에 리더십이 전혀 없었던 반면 투르크 군에는 뛰어난 병력구성과 천재적인 전술적, 전략적 리더십이 있었던 사실만으로도 이 전투에서 그들의 승리를 설명하기에는 충분할 것이다. 물론 투르크 군의 병력이 11,000～12,000명 사이로 다소 우세했을 것으로 볼 수도 있지만 야니샤르들이 기사들의 지원이 없이도 끝까지 버티었고 투르크 기병들이 공세로 전환했었다는 점에서 이 전투에서 투르크 군의 승리는 전투능력의 측면에서 아쟁쿠르 전투와 크레시 전투 당시 잉글랜드 군의 승리보다 더 찬란한 승리였다. 전술적 행동뿐 아니라 승리의 결정적 이유까지 세 전투가 모두 동일했다는 점에서 이런 비교는 더욱 적절한 비교가 된다. 세 전투 모두 용기만 믿고 통제되지 않았던 봉건 바쌀(vassal)들을 상대로 강력한 왕조의 군대가 승리한 전투였다. 시기스문트에게도 최소한 리더십의 부족에 대한 책임이 있다. 그는 헝가리 군을 지휘할 권위가 없었고 프랑스 군에 대해서는 더 그랬었다. 그러나 술탄 바야지트는 크레시 전투 당시 에드워드 III세나 아쟁쿠르 전투 때 헨리 V세의 경우보다 훨씬 군기가 엄한 군대를 잘 통제했다. 이 전투에서 그의 승리는 에드워드 III세나 헨리 V세의 승리보다 더 위대한 승리였다.

넓은 도나우 강과 적의 영토 그리고 성문(城門)을 닫아걸고 수비 병력이 출격 나온 니코폴 시(市)를 후방에 두고 있던 기독교도 군대는 이 전투에서 패배할 만했다. 네르베스(Nerves) 대공은 투르크 군에게 포획되었지만 시기스문트는 배로 탈출해서 도나우 강을 따라 콘스탄티노플과 달마티아(Dalmatia)를 거쳐 고향으로 돌아갔다.

이런 오스만투르크 제국이 니코폴 전투 이후 즉시 서구를 짓밟지 못하고 콘스탄티노플도 더 버틸 수 있었던 것은 몽골의 티무르(Timur) 덕이었다. 티무르는 8년 후 소아시아 앙고라(Angora)에서 벌어진 큰 전투에서 이 용감한 술탄 바야지트를 포로로 잡았다.[46)

Ⅵ. 영국

1. 영국의 궁술과 에드워드 Ⅰ세의 웨일즈 스코틀랜드 정복

[역자 주: 이 부분은 델브뤽, ≪병법사≫, 제Ⅲ편(중세), 376~384쪽의 내용이다.]

중세 초기의 전투에서는 활의 중요성을 잘 모르고 있었고 사료에서도 이에 관한 기록이 잘 보이지 않는다. 간혹 보이는 활에 관한 기록에서도 활의 중요성을 높게 평가하려 하지 않거나 변덕스러운 평가를 내리고 있다. 초기 게르만족의 경우 사료에 활에 관한 말이 없다. 그러나 4세기 후반 민족대이동(民族大移動 Völkerwanderung) 당시 고트(Goth)족 등 게르만 민족들에게는 궁수들에 관한 기록이 매우 광범위하게 등장하므로 5세기 로마의 군사이론가 베게티우스(Vegetius)는 로마 군이 게르만족 화살세례에 희생되었다고 말할 수 있었다. 카롤링(Caroling) 왕조의 법령에도 활 관련 규정들은 있지만 당시의 전투기록에 활의 사용에 관한 기록은 매우 드물다. 따라서 당시 게르만 기사(騎士)들은 창(槍)과 칼만 사용했었다고 보아야 할 것이다. 반면 하스팅(Hasting) 전투에서 노르만(Norman)족은 활을 아주 잘 썼다. 그러나 십자군(十字軍)들은 투르크(Turk)족을 상대하며 그들이 자신들보다 월등히 우수한 궁수들임을 알게 된 후 그들을 본

---

46) 델브뤽, ≪병법사≫, 제Ⅲ편(중세), 464 – 468쪽.

떠 기마궁수(騎馬弓手)의 전투병종(戰鬪兵種)을 만들었다. 이태리에서 싸운 프리드리히 Ⅱ세의 군대의 핵심은 사라센(Saracen)<역자 주: 아랍족. 이슬람 세력을 총칭하는 용어로도 쓰임> 궁수들이었다고 하나 그의 아들과 손자가 안주(Anjou) 영주(領主) 샤를르(Charles)와 싸우다가 패한 전투에서는 궁수들의 활약이 없었다.[47]

활과 함께 쇠뇌의 이용이 점점 늘어났다.[48] 쇠뇌를 말하는 독일어 단어 아름부르스트(Armbrust)는 팔을 말하는 아름(Arm)이나 가슴을 말하는 부르스트(Brust)와는 무관한 단어로서 어원학(語源學)상 중세 라틴어 단어인 아르쿠발리스타(arcubalista) 또는 아르발리스타(arbalista)가 발음이 변한 단어이다[역자 주: 서양의 쇠뇌인 크로스 - 보우(Cross - bow)를 스톤보우(Stone - bow), 즉 석궁(石弓)이라 부르기도 하는데 이는 고대의 서양 쇠뇌가 큰 돌덩어리를 쏘아 보내는 공성(攻城) 무기인 대포(大砲)로 쓰일 당시의 관행이었을 것으로 생각된다. 그러나 동양의 석궁은 화살이나 큰 돌덩어리가 아니라 작은 돌멩이를 쏘아 보내던 활을 말하며 이를 '탄(彈)'이라고 했고 이 '탄'으로 쏘아 보내는 돌멩이를 '환(丸)'이라고 했었다. 쇠뇌를 서양에서 크로스 - 보우(Cross - bow)라고 부르는 것은 쇠뇌의 활동부위와 화살을 올려놓는 고정부위가 '十' 자 모양으로 결합되어 있기 때문이다]. 아르쿠발리스타 또는 아르발리스타라는 무기는 고대에 이미 대포(大砲)로뿐만 아니라 손무기로도 쓰였던 것으로 보인다. 이 무기는 현재 리푸이(Le Puy) 박물관에서 볼 수 있는 4세기 부조(浮彫)에도 그려져 있고 베게티우스[역자 주: ≪로마 군제(Rei militaris instituta)≫의 저자]와 암미아누스(Ammianus)[역자 주: ≪사건연대기(事件年代記 Rerum gestarum libri)≫의 저자] 그리고 요르단네스(Jordanes)[역자 주: ≪로마사(Romana)≫의 저자]의 기록에도 보인다. 중세에 이 무기의 최초 흔적으로는 서기 937년 루이(Louis) Ⅳ세의 성경책에 그려진 작은 삽화가 있다. 안나 콤네나(Anna Komnena)[역자 주: ≪알렉시아드(Alexiad)≫의 저자]는 이 무기를 '차그라(Tzagra)'라는 이름으로 부르면서 동방(東方)의 독특한 무기라고 했다. 서기 1193년 라테란(Lateran) 종교회의의 한 결의(決議)에

---

47) 투석수(投石手)인 푼디불라리(*fundibularii*)들은 ≪레기노 연대기 보유편(*Continuatio Reginonsis*)≫, 서기 962년 부분에 언급되어 있다. ≪생갈 연대기 보유편(*Casus Santi Galli Continuatio*)≫, 158쪽 참고.

48) 옌스(Jähns), ≪고대 공격무기 발달사(*Entwicklungsgeschichte der alten Trutzwaffen*)≫, 333쪽 이하를 볼 것.

서는 이 무기에 대해 이해할 수 없는 말을 하고 있다.[49] 그러나 프랑스의 필리프 아우구스트(Philip Augustus) 왕의 행적을 기록한 그의 사관(史官)은 이 무기를 프랑크족에게 처음 소개한 인물은 영국의 사자심왕(獅子心王 Löwenherz) 리차드(Richard) Ⅰ세였고 운명의 여신은 사자심왕이 바로 이 무기에 의해 죽기를 원한 것 같다고 말하는 것을 보면[50] 12세기에는 이 무기가 그리 흔하지는 않았던 것이 분명하다(역자 주: 필리프 아우구스투스와 리처드 Ⅰ세는 제3차 십자군으로 함께 팔레스타인 원정을 나간 적이 있고 리처드 Ⅰ세는 후일 전투 중 쇠뇌 화살에 맞아 죽었다).

갑옷이 발전하자 공격무기도 변했다. 유스티니아누스(Justinianus) 황제(역자 주: 재위 서기 527~565년) 당시 글인 《궁술입문(弓術入門 Anleitung zum Bogenschiessen)》에는[51] 적에게 활을 쏠 때는 말의 다리를 쏠 때 외는 사각(斜角)으로 쏘아야 한다는 말이 있다. 이는 상대방이 전면을 방패로 가리고 있어 화살로 방패를 뚫기가 쉽지 않기 때문이라 했다. 그렇다면 쇠뇌화살(Bolzen)은 보통 화살보다 관통력이 훨씬 크므로 갑옷을 뚫을 수 있는 이상적 투사무기(投射武器)로 보였을 수 있다. 하지만 쇠뇌는 아주 점진적으로 도입되었고 활을 완

---

49) 야페(Jaffé)의 《로마교황 교적부(敎籍簿)(Regestra pontificum Romanorum)》, 585쪽에 수록되어 있는 결의(39번)에는 "기독교도와 가톨릭교도에게 쇠뇌와 활의 기술을 사용하는 것을 금지하며 이를 위반하는 자는 처벌받을 것이다(artem ballistariorum et sagittariorum adversus Christianos et catholicos exerceri sub anathemate prohibent)."는 구절이 있다. 이 구절을 근거로 이 종교회의는 쇠뇌가 너무 치명적 무기이므로 기독교도들이 이를 사용하는 것을 금지한 것으로 보는 경우도 있다. 뎀민(Demmin)[《전쟁무기(Kriegswaffen)》(제2판), 100쪽]이나 바이츠(Waitz)[《독일헌법사(Deutsche Verfassungsgeschichte)》, 제Ⅷ편, 190쪽]가 그런 예이다. 그러나 이 구절은 쇠뇌와 활을 함께 언급하고 있기 때문에 그런 의미였을 수는 없다. 만시(Mansi)의 기록, 제21책, 534쪽에는 위의 구절이 "그러나 우리는 쇠뇌수와 궁수의 치명적 기술이 타인에 의해 기독교도나 가톨릭교도에게 사용되는 것을 금지하며 이를 위반하는 자는 처벌을 받을 것이다(artem autem illam mortiferam et Deo odibilem ballistariorum et sagittariorum adversus Christianos et catholicos exerceri sub anathemate prohibemus)."라고 되어 있다. 헤펠레(Hefele)의 《종교회의 역사(Concil. Geschichte)》, 제Ⅴ편(제2판), 442쪽에서는 이 구절을 집단마상무술경기(集團馬上武術競技 Tournament) 같은 경우에 상대방에게 쇠뇌나 활을 쏘는 것을 금지한 것으로 해석했다. 산 마르테(San Marte)의 《무기 기술의 연구(Zur Waffenkunst)》에서는 이를 쇠뇌나 활의 화살에 독을 발라 사용하는 것을 금지한 것으로 해석한다. 필자는 헤펠레의 해석이 가장 그럴듯하다고 본다.

50) 브리토(Guillemus Brito)의 〈필리프 왕의 행정(Gedta Philippis regis)〉, 제Ⅱ권에는 이런 구절이 있다. "그 당시 우리 프랑스 인들은 발레스타리우스가 무엇인지 발리스타가 무엇인지 전혀 몰랐었다. 나는 프랑스 인들에게 처음 쇠뇌 사용을 가르쳐 준 리차드가 다른 방법으로 죽지 않기를 원한다. 그는 자신이 남에게 가르쳐 준 그 힘에 자신이 당해 보아야 한다."(원문) "Francigenis nostris illis ignota diebus, Res erat omnito, quid Balestarius arcus, Quid Balista foret, Has volo, non alia Ricardum morte petrire, Ut qui Francigenis balistae primitus usum, Tradidit, ipse suam rem primitus experiatur, Quamque alios docuit im se vim sentiat artis."

51) 쾌클리(H. Köchly)・뤼스토프(W. Rüstow), 《그리스 군사저술가(Griechische Kriegsschriftsteller)》, 제Ⅱ편, 제Ⅱ권, 37쪽 및 201쪽.

전히 대치하지도 않았으며 결국은 활에게 다시 밀려났다. 긴 세월 동안 활은 가끔 잠시만 나타났지만 14세기, 15세기 영국에서는 갑자기 활이 결정적으로 중요한 무기로 등장한다. 왜 그랬을까? 수천 년에 걸쳐 알려져 왔지만 사용기술이 크게 발전하지 않았던 이 고대무기가 어떻게 다시 그렇게 중요한 무기가 될 수 있었을까? 오만(Oman)의 ≪병법사(兵法史 *History of the Art of War*)≫에서는 활이 부활된 기원을 에드워드(Edward) Ⅰ세의 통치와 웨일즈(Wales) 전쟁으로 보아야 한다고 했다. 후일 모리스(John E. Morris)는 이 전쟁뿐 아니라 이 시기의 모든 전투를 검토하며 활의 기원 문제를 전반적으로 다루었다.[52] 그러나 오만이나 모리스는 연구의 출발점을 과거에는 시위를 가슴까지 당기는 것이 관행이었지만 에드워드 Ⅰ세 때는 장궁 시위를 귀 너머까지 당겼다는 기록에 두고 있다.[53] 그러나 필자는 이런 말을 그대로 믿고 싶지가 않다. 시위를 많이 당길수록 화살의 힘이 강해진다는 것은 새로운 발견일 수 없고 고대에도 그렇게 시위를 당기는 힘센 사람들이 당연히 있었을 것이기 때문이다. 더욱이 이 시대보다 700년 전인 자신의 시대에 이미 활의 사용이 일반화되었음을 입증하려 했던 프로피우스(Procopius)의 ≪폴레몬(*Polemon*)≫, <페르시아 전기(戰記)>에서도 같은 말이 보인다(Ⅰ, 1장). 단궁(短弓)만 사용하면서도 활로 이름을 날린 페르시아인과 파르티아(Parthia) 인도 있었으므로 활의 형태 또는 길이의 차이만으로는 그렇게 다른 결과가 생길 수 없었을 것이다. 훌륭한 궁수는 언제나 힘닿는 대로 시위를 최대한 당겼었다. 그러나 모리스의 견해는 약간만 수정하면 정확한 견해가 된다. 비록 활과 화살은 수천 년 동안 존재해 온 무기이고 사용기술이 크게 발전할 수는 없었을 것이라고는 해도 그 사용기술이 항상 최고수준으로 유지되지는 않았을 것이다. 중세 민족들 중 활쏘기에 대해 거의 몰랐었고 궁수 없이 큰 전투를 치른 민족이 있었다 해도 이 무기를 만드는 기술이나 사용하는 기술이 후퇴한 것은 아니었다. 19세기 말에 과거보다 비교할 수 없는 수준으로 조정경기(漕艇競技)의 속도가 빨라졌고 이와 더불어 보트 같은 고대도구의 제작기술이 크게 발전했다는 모리스의 지적은 매우 탁월한 말이다. 도구의 계속적인

---

52) 모리스(John E. Morris), ≪에드워드 Ⅰ세의 웨일즈 전쟁 — 원사료에 기초한 중세 전쟁사 연구(*The Welsh Wars of Edward Ⅰ, A Contribution to Military History based on Original Documents*)≫(지도 첨부), 옥스퍼드, 클라렌든(Clarendon) 출판사, 서기 1901년.

53) 모리스, 같은 책, 34쪽.

발전과 그 사용기술의 열성적인 연습은 언제나 함께 진행되는 법이다. 따라서 장궁의 경우이건 시위를 귀 너머까지 당기는 관행의 경우이건 이는 전혀 새로운 무엇을 도입한 것이 아니고 종래 어느 때인가부터 소홀히 해 온 이 투사무기(投射武器)에 대한 보다 철저한 평가가 이루어져서 그 제작과 사용이 다시 발전되기 시작한 것일 뿐이다. 또한 이 무기의 사용기술이 과거의 수준으로 회복된 것에 불과했었지만 당대인들의 눈에는 새롭게 보였던 것일 뿐이다. 결국 이때 완성된 기술은 전쟁의 역사에서 활이 부활된 원인이 아니라 결과인 것이다. 다시 말해 다른 어떤 원인에 대한 반응으로 생겨난 결과이다. 이 무기의 업적이 클수록 이 무기를 사용하려는 경향은 더욱 강해졌을 것이다. 따라서 진정한 문제는 이 특정 시기에 그리고 특별히 영국에서 궁술을 다시 수용하게 된 동기가 어디에 있었는지의 문제이다.

그 기원은 에드워드 Ⅰ세(역자 주: 재위 서기 1272년~1307년)의 웨일즈 전쟁에 있고 이 전쟁은 웨일즈가 정복되어 잉글랜드와 통일되면서 끝났다. 그에 앞서 에드워드 Ⅰ세의 아버지인 헨리 Ⅲ세가 자신에게 반기를 든 남작(男爵 Baron)들과 싸운 루이스(Lewes) 전투나 에웨샴(Ewesham) 전투는 잉글랜드 땅에서 벌어진 큰 결전(決戰)들이었지만 이 전투들에는 같은 때 대륙에서 벌어진 베네벤토(Benevento) 전투나 타글리아코쪼(Tagliacozzo) 전투와 같이 사실상 궁수가 사용된 흔적이 없다. 에드워드 Ⅰ세는 왕세자 시절 대륙에서 벌어진 이 전투들에 참전했었고 또 십자군(十字軍)을 만들어 성지(聖地) 예루살렘에 원정을 나가기도 했는데 아마 그는 이때 투르크족 궁수의 능력을 알게 되었을 것이다. 출처가 확인되지 않은 어느 사료에 의하면 그는 투르크족의 화살에 부상을 입었다고도 한다.

그는 왕위에 오른 후 스스로 웨일즈 정복을 다짐했다. 웨일즈는 켈트(Celt)족 [역자 주: 알프스 남쪽 골 지방에 거주하던 종족으로 잉글랜드에 가장 먼저 정착한 종족]의 유산인 고대의 야만적 군사기술로 험한 산악지대에서 로마의 잉글랜드 점령, 앙겔－작센족의 침입, 노르만족의 침입 등 외부로부터의 모든 폭풍을 견디어 낸 민족이다. 에드워드의 의도는 끊임없는 국경전쟁으로 인한 국경지역의 고통을 종식시키는 데 있었다. 그러나 이 산악 고지와 협곡들 속에서 기사(騎士)들만으로는 할 일이 없었다. 북쪽 웨일즈 인들의 주된 무기는 타키투스

(Tacitus)가 묘사한 게르만족의 고대 관습과 같이 아직도 창(槍)이었던 반면 잉글랜드에 정착한 노르만족이 이미 패권을 장악하고 영향력을 발휘한 남쪽에서는 활이 잘 발달되어 있었다. 에드워드 Ⅰ세보다 두 세대 전의 정치 저술가며 역사가였던 기랄두스 캄브렌시스(Giraldus Cambrensis)[제랄드(Gerald de Barri)라고도 하며 서기 1220년 사망]란 인물은 웨일즈 인들을 격파할 방법을 추천한 적이 있다. 그의 할아버지는 펨브로크(Pembroke)의 노르만 성주(城主)였고 할머니는 웨일즈 대공(大公)의 딸이었다. 그는 자신의 가계(家系)에 대한 자부심이 높았고 조상들의 업적들을 높이 평가했다. 그는 기사(騎士)들을 찬양하면서 웨일즈 인들의 전투방법을 묘사했는데 그들은 무장이 매우 가볍고 때로는 용감히 공격했다가 접근불가능한 산과 숲으로 소리도 없이 사라져 버린다고 하면서 이미 항복하거나 동맹을 맺은 웨일즈 부족에게 지원병력을 얻을 것과 기사(騎士)들이 궁수들과 함께 싸우도록 권장했다(“궁수들이 항상 기사들 무리에 섞여 있어야 한다 *Semper arcarii militaribus turmis m Ⅸtim adjiciantur*”).[54] 잉글랜드는 얼마 전 이런 혼합병력으로 아일랜드를 정복했고 오래전 윌리암 Ⅰ세가 앙겔－작센족을 정복할 때 사용한 전투방식도 이런 방식이었다. 제랄드가 창으로 싸우는 기사(騎士)들의 전투방법만을 프랑스식 전투방법으로 알고 이런 방식을 비정상적 방법으로 보면서도 권장했다는 것은 그 사이 정복자 윌리암의 전투방식이 거의 잊혀 있었다는 새로운 증거다. 헨리 Ⅱ세의 서기 1181년 <무기령(武器令 *Wehr Assis*)>에도 활에 관한 말은 전혀 없다.[55] 따라서 에드워드 Ⅰ세는 완전히 망각하지는 않았지만 그동안 소홀했고 널리 보급되지 않았던 궁술을 산악전투라는 시급한 필요성 때문에 재건하게 되었다. 궁술의 부활은 궁술이 그들의 전통이었고 생사가 걸린 문제였던 웨일즈와 접경지역에서 처음으로 시작되었다. 잉글랜드는 이 지역에서 보수를 받고 잉글랜드 군에 복무하던 웨일즈 인들에게 활 쏘는 기술을 배울 수 있었다. 그러나 활을 더 많이 이용해도 봉건적 징집군대만으로는 할 일이 전혀 없었다. 이 당시도 봉건 바쌀(vassal)의 복무기간은 40일에 한한다는 규칙은 아직 존재했다. 실제 복무기간은 40일도 안 되었다. 3주일간의 복무만 요구된 적도 있었고 징집된 전사(戰士)는 그가 휴대하고 온 식량

---

54) 모리스, 같은 책, 18쪽.
55) 모리스, 같은 책, 558쪽.

이 떨어질 때까지 복무하면 되었다는 기록도 있다. 한 덩어리의 햄만 가지고 와서 최대한 빨리 먹어치운 후 돌아가려는 경우도 있었을 것이다.[56] 그러나 에드워드는 치열한 전쟁을 통해서만 자신의 목표에 도달할 수 있다는 것을 알고 있었다. 우리는 노르만족 국가에서는 언제나 용병(傭兵)들이 바쌀(vassal) 징집군을 보충했고 때로는 대체했음을 알 수 있었다. 에드워드도 역시 주로 보수를 주는 용병들로만 전쟁을 수행했고 징집군은 2차 수단으로 쓰거나 용병들과 혼합시켰다.[57] 일례로 그는 (재산 40파운드 이상인) 봉토(封土)를 받은 기사(騎士) 계층의 모든 사람에게 3주일간 소집에 응해 복무하고 이 1차 복무기간 이후 왕의 보수를 받고 추가 3주일을 더 복무할 준비를 하게("우리와 함께 출전하고 언제든 이에 추가해 우리의 비용으로 3주일간 복무할 준비가 되어 있을 때는 우리의 의사에 따라 우리의 급료지급장부에 이름을 올리도록 *Ad eundum in obsequium nostrum et morandum ad vadia nostra ad voluntatem nostram quandocunque super hoc ex parte nostra per spacium trium septimanarum fuerint premuniti*") 명령했다.[58] 전사들은 자신의 영지나 변경주(邊境州 Mark)에서는 무상으로 복무했고 전투가 자신의 영지나 변경주의 경계선을 넘어가면 보수를 받았다. 일례로 큰 포위작전 등 장기 작전에서는 국민징집군도 3일은 무상 복무였지만 그 이후로는 보수를 받았다.[59] 에드워드는 잉글랜드 용병들과 함께 싸울 경험 많은 전사들을 프랑스 남서부 가스꼬뉴(Gascogne)에서도 데려왔고 겨울에도 전쟁을 멈추지 않았다. 모리스는 많은 사료들을 기초로 각종 왕명(王命)과 용병들의 보수 등에 대해도 언급해 가며 도해(圖解)를 곁들여 이 전쟁을 완벽하게 설명했다. 그는 게르만 지역에서 로마 군의 전역(戰役)과 프로이센에서의 게르만 기사단(deutschen Orden) [역자 주: 튜튼 기사단(Teutonic Order)이라고도 함]의 전역(戰役)을 우리들에게 계속 상기시키고 있다. 에드워드의 주된 관심은 교통선 구축과 식량보급이었다. 그는 이를 위해 옛날 로마의 게르마니쿠스(Germanicus)나 게르만 기사단같이 강이건 바다건 수로(水路)들을 이용했었고 그의 다섯 항구에서 선박들을 끌고 왔다. 과거 도미티아누스(Domitianus) 황제가 게르만 지역의 카티(Chatti)족을 정복

---

56) 모리스, 같은 책, 88쪽.

57) 모리스, 같은 책, 74쪽.

58) 모리스, 같은 책, 37쪽.

59) 모리스, 같은 책, 95쪽.

하기 위해 그들 지역에 180km에 달하는 도로를 건설했던 것같이 이제 에드워드도 벌목꾼을 고용해 웨일즈 산림 속에 접근로를 만들었다.[60]

뒤에 든든한 국가가 있던 에드워드는 큰 노력을 기울였지만 그가 일으킨 군대는 앞서 중세시대에 흔히 본 군대들보다 크지 못했다. 한 기록에 의하면 서기 1277년 전쟁 초기에 왕에게는 프랑스에서 들여온 100필 이상의 전마(戰馬)가 있었다.[61] 필자는 이 100필의 '전마(戰馬)와 지위가 높은 기병(騎兵) *dextrarii et magni equites*'이 당시로는 매우 큰 병력이었다는 증거로 이 수치를 언급해 둔다.

모리스는 에드워드 Ⅰ세에게 예비기사를 포함하여 최대 2,750명의 기사가 있었던 것으로 보았다(80쪽 이하). 따라서 기사 1명당 2명의 다른 기병이 있었다면 그는 잉글랜드 내의 가용 기사와 기병을, 물론 동시에 징집할 수는 없었지만, 최대 약 8,000명으로 본 것이다. 모리스는 서기 1277년의 보병 최대 숫자를 15,640명으로 보지만(132쪽) 그중 잉글랜드 인은 6,000명을 크게 넘지 않았고 웨일즈 동맹군이 9,000명 이상이었다. 그러나 이 거대한 전투병력은 매우 짧은 기간만을 위해서 집결한 병력이었다.

서기 1282년 제2차 전쟁 때 보병은 웨일즈 인 1,800명을 포함해서 총 8,600명이었다. 기병과 기사(騎士) 및 크네크트(Knecht)[역자 주: 기사(騎士)를 따라다니는 일반병사]는 모두 합해 700~800명이었다.[62]

그해 겨울 전투 손실, 탈영 등으로 이 군대는 병력 수가 크게 감소했다. 그러나 이 전투 손실은 프랑스 가스꼬뉴(Gascogne)에서 데려온 용병들로 보충되었다. 전쟁 초기에 에드워드는 선조로부터 상속받은 이 지역 관리자들에게 기마 쇠뇌수(berittene = Armbruster) 12명과 보병 쇠뇌수(Fuss = Armbruster) 40명만 요구했었다.[63] 그러나 이제 2차 전쟁 때 그곳에서 온 병력은 급료지급장부를 근거로 한 모리스의 계산에 의하면 기병 210명에 보병도 1,313명이나 되었다. 그들의 주요 무기는 쇠뇌였고 쇠뇌화살(Bolzen)을 70,000개나 가지고 왔다. 쇠뇌수들은 보수가 높았던 것을 보면 정예전사들이었을 것이다.[64] 에드워드는 최종 승리

---

60) 모리스, 같은 책, 105쪽.

61) 모리스, 같은 책, 115쪽.

62) 모리스, 같은 책, 178쪽.

63) 모리스, 같은 책, 155쪽.

64) 모리스, 같은 책, 87쪽.

때까지 이 보충병력과 함께 싸웠다. 모리스의 평가에 의하면 두 차례의 큰 웨일즈 전쟁 기간 중 동원된 병력은 총 2,000~3,000명을 넘지 않는다.[65]

앞서 우리는 프리드리히 II세와 정복자 윌리암은 많은 궁수들을 보유한 지도자였음을 알 수 있었다. 이를 보면 한 위대한 지도자가 강력한 중앙집권적 권력으로 군대를 일으킬 때는 언제나 궁수들이 등장했음이 분명하다. 그러나 봉건 징집군대에는 궁수들이 없었다. 지도자들은 궁수의 가치를 알고 이들을 칭송했지만 보수를 주어야(또는 정복자 윌리암같이 최소한 보수를 약속할 수 있어야) 이들을 이용할 수 있었다. 바쌀(vassal)과 기사(騎士)는 개인적으로 궁수를 양성하거나 자신의 종자(Gefolg) 집단에 궁수를 두기를 꺼려했다. 이는 그들이 활의 기술적 측면과 위력을 낮게 평가했었기 때문이 아니라 우리가 앞서 알 수 있었듯이 궁수들은 봉건 기사(騎士)의 개념과 상당한 긴장관계에 있는 병력이었기 때문이다. 궁수들은 최고지휘부가 보수를 주고 용병으로 활용했던 병력이므로 기사(騎士)의 본질과 어울리지 않는 병력이었다.

사료에는 쇠뇌가 더 높이 평가되고 그 자신도 쇠뇌를 널리 활용했던 바로 그 시기에 왜 에드워드 I세가 궁수들이 쓸 무기로 쇠뇌가 아닌 활을 선택했는지에 대해 직접 언급한 구절이 없다. 프랑스 인 학자 루쎄(Luce)의 ≪게스클렝의 베르트랑과 그의 시대(*Bertrand du Guesclin et son époque*)≫에서는 현재 박물관들에 보존되어 있는 "너무나도 무겁고 다루기가 힘든(si massive et d'un maniement si complice)" 14세기 쇠뇌를 한번 가서 보기만 하면 우리는 이 무기가 잉글랜드의 활과는 경쟁이 되지 않음을 바로 알 수 있다고 했지만 필자는 그의 견해를 지나친 견해로 본다. 웨일즈 전쟁에서 잉글랜드는 활로 승리했음에도 쇠뇌는 여전히 활보다 우수한 무기로 인정받았고 또 유지되었다. 활은 조작이 쉽고 빠르게 연속적으로 발사할 수는 있지만 쇠뇌가 활보다 관통력이 훨씬 크다. 따라서 어느 것이 절대적으로 좋은 무기인 것은 아니며 서로 상쇄될 수 없는 장점과 단

---

65) 에드워드 I세에게는 이들 외에 보수와 식량을 지급받는 무장종자(militärisches Gefolg)들도 있었다. 바네레트(banneret)[역자 주: 몇 명의 기사(騎士)를 거느린 상급 기사(騎士)로 기령기사(旗領騎士)라고 한다]는 1일 4실링(Shilling), 보통 기사(騎士)는 1일 2실링 그리고 세르비엔트(*servient*), 발레투스(valetus), 스쿠티페르(scutifer) 등 세르게안트(sergeant)는 1실링씩 받았다. 서기 1277년에는 기사(騎士)가 약 40명이었으나 후일에는 분명히 더 많았다. 같은 해에 세르게안트는 약 60명으로 기록되어 있으나 이는 일부였을 수 있다. 그들에게는 말과 무기가 제공되었고 1인당 병사 2명과 말 3필을 유지했다. 이 병사들 중 상당수는 쇠뇌수였다. 그들은 평시에는 소규모 부대들로 편성되어 성(城)의 수비대로 일하던 자들이다. 그러나 전시에는 그 숫자가 크게 늘어났다.

점을 각기 갖고 있는 것이다. 이 문제에 대해 이미 학자들은 활과 쇠뇌가 동시에 사용된 것을 19세기 초에 화승총포(火繩銃砲: Flinte 또는 Muskete)[역자 주: 총강(銃腔)이나 포강(砲腔)에 선조(旋條)가 없는 초기의 총포]와 선조총포(旋條銃砲 Büchse)[역자 주: 총강이나 포강에 선조를 만들어 총알이 회전하며 나갈 수 있게 한 총포. 총알이나 포탄이 회전하면 공기의 저항을 극복하고 멀리 정확하게 날아갈 수가 있다]가 서로 경쟁했던 사실과 적절하게 비교한 바 있다. 화승총포는 빨리 총알이나 포탄을 장전해 쏠 수 있는 장점이 있지만 명중률이 떨어진다. 반면 선조총포는 장전은 어렵지만 명중률이 높다. 이 문제점은 장전도 빠르고 명중률도 높은 후미장전식(後尾裝塡式) 총포가 발명되어 비로소 해결되었다. 그러나 활과 쇠뇌는 이런 딜레마를 해결하지 못했다.[66) [역자 주: 중국의 경우 이미 전국시대(戰國時代) 말기에 쇠뇌에 화살 여러 개를 동시에 장전하고 시위에 화살이 자동으로 끼워질 수 있게 한 일종의 연발식(連發式) 쇠뇌가 개발되었다. 다만 시위를 당기는 것은 여전히 단발수동식(單發手動式)일 수밖에 없었다.] 서기 1414년 유베날(Juvénal des Ursins)은 브라방(Brabant)의 요한(Johann) 영주에 대해 "그에게는 쇠뇌수 4,000명이 있었는데 이들 각자에게는 2개씩 쇠뇌가 있었고 힘이 센 병사 2명이 그의 시중을 들었다. 1명은 큰 방패를 들고 있고 다른 1명은 쇠뇌에 화살을 장전했다. 따라서 쇠뇌수는 언제나 화살을 발사할 준비가 되어 있었다."고 했다[역자 주: 중국의 경우 당나라 두우(杜佑)의 ≪통전(通典)≫에는 "옛날에는 황련(黃連), 백죽(百竹), 팔담(八擔), 쌍궁(雙弓) 등의 이름이 붙은 쇠뇌들이 사용되었다. 요즘 사용되는 쇠뇌 중 교차쇠뇌[絞車弩]는 유효사거리 700보인 공성(攻城) 무기이다. 벽장쇠뇌[擘張弩]는 유효사거리 300보

---

66) 오만(Oman)은 에드워드 Ⅰ세 때부터 단궁(短弓) 대신에 통상적인 활이 된 장궁(長弓)은 관통력에서도 쇠뇌를 능가했고 이런 장궁의 도입과 함께 큰 기술적인 진보가 있었을 것이라고 본다(≪병법사(兵法史 History of the Art of War)≫, 558쪽). 그러나 필자는 이 견해에 동의할 수 없다. 그의 말이 사실이라면 16세기에도 쇠뇌가 계속 사용된 것은 이해할 수 없게 된다. 활이라는 뛰어난 무기와 그 탁월한 효용성의 철저한 연구에 모든 것을 바친 조지(George)도 장궁을 결정적 무기로 본다(≪영국 역사상의 전투들(Battles of English History)≫, 558쪽 이하). 그의 견해에 의하면 장궁이 사우스 웨일스에서 발명되었고 그 이전에는 단궁밖에 없었다고 한다. 조지는 장궁의 장점과 잉글랜드에서 활용되던 방식을 자신이 발견했다고 주장한다. 첫째는 활을 쓸 때 장궁은 단궁같이 활을 수평으로 잡지 않고 수직으로 세워서 잡았기 때문에 시위를 훨씬 더 뒤로 멀리까지 당길 수 있었고, 둘째는 그렇게 함으로써 활의 긴장력을 훨씬 더 높일 수가 있었으며, 셋째는 훨씬 뒤에까지 끌어당긴 화살대를 통해 목표물 조준도 더 쉬워졌다는 것이다. 그의 말에 의하면 장궁은 화살의 최대 비거리는 400야드이지만 실전(實戰)에서 비거리는 보통 1펄롱(Furlong: 1/8영국마일, 즉 200야드)이라고 한다. 그는 또한 장궁에 이런 장점이 있는데 사자심왕(獅子心王) 리차드(Richard) Ⅰ세가 쇠뇌를 선호했던 점이나 장궁이 사실상 영국만의 독특한 무기로 남아 있던 것은 '미스터리'라고 했다.

인 보전(步戰) 무기이다. 말쇠뇌[馬弩]는 유효사거리 200보인 마전(馬戰) 무기이
다. 쇠뇌는 시위 당기는 시간이 길어 한두 발밖에 쏠 수가 없으므로 불편하지만
전투에 사용하지 못하는 것은 아니다. 다만 장수들이 그 운용방법을 잘 모르고
있을 뿐이다. 쇠뇌수[弩手]는 늘 단병(短兵)과 함께 있어야 하며 여러 대(隊)로
나누어야 한다. 쇠뇌를 집중 발사하면 적의 선두 병사가 서서 버틸 수 없기 때
문에 대형을 유지하지 못하게 된다. 집중적으로 발사하는 방법은 제1대가 발사
하면 뒤로 물러나서 다시 시위를 당기고 그동안 제2대가 앞으로 나가 발사하며
이렇게 여러 대가 교대를 반복함으로써 시위 소리가 끊이지 않도록 하는 것이
다. 이렇게 하면 적이 우리에게 접근할 수가 없다."는 구절이 있다. 이 구절 중
소위 교차쇠뇌는 일종의 대포를 말하며, 쇠뇌수는 늘 단병과 함께 있어야 한다
는 말은 자체방어를 위한 조치였고 계속적인 쇠뇌 발사 방법도 요한(Johann) 영
주의 쇠뇌수들의 방법과 달랐음을 알 수 있다. 오히려 근대 초기의 서양 소총수
들은 연속 사격을 위해 당나라 쇠뇌수들과 같은 방식을 사용했다.]

아버지인 사자심왕 리차드 1세가 쇠뇌를 선호한 데 비해 아들 에드워드 1세
가 활을 발전시킨 것은, 리차드는 기사(騎士)들을 상대로 싸웠지만 에드워드의
상대는 웨일즈 인이었고 그들은 갑옷이 변변치 못했었기 때문일 것이다. 이 전
쟁과 뒤를 이은 스코틀랜드(Scotland)와의 충돌에서 한번 활의 효용성이 입증되
자 잉글랜드 왕들은 프랑스와 전쟁할 때도 활을 유지했고 이를 효율적으로 사
용할 수 있는 방법을 발전시켰다. 이 문제에 대해서는 뒤에 다시 검토하게 될
것이다[역자 주: 뒤의 크레시(Crécy) 전투 참고].

에드워드 1세가 수년에 걸쳐 웨일즈 산악 민족을 완전히 굴복시킬 수 있었던
것은 기사(騎士)들을 지원했던 유능한 수많은 궁수, 지속적 전쟁수행을 가능하
게 한 활발한 행정(行政), 그리고 잘 정비된 식량과 보급품의 공급체계 덕분이
었다. 이때 그가 만든 군대는 곧이어 스코틀랜드에 대한 승리를 그에게 안겨 주
었다.

2. 팔커크(Falkirk) 전투(서기 1298년 7월 22일)

(역자 주: 이 부분은 델브뤽의 ≪병법사≫, 제Ⅲ편, 376~384쪽의 내용이다.)

윌리암 윌러스(William Wallace)가 통치하는 스코틀랜드 군은 늪이 그들 전면을 보호해 주는 곳에 있었다. 그들은 4개의 큰 창병(槍兵) 부대로 편성되어 있었고 이 부대들 사이에 궁수들이 위치해 있었고 그리 많지 않은 수의 기사(騎士)들은 후방에 배치되어 있었다.

에드워드는 주로 기사(騎士)와 궁수로 구성된 매우 많은 병력을 거느리고 그들에게 진군했다. 일부 스코틀랜드 인은 그의 편에 서서 싸웠다. 스코틀랜드 군 전면에 있는 늪은 잉글랜드 군이 이를 좌우로 돌아서 접근했으므로 방어에 별로 도움이 되지 못했다. 압도적으로 많은 적이 쇄도해 오자 스코틀랜드 궁수들의 전선은 즉시 깨졌고 기병들은 단 1격도 적에게 가하지 못하고 도주했다. 처음 잉글랜드 기사(騎士)들은 적의 종심 깊은 창병(槍兵) 부대를 공격했지만 창을 숲같이 내밀고 있는 그들 대형을 돌파하지 못했다. 이에 에드워드는 기사(騎士)들에게 철수를 명하고 궁수들에게 적의 대형을 향해 화살을 날리게 했다. 이때 잉글랜드 창병들은 돌멩이를 주워 적에게 던지면서 궁수들을 지원했다. 곧 스코틀랜드 군이 지쳐 더 이상 저항하지 못하자 잉글랜드 기사(騎士)들은 그들의 대형을 격파할 수 있었고 이때부터 대규모 도살이 시작되었다.

스코틀랜드 군은 기병 1,000명에 보병 30,000명이었다는 것이 최소 평가다. 다른 면에서는 매우 상세하고 믿을 만한 기록으로 이 전쟁의 주 사료인 기스번(Gisburn) 승려 월터 헤밍포드(Walter Hemmingford)의 기록에서는 보병이 300,000명이었다 한다. 오만(Oman)은 30,000명 정도를 가능한 숫자로 보려 하지만 필자에게는 이 역시 너무 큰 수치로 보인다. 비록 그들의 큰 창병 부대들이 주로 농민 민병대로 구성된 병력이었다고 해도 마찬가지다. 쾰러(Köhler) 장군은 스코틀랜드 인들이 서로 몸을 묶고 있었다고 믿고 있지만 이는 사료 중 "창을 숲같이 밀집시켜 내밀고 둥그렇게 서 있던 스코틀랜드 창병들(*Scotos lancearios, qui sedebant in circulis cum lanceis obligatis et in modum silvae condensis*)"이라고 한 원문을 잘못 해석한 결과이다. 이 구절 중 '오블리가티스(*obligatis*)'는 단지 창들이 '연합했다' 또는 '밀집되어 있었다'는 의미일 뿐이다. 모리스(John

E. Morris)는 잉글랜드 기병 숫자로 어느 연대기(年代記)가 말한 7,000명을 부인하고 2,400명으로 본다[≪에드워드 I세의 웨일즈 전쟁, 원사료에 기초한 중세 전쟁사 연구(*The Welsh Wars of Edward I, A Contribution to Military History based on Original Documents*)≫, 79쪽, 82쪽 및 313쪽]. 그들 중 얼(earl) 8명과 주교(主敎) 1명 및 그들이 거느린 병력 그리고 특히 가스꼬뉴(Gascogne)와 웨일즈 등지에서 온 용병(傭兵)들이 있었는데 이들은 최근에야 에드워드에게 신속(臣屬)되어 복무하고 있는 인원들이었다. 캘러 장군은 이 전투에서 잉글랜드 군이 기병과 보병을 혼합 활용한 것을 종전 전쟁사에서 전혀 보이지 않는 일이라고 보지만 우리는 오히려 그와 반대로 보아야 한다. 이런 일은 앞서 알 수 있었듯이 페르시아의 그리스 침공 때나 민족대이동 시기 후에도 늘 있었고 중세 전반에 걸쳐 정상적으로 있던 일이다. 다만 이때 특히 궁수들이 큰 역할을 한 것은 무엇보다 에드워드의 궁수들이 매우 강했기 때문이며 둘째는 전적으로 수세(守勢)만 취하고 있던 스코틀랜드 군의 큰 창병 부대 4개가 이 궁수들에게 더없이 좋은 표적이 되었기 때문이다. 이 스코틀랜드 부대들은 결국 하스팅(Hasting) 전투 때 정복자 윌리암의 기사와 궁수에게 격파된 해롤드(Harold)의 앙겔–작센족 대형과 별 다를 바가 없었다. 차이가 있었다면 그보다는 우선 스코틀랜드 군에는 약간의 기병이 있었다는 점이지만 이 기병들은 즉시 도주했으므로 실제적 차이라고 할 수 없다. 하지만 이보다 더 큰 차이는 해롤드의 병력은 종심(縱深)이 거의 없는 단일의 긴 횡대로 정렬했었지만 이들 스코틀랜드 병력은 4개 집단으로 종심 깊게 정렬했었다는 점이다. 그들이 이렇게 정렬했던 이유는 창병 종류가 다양했고 약간의 기병과 많은 궁수가 있었기 때문일 것이다. 다양한 종류의 창병들을 1개 팔랑스(phalanx)로 정렬시킬 수 없었을 것이고 창병들 사이에 기병이 통과할 통로도 필요했을 것이며 궁수들 또한 어느 한 팔랑스 앞에만 정렬할 수는 없었을 것이다. 또한 해롤드의 병력은 직업전사들이었고 스코틀랜드 병력은 대개 민병(民兵)이었다. 후자와 같은 형태의 병력은 견고하게 버틸 수 있으려면 종심(縱深) 깊은 대형으로 정렬해야만 한다. 반면, 직업전사들은 각 개인이 전투에 참여할 기회를 좀 더 많이 갖기 위해서 얕은 종심의 대형으로 정렬했고 대부분 창보다 더 효율적인 전투용 도끼를 가지고 싸운다. 종심 깊게 정렬했던 스코틀랜드 인들은 전적으로 수세(守勢)만 취하면서 그들의 창

을 사방으로 내밀고 있었다.

결국 이 전투에서는 잉글랜드 측에도 특징이 있었지만 스코틀랜드 측에 더 큰 특징이 있었다. 이 전투같이 큰 보병집단이 기사들의 공격을 받고도 즉시 대형이 깨지지 않은 경우를 중세에는 볼 수 없다. 반면, 기사들이 격파할 수 없었던 적의 대형을 궁수들이 제압한 전투는 자주 보이는데 다만 모두 소규모 전투였다. 앞서 보았던 서기 1214년의 부빈(Bouvines) 전투나 서기 1237년의 코르테누오바(Cortenuova) 전투가 바로 그렇다.

3. 크레시(Crécy) 전투(서기 1346년 8월 26일)[67]

(역자 주: 이 부분은 델브뤽의 《병법사》, 제Ⅲ편, 441 – 451쪽의 내용이다.)

잉글랜드 왕들은 두 개의 큰 섬을 그들의 홀(笏) 밑에 장악한 후 웨일즈와 스코틀랜드를 그들 영역에 편입하는 데 주력했었다. 프랑스 왕들 역시 겉으로만 프랑스 왕권에 속해 있던 공국(公國)의 영주들에 대해 실질적인 지배권을 확립하려는 중이었다. 그러나 이웃한 이 두 왕국은 서로 상대방의 세력이 너무 커지는 것을 처음부터 방해하려 했고 그 결과 분리독립주의자들은 자신을 억압하는 자의 경쟁자를 자신의 보호자로 생각하게 되었다. 스코틀랜드는 프랑스에 붙었고 프랑드르(Flandre)는 잉글랜드 편에 붙었다. 영국과 프랑스 간 지속적 충돌은 이 두 지역에서 중앙 왕조와 분리독립주의자 사이의 투쟁이기도 했다. 이런 대립은 지속적인 계층 간 투쟁, 왕권 경쟁 및 동맹관계가 여러 측면에서 서로 얽혀 있었다. 프랑스의 옛 카페(Capet) 왕계(王系)가 대(代)가 끊어지자 영국의 에드워드 Ⅲ세가 프랑스의 필리프(Philipp von Valois)를 상대로 프랑스의 왕위에 대한 권리를 주장하면서 갈등은 최고조에 이르렀다. 왕위계승권에 대한 필리프의 주장은 전왕(前王)의 사촌으로서 남계(男系) 상속권에 근거한 것이었지만 에

---

67) 이 전투에 관한 표준연구는 체판(Richard Czeppan)의 베를린 대학교 학위논문[서기1906년, 게오르크 나우크(Georg Nauck)출판사]이다. 뤼스토프(Rüstow), 엔스(Jähns), 파울리(Paili), 쾰러(Köhler), 오만(Oman) 등도 이 주제를 다루고 있지만 각자 연구의 기초가 된 사료들이 다르므로 각자의 설명에 서로 큰 차이가 있다. 중요한 문제들을 최종적으로 명확히 정리해 놓은 것은 체판의 설명뿐이며 다만 쾰러의 《기사 시대의 전쟁과 용병술의 발전(Entwickelung des Kriegswesen und der Kriegsführung in der Ritterzeit)》(서기 1886년), 제Ⅱ편, 367쪽, 3항, 서문 및 제Ⅲ편, 서문, xxxvi쪽에도 활과 화살에 관한 일부 정확한 평가가 보인다. 투트(Tout)는 《영국사 평론(English Historical Review)》, 제9권(서기 1904년), 711쪽 이하에서 이 전투의 배경을 논의하고 있다.

드워드에게는 전왕(前王)의 누이의 아들로 좀 더 가까운 여계(女系)의 상속권이 있었다. 그러나 선조들로부터 상속받은 가스꼬뉴(Gascogne) 지역만은 어떤 경우에도 에드워드의 소유였다.

영국군은 한 망명 프랑스 귀족의 말에 따라 노르망디(Normandy)에 상륙했다. 프랑스는 잉글랜드 왕 관할 지역인 가스꼬뉴에 주력을 투입하고 있어서 영국군은 별 어려움 없이 많은 노르망디 마을들을 점령할 수 있었고 이로써 위험한 상황에 처해 있던 남쪽 전구(戰區) 잉글랜드 군의 숨통을 터 주는 견제효과도 생겼다. 필리프 Ⅵ세[역자 주: 발로아의 필리프(Philipp von Valois)]가 에드워드 쪽으로 방향을 잡자 에드워드는 육로를 통해 자신에게 우호적인 프랑드르로 가려 했다. 그는 마지못해 이런 결정을 내린 것일 수도 있다. 선장(船長)들 중 일부에게 부상자, 병자 그리고 노획품을 싣고 고향으로 돌아가도록 했는데 다른 선장들까지 허락 없이 함께 떠나 버리자 갑자기 고향과 연락이 차단되어서 육로로 우호지역으로 갈 수밖에 없었을 것이다. 필리프는 병력을 집결시키지 못하고 있었지만 에드워드를 도중에 잡으려고 그가 건너야 할 다리들을 모두 파괴해 놓아서 에드워드는 멀리 돌아가지 않을 수 없었고 그 사이 프랑스 군은 점차 집결했다.

그러나 에드워드는 매우 영리한 기동과 뒤따른 행운으로 세느(Seine) 강과 솜므(Somme) 강을 모두 무사히 건넜다. 그는 혹 패배할 경우라 해도 마음대로 퇴각할 수 있는 넓은 공간이 뒤에 있을 만큼 북쪽으로 올라가자 추격자를 맞아 싸울 위치를 정했다.

크레시(Crécy) 전투 당시 영국군의 병력은 14,000~20,000명으로 추산된다. 이 수치는 왕실 재무관 웨테윙(Walter de Wetewang)이 이 전투 이후 깔레(Calais) 포위 때 작성했던 명부에 의해 확인된다. 웨테윙의 명부에는 32,000명으로 되어 있는데 크레시 전투 후 합류한 보충병력을 빼면 20,000명이 된다. 이 수치는 너무 높은 수치이기는 하지만 전혀 불가능한 수치는 아니다.[68]

---

68) 로테슬리(Wrottesley)의 《크레시와 깔레(*Crecy and Calais*)》에는 문제의 사료 구절들이 소개되어 있는데 모리스(Morris)는 이 책에 대한 평론(《영국사 평론(*English Historical Review*)》, 제14권, 서기 1899년, 767쪽)에서 32,000명이란 수치는 필리프 왕이 구원전(救援戰)으로 잉글랜드 군을 위협했던 아주 짧은 시간 동안의 병력 수를 모두 합한 것이라는 사실에 주의를 환기시키고 있다. 모리스는 크레시 전투 때 에드워드는 40,000명의 기병[기사(騎士)와 일반병사인 크네크트(Knecht)]과 10,000명의 궁수를 보유했던 것으로 평가한다.

에드워드가 노르망디에 상륙한 7월 12일 이후 6주 동안 필리프 Ⅵ세가 에드워드보다 많은 병력을 집결시킬 수 있었는지는 분명치 않다. 가스꼬뉴에서 싸운 병력은 최대한 신속하게 이동 중이었지만 아직 도착하지 않았다. 자신의 병력이 잉글랜드 군보다 적었다 해도 필리프가 전투를 받아들이기로 결정한 것을 우리는 이해할 만하다. 그는 기사 숫자에서 우세했고 잉글랜드 군의 철수를 도주하는 것으로 보고는 자신감을 얻었을 것이기 때문이다.

만약 양측의 접촉이 보통 때 같은 기사(騎士) 전투로 이어졌다면 틀림없이 프랑스 군이 승리할 수 있었을 것이다.

그러나 에드워드 Ⅲ세는 천재성을 발휘해서 새로운 형태의 전술을 창안했다. 그는 중세에는 아직 보이지 않던 방식으로 싸웠으며 당시의 지형과 전략 상황에 적합하게 각 병종(兵種)을 배치함으로써 프랑스 기사들의 용맹성을 극복할 수 있었다.

잉글랜드 병력은 대부분 궁수였다. 사료에 기록된 보통 전투에서 궁수는 기사의 보조병종(兵種)이었다. 어느 정도라도 접근가능한 지형이라면 궁수는 자신들과 비슷한 수의 기사를 상대할 수 없었다. 기사들은 빠른 속도로 돌격함으로써 궁수들의 화살에 너무 많은 인마(人馬)가 쓰러지기 전 궁수들을 제압할 수 있었다. 더욱이 궁수들은 기사들이 곧 자신들을 덮칠 것임을 알면 마지막 순간까지 활을 쏘지 못하고 심지어 상대방이 화살 유효사거리에 도달하기도 전에 목숨을 건지려고 도주했었다. 이 때문에 전술가들의 고민은 어떻게 하면 궁수들이 마지막 순간까지 도주하지 않고 화살을 발사하도록 하느냐에 있었다. 에드워드는 이를 위해 기사들에게 말에서 내려 궁수와 창병(槍兵)과 함께 대형에 서도록 했다. 기사들은 말을 타고 있어야 근접전투 초기에 개인전투원으로 큰 활약을 할 수 있었지만 에드워드가 노린 것은 기사들의 이런 직접 활약이 아니었다. 크레시(Crécy) 전투 때 기사들의 주 임무는 평민 전사 집단에 지속적으로 사기(士氣)를 불어넣는 데 있었고 기사들이 이들과 함께 발로 싸운다면 그런 효과를 최대로 거둘 수가 있었다. 기사들이 궁수와 창병들과 함께 서 있더라도 말이 곁에 있다면 그들에게 안정감을 줄 수 없을 것이다. 평민 전사들은 그 정도 숫자의 기사들은 전투력에 큰 도움도 되지 못하고 만약에 일이 잘못되면 그들은 말로 달려가고 결국 자신들의 피로 패배의 대가를 치르게 되리라는 느낌을 버리지 못했을 것이다. 중세 전투에 관한 기록들을 보면 보병은 지도자들의 목숨을 구한 후 초개같이 희생되었다고 기록된 경우가 적지 않다. 이런 기사들의 행동이 기사답지 않은 행동으로 보일지는 몰라도 그들을 단지 겁쟁이라고만 할 수는 없을 것이다. 그들로서는 병사들을 구해 낼 방법이 없었고 그대로 있으면 병사들과 함께 죽을 수밖에 없었다. 그 시대의 풍조는 이런 결과를 원하지 않았다. 일단 패하면 아무리 용감한 사람이라도 도주할 수 있었고 그가 이용할 수 있는 모든 방법을 다 이용하는 것이 허용되었었다. 물론 기병은 보병보다 쉽게 도주할 수 있다. 그러나 기병이 말과 함께 있을 경우의 장점을 자발적으로 포기하는 것을 보는 보병은 자신감에 가득 차기 마련이었다. 물론 기사들은 말을 타고 도주하는 것을 선호했고 말을 타야가장 전투력이 높은 것으로 알려져 있었다. 또 그들의 전투기술은 타고 있는 말에 따라 좌우되었다. 그러나 크레시 전투 때는 그들이 최상의 전투수단인 말을 포기해야 했던 것은 다른 전투의 경우와 같이 지형 때문이 아니었다. 이 전투 때는 심리적, 정신적인 요소가 기술적, 유형적인 요소보다 앞섰다. 아주 고대에도 이런 긴장된 경우들이 있었다. 시저(Caesar)는 전투경험이 없는 레기온 병사들과 함께 헬비티아(Helvetia)족[역자 주: 지금의 스위스 일대의 부족]과 싸울 당시자신과 고위관리들의 말을 멀리 보낸 다음 발로 전투를 지휘했다. 그는 병력통제에 어려움을 겪었을 것이 분명하나 이렇게 하는 것이 헬비티아족의 야만적 돌격에 맞서서 싸울 때 새로 징집한 레기온 병사의 동요를 막을 최상의 수단이었다. 서기 375년 스트라스부르크(Strasbourg) 전투 때도 알레만(Alamanni)족 지도자들은 말을 내려 싸움으로써 혹 도주를 해도 병사들보다 먼저 살아남을 수 없었다. 서기 1170년에 발트빈(Waldwin von Hanoniese) 대공(大公)도 고트프리트(Gottfried von Löwen)와 싸울 때 병사들 사기를 높이려고 말에서 내렸었고,[69] 중세 후기에는 이런 일이 자주 발견된다.[70]

에드워드는 말에서 내린 기사들을 궁수들 옆에 배치해 다른 기사전투 때와

---

69) "그의 병사들은 그가 발로 서 있는 것을 보고 도주하지 않았지만 기병이나 보병이나 그로 인해 전투의지를 불태웠다(*Ut sui videntes eum peditem, non relinquerent, sed cum eo tam equites quam pedites ad bellum animarentur*)." 기스레베르트(Gislebert)의 기록[〈하노니제 연대기(年代記)〉](≪게르만 사료집≫, *SS.*, XXI, 519쪽].

70) 후시테(Hussite) 전쟁 당시 보병들이 "심한 압박을 받아도 우리는 머물러 있게 되지만 당신들은 도주해 버린다."며 전투를 거부하자 기사들도 말에서 내려 발로 싸워야 했었다. 구벤(Guben)의 기록, 64쪽[불프(Max von Wulf), ≪후시테의 수레 방벽(*Die Hussitische Wagenburg*)≫, 37쪽에서 재인용함).

달리 화살공격의 이용에 성공했다. 궁수들은 마지막까지 정확히 활을 쏠 수가 있었고 적의 기사들이 접근해도 조금만 뒤로 물러서면 그의 옆에 있던 잉글랜드 기사들이 이를 격퇴했다.

또 에드워드는 이런 효과를 더 증대시키려고 프랑스 군이 접근해 오는 도로와 평행으로 뻗은 한 능선을 자신의 진지로 선택했다. 이 언덕에 정렬한 그의 대형은 우측에는 무성한 숲이 있고 경사도 급했다. 따라서 프랑스 군은 언덕 위의 잉글랜드 군을 공격하려면 우선 그들의 좌측면 쪽으로 전개할 수밖에 없었다. 우리도 알고 있다시피 에드워드는 한번 적을 마주 보게 된 기사들이 공격을 억제한다는 것은 매우 어려운 일임을 알고 있었다. 적의 전선을 마주 보려고 행군대형으로부터 선회를 마친 선두 종대들이 후미 종대들이 전투대형으로 전개할 때까지 멈추어 있는다는 것은 매우 잘 훈련된 군대의 경우나 가능한 일이었다. 에드워드는 적을 측면으로 맞이하는 것이 정면으로 맞이하는 것보다 축차(逐次)공격의 유도에 더 적합할 것으로 판단했을 것이다. 물론 적을 정면으로 맞이하면 적의 접근을 멀리서부터 관측할 수 있다. 그러나 적의 축차공격을 유도할 수 있다면 잉글랜드 군으로서는 화살 공격을 반복할 수 있을 뿐 아니라 그 효과를 증대시키는 장점이 있었다. 궁수들은 적의 정면보다 측면을 공격할 때 훨씬 더 큰 효과를 거둘 수 있기 때문이었다.

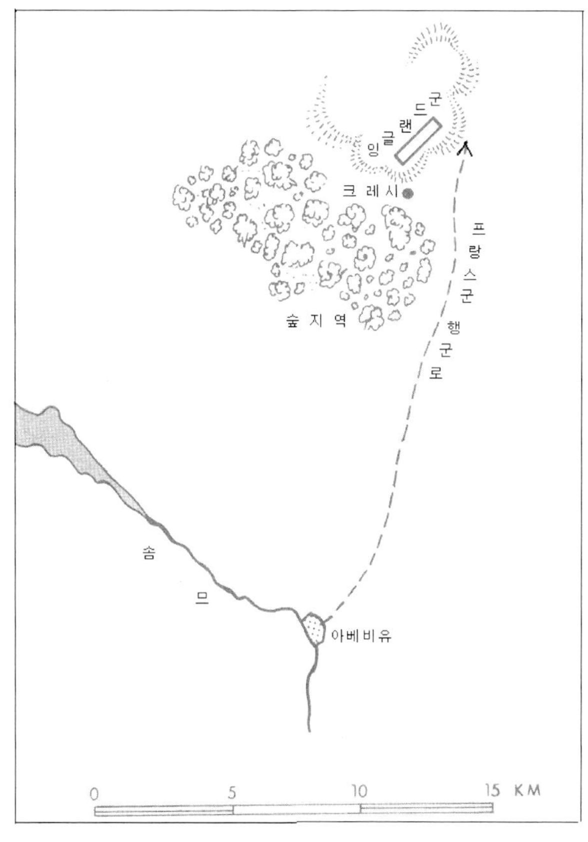

요도. 크레시 전투

마지막으로 잉글랜드 군 대형에도 주목할 필요가 있다. 프로이싸르(Froissart)의 ≪레텐의 케르벵(Kervyn de Lettenb)≫에 의하면 궁수들은 '헤르제(herse) 형태로' 서 있었다 한다. 여러 사람들이 의아해하는 이 표현은 오늘날 우리가 '장기판형태(schachbrettförmig)'라고 부르는 모습에 불과하다. '헤르제'는 써레, 내리닫이 쇠창살 또는 말뚝울타리 등을 말하는데 이 중 뒤의 두 가지는 전투대형과 비교할 만한 모습이 아니며 써레의 모습이 전투대형의 모습과 가깝다. 써레의 갈라진 날들이 너무 붙어 있으면 앞의 흙을 갈지 못하고 뛰어넘으며 앞뒤로 배열되어 있으면 앞의 흙을 조금씩밖에 갈지 못하기 때문이다. 따라서 농부들은 써레의 갈라진 날들을 뒷날이 앞날보다 조금씩 옆에 놓이게 하거나 써레를 진행방향과 직각이 아니라 비스듬한 각도로 놓아서 같은 효과를 얻는다. 이같이 에드워드는 여러 횡렬이 동시에 활을 쏠 수 있게 하려고 뒤 횡렬 궁수들을 앞 횡렬 궁수 바로 뒤에 있게 하지 않고 조금씩 옆으로 이동해 앞 횡렬 궁수들 틈으로 활을 쏘게 했다. 이때 문제는 3개 이상 횡렬도 이런 식으로 동시에 활을 쏠 수 있는지 여부이다. 제3횡렬 이하는 비교적 많은 적이 접근하고 있을 때만 활을 쏘았을 것이고 곡선탄도로 화살을 내보내기 위해 어느 정도 뒤로 떨어져 있었을 것이다. 최후미 횡렬들은 적이 가까이 접근하면 활은 쏠 수 없지만 부상자 교체나 활과 화살 교체 등의 방법으로 최선두 횡렬들을 지원해 주었다.

필리프의 군대는 크레시 남쪽으로 약 18km 떨어진 아베비유(Abbéville)와 그 부근에서 그날 밤을 보냈다. 필리프가 행군 중에 잉글랜드 군이 전투대형을 갖추고 자신을 기다리고 있다는 보고를 받은 것은 오후 3시경이었다. 그는 공격을 다음 날로 미루려 했지만 최선두 병력이 이미 적의 시야에 들어가 있었고 이런 소식을 들은 뒤의 병력도 이미 적을 향해 밀고 올라가고 있었다. 이에 필리프는 곧 결정적 조치를 취하기로 했다. 그는 우선 제노바(Genoa) 쇠뇌수들을 올려 보냈다. 하지만 그들은 언덕 위의 잉글랜드 궁수들을 상대로 별로 할 일이 없자 뒤의 기사들이 그들을 짓밟고 그들 사이로 돌격해서 적의 대형을 격파하려 했다. 처음부터 모든 기사들이 질서 있게 전개해서 함께 돌격해 들어갔다면 잉글랜드 군 화살이 그들의 돌격을 멈추게 하지는 못했을 것이다. 그러나 프랑스 군은 도착하는 대로 축차적으로 돌격했고 그것도 앞의 언덕 때문에 빠른 속도로 돌격하지도 못했다. 이 전투 참전자들은 그들이 15개 내지 16개 제대로 나뉘어 축차돌격을 실시했다 한다. 그러나 매번 잉글랜드 군의 긴 전선(戰線)으로부터 화살세례가 날아왔다. 이 화살들은 대부분 프랑스의 기사들과 그 말들에게 피해를 주지 못했음에도 불구하고 엄청나게 많은 화살들이 표적을 찾아갔다. 그 결과 잉글랜드 군 횡렬까지 접근한 프랑스 기사들은 몇 안 되었고[71] 이들은 곧 잉글랜드 기사들과 창병들에게 쓰러졌다. 프랑스 군의 주된 공격방향은 자연히 그들이 행군해 온 도로에서 가장 가까운 잉글랜드 군 좌익 쪽이었다. 이 잉글랜드 군 좌익의 지휘관은 에드워드의 아들 웨일스 영주였고 그는 겨우 16세로 '흑태자(黑太子)'로 불리던 인물이다. 한때 그의 상황이 위급하자 에드워드는

---

71) 서기 1465년의 몽레리(Montl'héry) 전투의 현장 목격자인 코미네(Commines)의 기록에 의하면 "궁수들은 전투를 위해 이 세상에서 가장 중요한 존재이지만 그들은 최소한 수천 명은 되어야 하며 숫자가 적으면 별로 쓸모가 없다. 그들은 또한 잃어버려도 아쉬울 것이 없는 비루한 말을 타거나 전혀 말을 타지 말아야 한다."고 했다[만드로(Mandror) 편(編), ≪코미네의 필리프 비망록(Mémoires de Philippe de Commynes)≫, 제Ⅰ편, 31쪽].

중앙에서 기사 20여 명을 보내서 그를 지원케 했는데 이렇게 몇 안 되는 증원 병력의 도움만으로도 프랑스 기사들을 격퇴하기에 충분했다. 백병전을 벌일 수 있을 정도로 접근한 프랑스 기사들의 숫자가 몇 명 안 되었기 때문이다. 필리프 자신도 타고 있던 말이 화살을 맞자 비로소 승산이 없음을 깨닫고 몇 명 안 되는 병력의 호위 속에 전장(戰場)을 떠났다.

이 전투 때 전사자(戰死者) 명단을 보면 프랑스 기사들의 용맹성을 알 수 있다. 이 명단 가장 앞에 보헤미아의 무식왕(無識王) 요한(Johann), 룩셈부르크 대공(大公) 그리고 샤를즈(Charles) IV세 황제의 아버지 이름이 있다. 필리프의 동생과 사촌 1명, 알렌송(Alençon) 대공, 블로아(Blois) 대공, 라올(Rauol) 영주, 프랑드르의 루이(Louis) 대공, 하르쿠르(Harcourt)의 요한(Johann) 대공, 살름(Salm)의 시몽(Simon) 대공, 상세레(Sancerre)의 루이(Louis) 대공, 오세레(Auxerre)의 요한(Johann) 대공, 그랑프레(Granpré)의 요한(Johann) 대공 그리고 83명의 바네레트(banneret)와 1,200명의 기사(騎士)가 죽었다.

이 크레시 전투에서 잉글랜드 군이 활로 전례가 없는 큰 전과를 올릴 수 있었던 것은 당시 상황과 지휘관이 만들어 낸 특별한 전술상황 덕분이었다. 이런 사실이 사료에 직접 기록되어 있지는 않다. 사료에는 높은 화살 발사 속도와 화살의 효용성 등 영국 활의 장점만 강조되어 있다. 그러나 이때 잉글랜드 군의 승리가 활 자체 때문일 수는 없다. 만약 활 자체가 승리의 원인이었다면 우리는 왜 그 전후에 쇠뇌가 활과 대등한 무기로 취급될 수 있었는지 또한 중세 초기에는 왜 활이 중요한 역할을 못 했었는지 이해할 수 없게 된다. 크레시 전투와 관련해 이런 문제를 인식하고 상세히 검토한 진정한 전문가의 증언은 없다. 다만 화살이 '눈발같이' 날아갔다는 일반적 기록만 있는데 우리는 이를 사실로 인정할 수밖에 없지만 그 이유는 우리 스스로 찾아볼 수밖에 없다. 빌라니(Villani)의 설명을 비롯해서 그 이유에 대한 이해가 필요하다고 생각했음이 분명한 많은 후대의 설명들은 잉글랜드 군이 수레 방벽(Wagenburg)을 구축했을 것으로 보기도 했고 뤼스토프(Rüstow) 등은 잉글랜드 군이 그들 앞에 작은 둑을 급조해서 활을 쏘는 궁수들을 프랑스 기사들로부터 보호해 주었을 것으로 해석해 왔다. 하지만 원사료의 어떤 구절을 보아도 그런 장애물이 중간에 없었음이 분명하다. 따라서 그들이 사기(士氣)를 유지하며 끝까지 버티게 만든 것은 궁수들의 대형을 결정하고 기사와 창병들을 그들 틈에 배치한 에드워드 왕의 뛰어난 용병술(用兵術) 덕분일 뿐이다. 한편 프랑스 기사들이 패배한 것은 단호하게 공격하지 못했기 때문이 아니라 군기(軍紀)가 없었기 때문이다. 그들은 전 병력이 결집하지 못한 채 소규모 병력들이 축차적으로 화살세례 속으로 뛰어 들어가 패배했다.

크레시 전투 당시 잉글랜드 군의 대형은 즉흥적 대형이 아니었다. 적의 접근이 비교적 어려운 지형에서 활의 방어력을 활용한 경우는 이미 자주 있었다. 12세기의 부르그테룰데(Bourgthéroulde) 교전 및 자파(Jaffa) 전투에서 벌써 그 예가 발견된다. 크레시 전투의 선구자라 할 전투도 두 차례 있었다. 서기 1332년 8월 9일 두플린 뮈르(Dupplin Muir) 전투에서는 발리올(Edward Baliol)이 이끌고 망명한 스코틀랜드 병력이 잉글랜드 인 및 용병(傭兵)들과 함께 섭정(攝政) 마르(Mar)가 지휘하는 스코틀랜드 군에게 승리했고 버윅(Berwick) 근처의 할리든(Halidon) 언덕 전투(서기 1333년 7월 19일) 때는 에드워드 Ⅲ세 자신이 섭정 더글러스(Archibald Douglas)가 지휘한 스코틀랜드 군을 격파했다.[72] 두 전투 모두 말에서 내린 기사들과 궁수들의 협동작전으로 특히 영국 사료인 베이커(Baker of Swinbroke)의 기록에는 할리든 언덕 전투 때 잉글랜드 인들이 말을 추격용으로 아껴 두려고 선대(先代)의 관습과 달리 발로 싸우는 방법을 배웠다는 구절이 있다. 이 전투에서는 크레시 때와 달리 마지막에는 실제로 말을 타고 추격했을 것으로 보이며 이런 점에서 할리든 언덕 전투가 전쟁사의 관점에서 크레시 전투보다 더 중요한 전투일 수 있다. 그러나 필자는 이 전투에 관한 기록을 전쟁사 연구에서 주목할 만큼 신뢰성 있는 기록으로 보지 않는다. 특히 의문스러운 것은 이 전투에 실제 얼마나 많은 병력이 참전했는지 여부다. 또 할리든 언덕 위에 포진했던 잉글랜드 군을 스코틀랜드 군이 어떻게 감히 공격할 수 있었는지도 이해가 안 된다. 그러나 크레시 전투는 말에서 내린 기사들과 궁수들이 협동해서 승리를 거둔 대규모 전투였음을 우리는 믿을 수 있다. 잉글랜드 군이 적이 접근 중인 도로의 측면을 전투장소로 선택했던 것은 진정으로 영감(靈

---

72) 오만(Oman)은 그의 ≪병법사(兵法史 *History of the Art of War*)≫, 581쪽 이하에 이 두 전투를 잘 분석해 놓았다. 그는 두플린 뮈르 전투를 ≪영국사 평론 (*English Historical Review*)≫, 서기 1896년호에 게재된 모리스(Morris)의 연구를 기초로 설명했다. 티틀러(Tytler)의 ≪스코틀랜드 역사(*History of Scotland*)≫, 제Ⅱ편, 32쪽 및 454쪽에는 고대의 수고(手稿)로 보이는 기록을 근거로 할리든 언덕 전투를 자세히 설명했는데 이 수고(手稿)가 신뢰성이 입증된 기록은 아니다.

感)에 의한 선택이었을 것으로 보인다. 잉글랜드 군의 위치는 적의 축차공격을 유인하기 위한 위치였고 이로써 궁수들의 효율성을 더 증대시킬 수 있었다.

4. 아쟁쿠르(Agincourt) 전투(서기 1415년 10월 25일)

[역자 주: 이 부분은 델브뤽의 ≪병법사≫, 제Ⅲ편, 452－456쪽의 내용이다.]

과거에는 기사(騎士)들이 궁수들과 함께 출전할 때는 궁수들이 앞에 서고 기사들이 말을 타고 그들 뒤를 따라갔었지만 이 아쟁쿠르 전투에서 헨리 Ⅴ세는 기사들을 말에서 내리게 한 후 궁수들과 함께 있도록 했다. 그는 과거 잉글랜드 군이 방어전에서 시험한 적이 있는 전투방식을 이번에는 공격전에 적용한 것이다. 우리는 그가 이렇게 했었던 이유를 두 병종(兵種)의 병력 수에서 찾아보아야 할 것이다. 잉글랜드 군은 궁수가 기사의 8배는 되었을 것이다. 만약 기사들이 말을 타고 있었다면 그들이 돌진하는 순간부터 절대적으로 숫자가 많은 궁수들이 할 일이 없어진다. 이런 상황은 궁수가 보조병종(補助兵種)에 불과하고 결정적 작전은 기사들에게 의존해야 하는 경우라면 수용될 수밖에 없었을 것이다. 그러나 이번같이 궁수가 주력을 이룬 경우에는 기사들이 궁수들과 긴밀한 관계를 유지해야 했고 이는 무거운 갑옷을 입고 움직이는 것이 아무리 불편하더라도 기사들이 말에서 내려야만 가능했다. 기사들이 완전히 지치는 것을 방지하려고 전체가 쉬어 가면서 전진했다. 잉글랜드 군은 적이 돌격을 시작할 수 있는 곳까지 접근하자 휴대하고 있던 끝이 뾰족한 막대기들을 자신의 앞에다 박았다. 아마도 수세적(守勢的) 개념에 사로잡혀 있던 프랑스 군이 잉글랜드 군에게 이런 방어전술에서 공세로 전환할 수 있게 시간을 주었을 것이라고 볼 수밖에 없다. 또한 잉글랜드 군은 그들의 정면 전체에 막대기를 박아 놓지는 않았을 것이고 프랑스 기병과 마주한 양 측면 일부에만 막대기들을 박아 놓았을 것이며 중앙이 전진해서 프랑스 보병들에게 화살세례를 퍼부어 프랑스 기사들로 하여금 공격하지 않을 수 없게 만들었을 것이다. 즉 양 측면의 말뚝 뒤에 남아 있던 궁수들의 화살세례 속으로 프랑스 기사들을 끌어들여 그들을 격파했을 것이다.

5. 기사(騎士)와 궁수의 협동

[역자 주: 이 부분은 델브뤽의 ≪병법사≫, 제Ⅲ편, 456 – 459쪽의 내용이다.]

크레시 전투 이후 말에서 내린 기사(騎士)와 궁수의 협동전술은 단지 방어전에서만 유용할 것으로 보였었다. 그러나 아쟁쿠르 전투 당시 헨리 Ⅴ세는 같은 전술을 공격전에도 적용했다. 그러나 기사가 발로 걷는 것은 힘든 일이므로 후일에는 이런 식으로 기동하려 할 때는 기사들이 숨을 돌릴 수 있게 중간에 어느 정도 간격으로 휴식시간을 주어야 하는지 미리 정해 놓아야 했다. 대담한 샤를르(Charles le Téméraire)의 집사장(執事長)이었던 올리비에(Olivier de la Marche)의 기록에는 부르고뉴(Burgogne) 기사들이 행군 중 너무 지치자 수행원들이 옆에서 팔로 부축해 주어야 했다 한다.

그러나 우리는 14세기 후반에는 기사들이 말에서 내려 싸우는 것이 관행이 되었음을 알 수 있다. 말은 단지 그들의 수송수단에 불과한 것처럼 되었으며 다만 적을 추격할 때만 다시 말에 타기도 했고 도주할 때도 이에 대비해서 하인이 붙들고 있던 말에게 달려갔었다. 이런 관행이 발전된 것은 기술적인 요소가 아니라 심리적인 요소 때문이었고 특히 방어전에서는 모든 기사들이 말에서 내려 싸웠다. 이렇게 되자 전투는 극도로 치열한 양상으로 변모했고 전투 중 말에서 내린 기사들은 후방 다리들을 태워 버렸다. 결사의 의지를 보인 것이다. 기사 수는 줄고 일반 보병의 수는 늘어날수록 더욱 그랬을 것이며 기사들의 이런 행동은 보병의 사기를 올리고 자신감을 높였을 것이다. 우리는 보병 용병(傭兵)이 기사들에 비해 너무 많아져 기사들의 물리적 업적이 2차적 요소가 된 이후에는 기사들의 감투정신을 직접 이용하기보다 일반 보병들의 사기를 올리는 데 간접적으로 이용하는 것이 바람직한 일이 되었다고 볼 수 있다.

우리가 지금 검토한 심리적 요소는 어느 시대나 마찬가지였을 것이고 카롤링(Caroling) 왕조 때나 호헨스타우펜(Hohenstaufen) 왕조 때도 이런 요소는 활용되었을 것이다[역자 주: 프랑크 왕국 몰락 후 하인리히(Heinrich) Ⅰ세가 세운 게르만 왕국은 처음에는 남계(男系)로 중간에는 여계(女系)인 살리계로 이어 가다 그 뒤를 이은 것이 호헨스타우펜 왕조이다]. 그러나 이런 요소가 제대로 활용되려면 한편으로는 일반병사 특히 궁수의 수가 크게 늘어났어야 했고 크레시 전투 이후 잉글랜드 군이 이를 통해 연이어 승리했던 것 같은 계기가 있어야 했다. 그런 일이 잉글랜드 기사들부터 시작된 것은 그들에게는 군기(軍紀)가 있어서 지휘관 통제에 따랐기 때문이다. 잉글랜드 지휘관들은 그런 전투를 수행할 만한 형편이 되었던 것이다. 말에서 내린 기사들이 실제로 큰 승리를 거둔 것이 분명해지자 누구나 저절로 같은 생각을 하게 되었다. 그 결과 이제 기사들이 말을 타지 않고 싸우는 것이 단순한 관행이 아니라 그들의 기사 정신을 보여 주는 일종의 형식이 되었다. 부르고뉴 영주의 동생으로서 브라방 영주였던 프랑스 왕자가 아쟁쿠르 전투 당시에 몇 명의 기사들만 거느리고 전투가 끝나 갈 무렵 현장에 도착해서 싸우기 위해 말에서 뛰어내린 다음 곧 잉글랜드 군 손에 죽고 만 것도 이 때문일 것이다. 그의 할아버지인 프랑스 요한(Johann) 왕은 아더(Arthur) 왕의 전설(傳說)을 기념하려고 '에뜨왈(Étoiles)'[역자 주: '별(星)']이라는 기사단(騎士團)을 만든 인물이다. 이 기사단 단원들은 규정상 각자의 판단에 따라 약 7m까지만 물러설 수 있었다.[73] 이는 너무 가혹한 조건이라서 현실적으로는 따를 수 없었겠지만 이런 규정이 있던 자체가 당시 기사들의 드높은 명예심을 말해 준다. 여기서 조금만 더 나갔었다면 거의 일본의 사무라이 같은 할복(割腹)의 경지에 도달했을 것이다. 기사들이 원칙상 공격 때도 말에서 내린 원천적으로 부자연스러운 행동을 이해할 수 있으려면 우리는 그런 과도한 규정을 상기해 보아야 할 것이다. 그러나 이런 행동은 너무 부자연스러운 것이므로 결국 일반화되지 못했다. 물론 그 이후에도 전면적인 기병전(騎兵戰) 또는 일부 기사들이라도 말을 타고 싸우는 전투가 수시로 보인다.

Ⅶ. 프랑스의 칙령중대, 랑쎄 및 자유궁수

[역자 주: 이 부분은 델브뤽의 ≪병법사≫, 제Ⅲ편, 489 – 503쪽의 내용이다.]

　　오를레앙의 소녀 장다크(Jeanne d'Arc)의 활약으로 잉글랜드 군에 처음으로

---

73) 기사들은 "자신들의 판단에 따라 4아르팡까지만 물러나지만 차라리 죽거나 스스로 포로가 되겠다."고 맹세했다. 루스(Luce), ≪게스클린의 베르트랑과 그의 시대(*Bertrand du Guesclin et son époque*)≫, 169쪽.

대승을 거둔 후 고조된 프랑스 인들의 국민감정에 감동된 샤를즈(Charles) Ⅶ세
는 서기 1439년 의회에 대개혁안을 제출했다. 의회는 '랑쎄(Lance)'[또는 '글레
베(gleve)'] 100개로 구성된 중대 15개를 상비군으로 유지하는 데 필요한 세금을
걷도록 승인했다. 이를 '칙령중대(勅令中隊 compagnies d'ordonnance)'라 한다.

　가장 중요한 점은 이 칙령중대의 구성단위가 개별적인 전사들이 아니라 14세
기부터 관습적으로 확립된 개념인 '랑쎄(Lance)'[또는 '글레베(gleve)']였다는 점
이다. 1개 랑쎄의 병력은 늘 유동적이었고 시대와 지역과 지도자와 상황에 따라
달랐다. 샤를르(Charles) Ⅶ세 당시 창설된 칙령중대에서도 랑쎄의 병력에 관한
기록들 역시 다양하다. 기사 1명, 꾸틸리에(coutillier)[(경기병輕騎兵)] 1명, 수행
원(page) 1명, 궁수(弓手) 3명인 경우도 있고 단지 궁수 2명과 하인(knecht) 1명
인 경우도 있다.74) 이들은 모두 말을 탔지만 궁수들에게 말은 수송수단에 불과
했고 전투 시에는 말에서 내려서 싸웠다. '칙령중대'의 편성은 프랑스에서 전쟁
사뿐만 아니라 민족국가의 확립에도 매우 큰 역할을 했지만 이들은 너무 규모
가 작아 국가의 소요를 충족시킬 수 없었다. 이들 외에도 전시에는 여전히 귀족
들인 기사와 봉토(封土) 소유자들인 바쌀(vassal)을 모두 징집해 활용했고 이 바
쌀들도 이제는 역시 중대 단위로 편성되었으며 그들이 가지고 온 장비에 따라
다양한 수준의 보상을 받았다.

　한편 궁수들의 역할이 매우 중요하게 보이기는 했지만 잉글랜드와 전쟁 당시
이 병종(兵種)의 훈련방식은 충분하지 못해 샤를르 Ⅶ세는 다른 병력들과 별도
로 대규모 궁수부대를 창설했다.75)

　서기 1368년 당시 이미 샤를르 Ⅴ세는 모든 국민에게 활쏘기 연습을 명령한
적도 있고 서기 1394년에도 그런 명령이 있다. 아마 이 두 차례의 명령은 모두
철회되었을 것이다. 귀족들은 백성들이 무장하는 것을 두려워해 이를 억제했었
기 때문이다.76) 아마도 이 명령은 별 성과가 없었을 가능성이 높다. 활과 화살

---

74) 코스노(Cosneau), 357쪽. 같은 책, 610쪽에는 서기 1445년 5월 26일자 루페레샤스텔(Luppé－le－
　　Chastel) 법령이 수록되어 있는데 1개 랑쎄가 기사 1명, 꾸틸리에 1명, 수행원 1명, 궁수 2명, 하인 1명 및
　　말 6필로 구성되어 있다.

75) 스퐁(Spont), "자유궁수(自由弓手)들의 민병대(民兵隊)(La Milice des francs－ archers)"[(≪역사문제 논집
　　(Revue des questions historiques)≫, 제65권].

76) 부타리(Boutaric), ≪상비군 제도 도입 전의 프랑스 군사제도≫, 218쪽. 옌스(Max Jähns), ≪군사사(軍事史)
　　편람(Handbuch einer Geschichte der Kriegswesens von der Urzeit bis zur Renaissance)≫, 759쪽.
　　우르징(Ursins)의 주베날(Juvénal)과 생데니(St. Denis)의 수도사(修道士)도 같은 말을 한 적이 있는데 특히 후

은 대량으로 생산될 수 있는 무기가 아니며 백성들도 궁술(弓術)을 익히려고 하지 않았을 것이기 때문이다. 결국 그때까지는 귀족들로서도 백성들의 활쏘기 훈련을 우려할 정도가 아니었다. 따라서 왕도 일반적인 규정을 제정하지는 않았지만 서기 1448년에는 각 지역에서 50가구당 건장한 남성 1명씩 선발해서 궁수로 훈련시키도록 명했다. 이 병사는 휴일마다 활쏘기 연습을 해야만 했다. 이 병사들은 아마 처음에는 자비(自費)로 활과 화살을 준비했을 것으로 보이지만 후일에는 지역에서 재력이 충분한 인물들의 찬조금으로 장비를 지급하라는 명령이 있었고 기사들과 함께 중대 단위로 편성되어서 이들을 집합시키고 때로는 이들을 합동으로 훈련시키는 지휘관의 지휘를 받았었다. 이런 훈련과 출전의무의 대가로 염세(鹽稅)와 특별군세(特別軍稅) 외는 모든 세금을 면제받았다. 바로 이 면세(免稅) 혜택 때문에 그들에게 자유궁수(自由弓手 franc archers)란 호칭이 생겼다. 이들은 전시에 동원될 경우 한 달에 4리브르(livre)의 보수를 받았다.

그러나 이 조직은 곧 무용한 조직임이 드러났다. 그들은 활이나 쇠뇌를 쏘는 기술이 부족했고 그보다도 더 중요한 것은 이런 시민 궁수들은 전투현장에서 위험에 맞설 만한 호전성이 없었다.

Ⅷ. 활에서 화기(火器)로

[역자 주: 이 부분은 델브뤽의 ≪병법사≫, 제Ⅳ편, 46쪽 및 116쪽의 내용이다.]

마키아벨리(Machiavelli)의 ≪병법(兵法)≫에서는 화승총(火繩銃)과 야포(野砲)를 별 효과가 없는 무기로 취급하면서 화승총은 통로를 점령하고 있는 농민들에게 겁을 줄려 할 때나 쓸 수 있는 무기라고 주장하는 구절이 있는가 하면 한편으로는 화승총과 야포의 위험성을 언급한 구절도 있지만 이는 그리 놀랄 만한 일이 아니다.

서기 1559년 어느 프랑스 인의 글에서는 다시 쇠뇌를 사용할 것을 권장하면서 기병대와 싸울 때나 비가 올 때나 기습공격을 할 때는 쇠뇌가 유리하다고

자에 의하면 백성들은 매우 열심히 활쏘기 연습을 했다고 한다.

했고[77] 특히 활을 지지하는 주장은 오래 계속되었다. 서기 1590년 잉글랜드에서는 활과 화승총 중에 어느 것이 더 유리한지에 관한 논쟁이 있었다. 활을 선호했던 스미테(John Smythe) 경(卿)은 활은 빨리 정확히 쏠 수 있고 궁수들은 젖거나 부족한 화약 또는 불량한 도화선으로 고생하는 일도 없으며 더욱이 활은 여러 횡렬(橫列)에서 동시에 사용할 수 있고 적의 말을 놀라게 할 수도 있다고 했다. 이에 대해 바위크(Barwick)는 화약이 젖는 것 못지않게 활시위가 젖는 것도 해롭고 활은 화승총보다 사용이 어려워서 좋은 궁수가 드물고 배가 고픈 궁수는 바로 활을 쏠 수 없게 되며 활은 너무 빨리 쏘게 되기가 쉬워서 궁수가 자신의 힘을 반쯤밖에 못 쓰게 될 뿐만 아니라 말은 화살에 놀라지만 사람은 총알에 더 놀란다고 했다. 그러나 스미테는 무스케테(Muskete) 소총은 1시간에 10발만 쏘면 표적을 맞힐 수 없게 된다고 답했다.[78]

서기 1547년에 잉글랜드 군은 핀킨 클로이그(Pinkin Cleugh)에서 활로 스코틀랜드 군을 제압했다. 서기 1616년 베니스(Venice)와 오스트리아 간의 전투에도 궁수들이 있었다. 서기 1627년에 잉글랜드 군은 라로쉴리(La Rochelle) 전투 때 활과 화살을 가지고 갔었다. 서기 1730년 뮐베르크(Mülberg) 숙영지에서 작센(Sachsen) 후사르(husar)[역자 주: 경기병(輕騎兵)]들의 무장은 활과 화살이었다. 한 일기(日記)에 의하면 7년 전쟁 당시(서기 1756년~1763년) 러시아 군의 칼뮈크(Kalmück)족[역자 주: 원래 중국 신강(新疆)자치구 천산북로(天山北路) 지방에 거주하던 유목민족으로 예부터 러시아 카스피 해 북서안에도 일부 진출해 있었다] 대열에 대해 "그들은 활과 화살로 무장하고 믿을 수 없을 만큼 멀리 정확히 쏘았지만 비바람이 불면 그리 두려울 정도는 아니었다."라고 했다. 퍼모(Fermor) 장군은 '대부분의 칼뮈크족'을 나중에 고향으로 돌려보냈는데 이는 그들이 군기(軍紀)에 복종하지 않으려 했고 코사크(Cossack)족과 마찬가지로 화기를 두려워했기 때문이라고 한다.[79] 서기 1807년과 1813년에도 러시아 군에는

---

77) ≪프랑스 군대의 군사훈련 제도(*Institution de la discipline militaire au Royaume de France*)≫, 리옹(Lyon), 서기 1559년, 제Ⅰ편, 제Ⅹ장, 46쪽. 조비우스(Paolo Jovius)에 의하면 프랑스 샤를(Charles) Ⅴ세는 서기 1541년 알기에(Algiers)에서 비 때문에 도화선 불꽃이 꺼지는 바람에 큰 피해를 입었다 했다. 이 비슷한 기록이 비에유비유(Vielleville) 원수(元帥)의 ≪비망록(*Mémoires*)≫, 제Ⅲ편, 제ⅩⅩⅡ장에도 보인다.

78) 롱맨(Charles Longman), ≪배드민튼 지방의 궁술(*Badminton Archery Book*)≫, 런던, 서기 1894년.

79) 티엘케(Tielcke), ≪서기 1756년~1763년 사이의 병법 및 전쟁사 논집(*Beyträge zur Kriegskunst und Geschichte des Krieges von 1756 bis 1763*)≫, 제Ⅱ편, 22쪽.

활과 화살로 무장한 칼뮈크족, 바쉬키어(Baschkir)족 및 퉁구스(Tungus)족이 있었다. 프랑스 마르보(Marbot) 장군의 ≪비망록(Mémoires)≫에서는 자신이 라이프치히 전투 당시에 화살에 맞아 부상을 입었다고 했다. 그의 말에 의하면 적의 기마 궁수들은 숫자가 대단히 많았고 끊임없이 프랑스 군 주위를 벌 떼같이 몰려다니면서 하늘을 가릴 정도로 화살을 쏘아 댔지만 자신이 알기로는 화살에 맞아 죽은 자는 단 1명이었고 화살에 맞아서 부상을 입은 경우에도 대개 부상이 경미했다고 했다. 그가 이렇게 활의 위력을 과소평가했던 것은 그가 이 원시적 전사(戰士)들의 숫자를 크게 과장했고 그들은 프랑스 군의 화기를 상대하느라 자연히 상당한 거리를 유지하고 있었기 때문이기도 하지만 여하간 그의 평가는 중세의 기록들과는 양립할 수 없는 평가이다.[80] 서기 1495년의 프랑스 군,[81] 서기 1499년의 스위스 군[82] 그리고 서기 1526년의 게르만 토병(土兵 Landsknecht)들은 적을 추격할 때 궁수들로 후방을 보호한 것을 보면[83] 그 앞 시대에도 궁수나 쇠뇌수들이 유사한 상황에서는 그렇게 활용되었을 것이 분명하다.

궁수들은 점차 활이나 쇠뇌 대신에 화기, 즉 길이가 2.5~3피트 정도 되는 화승총으로 무장한 소총병으로 바뀌게 되었다. 카밀로(Camilo Vitelli)는 서기 1496년에 최초로 기마총병(騎馬銃兵)을 특수 전투병과로 조직했던 인물로 보인다.

서기 1547년 프랑스에서는 옛 기마궁수들이 이제는 "이 흉악한 피스톨이 발명되기 전에 휴대했던 활"이 아니라 피스톨로 무장했다는 기록이 있다[수잔(Susane), ≪프랑스 기병대 역사(Histoire de la cavallerie français)≫, 제Ⅰ편, 48쪽].

그리스-로마 시대부터 중세까지 궁수나 쇠뇌수는 본질상 전초병(前哨兵)이었다. 훈련된 잉글랜드 궁수들이나 투르크족의 야니샤르(janissaries)들은 활의 집

---

80) 우리는 오늘날 몽고 궁수들의 놀랄 만한 정확한 활 솜씨를 빈더(von Binder)의 보고(≪주간군사(週刊軍事)(Militär-Wochenblatt)≫, 제8권, 서기 1905년, 173쪽)를 보면 알 수 있다. 중세의 활의 위력에 대해서는 오만(Oman)의 ≪병법사(History of the Art of War)≫, 559쪽에 인용되어 있는 기랄두스(Giraldus Cambrensis)의 기록[〈아일랜드 정복(Expugnatio Hibernica)〉]을 참고할 것. 기랄두스에 의하면 서기 1188년의 어느 포위 작전에서 웨일즈 궁수들은 두께 4인치의 문짝을 사이에 두고 화살을 쏘았는데 그들이 문짝에 박힌 채 남겨 놓았던 화살을 자신이 직접 보았으며 그 철제 촉이 문짝을 뚫고 속에까지 들어와 있었다고 주장한다. 그의 말에 의하면 화살은 기사들의 쇠미늘 갑옷도 관통했고 말안장의 나무 부위를 뚫고 말 옆 가슴을 깊이 파고들었다고 한다.

81) 만드로(Mandrot) 편(編), ≪코미네의 필리프 비망록(Mémoires de Philippe de Commynes)≫, 제Ⅱ편, 296쪽.

82) 에셔(Hermann Escher), ≪취리히 병기학회(兵器學會) 서기 1906년 신년보(新年報) (Neujahrsblatt der Züricher Feuerwerker-Gesellschaft auf das jahr 1906)≫, 23쪽.

83) 랑케(Leopold Ranke), ≪전집(全集 Werke)≫, 제2권, 269쪽.

단발사 기술을 개발했었지만 이런 기술이 유기적으로 활용되지는 못했다. 활의 위력이 크지 못했기 때문이다. 화기도 처음 상당 기간은 전초작전에만 활용되었다. 화승총은 물론 보병소총도 정확성이 낮았고 소총병들이 엄호 없이 기병이나 창병(槍兵)들을 상대할 수 있기까지는 많은 세월이 필요했다.

후기(後記)

    필자는 90년대 초 다니던 직장에 활터가 생긴 후 활쏘기를 시작했으나 주변에 사법을 잘 알고 가르쳐 줄 만한 사람이 없어 도서관에서 참고할 만한 책을 찾아보다가 ≪조선의 궁술≫이란 책자를 보았다. 그러나 이 책의 사법 부분은 해설 없이는 읽을 수가 없을 정도로 난해했었고 대한궁도협회가 발행한 ≪한국의 궁도≫ 등 이 책에 대한 몇 권의 해설서를 보아도 원문을 거의 그대로 옮겨 놓은 것에 불과해 사법의 이해에 크게 도움이 되지는 못했다. 그때 다시 구한 책이 한문으로 된 ≪사법비전공하≫였는데 이 책 역시 번역본이나 해설서가 몇 권 있었지만 납득되지 않는 번역과 해설이 너무나 많았다. 이에 부족한 한문 해독력으로 원문을 직접 번역해 가면서 이에 의지해 연습해 보았지만 활 솜씨에는 전혀 발전이 없었다. 결국 직접 번역한 내용에 자신도 없었고 마침 또 다른 취미생활이 생겨 활을 접고 번역한 내용도 책장에 묻어 놓았었다. 그 후 10년쯤 지난 어느 날 처음에 함께 활을 배웠던 공학처의 최진희 교수가 나에게 ≪사법비전공하≫의 번역초본이 있음을 알고 활용할 곳이 있으니 보여 달라고 해서 묻어 두었던 어설픈 번역본을 별 생각 없이 내주었더니 고맙게도 이를 활의 구조와 화살 탄도를 공학적으로 분석한 자신의 글과 합해 ≪국궁의 과학적 사법≫(서기 2002년, 도서 출판 봉명)이란 제목으로 출판해서 시중에 내놓았다. 그러나 필자의 이름이 이 책의 표지에 활자화되고 보니 책임감을 느끼지 않을 수 없었고 이에 제대로 된 사법 해설서를 한번 만들어 볼 요량으로 이때부터 또다시 활을 잡고는 중국의 옛 사법서들을 수집해 가면서 틈틈이 사법에 대한 연구를 계속하게 되었다. 아직도 미진한 부분이 많지만 이제 사법을 다소나마 이해할 수 있게 되어 그간 연구한 내용을 소개한다. 이 책이 진정한 사법 연구의 초석이 될 수 있기를 기대한다.

    필자가 이 글을 쓰게 된 직접적인 동기는 옛 사법에 대한 해설을 위한 것이다. 그러나 독자들은 이 책을 읽는 것만으로는 활 솜씨에 큰 발전이 있을 것으로 기대해서는 안 될 것이다. 필자는 이 글을 쓸 당시 틈만 있으면 활터로 나가 필자가 이해하는 옛 사법에 따라 꾸준히 연습했고 그 결과 제법 명중률을 높일 수 있었으며 그때쯤 이 글 초고(草稿)도 완성되었다. 그러나 마지막으로 문맥을 다듬던 중에 또 다른 바쁜 일이 생겨 출판을 뒤로 미루었고 습사도 게을리 하다가 약 3년 만에 하던 일을 마무리하고 그 사이 덮어 두었던 원고를 정리해 가면서 다시 활을 잡게 되었다. 그러나 사법이론에 대해서는 다소간 확신이 있었지만 정작 활 솜씨는 1순에 평균 3중도 힘든 처지가 되어 있었다. 활 솜씨는 사법에 대한 이해와 더불어 끊임없는 습사를 통해서만 얻을 수 있음을 절실히 알게 되었다. 아무리 사법을 잘 이해하고 있어도 습사를 게을리하면 활 솜씨는 늘지도 않고 유지되지도 않는다. 오히려 사법에 관한 지식은 없더라도 늘 자신의 자세와 발시 동작을 반성해 보면서 열심히 습사하다 보면 스스로 사법을 체득할 수도 있을 것이다. 다만 활이 중요 전쟁무기이면서 선비들의 체력단련과 인격수양의 도구로 널리 이용되었던 시기에 작성되어 천 년 이상의 세월을 이기고 지금껏 전해져 내려온 사법교범들에 따라 활쏘기를 익힌다면 좀 더 짧은 시간에 목표를 달성할 수가 있을 것이다. 필자는 이 책을 준비하면서 읽어 본 여러 옛 사법서들 중에서 당나라 왕거(王琚)의 ≪사경(射經)≫과 명나라 척계광(戚繼光)의 ≪기효신서(紀效新書)≫ 이 두 권이 최고(最高)의 사법서라는 생각을 하게 되었다. 특히 후자는 전자를 계승한 사법서이면서 활쏘기에서의 정신집중의 가치와 방법을 잘 설명해 놓았다.

민경길

▌약 력

　(전) 육군사관학교 법학교수
　서울대학교 법과대학 졸업
　명지대학교 대학원 졸업(법학박사)
　(전) 국방부, 통일부 국제법 자문위원
　(전) 대한적십자사 국제법 자문위원

▌주요 저서

　군법개론(일신사, 1986)
　핵무기와 국제법(문원사, 1990)
　군대명령과 복종(법문사, 1994)
　북한산 1～3권(집문당, 2004)
　병법사 1～4권(한국학술정보, 2009)

조선과 중국의 궁술

초판인쇄 | 2010년 2월 25일
초판발행 | 2010년 2월 25일

편 역 자 | 민경길
펴 낸 이 | 채종준
펴 낸 곳 | 한국학술정보㈜
주　　소 | 경기도 파주시 교하읍 문발리 파주출판문화정보산업단지 513-5
전　　화 | 031) 908-3181(대표)
팩　　스 | 031) 908-3189
홈페이지 | http://www.kstudy.com
E-mail | 출판사업부　publish@kstudy.com

등　　록 | 제일산-115호(2000. 6. 19)

ISBN　978-89-268-0818-4 13910 (Paper Book)
　　　　978-89-268-0819-1 18910 (e-Book)

이담 Books 는 한국학술정보(주)의 지식실용서 브랜드입니다.